拉萨市行政区划图

那曲市

林芝市

山南市

图例

拉萨市	省级行政中心		国界		铁路
城关区	地(市)级行政中心		地区界		高速公路
尼木县	县级行政中心		省级界		国道
纳金	乡级行政中心		地级界		省道
次角林	行政村		县级界		县道
东嘎	自然村		乡级界		乡道
			河流		湖泊

比例尺 1∶920 000

0 9.2 18.4 km

西藏自治区测绘院编制

审图号：藏S（2018）022号

ལྷ་སའི་ལོ་རིམ་མེ་ལོང་།

拉萨年鉴

2018

（总第7卷）

拉 萨 市 人 民 政 府 主办
拉萨市地方志编纂委员会办公室 编

方志出版社
Publishing House of Local Records

图书在版编目（CIP）数据

拉萨年鉴. 2018 / 拉萨市地方志编纂委员会办公室编. -- 北京：方志出版社，2019.1
ISBN 978-7-5144-3638-9

Ⅰ. ①拉… Ⅱ. ①拉… Ⅲ. ①拉萨 - 2018 - 年鉴
Ⅳ. ①Z527.51

中国版本图书馆CIP数据核字(2019)第064162号

拉萨年鉴（2018）

编　　者：拉萨市地方志编纂委员会办公室
责任编辑：王　娜

出 版 人：冀祥德
出 版 者：方志出版社
地址　北京市朝阳区潘家园东里9号（国家方志馆 4 层）
邮编　100021
网址　http://www.fzph.org
发　　行：方志出版社图书经销中心
（010）67710500
经　　销：各地新华书店
印　　刷：河南金雅昌文化传媒有限公司

开　　本：889 × 1194　　1/16
印　　张：32.5
字　　数：882千字
版　　次：2019年1月第1版　　2019年1月第1次印刷
印　　数：0001 ~ 1000册

ISBN 978-7-5144-3638-9　　定价：480.00元

拉萨市地方志编纂委员会

《拉萨年鉴》编辑部

编 辑 说 明

一、《拉萨年鉴》以马克思列宁主义、毛泽东思想、邓小平理论、“三个代表”重要思想、科学发展观、习近平新时代中国特色社会主义思想为指导，坚持辩证唯物主义和历史唯物主义的立场、观点和方法，始终坚持“实事求是、质量第一、存史资政、服务大众”的办鉴宗旨，全面、系统、翔实地记述拉萨上一年度政治、经济、文化、社会、生态等各项事业的基本情况。

二、《拉萨年鉴》采用文章和条目两种体裁，以条目体为主。

三、《拉萨年鉴》采用规范的语体文、记述体，记述内容力求客观真实，文字力求言简意赅。

四、《拉萨年鉴(2018)》的文字内容，设有特载、专文、拉萨概况、大事记、政治、经济、文化、社会各行业情况、县区概况、人物、附录等8个基本栏目，其中“政治、经济、文化和社会各行业情况”基本栏目采用分类编纂法，分为中国共产党拉萨市委员会、拉萨市人民代表大会、拉萨市人民政府、中国人民政治协商会议拉萨市委员会、中国共产党拉萨市纪律检查委员会、法治、军事、社会团体、对口支援、经济管理、农业·水利、工业、开发区·工业园区、商业、旅游业、国土资源管理、城市建设与管理、环境保护、交通·运输·邮政、信息化、金融业、科技·教育·体育、文化·广电·新闻出版、医疗·卫生、民政、人力资源与社会保障、民族·宗教、县区概况共28个类目。

五、彩页内容无论图片所涉及领导的职务、所涉及活动的重要性，均按时间顺序排列。

六、《拉萨年鉴》收录的文章和条目，均通过各级行政系统确定专人(部门)负责撰写和提供，并经主要负责人审核。拉萨市社会经济统计资料统一由市统计局提供，业务部门的统计数据由各主管部门提供。使用时应以统计部门提供的统计数据为准。

七、《拉萨年鉴(2018)》反映2017年1月1日至12月31日期间情况(部分内容依据实际情况时限略有前后延伸)，凡2017年事项，均直书月、日，不再写年份。本书中农田土地面积的计量单位使用“亩”。

2017年8月16日，中央政治局委员、国务院副总理刘延东（中）在拉萨市第二中等职业技术学校考察调研，西藏自治区党委书记吴英杰（左二）、自治区主席齐扎拉（右三）陪同

2017年3月30日，西藏自治区党委书记吴英杰（左二）参加全民义务植树

2017年7月1日，西藏自治区人大常委会主任洛桑江村（中）、拉萨市委书记白玛旺堆（前排左三）考察指导才纳净土健康产业园区工作

2017年2月20日，西藏自治区主席齐扎拉（右）调研才纳净土健康产业园区发展情况

2017年1月22日，西藏自治区党委常委、拉萨市委书记白玛旺堆（左二）看望慰问全国文明家庭琼贡一家人

2017年2月11日，拉萨市市长果果（右一）在热赛社区看望慰问群众

2017年1月20日，拉萨市召开全市农村工作会议

2017年2月10日，全国民族团结进步创建活动示范市（拉萨市）授牌仪式

2017年8月23日，拉萨市召开村（居）组织换届选举工作动员部署暨培训会

2017年9月27日，拉萨市召开2017年度民族团结进步模范表彰暨创建全国民族团结进步示范市活动总结表彰大会

2017年3月18日，拉萨市举行鱼跃高原制氧产业园奠基仪式

2017年3月23日，拉萨市举行2017年拉萨市产业类重点项目集中开工仪式

2017年5月20日，拉萨市举行“青创拉萨 筑梦未来”启动仪式

2017年10月27日，拉萨市举办2017年建档立卡贫困劳动力转移就业大型专场招聘会

2017年8月21日，2017拉萨雪顿节开幕式在拉萨群众文化体育中心篮球馆举行，图为开幕式文艺表演

2017拉萨雪顿节——赛马表演

2017拉萨雪顿节——藏戏表演

2017拉萨雪顿节——展佛

才纳净土园区

曲水郊区风景秀丽

龙王潭公园

滨河公园

柳梧大桥

迎亲桥

目 录

特 载

专 文

拉萨概况

大 事 记

中国共产党拉萨市委员会

拉萨市人民代表大会

拉萨市人民政府

中国人民政治协商会议拉萨市委员会

中国共产党拉萨市纪律检查委员会

法　治

司法行政

军　事

拉萨警备区

人民防空

武警拉萨市支队

拉萨市公安消防支队

社会团体

经济管理

农业・水利

开发区·工业园区

商 业

旅 游 业

国土资源管理

城市建设与管理

环境保护

交通·运输·邮政

信息化

金　融　业

科技·教育·体育

文化·广电·新闻出版

医疗·卫生

民　政

人力资源与社会保障

民族·宗教

县区概况

特　载

在中共拉萨市第九届委员会第三次全体会议上的报告

区党委常委、拉萨市委书记　白玛旺堆

（2017年11月15日）

一年来，在以习近平同志为核心的党中央集中统一领导下，我们高举中国特色社会主义伟大旗帜，坚持以马列主义、毛泽东思想、邓小平理论、“三个代表”重要思想、科学发展观、习近平新时代中国特色社会主义思想为指导，深入贯彻落实习近平总书记治边稳藏重要战略思想，坚持“五位一体”总体布局和“四个全面”战略布局，深入贯彻落实区市第九次党代会精神，加强党的全面领导，紧紧围绕发展、稳定、生态三件大事，正确处理“十三对关系”，深入实施“六大战略”，团结带领全市各族干部群众，解放思想、开拓创新、狠抓落实，在历届市委打下的良好基础上，奋力推动各项工作取得新进展。

一、始终在思想上政治上行动上与以习近平同志为核心的党中央保持高度一致，坚决维护总书记的核心地位

始终把维护习近平总书记的核心地位作为最大的政治、作为最重要的政治纪律和政治规矩。牢固树立“四个意识”，坚决维护以习近平同志为核心的党中央权威，自觉向以习近平同志为核心的党中央看齐，始终做到总书记和党中央提倡的坚决响应，总书记和党中央决定的坚决执行，总书记和党中央禁止的坚决不做，始终在思想上政治上行动上与以习近平同志为核心的党中央保持高度一致。特别是在反分裂斗争这个重大原则问题上，严格按照中央对十四世达赖集团的定性、斗争方针和策略办事，始终做到旗帜鲜明、立场坚定、认识统一、表里如一、态度坚决、步调一致。始终把深入学习领会习近平总书记治国理政新理念新思想新战略特别是治藏方略作为坚定信念、武装头脑、推动工作的强大武器。充分发挥市委常委会和理论学习中心组的“龙头”作用，坚持每月至少抽出两个晚上时

间，召集全市地级领导干部和市直各部门负责人开展“学系列讲话·建美丽拉萨”集中学习研讨，及时学习领会习近平总书记系列重要讲话精神，结合拉萨实际，认真研究贯彻落实的具体举措，发展目标更加明确、发展路径更加明晰。始终把宣传以习近平同志为核心的党中央治边稳藏重要战略思想和中央治藏方略伟大实践成果作为教育广大群众坚定“四个自信”、增强“五个认同”、自觉感党恩、听党话、跟党走的重中之重。在农牧民群众、企业职工、青少年学生和僧尼中广泛开展“四讲四爱”主题教育实践活动，累计宣讲1.9万余场次，参加人数230万余人次，编印发放《习近平总书记系列讲话100句》藏汉双语口袋书，组织带动广大农牧民群众像学习毛主席语录一样学习习近平总书记系列重要讲话精神，使农牧民群众从近年来的新生活新发展新变化中切实感受到习近平总书记和党中央对我们的真情关爱，习近平总书记在农牧民群众心中的崇高地位和领袖形象更加巩固。认真贯彻落实中央和区党委一系列重大会议精神，确保中央和区党委的决策部署在拉萨落地生根。认真学习领会党的十八届六中全会、党的十九大和自治区第九次党代会、区党委九届三次全会等一系列重要会议精神，先后召开市委九届二次全会和全市经济工作、农村工作、组织工作、宣传工作、政法工作、统战工作、宗教工作、综治工作、环保工作等重要会议，对贯彻落实中央和区党委系列重要会议精神及相关领域工作及时作出安排部署，紧紧依靠全市各族干部群众抓好工作落实，经济保持较快增长，发展质量稳步提升，社会保持和谐稳定，改革开放全面深化，生态环境保持良好，脱贫攻坚全面推进，民生短板加快补齐，党的建设全面加强。

二、坚持把发展作为第一要务，贯彻新发展理念，着力提高经济发展质量和效益

坚决贯彻习近平总书记“发展是解决西藏所有问题的基础”的重要指示，深刻领会吴英杰书记关于经济社会发展要正确处理好“十三对关系”的要求，坚持稳中求进、进中求好、补齐短板的工作总基调，坚定不移贯彻落实新发展理念，着力补齐发展短板，培育内生动力，经济发展质量和效益不断提升。1—9月，全市地区生产总值354.91亿元、同比增长10.2%，社会固定资产投资455.77亿元、增长16.9%，地方财政收入93.65亿元、增长50%，社会消费品零售总额190亿元、增长12.6%，城乡居民人均可支配收入达到24226元和7620元、分别增长10%和14%。

*特色产业加快发展。*净土健康产业有效拉动农牧业转型升级。以农牧业供给侧结构性改革为主线，着力推动净土健康产业规模化、标准化发展，实施青稞绿色高产高效创建，启动当雄、林周、墨竹工卡等牦牛规模化养殖试点，扎实推进高原奶产业“万户百场十中心”工程，农牧业总产值达到23.28亿元、增长8%，农牧业基础地位更加稳固。文化旅游产业发展质量和效益同步提升。紧紧围绕创建国家首批全域旅游示范区，推动旅游产业提档升级，文化旅游产业投资同比增长15%，接待国内外游客1500余万人次、收入220亿元，分别增长17.7%和21.7%，文化旅游的主导产业地位更加巩固。

*经济活力不断增强。*大力推进“放管服”改革，加强市县乡三级政务服务体系建设，取消行政许可事项76项，下放行政许可110项，政务服务标准化取得阶段性成果。理直气壮做大做强国有企业，市属国有企业总资产达到625亿元、增长70%。深化商事制度改革，降低市场主体准入门槛，全市新登记市场主体和注册资金分别增长27%和31%。深化投融资体制改革，构建地方政府投资、援藏投资和社会投资协同发展的投资促进体系，以PPP模式与企业成功合作建设市县两级污水处理厂项目。全面推进小微企业创业创新基地城市示范建设，研究制定最优惠的创业创新政策，积极搭建创新平台，全市小微企业达到1.2万户，新增就业岗位1.4万个。大力发展园区经济。拉萨经开区坚持转型升级创新发展，北京碧水源、江苏鱼跃医疗等50余家实体企业陆续落地，拉萨综合保税区设立即将完成审批，中尼友谊工业园合作建设正式签约。柳梧新区国家级高新区申建工作进展顺利，高新产业园、金融产业园、创新创业园、电商产业园、总部经济园等园中园建设渐次展开。空港新区围绕重要国际航空枢纽、现代物流、现代服务业区发展定位，基础设施建设加快推进。西藏文化旅游创意园区非物质文化遗产博物馆、藏文化孵化中

心、《金城公主》室内历史舞台剧等14个项目建设进展顺利。

固定资产投资企稳回升。积极克服经济下行及建材供给紧张等带来的各种不利因素，在上半年投资增速严重下滑的情况下，坚持专班推动、联审联批、全程服务，积极扩大有效投资，形成实物工程量，实现了16.9%的增长速度。在固定资产投资中，更加注重处理好重大项目和民生项目的关系，坚持把资金向民生和产业领域倾斜，环城路基本完工，中心医院加快建设，19条市政道路工程开工建设，纳金嘎巴生态牧场、城关乳制品加工厂、曲水农业产业化示范基地等一批产业扶贫项目建设取得实质性进展。

脱贫攻坚成效显著。坚持把打赢脱贫攻坚战作为经济社会发展的头等大事和第一民生工程，更加注重脱贫精度和准度，更加注重易地扶贫搬迁和产业扶贫同步推进，更加注重东西部扶贫协作，更加注重党建促脱贫，更加注重“志智双扶”，做到领导力量、工作力量、技术力量“三到位”，将基础设施建设资金向精准扶贫倾斜，投入资金96亿元，2.6万名党员干部与贫困群众结对帮扶，今年23716人越过贫困线，城关区成功摘帽。发挥首府城市首位度作用，建设全区风湿患者贫困对象羊八井镇安置点，昌都、那曲和阿里150户515人搬迁入住，为全区脱贫攻坚事业做出积极贡献。

对口援藏工作深入开展。积极开展与北京、江苏的互访交流，达成一系列工作成果，推进企业合作、市场开拓、人才科技、产业共建等全方位多领域的深度交流，坚持援藏资金向民生和基层倾斜，今年以来，北京、江苏安排援藏资金6.9亿元实施了一批教育、医疗、扶贫和特色产业项目，极大地促进了拉萨经济社会发展和民族交往交流交融，使拉萨各族群众深切感受到了祖国大家庭的温暖。

三、坚持以人民为中心的发展思想，持续保障和改善民生，不断提高各族群众生活水平

认真贯彻习近平总书记“牢牢把握改善民生、凝聚人心这个出发点和落脚点”的重要指示，按照吴英杰书记“狠抓民生改善，不断提高人民幸福指数”的要求，始终把改善民生作为工作的重中之重，从人民群众最关心最直接最现实的利益问题入手，努力实现好维护好发展好各族群众的切身利益，不断增强各族群众的获得感、幸福感。

教育事业优先发展。坚持将教育作为社会公平的基础、拉萨发展的希望，全力推进教育均衡化标准化发展，新建改扩建各类学校118所。更加注重教育质量提升，扎实推进教育人才“组团式”援藏，大力实施教师教育振兴计划，全面推进乡村教师支持计划，继续重奖优秀教师及团队，高考取得历史最好成绩，市直高中高考上线率97.76%，比去年提高10个百分点，比全区平均水平高出16个百分点。大力发展职业教育，今年我市2000多名中职毕业生，除部分升入高职或普通高校外，其余全部实现就业。

市场就业扎实推进。坚持把就业作为最大的民生工程、民心工程、根基工程，更加注重发挥市场的就业导向性作用。统筹抓好高校毕业生、农牧区转移就业人口、建档立卡贫困人口等重点人群就业，动态消除“零就业家庭”。建成市人力资源市场和109个基层公共就业社会保障服务平台，开发就业岗位3万余个，新增城镇就业1.6万余人，高校毕业生市场就业695人，城镇失业率控制在2.2%以内。

医疗保障不断完善。积极推进健康拉萨建设，医疗卫生体系不断完善，医疗服务质量不断提高，国家卫生城市创建顺利通过复审。推动公立医院发展，充分发挥“组团式”援藏医疗人才优势作用，着力打造重点学科，补齐科研短板，手把手传帮带医疗技术，医技能力水平整体提升，市人民医院成功创建“三甲”医院。市中心医院建设进展顺利，公立医院实现药品销售“零差价”。加强包虫病等重大疾病防控，全面完成53万人包虫病筛查防治工作，支援阿里地区开展包虫病筛查。推进风湿病患者自愿实施人工膝关节置换工作，让更多群众摆脱高原病、地方病的困扰。

社保体系更加健全。更加注重社保的普惠性和兜底功能，坚持全覆盖、保基本、多层次、可持续方针，加强城乡社会保障体系建设，切实兜住各族群众的基本生活保障底线。完成全民参保计划暨社会保障卡信息数据采集工作，五大社会保险参保人数达53万人。持续提高城乡低保标准，做好社会福利服务工作，孤残弃儿童集中供养率和五保老人意

愿集中供养率均达100%。建成保障性住房644套，困难群众住房需求不断得到满足。

文化惠民扎实推进。坚持发展社会主义文化，更加注重群众的精神需求，不断丰富各族群众的文化生活。国家公共文化服务体系示范区创建工作深入开展，基层群众公共文化管理和服务体制不断完善，今年7月顺利通过文化部中期督查。广泛开展文艺创作和群众性文艺活动，面向全国策划开展“欢乐一家亲”歌曲征集活动，推出了《我们的新农村》《桑竹林的变化》等一批群众喜闻乐见的优秀文艺作品，社会主义文化对群众的吸引力持续提升。群众性体育活动蓬勃发展，竞技体育水平不断提高，民族传统体育得以传承，体育事业发展呈现喜人局面，我市体育健儿多布杰获得十三届全运会男子万米长跑金牌，为西藏赢得了荣誉、为拉萨增添了光彩。

四、坚持人与自然和谐共生，生态环境持续保持良好

认真贯彻习近平总书记“保护好青藏高原生态就是对中华民族生存和发展的最大贡献”的重要指示，按照吴英杰书记“用心呵护‘世界上最后一方净土’这块金字招牌”的要求，坚持尊重自然、顺应自然、保护自然，治标治本多管齐下，坚定不移推进美丽拉萨建设。

坚守生态安全底线。严格落实“党政同责”“一岗双责”，严格执行环境保护“一票否决”制度，严把项目建设产业政策关、资源消耗关、生态环境关，严禁“三高”项目进入拉萨。落实最严格的生态环境保护制度，落实环境保护责任，大力推行属地、行业、业主+环保督察“3+1”工作模式，高度重视解决群众反映强烈的突出环境问题，认真开展自查自纠和问题整治，特别是认真办结中央环保督察组移交的案件708件，依法依规严肃追责问责70人，各族群众切实看到了实实在在的成效，感受到了党委政府保护生态环境的坚定决心。

大力推进生态工程。积极建设生态文明示范城市，规划和启动绿色围城，大力实施国土绿化工程，坚持见缝插绿、宜草则草、宜林则林，积极消除“无树村无树户”，植树造林3.29万亩、封山育林1.13万亩。稳步推进拉萨河生态治理工程和拉鲁湿地保护工程，在全区率先推行河长制，水环境质量持续保持良好，地表水、地下水、城市集中式饮用水均达到相应功能区划标准。

稳步推进生态富民。坚持正确处理保护生态和富民利民的关系，更加注重让农牧民群众吃上生态饭、走上致富路，各族群众在保护生态的同时切实得到了实惠。全面兑现草原保护补助奖励和森林生态效益补偿，落实各类生态补偿资金2.2亿元。加快完善生态补偿机制，设立生态公益林管护员、天然林管护区护林员等岗位13711个，群众实现增收4113万元。

优化城乡人居环境。启动拉萨河综合整治、绿色围城、城市水系打造规划编制工作。达孜撤县设区。推进墨竹工卡县甲玛乡、尼木县吞巴乡、当雄县羊八井镇和纳木湖乡特色小城镇示范点建设，羊八井镇入围第二批全国特色小镇。全面开展大气、水、土壤污染防治工作，集中整治城市生活污水直排问题，持续推进“禁白”，试点开展生活垃圾分类处理工作，主要污染物排放量低于国家核定标准。积极推广清洁能源车辆，有序淘汰黄标车，大力倡导绿色出行方式，稳步推进清洁供暖，空气优良天数比例达到98.5%，空气质量排名全国第二。

五、坚持稳定压倒一切的思想不动摇，全力维护社会和谐稳定

认真贯彻落实习近平总书记“西藏工作的着眼点和着力点必须放到维护祖国统一、加强民族团结上来，核心是做好反分裂工作、维护国家安全”的重要指示，按照吴英杰书记“推动社会治理由‘要我稳定’向‘我要稳定’转变”的要求，下好先手棋，打好主动仗，坚持以最高标准、最强举措、最严要求，一个阶段一个阶段部署，一个环节一个环节展开，一个战役一个战役打赢，有力确保了“三无”“三不出”“三稳定”。

反分裂斗争持续深入。坚持中央对达赖集团斗争方针，牢牢掌握斗争主动权，全面研究对敌斗争新趋势、新变化、新任务，不断强化情报信息引领防控、服务实战的职能作用，有效提升了情报收集工作的深度和广度。以防范“输入型”“潜入型”隐患为重点，加强重点区域重点部位管控，持续深

化重点人群服务管理，严密防范、依法打击分裂渗透破坏活动，破获多起危安案件，及时阻止意图自焚事件，有力挫败了达赖集团在拉萨制造轰动效应的企图。

*依法治市水平不断提升。*坚持依法治市、依法执政、依法行政共同推进，以法治思维和法治方式深化改革、推动法治，建设社会主义法治文化，树立宪法法律至上、法律面前人人平等的法治理念，提高法治化建设水平。制定实施“七五”普法规划，建立健全法治创建考评体系和标准，以普法为抓手，编印发放藏汉双语普法宣传教育手册，教育引导广大群众尊法守法懂法用法。检察建议、司法建议有力助推依法行政，行政执法队伍能力和水平显著提升，行政决策更加依法、依规、科学。严格规范公正文明执法，深化司法体制改革，认真落实司法责任制，努力让人民群众在每一个司法案件中感受到公平正义。

*社会治理体系不断完善。*坚持系统治理、依法治理、综合治理、源头治理，推动社会治理重心向基层下移，健全党政军警民联防联控工作机制，构建快捷高效的扁平化指挥体系。有效融合警力、民力、科技资源，依托网格化管理、专项整治、联勤防控、合成作战及寺庙服务管理、流动人口动态管理等工作机制，推进立体化治安防控体系建设。加强实有人口、重点高危人员和群体的信息采集，建立风险隐患动态排查管控机制，落实管控措施。全面推进“平安创建”活动，建立健全社会治理领域责任落实制度，基层干部认真负责、各族群众主动参与，夯实了维护稳定的根基，织密了维稳防控的网络，确保了人民安居乐业、社会安定有序。

*宗教事务管理持续加强。*加强国家安全教育，教育引导各族干部群众树立国家安全意识。牢牢抓住藏传佛教和寺庙这个维护稳定的“牛鼻子”，分析研究涉宗领域形势动态，完善预案、提前谋划，努力做到未雨绸缪、防患未然。牢牢掌握涉宗领域维稳工作主动权，分类分层分级落实寺庙管理责任和措施，有效控制宗教活动规模，严密防范境内外勾连滋事、渗透破坏等情况发生。坚持宗教中国化方向，着力在“导”上下功夫，积极引导宗教与社会主义社会相适应。深入推进“四讲四爱”主题教育活动，深化寺庙爱国主义教育、法制宣传教育、寺规戒律教育等，积极培养政治上靠得住、宗教上有造诣、品德上能服众的宗教界代表人士，引导他们发挥表率作用，营造爱国爱教遵规守法的良好氛围。着眼于淡化宗教消极影响，充分调动人大代表、政协委员、各行业先进分子、双联户代表，特别是驻村工作队、下沉干部、网格长等一线工作力量，广泛宣传正能量，引导信教群众移风易俗，依靠勤劳双手努力追求幸福美满今生，今年以来我市各项宗教活动参与人次同比下降均在20%以上。

*矛盾纠纷排查形成长效机制。*坚持“重点要防、难点要盯、热点要疏、一般要复”的原则，全面落实信访事项排查化解责任制、领导干部包案制和领导干部接访、下访、回访、联系群众制度，依法依规把群众合理合法的利益诉求解决好，确保信访案件“零搁置”，社会治安状况持续向好，特别是在党的十九大召开期间，全市未发生一起群体性上访和聚集闹访、越级上访、进京上访。

*民族团结进步深入开展。*牢牢守住民族团结这个“生命线”，认真落实《拉萨市民族团结进步条例》，依法治理民族事务，稳慎处理民族问题，深入开展共产党员先锋活动、共青团员闪光行动、少先队员牵手行动、巾帼添彩行动等民族团结进步创建活动。注重对学生进行民族团结教育，推进民族团结进校园、进教材、进课堂、进头脑。在全市党政机关和全社会继续推进藏汉双语互学互助，“民族团结一家亲”和民族团结联谊活动深入开展。鼓励各族群众交往交流交融，44户来自内地的种养大户和种养企业在拉萨投资兴业，带动当地群众发展致富。我市民族工作得到了中央和区党委的充分认可，被国家民委命名为“全国民族团结进步创建活动示范市”。

*安全生产管理能力持续提高。*在拉萨经开区、柳梧新区、空港新区、文创园、达孜工业园区设立安全生产监督管理局，安全生产监督管理工作体制不断完善。严格落实安全生产“党政同责”，深化重点行业、关键领域专项治理，突出人员密集场所和重点工程施工现场，持续开展安全隐患排查和整治工作，有效预防了重大安全事故的发生，实现了重特大安全事故“零发生”和事故起数、死亡人数

"双下降"的工作目标，为经济社会发展创造了良好的安全生产环境。

六、坚持全面从严管党治党，以党的政治建设为统领不断提高党的执政能力和执政水平

认真贯彻习近平总书记"做好西藏工作，必须坚持党的领导，全面加强党的建设"的重要指示，按照吴英杰书记"切实把党要管党、从严治党落到实处"的要求，不断加强和改进党的建设，切实把党要管党、从严治党落到实处，进一步夯实了党在拉萨的执政根基。

*常委会工作规范高效。*市委常委会发挥总揽全局、协调各方的领导作用，强化抓全盘、抓各项工作的主体责任，全面贯彻落实中央八项规定精神，认真落实民主集中制，带头严格执行党内生活制度，提高科学决策、民主决策、依法决策水平，形成了为民务实清廉的作风新常态，为全市各级党组织和广大党员干部作出了示范、树立了榜样。

*党纪党规严格落实。*坚持把党的政治纪律和政治规矩挺在前面，教育引导广大党员干部始终牢记"五个必须"，坚决防止"七个有之"，严守党纪党规，自觉维护党中央的权威和集中统一领导，营造风清气正的政治生态。严禁党员干部信仰宗教、参与宗教活动，严肃查处妄议中央、对党不忠诚不老实、追随十四世达赖集团、充当"两面人"的党员干部和国家公职人员，切实维护党章党规的严肃性和权威性。今年以来查处违反政治纪律问题3件3人，党的十八以来累计查处违反政治纪律问题7件7人。

*党对意识形态工作的领导不断加强。*坚持党管宣传、党管意识形态、党管媒体，理直气壮地宣传社会主义核心价值观，大力弘扬民族精神和时代精神，不断赋予"老西藏精神""两路精神"新的时代内涵，不断夯实各族群众共同团结奋斗的思想基础，主旋律更响亮、正能量更强劲。严格落实各级党委（党组）意识形态工作责任，将意识形态目标责任考核纳入年终目标绩效考核内容。深入推进精神文明建设，顺利通过全国文明城市综合迎检测评，蝉联"全国文明城市"荣誉称号。创办《拉萨日报》，推进媒体融合发展。

*基层基础不断夯实。*高标准推进村级组织换届工作，班子成员中党员达到100%。设立市县两级专项扶持资金，村级集体经济发展实现全覆盖。新建改扩建228个村级活动场所，预计年底前全部投入使用。深化"强党固基扶村"工作，积极推动乡镇职能和干部下沉，基层治理能力不断提升。全面推行街道"大工委"和社区"大支委"制，城市区域化党建工作格局初步形成。坚持党对国有企业的领导，国有企业党建工作不断加强。大力加强基层党组织建设，非公经济组织党组织覆盖率达到16.79%，社会组织党组织覆盖率达到93.39%，其他领域党组织覆盖率达到100%。全面推行党组织领导下的校长负责制，学校思想政治工作进一步加强。持续深化干部驻村工作，帮助村级组织建立规章制度2000余条，落实项目370多个。

*各级领导班子、干部队伍、人才队伍建设持续推进。*坚持习近平总书记提出的好干部标准和"三个特别"的要求，选优用好干部、配齐配强班子，调整干部200余人。深化干部教育培训，利用党校和区内外现场教学基地培训党员干部1.7万人次，县级干部在线网络学习实现全覆盖。加大校地和区域人才合作力度，在北京江苏开辟拉萨人才培养基地，人才工作开放共享格局初步形成。围绕净土健康和文化旅游产业发展，开展"产业人才培养年"活动，培训产业人才1000人。

*党风廉政建设和反腐败斗争更加深入。*严格落实主体责任和监督责任，正确运用监督执纪问责"四种形态"，严格落实中央八项规定精神，驰而不息整治"四风"，查处违反中央八项规定精神问题12件14人，给予党纪政纪处分12人。深化"双述"工作，工作情况和经验被中央纪委《纪检监察信息》采编并向全国印发，由自治区纪委向全区推广。优化机构、整合力量，纪检派驻监督实现全覆盖。扎实开展巡察工作，政治巡察26个市直部门，发现问题190条。坚持零容忍惩治腐败，受理信访举报229件次，立案76件，给予党纪政纪处分133人。

我们坚持党的领导、人民当家作主、依法治国有机统一，不断强化社会主义民主政治建设。支持人大依法开展工作。人大常委会讨论决定重大事项规定、第十一届人民代表大会及其常务委员会五年立法规划等一批法规和制度先后出台，人大工作更加科学规范，紧紧围绕我市改革发展稳定等各领域

工作开展立法调研、执法检查和视察，确保了党和国家的法律法规在我市的落实，有效发挥了人大的立法职能作用。坚持和完善中国共产党领导的多党合作和政治协商制度。市政协围绕市委市政府和各族群众关心的“规范电动车管理”“‘一河三渠’治理”等热点难点问题，积极组织政协委员协商座谈，为我市经济社会发展建言献策。充分发挥统一战线重要法宝作用，畅通渠道，拓展平台，各族各界代表人士与党和政府的关系更加紧密，新时期爱国统一战线不断发展壮大。重视群团工作。切实加强党对工会、共青团、妇联和文联、科协、残联等人民团体的领导，充分发挥其在经济发展、维护稳定、联系群众的桥梁纽带作用。大力推进军民融合发展。召开驻拉部队全面停止有偿服务军地协调领导小组会议，全力配合驻拉部队全面停止有偿服务工作。坚持把推进军民融合深度发展与服务地方经济发展、社会稳定、生态建设、产业建设等紧密结合起来，推动军地双方共建共享、共同发展，加快形成全要素、多领域、高效益的军民融合深度发展格局。

一年来，在工作和实践中我们深刻体会到，我市作为全区政治、经济、文化中心和历史文化名城、青藏高原净城、藏区维稳要城、改革开放新城，在全区乃至整个藏区处于极为重要的地位，做好拉萨的工作责任重大，使命光荣。我们深深体会到，做好拉萨工作，必须始终坚持党中央的集中统一领导，确保经济社会发展的正确政治方向；必须始终坚持习近平新时代中国特色社会主义思想，把这一伟大思想贯穿于拉萨率先全面建成小康社会和开启全面建设社会主义现代化新征程的各方面、全过程；必须始终坚持习近平总书记治边稳藏重要战略思想在拉萨的生动实践，深入实施“六大战略”，一张蓝图绘到底、一茬接着一茬干；必须始终坚持以人民为中心的思想，坚持人民主体地位，始终把人民利益摆在至高无上的地位，保持同人民的血肉联系，同人民想在一起、干在一起；必须始终坚持实事求是，确保各项工作的科学性有效性；必须始终坚持开拓创新，确保各项事业发展有新动力新活力；必须始终坚持各项工作走在全区前列、保持领先地位，为全区改革发展稳定工作提供可复制可借鉴的经验。

一年来，各级党组织和广大党员干部敬业履职、勇于担当，勤奋工作、锐意进取，各族群众同心同德、团结奋斗，感党恩、听党话、跟党走，共同为我市各项事业取得新的成就做出了积极贡献。在此，我代表市委向全市广大党员干部和各族群众表示衷心的感谢，并致以崇高的敬意！

在总结成绩的同时，也要清醒地认识到工作中还存在着一些不容忽视的问题，亟须加以改善和解决。一是经济社会发展不平衡不充分的问题仍然突出；二是净土健康等特色产业发展仍处于较低水平发展阶段；三是脱贫攻坚工作需要进一步加强；四是人才短缺的瓶颈没有突破；五是实现拉萨长治久安还需在解决深层次问题建立长效机制上下功夫；六是基层组织和基层政权建设还存在着薄弱环节，干部的能力、素质、作风、工作状态和总书记“八个本领”要求相比，和新时代新形势新任务的要求相比还有较大差距，我们还要继续努力。

同志们，功崇惟志、业广惟勤。让我们更加紧密地团结在以习近平同志为核心的党中央周围，在区党委的坚强领导下，以习近平新时代中国特色社会主义思想为指引，深入学习宣传贯彻落实党的十九大精神，不忘初心、牢记使命，以高度的政治自觉、思想自觉和行动自觉，团结拼搏、扎实工作，为在全区率先全面建成小康社会，开启全面建设社会主义现代化拉萨新征程而努力奋斗！

政府工作报告

——在拉萨市第十一届人民代表大会第三次会议上

市长　果　果

（2018年1月11日）

2017年工作回顾

过去一年，在以习近平同志为核心的党中央亲切关怀下，在自治区党委、政府和市委坚强领导下，我们深入贯彻落实党的十八大、十九大精神，以习近平新时代中国特色社会主义思想为指导，紧紧围绕区市第九次党代会、区市党委九届三次全会和经济工作会议的决策部署，始终坚持以人民为中心的发展思想，正确处理好“十三对关系”，坚持稳中求进、进中求好、补齐短板工作总基调，以新发展理念积极适应引领发展新常态，以提高发展质量和效益为中心，以供给侧结构性改革为主线，深入实施“六大战略”，奋力推进团结美丽健康幸福新拉萨建设。

2017年，全市预计完成地区生产总值478.3亿元，增长11%；全社会固定资产投资652亿元，增长12%；社会消费品零售总额260亿元，增长13%；财政收入141.6亿元，增长31.7%。其中，一般公共预算收入89.6亿元，增长25.9%；城镇居民人均可支配收入32321元，增长10%；农村居民人均可支配收入13108元，增长14.5%；居民消费品价格涨幅控制在1.6%；城镇登记失业率控制在2.2%以内。

一、促进投资消费，经济增长动力稳步提升

坚持适度扩大总需求，持续加大项目投资力度，促进消费市场平稳健康。拉林、泽贡高等级公路和环城路路网建成通车，国道109线拉萨至那曲控制性工程、S5线开工建设，拉林铁路有序推进，藏中南3小时经济圈加快形成。建成聂当等110千伏输变电工程3座，纳金水厂、中心医院、柳东大桥等重大城镇基础设施和民生项目投资过半，综合基础设施不断完善。持续深化受援工作，落实援藏投资8.9亿元，安排建设项目131个。积极开展各类节日促销活动，大力发展电商贸易平台，完成木材、二手车等交易市场搬迁，新建、改造农贸市场3个，房地产销售面积超过100万平方米，汽车、餐饮、休闲等消费日趋旺盛，城乡居民消费水平稳步增长。

二、强化产业支撑，自我发展能力持续壮大

净土健康产业快速发展，积极实施“万户百场十中心”工程，完成3000家养殖示范户挂牌，奶牛存栏8.6万头，奶产量达10万吨。城关区高标准奶牛养殖中心被评为国家级标准化奶牛养殖示范区、畜禽养殖标准化示范场、奶牛产业技术体系综合试验站。牦牛短期育肥出栏5600头，藏鸡存栏52万只。开展安格斯肉牛养殖试验。食用菌、雪菊、藜麦、汉藏药材、林木花卉等种植业规模持续

扩大。严格落实粮食安全责任制，青稞种植面积30万亩，加工转化量达3.9万吨。粮经饲比例达到65.63∶17.04∶17.33。出台“拉萨净土”品牌使用办法，拓展线上线下营销网络，完成17类170项产品商标注册，“拉萨净土”区域公用品牌知名度不断提高。大力发展文化旅游产业，编制《拉萨市全域旅游发展规划》，新增A级景区2个、星级宾馆2家，雪鹰通用航空投入试运营，成功举办首届藏东南环线区域旅游战略合作活动暨藏中旅游东环线推介会，在市区和旅游景区安放牵引式移动公厕30座。推进西藏非物质文化遗产博物馆、《金城公主》舞台剧等14个文化产业项目建设，制作《驻藏大臣》《吉祥拉萨》纪录片，文化旅游产业对经济发展的带动作用更加凸显。全年接待国内外游客1606万人次，实现旅游总收入227.4亿元，分别增长17.6%和21.9%。天然饮用水产销量达到54.3万吨、实现产值12.1亿元，清洁能源、绿色矿产业稳中有升，预计完成规模以上工业增加值60.6亿元，增长15%。加快信息产业发展，移动通信网络进入4G时代，成功申报“宽带中国”示范城市，“新型智慧城市”建设积极推进，完成立体停车场、公共场所免费wifi等试点项目前期工作。金融体系不断完善，重点项目融资有序推进，设立我市首家村镇银行，全市各类金融机构达到284家，中小微企业融资难问题得到缓解。年末存款余额2766亿元，增长10.4%，贷款余额2622亿元，增长32.3%，金融业增加值超过20%。

三、深化改革开放，市场发展活力不断增强

深化“放管服”改革，推进“两集中两到位”，38家单位的151项行政审批事项和17项便民服务事项实行集中办公。建立完善行政审批事项等7项清单，取消、不得行使、下放行政许可事项21项，取消各类证明材料14项。推进商事制度改革，设立工商注册“绿色通道”，启动“多证合一、一照一码”改革，新增市场主体1.65万户。全市各类市场主体达到7.5万户、注册资金达到3872亿元，分别增长50%和134%。上市企业达到12家。推进国企国资改革，开展新一轮整合重组，形成国有企业“11+3”格局，市场竞争力、影响力不断增强。国有企业资产总额达到660亿元，完成营业收入64.8亿元，实现利润总额5.9亿元，上缴税费5亿元，提供就业岗位5万个。支持和鼓励非公经济发展壮大，非公企业达1.77万家，注册资金2779亿元。深化开放合作发展，综合保税区申报建设加快推进，中尼友谊工业园项目成功落地。市属企业对外投资迈出新步伐，对尼泊尔投资超过300万美元。预计全年完成进出口贸易总额44亿元，增长6.8%。加强招商引资工作，在内地5座一线城市设立6个产业交流中心，积极举办、参加区内外经贸洽谈，推进“央企助力富民兴藏”合作项目建设，落实项目50个。全年招商引资实际到位资金300亿元，增长12%。

四、实施创新驱动，调结构转方式步伐全面加快。积极推进科技创新与经济发展深度融合，投入科技项目资金5200万元，实施重大科技创新项目35个。设立科技专家工作站7个，院士工作站增至2个，2家众创空间被确定为国家备案众创空间。全市现有高新技术企业27家，科技型中小企业51家，专利授权298项，科技进步贡献率达到45.2%，重点领域科技创新能力不断增强。大力普及科学知识，科普率提升至92%。继续深化“两创示范”工作，出台“双创”支持政策92项，减免税收1.13亿元。在深圳等地建立3家“创业创新实践基地”，帮助103名高校毕业生和185名农牧民群众成功创业。高新区获批国家第二批“双创”示范基地。发展壮大优势资源品牌，全市商标注册数量达到8000件，拥有驰名商标、著名商标、地理证明商标和区域公用商标90件，注册马德里国际商标2件。积极推进全国质量强市示范城市创建工作，完成净土健康六大产业标准体系建设，编制各类标准635项，《藏香》国家标准通过立项审批。

五、统筹城乡发展，区域发展差距逐步缩小

修订后的《拉萨市城市总体规划（2009—2020年）》获国务院批复同意，城市建设用地增至77.88平方公里。达孜撤县设区，堆龙城市副中心建设积极推进。出台户籍制度改革实施意见，有序放开落户限制，促进人口合理流动。成立拉萨市城市管理委员会，进一步整合市政管理事权，推动执法重心下移。新建、续建农村公路项目41个，农村公路通车总里程达到4644公里，覆盖全市所有乡镇、村居。完成投资3.2亿元，建设涉农项目33个，农村安全饮水、高效节水灌溉、造林绿化等工程全面实施。在全区率先完成新一轮农网升级改造，农牧区户均配电容量达到4.26千伏安。认真抓好农村土地制度改革，完成4.35万户、66.2万亩土地确权登记颁证。有序推进甲玛、吞巴、羊八井、纳木湖4个特色小城镇建设。“村村通”、农村电影放映、农家书屋等文化惠民工程深入实施，在6个县（区）设立广播电视台，完成有线电视数字化和数字影院建设项目。建成县（区）综合文化活动中心、非遗传习基地等一批重大项目。农牧区生产生活条件持续改善，公共文化服务供给不断加强，城乡收入差距缩小1.6个百分点，人民群众生活更加富足。

六、推动精准扶贫，脱贫攻坚战初步告捷

坚持把脱贫攻坚作为头等大事和第一民生工程，注重产业先行、志智双扶。羊八井风湿病患者集中安置点搬迁入住。城关区恩惠苑、经开区B区等5个集中安置点全面建成，搬迁群众2411户9302人。开工建设产业项目92个，带动9088名建档立卡贫困群众全面脱贫。开展技能技术培训125期，转移就业4811户6181人。向7671名贫困家庭学生发放资助金3456万元，为9398名贫困群众报销医疗费用3215万元。落实生态补偿岗位26260个，兑现补助资金7878万元。率先实现“两线合一”，累计发放农村低保金和“两线合一”补贴资金6853万元。97.3%的建档立卡贫困人口越过贫困线，城关区率先脱贫摘帽，基本实现了既定目标任务。

七、加强民生保障，群众生活水平不断提升

将市级可用财力的80%用于民生支出。加快教育事业发展，投入经费3.8亿元，全面落实免费教育和“三包”政策及营养改善计划，“三包”生均标准再提高240元。新建城乡幼儿园75所，新建、改扩建中小学40所。达孜、当雄通过义务教育均衡发展国家评估认定。组团式教育受援学校增至9所。全市高考成绩再创佳绩，市直6所高中高考上线率达到97.8%，高出全区平均水平16个百分点。积极推进社会就业，开发就业岗位3.07万个，实现城镇新增就业1.6万人，农牧区劳动力转移就业19.1万人次。统筹做好社会保障，实施全民参保计划，采集数据54万条，在全区率先实现“五险合一”，各险种参保人数达到55.56万人。加强社会救助，残疾人托养康复中心投入运营，低保标准增至城镇每人每月764元、农村每人每年3411元，孤儿、有意愿五保对象集中供养率分别达100%和80.7%。加强住房保障，基本建成公租房1230套，实施棚户区改造项目11个，建成易地扶贫搬迁和小康安居住房3480套。卫生健康事业快速发展，初步建立分级诊疗体系，全面取消公立医院药品加成，顺利完成53万人包虫病筛查防治工作，孕产妇、婴儿死亡率分别下降至31.7/十万和4.68‰。市人民医院成为全区首家地（市）级“三甲”医院，6家县医院成功创建“二乙”医院，顺利通过国家卫生城市复审。推进国家食品安全示范城市创建工作，监管体制机制不断健全，食品药品安全形势稳中向好。积极推广工间操、规范舞等全民健身活动，承办全国性围棋、篮球、足球等竞赛项目和文体活动50余场次，直接影响和带动参与群众达30余万人次。“拉萨城投”足球队冲入国内职业联赛，我市体育健儿多布杰获得全运会男子万米长跑冠军。

八、突出环境治理，生态环境持续改善向好

用心呵护“世界上最后一方净土”的金字招牌，坚定不移推进美丽拉萨建设。大力开展植树造林，推进国土绿化。完成植树造林3.28万亩、封山育林1.13万亩、防沙治沙5.1万亩，治理水土流失面积5000公顷。自治区级生态村、乡镇命名率分别达到74%和67%。积极开展环境污染综合防治，科学划定城市禁燃区，取缔燃煤锅炉22台，关停“地条钢”、水泥等落后产能企业5家，淘汰黄标车及老旧车辆3100辆，完成7100户电采暖改造。扎实做好水源地定期监测和土壤采样，处置各种危险废物55吨，建成生活垃圾焚烧发电厂。推广绿色清洁能源应用，新投入运行14座光伏电站，发电容量23万千瓦。新增新能源公交车128辆、出租车192辆，投放共享单车6700辆。全市空气质量优良率达98.9%，主要江河、湖泊等地表水水质均达到Ⅲ类标准，集中式饮用水水源地水质达标率100%。严格落实环境保护责任，认真办结中央环保督察组转办案件708件，追责问责70人。

九、创新社会治理，社会局势更加和谐安定

把确保党的十九大胜利召开作为全年社会治理工作的主线，始终高举法律旗帜，依法打击分裂渗透破坏活动，重拳惩治违法犯罪行为，坚决确保国家安全和公共安全。推进立体化社会治安防控体系建设，加强人、地、事、物、组织等治安要素信息采集，扎实做好实有人口、特殊人群动态监管，社

会治安形势总体稳定。全面启动“七·五”普法工作。扎实开展矛盾纠纷排查化解，办结信访事项992批3000人次，办结率为92.7%。加强安全生产监管，扎实开展大检查大排查，安全事故发生起数、死亡人数分别下降7%和5.3%，实现重特大安全事故“零发生”。加强宗教事务管理，全面落实利寺惠僧政策，投入寺庙基础设施建设资金3685万元，极大改善了僧尼修行生活环境。深入推进民族团结进步事业，广泛开展“民族团结一家亲”等联谊活动，引进44户种养大户和企业在我市投资兴业。

十、为民务实清廉，政府自身建设不断加强

强化责任担当，坚决落实市委决策，依法接受人大法律监督和工作监督，自觉接受政协民主监督和社会监督，支持工商联和无党派人士参政议政。办理区市两级人大代表建议议案240件，政协委员提案286件，建议提案办复率、代表委员回访率均达100%。坚持依法行政，出台法治政府建设三年行动规划，推行政府法律顾问制度，建立“随机抽查”事项清单，向市人大常委会提请审议法规草案1件，颁布政府规章1件、规范性文件5件。推进政务公开，加快实施“互联网+政务服务”，升级改版政府门户网站，推行网上办公，共享部门数据资源，实行重大决策、重大事项及时全面公开。严格执纪问责，全面落实党风廉政建设责任制，共问责落实责任不力单位20家、党员干部132人。严肃查处违反中央八项规定精神、公职人员参与赌博和带有赌博性质娱乐活动问题，给予政纪处分26人。此外，审计、统计、外事、编译、档案、地震、保密、工青妇、气象、人防、人民武装等其他事业取得新突破。

各位代表！过去一年，在市委正确领导、全市干部群众共同努力、社会各界大力支持下，我市继续保持了经济持续健康发展、社会大局和谐稳定、生态环境保持良好、社会事业全面进步、民族团结巩固深化、宗教领域和睦和谐的良好态势，蝉联和荣获全国文明城市、全国民族团结进步创建活动示范城市、中国最具幸福感十佳城市、中国最具特色旅游城市等多项荣誉称号。在此，我代表市人民政府，向全市各族人民群众，向北京、江苏两省市人民，向人大代表、政协委员和广大离退休干部职工，向驻市各中（区）直单位，表示衷心的感谢！向驻市人民解放军、武警官兵、政法干警，向所有关心支持拉萨改革发展稳定事业的各界人士，致以崇高的敬意！

在总结成绩的同时，我们也清醒地认识到，我市经济社会发展还存在不平衡不充分的突出问题，需要进一步改善和解决。一是特色产业发展仍处在较低水平，创新驱动瓶颈急需突破，自我发展的内生动力有待提高；二是基础设施滞后的短板仍需补齐，基本公共服务承载压力较大，脱贫攻坚工作需要持续加力；三是维护社会和谐稳定的任务依然艰巨；四是政府自身建设与新时代党对政府工作的新要求和人民群众的新期待，还有一定差距。对此，我们一定要勇于担当、切实解决，决不能辜负党和人民的重托与期望。

2018年主要工作

2018年，是贯彻落实党的十九大精神的开局之年，是改革开放40周年，是决胜全面建成小康社会、实施“十三五”规划承上启下的关键一年，也是我市率先在全区打赢脱贫攻坚战、实现全面整体脱贫的决胜之年。全市政府系统要把学习贯彻党的十九大精神作为当前和今后一个时期的首要政治任务，始终在思想上政治上行动上与以习近平同志为核心的党中央保持高度一致，保持艰苦奋斗、戒骄戒躁的作风，以时不我待、只争朝夕的干劲，广泛凝聚起同心共筑中国梦的磅礴力量，不断开创拉萨各项事业新局面。

*要深思细悟，学懂弄通。*牢牢把握党的十九大确立的新理念、新论断、新任务、新举措，把着力点聚焦到习近平新时代中国特色社会主义思想是党必须长期坚持的指导思想上，聚焦到中国特色社会主义进入新时代、我国社会主要矛盾已经转化为人民日益增长的美好生活需要和不平衡不充分的发展之间的矛盾等重大政治论断的深远影响上，聚焦到贯彻落实党的十九大的重大决策部署上，聚焦到以习近平同志为核心的新一届中央领导集体是深受全党全国各族人民拥护和信赖的领导集体上，聚焦到习近平总书记是全党拥护、人民爱戴、当之无愧的党的领袖上。努力掌握党的十九大精神的政治意义、历史意义、理论意义、实践意义，更加自觉地运用党的十九大精神推动拉萨改革、发展、稳定各项工作。

要高举旗帜，维护核心。坚决维护习近平总书记作为党中央和全党核心的地位，深刻领会习近平新时代中国特色社会主义思想的历史地位和丰富内涵。自觉增强“四个意识”，在思想上充分信赖核心，在政治上坚决维护核心，在组织上自觉服从核心，在感情上深刻认同核心，以党的旗帜为旗帜、以党的方向为方向、以党的意志为意志，始终在政治立场、政治方向、政治原则、政治道路上与以习近平同志为核心的党中央保持高度一致，坚决贯彻落实自治区党委、政府和市委各项决策部署。

要严守纪律，服从组织。坚持党对一切工作的领导，自觉肩负起维护党中央权威和集中统一领导的政治责任。坚决服从市委集中统一领导，自觉维护市委权威，带头执行市委决策，严格落实市委要求。全面落实重大决策、重大问题向市委请示报告制度。严格规范开展政府系统党内组织生活，准确落实民主集中制，不断提高政府系统党员领导干部政治觉悟和政治能力。

要聚焦目标，凝聚力量。对党的十九大确定的各项目标任务，整体把握、抓住关键，紧紧围绕实现“两个一百年”奋斗目标、实现中华民族伟大复兴中国梦，真抓实干、埋头苦干，一个时间节点一个时间节点往前推进，以钉钉子精神全面抓好落实，毫不动摇、全力以赴，为实现拉萨人民过上更加美好幸福的生活而矢志奋斗。

今年政府工作的总体要求是：高举习近平新时代中国特色社会主义思想伟大旗帜，全面贯彻落实党的十九大精神，深入贯彻落实中央第六次西藏工作座谈会精神，按照区市第九次党代会、九届三次全会和经济工作会议的部署，坚持稳中求进、进中求好、补齐短板工作总基调，坚持新发展理念，以深化供给侧结构性改革为主线，以提高供给体系质量为主攻方向，以处理好“十三对关系”为根本方法，牢牢抓好发展、稳定、生态三件大事，深入实施“六大战略”，适度扩大总需求，扎实做好稳增长、促改革、调结构、惠民生、防风险各项工作，在打好防范化解重大风险、精准脱贫、污染防治三大攻坚战方面取得扎实进展，确保拉萨经济社会持续健康发展，在决胜全面建成小康社会进程中始终走在全区前列。

今年经济社会发展的主要预期目标是：地区生产总值增长10%，全社会固定资产投资增长16%，一般公共预算收入增长7%，社会消费品零售总额增长13%，城镇居民人均可支配收入增长10%，农村居民人均可支配收入增长14%。

实现上述目标，我们要着力做好以下工作：

一、加强基础建设，厚植城市发展根基

立足首府城市功能定位，充分发挥中心城市辐射带动作用，优化经济功能布局，统筹区域协调发展，提高综合服务水平，积极引领全区经济快速增长和高质量发展。

提升城市功能品位。统筹生产、生活、生态三大布局，推进建管并重，提升城市特色风貌。完善城市基础设施，建成投用柳东大桥、19条市政道路等项目，推进城市轨道交通、滨河路、东环线、邦嘎隧道等项目，建设东嘎客运站，开展国家“公交都市”创建工作，推进“一区一年两站”建设，建成6个公交场站，着力解决城区停车难和拥堵问题。加快拉萨至那曲高等级公路控制性工程、S5线拉萨至泽当快速通道、羊八井至大竹卡公路等项目建设，促进城市内外交通衔接。启动循环经济产业园建设，实施垃圾无害化综合处理项目。开展地下综合管廊建设，完成108公里市政管网改造。建成投用纳金水厂、白定污水处理厂，进一步完善城市基础设施体系。推进区域协调发展，启动新一轮城市总体规划编制工作，统筹一城三区发展，区分功能定位，推进新型城镇化建设。落实户籍制度改革政策，有序推进农业转移人口市民化。疏解城关区老城区人口和一般性商贸服务，启动堆龙新区建设，加快东城片区商业综合配套。加强城市环境综合治理，推进城市“双修”，新建城市绿地15处，新增绿化面积6万平方米，城市绿化率达到38%。实施中心城区水系治理和生态修复项目，推进北干渠、中干渠综合治理项目，完成拉鲁湿地保护三期工程。加快海绵城市建设步伐，积极创造优良人居环境。

大力实施乡村振兴战略。编制实施乡村振兴战略规划，积极推进农村农业优先发展。完善农牧区基础设施，大力发展农村交通和公交客运，推进“四好农村路”建设。投资28亿元，新建、改建农村公路300公里，完成乡村旅游、扶贫专用道路100

公里，实现全市所有乡镇公交全覆盖，新增公交班线行政村42个。建成林周等5县污水处理厂，启动21个乡镇生活垃圾无害化处理设施项目。大力推进“厕所革命”，新建、改造旅游景区、城镇、农牧区厕所500座以上，提升卫生厕所普及率。投资25亿元，建设帕古水库、堆曲灌区工程等水利项目30个。提升农牧区宜居宜业水平。深入开展土地问题集中治理，依法规范土地征收利用，严厉打击私自买卖和违法占用土地行为。深化农村土地和集体产权制度改革，完成1500万亩草场、6.34万亩林地确权颁证，推进承包地“三权”分置，因地制宜开展耕地、林地、草场承包经营权流转，发展壮大农村集体经济，增加农牧民劳动收入和财产性收入。

提高综合服务水平。以打造具有雪域高原和民族特色的国际旅游城市、全区面向南亚开放的商贸物流枢纽为目标，加快发展金融、物流、信息、科技等现代服务业，为商贸往来、文化旅游提供全方位合作交流平台。完善金融服务实体经济支撑体系，出台金融业发展奖补政策，加快推进顿珠金融产业城建设，设立地方民营银行、村镇银行，搭建支持中小企业发展的融资平台，提高金融服务便利性。推进社会信用体系建设，营造良好信用环境。促进商贸业发展，实施更加积极的消费刺激政策，加快商贸消费更高质量供给，培育新增15家限额以上贸易企业。全面发展信息产业，推进“新型智慧城市”一期工程建设运营，实现互联网与实体经济深度融合发展。推进便捷支付城市建设。加快发展物流业，打造堆龙物流中心，积极发展农村电子商务，完善农牧区流通网络建设。大力发展专业咨询、会计、结算、律师等社会中介服务，建设服务全区的现代服务业聚集区。

二、深化改革开放，提高经济发展质量

加强预期引导，完善要素支撑和自我动能，推动经济发展质量变革、效率变革、动力变革，着力提高供给体系质量。

改革促动发展。深化机构和行政管理体制改革，按照中央和自治区统一要求，推进职能相近党政机关合并设立或合署办公。深入推进行政综合执法体制改革，理顺管理体制，完善综合执法机制。持续深化“放管服”改革，实施市民服务中心东迁项目，推进三级政务服务标准化、规范化。深化“互联网+政务服务”建设，推进重大项目联审联批，加强权责清单管理和监督检查，实现政务公开和行政权力网上公开透明运行。深化商事制度改革，启动市场主体登记注册全程电子化和电子营业执照，全面推行“证照分离”“多证合一”和“先照后证”，推进企业和个体工商户简易注销。深化国企国资改革，健全完善国企国资治理和监管架构，实施外派监事会制度，推进部分业务板块上市工作，组建净土产业集团。大力发展混合所有制经济，支持市属国有企业开展对外投资，促进国企壮大、国资增值。严控金融领域风险，完成信用担保公司与平桥公司重组，壮大产业发展投资基金，大力支持实体经济、小微企业和基础设施建设、精准扶贫等薄弱环节，进一步解决融资难问题，防范金融市场“脱实向虚”。加强政府债务控制和管理，降低国有企业资产负债率。完善统计和审计体制，强化统计和审计监督。

创新驱动发展。积极推进国家创新型城市建设，实施百家科技企业培育工程，完善科研单位、高校、企业等各类创新主体协同攻关机制，建立健全科技奖励制度，大力推进科技创新和科学普及，积极培育经济增长新动力，实现科技进步贡献率达到46.8%。围绕净土健康产业发展，积极开展以农业绿色生产为重点的科技联合攻关，实现农牧业科技贡献率达到52.8%。强化人才支撑，实施人才引进“百人计划”，大力引进教育、科技、产业、金融、医疗卫生、清洁能源、文化创意等领域高层次、高技能人才和团队，完善人才保障激励政策，鼓励和吸引更多优秀人才服务拉萨。

开放带动发展。积极融入“一带一路”建设，持续扩大对内对外开放合作，全面参与环喜马拉雅经济合作带，主动对接孟中印缅经济走廊，建成拉萨综合保税区，加快实施中尼友谊工业园、尼泊尔·中国西藏文化产业园项目，申报建设空港新区指定口岸。发挥“五大根据地”作用，拓展产业发展新空间，抢占健康产业市场制高点，在“东西双向互济”中增强我市经济发展的能力。加强招商引资，积极营造良好营商环境和高效政务服务环境，实施全产业链招商和“保姆式”服务，加快对接重点投资项

目，招商引资实际到位资金增长10%以上。

三、做强实体经济，加快特色产业发展

贯彻新发展理念，把发展经济的着力点放在实体经济上，完善产业规划布局，加快推进净土健康、文化旅游等特色产业发展，壮大园区经济，提高全要素生产率。

大力发展净土健康产业。以农牧业供给侧结构性改革为主线，优化县域产业布局，完善产品产业结构，推进净土健康产业规模化、标准化、高效化发展。统筹粮经饲种植结构，稳粮优经、增饲强特，种植比例优化调整至62.7：17.7：19.6。强化粮食安全基础保障，播种面积达到40万亩，粮食产量稳定在17万吨以上。促进青稞增产增效，实现青稞播种面积30万亩以上，产量达到11万吨。优化经济作物品种品质，完善各县（区）净土健康产业园区功能配套和产品布局，推进曲水万亩汉藏药材基地、自治区林木良种繁育中心建设，打造堆龙德庆“香雄美朵”万亩花海，探索发展藏红花、羊肚菌、黄蘑菇等特色作物种植。加大饲草种植力度，完成优质饲草种植面积18万亩。确保全市农作物种植面积达到68万亩。继续实施化肥农药使用量零增长行动，加大有机肥替代化肥力度，实施测土配方施肥面积达到28万亩。加快养殖业发展，推进“万户百场十中心”工程，挂牌高产奶牛养殖示范户达到5600户、建成养殖场58个、养殖中心7个，投入运营城关区乳制品加工厂，实现高产奶牛养殖规模和奶产量分别达到9万头、11万吨。大力推进牦牛短期育肥，建设林周现代畜牧业示范园，建成投用当雄净土牧场，积极发展家庭牧场，完成育肥出栏1.7万头。继续扩大安格斯肉牛养殖试验规模。推进天然饮用水产业发展，实现产量、产值均增长30%以上。促进净土健康一二三产融合发展，扶持培育新型农牧业经营主体，评定市级农牧业龙头企业40家以上。深入实施农牧业绿色品牌战略，推进农产品质量安全县（区）创建工作，申请认证5个“三品一标”，创建1个以上田园综合体，着力将“拉萨净土”培育成具有特色优势和国际竞争力的农产品区域公用品牌。

加快发展文化旅游产业。启动文化旅游产业融合发展三年行动计划。加大旅游资源开发力度，深度推进纳木错景区保护开发，建成投用游客集散中心。加快思金拉措、琼穆岗嘎等景点建设，积极发展休闲农业和乡村旅游，打造“沟域经济”“特色旅游”“冬季旅游”等特色项目。布局建设“拉萨乃仓”“好客藏家”特色民宿，新增A级景区3家、星级宾馆5家、星级家庭宾馆10家。围绕建设雪山湖泊、田园风光、湿地温泉、民俗文化四大旅游片区，大力发展通用航空、铁路支线等旅游线路，完善交通、住宿、餐饮、网络等配套设施，提升“拉北环线”整体旅游吸引力，推动形成一城、一湖、三廊道、八组团的全域旅游发展格局。积极发展文化产业，加强老城区历史风貌保护，推进古城申遗工作。启动唐卡文化园建设，支持影视、唐卡、手工艺等优秀民族文化产品创作，推进《格萨尔王》动漫影视剧制作，改造升级室内歌舞剧《天湖·四季牧歌》，加快推出《净土》《蓝面具》《坐着火车去拉萨》等一批影视文化作品，开展第二批市级文化产业示范基地评选。办好首届象雄文化国际学术研讨会。实现接待游客人数和旅游总收入分别增长15%和20%。

积极发展园区经济和其他产业。把产业园区作为全市经济发展的排头兵，发挥经开区示范带动作用，大力发展实体经济，加快产业转型升级，发展提质增效。支持高新区发展，深化创业创新，推进国家级高新技术产业开发区创建。完善空港新区总体规划，综合发展航空配套产业。推进文化旅游创意园区发展，集聚文旅项目资源，实现产业要素与空间功能融合发展。完善城关智昭、曲水才纳和达孜等园区产业规划和功能布局，打造各具特色、产业集群、互补发展的园区经济。深化对口受援合作，积极承接东部创新引领优化发展而调整释放的优质产业企业，探索建立“飞地园区”。积极发展新型节能建材产业，国有投资新开工项目装配式、钢结构等绿色建筑比例达到70%。推进清洁能源开发，引进装备制造、生物技术及包装设计等产业，降低生产经营成本，实现规模以上企业达到80家，规模以上工业增加值增长13%。大力发展非公经济，支持民营企业发展，激发各类市场主体活力。

四、坚持问题导向，持续优化生态环境

树立和践行绿水青山就是金山银山的理念，始终把生态环境保护摆在经济发展首位，促进人与自然和谐共生。

推进绿色发展。建立产业发展准入负面清单，

积极发展科技含量高、资源消耗低、环境污染小的绿色产业，支持光伏能源项目建设。实行最严格的环境影响评价制度，坚决禁止“三高”项目进入我市。推进节能、节水、节地，加大重点污染源治理，二氧化硫、氮氧化物、化学需氧量、氨氮等污染物排放量分别控制在0.157万吨/年、1.75万吨/年、1.16万吨/年、0.119万吨/年以内。推进学校、医院、公共场所等既有建筑节能改造。开展绿色生活行动，在全社会广泛倡导“光盘行动”，支持城市公交、景区直通车、共享单车等绿色出行方式，引导城乡居民形成简约适度、绿色低碳、文明健康的生活方式。

加强环境治理。落实主体功能区规划，划定“三区三线”，健全完善自然保护区、水源涵养区、生态脆弱保护区等重要生态功能区的生态综合补偿机制。深入开展大气、水、土壤三大污染防治专项行动，严格执行禁燃区划分新标准，全面实施散煤综合治理。推进公共交通新能源化，开展新能源汽车充电桩布局规划工作，公务用车优化采购新能源轿车，城市公交新能源车辆占比提升至80%。全面推行河长制，探索实行“河长+警长+公众河长”模式。继续实施拉萨河综合治理工程，启动1#、5#、6#闸建设。实施城市污水综合治理三年行动计划，开展人员相对集中乡镇污水处理设施建设，提高城乡污水收集处理能力。推进拉萨周边和“两江四河”流域造林绿化，实施生态安全屏障防沙治沙工程，植树造林1.4万亩、封山育林1.13万亩、防沙治沙3.95万亩，全面消除海拔4300米以下的4个“无树村”和18320户“无树户”。投资9.94亿元，推进“绿色围城”一期项目建设。确保我市年度空气质量优良率达到96%以上。

落实整改要求。持续系统整改中央环保督察组转办问题，严格生态环境监管，全面落实“清单制+责任制”，深入开展生态环境综合治理修复，推进环保监察制度化、常态化。坚决实行环境保护“一票否决”制度。提高污染排放标准，强化排污者责任，健全环保信用评价、信息强制性披露、严惩重罚等制度，加强城乡各类污染排放和行政执法监督检查。构建政府为主导、企业为主体、社会组织和公民共同参与的环境治理体系。实施生态文明建设目标评价考核办法，把资源消耗、环境损害、生态效益等指标纳入经济社会发展综合评价体系。实行生态环境损害责任终身追究制。开展拉鲁湿地、黑颈鹤国家级自然保护区功能区调整，统一管理事权，启动申报国家公园前期工作。

五、细化措施落实，实现率先整体脱贫

把打赢脱贫攻坚战作为今年工作的第一要务，统筹推进“五个一批”和“十项提升”工程，确保在现行标准下实现我市2018年全面整体脱贫。加快推进各安置点建设，实现4196户16821名贫困群众全部搬迁入住。统筹实施高海拔生态搬迁、三岩片区跨地区整体搬迁工程。推进迁出区域土地承包经营权、生产资料流转和迁出宅基地及房屋财产权处置，增加迁出贫困群众的稳定性收入来源。健全完善易地扶贫搬迁安置点的组织建设、户籍等配套政策。强力推进产业扶贫，投入使用扶贫产业项目220个，加强项目后续管理，完善产业扶贫利益联结机制，确保贫困人口年收入增长17%以上。进一步加大东西部协作，争取更多援藏扶贫项目资金，协调央企对资源开发所在县（区）按照贫困人口10%比例开展结对帮扶，推进“百企帮百村”行动，构筑专项扶贫、行业扶贫、社会扶贫相结合的大扶贫格局。注重扶贫同扶志、扶智相结合，深入实施“四业工程”，加强贫困人口职业技能培训，确保有就业意愿贫困家庭至少1人实现稳定就业。完善贫困家庭子女就学救助体系，切断贫困的代际传递。强化党政一把手负总责的责任制，深入开展扶贫领域作风问题专项治理，建立完善乡镇、驻村工作队、村居干部脱贫攻坚考核评价体系。坚持标准不降、力度不减，持续抓好脱贫成果巩固深化。

六、抓好民生改善，共建共享发展成果

坚持把满足人民群众对美好生活的向往作为奋斗目标，牢牢抓住人民群众最关心最直接最现实的利益问题，突出重点、强化供给，让各族群众在共建共治中共享改革发展成果。

优先发展教育事业。全面贯彻党的教育方针，推进习近平新时代中国特色社会主义思想进课堂。提升教育资源供给能力，推进学校布局调整，加快标准化建设，新建幼儿园35所、小学4所、初中1所、高中1所，改扩建中小学35所，逐步消除义务教育“大班额”现象。实施第三期学前教育三年行动计划，开展农牧区学前三年双语教育。强化理科和实践教学，扎实推进“五个100%”教育目标任务落实。实施高中教育普及攻坚计划，开展“一校一品”创建活动。实

施“中等职业教育质量提升计划”，打造全市职业教育4个骨干专业、6个专业群，完成市一职迁建并招生。实施教师队伍建设“百千万行动”，培养高素质教师队伍。深化教育人才组团式援藏，更好发挥援藏团队传帮带作用。继续推进教育城内涵式发展，加快教育城二期、拉萨师专整体搬迁等重点项目建设，积极推进拉萨师专“专升本”进程，打造全区现代化教育发展新高地。

千方百计扩大就业。坚持就业优先战略和积极就业政策，以高校毕业生、建档立卡贫困户、农牧区富余劳动力等群体为重点，制定完善更加积极的就业创业政策，推进更高质量和更充分就业。优化就业服务工作机制，建立城乡统一的人力资源市场，为劳动者提供培训、咨询、资金、科技、信息等全方位公共就业服务，完成1万人次以上职业技能、实用技术培训，组织50场次以上招聘会，公益性岗位安排就业困难人员100人，全力做好失业调控和就业促进工作。建成运营公共职业技能实训基地，举办各类职业技能大赛，培育“拉萨工匠”品牌。继续协调北京、江苏两省市各提供100个就业岗位，鼓励我市高校毕业生到区外就业。积极推动大众创业、万众创新，用好“两创示范”城市扶持资金，为大学生创业提供免费场所、设备等基本要素和税收减免、贷款贴息、社保补贴、融资担保等政策支持，进一步激发高校毕业生创业激情和活力。完善政府、工会、企业共同参与的协商协调机制，加强劳动执法监察，严格落实工程建设领域工资保证金、银行代发工资等制度，切实构建和谐劳动关系。力争城镇新增就业1.2万人，农牧民转移就业17万人次，城镇登记失业率控制在2.2%以内。

完善社会保障体系。加快建成覆盖全市、城乡统筹、权责清晰、保障适度、更可持续的多层次社会保障体系。全面实施全民参保计划，完善覆盖城乡的基本养老、基本医疗、失业、工伤、生育等保险制度，实现各险种参保人数达到57万人。健全社会救助体系，实施精神病人福利院和残疾人托养康复二期项目建设。统筹城乡保障标准，取消分类施保办法，实行差额补助方式。完善“双集中”标准化体系，推进老龄事业发展和养老体系建设，高龄老人健康补贴发放范围放宽至70岁，年补贴金额提高到600元至3600元。加强农村留守儿童关爱保护。深化防灾减灾体系建设，不断提升防灾减灾救灾能力。加快建立多主体供给、多渠道保障、租购并举的住房制度，加强周转房、公共租赁住房供给，稳健发展房地产业，有序推进老旧住宅小区综合整治，开工实施8个棚户区改造项目，供应保障性住房800套、5万平方米以上。继续推进“小康安居工程”，努力让全市人民住有所居。继续安排物价调节专项基金1000万元，落实“菜篮子”市长负责制，保证蔬菜、蛋奶、家禽、鲜肉等商品平价供应，坚决将居民消费品价格涨幅控制在3%以内。

推进卫生健康事业发展。提升公共卫生服务水平，基本公共卫生补助标准提高至人均75元，农牧区医疗补助经费提高至550元。加强重大疾病、地方病预防和控制，常规疫苗接种率达到97%以上。对全市常住人群实施风湿病和结核病筛查救助项目。巩固包虫病防治工作成果，持续加大筛查救治力度。深化医疗卫生体制改革，推行药品采购“两票制”，加快“医联体”建设，深化家庭医生签约服务，实现家庭医生签约率98%以上、服务率70%以上。建设27个社区医疗服务站，加快形成以市县医院能力提升、乡镇卫生院标准化建设、村（社区）卫生服务全覆盖为重点的三级医疗卫生服务网络，消除基本公共卫生服务盲区。建成投用中心医院，深化医疗人才组团式援藏，全面提升医疗卫生水平。实施健康社区、健康家庭、健康学校等创建活动。推进食品安全“双安双创”行动，进一步加强食品药品安全监管，努力让全市人民群众吃得放心，用得安全。

强化公共文化服务供给。加快推进国家公共文化服务体系示范区建设，实施文化惠民工程，建成覆盖全市所有乡镇、村居的综合文化站、数字文化驿站。完成达孜等4县（区）广播电视制播能力建设项目，建设墨竹工卡等5县广电中心，实施城关区等4县（区）图书馆项目。倡导健康文明生活方式，弘扬体育健身文化。深化体育援藏工作，加强体育竞技和后备人才培养。广泛开展全民健身活动，建设2座体彩公园，推进全市所有学校和公共场所体育设施免费向社会开放，打造以市群众文化体育中心为核心区的西藏体育产业园区。办好全市首届运动会，丰富人民群众业余文体生活。

七、加强社会治理，全力维护公共安全

牢固树立总体国家安全观，坚定政治方向，树

立安全发展理念，坚持专项治理和系统治理、依法治理、综合治理、源头治理相结合，积极构建和谐稳定、和睦团结、和顺发展的社会环境。

*坚决维护国家安全。*增强忧患意识、风险意识，居安思危、防患未然，始终高举法律旗帜，坚决维护祖国统一和民族团结。深入揭批十四世达赖集团反动本质和政治图谋，依法严厉打击各种分裂渗透破坏活动。加强重大决策、重大项目、重大活动社会稳定风险评估，做好公共事件应急管理和突发事件应急处置，确保社会局势和谐稳定、人民群众安居乐业。

*加强和创新社会治理。*不断深化社会治理体制机制，进一步织密城乡维稳防控网络。完善立体化社会治安防控体系建设，强化现代科技支撑，大力推进“雪亮工程”，依法打击各类违法犯罪和社会丑恶现象，开展旅游市场综合执法，保持良好社会秩序。健全公共安全体系，严格落实安全生产责任制，开展道路交通、矿山、建筑、消防、寄递物流、危险化学品、特种设备等行业专项整治行动，坚决遏制重特大安全事故发生。加强矛盾纠纷预防化解，落实“谁执法谁普法”责任制，推进专业性、行业性人民调解组织建设，深入开展拖欠农民工工资、征地拆迁、环境污染等重点领域专项排查，形成解决突出信访问题的合力。

*促进民族团结进步。*巩固深化示范城市创建成果，广泛开展民族团结进步教育“七进”活动，大力推进藏语言文字规范化建设，开展藏汉双语互学互助活动，支持内地种养大户、致富能手和种养企业来拉萨创业兴业，鼓励少数民族群众跨区域、跨行业有序流动，解决回国探访、定居的境外藏胞实际困难，依法处理各种民族事务，积极创造有利于各族群众共居、共学、共事、共乐的社会条件。依法加强宗教事务管理，坚持宗教的中国化方向，积极引导宗教与社会主义社会相适应。全面落实利寺惠僧政策，进一步改善广大僧尼修行生活条件。支持国防建设，深入开展拥军优属、军民共建活动，推动军民深度融合发展。

八、增强工作力度，全面提高履职效能

坚持“人民群众反对什么、痛恨什么，我们就要坚决防范和纠正什么”，时刻保持锐意进取的精神风貌，持续加强政府系统自身建设，推进党风政风行风持续向好，努力建设勤政廉政、务实高效、敢于担当、人民满意的政府。落实全面从严治党要求，弘扬“老西藏精神”“两路精神”，深入推进政府系统党的建设，按市委部署高标准、严要求开展“不忘初心、牢记使命”主题教育，着力增强政府系统忠诚核心意识、为民服务意识、甘于奉献意识、实干担当意识、依法行政意识。坚决落实市委重大决策部署，认真执行人大决定、决议，依法接受人大法律监督和工作监督，自觉接受政协民主监督，主动接受社会监督和舆论监督，认真办理人大代表建议和政协提案。加强法治政府建设，制订年度政府立法计划，严格规范公正文明执法。推动政务公开，完善政府行政决策程序规定，严格执行“三重一大”决策议事规则，实行财政预决算全面公开，推进政府数据资源整合和开放共享，让行政权力在阳光下运行。进一步转变机关作风，畅通群众诉求表达渠道，整合政府服务热线平台，提高行政效能，优化政务服务。深入推进党风廉政建设，持续整治“四风”，严肃查处违反中央八项规定精神及实施细则、不作为、慢作为以及扶贫开发等专项领域问题，加大“微腐败”问题整治力度，坚决整肃庸政懒政怠政行为，坚决查处各类失职渎职问题，坚决改变干部队伍管理宽松软状况。

各位代表！党的十九大开启了新时代建设社会主义现代化强国的新征程！回顾过去，我们倍感自豪；展望未来，我们充满信心。全市政府系统将认真学习贯彻党的十九大精神，紧密团结在以习近平同志为核心的党中央周围，在自治区党委、政府和市委的坚强领导下，高举习近平新时代中国特色社会主义思想的伟大旗帜，锐意进取、攻坚克难，脚踏实地、埋头苦干，为实现在全区率先全面整体脱贫、更好满足广大人民群众对美好生活的向往而不懈奋斗！

拉萨市人民代表大会常务委员会工作报告

——在拉萨市第十一届人民代表大会第三次会议上

市人大常委会主任　达　娃

（2018年1月12日）

2017年，拉萨市人大及其常委会全面贯彻落实党的十八届三中、四中、五中、六中全会和党的十九大会议精神，深入学习贯彻习近平新时代中国特色社会主义思想，在拉萨市委的坚强领导下，在自治区人大常委会的指导下，按照区市第九次党代会、区市党委九届三次全会和区党委人大工作会议部署，坚持党的领导、人民当家作主、依法治国有机统一，全面履行宪法法律赋予的职责，主动作为、发挥作用，进一步把人民代表大会制度优势和人大工作作用转化为实际成果和成效。人大常委会编制完成新一届人大常委会五年立法规划，审议修订地方性法规2件，组织开展执法检查3次，专项工作视察、调研11次，完成调研报告和执法检查报告9个，听取“一府两院”工作报告5个、专项报告2个，备案审查政府规章和规范性文件2件，参与自治区人大组织的各类执法检查、调研18次，依法行使重大事项决定权，作出决议、决定7个，任免地方国家机关工作人员128人次。圆满完成了市十一届人大二次会议确定的各项工作任务。

一、坚定政治立场，提高政治站位，牢牢把握人大工作正确的政治方向

坚持党的领导，讲政治守纪律。人大及其常委会严守政治纪律和政治规矩，深入持续学习习近平新时代中国特色社会主义思想，切实增强政治意识、大局意识、核心意识、看齐意识，任何时候、任何情况下都自觉在思想上政治上行动上对党绝对忠诚，同以习近平同志为核心的党中央保持高度一致。市委高度重视人大工作，不断加强和改善党对人大工作和人大建设的领导，建立健全了听取和研究人大专项工作汇报、人大党组请示报告、定期通报情况、人大常委会班子成员列席市委常委会和参加市委理论中心组学习等一系列工作制度。2017年市委常委会6次研究人大工作议题，以市委文件批转了《拉萨市人民代表大会常务委员会讨论决定重大事项的规定》。常委会始终把坚持党的领导作为推进人大工作的根本原则，坚决贯彻落实党的路线方针政策，坚决维护市委统揽全局、协调各方的核心领导地位，紧扣市委重大决策部署，确定人大工作思路和工作重点，统筹立法、监督、决定、任免等各项工作贯穿党委的意图，服从党委的安排，推动市委重大决策部署的贯彻落实。严格执行常委会党组关于重大事项向市委请示汇报制度，就涉及地方立法规划、决定决议、重要会议、重大工作、人事任免、专项报告等均向市委请示报告，确保党的

领导贯穿于人大依法履职的全过程和各个方面。

切实履行常委会党组的政治领导责任。严格落实全面从严治党和党风廉政建设主体责任，制定了年度落实党风廉政建设主体责任工作方案，明确党组及党组成员的责任和义务，层层签订责任书、实施督促和问责。严格规范党内政治生活，召开了党组民主生活会，开展了谈心谈话和书记讲党课活动，针对官僚主义、形式主义的新表现和执行中央八项规定精神存在的问题广泛征求县区、市直单位的意见，党组成员参加支部学习和组织生活会17人次，规定每月10号为党费交纳日。开展了警示教育、专题教育、党课教育，促进全体党员干部真正做到政治上讲忠诚、思想上知敬畏、行动上守规矩，不断筑牢拒腐防变制度防线和思想防线。严格贯彻执行《中国共产党党组工作条例》，召开常委会党组会议8次，决定重大问题、重要工作、重要任务等事项，先经党组研究讨论再依程序办理，切实增强党组的政治领导责任。

围绕全市中心工作，坚决服从市委工作安排。始终坚持讲政治顾大局，围绕市委中心工作，先后承担了维护社会稳定、社会综合治理、信访调处化解，强基惠民、精准扶贫脱贫、村居换届、环保督察、四讲四爱、民主法制领域改革、工会工作、党校工作、教育工作、支铁建铁等重要工作的统筹和领导，担任了各种督导、督察工作组组长、副组长。2017年，常委会地级领导深入基层、深入群众，走访调研8个县（区）、12个村、12个寺庙、24家企业、60余名区市县乡四级人大代表，深入基层平均达50天以上，前往结对贫困户家庭帮扶慰问3次以上，深入包片县（区）、村居、寺庙、企业开展调研并提交调研报告，连续奋战在维稳、扶贫、改革、民生工作一线，为推进全市民主政治建设、推动改革发展大局、履行维护稳定政治责任、助推社会和谐发展做出了应有的贡献。

二、把握新要求、推进新实践，切实推动地方国家权力机关职能作用得到更好的发挥

（一）发挥人大立法主导作用，加快推进地方法治建设。市人大及其常委会坚持在市委领导下，恪守立法为民宗旨，不断探索完善“党委领导、人大主导、政府依托、社会参与”的立法工作机制，强化人大主导作用，着力提高立法质量。

立足全局，科学制定立法“路线图”。坚持依法立法、慎立多修、立改废并举的原则，编制完成了《拉萨市人大及其常委会2017—2021年五年立法规划》和5个年度立法计划，确立立法项目16件，涵盖法治体系建设、城市建设与管理、历史文化保护、生态环境保护、民生保障等方面，充分考虑立法需求与立法供给的关系，处理好立法前瞻性与适用性的关系，实现好党委意图与人民意愿的统一，确定了未来五年立法规划的总体格局。

主导健全立法机制，着力提高立法质量。根据国家新修订的《立法法》要求，及时修订《拉萨市制定地方性法规条例》，确保国家法制统一。在修订过程中，注重在充分借鉴内地人大立法工作经验的基础上，结合自身立法工作实践，通过调研论证研究，进一步完善了立法环节的有关制度和工作机制，重点规范了地方立法立项的标准、条件、程序，突出人大立法的主导作用，充实人代会立法的内容，整合立法力量和立法途径，为立法的有序推进和法规质量的提高提供了重要保障。

主导立法进程，确保法规有效管用。《拉萨市村庄规划条例》作为常委会年度立法计划，经过调研、起草、论证，完成了法规的初次审议。由于该条例（草案）涉及群众切身利益，许多细节需要再论证再研究。常委会秉持审慎的态度，坚持时间服从质量，严格遵循“不抵触、有特色、可操作”的地方立法原则，为确保出台法规全覆盖、立得住，务求所立法规能够有效地解决现实问题，研究决定将条例（草案）推迟到2018年出台，充分体现了科学立法和实事求是的态度。配合中央环保督查工作，市人大常委会按照全国人大指出的问题，及时对全市生态环境保护方面的地方法规开展清理，把个别条款与国家有关法律内容不一致的《拉萨市拉鲁湿地管理条例》纳入2018年立法修订计划。

（二）以问题为导向，依法实行正确监督、有效监督。市人大及其常委会坚持问题导向，围绕全市工作大局，围绕民生重点，综合运用听取和审议专项工作报告、执法检查、专题调研等各种方式开展监督，注重监督工作的针对性、连续性和实效性，推动了中央和区市党委决策部署的贯彻落实。

依法决定重大事项，健全监督制约机制。地方人大常委会依法行使重大事项决定权，是人民当家作主、管理国家事务的具体体现，是推进决策科学化、民主化的重要途径。为认真贯彻落实党的十八届三中全会精神和中央办公厅《关于健全人大讨论重大事项制度、各级政府重大决策出台前向本级人大报告的实施意见》精神，市人大常委会率先在全区地市制定了《拉萨市人民代表大会常务委员会讨论决定重大事项的规定》，报市委批转执行。《规定》共22条，规定了12个方面的讨论决定事项和11个方面作出决议决定的条款，明确了重大事项的范围和重点，对讨论决定重大事项的原则、机制和程序等作出具体规定，保障了宪法和法律赋予地方及其人大常委会重要职权的行使，推动了依法治市战略的实施。

坚持围绕中心，助推经济持续健康发展。依法听取和审议年度财政计划、预算执行情况报告、财政决算报告、预算变更报告、审计报告，特别是新《预算法》实施以来，更加注重预算约束和绩效评估，增强了计划、预算执行的完整性和严肃性。积极开展重大项目专题调研，开展了国有资产经营和国有企业发展情况专题调研。针对部分重大项目存在的前期工作被动滞后、投资完成量明显偏低、项目实施过程中环保措施不到位等困难和问题，提出了意见建议。围绕深化我市国有资产体制改革，针对国有资产经营和国有企业发展存在的困难和问题，向市政府提出了切实可行的建议和整改要求，确保建立有效的国有资产管理、监督和运营机制，提高政府宏观调控能力，确保国有资产保值增值。

坚持关注民生，强化民生监督。聚焦学前教育，听取和审议了市政府关于学前教育工作推进情况的专项工作报告，监督和支持政府加快实施幼儿园建设工程，加强学前教育师资队伍建设，不断规范学前教育办园行为。聚焦卫生健康，开展了我市医疗保障和基金管理情况的专题调研，听取和审议了市政府关于卫生健康事业推进情况的报告，开展了我市公共场所控烟情况的专题调研，推动“健康拉萨”战略目标的落实。聚焦创新创业，听取和审议了市政府关于“双创”工作推进情况的专项报告，推动政府提高政策的协调性和针对性，把“双创”与简政放权、放管结合、优化服务有机结合，坚持创新驱动，不断激发市场活力潜力和社会创造力。

坚持依法治市，加强宪法和法律实施监督。严格落实宪法宣誓制度，组织所有常委会任命的国家机关工作人员举行就职宣誓仪式，激励和教育国家工作人员忠于宪法、遵守宪法、维护宪法，认真履行法定职责，自觉接受人民监督。扎实推进依法行政，听取和审议了我市“六五”普法工作完成情况和“七五”普法规划制定情况的报告，作出《关于开展第七个五年法治宣传教育的决议》，推动实施精准普法、突出重点普法，提升普法的针对性和实效性。加大法规实施情况监督，开展对《拉萨市地名管理条例》《拉萨市老城区保护条例》实施情况的执法检查，检查了《中华人民共和国水土法》《中华人民共和国预算法》在我市的实施情况，围绕我市流浪犬的收容与管理，开展对《拉萨市养犬规定》实施情况的监督检查；配合自治区人大常委会开展修订《西藏自治区实施〈中华人民共和国妇女权益保障法〉办法》《西藏自治区实施〈中华人民共和国消费者权益保护法〉办法》《西藏自治区环境保护条例》和制定《西藏自治区藏医药条例》《西藏自治区司法鉴定管理条例》等法规的立法调研以及检查了《中华人民共和国邮政法》《中华人民共和国档案法》《中华人民共和国教师法》《西藏自治区实施〈中华人民共和国档案法〉办法》《西藏自治区实施〈中华人民共和国教师法〉办法》《西藏自治区实施〈中华人民共和国水法〉办法》《西藏自治区邮政条例》《西藏自治区消防条例》等法律法规在我市的实施情况，有力促进相关法律法规的贯彻执行。

围绕司法体制改革，维护司法公正。分别听取和审议市中级人民法院、市人民检察院上半年工作总结和下半年工作安排报告，派员旁听重点案件的开庭审理工作，督促司法机关进一步牢固树立司法公平正义理念、提升司法行政机关的履职能力和服务水平，为切实满足人民群众对公平正义美好生活的愿望提供法治保障。围绕全市法院贯彻落实《全国人大常委会关于完善人民陪审员制度的决定》，开展人民陪审员制度实施情况专题调研，进一步推动人民陪审员工作制度的落实，推进司法制度完善。围绕全市检察院贯彻落实《最高人民检察院关于完善人民检察院司法责任制的若干意见》，开展深化司法责任制改革情况专题调研，推动检察院不断完善司法责任制，进一步促进严格公正司法，提高司法公信力，让人民群众在每一个司法案件中感受到公平正义。

（三）坚持人民当家作主，强化代表履职服务，代表履职实效明显提升。人大代表来自人民，是人民代表大会的主体，也是常委会做好工作的源泉和动力。常委会高度重视代表工作，尊重代表主体地位，充分发挥代表作用，努力提升代表工作水平。

尊重代表主体地位，保障代表依法履职。切实保证代表执行职务，确保代表出席人民代表大会，审议和表决各项议案报告，组织代表90余人次参加执法检查、专题调研和专项检查，先后组织150余名代表视察了教育城建设、环城路建设、精准扶贫项目建设，24名代表列席市人大常委会会议8次，确保代表知政知情权。努力提升代表履职能力和水平，分层次和级次举办2期代表培训班，130名市级代表参加培训。根据参训代表的结构和层级，我们因材施教、因人设课，既生动活泼，又严肃紧张，代表普遍反映听得懂、接地气、受启发，取得良好效果。为切实激活基层人大代表依法履行职务，进一步增强基层人大代表的职务意识和责任意识，市人大常委会制定出台了《关于加强和改进基层人大代表履职活动保障工作办法（试行）》《关于加强和规范市人大代表履职活动的办法（试行）》，本着属地原则、非专业技术要求和谁邀请谁负责原则，要求各级人大和"一府两院"组织需要人大代表参与的活动，必须以基层人大代表为主体，由市、县级人大和组织单位按政策规定负责参与代表的交通服务、履职补贴，切实增强代表的荣誉感和使命感。常委会2017年按法定程序，接受2名国家机关工作人员辞去相关职务、接受7名市人大代表辞去代表职务、补选5名市级人大代表。按照区市党委的工作安排和上级人大的要求，完成了新一届自治区人大代表的推荐、审查、选举和拉萨市监察委员会的选举任务。

增强代表建议办理实效，建设代表履职平台。常委会从交办、办理、督办环节采取措施，综合运用代表参与督办、经常性督办、专项督办等方式，保证代表议案建议批评意见件件有回音、有落实、见成效。拉萨市第十一届人民代表大会一次、二次会议以来共办理各类代表议案建议批评意见233件，答复率、满意率均达到100%，建议落实率达到75.96%。2017年，常委会配合自治区人大对5件重点建议案办理落实情况开展了现场督查，制定常委会领导领衔督办重点建议的机制，针对城市公共交通、交通安全等7件重点建议开展了现场督办、专人督办、跟踪督办，代表与承办单位共同督察、面对面答复，从强调"满意率"向重视"办成率"转变，代表给予了充分肯定。按照有房子、有牌子、有专人、有经费、有设备、有制度的"六有"要求，在全市创建三级"人大代表之家"72个，覆盖率达到97.3%，对全市各级"人大代表之家"开展了"互观互检互学"交叉检查和验收。全市"人大代表之家"建设规范、覆盖面广，运行有序、资金保障，利用率高、作用发挥好，得到上级人大的充分肯定和基层代表的广泛赞誉。

（四）坚持固本强基，突出能力提升，切实加强常委会自身建设。常委会把抓好自身建设摆在更加突出的位置，以忠诚担当、强化素质、提升能力、规范运行为抓手，推动自身建设迈上新台阶。

加强学习型机关建设，不断强化理论武装。按照中央和区、市党委统一部署，人大及其常委会健全了党组理论中心组学习制度，设立机构、安排专人、覆盖全面，围绕"两学一做"和人民代表大会理论与实践创新成果，制定了2017年"两学一做"主题教育实践活动方案、学习贯彻党的十九大精神和区市党委九届三次全会精神的实施意见，切实推动政治理论学习常态化制度化。2017年常委会党组理论中心组集中学习14次，党组成员参加市委理论中心组集中学习44人次，参加区市党委组织党的十九大专题学习培训22人次，机关党组集中学习14次，各个支部开展集中学习、"三会一课"等活动70余场次。2017年市人大常委会还举办了拉萨市人大系统"庆七一、学党章、喜迎十九大"暨"两学一做"知识竞赛、"中华民族一家亲、同心共筑中国梦暨拉萨市人大系统喜迎党的十九大"文艺演出等活动，营造了良好的政治氛围，凝聚强大的正能量，极大地提升了广大人大干部职工的精神状态。

加强制度和规范建设，切实提升工作质量和效率。从完善职能、适应发展出发，制定了《拉萨市人大常委会工作制度》，就立法工作、监督工作、代表工作和会议制度与流程等方面进一步进行了完善和规范，为加强和改进常委会工作提供了制度保障。针对人大工作依法、按程序的特点，恢复出刊《拉萨市人大常委会公报》，制定常委会年度工作计划和每月工作安排，按月编辑《拉萨市人大工作动态》，健全全市人大系统信息交流机制，努力构筑程序规范、运转高效、充满活力的体制机制，切实推动了常委会工作的规范化建设。围绕提升工作质量和效率，注重狠抓作风建设，狠抓规范和流程，修订完善机关19项规章制度，新制定5项制度。进一步强化责任、作为、担当意识，力促各项工作严肃、严格、严谨，机关作风切实得到转变。

一年来，市人大常委会工作成绩的取得，是市委坚强领导的结果，是自治区人大常委会有力指导的结果，是全市各级人大代表和常委会组成人员共同努力的结果，是市“一府两院”和县（区）人大常委会，以及全市各族人民群众大力支持的结果。在此，我谨代表拉萨市第十一届人民代表大会及其常委会，向大家表示衷心的感谢！

各位代表，站在新的历史起点上，我们要清醒地看到，发展社会主义民主政治、推进依法治市任重道远，市人大及其常委会工作同宪法法律赋予的职责、与市委的要求和全市人民的期盼还有一定差距。主要表现为：一是在推进地方法治建设中，人大的主导和引领作用有待进一步加强；二是在全面建成小康社会，奋力开启全面建设社会主义现代化拉萨的新征程中，需要更有效地处理好地方立法需求与立法供给的关系；三是按照新时代人民代表大会制度理论和实践创新的要求，全市范围各级人大的机构队伍、人员力量与担当的责任任务还不够匹配；四是因现实机构编制的制约，健全人大组织制度和工作制度难度较大，随着拉萨城市的发展、产业和人口的集聚，人大工作触角还不能向园区和社区延伸。这些问题，有待于在大家的共同努力下，通过积极探索实践加以解决，推动人大工作再上新台阶。

三、以习近平新时代中国特色社会主义思想为指导，在新的历史起点上努力开创人大工作新局面

（一）旗帜鲜明讲政治，学懂弄通做实党的十九大精神。党的十九大就新时代坚持和发展中国特色社会主义的一系列重大理论问题和实践问题阐明了大政方针，就推进中国特色社会主义伟大事业和党的建设新的伟大工程作出了全面战略部署，是我们党团结带领全国各族人民在新时代坚持和发展中国特色社会主义的政治宣言和行动纲领。全市人大系统要把学习贯彻党的十九大精神作为当前和今后首要的政治任务，自觉用习近平新时代中国特色社会主义思想武装头脑、指导实践、推动工作。

精读细研，学思践悟。按照中央和区市党委的安排部署，认真执行市人大常委会党组关于学习贯彻党的十九大精神和区市党委九届三次全会精神的实施意见，持续推进“两学一做”常态化制度化，认真开展“不忘初心、牢记使命”主题教育实践活动，真正见行动、务求有实效。各级人大常委会同志要带头学习习近平新时代中国特色社会主义思想，掌握核心要义和创新观点，掌握政治意义、历史意义、理论意义、实践意义，学深悟透、融会贯通，着力提高马克思主义政治理论素养。学习贯彻党的十九大精神，要把自己摆进去、把职责摆进去、把工作摆进去，学用结合、知行合一、落地生根，切实把思想和行动统一到党的十九大精神上来，把智慧和力量凝聚到落实党的十九大提出的各项任务目标上来，站在新起点、遵照新思想、贯彻新举措，结合工作实际和人大的生动实践努力结出丰硕的成果。

坚定不移地坚持党对人大工作的领导。全市人大系统要以习近平新时代中国特色社会主义思想为指导，牢固树立政治意识、大局意识、核心意识、看齐意识，把维护以习近平同志为核心的党中央权威和集中统一领导作为根本的政治纪律和政治规矩，作为明确的政治准则和政治要求，在思想上高度认同、政治上坚决维护、组织上自觉服从、行动上紧紧跟随，在政治立场、政治方向、政治原则、政治道路上同以习近平同志为核心的党中央保持高度一致。增强贯彻党的路线方针政策的自觉性，主动向市委请示报告工作，认真履行常委会党组政治

领导责任，强化政治定力，始终以党的旗帜为旗帜，以党的方向为方向，以党的意志为意志，坚决贯彻执行党委的决策部署，确保党的主张通过法定程序成为国家意志和人民意愿。提高政治站位，确保把人大依法履职置于党的领导之下，为党委从根本政治制度层面上支持和保证人民通过人民代表大会行使国家权力，支持和保证人大依法行使立法权、监督权、决定权、任免权，健全人大组织制度和工作制度，完善人大专门委员会设置，优化人大常委会和专门委员会组成人员结构，推进社会主义民主政治制度化、规范化、程序化，当好参谋助手、搞好服务保障。

（二）坚持科学民主立法，着力提高立法质量。按照党的十九大关于“坚持厉行法治，推进科学立法”的部署要求，紧密结合我市实际，严格执行《拉萨市制定地方性法规条例》，深入推进科学立法、民主立法、依法立法，进一步健全立法制度机制，完善立法人才储备，探索立法新机制，拓展立法新途径，切实提高立法质量。2018年将重点制定、修订3件法规。做好《拉萨市村庄规划条例》的二次审议工作，将政府规章《拉萨市禁止一次性发泡塑料餐具塑料购物袋管理办法》上升为地方性法规，修订《拉萨市拉鲁湿地管理条例》。加强对规范性文件的合法性审查和适当性审查，加强备案审查制度和能力建设，完善法规清理机制，依法撤销和纠正违宪违法的法规和规范性文件，努力使每一项立法都符合宪法精神，反映人民愿望，得到人民拥护。

（三）完善监督方式，切实增强监督实效。按照《拉萨市人民代表大会常务委员会讨论决定重大事项的规定》，严格重大事项决定权的行使程序，保证重大事项决定权的实效性。增强国家公职人员任前监督，积极探索国家机关工作人员任前法律考试制度。支持和保证各级监察委员会行使国家监察职能，依法履行监督、调查、处置职责。强化预算监督和司法监督，做好“十三五”规划中期评估报告的调研评议，提高人大及其常委会对政府预算决算审查监督的严肃性、法治性、有效性。强化对法律实施、司法公正、司法体制改革、规范司法行为等事项的监督，开展《拉萨市物业管理条例》《拉萨市市容环境卫生管理条例》《拉萨市古村落保护条例》的执法检查。按照“两年脱贫、三年巩固”目标，对我市精准脱贫工作开展集中视察和专题询问，听取和审议市政府关于食品药品安全工作开展情况的专项报告，专题调研全市“双语”教育工作开展情况，组织对我市实施的绿色围城工程开展代表集中视察。创新方式，实行有效监督。做实常规监督内容，增强各种法定监督手段的使用质量，灵活运用宪法和法律规定的各种监督形式，提高人大监督工作的整体水平。积极探索人大监督的新形式新途径，更好发挥公开在人大监督中的作用，更多吸收人民群众、专业人士和社会力量直接参与人大监督工作，善于运用媒体扩大人大监督的社会影响力，切实增强人大监督的生机活力。逐步实现三个转变，监督方法逐步从单一监督形式为主向综合运用各种监督形式转变，监督力度逐步从程序柔性监督为主向实效刚性与程序柔性监督并重转变，监督制度逐步从意见监督为主向制约监督为主转变，努力实现人大监督工作的升级换代。

（四）强化代表工作，进一步提升履职实效。继续推行常委会领导领衔督办机制，开展重点建议落实现场督察活动，完善代表建议意见办理“三公开、两见面”制度，建立代表建议办理激励机制，强化跟踪督办，专人督办，现场督办，从强调“满意率”向重视“办成率”转变。按照代表的需求组织各类专题培训，健全完善代表履职平台和履职档案，进一步加强各级人大代表与群众的联系，强化代表履职考核和代表履职成果的转化。继续按照“工作有目标、履职有标准、监督有依据、操作有规范”的要求，紧密结合实际，充分发挥县乡人大组织和代表的主动性、积极性，不断探索实践，有序推进基层人大规范化建设，全面提升县乡人大工作质量和水平。

（五）加强自身建设，着力提高履职能力。全市人大系统必须自觉站在中国特色社会主义民主政治建设和地方法治建设的一线，把握新时代人民代表大会制度的本质特征，在强化组织建设、制度建设、程序建设、能力建设上下功夫，努力把人大及其常委会建设成为坚定的政治机关、有为的权力机关、务实的代表机关、担当的工作机关，切实担当起和履行好地方国家权力机关的神圣使命和光荣职责。

强化政治思想建设。提高政治站位，时刻牢记党和人民的重任，十分珍惜党和人民的信任，切实增强代表人民行使权力的使命感和责任感，观大势、谋大局、干实事，促进人大整体工作上水平、上台阶。按照中央、区市党委的安排部署，认真执行市人大常委会党组关于学习贯彻党的十九大和区市党委九届三次全会精神的实施意见，持续推进“两学一做”常态化制度化，认真开展“不忘初心、牢记使命”主题教育实践活动。严格贯彻落实全面从严治党和党风廉政建设主体责任，以政治建设为统领，把制度建设贯穿其中，严格规范党内政治生活，自觉反对“四风”、纠正“四风”，紧密联系具体实际，着力解决形式主义、官僚主义的新老问题、显隐问题、深浅层次的问题，抓出习惯，抓出长效。敬畏法律、敬畏纪律，坚守理想信念，增强政治定力、道德定力，坚决反对特权，构筑起反腐败的思想堤坝，营造清正廉洁的政治生态。

强化履职能力建设。切实把握人民代表大会制度的重要原则和制度设计的基本要求，精准把握地方人大的地位、权力、责任和义务，理清工作思路、开拓方式平台、提升效率质量，按照中国特色社会主义民主政治建设的新要求、思考如何在地方形成生动实践，遵循宪法法律规定、探索如何加快地方法治进程，贯彻党委的意图、研究如何提供有效的法律供给，切实在依法治国、依法治市中发挥立法引领和推动作用，切实在改革发展中把握立法规律，在法治下推进改革、在改革中完善法治，在依法执政、依法行政中实行正确监督、有效监督。

强化制度作风建设。加强机构队伍建设，坚持从严管理与激发活力相得益彰，把高标准、严要求落实到干部教育培养、考核评价、选拔任用、监督管理各个环节，努力建设高素质的人大工作队伍。按照中央精神和区市党委的要求，主动作为、积极协调，着眼补齐短板、发挥职能的要求，切实推动解决各级人大工作中存在的困难和问题，推动人大组织制度和工作制度不断发展完善。继续规范各项工作，按照宪法和法律规定，结合拉萨实际，不断健全完善人大依法履职的相关制度、规则，在依法行使立法、监督、决定、任免、代表工作过程中，注重提高规范运用制度水平，维护程序正义，确保人大工作和人大建设的严肃性和严谨性。继续在落实责任上下功夫，在担当作为上下功夫，在深入基层调研上下功夫，在严格纪律上下功夫，持之以恒抓好作风建设，务求机关作风持续好转。

各位代表，新思想引领新时代，新使命开启新征程。让我们更加紧密地团结在以习近平同志为核心的党中央周围，高举习近平新时代中国特色社会主义思想伟大旗帜，坚持党的领导、人民当家作主、依法治国有机统一，在市委的坚强领导下，在自治区人大常委会的指导下，不忘初心、牢记使命，依法履职、积极作为，开拓进取、砥砺前行，为率先在全区全面建成小康社会，奋力开启全面建设社会主义现代化拉萨的新征程而努力奋斗！

政协第十一届拉萨市委员会常务委员会工作报告

——在政协第十一届拉萨市委员会第三次会议上

市政协主席　袁训旺

（2018年1月11日）

2017年工作回顾

2017年是党的十九大胜利召开之年，是实施“十三五”规划的重要一年，是推进供给侧结构性改革的深化之年。一年来，在市委的坚强领导下，在自治区政协的悉心指导下，在市人大、市政府的大力支持下，市政协常委会团结带领广大政协委员深入学习贯彻党的十九大精神、区市第九次党代会精神和区市党委九届二次、三次全会精神，聚焦市委市政府中心任务，围绕团结和民主两大主题，凝心聚力、同心同德，认真履行政治协商、民主监督、参政议政职能，充分发挥思想引领、协调关系、汇聚力量、建言献策、服务大局的重要作用，为率先全面建成小康社会，奋力开启全面建设社会主义现代化拉萨新征程做出了积极贡献。

一、坚定政治方向，凝聚思想共识

习近平总书记在党的十九大报告中指出：“人民政协是具有中国特色的制度安排，是社会主义协商民主的重要渠道和专门协商机构。”热爱祖国、热爱党，拥护社会主义事业，共同致力于中华民族伟大复兴，是人民政协的共同政治基础。

一是坚持党的领导是人民政协事业发展进步的根本保证。常委会充分发挥政协党组在政协工作中的核心领导作用，始终牢固树立在党的领导下开展政协工作的政治理念，把维护习近平总书记的核心地位作为最大的政治、作为最重要的政治纪律和政治规矩。牢固树立政治意识、大局意识、核心意识、看齐意识，始终在思想上政治上行动上自觉与以习近平同志为核心的党中央保持高度一致。始终坚持主动向市委请示汇报，做到重大事项主动请示、重大活动主动报告、重要意见主动反馈，坚持把市委的决策部署贯穿到履职全过程，做到党委和政府工作推进到哪里，政协工作就跟进到哪里，力量就汇聚到哪里。在开展协商议政、民主监督、调研视察活动之前，主动及时报市委审批，并将开展情况、调研报告上报市委，使成果得以及时转化。

二是坚持加强政治学习，凝聚思想共识，打牢共同思想政治基础。认真组织学习贯彻落实党的十八届六中全会、党的十九大、区市第九次党代会和区市党委九届二次、三次全会等一系列重要会议精神，始终把学习习近平新时代中国特色社会主义思想以及习近平同志为核心的党中央治边稳藏重要战略思想作为教育引导各族各界人士坚定“四个自信”，增强“五个认同”，自觉感党恩、听党话、跟党走的重中之重。自觉向以习近平同志为核心的党中央看齐，引导和教育委员毫不动摇坚持党的领导，严守政治纪律和政治规矩，坚决贯彻执行市委的决策部署，把市委的决策部署转化为政治协商、民主监督、参政议政的广泛共识，转化为助推“六大战略”实施的具体行动，转化为全面建成小康社会的生动实践。全年组织理论学习中心组学习8次，召开党组会议8次，主席会议9次，全会1次，常委会5次，举办委员培训班2期。

二、深化协商建言，助力经济发展

习近平总书记在党的十九大报告中指出：“有事好商量，众人的事情由众人商量，是人民民主的真谛。”常委会始终遵循围绕中心、服务大局、主动作为的原则，通过精准选题、深入调查研究、开展视察活动，强化民主监督，不断深化协商建言，助推服务经济社会发展。

（一）深化会议协商建言。充分利用各类会议，广泛开展协商建言。在十一届二次会议上，委员们以饱满的政治热情和高度的历史使命感，紧紧围绕市委九届二次全会的决策部署，认真讨论“一府两院”工作报告，审议通过市政协常委会工作报告和提案工作报告；充分发扬民主，广泛建言献策，通过小组讨论提出意见建议103条，经归纳梳理后，报送市委、市政府，受到高度重视，绝大部分得到了采纳。召开专题议政性常委会，听取“一府两院”工作情况通报及部分市直单位工作情况报告，为委员知情明政拓展了渠道。以“委员如何围绕中心、服务大局履职尽职”“规范电动车管理”“改善‘三渠一河’水源污染问题”“法院判决执行难”为协商主题，召开4次季度协商座谈会，100余名委员，20余名专家学者、部门负责人参加议政建言活动，与会人员积极咨政立论、协商建言，提出具有较高参考价值的意见建议20余条。

（二）深化调研视察协商建言。常委会始终坚持把搞好调查研究作为履行政协职能的基础性工作和衡量政协工作成效的重要标志。精心选择我市“营改增”税收政策执行情况、农牧业供给侧结构性改革现状、生态文明建设情况、促进再生资源利用、推进河长制工作等5个重点课题开展调查研究。围绕巩固脱贫攻坚、重点工程项目拉萨河城区段4号闸、环城路工程项目推进和管理等专题组织委员开展视察活动，调研视察报告形成后，根据不同情况分别以主席会议、常委会议、专委会议和界别小组会议等形式进行不同层面的协商。各界别小组围绕“包虫病防治工作”“优化农牧业产业结构”“市县乡三级政务服务体系运行情况和‘放管服’工作情况”“规范藏语文社会用字”等专题积极开展界别调研视察活动，委员们紧扣经济社会发展工作，提出具有科学性、针对性和可操作性的意见和建议，为市委、市政府决策献计出力，全年向市委、市政府及有关部门报送调研视察报告共9篇。区党委常委、市委书记白玛旺堆分别在《关于我市全面推行河长制工作情况的调研报告》《关于市政协委员赴日喀则、阿里学习考察文化产业发展及文物保护工作的情况报告》《关于我市农牧业供给侧结构性改革现状的调研报告》《关于我市生态文明建设情况的调研报告》《关于“引入共享单车升级拉萨市公共自行车租赁系统”重点提案督办报告》等调研视察报告上作出重要批示8次。

（三）深化民主监督协商建言。切实加强和改进我市人民政协民主监督工作。为了让政协委员“会监督、善监督、敢监督”，按照2017年3月中共中央办公厅印发的《关于加强和改进人民政协民主监督工作的意见》要求，采取以会代训的形式，召开委派民主监督员工作专题会议，进一步明确监督原则和方向，把握监督的节奏和力度，树立“监督就是服务、监督就是支持”的理念，力求在监督中加强交流、沟通协商、促进工作。遴选委派35名政协委员担任民主监督员派驻市住建局等7家单位进行民主监督17次，通过参加受派单位的有关会议和活动进行专题调研、专项检查评议，以口头或书面意见建议等形式反馈监督情况，有效促进了受派单位及其工作人员转变作风、履职尽责。同时向市直相关部门协商推荐40多名政协委员担任特邀监督员，推荐60多名委员参加各类会议，广泛开展有效监督。召开社情民意信息员会议，充分发挥社情民意“绿色通道”作用，及时反映群众诉求，促进相关问题解决。全年共收到社情民意信息7件，其中《解决机动车审车难》《加大市区道路井盖安全隐患排查》等涉及民生的社情民意信息，得到了市委、市政府及相关部门的高度重视并予以督促解决，进一步畅通了党委、政府与人民群众沟通的渠道。

三、发挥独特优势，促进社会和谐

常委会始终高举爱国主义、社会主义旗帜，牢牢把握团结和民主两大主题，加强大团结，促进大联合，发挥政协独特优势，团结各族各界人士，促进社会和谐稳定。

（一）服从大局促和谐。按照市委安排，市政协地级党员领导干部积极参加三月份、十九大召开期间、重大节日、敏感节点、维稳一线指挥部带班等维稳巡查督导工作，分别赴联系县（区）、乡村、贫困户、寺庙和企业指导工作，走乡串户，与寺庙僧尼亲切交谈，交流思想，为群众想办法、出主意，为企业讲政策、谋发展，走访对象共计150余人次。30余人次积极参与精准扶贫、精准脱贫考核验收工作，为我市在全区率先脱贫，为全面建成小康社会做出贡献。60余人次积极参与督导“两学一做”学习教育常态化制度化、“四讲四爱”主题教育实践活动。党外副主席积极作为，通过走访慰问等活动，加强与民族宗教界人士、归国藏胞和爱国统战人士的沟通与联系；广大政协委员始终按照维稳工作没有局外人的要求，充分发挥自身优势，全力推进我市民族团结、宗教和睦和社会稳定。

（二）凝聚力量促和谐。市政协常委会充分发挥爱国统战组织“黏合剂”作用，坚持走访联系宗教界人士、爱国统战人士、归国藏胞等，通过邀请各族各界代表人士参加新年茶话会、“3·28”西藏百万农奴解放纪念日座谈会、“9·17”民族团结进步节座谈会等具有政协特色的凝心聚力活动，切实加强同各族各界的联系，积极协调各方利益关系，进一步促进政党关系、民族关系、宗教关系、阶层关系和谐，不断壮大爱国统一战线，努力为拉萨发展稳定凝聚人心、汇聚力量。积极引导统战人士把思想统一到我市经济发展、社会稳定、民族团结、宗教和睦上来，在政协各种会议和活动中营造民主协商、合作共事的氛围，鼓励和支持各族各界人士发表政见，建言献策，在促进社会和谐中彰显了人民政协的独特优势。

（三）服务民生促和谐。进一步深化驻村“七项任务”落实，为驻村点群众办实事好事30余件。积极争取民生项目7个，投入经费10万元帮助村集体发展经济，争取21.7万元的饮水改造项目，为实现驻村点脱贫发挥了重要作用。市政协地级领导每月常态化检查指导驻村工作，解决驻村工作困难，推动驻村工作有效开展。机关县级以下党员干部职工结对帮扶贫困户27户，投入帮扶物资及钱款合计3万余元。各界别委员充分发挥自身优势，积极通过各种渠道，投身民生改善和社会公益事业，倾力服务全市脱贫攻坚工作大局，进一步彰显了政协委员亲民为民利民情怀。

四、坚持联动履职，发挥整体效应

专委会工作是政协工作的重要组成部分，是政协工作的重要基础，在政协履行职能中发挥着重要作用。常委会高度重视发挥专门委员会在政协履职中的基础性作用，支持各专门委员会与各界别委员开展专题调研视察，突出自身特点，指导好界别委员开展工作。

提案委员会。始终坚持“围绕中心、服务大局、提高质量、讲求实效”的方针，以提案提出全员化、提案办理规范化、提案督查经常化、提案服务高效化为目标，以创新机制、提升质量、强化督办、务求实效为主线，更加注重重点提案遴选与督办工作，制定《政协拉萨市委员会重点提案遴选与督办暂行办法》，及时做好提案的征集、审查、立案、翻译、分类、交办等工作，采取主席跟踪督办、上门督办、限期催办等多种形式，不断增强提案办理实效，在协助市委、市政府实现决策科学化、民主化等方面，发挥了重要作用。市政协十一届二次会议以来，共收到提案84件，立案84件，遴选2件重点提案，通过各承办单位的共同努力，截至目前，提案办复率为100%，满意或基本满意率为100%。同时，组织各县（区）政协工作人员及部分基层政协委员赴堆龙德庆区“政协委员之家”参观学习，为在全市范围内建立“政协委员之家”提供借鉴。

经济资源环境社会教科文卫委员会。始终坚持围绕我市经济发展的重头工作，充分发挥自身优势和特点，积极组织委员和界别小组开展各项调研视察活动。按照市委安排，承担我市巩固“禁白”成果工作，调整充实拉萨市巩固“禁白”成果领导小组及成员单位职责分工，召开3次全市巩固“禁白”成果领导小组会议，与8县（区）、各园区、16家农贸市场签订了“禁白”目标责任书。开展形式多样的“禁白”宣传170次，组织录制公益宣传片，开通“禁白”工作微信公众号。开展“禁白”各类督导检查61次，下发整改通知书5份，联合相关部门开展“禁白”执法51次，查处没收一次性塑料购物袋2680公斤，及时处理了2起市政府“12345”热线举报事件，全年共向市场投放布袋2000余万条。同时，开展“禁白”立法工作，形成《拉萨市禁止一次性发泡塑料餐具、塑料购物袋管理办法（草案）》，并报请市人大同意，已纳入2018年立法计划。完成全市67家单位、8县（区）、4个园区“禁白”工作考核任务。有效开展“河长制”督查工作，先后4次深入我市8县（区）、4个园区、20个乡镇、4个村（居）、10条重点河（湖）道、7处非法采沙场和部分成员单位及市河长制办公室，就河湖分级名录确定、工作方案制定及实施、组织体系建设、制度建立和执行、重点任务落实等情况进行督查。

文史民族宗教法制委员会。为进一步加强对我市文史资料工作的组织领导，切实推进文史资料工作走上制度化、规范化、科学化轨道，成立政协第十一届拉萨市委员会文史资料编委会，聘请了30位文史委员。召开全市文史工作会议，与8县（区）政协签订了《关于整理和出版县（区）史的协议》。西藏传统筹算技艺“迪孜”列入自治区级和拉萨市级非物质文化遗产项目名录。与拉萨师专合作举办西藏传统筹算技艺“迪孜”第二期培训班，打造“迪孜”项目传习基地，确保该技艺后继有人、传承有方。完成《回族百年实录》稿件修改和配图工作。校审《拉萨地区藏传佛教节日简介》，完成“拉萨市政协文史展厅”建设。

五、加强联谊交往，拓展对外交流

协同自治区政协围绕“传承和发展藏医药”“农牧业供给侧结构性改革”“大学生就业”“精准扶贫、精准脱贫”等开展调研活动。加强与县（区）政协的工作联系与指导，经常性邀请县（区）政协负责同志参加市政协有关会议，联合开展调研视察活动，有效提升了全市政协工作整体水平。接待安徽合肥、吉林延边、宁夏中卫及那曲、阿里等区内外地市政协考察学习团22批次，142人次。组织3批委员38人次赴区内昌都市、林芝市、日喀则市、阿里地区分别考察学习“农牧民增收方面的经验和做法”“文化产业发展及文物保护工作”，赴区外广西桂林市、贵州贵阳市考察学习“大数据建设”“双创”工作、互联网建设以及产业培育。通过扩大联络交往，交流好经验、借鉴好做法、宣传新拉萨，委员视野和见识进一步拓宽，履职能力和水平进一步提升。同时，我们积极适应互联网时代，主动掌握和运用新媒体，开通“拉萨政协”微信公众平台，重点发布时政要闻、政协理论、历史文化、政协工作等，不断丰富内容，拓展委员知情明政渠道，提高议政实效，引起各级政协及广大政协委员的高度关注。

六、加强自身建设，提升履职水平

认真贯彻落实中央和区市党委关于加强政协工作的新要求，充分发挥政协党组的领导核心作用，切实加强自身建设。按照新时代党的建设总要求，坚持“三个牢固树立”，以加强党的建设为统领，以坚定理想信念为根基，以深入开展“两学一做”学习教育常态化制度化为抓手，以转变作风为目的，不断推动机关自身建设向纵深发展。市政协党组充分发挥示范作用，带头严格落实中央八项规定精神，严格执行《准则》《条例》，文风会风不断改进。坚持巡察整改问题导向，认真落实党风廉政建设主体责任，严肃执纪问责，深入剖析问题原因，强化整改落实，进一步完善健全考勤、财务管理和办会制度，坚持制度约束、规范管理、照章办事。切实加强委员服务联络管理，加大干部学习培训力度，积极选派42名干部参加各类学习培训。

在总结成绩的同时，对照新形势、新任务和新要求，必须清醒地认识到工作中还存在一些不足，亟待改进。主要有：如何推进政协协商民主制度化建设，还需要进一步研究；如何深化政协民主监督工作，还有待进一步探索；如何为委员履职创造条件，提高委员履职能力，还必须进一步加强等。对此，我们将认真分析研究，切实加以改进，也希望各位委员提出建议，共同推进市政协工作。

2018年工作思路

2018年是深入学习贯彻党的十九大精神的开局之年，是改革开放40周年，是决胜全面建成小康社会、实施“十三五”规划承上启下的关键一年。市政协工作总体要求是：在市委的坚强领导下，高举中国特色社会主义伟大旗帜，以邓小平理论、“三个代表”重要思想、科学发展观、习近平新时代中国特色社会主义思想为指导，全面贯彻落实党的十九大和区市党委九届三次全会精神，深入贯彻习近平同志为核心的党中央治边稳藏重要战略思想，认真落实区市党委重大决策部署，围绕团结民主两大主题，坚持“懂政协、会协商、善议政”，不断提高政治把握能力、调查研究能力、联系群众能力、合作共事能力，着力推进政协协商民主建设，以优异的履职成果倾力助推率先全面建成小康社会、奋力开启全面建设社会主义现代化拉萨新征程。

一、坚持理论联系实际，进一步筑牢共同奋斗的思想政治基础

深入学习贯彻落实党的十九大和区市党委九届三次全会精神，特别是习近平新时代中国特色社会主义思想，通过学习凝聚政治共识，始终把坚持党的领导作为根本原则，认真开展“不忘初心、牢记使命”主题教育实践活动，牢固树立“四个意识”、不断增强“四个自信”，自觉服从服务于“五位一体”总体布局和“四个全面”战略布局，切实把思想和行动统一到中央和区市党委的决策部署上来，在思想上政治上行动上同以习近平同志为核心的党中央保持高度一致。按照中央和区市党委关于加强政协工作的一系列文件精神和对政协工作的要求，认真学习人民政协理论，用人民政协理论指导实践，用政协制度推进工作，强化政协意识，准确把握政协定位，做政协人，说政协话，办政协事，切实做到政治协商有新思路、民主监督有新举措、参政议政有新突破，把人民政协事业不断推向前进。

二、坚持专注发展定力，进一步助推加快构建现代化经济体系

深入学习贯彻区市经济工作会议精神，坚持稳中求进工作总基调，坚持新发展理念，紧扣社会主要矛盾变化，按照高质量发展的要求，统筹推进“五位一体”总体布局和协调推进“四个全面”战略布局，坚持以供给侧结构性改革为主线，紧紧围绕加快构建现代化经济体系协商议政。围绕“建设城市经济集群”开展视察，为提升辐射扩散效应履行监督职能；围绕“做强做优特色产业”开展调研，为培育发展新动能建言献策；围绕“发展实体经济”开展议政性专题协商，为筑牢经济发展根基积极建言；围绕“推进创新驱动发展战略”开展调研，为推动经济社会发展动力根本转换献计出力；围绕“实施乡村振兴战略”开展对口协商，为实现加快农业农村现代化积极参政议政；围绕“建设清洁能源示范城市和建设水生态文明城市”开展视察，促进人与自然和谐共生，推进美丽拉萨建设。

三、坚持团结民主主题，进一步推进人民政协协商民主建设

充分发挥人民政协作为统一战线的组织优势，突出团结和民主主题，加强大团结，促进大联合，汇聚共襄伟业的强大正能量。政治协商要有新进展。认真制定并组织实施年度协商计划，进一步规范专题协商、重点协商、对口协商、界别协商、提案办理协商的程序，不断丰富政治协商的内容和形式。民主监督要有新途径。有效整合视察、提案、社情民意等监督方式，强化派驻民主监督员工作，着力提高民主监督的组织化程度。围绕巩固“禁白”成果、江河湖泊水资源保护、农产品质量安全等主题开展监督，加强对重大项目、重点工程、民生工程实施情况的监督，推动市委、市政府重大决策部署的有效落实。参政议政要有新突破。加强与民族宗教界人士、归国藏胞和爱国统战人士的团结合作，发挥他们在促进社会稳定中的独特作用，支持并通过他们做好群众工作，扩大团结面。要充分发挥委员的主体作用，动员全市政协委员积极投身脱贫攻坚，助力项目投资，致力产业发展，发挥政协的重要作用。

四、坚持履职为民理念，进一步促进民生改善

与社会和谐

人民对美好生活的向往是政协履职的根本出发点和落脚点。要坚持协商于民、协商为民，设身处地为群众着想，感同身受为群众分忧，多做得民心、顺民意的工作。要畅通渠道知民情。组织广大政协委员进基层、入住户、问民意，进一步使政协工作重心下移，实现委员与群众“零距离”接触。加大反映社情民意信息工作力度，进一步发挥政协社情民意在汇集舆情中的重要作用。要心系群众惠民生。坚持把关注民生热点问题作为政协履职的重点，围绕供给侧结构性改革、增加公共服务供给、加快基础教育发展、促进大众创业万众创新、医疗卫生、社会保障等内容开展专题协商和民主监督，多建利民之言，多谋利民之策，促进改革发展成果更多惠及人民群众。要着力脱贫解民忧。把巩固脱贫成果作为重中之重，围绕精准扶贫精准脱贫开展专题协商，建言献策。围绕脱贫项目实施、脱贫资金使用、脱贫工程质量等开展民主监督，助力脱贫攻坚工作成效。组织委员参与产业扶贫、科技扶贫、教育扶贫、医疗扶贫、生态扶贫，为脱贫攻坚精诚出力。要多办实事暖民心。组织委员继续积极参与社会公益事业，倾力为困难群体解难事、做好事、办实事，促进民生改善。

五、坚持崇严尚实作风，进一步提高政协工作的科学化水平

按照习近平总书记提出的“懂政协、会协商、善议政”的要求，切实加强政协委员和政协干部的培训工作，坚持崇严尚实作风，着力提高“四种能力”，进一步发挥政协党组的领导核心作用、常委会的表率作用、专委会的基础作用、政协委员的主体作用和市政协机关的参谋助手作用。着力提高政治把握能力，把坚持党的领导作为政协工作的根本原则，高举爱国主义和社会主义旗帜，坚持团结民主两大主题，确保政协事业始终沿着正确的方向前进。着力提高调查研究能力，坚持问题导向，精选课题，深入调研，努力使对策建议更加有的放矢、切中要害。着力提高联系群众能力，深入开展“走基层”活动，畅通各界群众利益诉求表达渠道，发挥好桥梁纽带作用。着力提高合作共事能力，发扬求同存异、体谅包容的优良传统，坚持民主协商、平等议事的工作原则，以民主的作风团结人，以共同的事业激励人，加强合作，共谋发展。市政协机关要以建设学习型、服务型、效能型机关为目标，加强组织、协调、联络、服务工作，主动为基层服务，为委员服务，努力把政协机关建成温馨的“委员之家”，为市政协履行职能提供有力保障。

各位委员，同志们！人民政协是国家治理体系的重要组成部分，在社会主义协商民主建设中责任重大、使命光荣。让我们更加紧密地团结在以习近平同志为核心的党中央周围，在市委的坚强领导下，高举中国特色社会主义伟大旗帜，深入学习宣传贯彻落实党的十九大精神，不忘初心、牢记使命，锐意进取、埋头苦干，不断推进人民政协事业新发展，为率先全面建成小康社会，奋力开启全面建设社会主义现代化拉萨新征程做出新的贡献！

脱贫攻坚

2017年，拉萨市紧紧围绕中央脱贫攻坚的系列决策部署，以习近平新时代中国特色社会主义思想，特别是扶贫开发重要思想为指导，认真贯彻落实全区脱贫攻坚工作会议、自治区深度贫困地区脱贫攻坚动员暨脱贫攻坚成效考核表彰大会、自治区深化对口援藏扶贫工作会议等会议精神，按照中央“六个精准”和“五个一批”和自治区“八个到位”的要求，正确处理好“十三对关系”，把脱贫攻坚工作作为重大政治任务来抓，充分发挥首府城市首位度作用，落实精准方略，采取超常措施，集中力量攻坚克难，用绣花的功夫坚决打赢脱贫攻坚战，决不让一个贫困群众在全面小康征程中掉队。截至2017年12月，全市已实现10721户43837名贫困群众脱贫，220个贫困村（居）退出，占识别之初建档立卡贫困人口的99.26%。城关区成为全国第二批、西藏首批脱贫摘帽县区之一，堆龙德庆区、曲水县、墨竹工卡县、达孜县、当雄县、尼木县、林周县顺利通过自治区第三方评估，达到脱贫摘帽标准。

聚焦“扶持谁”精准发力。建立健全“两个机制”，确保精准聚焦、精准发力。完善工作前置机制。依据建档立卡基础数据，明确驻村工作队员、下沉干部、乡（镇）扶贫专干等，定期定量进村入户，了解帮扶情况，确保心中有数，为有针对性落实措施打好基础。建立动态监测机制。建成全区首个精准扶贫大数据平台，平台页面基础数据信息涉及9个模块119项内容，充分借助这一平台的资料准入门槛、数据修改权限、指标分析研判等功能，为全市脱贫攻坚动态监测、绩效评估等提供有力支撑，实现精准扶贫、精准管理。

聚焦“谁来扶”精准发力。全面实行市级总体抓、县（区）全力抓、乡（镇）具体抓、村（居）具体落实的责任体系。落实主体责任。调整充实市扶贫开发领导小组，先后召开常委会、扶贫开发领导小组会、专题会和指挥部例会，传达学习中央、自治区相关会议精神，研究拉萨市的贯彻意见，全力推进脱贫攻坚工作。按照《西藏自治区脱贫攻坚责任制实施细则》的要求，结合拉萨实际，制定出台《拉萨市脱贫攻坚责任制实施细则》，严格落实“五级书记”抓脱贫责任制，明确党委主体责任、政府主抓责任、干部主帮责任、基层主推责任、社会主扶责任，做到人员到位、责任到位、工作到位、效果到位，形成高位强势攻坚态势。加强督查考核。把脱贫攻坚工作纳入各级各部门年度目标考核内容，提高脱贫指标的权重；把市委第四轮巡察工作确定为扶贫领域专项巡察，紧盯扶贫政策落地、形式主义、“雁过拔毛”等问题进行巡察；建立监察、审计等相关部门全程跟踪机制，加大对各类违法乱纪行为的查处力度和责任追究力度；把脱贫攻坚纳入党政领导班子和领导干部目标考核体系，推动各级干部把更多的精力投入脱贫攻坚，开展各类检查督导400余次。深化帮扶机制。深入实施“321”干部帮扶机制，实行一包到底、不脱贫、不脱钩。扎实开展定点扶贫，全市组织动员97家市（中）直单位参与定点扶贫；全市参与“企帮村”行动企业40家，投入资金7423.16万元，涉及建档立卡贫困户584户3312人。

聚焦“怎么扶”精准发力。拉萨市在精准识别的基础上，针对致贫原因，因户施策、因人施策、综合施策，做到“六脱”措施全覆盖，一户不漏、一人不落。产业扶贫“拔穷根”。2017年计划实施产业项目117个，已开工项目92个（完工48个），产业发展已带动37537名建档立卡贫困群众受益，已实现14360名建档立卡贫困户脱贫；依托“四业工程”开展转移就业培训，全市共投入资金1344.07万元，开展培训125期4894人，现已实现转移就业4811户6181人。易地扶贫搬迁“挪穷窝”。统筹产业发展、人居环境等方面，科学谋划、扎实推进易地扶贫搬迁工作。建成安置点28个，占71.79%，完成10880人搬迁任务，占43.83%。全力做好全区建档立卡贫困户中风湿患者易地扶贫搬迁至当雄县羊八井镇等3个安置点项目建设，已完成羊八井精准扶贫风湿患者集中搬迁安置点一期项目建设，完成昌都、那曲和阿里150户625人搬迁入住任务。政策兜底“脱穷境”。从教育、生态补偿、社保、医保等方面多管齐下，最大限度放大兜底政策、形成综合功效，保证贫困群众无后顾之忧。在教育扶贫方面：向7671名贫困家庭学生发放各项资助金3456.47万元，其中建档立卡贫困大学生2482名，发放资助金1083.73万元；制定实施全市跨县（区）易地扶贫搬迁安置点学生就学安置方案，确保全市跨县（区）搬迁群众中，所有学前至初中学段学生1800人在迁入地按就近、免试就学。在生态补偿扶贫方面：落实生态补偿岗位26260个，发放岗位补助资金7878万元；向19783人实施政策性补助，落实补助资金1560.88万元。在社会保障方面：率先在全区全面实现“两线合一”，农村低保保障标准年人均达到3914元，共为4491户18443名农村最低生活保障对象兑现“两线合一”补贴资金3400万元。在医疗救助方面：制定实施《拉萨市提高建档立卡贫困户新农合人均经费工作实施方案》，建档立卡贫困户新农合人均经费由475元/人提高至500元/人，推行“农牧区医疗制度+农牧民大病商业保险+民政医疗救助+政府兜底”的保障套餐，为764名建档立卡贫困人口报销住院及门诊费用242.8万元。金融扶贫“注活水”。强化金融对接，着力在产业发展、易地扶贫搬迁等方面集中发力。截至2017年，全市产业项目共需融资23.53亿元，已到位14.38亿元，通过市平桥公司搭桥贷款15亿元，已拨付4亿元；易地扶贫搬迁融资到位14.89亿元，其中国开行农发行专项债券资金1.25亿元，国开行西藏分行易地扶贫搬迁贷款资金1.75亿元，农发行西藏分行易地扶贫搬迁贷款资金11.89亿元。志智双扶“增动力”。市委、市政府设立1000万勤劳致富奖励资金，强化扶志、扶智措施，着力提高贫困群众创业就业积极性，着力激发贫困群众脱贫内生动力、着力提高自我脱贫能力，引导贫困群众树立“勤劳光荣、脱贫光荣”的思想观念，用自己勤劳的双手创造美好生活。截至年底，共表彰“志智双扶”典型40余次。

聚焦“如何退”精准发力。紧紧围绕“三不愁、三有、三保障”和“五个享有”的脱贫目标，制定了拉萨市贫困县贫困村贫困户退出方案、实施细则等，同时为杜绝形式主义、数字脱贫等现象，专门研究制定了拉萨市脱贫攻坚考核验收标准，特别明确了“九个不验收”，即从大数据平台信息录入不达标不验收、搬迁安置房面积超标准不验收、搬迁入住率不达标不验收、产业项目不达标不验收、融资进度不达标不验收、生态补偿岗位安排不合理不验收、政策资金兑现不及时不验收、档案资料不规范不验收、宣传氛围不浓厚不验收九个方面严格考核标准，实现成效精准化衡量，将贫困群众的认可度作为脱贫摘帽的关键指标，让贫困群众真心认可脱贫成效，积极主动脱贫。对参加验收考核的人员进行集中封闭培训，分四个小组对全市2017年度未脱贫县（区）开展全面严格的脱贫摘帽验收考核，确保扶贫工作务实、脱贫过程扎实、脱贫结果真实。

聚焦“六个结合”精准发力。全市上下始终坚持把如期打赢脱贫攻坚战作为全市全面建成小康社会的中心任务，各项工作中紧紧围绕这一中心任务扎实推进。坚持脱贫攻坚与基层组织建设相结合。深入开展“强党、固基、扶村”工作，选派1230名乡镇干部下沉到村（居）工作。投入1000万元专项资金，重点对121个村集体经济收入累积10万元以下的村（居）和22个空白村进行精准施策，对124个有一定积累的村（居）引导其不断扩大规模，确保实现全市所有村（居）有稳定的集体经济收入来源。坚持脱贫攻坚与新型城镇化建设相结合。全力打造特色小城镇，以县城为支撑、重点镇为节点，坚持规划先行，合理制定搬迁群众社会保障标准，将养老、医疗、教育等社会保障与城镇居民社会保障无缝对接，促进贫困群众向市区、中心镇、小集镇集聚。“十三五”期间，将向市区搬迁2527户9880人，向县城、乡镇、小集镇搬迁3717户14941人。坚持脱贫攻坚与对口援藏相结合。认真贯彻落实《中共西藏自治区委员会西藏自治区人民政府关于进一步加强对口援藏扶贫工作的意见》精神，制定《拉萨市脱贫攻坚指挥部关于贯彻落实深化对口扶贫工作会议精神的意见》。为切实发挥北京、江苏两个援藏省市援藏工作在脱贫攻坚中的作用，区党委常委、拉萨市委书记白玛旺堆先后于9月下旬、12月上旬率党政代表团回访江苏省和北京市，重点就加强东西部协作达成了一系列合作成果，助力全市脱贫提速。江苏北京两省市持续推进援藏资金总量的80%向基层倾斜、向贫困群众倾斜、向深度贫困地区倾斜、向改善贫困地区基础设施条件倾斜。两省市各选派5家以上国有企业、推动5家以上民营企业与拉萨市企业结成帮扶对子，在藏建设项目严格落实“两个50%”就业指标（拉萨籍群众参与企业就业占企业用工总人数的50%，建档立卡贫困户占拉萨籍参与企业用工人数的50%）。通过公务员招录、事业单位公开招聘、企业招聘等形式为拉萨市提供200个以上匹配度高、针对性强的岗位。坚持脱贫攻坚与小微企业“两创”相结合。大力推动小微企业“两创”工作，通过创业带动贫困群众就业，大力推广“平台+企业+农户”的组织模式，培育“高原体验”小微企业，带动贫困群众以稳定就业实现脱贫致富。坚持脱贫攻坚与生态保护相结合。对居住在海拔4500米以上、生态环境脆弱、自然灾害频发等地区的贫困人口，实施易地扶贫搬迁和小康安居工程，对迁出区结合实施宅基地复垦、退耕还林、天然林、草场保护等生态工程，实现脱贫致富与生态建设的“双赢”。坚持脱贫攻坚与维护稳定相结合。结合“网格化”和“双联户”管理模式，组织、教育、引导人民群众参与支持精准扶贫精准脱贫工作，以网格化管理、社会化服务，对农牧区9824个联户单元内的贫困群众开展有针对性的帮扶。

（谢　涛）

落实中央环保督察整改情况

2017年，拉萨市高度重视中央环保督察组转办案件，主动作为、加强协调、密切配合，各级各部门全力以赴、马上就办，第一时间分办、第一时间核实、第一时间处理、第一时间反馈，认真落实、高效办结，综合治理、健全机制，较好完成转办件的整改落实工作。中央环保督察组向拉萨移交31批共708件转办件，立整立改571项，长期整改137项，其中16项已完成整改，总办结率82.9%。

*高度重视，立知立行整改。*市委、市政府主要领导始终坚持既挂帅又出征，扎实推进转办件办理办结。市委、市政府共召开专题会议、案件分析调度会议20次；市委、市政府主要领导就复杂、重点、疑难信访案件现场指挥、现场协调、现场督办15次。各包抓县（区）市级领导对各自分管领域、包抓县（区）信访案件办理安排、对接50余次，全程督促转办件办理进度，指导转办件办理过程。各县（区）、市直各部门认真落实主责单位主体责任，坚持主要领导召开安排部署会议，协办单位积极主动配合，成立联合工作组，形成一个问题、一名领导、一套班子、一个方案、一抓到底“五个一”工作流程和工作机制，高效有序推动信访案件办理办结。拉萨市在接到转办件后，第一时间确定责任人、办理时限和办理要求，安排专人通知案件主责、协办单位主要领导，力争第一时间解决问题。合理安排人员力量，分设城关区、周边区、西区和东区4个督办小组，确保每一项转办件都能做到出现场快速，每一项转办件都能做到有专人督办。对中央环保督察组转办带星转办件重点督办，一般转办件限期督办，实现当日所有现场核查全覆盖，督办事项内容全覆盖。

*迎难而上，不折不扣落实。*着力解决历史遗留问题。拉萨市在城市建设和管理过程中存在一些历史遗留问题，由于涉及群众切实利益、矛盾较为集中复杂，未得到彻底解决。接到中央环保督察转办件后，拉萨市不回避问题、主动作为，决心彻底解决历史遗留问题，还居民一个清新的居住环境。着力解决社会热点问题。拉萨市由于监测能力滞后、执法力量薄弱、部门联动机制不健全，有一些社会热点、重大民生问题，长期以来没有得到有效解决或死灰复燃。拉萨市借中央环保督察之力，下定决心，彻底解决了一批社会热点问题，得到广大群众的赞誉。如黑心棉、黑作坊、乱占道等问题已经得到明显改善。着力解决保护区的问题。拉鲁湿地和黑颈鹤自然保护区是拉萨市的两个国家级自然保护区。但是，由于历史原因、技术手段等因素，两个国家级保护区在划定时就有一些人类活动的情况，日常管理存在一些问题。拉萨市借力借势中央环保督察，着力解决保护区长期存在的问题，扎实推动重要生态工程治理。拉鲁湿地综合治理。制定拆迁补偿方案，与村民签订协议，自筹5044.5万元，对拉鲁湿地保护区内12户原著居民实施整体搬迁。制定哲蚌寺租赁仓库整改专项方案，积极与哲蚌寺及租户沟通和协调，动员其主动拆除仓库。同时颁布《禁牧令》，印发告民通知，要求存栏牛羊全部进行圈养、外来牛羊全部返回原地放牧，禁止牲畜进入湿地。保护黑颈鹤栖息地。下大力气开展西藏雅鲁藏布江中游河谷黑颈鹤自然保护区整治工作。如墨竹工卡县金和唐加选矿厂拆除工作，选矿厂共组织专业工人48名，投入整改经费4000万元、人员700余人次，耗时8000多工时，实行两班倒，加班加点实施设备拆除工作，切实守护黑颈鹤的栖息地。

*举一反三，全心全意为民。*拉萨市在“环境立市”保蓝天、护碧水、守净土、兴产业、优能源、美乡村、靓城市“七项举措”的引领下，针对中央环保督察转办件中噪音、水、垃圾和大气方面群众反映问题较为集中的特点，集中开展了净音、净土、净水、净空四大专项行动，切实解决群众“身边事”，受到了广大群众的赞誉。净音行动静家

园。制定《开展环境噪声污染专项整治行动工作方案》，重点对餐饮娱乐业、工业企业、道路交通、建筑施工等活动产生的噪声扰民问题进行专项整治。印发宣传资料和通告3万余份。通过媒体发布禁鸣公告，呼吁广大市民共同行动起来。集中整治期间，共出动人员432人次、车辆220台次，检查酒吧612家次、朗玛厅450家次、KTV525家次、茶园215家次、网吧95家次、商场150家次、小区26个，批评教育查处乱鸣笛违法行为近200起，下达《停业整改通知书》3份、《治安检查意见书》15份。净土行动守净土。组织相关部门成立工作专班，日均出动环卫工作人员1600余名，累计清运生活垃圾430余吨，新增夜间垃圾清运制度，有效避免垃圾过夜现象。出动拆迁工作人员3600人次，按照人歇机器车辆不休息的原则，不分昼夜、分班分组倒班连续开展简易房拆除和垃圾清理清运工作。集中整治期间，共拆迁191户613人，拆除房屋818间，拆除面积22771平方米，平整土地202.65亩，出动车辆2875台次，清理垃圾18930.03吨，还老百姓干净整洁的生活环境。净水行动护碧水。针对中央环保督察转办件，对全市存在污水直排的企事业单位进行处理，立案处罚15家，处罚款70.2万元。编制《拉萨市城市给排水基础设施建设薄弱的问题》《拉萨市各县（区）排水管网及污水处理设施提升改造实施方案》，切实解决两岛生活污水直排问题，力争到2020年完成拉萨市主要道路雨污分流改造和排污管网完善，县城污水集中处理率达到85%。净空行动保蓝天。制定印发《全市机动车尾气污染专项整治工作方案》，以货运车、农用机动车及老旧机动车为整治重点加大路检执法力度，同时加大对来拉车辆证件查验和尾气抽检。专项整治期间，共检查可疑车辆345辆，上线检测78辆，依法处罚18辆。在交通违法处理系统中新增尾气超标的“6063”违法代码，确保执法信息能够及时录入、及时处罚。清查市区使用柴火、煤、木炭的场所2107家，责令污染严重、消防安全隐患较大的商户改用电、天然气、液化气等污染较小的能源。印制张贴《禁止在城区沿街进行铁器切割、焊接、喷漆加工作业的公告》，责令被举报有环境污染问题的20余家焊接、喷漆商铺按要求认真整改。

*直面问题，开展“回头看”工作。*中央环保督察进驻期间结束之后，拉萨市积极开展“回头看”工作，对已办结的587项转办件中的193项立整立改的问题开展“回头看”。11月初，整改督办组组织市直相关单位及各县（区）对137项长期整改的工作进行现场督办，对每一个问题实地看、实地督，对照问题的整改方案进行核查，137项问题均按照相关要求扎实推进整改。12月14日下午，林生副市长在主持召开拉萨市迎接中央环保督察工作专题会议，听取工作落实情况并对整改工作进行安排部署。会议明确近期召开环保问题整改工作推进会，主要目的是督促相关单位、县（区）不能减轻对中央环保督察转办件后续进展的重视程度，同时要继续加强对中央环保督察转办件中121项长期整改的转办件进行现场督办。会议要求尽快完成中央环保督察进驻期间向拉萨市移交的708转办件的电子扫描件及目录审核工作以及档案装盒工作。

结合整改进展情况和环保工作实际，提出继续开展“十二项行动”。全面规范整治机动车维修行业行动；全部停止洗车行业的审批，对现有洗车场提档升级；在全市范围内规划修建公共厕所；在城市东、南、西、北及中心城区建立大型立体式停车场，缓解城市停车难问题；合理规划使用全市公共交通设施建设用地，打造现代公共交通网络体系；建立和规范拉萨市活禽定点屠宰地；全面整治市区内停车不规范、套牌车行为；继续提高环卫机械化水平；规范农用车、摩托车、电动三轮车、工程机械车辆在市区的销售；在《拉萨市物业管理条例》的基础上修订完善《拉萨物业管理办法》；制定《拉萨市外地车辆限行管理办法》；开展食品药品安全大整治活动，确保全市公众饮食用药安全。

（张玉虎）

拉萨市“两创示范”建设

拉萨市“两创示范”建设暨高校毕业生创业就业工作深入贯彻落实中共十九大精神,认真贯彻落实创新驱动发展战略、国务院《关于做好当前和今后一段时期就业创业工作的意见》和自治区党委、政府《关于促进高校毕业生就业创业的若干意见》)精神，按照全市“两创示范”建设暨高校毕业生创业就业工作推进会的要求,将双创工作与高校毕业生创业就业工作紧密结合，着力搭建双创载体、服务平台，全面推进工作的开展。

建立健全工作机制。2017年，拉萨市成立以市委书记为组长、市长为常务副组长的领导小组，下设办公室，由分管副市长兼任办公室主任，从各职能单位抽调工作人员集中办公，领导小组各成员单位也成立了以党政一把手为组长的工作领导小组，将双创工作与高校毕业生创业就业工作深度结合、融合推进，按照自治区的有关要求，还充实相关部门建立了高校毕业生就业工作联席会议制度。制定出台双创工作方案，提出了“123456”创业创新发展战略和“6599”行动计划。制定7项工作制度，包括目标责任制度、联席会议制度、联合督导制度、联合工作制度、督查通报制度、信息报送制度、自查自评制度等。

完善金融支持体系。2017年，拉萨市出台《拉萨市全面推进小微企业创业创新基地城市示范建设工作的若干政策措施（试行）》，从支持创业创新载体建设、支持创业创新主体、支持创业创新能力建设、发展创业创新服务体系、完善投融资体系、推动体制机制创新等六个方面加强对“两创示范”建设工作的顶层设计，科技、工信、商务、金融办等四个部门出台配套实施细则11套。引导金融机构结合拉萨市小微企业特点不断创新和优化金融特色产品和服务，推出“税易贷”“pos贷”“创业贷”等新产品业务。开通小微企业绿色通道，简化办贷手续、提高审批效率、优化放款流程，提升金融服务。

创业创新载体。2017年，拉萨市建成20家众创空间，在孵企业190家，其中，内孵92家，外孵98家，大学生创业企业89家，共吸纳就业742人，包括大学生725人，中央部委授牌1次，区直机关授牌5次，正在申报国家级众创空间的2家。成功打造区内领先的众创空间模板，拉萨高新区–N·次元众创空间，已挂牌“全国大学生创业示范园”（共青团中央）、“西藏自治区众创空间示范（培育）基地”（自治区科技厅）、“知识产权服务工作站”（自治区知识产权局），同时也是“拉萨中关村科技成果产业化基地”、“拉萨市众创空间示范（培育）基地”、“拉萨大学生创业园”和“拉萨高新区人才基地”，批复入驻单位56家，包含1家院士工作站、4家国家级实验室。北京大学创业训练营、优客工厂（北京）、创业黑马、南开大学等知名创业平

2017年4月30日，西藏自治区党委书记吴英杰（左某一）考察拉萨科技众创空间

台相继落户。已建成14个创业创新基地，已完成4个商贸企业集聚区的调整优化，已打造完成21条商业街区，已建设完成4个流通基地，已完成5个农贸市场的提升改造。第一批市级创业创新载体已经完成认定，认定市级双创载体6家（5个众创空间和1个双创基地），相关资金1470.45万元已拨付至各载体属地财政部门，第二批双创载体认定工作已经全面启动。小微企业创业创新统计监测平台已正式上线，小微企业综合服务中心和云服务平台、科技综合服务中心、人力资源服务平台、产品交易和会展服务平台、小微企业名录库系统等正在进行经费审核。电商服务平台、检验检测服务中心、小微企业科技成果转化和研发平台也在筹备建设中。

培育小微企业新集群。2017年，拉萨市以经开区、柳梧新区、文创园区、堆龙工业园区、达孜工业园为龙头，依托园区“企业集聚、产业集群、要素集团、政策集成、人才集中”的优势，充分利用园区内部各创业创新载体的培育功能，把分散的小微企业融入到产业定位清晰的园区内孵化加速，形成共享资源、优势互补、合理推动、竞争发展的企业发展环境，打造向内集聚抱团、向外发展壮大的小微企业产业链，为小微企业做大做强提供顺风车。6月，柳梧新区被国务院批准为全国第二批创业创新示范基地，其工作方案于8月初通过了国家审核。

宣传工作。2017年，拉萨市双创网站与微信公众号上线，集中展现全市双创工作动态、成效，对接国家双创办，建立与国家双创办的沟通机制，搜集整理上报各类信息，被国家双创网站采用超过130篇。央视新闻联播以“西藏：青年创业，发展特色文化产业”为题，对拉萨市双创工作进行了81秒的专题报道，全年市属媒体已刊播相关新闻2000余条，举办访谈节目4期。在拉萨晚报开办双创专栏，在市区便民警务站电子显示屏和出租车顶灯等刊播双创工作宣传标语，并在全市主要路段、重点区域及火车站周边悬挂100条宣传横幅。通过组织创业典型进高校开展“创业课堂”活动、“西藏之星走进校园”与区内高校学生分享创业成功经验。以联动促社会稳定，及时成立拉萨市高校毕业生就业联席会议相关工作，明确各部门工作职责，形成全市各职能部门联动工作机制，同时加大工作舆情防控处突力度，确保高校毕业生就业工作整体平稳有序。

双创相关活动。2017年，拉萨市举办北京大学创业训练营系列活动9场，新浪网创始人王志东、联想之星创始人周自强、东方剑桥教育集团董事长于松岭等一批大咖赴藏授课，在社会上引起广泛反响，人民日报、新华社等媒体给予专题报道。举办拉萨市第三届青年创新创业大赛，设立扶持奖励资金265万元，动员全市各级团组织同步推进，报名参赛项目达223个，撬动县（区）资金254万元，该届大赛受到全市乃至全区创业青年的广泛关注，共动员青年5万余人、吸了3000余人的咨询。举办拉萨市第二届大学生创业论坛，通过论坛集市、巅峰创业论坛、创业者分享会、创业交流座谈会等形式，激发大学生创业热情，600余名大学生创业者参加论坛。承办2017全国大众创业万众创新活动周西藏分会场的活动，12项活动参与人次超过万人，营造创业创新氛围，丰富创业创新文化，提升双创的群众参与度和知晓率，进一步激发大众创业万众创新的新一轮热潮，取得良好社会效果，推动全市创业创新迈向新台阶。开展包括“金融服务进基地”“小微企业融资产品推介会”“创新之光人才培训”“企业刑事法律风险专题讲座”“小微企业财务管理培训”“初创企业管理培训课程”以及青年创新创业见习基地授牌、科技型中小企业挂牌、就业援藏专场等活动。

学习调研。2017年，拉萨市考察调研北京、成都两地双创工作开展情况，包括北京大学创业训练营、清华大学启迪之星众创空间、优客工场（北京）创业投资有限公司、中关村智造大街、成都市生产力促进中心、成都创客郫都菁蓉镇、天府国际基金小镇等，并与成都市生产力促进中心达成合作协议。通过学习调研，增长见识，了解到其他省（市）符合市场导向的双创载体、先进的管理水平、超前的开发理念，科学的运营思路和有针地性的配套服务和有内涵的双创文化建设、当前国内双创工作发展的状况、态势，进一步掌握创新创业的热度和灵度，拓宽资源，加强交流，打开思路，提升从事双创工作的能力和经验，在双创载体市场化、科技化、智能化、高端化、国际化的运营模式和双创平台专业化、一体化、垂直化、细分化、完整化以及配套服务形成链条等方面的做法和经验，

2017年1月28日，西藏自治区党委副书记、主席齐扎拉（右二）于新春佳节慰问拉萨高新区—N·次元众创空间全体职工

打开拉萨双创工作的思路，为拉萨双创在载体建设、平台设计、融资配套、双创文化的营造、体制机制的创新、人才引进等方面探索出可行的思路和路径，特别是发挥优势、整合内地先进资源、实行共享模式等方面有了新的认识和体会。

就业情况。2017年，拉萨市应届高校毕业生3803人，其中男1693人，女2110人；汉族410人，藏族3369人，其它民族24人；研究生以上学历37人，本科2338人，大专1428人。截至年底，2017年应届高校毕业生已就业2004人，就业率52.69%，其中，市场就业1141人。

市场招聘。2017年，拉萨市开发就业岗位29360个，适合高校毕业生就业岗位10298个，开展职业介绍8230人次，举办各类招聘会23期，累计组织企业1545家次，累计提供岗位36656个，进场求职21015人次，收到求职简历10265份，高校毕业生初步达成就业意向2100余人（拉萨市应届高校毕业生700余人），其中，市属国有企业提供就业岗位704个，实际招录783人（高校毕业生430人，其中，拉萨籍高校毕业生209人，非拉萨籍高校毕业生221人）；截至年底，拉萨市共吸纳334名非拉萨籍高校毕业生实现就业。

自主创业。2017年，拉萨市已创业高校毕业生企业97家，创业高校毕业生87人，其中，创办三家以上企业的有6人，两家企业的有7人，联合创业的有20人，行业涉及教育、餐饮、信息技术、工程建筑、文化传媒等领域；高校毕业生创业企业注册商标11个；2017年应届高校毕业生创业者8人。

就业见习。2017年，拉萨市新认定5家高校毕业生就业见习基地，其中，市级4家，县级1家。截至年底，已累计认定50家高校毕业生就业见习基地，参加就业见习和公益性岗位人数94人次。

就业援藏。2017年，北京市组织2批55家用人单位赴西藏民族大学和拉萨市开展就业援藏高校毕业生专场招聘会，提供就业岗位628个，录取西藏籍高校毕业生15人；江苏省安排就业援藏岗位240个，初步录用西藏籍高校毕业生30人。截至年底，北京、江苏共招录319人到区外就业（其中，北京109人，江苏210人）。

兑现奖补。2017年，拉萨市发放各类补贴资金87.18万元，其中，发放创业启动资金35万元；截至目前，已累计为54名区内外企业就业高校毕业生发放生活和路费补贴27.84万元，为34名创业者发放创业奖励资金和生活补贴58.88万元，累计发放高校毕业生各类补贴资金达822.8万元。

畅通就业渠道。2017年，拉萨市常态化开展招聘会。建成使用拉萨市人力资源市场，整合部门工作集中办理就业服务事项。拓展就业招聘活动内容和方式，形成市级与县级、专场与综合、区内与区外、大型与小型、线上与线下招聘相结合的多层次、多渠道招聘体系。纵深推进就业援藏。到北京、江苏开展就业援藏协调和创业创新考察，畅通就业援藏对接渠道，明确对口援藏工作重点。加快推进信息化建设。拉萨市争取500万资金建设涵盖数据资源管理平台、劳动关系综合管理平台、社会保险综合管理平台、劳动就业综合管理平台、人力资源公共服务云平台等五大平台体系的小微企业创业创新人力资源公共服务平台，实现就业创业申报、对接、服务信息化，提高工作效率。目前该项目已进入招投标阶段。

维稳综治

2017年，在区市党委、政府的坚强领导和区党委统战部、区民宗委、宗教办的指导下，拉萨市认真贯彻落实中共十八大和十八届三中、四中、五中、六中全会和中共十九大精神，贯彻落实习近平总书记系列重要讲话精神和治国理政新理念新思想新战略，贯彻落实中央统战工作会议、中央民族工作会议、中央第六次西藏工作座谈会、全国宗教工作会议精神，贯彻落实《中国共产党统一战线工作条例（试行）》，贯彻落实区市第九次党代会、区市党委九届三次全会和区市宗教工作会议、区市统战民族宗教工作会议精神，以“四个全面”战略布局为统领，以迎接服务和学习宣传中共十九大为主线，以加强党对统一战线的领导为根本，以巩固民族团结进步示范市成果为引领，以维护宗教领域和谐稳定为落脚点，紧扣中心、服务大局，主动作为，发挥优势，凝聚共识、汇聚力量，促进团结、维护稳定，为全市发展稳定大局和建设团结美丽健康幸福新拉萨做出了新贡献。

巩固和深化全市民族团结进步创建成果。年内，在持续深化民族团结“七进”和“共产党员民族团结先锋活动”“共青团员民族团结闪光行动”“少先队员民族团结牵手行动”等创建活动的基础上，在全市寺庙深入开展了“四讲四爱”主题教育实践活动，不断拓展创建形式、创建载体，及时总结好经验、好做法，为自治区创建活动提供了可以在全区复制推广的优秀经验和做法。

社会局势持续和谐稳定。坚持最高标准、最强举措、最严要求，一个阶段一个阶段部署，一个环节一个环节展开，一个战役一个战役打赢，有力确保了“三无”“三不出”“三稳定”。强化风险防控。积极应对“后达赖”向“达赖后”转变的形势变化，全面落实信访事项排查化解责任制、领导干部包案制和领导干部联系群众制度，实现了信访案件“零搁置”。深化重点行业、关键领域专项治理，实现了重特大安全事故“零发生”和事故起数、死亡人数“双下降”的工作目标。加强民族宗教工作。分类分层分级落实寺庙管理措施，积极培养爱国爱教宗教界代表人士，着眼淡化宗教消极影响，2017年各项宗教活动参与人数同比下降20%以上。成功创建全国民族团结进步城市。

自然人文概况

【地理位置】　拉萨地处西藏中部稍偏东南，位于雅鲁藏布江支流拉萨河北岸，地势总体由东向西倾斜。平均海拔3650多米，是世界上海拔最高的城市之一。

【拉萨气候】　拉萨气候属高原温带半干旱季风气候。气候特点为：辐射强，日照时间长，年日照时数在3000小时以上，有"日光城"之称；干湿季明显，冬春降雨少，天气干燥多大风；雨季降水集中，年降水量为200—510毫米，主要集中在6—9月，多夜雨；年无霜期100—120天；平均气温低，日温差大，6月平均气温为15.7℃，平均最高气温为22.9℃，是一年中温度最高的月份，1月平均气温为-2℃，平均最低气温-9.7℃，是一年中最低的月份，多年极端最高温度为29.6℃，极端最低气温-16.5℃，分别出现在6月和1月，夏秋季无高温，是夏季的避暑胜地。

【历史文化】　拉萨作为西藏自治区首府，是一座具有1300年历史的古城。拉萨古称"惹萨"，藏语"山羊"称"惹"，"土"称"萨"。相传公元7世纪，唐朝文成公主嫁到吐蕃时，这里还是一片荒草沙滩，后为建造大昭寺和小昭寺，用山羊背土填卧塘，寺庙建好后，传教僧人和前来朝佛的人增多，围绕大昭寺周围便先后建起了不少旅店和居民房屋，形成了以大昭寺为中心的旧城区雏形。同时松赞干布又在红山扩建宫室（今布达拉宫），于是，拉萨河谷平原上宫殿陆续兴建，高原名城从此形成。早在公元7世纪，松赞干布兼并邻近部落、统一西藏后，就从雅隆迁都逻些（今拉萨），建立吐蕃王朝。"惹萨"也逐渐变成了人们心中的"圣地"，成为当时西藏宗教、政治、经济、文化的中心，金碧辉煌、雄伟壮丽的布达拉宫，是至高无上政教合一政权的象征。1951年5月23日，西藏和平解放，拉萨城进入了新的时代。1960年，国务院正式批准拉萨为地级市。1982年又将其定为国家首批公布的24座历史文化名城之一。拉萨在漫长的历史进程中，经历了文明的洗礼和文化的鼎盛与延续，积累和沉淀了丰厚的文明成果和文化遗产，素以风光秀丽、历史悠久、文化灿烂、风俗民情独特、名胜古迹众多、宗教色彩浓厚而闻名于世。

【行政区划】　拉萨作为西藏自治区首府，是历史文化"名城"、藏区稳定"要城"、雪域高原"净城"、改革开放"新城"，也是国家历史文化名城、中国优秀旅游城市、全国文明城市、国家园林城市、全国双拥模范城市、国家环境保护模范城市、国家卫生城市。拉萨现辖城关区、堆龙德庆区、达孜区、曲水、尼木、当雄、墨竹工卡、林周五县三区，有65个乡（镇、街道）、267个村（居、社区），东西跨距277公里，南北跨距202公里，总面积3万平方公里。全市常住人口83万人，有藏族、汉族、回族等38个民族，其中藏族及其他少数民族人口占90%以上。

【自然资源】　拉萨能源资源丰富，已探明各类矿产50多种，刚玉、高岭土、自然硫储量位居全国前列，铅锌矿、铁矿、铜矿储量分别达到40万吨、230万吨和460万吨。水电资源蕴藏量达到255万千瓦，地热田热流量发电潜力15万千瓦，年太阳总辐射达202千卡/平方厘米。拉萨动植物资源独特，虫草、贝母、天麻、红景天、雪莲花等药用动植物达到1000多种，青稞、芫根、藏鸡、牦牛等高原特色农畜产品营养价值高。拉萨文化旅游资源丰厚，布达拉宫、大昭寺、罗布林卡被列入世界文化遗产名录，自然风光秀丽、名胜古迹众多，是重要的世界旅游目的地。

土地资源。拉萨市现有耕地58万亩，还有宜农土地101.78万亩、宜牧土地3109.69万亩、宜林土地252.9万亩。

能源。境内江河年均流量340亿立方米，湖泊储水200亿立方米，地下水丰厚，念青唐古拉主峰及附近约578平方公里的冰川和永久积雪带储存大量固体水。人均水量和每亩地占水量均高于全国水平。全市河流（不含雅鲁藏布江过境段）水能资源理论蕴藏量254.78万千瓦，地热田年热流量发电潜力15万千瓦，地热地区天然热流量发电潜力26.8万千瓦，年太阳总辐射值达202千卡/平方厘米。

农作物资源。粮食作物以青稞为主，次为小麦、豌豆、蚕豆、荞麦、玉米；经济作物主要有油菜，兼有少量的臧中药材；蔬菜作物中，马铃薯、大蒜、藏葱、藏萝卜、曼青等种植历史悠久，大白菜、小白菜、萝卜、甘蓝、芹菜、菠菜、空心菜、花菜、韭菜、莴笋、胡萝卜等在城镇郊区也广泛种植；随着高效日光温室、塑料大棚、地膜覆盖栽培技术的应用，食用菌、西红柿、辣椒、黄瓜、南瓜、葫芦、扁豆、茄子、西瓜、油桃、草莓等蔬菜水果品种达90余种。

树种资源。拉萨共有木本植物（含变种）105种，其中乔木41种、隶属20个科。树种主要有高山松、乔松、西藏云杉、大果圆柏、侧柏、藏川杨、清溪杨、缘毛杨、银白杨、北京杨、新疆杨、小香杨、箭杆杨、山杨、优胜杨、钻天杨、加杨、长蕊杨、红柳、左旋柳、唐定柳、龙爪柳、垂柳、白榆、国槐、刺槐、复叶椿、臭椿、白醋、泡桐。干果油料树种有核桃和文冠果，果树有苹果、桃、李、梨、杏，可用造林的灌木有紫穗槐、沙生槐、沙棘、水柏枝、小叶杞子等。

动物资源。家畜主要有牦牛、黄牛、犏牛、马、骡、驴、绵羊、山羊和猪等。先后从区外引进28个家畜优良品种，包括黄牛有西门达尔、北京黑白花、滨州牛、三河牛、瘤牛，绵羊有新疆细毛羊、高加索细毛羊、茨盖羊和罗姆尼羊，山羊有陕西奶山羊、中卫山羊、绒山羊，猪有荣昌猪、内江猪、长白猪等。家禽主要有鸡、鸭、鹅等。野生动物主要有野牦牛、野驴、黄羊、藏羚羊、野马、鹿、黑颈鹤、天鹅、藏雪鸡等。

药材资源。主要有虫草、贝母、红景天、雪莲花、大黄、羌活、独活、高山党参、臭党参、藏沙参、黄花、刺参、麻黄、藏荆芥、曼陀罗、赓香、鹿茸、牛黄、牛鞭等。

矿产资源。现已发现50多种矿产、矿（化）点170多处，主要有铁、铜、铅、锡、铝、银、金、地热、煤、泥炭、刚玉、石膏、自然硫、高岭土、石灰石、火山石、重晶玉、汉白石、花岗石、大理石等。其中，刚玉、地热居全国第一位，自然硫居全国第三位，高岭土居全国第五位；探明铜铅锌储量43万多吨，勘探工作尚在深入进行。

【拉萨物产】 拉萨北部当雄全县和尼木、堆龙德庆、林周、墨竹工卡部分区乡属藏北草原南沿，水草丰美，牧业兴旺，盛产牛羊肉类、酥油和牛绒、羊毛；中部是著名的拉萨河谷，南部属雅鲁藏布江中游，为西藏较好的农业区之一，盛产青稞、小麦、油菜籽和豆类，“拉萨一号”蚕豆更是饮誉中外的良种。拉萨周围具有经济价值和医疗作用的地热温泉遍地，堆龙德庆县的曲桑温泉、墨竹工卡县的德中温泉享誉整个藏区。

【旅游资源】 拉萨名胜古迹众多，景点星罗棋布。有气势恢宏的地质景观、磅礴玉洁的雪峰冰川、美丽恬静的草原风光、波光万顷的高原湖泊、气象万千的地热云雾和郁郁湿润的湿地林卡，全市有大小寺庙200余座，仅市区内已被列为重点保护的文物古迹就有40多处；有风雨千秋的历史胜迹，有美妙绝伦的壁画、唐卡、造像和塑像艺术，有几十万件库存文物；有独具神韵的民族歌舞、服饰和异彩纷呈的民俗风情。布达拉宫及以大昭寺为中心方圆1.3平方公里的古建筑群，被联合国教科文组织列入“世界文化遗产名录”，受到全人类的尊重和保护。以布达拉宫和八角街为中心的拉萨新城，北至色拉寺，西至堆龙德庆区。纵目眺望拉萨城，邮电大楼、新闻大楼、拉萨饭店、西藏宾馆及各色建筑物星罗棋布，互为参错，连连绵绵，一片新辉。站在布达拉宫顶上俯瞰拉萨全城，整个拉萨市区到处是一片片掩映在绿树中的新式楼房，唯八角街一带飘扬着经幡，荡漾着桑烟。在这里，密布着颇具民族风格的房屋和街道，聚集着来自藏区各地的人们，他们中许多人仍然穿着该民族的传统服装，那仿佛从不离手的转经筒和念珠显然表明佛教实际上已成为一种生活方式。

（赵晓静）

经济社会概况

【主要经济指标】 2017年，拉萨市完成地区生产总值479.25亿元，增长10%；全社会固定资产投资611.73亿元，增长5.1%；社会消费品零售总额258.76亿元，增长12.7%；财政收入141.6亿元，增长31.7%。其中一般公共预算收入89.63亿元，增长26.6%；城镇居民人均可支配收入32408元，增长10.3%；农牧民人均可支配收入12994元，增长13.5%；居民消费品价格涨幅控制在1.6%；城镇登记失业率控制在2.2%以内。

【产业发展】 净土健康产业。拉萨市积极实施“万户百场十中心”工程，完成3000家养殖示范户挂牌，奶牛存栏8.6万头，奶产量达10万吨。城关区高标准奶牛养殖中心被评为国家级标准化奶牛养殖示范区、畜禽养殖标准化示范场、奶牛产业技术体系综合试验站。开展安格斯肉牛养殖试验，牦牛短期育肥出栏5600头，藏鸡存栏52万只。食用菌、雪菊、藜麦、汉藏药材、林木花卉等种植业规模持续扩大。严格落实粮食安全责任制，青稞种植面积30万亩，加工转化量达3.9万吨。粮经饲比例达到65.63：17.04：17.33。天然饮用水产销量达到54.3万吨、实现产值12.1亿元，清洁能源、绿色矿产业稳中有升，完成规模以上工业增加值71.8亿元，增长15%。出台“拉萨净土”品牌使用办法，拓展线上线下营销网络，完成17类170项产品商标注册，“拉萨净土”区域公用品牌知名度不断提高。文化旅游产业。2017年，编制完成《拉萨市全域旅游发展规划》，新增A级景区2个、星级宾馆2家，雪鹰通用航空投入试运营，成功举办首届藏东南环线区域旅游战略合作活动暨藏中旅游东环线推介会，在市区和旅游景区安放牵引式移动公厕30座。推进西藏非物质文化遗产博物馆、《金城公主》舞台剧等14个文化产业项目建设，制作《驻藏大臣》《吉祥拉萨》纪录片，文化旅游产业对经济发展的带动作用更加凸显。全年接待国内外游客1606.6万人次，实现旅游总收入227.4亿元，分别增长17.6%和21.9%。信息金融业。拉萨市信息产业发展加快，移动通信网络进入4G时代，成功申报“宽带中国”示范城市，“新型智慧城市”建设积极推进，完成立体停车场、公共场所免费Wi-Fi等试点项目前期工作。金融体系不断完善，重点项目融资有序推进，设立拉萨市首家村镇银行，全市各类金融机构达到284家，中小微企业融资难问题得到缓解。年末存款余额2766亿元，增长10.4%，贷款余额2622亿元，增长32.3%，金融业增加值超过20%。

【改革开放】 2017年，拉萨市不断扩大对外开放，持续深化“放管服”改革，全面推进“两集中两到位”，38家单位的151项行政审批事项和17项便民服务事项实行集中办公。建立完善行政审批事项等7项清单，取消、不得行使、下放行政许可事项21项，取消各类证明材料14项。推进商事制度改革，设立工商注册“绿色通道”，启动“多证合一、一照一码”改革，新增市场主体1.65万户。全市各类市场主体达到7.5万户、注册资金达到3872亿元，分别增长50%和134%。上市企业达到12家。推进国企国资改革，开展新一轮整合重组，形成国有企业“11+3”格局，市场竞争力、影响力不断增强。国有企业资产总额达到660亿元，完成营业收入64.8亿元，实现利润总额5.9亿元，上缴税费5亿元，提供就业岗位5万个。支持和鼓励非公经济发展壮大，非公企业达1.77万家，注册资金2779亿元。深化开放合作发展，综合保税区申报建设加快推进，中尼友谊工业园项目成功落地。市属企业对外投资迈出新步伐，对尼泊尔投资超过300万美元。预计全年完成进出口贸易总额44亿元，增长6.8%。加强招商引资工作，在内地5座一线城市设立6个产业交流中心，积极举办、参加区内外经贸洽谈，推进“央企助力富民兴藏”合作项目建设，落实项目50个。全年招商引资实际到位资金300亿元，增长12%。

【基础设施建设】 2017年，拉萨市持续加大城市基础设施建设力度，拉林、泽贡高等级公路和环城路建成通车，国道109线拉萨至那曲控制性工程、S5线开工建设，拉林铁路有序推进，藏中南3小时经济圈加快形成。建成聂当等110千伏输变电工程3座，纳金水厂、中心医院、柳东大桥等重大城镇基础设施和民生项目投资过半，综合基础设施不断完善。持续深化受援工作，落实援藏投资8.9亿元，安排建设项目131个。出台户籍制度改革实施意见，有序放开落户限制，促进人口合理流动。成立拉萨市城市管理委员会，进一步整合市政管理事权，推动执法重心下移。积极开展各类节日促销活动，大力发展电商贸易平台，完成木材、二手车等交易市场搬迁，新建、改造农贸市场3个，房地产销售面积超过100万平方米，汽车、餐饮、休闲等消费日趋旺盛，城乡居民消费水平稳步增长。

【生态文明建设】 拉萨市坚定不移推进美丽拉萨建设，大力开展植树造林，推进国土绿化。完成植树造林3.28万亩、封山育林1.13万亩、防沙治沙5.1万亩，治理水土流失面积5000公顷。自治区级生态村、乡镇命名率分别达到74%和67%。积极开展环境污染综合防治，科学划定城市禁燃区，取缔燃煤锅炉22台，关停“地条钢”、水泥等落后产能企业5家，淘汰黄标车及老旧车辆3100辆，完成7100户电采暖改造。扎实做好水源地定期监测和土壤采样，处置各种危险废物55吨，建成生活垃圾焚烧发电厂。推广绿色清洁能源应用，新投入运行14座光伏电站，发电容量23万千瓦。新增新能源公交车128辆、出租车192辆，投放共享单车6700辆。全市空气质量优良率达98.9%，主要江河、湖泊等地表水水质均达到Ⅲ类标准，集中式饮用水水源地水质达标率100%。

【改善民生】 2017年，拉萨市将市级可用财力的80%用于民生支出。教育事业发展加快，投入经费3.8亿元，全面落实免费教育和“三包”政策及营养改善计划，“三包”生均标准再提高240元。新建城乡幼儿园75所，新建、改扩建中小学40所。达孜、当雄通过义务教育均衡发展国家评估认定。组团式教育受援学校增至9所。全市高考成绩再创佳绩，市直6所高中高考上线率达到97.8%，高出全区平均水平16个百分点。大力普及科学知识，科普率提升至92%。全市现有高新技术企业27家，科技型中小企业51家，专利授权298项，科技进步贡献率达到45.2%，重点领域科技创新能力不断增强。公共文化服务供给持续加强，“村村通”、农村电影放映、农家书屋等文化惠民工程深入实施，在6个县（区）设立广播电视台，完成有线电视数字化和数字影院建设项目。建成县（区）综合文化活动中心、非遗传习基地等一批重大项目。卫生健康事业快速发展，初步建立分级诊疗体系，全面取消公立医院药品加成，顺利完成53万人包虫病筛查防治工作，孕产妇、婴儿死亡率分别下降至31.7/十万和4.68‰。市人民医院成为全区首家地（市）级三甲医院，6家县医院成功创建二乙医院，顺利通过国家卫生城市复审。推进国家食品安全示范城市创建工作，监管体制机制不断健全，食品药品安全形势稳中向好。积极推广工间操、规范舞等全民健身活动，承办全国性围棋、篮球、足球等竞赛项目和文体活动50余场次，直接影响和带动参与群众达30余万人次。“拉萨城投”足球队冲入国内职业联赛，拉萨市体育健儿多布杰获得全运会男子万米长跑冠军。

【社会保障】 2017年，拉萨市积极推进社会就业，开发就业岗位3.07万个，实现城镇新增就业1.6

万人，农牧区劳动力转移就业19.1万人次。统筹做好社会保障，实施全民参保计划，采集数据54万条，在全区率先实现“五险合一”，各险种参保人数达到55.56万人。加强社会救助，残疾人托养康复中心投入运营，低保标准增至城镇每人每月764元、农村每人每年3411元，孤儿、有意愿五保对象集中供养率分别达100%和80.7%。加强住房保障，基本建成公租房1230套，实施棚户区改造项目11个，建成易地扶贫搬迁和小康安居住房3480套。

【科技创新】 2017年，拉萨市积极推进科技创新与经济发展深度融合，投入科技项目资金5200万元，实施重大科技创新项目35个。设立科技专家工作站7个，院士工作站增至2个，2家众创空间被确定为国家备案众创空间。继续深化“两创示范”工作，出台“双创”支持政策92项，减免税收1.13亿元。在深圳等地建立3家“创业创新实践基地”，帮助103名高校毕业生和185名农牧民群众成功创业。高新区获批国家第二批“双创”示范基地。发展壮大优势资源品牌，全市商标注册数量达到8000件，拥有驰名商标、著名商标、地理证明商标和区域公用商标90件，注册马德里国际商标2件。积极推进全国质量强市示范城市创建工作，完成净土健康六大产业标准体系建设，编制各类标准635项，《藏香》国家标准通过立项审批。

【特色小镇建设】 2017年，新修订的《拉萨市城市总体规划（2009—2020年）》获国务院批复同意，城市建设用地增至77.88平方公里。达孜撤县设区，堆龙城市副中心建设积极推进。新建、续建农村公路项目41个，农村公路通车总里程达到4644公里，覆盖全市所有乡镇、村居。完成投资3.2亿元，建设涉农项目33个，农村安全饮水、高效节水灌溉、造林绿化等工程全面实施。在全区率先完成新一轮农网升级改造，农牧区户均配电容量达到4.26千伏安。认真抓好农村土地制度改革，完成4.35万户、66.2万亩土地确权登记颁证。有序推进甲玛、吞巴、羊八井、纳木湖4个特色小城镇建设。农牧区生产生活条件持续改善，城乡收入差距缩小1.6个百分点，人民群众生活更加富足。

【脱贫攻坚】 2017年，拉萨市坚持把脱贫攻坚作为头等大事和第一民生工程，注重产业先行、志智双扶。羊八井风湿病患者集中安置点搬迁入住。城关区恩惠苑、经开区B区等5个集中安置点全面建成，搬迁群众2411户9302人。开工建设产业项目92个，带动9088名建档立卡贫困群众全面脱贫。开展技能技术培训125期，转移就业4811户6181人。向7671名贫困家庭学生发放资助金3456万元，为9398名贫困群众报销医疗费用3215万元。落实生态补偿岗位26260个，兑现补助资金7878万元。率先实现“两线合一”，累计发放农村低保金和“两线合一”补贴资金6853万元。97.3%的建档立卡贫困人口越过贫困线，城关区率先脱贫摘帽，基本实现了既定目标任务。

【创新社会治理】 推进立体化社会治安防控体系建设，加强人、地、事、物、组织等治安要素信息采集，扎实做好实有人口、特殊人群动态监管，社会治安形势总体稳定。全面启动“七·五”普法工作。扎实开展矛盾纠纷排查化解，办结信访事项992批3000人次，办结率为92.7%。加强安全生产监管，扎实开展大检查大排查，安全事故发生起数、死亡人数分别下降7%和5.3%，实现重特大安全事故“零发生”。加强宗教事务管理，全面落实利寺惠僧政策，投入寺庙基础设施建设资金3685万元，极大改善了僧尼修行生活环境。深入推进民族团结进步事业，广泛开展“民族团结一家亲”等联谊活动，引进44户种养大户和企业在拉萨市投资兴业。

【生态保护】 拉萨虽地处青藏高原，但冬无严寒，夏无酷暑，全年日照时间3000小时以上，素有“日光城”的美誉。2018年，拉萨市围绕构建国家生态安全屏障，重点实施“树上山、河变湖、暖入户”工程，城市森林覆盖率达20%，建城区绿化覆盖率达38%，建立自然保护区及生态功能区27个，自然保护区面积占国土面积的28.3%，空气质量优良率常年保持在97%以上。在国家环保部公布的环境优良城市排行榜中，拉萨市持续保持全国前三位。

（索朗央珍）

1月

1月3日 拉萨市环城路项目通达现场会召开。区党委副书记、自治区主席洛桑江村出席并讲话，区党委副书记、市委书记齐扎拉主持会议并通报项目建设情况。市委领导达娃、果果、王念东、庄红翔、阿努次仁出席，自治区和拉萨市人大代表、政协委员，市直各单位负责人，拉萨市城关区、堆龙德庆区群众代表等全线参观了拉萨市环城路项目建设成果并参加会议。

同日 区党委副书记、市委书记齐扎拉主持召开九届市委第7次常委会议，会议传达学习了自治区党委书记吴英杰在《中共拉萨市委员会关于2016年拉萨市维护社会稳定工作情况的报告》上的指示精神，听取全市政治工作汇报，听取中共拉萨市委常委会议2016年度民主生活会筹备情况汇报，研究并原则同意市政府党组《关于2017年全市经济发展指标和任务安排建议的请示》。市委领导达娃、果果、陈军、王念东、暴剑、庄红翔、阿努次仁出席。

1月4日 拉萨市第十一届人大常委会举行第二次会议。会议补选达娃、果果为西藏自治区第十届人民代表大会代表，决定任命郑卫国为拉萨市人民政府副市长。市委副书记、市人大常委会主任达娃主持会议。

同日 拉萨市召开区党委巡视反馈意见整改落实工作满意度测评会，通报区党委巡视反馈意见整改落实工作情况，填写测评表。市委副书记、组织部部长陈军主持并讲话。会议指出，全市上下要充分认识开展整改落实工作满意度测评的重要性和必要性，全体参会人员要认真把握测评内容，结合通报的整改落实情况，全面、客观、公正地评价市委整改落实工作。市委领导彭祎涛、庄红翔出席。

1月5日 拉萨市国资国企改革发展工作总结暨表彰大会召开，听取全市国资国企改革发展工作进展情况，宣读《中共拉萨市委员会拉萨市人民政府关于表彰拉萨市国资国企改革发展工作先进集体和先进个人的决定》，安排部署当前和今后一个时期拉萨市国资国企改革发展工作任务，表彰23家先进单位和30名先进个人。区党委副书记、市委书记齐扎拉出席并讲话。自治区国资委主任余和平应邀到会指导，市委领导达娃、果果、胡洪、王念东、庄红翔、吴亚松出席。

同日 区党委副书记、市委书记齐扎拉主持召开拉萨市与中外名人文化产业集团合作推进“欢乐一家亲”大型文化行动相关事宜专题会，听取中外名人文化产业集团关于“欢乐一家亲”歌曲征集方案、“10+1”季播节目方案和启动仪式方案的汇报，研究部署有关工作。市委领导果果、胡洪、庄红翔、吴亚松出席。

同日 拉萨市脱贫攻坚指挥部召开第十次工作例会，贯彻落实2016年12月26日召开的2016年度全市脱贫攻坚总结表彰暨“双百攻坚战”第三次推进大会精神，研究部署下一步工作。市委副书记、常务副市长，市脱贫攻坚指挥部总指挥长胡洪主持会议并讲话。

1月6日 市委常委会班子2016年度民主生活会召开，传达学习中央政治局民主生活会精神，通报市委常委会专题民主生活会前征求意见情况，宣读班子对照检查材料，市委班子成员依次进行了严肃认真的批评和自我批评。区党委副书记、市委书记齐扎拉主持并讲话。自治区纪委、区党委组织部相关负责人到会指导并进行点评。

1月7日　全市经济工作会议召开，通报2016年全市经济工作，安排部署2017年全市经济发展任务，表彰2016年全市目标绩效争先进位先进单位。区党委副书记、市委书记齐扎拉出席并讲话。市领导达娃、果果、胡洪、肖志刚、陈军、袁训旺、王念东、彭祎涛、庄红翔、阿努次仁出席。

同日　拉萨市委巡视情况反馈意见整改落实工作领导小组会议召开，听取巡视整改工作进展情况汇报，讨论《中共拉萨市委员会关于区党委巡视一组巡视反馈意见整改情况的报告》。区党委副书记、市委书记齐扎拉主持并讲话。市委领导达娃、果果、肖志刚、陈军、王念东、彭祎涛、庄红翔、阿努次仁出席。

同日　市委副书记、北京援藏指挥部指挥肖志刚前往对口联系点堆龙德庆区调研慰问，看望嘎东寺驻寺干部僧人，慰问贫困群众和桑木村“两委”班子。

1月11日　自治区十届人大代表、自治区党委书记吴英杰参加自治区十届人大五次会议拉萨代表团分组审议并讲话。区党委副书记、市委书记齐扎拉，市委领导达娃、果果、陈军、彭祎涛、阿努次仁参加审议。

同日　2016年度全市市（中）直机关党组（党委）书记抓基层党建工作述职评议会召开。市委常委、秘书长、市直机关工委书记庄红翔主持会议。

同日　市委办公厅印发《拉萨市委书记和副书记、纪委书记对下级党委（党组）书记开展约谈的工作方案》的通知。《方案》规定，市委书记负责约谈7县2区和4个管委会党委书记；市委副书、纪委书记分别约谈82家单位和企业党组（党委）书记。

1月14日　拉萨市委常委会2016年度民主生活会情况通报会召开，安排部署整改落实相关工作。区党委副书记、市委书记齐扎拉出席并讲话。市委领导果果、陈军、王念东、占堆、彭祎涛、庄红翔、阿努次仁出席。

同日　自治区人大代表、区党委副书记、自治区常务副主席丁业现参加自治区十届人大五次会议拉萨代表团审议并讲话。自治区人大代表、区市领导尼玛次仁、多吉次顿、达娃、果果、陈军、彭祎涛、阿努次仁参加拉萨代表团审议。

1月15日　在自治区十届人大五次会议第四次全体会议上，齐扎拉当选为西藏自治区主席。

1月17日　拉萨市召开全市干部大会，宣布区党委关于拉萨市委主要领导职务调整的决定，齐扎拉不再兼任拉萨市委书记、常委、委员职务；白玛旺堆兼任拉萨市委委员、常委、书记。区党委书记吴英杰出席并讲话，区党委常务副书记、政协党组书记邓小刚主持大会，齐扎拉、白玛旺堆分别作表态发言。

1月20日　区党委常委、市委书记白玛旺堆主持召开九届市委第八次常委会议，传达学习区党委书记吴英杰在拉萨市干部大会上的讲话精神、全区脱贫攻坚工作会议精神和全区农村工作会议精神，安排部署全市改革发展稳定各项工作。市委领导达娃、果果、陈军、王念东、占堆、马军、庄红翔、吴亚松、阿努次仁出席。

同日　全市农村工作会议召开，总结近年来农牧业农村工作，分析“三农”发展面临的形势，安排部署当前和今后一个时期农牧业农村工作。区党委常委、市委书记白玛旺堆出席并讲话。市委领导达娃、陈军、马军、庄红翔、阿努次仁出席。

1月21日　全市2017年1月份“每月一课”讲坛开讲。

1月22日　区党委常委、市委书记白玛旺堆先后前往全国文明家庭西藏获奖代表琼贡家和驻市部队执勤点，看望慰问琼贡一家和长期坚守在维稳一线的执勤部队官兵。市委领导达娃、肖光富、马军、庄红翔一同看望慰问。

同日　市委副书记、市长果果前往拉百住宅小区、城关花园B区、和美家园小区、八一农场周转房等，走访慰问部分城镇优抚对象、低保户、困难户、困难职工、退休工人，送去党和政府的关心温暖。

1月23日　拉萨市举行2017年春节藏历新年团

拜会，全市党政军警领导与各族各界人士代表共话未来、共叙友情。区党委常委、市委书记白玛旺堆出席并致辞。市委领导达娃、果果、肖光富、彭祎涛、马军、庄红翔、阿努次仁出席。

1月23—24日　市委2017年“两学一做”学习教育第一次集中学习研讨会召开，传达学习习近平总书记在会见第一届全国文明家庭代表时的重要讲话精神、王岐山在中国共产党第十八届中央纪律检查委员会第七次全体会议上的工作报告、中央经济工作会议精神。区党委常委、市委书记白玛旺堆主持并讲话。彭祎涛、占堆、马军、阿努次仁作交流发言。市委领导达娃、果果、庄红翔出席。

1月25日　区党委书记吴英杰前往拉萨市曲水县才纳乡四季吉祥村考察脱贫攻坚工作，看望慰问基层干部群众，代表自治区党委、政府向全区各族人民致以新春的祝福和新年的祝福。区党委常委、市委书记白玛旺堆一起看望。

1月26日　区党委副书记、区人大常委会主任洛桑江村前往拉萨市社会福利院和拉萨市儿童福利院看望慰问孤寡老人和福利院儿童。区党委常委、市委书记白玛旺堆一起看望。

同日　区党委常委、市委书记白玛旺堆看望慰问在拉萨的退休老干部、企业员工，代表市委、市人大、市政府、市政协和全市各族人民向他们致以新年的问候与美好祝福。市委领导达娃、庄红翔一同慰问。

1月26—27日　区党委常委、市委书记白玛旺堆分别前往西藏军区、西藏公安消防总队、武警西藏总队、拉萨警备区、自治区警卫局、西藏公安边防总队等单位，看望慰问节日期间坚守岗位的部队官兵。市委领导达娃、庄红翔一同慰问。

1月30日　区党委书记吴英杰前往拉萨柳梧汽车站、拉萨火车站、西藏电力公司，看望慰问节日期间坚守岗位的武警官兵、干部职工，代表区党委、政府向全区各族人民拜年。区党委常委、市委书记白玛旺堆一同看望。

1月31日　区党委副书记、自治区主席齐扎拉前往拉萨市堆龙德庆区和当雄县，考察调研精准脱贫工作，看望慰问易地搬迁贫困户。区党委常委、市委书记白玛旺堆一同调研。

2月

2月4日　区党委常委、市委书记白玛旺堆前往市公安局维稳一线指挥部，调研市维稳工作，看望慰问维稳工作人员。市委领导达娃、马军、庄红翔、阿努次仁陪同。

2月5—6日　区党委常委、市委书记白玛旺堆前往当雄县、林周县，调研精准脱贫、现代牧业产业、生态环境建设等工作。市委常委、秘书长庄红翔陪同。

2月7日　区党委书记吴英杰前往拉萨市当雄县、林周县调研农牧业发展，详细了解当雄县现代牧业产业示范园区规划情况和林周县澎波半细毛羊养殖和人工饲草种植情况。区党委常委、市委书记白玛旺堆一同调研。

同日　拉萨市脱贫攻坚工作汇报会召开，听取2016年拉萨市脱贫攻坚各项工作开展情况汇报。会议指导，自中央扶贫开发工作会议召开以来，全市建档立卡贫困户共11237户44162人，贫困发生率14.2%。2016年，共计17115人越过贫困线，占全市总任务的38.76%，完成了自治区下达拉萨市2016年脱贫16110人目标任务的106.24%。拉萨市委常委、常务副市长王念东主持会议，那曲地区政协主席、交叉考核组组长才仁朗公出席。

2月8日　区党委常委、市委书记白玛旺堆主持召开九届市委第九次常委会议，传达学习吴英杰书记有关批示精神，传达学习全区宗教工作会议精神和九届区纪委二次全会精神，听取中共拉萨市委员会关于2016年工作总结暨2017年工作要点的报告和市纪委2016年度工作开展情况汇报暨2017年工作计划，听取九届市纪委二次会议、拉萨市述责述廉会议、拉萨市第十一届人大第二次会议、政协拉萨市第十一届二次会议、2017年度全市社会治安综合治理工作会议筹备情况汇报和拉萨市党风廉政责任书签订情况工作汇报。市委领导达娃、果果、王念东、彭祎涛、马军、庄红翔、阿努次仁出席。

2月9日　区党委常委、市委书记白玛旺堆主持召开专题会议，传达学习吴英杰书记有关批示精神，听取全市环保工作开展情况，拉萨市迎接中央环境保护督察工作前期准备情况汇报，研究部署全市环保工作。市委领导达娃、果果、王念东、彭祎涛、马军、庄红翔出席会议。

2月10日　区党委副书记、自治区主席齐扎拉前往拉萨市智昭净土健康产业园区，调研全区农牧业产业发展情况。区党委常委、市委书记白玛旺堆一同调研。

同日　拉萨市全国民族团结进步创建活动示范市授牌仪式举行，宣读《国家民委关于命名拉萨市为全国民族团结进步创建活动示范市的决定》，区党委副书记、自治区主席齐扎拉出席并向拉萨市授牌。区党委常委、市委书记白玛旺堆出席并讲话。市委领导达娃、果果、庄红翔、阿努次仁出席。

2月11日　区党委副书记、自治区主席齐扎拉前往拉萨市八廓商城，就藏历年期间物资供应、市场行情和食品安全等情况进行调研。区党委常委、市委书记白玛旺堆一同调研。

同日　市委副书记、市长果果主持召开拉萨市第十一届人民政府第七次常务会议，研究审议并原则通过《政府工作报告（征求意见稿）》《拉萨市2016年国民经济和社会发展计划执行情况及2017年国民经济和社会发展计划（草案）的报告》《拉萨市2016年财政预算执行和2017年财政收支预算（草案）的报告》。

同日　市委副书记、市长果果前往城关区八廓街道绕赛社区贡桑孜达热大院，集中慰问城关区50户低保户代表，向他们送去党和政府的关怀。

2月12日　区党委副书记、自治区常务副主席丁业现前往堆龙德庆区柳东路北路便民警务站，督导检查维稳安保和便民服务管理等措施落实情况，看望慰问在岗执勤民警。区党委常委、市委书记白玛旺堆一同看望慰问。

2月13日　中国共产党拉萨市第九届纪律检查委员会第二次全体会议召开。会议听取市委常委、纪委书记彭祎涛所作的工作报告。区党委常委、市委书记白玛旺堆出席并讲话。市领导果果、袁训旺、王念东、马军、庄红翔出席。

2月14日　2016年度拉萨市述责述廉评议质询会举行。听取林周县、曲水县、市农牧局、市卫生局、市扶贫办、市交通产业集团、市城投公司、市净土公司等8家单位党委（党组）书记现场述责述廉，进行评议质询和民主测评。同时，市政府办公厅、市文化局等20家单位党委（党组）书记进行书面述责述廉，拉萨经开区党委、堆龙德庆区委、市民政局等单位党组织现场签订党风廉政建设责任书。区党委常委、市委书记白玛旺堆主持并对述责述廉开展及评议质询分别进行了点评。区纪委副书记王峻应邀到会指导，市领导达娃、果果、袁训旺、王念江、彭祎涛、庄红翔出席。

2月15日　全市宗教工作会议召开，传达全区宗教工作会议精神，研究部署全市宗教工作。区党委常委、市委书记白玛旺堆出席并讲话。市领导达娃、果果、袁训旺、王念东、占堆、马军、庄红翔、阿努次仁出席。

同日　全市环境保护工作会议召开，听取全市环境保护工作报告，安排部署全市环境保护各项工作及迎接中央环保督察准备工作。区党委常委、市委书记白玛旺堆出席并讲话。市委副书记、市长果果与市环保局、市水利局、市农牧局、达孜县和林周县在会上签订《2017年度拉萨市环境保护工作目标责任书》。市领导达娃、袁训旺、王念东、占堆、马军、庄红翔、阿努次仁出席。

同日　全市社会治安综合治理工作会议召开，听取2016年全市综治工作报告，安排部署2017年全市综治工作。区党委常委、市委书记白玛旺堆出席并讲话。市委副书记、市人大常委会主任达娃，市委副书记、市长果果分别代表市委、市政府与驻市区（中）直、市（中）直单位和县（区）代表签订《2017年度拉萨市社会治安综合治理目标责任书》。市领导袁训旺、王念东、占堆、马军、庄红翔、阿努次仁出席。

同日　政协第十一届拉萨市委员会常务委员会第一次会议召开。市政协主席袁训旺主持会议。会议通过了政协第十一届拉萨市委员专门委员会设置的决定及各专门委员会主任、副主任名单和副秘书长名单，听取政协第十一届拉萨市委员会第二次会议情况汇报。

2月15—16日　市委理论学习中心组“两学一做”学习教育2017年第二次集中学习研讨（扩

大）会举行，传达学习中办、国办《关于依法治理民族事务促进民族团结的意见》和区党委书记吴英杰的批示，传达学习习近平总书记系列讲话，传达学习全区宗教工作会议精神等。区党委常委、市委书记白玛旺堆主持并讲话。市领导达娃、果果、袁训旺、王念东、占堆、庄红翔、吴亚松、阿努次仁出席。

2月16日　区党委常委、市委书记白玛旺堆主持召开九届市委第10次常委会议，传达学习《中共中央国务院关于推进安全生产领域改革发展的意见》，听取2016年全市安全生产工作开展情况汇报；听取并审议市人大、市政协、市中法、市检察院提交的各项工作报告，并同意将各类报告提交“两会”审议；听取拉萨市开展巩固“禁白”成果工作以来的情况报告。市委领导达娃、王念东、占堆、马军、庄红翔、吴亚松、阿努次仁出席。

同日　市委副书记、市长果果前往城关区纳金乡纳金村3户结对帮扶户家、纳金村村委会、拉萨市儿童福利院及城关区五保集中供养服务中心等，看望慰问结对帮扶户、基层工作人员、驻村工作队队员以及福利院的孩子和老人们，送去党和政府的关心。

同日　区党委副书记、自治区常务副主席、区维稳指挥部总指挥丁业现前往八廓街，就社会面管控、便民服务措施落实等情况进行考察调研，看望慰问坚守岗位的公安民警、消防和武警官兵以及各方面、各部门维稳安保力量，向他们致以新年的美好祝福。区党委常委、市委书记白玛旺堆一同调研。

同日　市委副书记、市长果果前往空港新区甲竹林镇沃拉居委会，看望慰问3户结对帮扶困难户并调研拉萨贡嘎机场航站楼三期改扩建征地拆迁工作。

同日　由自治区党委宣传部、区党委统战、区直有关单位，拉萨市共同举办的自治区2017年文化科技卫生法律和爱国爱教宣传“五下乡”集中服务活动在曲水县才纳乡四季吉祥村举行。区党委常委、自治区副主席、区党委宣传部部长边巴扎西，市委常委、宣传部部长吴亚松出席活动。此次活动，共为基层群众送去价值近40万元的图书、电脑、挂历、药品、学习用品等物资。

2月18—19日　政协第十一届拉萨市委员会第二次会议召开，应到委员249人，实到202人，符合《中国人民政治协商会议章程》。会议听取政协第十一届拉萨市委员常务委员会作工作报告，审议通过了第一次会议以来提案审查情况报告、政协拉萨市委员会常务委员会工作报告的决议、第一次会议以来提案工作情况的报告决议、第二次会议政治决议。区党委常委、市委书记白玛旺堆出席会议，市委领导达娃、果果、王念东、马军、庄红翔、吴亚松、阿努次仁出席，政协第十一届拉萨市委员会主席袁训旺，副主席亚古、孙宝祥、拉巴、拉巴顿珠、岳国红、朱梅品在主席台前排就坐。

2月19—20日　拉萨市第十一届人民代表大会第二次会议召开，会议应到256名，实到216名，符合法定人数。会议听取并审议通过了政府工作报告等相关报告。区党委常委、市委书记白玛旺堆，市领导达娃、果果、肖志刚、袁训旺、王念东、占堆、马军、庄红翔、吴亚松、阿努力次仁出席，市人大常委会副主任达瓦、觉根、张慧、杨林、格旦次仁、尼玛云丹在主席台就座。

2月20日　区党委常委、市委书记白玛旺堆前往色拉寺调研加强和创新寺庙管理工作并看望慰问僧人、寺管会干部和驻寺消防官兵。市委领导达娃、马军、庄红翔、阿努次仁一同调研。

同日　区党委常委、市委书记白玛旺堆看望慰问居住在拉萨的部分党外爱国人士、退休老干部、老党员。市委领导陈军、占堆、庄红翔、阿努次仁一同慰问。

同日　市委副书记、市长果果主持召开市政府第八次常务会议，审议通过“拉萨市高原生物研究所科研基地”建设、拉萨经济技术开发区“十三五”时期发展规划、《尼木县城市总体规划（2014—2030）》、拉萨市小微企业创业创新基地城市示范建设工作方案、考核办法、实施细则等，听取全市安全生产工作迎国检相关工作情况汇报。

2月21日　区党委常委、市委书记白玛旺堆前往甘丹寺调研并看望慰问僧人、寺管会干部和驻寺消防官兵。市委领导庄红翔、阿努次仁陪同。

2月21—23日　由国家安全监管总局副局长李

兆前任组长的国务院安委会2016年度省级政府安全生产工作现场考核第十五考核工作组在拉萨市检查安全生产工作。期间前往大昭寺、八廓古城管委会、市公安局交警支队、城关区扎细街道办事处雄嘎社区居委会、墨竹工卡县华泰龙矿业集团有限公司及拉萨市交通产业集团有限公司等地，查阅各单位、各企业安全生产资料台账，实地检查安全生产工作开展情况。22日召开座谈会，听取拉萨市2016年安全生产工作自查自评情况汇报，并对拉萨市消除安全生产监管盲区、安全生产标准化建设提出建议。市委副书记、市长果果表示，对考核组提出的问题和建议，逐个梳理，确保整改到位。市委领导达娃出席座谈会。

2月22日 区党委常务副书记、自治区政协党组书记邓小刚前往色拉寺，实地检查藏历新年及民俗宗教活动维稳安保服务等工作，看望慰问公安民警、驻寺干部、广大僧人和信教群众。区党委常委、市委书记白玛旺堆陪同检查。

2月24日 区党委常委、市委书记白玛旺堆前往大昭寺调研加强和创新寺庙管理工作，并看望慰问驻寺干部、寺庙僧人等。市委领导达娃、庄红翔、阿努次仁一同调研。

同日 市委副书记、市长果果主持召开市政府第九次常务会议，传达学习市纪委《关于重申廉洁过节纪律的通知》精神，听取关于迎接中央环保督查工作推进情况和全市重点项目开复工建设工作推进情况的汇报。

2月27日 是日是藏历火鸡新年的大年初一。区党委书记吴英杰前往堆龙德庆区乃琼镇波玛村易地扶贫安置点，与当地群众一起欢度藏历新年。区党委常委、市委书记白玛旺堆陪同。

3 月

3月1日 区党委常务副书记、自治区政协党组书记邓小刚前往小昭寺，与寺管会干部、消防官兵、公安民警、僧人代表们座谈。区党委常委、市委书记白玛旺堆陪同。

3月2日 区党委常委、市委书记白玛旺堆前往北京援藏干部公寓和江苏援藏干部公寓，看望北京市、江苏省第八批援藏干部，送去市委、市政府的亲切关怀和藏历新年的祝福。市委领导达娃、王念东、庄红翔一同看望。

3月3日 全市维稳工作视频会议召开，总结前期工作，安排部署全国“两会”和三月份全市维护稳定工作。自治区人大常委会副主任、自治区派驻拉萨市维稳督导组副组长张晓华出席。市委副书记、市人大常委会主任达娃讲话。市委领导马军、阿努次仁出席。

3月4日 自治区派驻拉萨市维稳督导组听取拉萨市维稳工作部署汇报。区党委常委、市委书记白玛旺堆主持会议并讲话。自治区人大常委会副主任、自治区派驻拉萨市维稳督导组副组长张晓华出席并讲话。市委领导达娃、胡洪、肖志刚、王念东、暴剑、庄红翔、吴亚松、阿努次仁出席。

3月5日 市委理论学习中心组召开扩大学习会，集中收听收看十二届全国人大五次会议开幕直播盛况，聆听李克强总理所作的《政府工作报告》。市委领导庄红翔、阿努次仁等在家地级领导参加。

3月8日 市委副书记、常务副市长胡洪主持召开市政府第10次常务会议，审议并通过《拉萨市拥军优属规定》，市农牧局关于《拉萨市“十三五”时期农牧业发展规划（2016—2020）》，原则通过《拉萨市村庄规划条例》《中共拉萨市委宣传部拉萨市司法局关于在全市公民中开展法制宣传教育的第七个五年规划（草案）》《拉萨市妇女发展规划（2016—2020年）》和《拉萨市儿童发展规划（2016—2020年）》。

3月9日 区党委常务副书记、区政协党组书记邓小刚前往哲蚌寺调研创新寺庙管理工作。区党委副书记、常务副主任丁业现，区党委常委、市委书记白玛旺堆一同调研。

同日 区党委常委、市委书记白玛旺堆主持召开全市维稳督导专题会，研究部署3月维稳安保工作。市委领导达娃、马军、庄红翔、阿努次仁出席。

3月10日 区党委常委、市委书记白玛旺堆，自治区人大常委会副主任赵正修、张晓华分别在拉萨市区、达孜县、林周县、曲水县督导检查维稳工作，看望慰问维稳值班人员。

3月11日 区党委常务副书记、政协党组书记邓小刚前往拉萨市拉鲁社区、扎细街道调研基层党建工作，看望慰问基层党员干部。区党委常委、市委书记白玛旺堆一同调研。

3月15日 区党委常委、市委书记白玛旺堆前往城关区督导检查维稳工作，调研基层工作开展情况和项目进展情况，并召开座谈会听取城关区工作汇报和各村（居）、街道办事处关于城关区发展的意见建议。市委领导陈军、庄红翔一同调研。

3月15—16日 拉萨警备区党委五届八次全体（扩大）会议召开。区党委常委、市委书记白玛旺堆出席并讲话。市委领导达娃、肖光富、庄红翔出席会议，拉萨警备区司令员韩志宏主持会议。

3月16日 区党委常委、市委书记白玛旺堆前往墨竹工卡县华泰龙公司二期选矿生产线、直孔噶瑕农牧产业工贸有限公司调研企业运营情况，前往孜孜荣村、嘎则新区调研易地扶贫搬迁安置情况。市委领导陈军、王念东、庄红翔一同调研。

3月19日 区党委常委、市委书记白玛旺堆前往南环线工程、慈觉林精准扶贫和小康建设安居工程项目点、拉萨市中心医院施工现场，调研重点项目建设情况。

3月20日 市政协召开党组理论中心学习组2017年第三次学习会议，传达学习俞正声主席在全国政协十二届五次会议上所作的常委会工作报告主要精神、《中国人民政治协商会议章程》主要内容和自治区纪委九届二次全会精神。市政协党组书记、主席袁训旺主持会议并讲话。

3月23日 拉萨市2017年民生类重点项目集中开工暨市第一中等职业技术学校迁建项目奠基仪式举行。区党委常委、市委书记白玛旺堆宣布开工并为工程培土，市领导达娃、果果、胡洪、袁训旺、占堆、庄红翔出席。

3月25日 拉萨市落实党风廉政建设责任制述职述责汇报会召开。区党委常委、市委书记白玛旺堆主持并代表拉萨市委常委会班子作情况汇报，宣读述职述责报告；市纪委领导汇报市纪委常委会履行监督责任情况，其他常委班子成员提交书面述职述责报告，并进行了民主评议。自治区党委落实党风廉政建设责任制第一检查考核组组长赵正修出席，市领导达娃、果果、袁训旺、占堆、暴剑、马军、庄红翔、吴亚松、阿努次仁出席。

3月27日 区党委书记吴英杰前往曲水县田间地头、农牧系统单位，调研春季农牧业生产情况。区党委常委、市委书记白玛旺堆一同调研。

3月28日 拉萨市举行“升国旗唱国歌”仪式，隆重纪念西藏百万农奴解放58周年。自治区领导吴英杰、洛桑江村、齐扎拉、曾万明、何文浩出席，区党委常委、市委书记白玛旺堆致辞。市领导果果、达娃、胡洪、陈军、袁训旺、肖光富、韩志宏、暴剑、马军、庄红翔、吴亚松、阿努次仁与全市各族各界代表3000余人参加仪式。

同日 拉萨市人才培养基地揭牌仪式暨北京专家服务团成立大会在北京举行。拉萨市委副书记、北京援藏指挥部总指挥肖志刚参加揭牌仪式并向专家服务团成员代表颁发证书。会上，举行了拉萨市人才培养基地合作签约和揭牌仪式。

3月29日 区党委常委、市委书记白玛旺堆主持召开九届市委第11次常委会议，传达学习吴英杰书记有关批示精神，传达学习中央政法工作会议、区党委政法工作会议精神和自治区维稳指挥部视频会议精神，听取全市党建工作汇报等，并就相关议题提出贯彻意见。市委领导达娃、果果、胡洪、陈军、占堆、暴剑、马军、庄红翔、吴亚松、阿努次仁出席。

同日 北京大学校友支持拉萨发展工作交流会举行。区党委常委、市委书记白玛旺堆出席并讲话。市领导果果、胡洪、陈军、袁训旺、占堆、暴剑出席。

3月30日 区党委书记吴英杰前往拉萨市城关区蔡公堂乡香嘎村参加义务植树活动。自治区领导洛桑江村、齐扎拉、边巴扎西、何文浩、白玛旺堆与拉萨市干部群众、部队官兵、中小学学师生一起参加义务植树。

3月30—31日 市委理论学习中心组“两学一做”学习教育2017年第三次集中学习（扩大）会举行。区党委常委、市委书记白玛旺堆主持会议，市领导达娃、果果、肖志刚、陈军、袁训旺、王念东、暴剑、马军、庄红翔、吴亚松、阿努次仁出席。

3月31日 区党委常委、市委书记白玛旺堆前往尼木县吞达乡、续迈乡温泉项目建设现场、易地扶贫搬迁点调研全域旅游发展、项目建设和精准扶贫、净土产业工作开展情况。市委领导占堆、庄红翔陪同。

4 月

4月1日 全市组织部长会议召开，传达区党委常委、市委书记白玛旺堆关于做好组织编制老干部工作的批示，通报2016年全市基层党建工作述职评议考核情况。市委副书记、组织部部长陈军出席并讲话。

4月2日 区党委常委、市委书记白玛旺堆前往拉鲁湿地国家级自然保护区，调研湿地生态环境保护情况，强调要以“环境立市”为引领，加强湿地生态环境保护，严格落实环保责任，进一步推进生态文明建设。市委常委、秘书长庄红翔陪同。

4月3日 区党委常委、市委书记白玛旺堆分别前往拉萨大桥南侧桥头、迎接桥两侧景观带、三号闸景观点、环城路北环段5号节点等地调研拉萨环城路绿化景观工作。市委领导暴剑、庄红翔陪同。

4月6日 拉萨市深入开展“四讲四爱”主题教育实践活动动员部署大会召开。区党委常委、市委书记白玛旺堆出席并讲话。区党委宣传部副部长嘎玛旦巴应邀出席，市委领导果果、肖志刚、陈军、马军、庄红翔、吴亚松、阿努次仁出席。

同日 地市人民医院等级医院创建工作现场推进会在拉萨市召开，就全区等级医院创建工作再安排再部署，就拉萨市人民医院按期完成创“三甲”工作任务提出明确要求。区党委常委、组织部部长曾万明，区党委常委、拉萨市委书记白玛旺堆出席会议并讲话。市委副书记肖志刚、陈军介绍拉萨市人民医院创“三甲”工作推进情况。

4月9日 全市包虫病综合防治工作专题会召开，听取全市包虫病综合防治工作指挥部各组工作安排部署情况汇报和各县（区）、各园区管委会落实包虫病综合防治工作情况汇报，再安排再部署防治工作。市委副书记肖志刚主持并讲话。市委领导占堆、暴剑、马军、吴亚松、阿努次仁出席。

4月10日 市委办公厅印发《拉萨市关于开展“讲党恩爱核心、讲团结爱祖国、讲贡献爱家园、讲文明爱生活”喜迎中共十九大主题教育实践活动实施方案》（以下简称“方案”）的通知。方案明确提出主题教育实践活动以农牧民群众（城镇居民、流动人员）、青少年学生（大中小学校、职业学校、特殊学校、民办学校）、寺庙僧尼为主。

4月12日 拉萨市深入开展“讲党恩爱核心，讲团结爱祖国，讲贡献爱家园，讲文明爱生活”喜迎中共十九大主题教育实践活动启动仪式在林周县卡孜乡卡孜村举行。区党委宣传部副部长唐献文到现场指导工作，市委常委、宣传部部长吴亚松出席活动并讲话。

4月13日 区党委常委、市委书记白玛旺堆前往才纳乡净土健康产业园区、“三有村”、雅江工业园等地调研。市委常委、秘书长庄红翔陪同。

4月16日 区党委常委、市委书记白玛旺堆前往堆龙德庆区东嘎时代广场选址地、羊达乡现代化设施农业示范园区、堆龙德庆区工业园B区、古荣朗孜糌粑公司等地调研。市委领导肖志刚、庄红翔陪同调研。

4月17日 区党委常委、市委书记白玛旺堆主持召开专题会议，听取各县（区）“两创示范”建设工作开展情况汇报，拉萨市大学生创业孵化中心工作开展情况、拉萨市科技众创空间工作开展情况、柳梧新区N次元众创空间工作开展情况汇报和全市“两创示范”相关实施方案制定情况，研究部署高校毕业生创业就业工作。市领导胡洪、肖志刚、陈军、袁训旺、王念东、庄红翔、吴亚松出席。

4月18日 自治区党委吴英杰前往拉萨江苏中学、拉萨市城关区扎细街道社区卫生服务中心，考察卫生与健康事业发展。区党委常委、市委书记白玛旺堆一同调研。

同日 区党委常委、市委书记白玛旺堆主持召开专题会议，听取当雄牦牛规模化养殖和林周饲草种植工作推进情况，部署安排下一步工作。市委领导胡洪、肖志刚、陈军、王念东、庄红翔出席会议。

4月19日 区党委常委、市委书记白玛旺堆主持召开全市扶贫开发工作领导小组会议，听取拉萨市2016年精准扶贫精准脱贫工作开展情况和2017年工作计划，研究拉萨市脱贫攻坚责任制实施细则、工作要点、考核验收标准以及《拉萨市2017年度各县（区）申请脱贫验收时间表》。市领导达娃、胡洪、袁训旺、王念东、庄红翔出席会议。

4月20日 区党委常委、市委书记白玛旺堆主持召开九届市委第12次常委会议，研究《中共拉萨市委宣传部拉萨市司法局关于在全市公民中开展法治宣传教育的第七个五年规划（草案）》《拉萨市全面推行河长制实施方案（送审稿）》。市委领导达娃、胡洪、肖志刚、陈军、肖光富、王念东、马军、庄红翔、吴亚松、阿努次仁出席。

同日 区党委常委、市委书记白玛旺堆主持召开专题会议，听取拉萨河景观改造规划情况和拉萨河沿线特色空间规划编制工作情况，拉萨河综合整治工程六号闸工作进展情况，拉萨河生态修复治理工程规划设计情况，滨河路规划设计及前期工作开展情况，拉萨市现代有轨电车规划设计及前期工作开展情况。市领导胡洪、袁训旺、王念东、庄红翔出席会议。

4月21日 拉萨市召开2017年第一季度经济运行分析会，市发改委通报全市一季度经济运行及重点项目推进情况；市直部门、县（区）代表分别通报一季度各重点领域经济运行情况。市委常委、常务副市长王念东主持并讲话。

4月25日 拉萨市召开区党委巡视组巡视反馈意见整改情况满意度测评会。市委副书记、市人大常委会主任达娃主持并讲话。区党委督查一组组长、巡视组副厅级巡视专员达瓦到现场指导工作。市委领导马军、阿努次仁出席会议。

4月26日 市委理论学习中心组召开2017年第五次集中学习会，邀请区党委宣讲团成员、自治区社会科学院马克思主义理论研究所所长、研究员王春焕作“四讲四爱”主题教育实践讲座。市委副书记、市人大常委会主任达娃主持学习会并讲话。

同日 市委“两学一做”学习教育2017年第四次集中学习会召开，全文学习习近平总书记在中共中央政治局第39次集体学习时的讲话等内容。市委副书记、市人大常委会主任达娃主持并讲话。市委领导果果、王念东、马军、吴亚松、阿努力次仁出席。

4月30日 区党委书记吴英杰前往拉萨科技众创空间和西藏爱乐福文化发展有限公司，考察高校毕业生自主创业情况。

5 月

5月2日 市委副书记、市长果果前往拉萨市中心医院、环城路建设现场调研工程进展情况。

5月3日 市委副书记、市长果果前往林周县、达孜县调研农牧业产业发展情况。

5月6日 2017年市直机关党建工作会议召开。市委常委、秘书长，市直机关工委书记庄红翔出席并讲话。

5月9日 市政府与中国电子科技集团公司举行《战略合作框架协议》签约仪式。区党委常委、市委书记白玛旺堆出席并讲话。中国电子科技集团公司党组书记、董事长熊群力出席签约仪式。市委领导果果、庄红翔出席。

5月10日 市脱贫攻坚指挥部召开2017年第四次工作例会，传达贯彻落实全市扶贫开发工作领导小组会议精神，研究部署全市脱贫攻坚下一步工作。市委副书记、常务副市长、市脱贫攻坚指挥部总指挥长胡洪主持会议并就做好下一步全市脱贫攻坚工作提出要求。

5月11日 区党委常委、市委书记白玛旺堆前往拉萨市人民医院调研，详细了解医院新科室设置、学科建设、援藏专家楼新建以及医院创三甲工作等相关情况。市委领导肖志刚、庄红翔陪同。

5月15日 自治区第一环境保护督察组在拉萨市召开环境保护见面动员汇报会，通报督察任务和工作安排，听取拉萨市环保工作情况。区党委常委、市委书记白玛旺堆主持会议并讲话。自治区副主席、自治区第一环境保护督察组组长石谋军作动员讲话。市领导果果、肖志刚、袁训旺、王念东、暴剑、马军、庄红翔、吴亚松出席。

5月16日 拉萨市推进“两学一做”学习教育常态化制度化工作座谈会召开，传达学习习近平总书记关于推进“两学一做”学习教育常态化制度化的重要指示精神，中央和自治区推进“两学一做”学习教育常态化制度化工作座谈会精神。区党委常委、市委书记白玛旺堆出席并讲话。市委领导达娃、果果、庄红翔、阿努次仁出席。

同日 区党委常委、市委书记白玛旺堆主持召开拉萨市委规划建设专题会议，听取《拉萨经开区控制性详细规划（修编）》《拉萨综合保税区控制性详细规划》情况汇报，听取西藏自治区青少年活动中心用地项目规划指标调整和建筑设计方案的情况汇报、听取拉萨师范高等专科学校专升本迁建工程项目建筑设计方案的情况汇报。市领导果果、王念东、占堆、庄红翔出席会议。

5月17日 区党委常委、市委书记白玛旺堆主持召开九届市委第十三次常委会议，传达学习《关于进一步做好保持贫困县党政正职稳定工作的通知》，传达学习全区村级组织活动场所标准化建设工作现场会精神，研究并同意《拉萨市第十一届人大及其常委会五年立法规划（2017—2021）的报告》《拉萨市人民政府党组关于审议〈拉萨市法治政府建设工作实施方案（2017—2021）〉（送审稿）的请示》。市委领导达娃、果果、肖志刚、王念东、暴剑、马军、庄红翔、吴亚松、阿努次仁出席。

5月18日 由拉萨市人民政府、北京大学校友会、拉萨市两创办共同主办的北京大学西藏产业双创发展论坛暨北京大学创业训练营（西藏）众创空间启动仪式在拉萨市举行，拉萨市市长果果，北京大学经济与管理学部主任、北京大学原副校长张国有出席并致辞。

5月21日 区党委常委、市委书记白玛旺堆前往拉萨经开区调研。市政协主席、拉萨经开区党工委书记袁训旺陪同。

5月23日 市委办公厅、市政府办公厅印发《拉萨市脱贫攻坚责任制实施细则》。《实施细则》指出，对贫困县（区）管理，做到贫困县（区）党政正职不脱贫不调整、不摘帽不调离。经国务院、自治区扶贫开发领导小组同意，审批贫困县（区）脱贫摘帽后，脱贫县（区）党政正职方能调整、调离。

5月25日 区党委副书记、常务副主席丁业现前往拉萨市千佛山便民警务站、拉萨中学人行天桥便民服务点、宗角禄康公园安检站、大昭寺南门便民警务站及八廓街沿线各检查站，考察维稳工作开展情况。区党委常委、市委书记白玛旺堆一同考察。

5月25—26日 市委理论学习中心组“两学一做”学习教育5月份集中学习研讨（扩大）会召开。区党委常委、市委书记白玛旺堆主持并讲话。市委领导达娃、果果、胡洪、肖志刚、王念东、暴剑、庄红翔、吴亚松、阿努次仁出席。

5月26日 市委副书记、市长果果前往城关区、达孜县调研东环线项目建设情况。

5月27日 区党委常委、市委书记白玛旺堆主持召开九届市委全面深化改革领导小组第二次会议，学习贯彻中央全面深化改革领导小组有关会议精神和自治区深化改革相关工作会议精神，听取市委全面深化改革各专项小组工作情况汇报，安排部署下一阶段工作任务。市领导胡洪、肖志刚、袁训旺、暴剑、庄红翔、吴亚松、阿努次仁出席会议。

同日 市委副书记、市长果果主持召开市政府党组第6次会议，传达学习《中共中央国务院关于稳步推进农村集体产权制度改革的意见》《中共中央关于加强党内法规制度建设的意见》等。市委领导胡洪、王念东、暴剑等出席。

同日 市委副书记、市长果果主持召开专题会议，贯彻落实自治区环境保护督察拉萨组向拉萨市督察反馈工作要求，听取反馈意见中涉及拉萨市需要整改环保问题情况，并就扎实做好整改工作进行安排部署。

5月29日 区党委书记吴英杰前往拉萨国家级经济技术开发区，考察西藏吉祥粮农业发展股份有限公司、西藏奇圣土特产品有限公司等非公企业，了解非公企业发展情况，听取非公企业家们的意见建议。

5月31日 市委副书记、市长果果前往林周县边角林乡卡优村肉牛养殖场，调研养牛场地、设施设备以及饲草供应情况；前往S5线拉萨至快速通道项目施工现场，调研项目进展情况。

同日 拉萨市净土健康草牧业专家工作站揭牌暨林周、当雄分站授牌仪式在达孜县举行。

6月

6月1日 区党委常委、市委书记白玛旺堆前往楚布寺调研，考察加强和创新寺庙管理工作情况，检查督导维稳安保措施落实情况，听取近年来楚布寺各项工作开展情况汇报。市委领导达娃、庄红翔、阿努次仁陪同调研。

6月2日 由北京市教育委员会、拉萨市教育局主办，北京教育音像报刊总社承办的京藏优质教育资源远程互动教学项目在北京市第一七一中学和拉萨北京实验中学两地同时成功启动。拉萨市委副书记、北京援藏指挥部总指挥肖志刚出席启动仪式并致辞，指出京藏优质教育资源远程互动教学项目是列入北京市教育援藏工作2017年度计划的重点项目，希望北京专家把“首善、创新、一流、奉献”北京教育情怀充分践行到这个项目中来。

同日 由农业部颁发的“国家级奶牛养殖标准化示范场”挂牌仪式在城关区高标准奶牛养殖中心举行，是全区首家国家级标准化奶牛养殖场。

同日 市委办公厅印发《关于在全市推进“两学一做”学习教育常态化制度化的实施方案的通知》。

6月3日 区党委常委、市委书记白玛旺堆主持召开九届市委第14次常委会议，研究并同意《中共拉萨市委统战部中共拉萨市工商联党组关于召开拉萨市工商业联合会第四次代表大会的请示》。市委领导达娃、果果、胡洪、肖志刚、王念东、暴剑、庄红翔、吴亚松、阿努次仁出席。

同日 市委农村工作领导小组2017年第二次会议召开，研究讨论《拉萨市农村集体土地确权登记发证工作实施方案（征求意见稿）》，安排部署当前农村改革工作任务，听取各县（区）、柳梧新区、空港新区及市国土局、市农牧局、市林业局农村改革开展情况作工作汇报。市委副书记肖志刚主持并讲话。

同日 北京市东城区体育馆路街道与城关区两岛街道共建协议签约仪式暨甲玛林卡社区党员活动室揭牌仪式在城关区两岛街道办事处举行。市委常委、常务副市长、北京援藏指挥部副指挥暴剑出席并讲话。

6月4日 全市经济知识培训讲座举行。洪泰基金创始人、洪泰资本控股董事长盛希泰作“2017年中国经济发展与投资新机会”的专题讲座。区党委常委、市委书记白玛旺堆主持并讲话。市委领导胡洪、暴剑、庄红翔出席。

同日 长江企业家赴藏考察团拉萨投资项目推介会举行。区党委常委、市委书记白玛旺堆出席并讲话。香港富华国际集团有限公司董事长、长江会会长赵勇及长江会企业家赴藏考察团成员出席，市委领导胡洪、暴剑、庄红翔出席。

6月5日 区党委常委、市委书记白玛旺堆前往西藏文化旅游创意园区调研，听取工作汇报，了解园区相关项目建设及运营情况。

6月8日 区党委常委、市委书记白玛旺堆前往空港新区调研维稳工作，听取工作汇报。市委常委、秘书长庄红翔陪同。

同日 拉萨市工商业联合会第四次代表大会召开，总结过去五年工作，选举产生新一届市工商联领导班子。自治区政协副主席、自治区工商联主席、总商会会长阿沛·晋源出席并致辞。市委副书记、市人大常委会主任达娃出席并讲话。市委常委、统战部长阿努次仁出席。

6月9日 区党委常委、市委书记白玛旺堆主持召开拉鲁湿地项目规划专题会议，听取国家林业局昆明勘察设计院水利工程与水土保持规划设计所关于拉鲁湿地三期项目规划设计方案情况汇报，征求与会专家和相关单位意见建议。市委领导果果、暴剑、庄红翔出席。

同日 区党委常委、市委书记白玛旺堆前往空港新区拉萨贡嘎机场航站区改扩建征地拆迁和施工现场调研。市委常委、秘书长庄红翔陪同。

同日 拉萨市脱贫攻坚指挥部2017年第五次工作例会召开，听取各县（区）脱贫攻坚指挥部汇报工作开展情况及下一步工作计划，研究《关于推进跨县（区）集中搬迁点贫困群众就业安置工作的实施意见》和《关于赴云南、贵州、山西、江西省考察学习脱贫攻坚工作的报告》，北京市、江苏省援藏指挥部汇报了对口援藏扶贫工作衔接情况。市委领导胡洪、王念东出席会议。

6月10—11日 全国妇联书记处书记杨柳率调研组前往拉萨市城关区、堆龙德区，就寺庙“妇女之家”建设、基层妇联组织改革和社区妇女儿童维权工作等进行专题调研。自治区副主席多吉次珠，市委常委、宣传部长吴亚松一同调研。

6月12日 拉萨市政府与鲁能足球俱乐部合作签约暨授牌仪式举行。区党委常委、市委书记白玛旺堆出席并致辞，市委领导果果、庄红翔出席。会上，山东鲁能泰山足球俱乐部向拉萨市实验小学、堆龙德庆区小学授牌鲁能青训足球人才基地。

6月13日 全市重点产业推进工作调研座谈会召开，听取并研究净土健康产业、文化旅游产业等全市重点产业工作和“以业脱贫”工作推进情况。区党委常委、市委书记白玛旺堆主持并讲话。市委领导胡洪、王念东、庄红翔、吴亚松出席。

6月15日 市委副书记、市长、城关区委书记果果前往城关区加措社区棚户区改造项目现场和纳金乡白荣村安置点调研，了解项目进展情况。

6月16日 是日为全国低碳日，自治区相关单位和拉萨市在宇拓路开展以“节能有我绿色共享”为主题的2017年全国节能宣传周和以“工业低碳发展”为主题的全国低碳日活动。区党委副书记、常务副主席庄严，区党委常委、市委书记白玛旺堆前往现场指导视察。

同日 市委、市政府办公厅印发《拉萨市关于全面推进小微企业创业创新基地城市示范建设工作的若干政策措施（试行）的通知》。

6月17日 区党委常委、市委书记白玛旺堆在拉萨会见中国五矿集团公司党组副书记、副总经理董明俊一行，表示拉萨市将切实做好各项服务工作，全力支持中国五矿集团公司在藏投资兴业。市委领导果果、暴剑、庄红翔参加会见。

6月16—17日 由富士康科技集团副总经理何有朋率队的富士康科技集团赴藏考察团在拉萨参观考察。市委副书记、市长果果出席座谈会。

6月19日 市人大常委会召开各县（区）“人大代表之家”创建工作“互观互检互学”交叉检查总结汇报会，听取两个交叉验收组关于全市“人大代表之家”硬件设施、软件资料、工作制度、开展活动等方面情况汇报以及各县（区）人大参会人员对“人大代表之家”创建工作提出的意见建议。市委副书记、市人大常委会主任达娃主持并讲话。

6月20日 市委、市政府办公厅印发《拉萨市全面推行河长制督导检查方案》的通知（拉委厅发〔2017〕42号）。《方案》规定为确保河长制在全市得到全面落实，从河湖分组名录确定、工作方案制定、组织体系建设、制度建立和执行、河长制任务实施、整改落实等六个方面，每季度至少进行一次督导检查。

6月21日 区党委常委、市委书记白玛旺堆前往拉萨市城投公司部分在建项目点调研，了解东城区整体连片规划开发情况和拉萨城市体育文化公园项目规划和用地等情况。市委常委、秘书长庄红翔陪同。

6月20—21日 区党委常委、市委书记白玛旺堆主持召开拉萨市委理论学习中心组“两学一做”学习教育2017年6月份集中学习研讨（扩大）会，传达学习习近平总书记关于城市工作等方面的重要讲话和中央领导关于推进“两学一做”学习教育常态化制度化的指示精神，传达中央《关于修改〈中国共产党巡视工作条例〉的决定》和《关于巡视中央意识形态单位情况的专题报告》等文件精神。市委领导达娃、果果、王念东、占堆、暴剑、马军、庄红翔、吴亚松、阿努次仁出席会议。

6月21日 城关区举行“四讲四爱”喜迎中共十九大主题教育实践活动—感党恩、听党话、跟党走大型合唱比赛。区党委常委、宣传部部长边巴扎西，区党委常委、市委书记白玛旺堆出席，市委领导果果、吴亚松、阿努次仁出席。

同日 市委副书记、市长果果前往市重点产业项目推进领导小组办公室和市民服务中心调研全市“放管服”改革、重大项目联审联批等工作进展情况。市委常委、常务副市长王念东一同调研。

6月22日 水利部副部长叶建春率水利部赴藏考察组在拉萨市考察，观看拉萨市河长制工作开展情况专题汇报片，听取拉萨市水利工作开展情况汇报。区党委常委、市委书记白玛旺堆一同考察并主持座谈会。市委领导果果、王念东、占堆、庄红翔陪同考察并出席座谈会。

6月23日 由拉萨市“两创示范”建设暨高校

毕业生创业就业工作领导小组主办、拉萨市人力资源和社会保障局承办，以“新挑战、新机遇、新未来”为主题的拉萨市第二届大学生创业论坛顺利开幕。市委副书记、市长果果出席开幕仪式并致辞。

6月24日　由拉萨市人力资源和社会保障局筹建的第三级众创空间举行揭牌仪式，自治区科技厅副厅长王俊杰，市委常委、常务副市长暴剑共同为第三极众创空间揭牌。第三级众创空间还被自治区相关部门授予了“知识产权服务工作站”“西藏自治区公共创业孵化基地”“西藏民族大学创业创新实践基地”等牌匾。

6月28日　拉萨市2017年上半年和谐模范寺庙暨爱国守法先进僧尼表彰大会召开，20座寺庙、1544名僧尼、17个寺庙管理委员会（特派员机构）、62名驻寺干部受表彰。区党委常委、市委书记白玛旺堆出席并讲话。市委领导达娃、果果、庄红翔、阿努次仁出席。

同日　由自治区食品安全委员会办公室、自治区食品药品监督管理局、拉萨市人民政府主办，拉萨市食品安全委员会办公室、拉萨市食品药品监督管理局、城关区人民政府承办的2017年西藏自治区级食品安全示范演练暨拉萨市较大食品安全突发事件（Ⅲ级）应急演练观摩会在拉萨市文体中心结束。期间，国家食药总局，北京市、重庆市、江苏省、四川省、云南省、贵州省和自治区食安委相关成员单位，区内各地（市）食药系统共计970人现场观摩演练，市食安委41家成员单位参加演练。

6月29日　拉萨市委举行“两学一做”学习教育书记讲党课活动。区党委常委、市委书记白玛旺堆为全市党员干部讲党课。市委领导达娃、占堆、暴剑、马军、庄红翔、吴亚松、阿努次仁出席。

同日　拉萨市在达孜县邦堆村举行全市农村土地承包经营权证首发仪式，10户村民代表拿到农村土地承包经营权证拉萨“第一证”。2012年，拉萨市在曲水县正式开展土地承包经营权权属调研和勘界测量试点工作。截至年底，全市4.35万户、62.9万亩、41.7万块土地的农村土地（耕地）承包经营权确权登记颁证工作已基本完成。

同日　2017年北京援藏项目推进会在拉萨召开。市委副书记、北京援藏指挥部指挥肖志刚出席会议并讲话。市委常委、常务副市长、北京援藏指挥部副指挥暴剑主持会议。

同日　由拉萨市“四讲四爱”主题教育实践活动领导小组办公室和堆龙德庆区委员会共同举办的“共庆七一·四讲四爱·喜迎党的十九大文艺会演”在堆龙德庆区文化活动中心举行。

6月30日　市人大常委会（机关）党组召开第七次理论中心组学习会。市委副书记、市人大常委会党组书记、主任达娃为与会党员干部讲了题为“践行党员标准争做先锋模范”的党课。市人大常委会副主任达瓦、央金卓嘎、觉根、许广林、张慧、杨林出席。各县（区）人大常委会主任、退休支部书记及组成人员、人大机关全体党员干部列席会议。

7月

7月1日　区党委常委、拉萨市委书记白玛旺堆专程来到老城区，看望慰问基层老党员，并通过他们向全市广大党员致以崇高敬意和节日问候。市委副书记肖志刚，市委常委、秘书长庄红翔参加慰问活动。

7月3日　由市委主办，市委组织部、市委老干部局承办，以“为健康拉萨助力为美丽家乡喝彩”为主题的拉萨市老干部喜迎中共十九大趣味运动会开幕。区党委常委、拉萨市委书记白玛旺堆出席并致辞。区政协副主席、区党委老干部局局长参木群宣布拉萨市老干部喜迎中共十九大趣味运动会开幕。市委副书记、市人大常委会主任达娃，市委常委占堆、吴亚松出席。市委常委、秘书长庄红翔主持开幕式。

7月4日　驻拉萨部队全面停止有偿服务军地协调领导小组会议在拉萨警备区召开。区党委常委、拉萨市委书记、拉萨警备区党委第一书记、军地协调领导小组组长白玛旺堆出席并讲话。西藏军区党委常委、后勤部部长张文龙到会指导。市委领导达娃、马军、庄红翔出席。拉萨警备区司令员、军地协调领导小组副组长韩志宏主持会议。

同日　自治区党委副书记、自治区主席、拉萨市城乡规划建设委员会主任齐扎拉主持召开拉萨市城乡规划建设委员会第22次会议。会议审议通过《拉萨经开区控制性详细规划（修编）》《拉萨综合保税区控制性详细规划》《西藏青少年宫项目规划》等。区党委常委、拉萨市委书记、拉萨市城乡规划建设委员会常务副主任白玛旺堆出席会议。

7月5日　市委巡察组巡察各单位情况反馈会召开。市委巡察二组、三组、五组、六组分别向被巡察单位市旅游发展委员会党组、市政协机关党组、市人大机关党组、市妇联党组、市科技局党组、市藏语委办（编译局）党组、市总工会党组、共青团拉萨市委党组反馈巡察情况。会上，市委巡察组向各被巡察单位提出了具体整改要求。

7月6日　区党委常委、市委书记白玛旺堆主持召开西藏天海集团项目规划建设有关事宜专题会，听取西藏天海集团项目规划建设情况汇报，研究项目实施需要解决的问题，征求相关部门意见建议，安排部署西藏天海集团在拉萨涉及项目规划建设。市委领导果果、庄红翔出席。

同日　全市国有企业党的建设工作会议召开。区党委常委、拉萨市委书记白玛旺堆出席并讲话。市委副书记、常务副市长胡洪主持会议。市委领导彭祎涛、庄红翔、吴亚松出席会议。市企业党工委成员单位及市直相关单位负责人以及拉萨经开区、柳梧新区、文化旅游创意园区、各县（区）相关负责人等参加会议。

7月7日　全市精准扶贫精准脱贫专题会议召开。区党委常委、市委书记白玛旺堆主持并讲话。市领导果果、胡洪、肖志刚、王念东、彭祎涛、庄红翔、吴亚松出席。

同日　市委副书记、市长果果主持召开迎接中央环保督察动员部署会，总结自治区环保督察及环保部西南督察中心在拉萨市的督察工作，并对迎接中央环保督察工作进行再安排再部署。市委副书记、常务副市长胡洪，市委常委、常务副市长王念东出席。

同日　由市政府主办、市体育局承办的第四届拉萨篮球联赛在市群众体育文化中心开幕。

同日　九届市委第三轮巡察工作动员部署会召开。会议传达学习了区党委常委、市委书记白玛旺堆在听取九届市委第二轮巡察情况汇报时的重要讲话精神，动员部署了九届市委第三轮巡察工作，宣读了《九届市委第三轮巡察组组长授权任职和任务分工决定》。自治区纪委常委、市委常委、市委巡察工作领导小组组长、市纪委书记彭祎涛出席并讲话。九届市委第三轮巡察组组长、副组长及成员和市委巡察办全体人员参加会议。

同日　拉萨市公安系统在武警西藏总队隆重举行以“喜迎十九大·忠诚耀警徽”为主题的文艺晚会。区党委常委、拉萨市委书记白玛旺堆，区党委政法委副秘书长汪锋，区公安厅党委副书记、常务副厅长洛桑旦达出席。市委领导达娃、果果、马军、庄红翔一同观看演出。

7月9日　区党委常委、拉萨市委书记白玛旺堆主持召开拉萨市防汛工作会商会，研究分析当前防汛形势，部署下阶段防汛任务。市委领导占堆、庄红翔出席。区市相关单位负责人参加会议。

7月10日　自治区党委书记吴英杰在拉萨考察防汛抗旱工作。区党委常委、拉萨市委书记白玛旺堆，自治区副主席坚参一同考察。

同日　市委副书记、市长果果主持召开十一届市人民政府第13次常务会议。会议听取拉萨市“简政放权、放管结合、优化服务”改革工作开展情况的汇报，审议并同意拉鲁湿地管理局《拉鲁湿地国家级自然保护区总体规划（2013—2025）》，研究了市雪顿办关于报送《2017年中国·拉萨雪顿节总体方案（送审稿）》的请示和市重点产业项目推进工作领导小组办关于提请审议《拉萨市重点产业项目推进工作成效考核办法（试行）》的请示。

7月11日　市委副书记、市长果果赴墨竹工卡县尼玛江热乡检查防汛工作开展情况和特色产业发展情况，调研精准扶贫精准脱贫等工作。

同日　市委副书记、市委农村工作领导小组组长肖志刚主持召开市委农村工作领导小组2017年第三次会议。研究部署全市农村土地确权登记颁证工作，总结了2017年上半年农村工作开展情况，并对下半年的农村工作进行了安排部署。

7月12日　全国政协副主席、民进中央常务副主席罗富和率全国政协无党派人士界委员赴藏考察团，在拉萨市第八中学进行爱心捐赠。区党委常委、拉萨市委书记白玛旺堆主持捐赠仪式。自治区副主席石谋军，自治区政协副主席金世洵，市委领导肖志刚、占堆出席捐赠仪式。

同日　市委副书记、市长果果主持召开2017年全市上半年经济运行分析会。市委副书记、常务副市长胡洪，市委常委、常务副市长王念东出席。

7月13日　市委召开生态环境保护责任约谈会。会议在通报环保部西南环保督查中心专项调研反馈的突出问题、提出整改意见后，部分被约谈的县（区）和市直相关部门主要负责人结合自身存在的不足分别作表态发言。区党委常委、拉萨市委书记白玛旺堆出席并讲话。市委常委、秘书长庄红翔主持会议。

同日　市委副书记、市包虫病综合防治工作指挥部常务副指挥长肖志刚主持召开拉萨市包虫病综合防治工作指挥部第五次推进会。

7月14日　区党委常委、拉萨市委书记白玛旺堆主持召开九届市委第17次常委会议。会议传达学习吴英杰书记在自治区迎接中央环境保护督察工作部署会上的重要讲话精神和北京市对口支援和经济合作工作会议精神，听取全市2017年上半年党建工作开展情况，研究并原则同意《2017年中国拉萨雪顿节总体方案（送审稿）》。市委领导达娃、果果、胡洪、肖志刚、王念东、占堆、彭祎涛、庄红翔、吴亚松出席。

7月18日　自治区“感动人物”先进事迹巡回报告会——自治区“四讲四爱”主题教育系列实践活动在拉萨举行。报告会上，来自全区不同地市、不同战线的12位报告团成员作报告。区党委常委、拉萨市委书记、市“四讲四爱”主题教育实践活动领导小组组长白玛旺堆主持并讲话。自治区党委宣传部常务副部长、自治区“四讲四爱”主题教育实践活动领导小组办公室主任孟晓林出席。市委领导果果、马军、吴亚松出席。

7月18—19日　拉萨市文学艺术界联合会第二次代表大会召开。会议审议通过了《拉萨文学艺术联合会第一届主席团工作报告》，修订了《拉萨文学艺术联合会章程》，选举产生了新一届文联委员会和主席团。区党委常委、拉萨市委书记白玛旺堆出席开幕式并讲话。

7月20日　区党委副书记、自治区人大常委会主任、区党委农村工作领导小组组长洛桑江村在当雄县考察牦牛规模化养殖情况。区党委常委、拉萨市委书记白玛旺堆一同调研。

同日　北京市支援合作办与拉萨市对口援助工作座谈会在拉萨召开。市委副书记、市人大常委会主任达娃主持会议。市委副书记、市长果果，市委副书记、北京援藏前方指挥部总指挥肖志刚出席会议并讲话。

7月21日　自治区第一环境保护督察组在拉萨市召开督察意见反馈会。区党委常委、拉萨市委书记白玛旺堆出席并作表态发言。自治区第一环境保护督察组组长、自治区副主席石谋军主持会议。自治区第一环境保护督察组副组长、区环保厅党组副书记、副厅长次仁央宗反馈督察意见。自治区政府副秘书长徐占山，自治区第一环境保护督察组副组长、区环保厅副厅长张天华出席。市委领导果果、胡洪、彭祎涛、马军、吴亚松出席。拉萨市在家地级领导，各县（区）、市直相关单位主要负责人参加会议。

7月23日　拉萨市第三次安全生产工作电视电话会议召开，安排部署下半年安全生产各项重点工作。市委副书记、市长果果出席并讲话。市委副书记、常务副市长胡洪作动员部署。

7月24日　2016—2017年度自治区政府对拉萨市政府质量工作考核首次会议召开。副市长方桂林出席会议并作工作汇报。自治区政府质量工作考核第一考核组组长原晓嵘出席会议。自治区政府质量工作考核第一考核组副组长马绍水主持会议。

7月26日　市委副书记、市双拥工作领导小组副组长肖志刚先后来到仲萨路、江冲路、纳金路、夺底路以及柳梧新区桑达村等地走访慰问基层部队。

7月27日　区党委常委、拉萨市委书记白玛旺堆主持召开曲水县农村集体产权制度改革和当雄县农牧业产业化发展专题推进会。市委副书记肖志刚出席。区党委政研室（农工办、财经办）副主任简宏，区农科院院长尼玛扎西，区农牧厅副厅长肖长伟，中国人民银行拉萨中心支行党委委员、副行长洛桑占堆应邀出席。

7月28日　自治区督导拉萨市“四讲四爱”主

题教育实践活动暨市委理论学习中心组学习情况反馈会召开。区党委常委、拉萨市委书记、拉萨市“四讲四爱”主题教育实践活动领导小组组长白玛旺堆出席并汇报拉萨市委理论学习中心组2017年上半年学习情况。西藏日报社党委书记、自治区“四讲四爱”主题教育实践活动拉萨督导组组长王能生出席。市委副书记、市人大常委会主任达娃主持反馈会。市领导暴剑、马军、庄红翔、吴亚松、阿努次仁出席。

同日 由市委、市政府主办，市双拥办、拉萨警备区政治部承办的拉萨市“庆‘八一’军民情深·筑梦拉萨”文艺演出在自治区群艺馆举行。西藏军区政治工作部副主任赵忠、空军拉萨基地政委陈作松、市委副书记肖志刚出席并观看演出。

8月

8月1日 区党委常委、拉萨市委书记白玛旺堆主持召开2017年上半年拉萨市委落实党风廉政建设责任制会议。会议通报拉萨市委常委会班子2017年上半年落实党风廉政建设主体责任情况，听取2017年上半年纪委履行监督责任情况汇报和2017年上半年市人大常委会党组、市政府党组、市政协党组、市中法党组和市检察院党组落实党风廉政建设主体责任情况汇报。市领导达娃、果果、袁训旺、彭祎涛、暴剑、马军、庄红翔、吴亚松、阿努次仁出席会议。

同日 市委副书记、市长果果主持召开迎接中央环保督察组专题会。

8月2日 区党委常委、拉萨市委书记白玛旺堆主持召开九届市委第18次常委会议。会议传达学习了习近平总书记在省部级主要领导干部专题研讨班上的重要讲话精神。市委领导达娃、果果、肖志刚、彭祎涛、暴剑、马军、庄红翔、吴亚松、阿努次仁出席。

8月7日 拉萨市与江苏省对口支援工作座谈会召开。江苏省委副书记、常务副省长黄莉新出席会议并讲话。自治区党委常委、拉萨市委书记白玛旺堆主持会议并讲话。自治区副主席德吉出席会议。市委副书记、常务副市长胡洪，市委常委、秘书长庄红翔出席会议。市委常委、常务副市长王念东汇报拉萨市经济社会和江苏省对口支援工作开展情况。座谈会后，黄莉新一行分别前往拉萨市公共资源交易中心、拉萨城市规划建设展览馆、拉萨雪鹰通用航空股份有限公司调研。

同日 北京市副市长王宁率北京市深化对口援藏扶贫工作考察团在拉萨参观考察援助项目建设情况。北京市支援合作办主任马新明参加考察。市委副书记、市人大常委会主任达娃，市委副书记、北京援藏指挥部指挥肖志刚陪同考察。

同日 拉萨市开展“四讲四爱”主题教育实践活动宣讲团团长示范宣讲会。委常委、宣传部部长、市“四讲四爱”主题教育实践活动领导小组副组长、宣讲团副团长吴亚松作“四讲四爱”主题教育实践活动第四节点“讲文明爱生活”专题示范宣讲。

8月8日 北京市领导慰问援藏干部人才座谈会召开。北京市副市长王宁，自治区党委常委、拉萨市委书记白玛旺堆出席并讲话。北京援藏指挥部指挥、拉萨市委副书记肖志刚介绍北京援藏工作开展情况，北京援藏干部代表作交流发言。北京援藏指挥部副指挥、市委常委、常务副市长暴剑，市委常委、秘书长庄红翔出席会议。座谈会前，王宁一行前往京藏交流中心、拉萨北京实验中学、拉萨市人民医院等地调研。

同日 国家级非物质文化遗产“当吉仁”赛马节在当雄县赛马场开幕。自治区退休老领导列确出席。市委副书记、市人大常委会主任达娃出席并宣布2017年“当吉仁”赛马节开幕。市委常委、宣传部部长吴亚松出席。

同日 拉萨市首个商圈党支部——城关区公德林街道巴尔库路商圈支部委员会成立，并举行揭牌仪式。区党委组织部部务委员吕叶辉，市委常委、秘书长庄红翔出席并一同为商圈支部揭牌。市政协党组成员、城关区委副书记、区长刘亮出席并致辞。

8月9日 区党委副书记、自治区主席齐扎拉赴拉鲁湿地国家级自然保护区调研生态保护工作情况。区党委常委、自治区常务副主席姜杰，区党委常委、拉萨市委书记白玛旺堆，自治区副主席张永泽一同调研。

8月10日　国务院扶贫办党组书记、主任刘永富深入拉萨市、山南市调研脱贫攻坚工作，对全区经济社会发展特别是脱贫攻坚工作取得的成绩和经验给予充分肯定。区党委副书记、自治区主席齐扎拉一同调研。市委副书记、市长果果陪同在拉萨市的调研活动。

同日　区党委常委、市委书记白玛旺堆主持召开全市村（居）组织换届选举工作专题会。市委领导庄红翔、吴亚松出席会议。

8月11日　2017年上半年全市经济运行情况通报暨经济工作部署电视电话会召开，通报有关工作情况并对全市下一步经济工作进行安排部署。市委副书记、市长果果出席并讲话。

8月14日　区党委常委、拉萨市委书记白玛旺堆主持召开拉萨市迎接中央环保督察工作领导小组会议。市领导果果、肖志刚、王念东、彭祎涛、暴剑、马军、庄红翔、吴亚松出席会议。

同日　2017年“首都专家拉萨行活动”举行启动仪式。

8月15日　区党委常委、拉萨市委书记白玛旺堆主持召开2017年中国拉萨雪顿节安保工作专题会议，对雪顿节安保工作进行安排部署。市委领导达娃、果果、阿努次仁出席。

同日　由拉萨市“两创示范”建设暨高校毕业生创业就业工作领导小组主办、共青团拉萨市委员会承办，以“青创拉萨、筑梦未来”为主题的拉萨市第三届青年创新创业大赛电视总决赛暨颁奖典礼举行，这标志着历时3个多月的拉萨市第三届青年创新创业大赛圆满收官。

同日　区党委常委、拉萨市委书记白玛旺堆主持召开九届市委第19次常委会议。会议传达学习了医疗人才组团式支援工作推进会精神和深化对口援藏扶贫工作会议精神，会议研究并原则同意《拉萨市2016年财政收支决算和2017年上半年财政预算执行情况的报告》和《拉萨市援藏项目资金管理实施细则》。市委领导达娃、果果、肖志刚、王念东、彭祎涛、暴剑、马军、庄红翔、吴亚松、阿努次仁出席。

8月16日　区党委常委、拉萨市委书记白玛旺堆主持召开环境保护专题会议，传达学习中央第六环境保护督察组督察西藏自治区工作动员会精神，对全市环保迎检工作进行再动员、再部署。市委领导达娃、肖志刚、王念东、彭祎涛、庄红翔、阿努次仁出席会议。市人大、市政府、市政协在家地级领导，以及市直单位主要负责人参加会议。

同日　中央第六环境保护督察组向自治区区移交首批7个案件，涉及拉萨、日喀则和昌都三市，其中拉萨市4件、昌都市2件、1件涉及拉萨市和日喀则市。主要环境问题为水污染、大气污染、生态破坏、噪声污染、扬尘污染。

同日　拉萨市2016年度深化全国文明城市创建总结表彰暨2017年迎检测评动员部署大会召开。区党委常委、拉萨市委书记、市文明委第一主任白玛旺堆出席并讲话。区党委宣传部副部长、区文明办主任仁青洛布应邀出席会议。市委副书记、市长市文明委主任果果主持会议。市委领导王念东、彭祎涛、吴亚松出席。市人大、市政府、市政协在家地级领导以及驻市区（中）直单位主要负责人，各县（区）、市（中）直单位、市属企业、部队主要负责人等参加会议。

8月17日　自治区党委书记吴英杰来到位于拉萨市曲水县自治区危险废物处置中心，视察项目建设、运行和管理等工作情况，以及危险废物和医疗废物的收集、处置情况，调研环境保护工作。区党委常委、拉萨市委书记白玛旺堆一同调研。

同日　以国家安全监管总局政法司司长罗音宇为组长的国务院安委会第十二督导组到拉萨市督导安全生产大检查工作，并听取工作汇报。市委常委、常务副市长暴剑主持会议。副市长、市公安局局长、市安委会副主任赵涛汇报拉萨市安全生产大检查和遏制重特大事故工作开展情况。

同日　全市公安机关“九大专项行动”阶段性总结表彰暨十九大安保誓师动员大会召开，总结前一段全市公安机关“九大专项行动”开展情况，分析研究当前公安维稳工作，并就做好下一步工作明确目标、提出要求。市委常委、政法委书记、市公安局党委书记马军出席并讲话。副市长、市公安局局长赵涛作誓师动员。

8月18日　区党委常委、拉萨市委书记白玛旺堆来到城关区藏热北路高法小区，实地查看周边环境卫生等中央环保督察转办案件办理情况，现场督办整改工作。市委领导果果、王念东、暴剑、庄红翔一同督办。

8月19日 第二次青藏高原综合科学考察研究启动出发仪式在拉萨隆重举行。

同日 国家基因库西藏高原库超低温设备捐赠仪式在拉萨举行。华大基因创始人刘斯奇出席。市委副书记、市长果果出席并致辞。捐赠仪式结束后，100台超低温冰箱将由宅急送送往全市各医院，发挥功能。

同日 拉萨市迎接国家卫生城市复审工作动员部署会召开。市委副书记肖志刚出席并讲话。

8月21日 以“团结美丽好家园·健康幸福新拉萨”为主题的2017中国拉萨雪顿节开幕式在拉萨群众文化体育中心篮球馆举行。区党委常委、拉萨市委书记白玛旺堆宣布2017中国拉萨雪顿节开幕。市委副书记、市长、市雪顿节组委会主任果果致辞。自治区相关部门负责人和市人大、市政府、市政协等地级领导，市直单位主要负责人，北京、江苏两省市的援藏干部人才代表，客商代表以及全市各族各界干部群众代表参加开幕式。

同日 自治区政府与江苏省党政代表团在拉萨举行座谈会，共商对口援藏大计、共谋两地协同发展。江苏省委副书记、省长吴政隆出席并讲话，区党委副书记、自治区主席齐扎拉主持。区党委常委、自治区常务副主席姜杰，区党委常委、拉萨市委书记白玛旺堆出席。在藏期间，吴政隆一行调研了才纳净土健康产业园、四季吉祥村，拉萨市公共资源交易中心、拉萨江苏实验中学和雪鹰通用航空公司，看望了援藏干部，并出席了慈觉林至纳木错直升机航线试航仪式及纳木错景区环保旅游观光车捐赠仪式。

同日 2017中国拉萨雪顿节招商引资项目推介会暨集中签约仪式举行。区党委常委、拉萨市委书记白玛旺堆致辞并见证签约仪式。市委常委、常务副市长王念东主持。市委常委、秘书长庄红翔出席。

8月22日 由中宣部组织的中央新闻媒体采访团赴拉萨市开展集中采访报道活动。采访团前往拉萨第二中等职业技术学校、鹏矗生态园区和三号闸，对拉萨市生态环境保护工作情况进行采访。市委常委、宣传部部长吴亚松陪同。

8月23日 区党委常委、拉萨市委书记白玛旺堆来到城关区，现场督办中央环保督察组转办信访问题。市委副书记、市长、城关区委书记果果，市委常委、常务副市长暴剑，市委常委、秘书长庄红翔一同督办。

同日 区党委常委、拉萨市委书记白玛旺堆主持召开拉萨市迎接中央环保督察工作领导小组会议。会议听取拉萨市迎接中央环保督察工作领导小组工作开展情况汇报，对工作任务进行再梳理、再细化。市委领导果果、王念东、彭祎涛、暴剑、马军、庄红翔、吴亚松出席会议。

8月25日 区党委常委、拉萨市委书记白玛旺堆率队赴墨竹工卡县检查考评脱贫攻坚、经济发展、民生改善、生态环保、基层党建等重点工作。各县（区）和市直相关单位主要负责人参加。

同日 市委副书记、市长、城关区委书记果果主持召开第八批转办案件工作推进会，就自治区迎检办移交的中央环保督察组第八批信访案件的整改落实工作进行部署安排。市委常委王念东、庄红翔、吴亚松出席。

8月28日 市委副书记、市长果果主持召开第十、十一批转办件工作推进会，就自治区迎检办移交的中央环保督察组第十、十一批信访转办件的整改落实工作和自治区反馈意见进行具体安排部署。会议还传达了中央第六环保督察组下沉督察工作方案。

同日 拉萨市召开曲水、尼木、当雄、林周、墨竹工卡、达孜六县广播电视台成立开播座谈会，并举行曲水县广播电视台揭牌仪式。自治区新闻出版广电局党组成员、巡视员游胜苗，市委常委、宣传部部长吴亚松为曲水县广播电视台揭牌并出席座谈会。副市长朱建红主持揭牌仪式和座谈会。

8月30日 自治区党委书记、自治区迎接中央环境保护督察工作领导小组组长吴英杰来到娘热乡仁钦蔡村七组原废品收购点、自治区物资再生利用公司、纳金乡藏热社区卓吉佳苑，考察调研环保问题边督边改工作情况。区党委副书记、自治区常务副主席庄严，区党委常委、拉萨市委书记白玛旺堆，区党委常委、秘书长房灵敏，自治区副主席张永泽陪同。

同日　区党委常委、拉萨市委书记白玛旺堆主持召开市委专题会议，研究落实区党委书记吴英杰在拉萨调研指导工作有关指示精神。市委暴剑、庄红翔出席会议。

8月31日　拉萨人民政府与北京德青源公司举行座谈，双方围绕藏鸡产业发展和扶贫机制创新进行座谈，共绘藏鸡产业发展蓝图。世界家禽学会主席杨宁出席。北京德青源公司董事长钟凯民出席并讲话。拉萨市委副书记、市长果果主持并讲话。市委常委、常务副市长、北京援藏指挥部副总指挥暴剑出席。

9月

9月1日　市委、市政府办公厅印发《拉萨市喜迎党的十九大暨开展第27个“民族团结宣传月”活动实施方案的通知》。在2017年9月1日至30日“民族团结宣传月”期间，结合“四讲四爱”主题教育实践活动，在全市开展以“中华民族一家亲，同心共筑中国梦”喜迎中共十九大为主题的活动。

9月2日　区党委常委、市委书记白玛旺堆率队赴尼木县检查考评脱贫攻坚、经济发展、民生改善、生态环保、基层党建等重点工作。

9月4日　市委副书记、市长果果主持召开十一届拉萨市人民政府第十五次常务会议。会议审议并原则同意了市城管委《关于我市参加2017年郑州园博会和2018年南宁园博会及2019年北京世园会相关事宜》等工作汇报；审议并原则同意了市国资委《关于中国电子科技集团与拉萨净土文化传媒有限公司拟成立中电雪域信息产业有限公司的请示》、市城管委《关于对北郊水厂等四个集中式水源地保护区范围划定的请示》。

9月5日　拉萨市召开中共十九大维稳安保攻坚战动员部署大会。区党委常委、市委书记白玛旺堆出席并讲话。市委领导达娃、果果、胡洪、肖光富、王念东、暴剑、马军、庄红翔、吴亚松、阿努次仁出席会议。

同日　区党委常委、市委书记白玛旺堆主持召开市委专题会议，研究大昭寺夜景照明工程设计方案。自治区住建厅、自治区文物局主要负责人，市委领导果果、王念东、庄红翔、阿努次仁出席会议。

同日　市委副书记、市长果果主持召开市“放管服”改革工作专题会，听取“放管服”改革工作专班赴内地考察学习情况的汇报以及《拉萨市深入推进“简政放权、放管结合、优化服务”改革实施方案》的报告。市委领导胡洪、王念东出席会议。

9月7日　区党委常委、市委书记白玛旺堆前往柳梧新区德阳村经济果林和桑达村小康示范村，调研农村农业经济工作和小康示范村升级改造方案规划。市委常委、秘书长庄红翔陪同调研。

同日　2017年拉萨市深化全国文明城市创建工作推进会召开，通报拉萨市迎检测评指挥部综合督导组和市文明办督促检查情况，对深化全国文明城市创建工作再动员再部署再推进再整改。市委副书记、市长果果出席并讲话。市委领导暴剑、马军、吴亚松出席。

同日　九届市委第四轮巡察工作动员部署会召开。市委副书记、常务副市长胡洪出席并讲话。市委常委、纪委书记彭祎涛主持会议。

9月7—8日　区党委常委、市委书记白玛旺堆主持召开市委理论学习中心组“两学一做”学习教育2017年8月份集中学习研讨（扩大）会，传达学习习近平总书记系列重要讲话精神。市委领导达娃、果果、胡洪、王念东、暴剑、马军、庄红翔、吴亚松、阿努次仁出席会议。

9月8日　区党委常委、市委书记白玛旺堆主持召开九届市委第20次常委会议，传达学习习近平总书记重要指示精神和《中共中央办公厅国务院办公厅印发〈关于深化教育体制机制改革的意见〉的通知》等内容，听取拉萨市迎接和保障中央环保督察工作情况汇报，听取全市安全生产工作情况汇报。市委领导达娃、果果、胡洪、王念东、彭祎涛、暴剑、马军、庄红翔、吴亚松、阿努次仁出席。

9月9日　市委印发关于《拉萨市党委（党组）意识形态工作责任制实施细则》《拉萨市党委（党组）意识形态工作责任制目标管理考核办法（试行）》《拉萨市落实党委（党组意识形态工作责任制工作方案）》的通知。

9月11—13日 区党委常委、市委书记白玛旺堆前往曲水县、堆龙德庆区、当雄县、林周县、达孜县检查考评脱贫攻坚、经济发展、民生改善、生态环保、基层党建等工作，随后主持召开检查考评工作会议，听取2017年度曲水县重点工作进展汇报，各县（区）、市直相关部门负责人对曲水县工作进行点评，提出意见建议。市委常委、秘书长庄红翔陪同。

9月11日 市委副书记、市长果果主持召开全市主要经济指标完成情况专题会，听取市统计局关于2017年1—8月全市主要经济指标完成情况及存在问题的汇报。

9月13日 国务院安委会第二十一综合督查组在拉萨市开展安全生产大检查工作。督查主要对象是地方政府及有关部门，重点督查安全生产大检查工作的责任落实情况，同时抽查部分重点企业，以此检验政府工作成效。

9月15日 2017年全国双创活动周西藏分会场启动仪式在拉萨举行，区党委常委、市委书记白玛旺堆出席并启动双创活动周。

同日 拉萨市开展“畅谈展望建言”正能量活动，邀请退休省级老领导调研拉萨市重点工程，前往曲水县、西藏慈觉林文化创意园区、拉萨南山鹏矗生态园等地参观，为拉萨的城市规划建设工作建议献策。区党委常委、市委书记白玛旺堆一同调研。

9月16日 59家自治区及拉萨市综治成员单位在宇拓路开展“9·16”平安西藏宣传日集中宣传活动，通过设置展板、发放宣传资料、开展现场咨询等多种形式，为群众提供咨询服务。

9月17—20日 拉萨市党政代表团前往江苏省访问考察。江苏省委书记、省人大常委会主任李强，江苏省委副书记、省长吴政隆分别会见拉萨市党政代表团。19日，江苏拉萨合作项目协议集中签约仪式在南京举行，集中签约18个合作项目协议，项目涉及拉萨净土健康、文化旅游、教育卫生、科技创新、安全检测、园区合作、对外开放，现代畜牧业、养老健康、基础设施、城市环卫等多个领域。

9月19日 市委副书记、市长果果前往达孜县调研脱贫各项工作开展情况，并召开现场办公会，解决达孜脱贫工作中遇到的困难和问题。

9月20日 “欢乐一家亲”歌曲征集活动城市巡演拉萨首站演唱会在拉萨市群众文化体育中心举行，市领导果果、肖志刚、袁训旺、庄红翔、吴亚松和3400余名干部群众参加演出，共同唱响同心共筑中国梦的民族团结之声。

9月22日 由国家新闻出版广电总局出版管理司副司长许文彤带队的国家“扫黄打非”专项行动督查组前往拉萨市开展“打黄打非”专项督查。市委常委、宣传部部长吴亚松陪同。

9月23日 京藏宏志班“感恩祖国圆梦首都”北京游学启动仪式在拉萨北京实验中学举行。市委副书记、北京援藏指挥部指挥肖志刚出席活动并向京藏宏志班北京游学团授团旗。

9月26日 自治区暨拉萨市中共十九大维稳安保誓师动员大会召开。区党委副书记、常务副主席庄严出席并讲话。区党委常委、拉萨市委书记白玛旺堆出席。

9月26—27日 市委理论学习中心组“两学一做”学习教育2017年9月份集中学习研讨（扩大）会，传达学习习近平总书记关于民族工作的系列重要论述、中央民族工作会议精神、中央统战工作会议精神等内容。区党委常委、市委书记白玛旺堆主持并讲话。

9月27日 拉萨市2017年度民族团结进步模范表彰暨创建全国民族团结进步示范市活动总结表彰大会召开，拉萨市广播电视台等66家单位获“民族团结进步模范集体”称号，拉巴等70人获“民族团结进步模范个人”称号，阿尼卓玛、杨友斌等10户家庭获“民族团结进步家庭”称号；自治区民族团结宣传教育活动和民族团结进步创建评选表彰活动办公室等20家单位获“拉萨市创建全国民族团结进步示范市活动先进集体”称号，蒋翠莲等40人获“拉萨市创建全国民族团结进步示范市活动先进个人”称号，拉萨市向自治区党委宣传部等50家单位获“拉萨市民族团结进步创建活动示范单位”奖牌。区党委常委、市委书记白玛旺堆出席并讲话。市领导达娃、果果、袁训旺、彭祎涛、马军、吴亚松、阿努次仁出席会议。

9月28日 拉萨雪鹰通用航空股份有限公司

CCAR-91部运行合格审定颁证运行仪式举行。区党委常委、市委书记白玛旺堆出席并讲话。中国民航局原副局长杨国庆，民航西南地区管理局副局长吴小兵，民航西藏区局党委书记白珍等应邀出席。市委领导果果、庄红翔、王念东出席。

9月29日　市委副书记、市长果果主持召开中央环保督察后续工作安排部署会，总结前一阶段迎接中央环保督察相关工作，安排部署下一阶段工作，要求各级各有关部门要总结经验、正视问题，抓紧抓实问题整改，持之以恒抓好生态文明建设和环境保护工作。

9月30日　拉萨市在拉萨烈士陵园举行公祭活动，向烈士敬献花篮。自治区领导吴英杰、丁业现、庄严与全区各族各界代表一起，向烈士敬献花篮。区党委常委、市委领导白玛旺堆主持，市领导果果、胡洪、庄红翔、袁训旺、肖光富、韩志宏、吴亚松、阿努次仁等参加仪式。

10月

10月1日　拉萨市举行庆祝中华人民共和国成立68周年“升国旗唱国歌”仪式，自治区领导吴英杰、帕巴拉·格列朗杰、丁业现、庄严、王建武与各族各界干部群众共庆中华人民共和国成立68周年。区党委常委、市委书记白玛旺堆致辞，拉萨市领导达娃、果果、庄红翔、袁训旺、肖光富、韩志宏、王念东、占信、彭祎涛、马军、吴亚松、阿努次仁参加。

同日　区党委常务副书记、区政协党组书记丁业现视察拉萨市假期值班安排、维稳措施落实、安全生产等工作情况，看望慰问节日期间坚守岗位的干部职工。区党委常委、市委书记白玛旺堆一同视察。

10月1—8日　区党委常委、市委书记白玛旺堆先后前往老城区鲁固社区、河坝林社区和木如寺、夏密院等地，看望慰问节日期间坚守岗位的基层干部群众，督导检查维稳各项工作。市委副书记、秘书长庄红翔一同督导。

10月2日　拉萨市召开迎接中共十九大维稳安保督导工作情况汇报会，贯彻落实区党委关于中共十九大期间维稳安保工作的决策部署。区党委常务副书记、区政协党组书记丁业现出席并讲话。区党委常委、市委书记白玛旺堆主持会议。市领导达娃、胡洪、庄红翔、袁训旺、肖光富、王念东、占堆、彭祎涛、暴剑、马军、吴亚松及市人大、政府、政协和督导各县（区）的地级领导、市直有关部门主要负责人出席会议。

10月4日　区党委常务副书记、区政协党组书记丁业现考察拉萨节日市场供应和食品安全工作，指出要强化保障，提升服务管理，营造欢乐祥和的节日氛围。区党委常委、市委书记白玛旺堆一同考察。

10月5日　区党委常务副书记、区政协党组书记丁业现前往拉萨市堆龙德庆区羊达乡通嘎村、城关区吉崩岗社区和西藏高争建材股份有限公司，就基层党建工作进行调研，看望慰问基层党员干部和驻村工作队员。区党委常委、市委书记白玛旺堆一同调研。

10月7日　区党委常务副书记、区政协党组书记丁业现前往甘丹寺、哲蚌寺、色拉寺、小昭寺，督导检查维稳安保、依法管理宗教事务和文物保护相关工作，看望慰问驻寺干部、公安民警、武警消防官兵和寺庙僧人，并就深入抓好中共十九大维稳安保工作的贯彻落实进行再强调再部署。区党委常委、市委书记白玛旺堆一同督导检查。

10月10—11日　区党委常委、市委书记白玛旺堆前往当雄县、达孜县、林周县调研督导维稳工作，看望慰问坚守岗位的公安民警、护路队员、基层干部等。市委副书记、秘书长红翔一同督导。

10月12日　区党委常委、市委书记白玛旺堆前往色拉寺广场便民警务站、公德林派出所、柳梧高速检查站、两岛派出所等地督导检查市区维稳工作，看望慰问坚守岗位的维稳值班人员。市委领导达娃、果果一同督导。

同日　区党委常委、市委书记白玛旺堆主持召开市委规划建设专题会议，审查并原则同意顿珠金融园6号和7号地块规划设计方案、拉萨市高新区核心管理中心项目、天海国际广场建设项目规划设计方案和顿珠·金融园拉萨城投公司的住宅项目、天海嘉吉祥花园A区建设项目规划设计方案和拉萨雅砻阳光花园建设项目等事宜。市委领导果果、庄红翔、王念东、占堆出席会议。

10月13日 市委印发《关于建立县（区）委巡察制度的实施意见》（以下简称“实施意见”）。实施意见明确了建立县（区）委巡察制度的重大意义、工作原则、机构队伍、工作职能。

10月16日 全市维稳工作会议召开，对十九大期间全市维稳安保工作进行再安排再部署，通报市委关于对全市个别单位落实维稳措施不到位的情况的处理决定。市委副书记、市人大常委会主任达娃主持并讲话。市委领导果果、庄红翔、彭祎涛、马军、阿努次仁出席。

10月18日 上午，中国共产党第十九次全国代表大会在北京人民大会堂开幕。拉萨市委理论学习中心组举行集中学习会，收听收看十九大开幕盛况。市领导达娃、果果、胡洪、肖志刚、庄红翔、袁训旺、肖光富、王念东、占堆、彭祎涛、暴剑、马军、吴亚松、阿努次仁及市直各部门、企业负责人等分别在市委会议室和相关县（区）、单位同全市广大干部职工一起认真聆听习近平同志代表第十八届中央委员会向大会作报告。

同日 自治区纪委副书记、区纪委扶贫领域监督执纪问责工作调研督导组组长王瑞阳一行，对拉萨市扶贫领域监督执纪问责工作进行调研督导。市委副书记、秘书长、组织部部长庄红翔汇报相关工作开展情况以及落实中央“八项规定”精神制度执行情况和2015年、2016年落实党风廉政建设责任制检查考核整改情况。

10月20日 市委理论学习中心组召开专题学习中共十九大报告集中学习会，传达习近平同志代表第十八届中央委员会向中共十九大所作的报告，肖志刚、袁训旺等就学习中共十九大报告作表态发言。市委副书记、市人大常委会主任达娃主持并讲话。市委领导果果、胡洪、庄红翔、彭祎涛、阿努次仁出席。

同日 国务院安委办大检查“回头看”第二十一组组长、国家安全生产应急救援指挥中心副主任王海军一行，对拉萨市部分企业开展安全生产大检查整改落实情况进行“回头看”。市政协主席、拉萨经开区党工委书记袁训旺等陪同检查。

10月21日 区党委常委、市委书记白玛旺堆在北京接受《西藏日报》采访，畅谈聆听十九大报告后的深刻感受和拉萨市下一步如何学习贯彻落实好报告精神。

10月26日 “深化京藏合作，提升领导干部科学化管理能力”拉萨城市规划建设管理专题培训班开班，培训内容主要围绕“规划建设管理好城市任重道远、园林绿化与城市公园建设、城市双修，生态城市、规划改革和多规合一、建筑文化传承和关于城市交通拥堵治理的思考”等。市委常委、常务副市长王念东出席并讲话。市委常委、常务副市长暴剑主持。

10月27日 市委副书记、市长果果前往达孜县和城关区调研S5线拉萨段快速路隧道工程建设情况和有机蔬菜试验田培植情况。

同日 拉萨市脱贫攻坚“志智双扶”工作推进暨驻村工作队专题培训会召开。市委副书记、常务副市长胡洪出席并讲话。

10月30日 全市2017年度脱贫摘帽验收考核动员部署大会召开。区党委常委、市委书记白玛旺堆出席并讲话。市委领导达娃、果果、胡洪、庄红翔、王念东、占堆、暴剑、阿努次仁出席。

同日 区党委常委、市委书记白玛旺堆主持召开九市委第24次常委会，传达学习中共十九大精神，并就拉萨市学习宣传贯彻落实工作进行安排部署。市委领导达娃、果果、胡洪、庄红翔、王念东、占堆、彭祎涛、暴剑、马军、吴亚松、阿努次仁出席。

10月31日—11月1日 市委理论学习中心组召开学习贯彻中共十九大精神（扩大）会议，原文传达习近平总书记代表第十八届中央委员会向中国共产党第十九次全国代表大会作的报告；传达学习吴英杰书记在自治区传达贯彻中共十九大精神领导干部大会上的讲话精神；邀请自治区党委讲师团成员万金鹏作中共十九大精神专题讲座。区党委常委、市委书记主持并与会人员分享了参加中共十九大的深刻感受和体会。市领导达娃、果果、胡洪、肖志刚、庄红翔、袁训旺、肖光富、王念东、占堆、彭祎涛、暴剑、马军、吴亚松、阿努次仁出席。

11月

11月3日 区党委副书记、自治区人大常委会主任洛桑江村前往墨竹工卡，向基层干部群众、企业职工、学生、寺庙僧尼宣讲中共十九大精神。市委副书记、市长果果陪同。

同日 区党委常委、市委书记白玛旺堆主持召开市委规划工作专题会议，听取拉萨市中心城区水系治理和生态修复规划、中干渠东段水系治理项目设计方案，听取“绿色围城”项目总体设计情况及五大门户、顿珠金融产业园群众体育主题公园设计情况和当巴山体生态修复方案。市委领导王念东、暴剑参加会议。

同日 市人大常委会（机关）党组召开第十二次理论中心组集中学习（扩大）会议，专题学习宣传贯彻落实十九大精神。市委副书记、市人大常委会党组书记、主任达娃主持并讲话。

同日 政协十一届拉萨市委委员会理论学习中心组召开专题研讨会，集中学习中共十九大精神。市政协党组书记、主席袁训旺主持并讲话。

11月4日 区党委常委、市委书记白玛旺堆在城关区纳金乡塔玛村，向干部群众宣讲中共十九大精神。市委常委、宣传部长吴亚松陪同。

11月7日 市委理论学习中心组召开中共十九大精神专题辅导会，邀请中央政策研究室经济局局长、教授、博士生导师冯海发作专题辅导。市委副书记、市人大常委会主任达娃主持并讲话。市委领导王念东、吴亚松、阿努次仁出席辅导会。

11月8日 拉萨市召开学习贯彻自治区九届三次全会精神领导干部大会。区党委常委、市委书记白玛旺堆出席并讲话。市领导达娃、果果、肖志刚、袁训旺、王念东、占堆、暴剑、马军、阿努次仁出席。

同日 市委副书记、市长果果主持召开市政府常务会议，审议并原则通过《拉萨市生态文明建设目标评价考核办法（试行）》《加强农村留守儿童关爱保护工作的实施意见》《拉萨售粮大户奖励办法》《拉萨市关于对无人机“低慢小”飞器地面管控工作的实施意见》《拉萨市“十三五”水资源消耗总量和强度双控行动实施方案》。

11月10日 区党委副书记、自治区主席齐扎拉前往达孜县德庆镇白纳村宣讲中共十九大精神。区党委常委、市委书记白玛旺堆一同宣讲。

同日 区党委常委、组织部部长曾万明前往拉萨市人民医院调研医疗人才组团式援藏工作。区党委常委、市委书记白玛旺堆一同调研，市委副书记肖志刚陪同。

同日 拉萨市政府和西藏出入境检验检疫局签署合作备忘录。市委副书记、市长果果出席并讲话，指出以此次备忘录为契机，建立联席会议制度和经常性对接联系通讯录。西藏出入境检验检疫局局长丹增卓玛出席。

同日 拉萨市举办11月份“每月一课”讲坛，江苏省政府副秘书长、省政务服务管理办公室主任方伟和江苏省编办副主任张学才围绕深化推进“放管服”改革进行主题讲座。市委副书记、市长果果主持并讲。

同日 市委办公厅印发《拉萨市党的十九大精神学习宣传工作方案》（以下简称“方案”）。方案明确学习宣传贯彻中共十九大精神是一项长期的重大政治任务。今明两年的学习宣传工作分两个阶段，第一阶段为11月至年底，第二阶段为2018年全年；学习宣传任务主要以学习教育、宣传教育、新闻宣传、群众教育、社会宣传、网络宣传、文艺宣传、阵地管理等多种形式开展。

11月11日 拉萨市中共十九大精神宣讲骨干培训班举行开班仪式，传达学习区党委九届三次全委会上区党委书记吴英杰对中共十九大精神宣讲工作的重要指示，并就做好全市宣讲工作进行安排部署。市委常委、宣传部部长吴亚松出席并作动员讲话。

11月13日 区党委常委、市委书记白玛旺堆主持召开九届市委第二十五次常委会议，传达学习习近平总书记在瞻仰中共一大会址时的重要讲话精神、《中共中央关于认真学习宣传贯彻党的十九大精神的决定》等。市委领导达娃、果果、肖志刚、王念东、占堆、暴剑、马军、吴亚松、阿努次仁出席。

同日 自治区中共十九大精神宣讲团拉萨分团举行首场报告会。自治区宣讲团拉萨分团团长、区党委宣传部副部长嘎玛旦巴主讲。区党委常委、市委书记白玛旺堆主持报告会。市委领导果果、王念东、吴亚松、阿努次仁出席报告会。

11月15—16日　拉萨市委九届三次全会召开。区党委常委、市委书记白玛旺堆代表市委常委会作工作报告，果果就《中共拉萨市委员会关于高举习近平新时代中国特色社会主义思想伟大旗帜率先全面建成小康社会奋力开启全面建设社会主义现代化拉萨新征程的意见（讨论稿）》作说明。市委领导达娃、果果、肖志刚、肖光富、王念东、占堆、暴剑、马军、吴亚松、阿努次仁出席会议，市委委员、候补委员出席会议。

11月15日　全市离退休干部学习宣传贯彻中共十九大精神暨第十二期离退休党支部书记培训班开班。全市各县（区）委老干部局长、市直单位政工人事科（办公室）负责人、离退休党支部书记等130余人参加培训。

11月17日　区党委常委、市委书记白玛旺堆调研拉萨市中心城区水系水源情况、项目运行情况及改造规划等情况。市委常委、常务副市长暴剑陪同。

同日　拉萨市召开2017年包虫病综合防治工作汇报会，汇报拉萨市包虫病综合防治工作开展情况，听取自治区包虫病防治工作第二督导组督导反馈意见。市委副书记、市包虫病综合防治工作指挥部常务副指挥长肖志刚出席并讲话。

同日　全国精神文明建设表彰大会召开，拉萨市再次蝉联全国文明城市称号。

11月20日　拉萨市“两创”数据统计监测平台建成投用。

11月21日　区党委常委、市委书记白玛旺堆主持召开全市国家监察体制改革试点专题会议，就相关工作进行安排部署。市委领导达娃、胡洪、肖志刚、庄红翔、彭祎涛、吴亚松出席。

同日　市委办公厅印发《拉萨市党政工作部门关键岗位干部轮岗交流办法（试行）的通知》。

11月21—23日　市委副书记、市长果果前往当雄县、墨竹工卡县调研精准扶贫精准脱贫、产业发展、旅游项目等推进情况。

11月22日　拉萨市非公经济人士代表座谈会召开，听取市工商联汇报全市非公经济发展情况。区党委常委、市委书记白玛旺堆主持并讲话。市委常委、统战部部长阿努次仁出席。

11月23日　区党委常委、市委书记白玛旺堆主持召开西藏空港新区、拉萨综合保税区建设工作推进会，听取关于西藏空港新区、拉萨综合保税区工作开展情况及需要协调解决的问题的汇报。自治区商务厅、拉萨海关相关负责人出席会议，市政协主席、拉萨经开区党工委书记袁训旺出席会议。

11月24日　区党委常委、市委书记白玛旺堆主持召开拉鲁湿地国家级自然保护区保护规划建设工作专题会，听取拉鲁湿地规划和项目建设进展情况汇报，对下一步工作进行安排部署。市委领导果果、庄红翔出席。

11月26日　拉萨市落实“五个100%”教育目标任务现场推进会在堆龙德庆县召开。参会人员现场观摩了堆龙德庆区4所学校在推进落实“五个100%”教育目标任务工作中的好做法好经验。市委常委、常务副市长占堆出席并讲话。

11月27日　区党委常委、市委书记白玛旺堆主持召开拉萨绿色围城项目专题会听取绿色围城项目设计和建设进展情况，安排部署下一步工作。自治区林业厅厅长云丹，市委领导果果、庄红翔、暴剑出席。

同日　市委副书记、市长果果主持召开市人民政府与中信集团深化合作座谈会，双方就进一步合作进行洽谈。希望中信银行拉萨分行进一步加大对拉萨市基础设施建设和重大项目的支持力度和资金投入。

同日　市委副书记、市长、城关区委书记果果在城关区纳金乡藏热社区居委会，向干部、群众面对面宣讲党的十九大精神。

11月28—29日　区党委常委、市委书记白玛旺堆主持召开市委理论学习中心组“两学一做”学习教育集中学习研讨（扩大）会，传达学习习近平总书记关于“生态文明”的重要讲话摘录，习近平总书记在中央政治局第六次集体学习时的重要讲话，习近平总书记关于信访工作的重要批示精神等。市领导达、果果、胡洪、肖志刚、庄红翔、袁训旺、阿努力次仁出席。

11月28日　全市2017年下半年和谐模范寺庙暨爱国守法先进僧尼表彰大会召开，对22座和谐模范寺庙、1808名爱国守法先进僧尼、20个先进寺管会、63名优秀宗教执事人员、65名优秀驻寺干部和22名宗教工作优秀干部进行表彰。市委副书记、市人大常委会主任达娃出席并讲话。市委常委、统战部部长阿努次仁出席。

同日 市委组织部、市委党校联合举办的全市新任职县级领导干部培训班开班。市委副书记、组织部部长、市委党校校长庄红翔作《守规矩、重品行、勇担当》专题讲座。

11月29日 区党委常委、市委书记白玛旺堆主持召开九届市委第二十七次常委会议，传达学习全国推开国家监察体制改革试点工作动员部署会议和自治区深化监察体制改革试点工作动员部署会议精神，传达学习习近平总书记在十九届中央全面深化改革领导小组第一次会议上的重要讲话精神和中共中央《关于加强和维护党中央集中统一领导的若干规定》和《中共中央政治局贯彻落实中央八项规定实施细则》等。市委领导达娃、果果、胡洪、肖志刚、庄红翔、肖光富、彭祎涛、暴剑、阿努次仁出席。

12月

12月1日 区党委常委、市委书记白玛旺堆主持召开全市净土健康产业推进会，听取全市及相关县（区）、企业净土健康牧产业发展情况汇报，研究部署净土健康产业发展工作。市委副书记、常务副市长胡洪出席。

12月2日 区党委常务副书记、区政协党组书记丁业现前往大昭寺、八廓街等地，实地考察调研服务管理和维稳安保措施落实情况。区党委常委、市委书记白玛旺堆一同调研。

12月6—7日 以自治区党委常委、拉萨市委书记白玛旺堆为团长的拉萨市党政代表团前往北京学习考察。6日，北京市委书记蔡奇，市委副书记、代市长陈吉宁与拉萨市党政代表团座谈，共商对口支援拉萨工作。拉萨市委领导肖志刚、庄红翔、王念东、暴剑参加。

12月7日 拉萨市人民政府与江苏凤凰出版传媒集团有限公司合作签约仪式在拉萨举行。市委副书记、市长果果出席并讲话。江苏省新闻出版广电局党组书记、局长焦建俊和拉萨市委领导胡洪、吴亚松出席仪式。

12月8日 拉萨市脱贫摘帽验收考核第二次专题会召开，传达学习国务院扶贫办《2017年省级党委和政府扶贫开发工作成效考核实施方案》《其美仁增在2017年全区脱贫攻坚工作推进调度视频会议上的讲话》，听取市脱贫攻坚指挥部当前工作进展情况及下一步工作计划、市委第四轮巡察工作及市脱贫摘帽验收考核中发现问题的整改情况汇报。市委副书记、市长果果主持并讲话。市委领导胡洪、阿努次仁出席。

同日 国道349线泽当至贡嘎机场段高等级公路建成通车运营，拉萨与山南实现全程高等级连接，两市间车程由过去三个小时缩短为一个半小时。

12月9日 拉萨市举办12月“每月一课”讲坛，邀请中央党校副教授、北京大学国家治理研究院研究员冉昊作《习近平新时代中国特色社会主义思想》辅导讲座。

同日 2017年拉萨市市级示范社授牌仪式在堆龙德庆区乃琼镇民众农牧民专业合作社举行。全市30家农牧民专业合作社被授予“市级示范社”称号。截至2017年9月，拉萨市已经发展农牧民专业合作社908家，较往年新增52家，注册资本5.7亿元，实现经营收入3.2亿元，人均农户2.7万户，农户人均从合作社获经营纯收入6000余元，辐射带动农牧民7.2万人。

12月14日 国家奶牛产业技术体系拉萨综合试验站揭牌仪式在城关区高标准奶牛养殖中心举行。中国奶业协会副秘书长邓荣臻，中国农业大学教授、国家奶牛产业技术体系首席科学家李胜利出席仪式，拉萨市委副书记、市长果果致辞，西藏自治区农牧厅副厅长肖长伟参加仪式。

12月15—16日 市委理论学习中心组召开“两学一做”学习教育集中学习研讨（扩大）会，传达学习习近平总书记在十九大报告中关于“贯彻新发展理念，建设现代化经济体系”和“经济建设”的重要讲话摘录等内容。区党委常委、市委书记白玛旺堆主持并讲话。市委领导达娃、果果、庄红翔、吴亚松、阿努次仁出席。

12月16日　拉萨市“四讲四爱”主题教育实践活动总结表彰大会召开。区党委常委、市委书记白玛旺堆出席并讲话。区党委宣传部副部长丁勇出席会议，市委领导达娃、庄红翔、吴亚松、阿努次仁出席。

同日　拉萨市创先争优强基础惠民生活动第六批驻村（居）工作总结表彰暨第七批驻村（居）工作动员大会召开。区党委常委、市委书记白玛旺堆出席并讲话。市委领导达娃、庄红翔、吴亚松、阿努次仁出席会议。

12月18日　区党委常委、市委书记白玛旺堆前往林周县、达孜县调研脱贫攻坚工作。市委副书记、秘书长庄红翔一同调研。

12月19日　区党委常委、市委书记白玛旺堆主持召开拉萨市中心医院建设推进工作专题会，听取市城投公司、市卫计委汇报拉萨市中心医院项目施工建设情况及运营计划工作汇报。市委领导肖志刚、庄红翔出席。

同日　市委副书记、常务副市长胡洪主持召开拉萨市脱贫攻坚指挥部工作例会，听取拉萨市争先进位脱贫攻坚工作考核情况，听取堆龙德庆区、达孜县、墨竹工卡县、曲水县、柳梧新区、空港新区的评估情况等工作。

12月20日　区党委常委、市委书记白玛旺堆主持召开九届市委第28次常委会议，传达学习习近平总书记在中共中央政治局第二次集体学习会议上的重要讲话精神，中共中央办公厅印发习近平总书记关于进一步纠正“四风”、加强作风建设重要批示的通知精神，研究并原则通过八县（区）深化国家监察体制改革试点工作实施方案，研究并原则同意市妇联党组《拉萨市妇联改革方案》，听取《中共拉萨市委员会拉萨市人民政府关于拉萨市党政代表团赴北京学习考察情况的报告》。

同日　拉萨市“新型智慧城市”顶层设计终审会议在市政府召开，听取区内外专家对设计方案的意见建议，同时向11位区内外专家分发聘书。拉萨市“新型智慧城市”顶层设计是在充分学习和借鉴国内先进智慧城市建设理念的基础上，结合拉萨市实际情况，按照“集约、共享、开放、安全”的模式进行设计的，是指导全市未来信息化建设的总纲和指导性文件。

同日　市委办公厅印发《拉萨市深化国家监察体制改革试点工作实施方案》（一下简称“方案”）的通知。《方案》规定设立市、县两级监察委员会；撤销监察局以及检察院反贪、反渎、预防职务犯罪等部门，将相关职能转隶至监察委员会；党的纪委检查委员会、监察委员会合署办公，履行纪检、监察两项职责，实行一套工作机构、两个机关名称；市纪委监委共同设立综合部门、信访部门、案件监督管理部门、案件审理部门、执纪监督部门、审查调查部门等内设机构。县（区）纪委监委结合实际共同设立内设机构。

12月21日　拉萨市6个县广播电视台有线数字电视开通仪式在当雄县广播电视台举行。市委常委、宣传部部长吴亚松出席并讲话。

12月22日　区党委常委、市委书记白玛旺堆主持召开全市创建“新型智慧城市”工作推进专题会，听取拉萨市创建“智慧城市”工作开展情况和顶层设计方案、中电雪域信息产业有限公司运营情况及下一步工作计划。中国电子科技集团公司首席科学家郑爱民出席，市委领导胡洪、庄红翔出席。

同日　拉萨市“先进双联户”创建活动表彰大会召开。区党委常委、市委书记白玛旺堆出席，市委副书记、市人大常委会主任达娃出席并讲话。市委领导庄红翔、占堆、彭祎涛、阿努次仁出席。

同日　全市第二次科技创新大会召开。区党委常委、市委书记白玛旺堆出席并讲话。自治区科技厅厅长赤列旺杰，自治区科协主席李秀珍应邀到会指导，市委领导达娃、肖志刚、庄红翔、占堆、彭祎涛、马军、阿努次仁出席。

12月23日　区党委常委、市委书记白玛旺堆主持召开拉萨市综合交通体系规划编制工作专题会，听取拉萨市综合交通体系规划编制工作汇报。市委领导肖志刚、庄红翔、占堆、马军出席。

12月25日　区党委常务副书记、区政协党组书记丁业现在拉萨考察调研节日市场供应及食品安全保障情况。区党委常委、市委书记白玛旺堆一同调研。

12月26日　区党委常委、市委书记白玛旺堆主持召开拉萨河综合整治项目规划专题会，听取市水利局和中国水利水电科学研究院、清华大学、中水北方勘测设计研究公司、中水淮河规划设计研究公司、中国电建集团成都勘测设计研究公司等规划设计单位，就拉萨河城区段（达孜大桥至曲水聂当段）防洪影响评价报告进展情况及河工模型试验研究报告、三维数学模型计算报告总体情况和拉萨河综合整治工程1#闸、5#闸、6#闸工作进展情况及具体设计方案工作汇报。市委领导庄红翔、占堆、暴剑出席。

12月27日　拉萨市2017年度县（区）委书记、党（工）委书记抓基层党建工作述职评议会召开。区党委常委、市委书记白玛旺堆主持并讲话。会上，胡洪、肖志刚、庄红翔、吴亚松、阿努力次仁分别代表市企业党工委、市社会组织党工委、市直机关工委、市互联网党工委、市非公党工委作现场述职发言；市老干局和曲水县、当雄县、林周县、墨竹工卡县、达孜县、尼木县、堆龙德庆区分别作现场述职发言；城关区、市教育局作书面述职。白玛旺堆作点评，与会人员进行评议打分，提出意见建议。

同日　拉萨市招商引资项目推介会和净土健康产品展销活动在江苏省南京市农副产品物流会展中心举行，50家企业、100余种产品参展，签订项目24个，签订合同总额102亿元。拉萨市委副书记、市长果果，南京市副市长冉华出席并致辞。

同日　自治区2017年脱贫攻坚工作成效交叉考核拉萨情况反馈会召开。日喀则市副市长、自治区第二交叉考核组组长罗布松拉，自治区人社厅副厅长、自治区第二交叉考试组副组长邵昌出席并通报考核情况，认为拉萨市脱贫攻坚工作成效良好。市委副书记、常务副市长胡洪出席并讲话。

12月28日　拉萨市精准扶贫以业脱贫推进大会举行。区党委常委、市委书记白玛旺堆出席并讲话。会前，与会代表前往城关区、堆龙德庆区、达孜县、林周县、曲水县和拉萨经济技术开发区等地对以业脱贫情况进行观摩。

同日　拉萨市全国道德模范与身边好人现场交流活动举行。市委常委、宣传部部长吴亚松出席并讲话。

12月29日　全市现代服务业调研座谈会召开，听取2018年现代服务业工作汇报和与会人员发言。区党委常委、市委书记白玛旺堆主持并讲话。

同日　全市农村工作调研座谈会召开，听取2018年全市农村工作汇报和与会人员建议意见。区党委常委、市委书记白玛旺堆主持并讲话。市委副书记肖志刚出席。

同日　市委办公厅印发《全市驻村（居）工作队调整安排方案》的通知。《方案》规定，从2017年12月25日开始到2018年1月10日前，完成全市第七批278个驻村（居）工作队的调整轮换交接工作。城关区51个村（居）已经脱贫，除了1个社区由市直单位派驻外，其他村（居）由城关区统筹力量派驻；城关区以外相对贫困的村（居）驻村工作队，由市直单位选派，其他村（居）由所在县（区）统筹安排接手驻村工作任务；市直部门管理机构和所属事业单位不再单独驻村，由管理部门统筹安排。调整后，全市79家市（中）直单位共派驻96年驻村点，县（区）派驻182个驻村点。

12月31日　区党委常委、市委书记白玛旺堆主持召开九届市委第28次常委会，传达学习中央经济工作会议精神，传达学习习近平总书记在中共中央政治局民主生活会上的重要讲话精神，研究并原则同意《中共拉萨市人民政府党组关于2018年全市主要经济发展指标的请示》《中共拉萨市人民政府党组关于呈报〈拉萨市高龄老人健康养老实施意见〉的请示》《中共达孜县委员会关于中国共产党拉萨市达孜区第一次代表大会的请示》。市委领导达娃、胡洪、肖志刚、庄红翔、占堆、彭祎涛、马军、吴亚松、阿努次仁出席。

中国共产党拉萨市委员会

综述

2017年，在以习近平同志为核心的党中央集中统一领导下，拉萨市坚持以习近平新时代中国特色社会主义思想为指引，深入贯彻落实习近平总书记治边稳藏重要战略思想，认真贯彻落实自治区第九次党代会和九届三次全会精神，加强党的全面领导，紧紧围绕发展、稳定、生态三件大事，坚持稳中求进、进中求好、补齐短板的工作总基调，正确处理“十三对关系”，深入实施“六大战略”，在历届市委打下的良好基础上，奋力推动各项工作取得新进展。2017年GDP完成478.26亿元、增长11%，财政收入141.63亿元、增长31.7%，固定资产投资652.14亿元、增长12%，社会消费品零售总259.85亿元、增长13%，规上工业增加值60.59亿元、增长15%，城镇居民人均可支配收入32321元、增长10%，农村居民人均可支配收入13108元、增长14.5%，城镇登记失业率控制在2.2%以内。

习近平总书记伟大领袖形象深入人心。始终把维护习近平总书记核心地位作为最大的政治、作为最重要的政治纪律和政治规矩，坚决维护以习近平同志为核心的党中央权威和集中统一领导。扎实推进“两学一做”学习教育常态化制度化，深入学习宣传贯彻党的十九大精神，坚持每月抽出两个晚上时间开展“学系列讲话·建美丽拉萨”集中学习研讨，坚持用习近平新时代中国特色社会主义思想武装头脑，对贯彻落实中央和区党委系列重要会议精神及时作出安排部署，研究符合拉萨的落实举措。广泛开展“四讲四爱”主题教育实践活动，编印发放《习近平总书记系列讲话100句》双语口袋书，组织带动群众像学习毛主席语录一样学习习近平总书记系列重要讲话精神，各族群众感党恩、听党话、跟党走的信心决心更加坚定。

发展质量效益不断提高。全面深化改革。积极承接中央和区党委改革整体谋划，推进“放管服”改革，取消行政许可事项76

2017年3月19日，市委书记白玛旺堆（右一）调研拉萨环城路重大项目建设推进情况

2017年7月13日，市委副书记、市长、城关区委书记果果主持召开全市食品安全工作专题会议

项，下放行政许可事项110项；推进国有企业改革，市属国有企业总资产突破600亿元、增长70%；深化商事制度改革，全市新登记市场主体和注册资金分别增长27%和31%。特色产业加快发展。实施青稞绿色高产高效创建及增产攻关示范田25.5万亩，对5565头牦牛开展规模化育肥，构建种草与养牛产业链条，农畜产品综合供给能力有效提升。大力创建国家首批全域旅游示范区，全年接待国内外游客人次和旅游收入分别增长17%和21%。园区和城市建设水平不断提升。积极推进园区经济脱虚向实，北京碧水源、江苏鱼跃等一大批实体企业落地园区，拉萨综合保税区设立即将完成审批，中尼友谊工业园合作建设正式签约，柳梧新区国家级高新区申建顺利，空港新区基础设施建设加快推进。完善城市规划体系，严格规划执行和土地开发利用，加强城市精细化服务管理，蝉联“全国文明城市”荣誉称号。推进特色小城镇示范建设，羊八井镇入围第二批全国特色小镇。固定资产投资平稳回升。坚持专班推动、联审联批、全程服务，积极扩大有效投资，固定资产投资继续保持两位数增长。紧抓重大项目，拉萨环线南环、西环、北环线建设完成，拉林高等级公路基本具备通车条件，S5拉萨至泽当快速通道、青藏铁路格尔木至拉萨段扩能改造项目和川藏铁路拉萨段加快实施。协调推进民生和产业项目，中心医院加快建设，城关乳制品加工厂、曲水农业产业化示范基地等项目取得实质性进展。脱贫攻坚成效显著。坚持领导力量、工作力量、技术力量、资源配置“四到位”，整合精准脱贫资金近100亿元，2017年度27931名贫困人口中已有27166名跨过贫困线，占建档立卡贫困人口的97.26%，城关区成功摘帽。建设的全区风湿患者贫困对象羊八井镇安置点，昌都、那曲和阿里150户515人搬迁入住。

社会局势持续和谐稳定。坚持最高标准、最强举措、最严要求，一个阶段一个阶段部署，一个环节一个环节展开，一个战役一个战役打赢，有力确保了“三无”“三不出”“三稳定”。强化风险防控。积极应对“后达赖”向“达赖后”转变的形势变化，以十四世达赖暴病死亡、生前转世、谎称暴病发声试探等重大事件为课题集中攻关，分类制定应急预案。启动大情报会战机制，搜集情报信息，始终做到未雨绸缪。完善治理体系。健全党政军警民联防联控工作机制，将主城区划分为七个片区，积极构建权限下沉、力量统筹、迅捷高效的扁平化指挥体系。深化社区网格与警务管理双向融合，全市“双联户”成员、治安积极分子主动佩戴“红袖标”配合开展辖区治安巡防，形成了“我要稳定”的浓厚氛围，织密了维稳防控网络。坚持“重点要防、难点要盯、热点要疏、一般要复”的原则，全面落实信访事项排查化解责任制、领导干部包案制和领导干部联系群众制度，实现了信访案件“零搁置”。深化重点行业、关键领域专项治理，实现了重特大安全事故“零发生”和事故起数、死亡人数“双下降”的工作目标。加强民宗工作。分类分层分级落实寺庙管理措施，积极培养爱国爱教宗教界代表人士，着眼淡化宗教消极影响，2017年各项宗教活动参与人数同比下降20%以上。成功创建全国民族团结进步城市。

民生福祉持续改善。教育事业优先发展。发挥“组团式”援藏教育人才作用，高考取得历史最好成绩，市直高中高考上线率97.76%，比2016年提高10个百分点，比全区平均水平高出16个百分点。市场就业扎实推进。全面推进小微企业创业创新基地城市示范建设，大力实施就业优先战略，落实最优惠的创业创新政策，大学生创业企业达到89家，应届高校毕业生3803人实现就业2934人，其中市场就业1824人。医疗保障不断完善。发挥“组团式”援藏医疗人才优势，国家卫生城市创建顺利通过复审，市人民医院成为全区首家地市级“三甲”医院。加强包虫病等重大疾病防控并支援阿里开展筛查，推进风湿病患者自愿实施人工膝关节置换工作。社保体系更加健全。完成全民参保计划，加强社会福利服务，孤残弃儿童集中供养率和五保老人意愿集中供养率均达100%。建成保障性住房644套，困难群众住房需求不断得到满足。文化惠民扎实推进。国家公共文化服务体系示范区创建工作通过文化部中期督查。600余场次文艺演出走进群众生活。

生态环境持续保持良好。坚守生态安全底线。落实最严格的生态环境保护制度，大力推行属地、行业、业主+环保督察“3+1”工作模式，高度重视解决环境问题，办结中央环保督察组移交案件708件，依法依规严肃追责问责70人。大力推进生态治理。启动中心城区水系治理和生态修复规划、“绿色围城”项目总体设计、拉萨河流域综合规划修编等工作，积极创建生态文明示范城市，大力实施国土绿化工程，积极消除“无树村无树户”，完成植树造林3.29万亩、封山育林1.13万亩。率先推行河长制，推进拉萨河生态治理和拉鲁湿地保护工程。坚持源头治理大气污染，空气质量排名全国第二。

党的执政根基更加坚实。全面落实党建责任。从严从实从细全面加强党的建设，严肃党内政治生活，依纪依法办事和习惯在监督约束下工作生活成为常态，从严治党水平不断提升。严格落实党纪党规。坚持正风肃纪不止步，查处违反中央“八项规定”精神问题16件19人，给予党政纪处分14人。惩治腐败零容忍，给予党纪政纪处分134人，移送司法机关6人，收缴违纪资金991万元。环保追责不留情，处置环保领域问题线索25件，给予纪律处分18人，诫勉谈话18人，约谈40人，通报4人，责成公开道歉1人。不断夯实基层基础。高标准推进村级组织换届，班子成员中党员达到100%。村级集体经济发展实现全覆盖，新改扩建228个村级活动场所。“强党固基扶村”工作不断提升。全面推行街道大工委和社区大支委制，城市区域化党建格局初步形成。坚持党对国有企业的领导，国企党建工作不断加强。非公经济组织党组织覆盖率达到16.79%，社会组织党组织覆盖率达到93.39%，其他领域党组织覆盖率达到100%。

（姚雪梅）

重要会议、重要活动

【国资国企改革发展工作总结暨表彰大会】 1月5日，拉萨市国资国企改革发展工作总结暨表彰大会召开，听取全市国资国企改革发展工作进展情况，宣读《中共拉萨市委员会拉萨市人民政府关于表彰拉萨市国资国企改革发展工作先进集体和先进个人的决定》，安排部署拉萨市国资国企改革发展工作任务，表彰23家先进单位和30名先进个人。区党委副书记、市委书记齐扎拉出席并讲话。齐扎拉指出，拉萨市国资国企改革发展工作仍然面临不少亟待解决的深层次问题。当前和今后一个时期，拉萨市国资国企改革发展总体目标就是要围绕优化市属国有经济布局，优化国有经济发展方式，确保国有资产保值增值。力争到2020年形成更加符合社会主义市场经济发展的国有资产管理体制和市场化经营机制，国有资本布局结构更趋合理，国有资本整体规模和实力显著增强，打造一批优、强、大企业集团。自治区国资委主任余和平应邀到会指导，市委领导达娃、果果、胡洪、王念东、庄红翔、吴亚松出席。

【全市经济工作会议】 1月7日，全市经济工作会议召开，通报2016年全市经济工作，安排部署2017年全市经济发展任务，表彰2016年全市目标绩效争先进位先进单位。区党委副书记、市委书记齐扎拉出席并讲话。齐扎拉指出，当前拉萨经济社会发展已经

2017年5月9日，拉萨市政府与中国电子科技集团签订《战略合作框架协议》

站在了新的历史起点上，面对新形势和新要求，推动经济社会科学发展，必须做好七个方面的工作，一要注重创新引领，二要注重突破短板，三要注重深化改革，四要注重绿色发展，五要注重开放发展，六要注重协调共享。市委领导达娃、果果、胡洪、肖志刚、陈军、袁训旺、王念东、彭祎涛、庄红翔、阿努次仁出席。

【拉萨市委常委会2016年度民主生活会情况通报会】　1月14日，拉萨市委常委会2016年度民主生活会情况通报会召开，安排部署整改落实相关工作。区党委副书记、市委书记齐扎拉出席并讲话。齐扎拉强调，市委常委会将以此次民主生活会为契机，进一步学习好、宣传好、贯彻落实好中共十八届六中全会精神、习近平总书记系列重要讲话精神以及区市第九次党代会精神，着力推进现代城市管理、人才工作规范化建设、不断提高党风廉洁建设制度化、规范化水平，固化“两学一做”学习教育成果，为建设团结美丽健康幸福新拉萨、全面建成小康社会提供强大动力和有力保障。市委领导果果、陈军、王念东、占堆、彭祎涛、庄红翔、阿努次仁出席。

【全市干部大会】　1月17日，拉萨市召开全市干部大会，宣布区党委关于拉萨市委主要领导职务调整的决定，齐扎拉不再兼任拉萨市委书记，常委、委员职务；白玛旺堆兼任拉萨市委委员、常委、书记，不再兼任阿里地委书记职务。区党委书记吴英杰出席并讲话，区党委常务副书记、政协党组书记邓小刚主持大会，齐扎拉、白玛旺堆分别作表态发言。

【全市农村工作会议】　1月20日，全市农村工作会议召开。会议全面贯彻落实中央和全区农村工作会议精神，总结回顾近年来农牧业农村工作，分析当前“三农”发展面临的形势，安排部署农牧业农村工作。尼木县、曲水县和堆龙德庆区羊达蔬菜种植合作社作交流发言。区党委常委、市委书记白玛旺堆出席并讲话。白玛旺堆强调，各县（区）各部门要以推进供给侧结构性改革为主线，以确保粮食生产不逆转、农牧区稳定不出问题为底线，以促进农牧民持续增收、实现精准脱贫为目标，以净土健康产业提质增效、全面深化改革为抓手，以优化农牧业产业体系、生产体系、经营体系为举措，不断提高土地产出率、资源利用率、劳动生产率，加快推动农牧业农村持续快速健康发展，以优异的成绩向中共十九大献礼。市委领导达娃、陈军、马军、庄红翔、阿努次仁出席。

【吴英杰在拉萨市调研农牧业生产】　2月7日，区党委书记吴英杰前往拉萨市当雄县、林周县就农牧业发展进行实地调研，详细了解当雄县现代牧业产业示范园区规划情况和林周县澎波半细毛羊养殖和人工饲草种植情况。吴英杰指出，要深入贯彻学习习近平总书记系列重要讲话精神，特别是关于全面深化改革和“三农”工作的重要指示，适应发展新形势，深入推进农牧业供给侧结构性改革，促进农牧业农牧区经济社会持续快速健康发展。区党委常委、市委书记白玛旺堆一同调研。

【全国民族团结进步创建活动】2月10日，拉萨市全国民族团结进步创建活动示范市授牌仪式举行，宣读《国家民委关于命名拉萨市为全国民族团结进步创建活动示范市的决定》，区党委副书记、自治区主席齐扎拉向拉萨市授牌。区党委常委、市委书记白玛旺堆出席并讲话。白玛旺堆指出，自2013年拉萨市被列为首批全国试点城市以来，拉萨市一直强力推动创建示范工作，此次授牌仪式开启了全市民族团结进步事业新篇章，要坚持把民族团结作为重大政治责任，作为一条生命线贯穿到改革发展稳定的各个环节，为全区民族团结进步模范区建设工作积累更多经验。市委领导达娃、果果、庄红翔、阿努次仁出席。

【拉萨市述责述廉评议质询会】　2月14日，2016年度拉萨市述责述廉评议质询会举行。会议听取林周县、曲水县、市农牧局、市卫生局、市扶贫办、市交通产业集团、市城投公司、市净土公司等8家单位党委（党组）书记现场述责述廉，进行评议质询和民主测评。同时，市政府办公厅、市文化局等20家单位党委（党组）书记进行书面述责述廉，拉萨经开区党委、堆龙德庆区党委、市民政局等单位党组织现场签订党风廉政建设责任书。区党委常委、市委书记白玛旺堆主持并对述责述廉及评议质询分别进行了点评。白玛旺堆指出，党风廉政建设主体责任不只是字面上的变化，更是实践的发展、认识的深化，一定要紧盯突出矛盾，进一步推动全面从严治党主体责任落地生根，一要层层压实责任，压实领导班子的集体责任、第一责任和“一岗双责”；二要做实制度保障，建立明责机制，狠抓制度执行；三要强化问责追责，完善问责措施，实行终身问责。自治区纪委副书记王峻应邀到会指导，市委领导达娃、果果、袁训旺（市政协主席）、王念江、彭祎涛、庄红翔出席。

【全市宗教工作会议】　2月15日，全市宗教工作会议召开，传达全区宗教工作会议精神，围绕拉萨市第九次党代会确定的目标任务，研究部署全市宗教工作。区党委常委、市委书记白玛旺堆出席并讲话。白玛旺堆指出，拉萨作为西藏自治区首府城市，即是全区政治、经济、文化的中心，又是藏传传教的圣城，全市各级各部门和广大党员干部要积极引导藏传佛教服从服务于经济发展、社会和谐、文化繁荣、民族团结、祖国统一，不断开创藏传佛教工作新局面。一要着力解决藏传佛教突出问题，妥善处理互联网宗教问题，不断加大对重点问题寺庙的集中治理整顿力度，牢牢把握寺庙管理主动权；二要着力提高宗教工作法治化水平，教育引导信教群众正确认识和处理好国法和教规的关系，自觉遵守国家法律法规；三要着力深化加强和创新寺庙管理，持续推进寺庙管理长效机制建设；四要加强宗教团体自身建设，建强佛协班子，发挥宗教界人士的积极作用；五要着力做好信教群众工作，大力宣传党的宗教方针政策和法律法规，努力把信教群众团结在党和政府的周围。市委领导达娃、果果、袁训旺、王念东、占堆、马军、庄红翔、阿努次仁出席。

【全市环境保护工作会议】　2月15日，全市环境保护工作会议召开。会议贯彻落实中央、区市党委关于生态文明建设和环境保护的决策部署，听取全市环境保护工作报告，安排部署当前和今后一个时期全市环境保护各项工作及迎接中央环保督察准备工作。白玛旺堆指出，全市上下要深刻认识到良好的生态环境是拉萨市经济社会发展的“金字招牌”，一要牢固树立绿色发展理念，坚持把“环境立市”战略贯穿于“六大战略”实施的全过程；二要牢牢抓住环境质量改善这个核心，将改善环境质量作为政治纪律来坚守、作为任务来落实；三要实行最严格的环境保护制度，从源头、全过程和生产、流通、消费各环节来加强环境保护；四要突出环境保护工作重点，认真落实国家大气、水、土壤专项防治行动计划，不断提升区域环境质量；五要抓好突出问题整改，强化环保标准的硬约束；六要全面迎接中央环保督察，严格落实责任、积极协调配合。市委副书记、市长果果与市环保局、市水利局、市农牧局、达孜县和林周县现场签订《2017年度拉萨市环境保护工作目标责任书》。区党委常委、市委书记白玛旺堆出席并讲话。自治区环保厅厅长罗杰应邀到会指导并讲话。市委领导达娃、果果、袁训旺（市政协主席）、王念东、占堆、马军、庄红翔、阿努次仁出席。

【全市社会治安综合治理工作会议】　2月15日，全市社会治安综合治理工作会议召开，听取2016年全市综治工作报告，安排部署2017年全市综治工作。区党委常委、市委书记白玛旺堆出席并讲话。白玛旺堆强调，全市各级各部门和驻市各单位要以为中共十九大胜利召开营造安全稳定的社会环境为总目标，确保拉萨绝对安全。市委副书记、市人大常委会主任达娃，市委副书记、市长果果分别代表市委、市政府与驻市区（中）直、市（中）直单位和县（区）代表签订《2017年度拉萨市社会治安综合治理目标责任书》。市委领导达娃、果果、袁训旺、王念东、占堆、马军、庄红翔、阿努次仁出席。

【拉萨市“两会”党员大会】　2月18日，拉萨市“两会”党员大会召开，动员党员代表和委员充分发挥党的政治优势和共产党员先锋模范作用，团结与会人大代表、政协委员，尽职尽责，共商大计，确保“两会”取得成功。区党委常委、市委书记白玛旺堆出席并讲话。白玛旺堆指出，要通过“两会”把全市各族人民的智慧和力量统一到中央精神上来，统一到率先在全区全面建成小康社会的目标任务上来。同时强调根据中央精神和区党委要求，要成立临时党委和临时党支部，临时党委和党支部要履行好各阶段各环节的工作。市委领导达娃、果果、袁训旺、王念东、马军、庄红翔、吴亚松出席。

【李兆前检查安全生产工作】　2月21—23日，由国家安全监管总局副局长李兆前任组长的国务院安委会2016年度省级政府安全生产工作现场考核第十五考核工作组在拉萨市检查安全生产工作。期间，工作组前往大昭寺、八廓古城管委会、市公安局交警支队、城关区扎细街道办事处雄嘎社区居委会、墨竹工卡县华泰龙矿业集团有限公司及拉萨市交通产业集团有限公司等地，查阅各单位、各企业安全生产资料台账，实地检查安全生产工作开展情况。22日工作组召开座谈会，听取拉萨市2016年安全生产工作自查自评情况汇报，并对拉萨市消除安全生产监管盲区、安全生产标准化建设提出建议。市委副书记、市长果果表示，对考核组提出的问题和建议，逐个梳理，确保整改到位。市委领导达娃出席座谈会。

2017年6月1日，拉萨市举行朵森格文物移交仪式

【拉萨警备区党委五届八次全体（扩大）会议】　3月15—16日，拉萨警备区党委五届八次全体（扩大）会议召开。区党委常委、市委书记白玛旺堆出席并讲话。白玛旺堆指出，拉萨警备区要勇敢担起新一代革命军人的政治责任和历史责任：一要大力加强国防动员和后备力量建设，二要持续维护拉萨社会稳定，三要深入推进军民融合发展。市委领导达娃、肖光富、庄红翔出席会议，拉萨警备区司令员韩志宏主持会议。

【全市扶贫农发工作会议】　3月22日，全市扶贫农发工作会议在市政府召开，贯彻落实全区脱贫攻坚和扶贫农发工作会议精神，回顾总结2016年扶贫农发工作，安排部署2017年工作任务。市委副书记、常务副市长胡洪出席会议并讲话。胡洪强调，要按照中央“六个精准”、“五个一批”和自治区“八个到位”，全面抓好“六脱”工作落实，推动全市脱贫攻坚再上新台阶。

【拉萨市2017年民生类重点项目集中开工仪式】 3月23日，拉萨市2017年民生类重点项目集中开工暨市第一中等职业技术学校迁建项目奠基仪式举行。区党委常委、市委书记白玛旺堆宣布开工并为工程培土，市委领导达娃、果果、胡洪、袁训旺（市政协主席）、占堆、庄红翔出席。

【拉萨市人才培养基地揭牌仪式暨北京专家服务团成立大会在北京举行】 3月28日，拉萨市人才培养基地揭牌仪式暨北京专家服务团成立大会在北京举行。拉萨市委副书记、北京援藏指挥部总指挥肖志刚参加揭牌仪式并向专家服务团成员代表颁发证书。会上，举行了拉萨市人才培养基地合作签约和揭牌仪式。

【北京大学校友支持拉萨发展工作交流会】 3月29日，北京大学校友支持拉萨发展工作交流会举行。区党委常委、市委书记白玛旺堆出席并讲话，希望北大校友要当好拉萨与内地、拉萨与世界的桥梁和纽带，推动拉萨发展进步，全市各有关部门要重视与北大校友会的合作，积极对接已有意向的企业。会上，北大校友介绍了北京大学校友支持拉萨发展工作概况、北大创业训练营西藏基地落地情况、拉萨市相关人员在深圳北大企业挂职实习第一期培训情况和北大校友企业筑博设计集团在拉萨经开区迁址投资工作进展情况，并就下一步如何推进拉萨各项事业发展提出意见和建议。深圳市政协常委厉伟，自治区政协常委欧阳旭出席，市委领导果果、胡洪、陈军、袁训旺、占堆、暴剑出席。

2017年6月4日，长江会企业家赴西藏考察团拉萨投资项目推介会召开

【植树活动】 3月30日，自治区党委书记吴英杰前往拉萨市城关区蔡公堂乡香嘎村参加义务植树活动。吴英杰强调，要认真学习贯彻习近平总书记在参加首都义务植树活动时的重要讲话精神和“加强民族团结、建设美丽西藏”的重要指示，树牢绿色发展理念，全民爱绿植绿护绿，一年接着一年干、一代接着一代干，让各族人民共建共享美丽西藏。自治区领导洛桑江村、齐扎拉、边巴扎西、何文浩、白玛旺堆与拉萨市干部群众、部队官兵、中小学学师生一起参加义务植树。

【“四讲四爱”主题教育实践活动动员部署大会】 4月6日，拉萨市深入开展“四讲四爱”主题教育实践活动动员部署大会召开，贯彻落实区市党委的决策部署，明确主题教育活动的目标任务，为中共十九大召开营造良好的社会氛围。区党委常委、市委书记、拉萨市“四讲四爱”主题教育实践活动领导小组组长白玛旺堆出席并讲话。白玛旺堆指出，在全区深入开展“四讲四爱”主题教育实践活动，充分体现区党委喜迎中共十九大的行动自觉，对于引导全区各族群众更加紧密地团结在以习近平同志为核心的党中央周围，不断开创治边稳藏、富民兴藏伟大实践新局面，具有重大而深远的意义。全市各级党组织要高度重视，统筹推进“四讲四爱”主题教育实践活动，突出农牧民群众、青少年学生、寺庙僧尼三个重点，落实好自治区确定的规定动作，丰富自选载体，推动教育实践活动进农村、进牧区、进家庭、进学校、进课堂、进寺庙、进僧舍。同时把握好宣传教育、主题实践和建章立制三个环节，确保主题教育实践活动开展得有规模、有特色、有声势、有亮点、有实效。区党委宣传部副部长、自治

2017年7月18日，西藏“感动人物”先进事迹巡回报告会在拉萨举行

区“四讲四爱”主题教育实践活动领导小组办公室副主任嘎玛旦巴应邀出席，市委领导果果、肖志刚、陈军、马军、庄红翔、吴亚松、阿努次仁出席。

【地市人民医院等级医院创建工作现场推进会】 4月6日，地市人民医院等级医院创建工作现场推进会在拉萨市召开，就全区等级医院创建工作再安排再部署，就拉萨市人民医院按期完成创三甲工作任务提出明确要求。区党委常委、组织部部长曾万明，区党委常委、拉萨市委书记白玛旺堆出席会议并讲话。曾万明指出，全区等级医院创建工作仍需加力加劲，要齐头并进“不落下一个医院”，到2020年实现等级医院创建目标。白玛旺堆指出，区党委高度重视此项工作，明确提出把拉萨市人民医院建成为三甲医院和全区“大病不出藏”兜底医院。拉萨市人民医院创三甲工作取得阶段性成果。拉萨市将切实把中央关心、全国支援同拉萨市的艰苦奋斗结合起来，力争如期将市人民医院建成三甲医院，为全区医疗人才“组团式”援藏工作提供可复制可推广的成功经验。会上，市委副书记肖志刚，市委副书记、组织部部长陈军分别介绍拉萨市人民医院创三甲工作推进情况。

【北京友谊医院“友谊直通车西藏行”学术活动】 4月27日，北京友谊医院“友谊直通车西藏行”学术活动在市人民医院启动，旨在提升拉萨市人民医院消化、泌尿、影像等学科能力，助力市人民医院规范化、标准化、科学化建设。

【拉萨建材交易中心开业庆典】 5月1日，拉萨建材交易中心举行开业庆典仪式。西藏建材交易有限公司成立于2012年8月，注册资金3.5亿元，系拉萨经开区投资发展有限公司控股国有企业。公司项目拉萨建材交易中心位于拉萨经开区B区，项目占地面积341亩，总投资26亿元，总建筑面积50万平方米，项目一期已建成14万平方米。

【《战略合作框架协议》签约仪式】 5月9日，拉萨市人民政府与中国电子科技集团公司举行《战略合作框架协议》签约仪式。区党委常委、市委书记白玛旺堆出席并讲话，希望以此次合作为契机，在加快当前项目建设的同时，进一步拓展合作空间，深化合作领域，补齐发展短板，持续扩大就业，壮大实体经济，促进转型升级，共同谱写央企与地方合作新篇章。中国电子科技集团公司党组书记、董事长熊群力一行出席签约仪式，市委领导果果、庄红翔出席。

【自治区第一环境保护督察组环境保护见面动员汇报会】 5月15日，自治区第一环境保护督察组在拉萨市召开环境保护见面动员汇报会，通报督察任务和工作安排，听取拉萨市环保工作情况。区党委常委、市委书记白玛旺堆主持会议并讲话。白玛旺堆指出，自治区党委、政府决定对拉萨市开展2017年自治区本级环境保护督察，即是对拉萨贯彻落实中央和自治区关于环境保护工作决策部署的一次全面检验，也是解决问题、加快生态文明建设的重要契机，更是做好迎接中央环保督察准备工作的难得机遇。拉萨市各级各部门要以高度的政治责任感认真对待这次督察工作，自觉接受督察、主动配合督查、全面落实督查，诚恳接受督察组的督导检查，明确整改责任制，确保整改工作落实到位。自治区副主席、自治区第一环境保护督察组组长石谋军作动员讲话。市委领导果果、肖志刚、袁训旺、王念东、暴剑、马军、庄红翔、吴亚松分别出席主会场和分会场会议。

【“两学一做”学习教育常态化制度化工作座谈会】 5月16日，拉萨市推进“两学一做”学习教育常态化制度化工作座谈会召开，传达学习习近平总书记关于推进“两学一做”学习教育常态化制度化的重要指示精神，中央和自治区推进“两学一做”学习教育常态化制度化工作座谈会精神。区党委常委、市委书记白玛旺堆出席并讲话。白玛旺堆指出，推进“两学一做”学习教育常态化制度化，是党中央从政治和全局高度作出的重要决策部署。全市各级党组织和广大党员要增强政治自觉，深刻认识推进学习教育常态化制度化的极端重要性，推动“两学一做”学习教育融入日常、抓在经常，取得实实在在的成效。市委领导达娃、果果、庄红翔、阿努次仁出席。

【长江企业家赴藏考察团拉萨投资项目推介会】 6月4日，长江企业家赴藏考察团拉萨投资项目推介会举行。区党委常委、市委书记白玛旺堆出席并讲话。香港富华国际集团有限公司董事长、长江会会长赵勇及长江会企业家赴藏考察团成员出席，市委领导胡洪、暴剑、庄红翔出席。

【全市重点产业推进工作调研座谈会】 6月13日，全市重点产业推进工作调研座谈会召开，听取并研究净土健康产业、文化旅游产业等全市重点产业工作和“以业脱贫”工作推进情况、存在问题和下一步工作计划，与会部分人员结合各自工作实际进行了交流发言。区党委常委、市委书记白玛旺堆主持并讲话。白玛旺堆指出，当前全市产业发展到了“爬坡过坎提质升级”的阶段，各级各部门要统一思想，进一步认识到大力实施“产业强市”战略，走出一条就业容量大、经济效益好、资源消耗低、环境污染少，具有西藏特点、拉萨特征的新型产业化道路。市委领导胡洪、王念东、庄红翔、吴亚松出席。

【叶建春率一行在拉萨市考察】 6月22日，水利部副部长叶建春率水利部赴藏考察组在拉萨市考察并座谈，观看拉萨市河长制工作开展情况专题汇报片，汇报拉萨市水利工作开展情况。叶建春指出，拉萨市要围绕首府发展定位，准确把握拉萨水利工作思路，水利部将一如既往地支持拉萨水利工作，为拉萨经济社会持续健康发展提供更加坚实的水利支持和保障。区党委常委、市委书记白玛旺堆一同考察并主持座谈会。白玛旺堆指出，全市各级各部门特别是水利系统，要以水利部第八次援藏工作会议为契机、以水生态文明城市创建为引领，不断开创全市水利工作新局面，以优异成绩迎接中共十九大胜利召开。市委领导果果、王念东、占堆、庄红翔陪同考察并出席座谈会。

【拉萨市2017年上半年和谐模范寺庙暨爱国守法先进僧尼表彰大会】 6月28日，拉萨市2017年上半年和谐模范寺庙暨爱国守法先进僧尼表彰大会召开，20座寺庙、1544名僧尼、17个寺庙管理委员会（特派员机构）、62名驻寺干部受表彰。区党委常委、市委书记白玛旺堆出席并讲话。白玛旺堆指出，全市各级各部门、各寺庙管委会和广大驻寺干部要牢固树立驻寺常态

2017年7月28日，自治区督导拉萨市“四讲四爱”主题教育实践活动开展情况

2017年7月21日，自治区第一环保督察组反馈意见会召开

化的思想，持之以恒开创驻寺工作新局面。区党委统战、区宗教工作领导小组办公室、区民族宗教事务委员会相关负责人出席会议，市委领导达娃、果果、庄红翔、阿努次仁出席。

【全市援藏老师表彰暨座谈会】 6月28日，全市援藏老师表彰暨座谈会举行，32名北京、江苏和教育部属高校附属小学选派的援藏教师受表彰。教育部民族教育司巡视员、自治区教育厅副厅长次仁多布杰出席会议。市委常委、常务副市长占堆出席并讲话，要求全市教育系统认真学习借鉴北京、江苏两省市先进教学理念，为全面提升西藏教学教育质量提供可供复制的经验。会上，拉萨北京实验中学援藏校长赵隆颢、拉萨江苏实验中学钱维胜、拉萨实验小学校长冯兴娟作交流发言。

【全市农村土地承包经营权证首发仪式】 6月29日，拉萨市在达孜县邦堆村举行全市农村土地承包经营权证首发仪式，10户村民代表拿到农村土地承包经营权证拉萨“第一证”。2012年，拉萨市在曲水县正式开展土地承包经营权权属调研和勘界测量试点工作，截至年底，全市4.35万户、62.9万亩、41.7万块土地的农村土地（耕地）承包经营权确权登记颁证工作已基本完成。

【全市国有企业党的建设工作会议】 7月6日，全市国有企业党的建设工作会议召开。会议深入学习贯彻全国、全区国有企业党的建设工作会议精神，特别是习近平总书记的重要讲话精神，全面总结全市国有企业党的建设工作成绩，深入分析查找存在的困难和问题，研究部署当前和今后一个时期全市国有企业党的建设各项工作。区党委常委、市委书记白玛旺堆出席并讲话。市委副书记、常务副市长胡洪主持会议。市委领导彭祎涛、庄红翔、吴亚松出席会议。市暖心燃气热力有限责任公司、市城市建设投资经营有限公司、市交通产业集团有限公司3家国企代表作交流发言。副市长方桂林，市企业党工委成员单位及市直相关单位负责人以及拉萨经开区、柳梧新区、文化旅游创意园区、各县（区）相关负责人等参加会议。

【2017年上半年拉萨市委落实党风廉政建设责任制会议】 8月1日，区党委常委、市委书记白玛旺堆主持召开2017年上半年拉萨市委落实党风廉政建设责任制会议。会议通报了拉萨市委常委会班子2017年上半年落实党风廉政建设主体责任情况；听取了2017年上半年纪委履行监督责任情况汇报，听取了2017年上半年市人大常委会党组、市政府党组、市政协党组、市中法党组和市检察院党组落实党风廉政建设主体责任情况汇报。白玛旺堆强调，拉萨市正处于着力落实管党治党责任、不断增强各级党组织管党治党意识和能力的巩固提升阶段。全市各级党委（党组）要切实把思想和行动统一到中央对党风廉政建设和反腐败斗争的形势判断和部署要求上来，树立长期作战思想，继续在常和长、严和实、深和细上下功夫，以对党和人民高度负责的精神，坚定有力地落实党委主体责任，深入推进党风廉政建设和反腐败斗争。白玛旺堆要求，全市各级党委（党组）要进一步增强落实全面从严治党主体责任的使命感和紧迫感，按照中央和区党委的部署，敢管敢严、真管真严、常管常严，以优异成绩迎接党的十九大胜利召开。达娃、果果、袁训旺、彭祎

涛、暴剑、马军、庄红翔、吴亚松、阿努次仁出席会议。

【《中国石化在西藏（2002—2017）》白皮书发布会】　8月5日，《中国石化在西藏（2002—2017）》白皮书（以下简称《白皮书》）在拉萨举行发布会，这是央企发布的首部援藏白皮书。白皮书宣布：截至2017年6月，“易捷·卓玛泉”借助中国石化2.5万家易捷便利店实现销售额16.2亿元，累计缴纳税费1.4亿元，助力打造了西藏优势支柱产业和经济亮点。

【北京市深化对口援藏扶贫工作考察团在拉萨市考察调研】　8月7日至8日，以北京市副市长王宁为组长的北京市深化对口援藏扶贫工作组在拉萨考察调研。7日，考察团一行赴堆龙德庆区达东村、拉萨SOS儿童村考察。北京市支援合作办主任马新明参加考察。市委副书记、市人大常委会主任达娃，市委副书记、北京援藏指挥部指挥肖志刚陪同考察。8日，工作组召开北京市领导慰问援藏干部人才座谈会。北京市副市长王宁出席并讲话。区党委常委、拉萨市委书记白玛旺堆出席，希望北京市一如既往地关心支持拉萨的发展，进一步推广“组团式”医疗、教育援藏工作经验，巩固和扩大其成果，在企业援藏、产业合作、智力援助、改善民生等方面给予有力指导、大力支持，为拉萨长足发展和长治久安、全面建成小康社会持续注入新动力。肖志刚介绍了北京援藏工作开展情况，北京援藏干部人才代表作交流发言。市委常委、常务副市长王念东，北京援藏指挥部副指挥、市委常委、常务副市长暴剑，市委常委、秘书长庄红翔出席会议。北京援藏指挥部副指挥、副市长朱建红及北京市相关部门负责人参加会议。座谈会前，王宁一行前往京藏交流中心、拉萨北京实验中学、拉萨市人民医院等地调研。

【刘永富在拉萨调研脱贫攻坚工作】　8月10日，国务院扶贫办党组书记、主任刘永富深入拉萨市、山南市调研脱贫攻坚工作，对西藏自治区经济社会发展特别是脱贫攻坚工作取得的成绩和经验给予充分肯定。市委副书记、市长、城关区委书记果果陪同刘永富在拉萨市的调研活动。

【第二次青藏高原综合科学考察研究启动出发仪式】　8月19日，第二次青藏高原综合科学考察研究启动出发仪式在拉萨隆重举行。中共中央总书记、国家主席、中央军委主席习近平致信祝贺，中共中央政治局委员、国务院副总理刘延东在启动仪式上宣读贺信，发表讲话，宣布科学考察研究启动并向科考队员授旗。

【2017中国拉萨雪顿节开幕】　8月21日，以“团结美丽好家园·健康幸福新拉萨”为主题的2017中国拉萨雪顿节开幕式在拉萨群众文化体育中心篮球馆举行。区党委常委、拉萨市委书记白玛旺堆宣布2017中国拉萨雪顿节开幕。中国作协副主席白庚胜，云南省昆明市委副书记刘智，云南省迪庆州副州长王玉秀应邀出席。自治区人大常委会副主任李文汉，自治区政协副主席金世洵出席。市委领导达娃、肖光富、暴剑、庄红翔、吴亚松、阿努次仁出席。市委副书记、市长、市雪顿节组委会主任果果致辞。副市长、市雪顿节组委会副主任朱建红主持。自治区相关部门负责人和市人大、市政府、市政协等地级领导，市直单位主要负责人，北京、江苏两省市的援

2017年8月21日，拉萨雪顿节开幕式

2017年9月15日，2017大众创业活动周、拉萨启动仪式举行

藏干部人才代表，客商代表以及全市各族各界干部群众代表参加开幕式。

【自治区政府与江苏省党政代表团座谈会】 8月21日，自治区政府与江苏省党政代表团在拉萨举行座谈会，共商对口援藏大计、共谋两地协同发展。江苏省委副书记、省长吴政隆出席并讲话，区党委副书记、自治区主席齐扎拉主持。区党委常委、拉萨市委书记白玛旺堆出席。在藏期间，吴政隆调研才纳净土健康产业园、四季吉祥村、拉萨市公共资源交易中心、拉萨江苏实验中学和雪鹰通用航空公司，看望援藏干部，出席慈觉林至纳木错直升机航线试航仪式及纳木错景区环保旅游观光车捐赠仪式。拉萨市领导果果、胡洪、庄红翔、方桂林、王国臣参加了相关活动。

【2017中国拉萨雪顿节招商引资项目推介会】 8月21日，2017中国拉萨雪顿节招商引资项目推介会暨集中签约仪式举行。区党委常委、拉萨市委书记白玛旺堆致辞并见证签约仪式。自治区工信厅巡视员达顿，自治区商务厅副厅长周慧，自治区工商联副主席普布次仁应邀出席。市委常委、常务副市长王念东主持。市委常委、秘书长庄红翔出席。市人大常委会副主任达瓦，市政协副主席、西藏文化旅游创意园区管委会党工委书记朱梅品参加。

【全市村（居）组织换届选举工作动员部署暨培训会】 8月23日，拉萨市召开村（居）组织换届选举工作动员部署暨培训会。会议传达学习吴英杰书记关于全区村（居）组织换届选举工作的重要指示批示精神、全区村（居）组织换届选举工作动员部署会精神，签订《2017年拉萨市村（居）组织换届选举工作目标责任书》。区党委常委、拉萨市委书记、市村（居）组织换届选举工作领导小组组长白玛旺堆出席并讲话。区党委组织部常务副部长、全区村（居）组织换届选举工作拉萨指导检查组组长唐明英应邀出席。市委副书记、市长、市村（居）组织换届选举工作领导小组副组长果果主持。市委常委、纪委书记彭祎涛，市委常委、秘书长、市村（居）组织换届选举工作领导小组副组长庄红翔出席。廖波、张正、陆从福、朱梅品参加会议。自治区村（居）组织换届选举工作拉萨指导检查组相关负责人，全市村（居）组织换届选举工作领导小组和指导检查组全体成员，市换届办负责人及各专项工作组成员，各县（区）、市相关单位负责人参加会议。

【塔勒布·瑞法依到拉萨】 9月4日，联合国世界旅游组织秘书长塔勒布·瑞法依一行到拉萨，考察参观《文成公主》藏文化大型史诗剧及相关旅游文化配套项目。

【中共十九大维稳安保攻坚战动员部署大会】 9月5日，拉萨市召开中共十九大维稳安保攻坚战动员部署大会，旨在深入贯彻中央和区党委部署要求，全面落实属地管理责任，团结动员各级各部门、各方力量全力投入，坚决打赢中共十九大维稳安保攻坚战。区党委常委、市委书记白玛旺堆出席并讲话。白玛旺堆强调，全市上下要坚决服从大局，认真贯彻落实好党中央的决策部署和区党委、政府的工作要求，按照这次会议精神和要求，进一步抓部署、抓检查、抓落实，坚决维护全市社会局势持续和谐稳定，全力确保中共十九大顺利召开。市委领导达娃、果果、胡洪、肖光富、王念东、暴剑、马军、庄红翔、吴亚松、阿努次仁出席会议。

【全市深化全国文明城市创建工作推进会】 9月7日，2017年拉萨市深化全国文明城市创建工作推进会召开，通报拉萨市迎检测评指挥部综合督导组和市文明办派出的14名文明督导员督促检查情况，对深化全国文明城市创建工作再动员再部署再推进再整改。市委副书记、市长果果出席并讲话。果果指出，各级各部门要坚持问题导向，逐项对照测评标准查找不足，确保“全国文明城市”荣誉称号成功蝉联。市委领导暴剑、马军、吴亚松出席。

【安全生产大检查工作】 9月13日，国务院安委会第二十一综合督查组在拉萨市开展安全生产大检查工作，前往墨竹工卡县、西藏宁玛矿业有限公司现场督查安全生产大检查开展情况。此次督查的主要对象是地方政府及有关部门，重点督查安全生产大检查工作的责任落实情况，同时抽查部分重点企业，以此检验政府工作成效。15日，前往拉萨交通产业集团进行安全生产大检查开展情况督查。16日，前往拉萨市京藏交流中心项目建筑工地、拉萨市暖心燃气热力有限公司进行安全生产大检查。17日，前往当雄县督查安全生产大检查工作开展情况。18日，前往西藏天地绿色饮品有限公司督查安全生产大检查工作。

【全国双创活动周西藏分会场启动仪式】 9月15日，2017年全国双创活动周西藏分会场启动仪式在拉萨举行。区党委常委、市委书记白玛旺堆出席并启动双创周活动。此次双创活动周以“双创促升级，壮大新动能”为主题，以“创响中国·西藏”为口号，包括创交会、企业专场招聘会等11项活动。

【拉萨市党政代表团到江苏省访问考察】 9月17日至20日，以自治区党委常委、拉萨市委书记白玛旺堆为团长的拉萨市党政代表团前往江苏省访问考察。江苏省委书记、省人大常委会主任李强，江苏省委副书记、省长吴政隆分别会见拉萨市党政代表团一行。李强表示，对口支援拉萨是党中央交给江苏的政治任务，是江苏的光荣使命，将积极探索体现中央精神、具有江苏特色、契合拉萨实际的援藏模式，为拉萨经济社会发展提供更加有力的支撑。白玛旺堆表示，23年来，特别是中共十八大以来，江苏省委、省政府坚持把落实中央治藏方略、做好支援西藏工作、帮助拉萨发展摆到重要战略地位，形成了全方位多层次的援藏工作格局，为推动拉萨长足发展和长治久安注入了强大动力。拉萨市将把江苏省的无私援助转化为干事创业的巨大动力，以实际行动和优异成绩回报党中央的亲切关怀，回报江苏人民的殷切期望。19日，江苏拉萨合作项目协议集中签约仪式在南京举行，共18个合作项目协议集中签约，项目涉及拉萨净土健康、文化旅游、教育卫生、科技创新、安全检测、园区合作、对外开放，现代畜牧业、养老健康、基础设施、城市环卫等多个领域。

【许文彤一行开展专项督查】 9月22日，由国家新闻出版广电总局出版管理司副司长许文彤带队的国家“扫黄打非”专项行动督查组前往拉萨市开展“打黄打非”专项督查。其间，督查组一行先后前往拉萨邮政公司中心营业厅、拉萨火车站安检站、曲水县文广局、拉萨海关驻邮局办事处、功德林街道办事处等地，就邮件寄递、出版物销售、海关查验等方面相关管理制度建立、执行、落实情况，以及拉萨市“扫黄打非”专项行动开展情况、行业监管制度落实情况和有关单位履职尽责情况开展督查。市委常委、宣传部部长吴亚松陪同。

【2017年度民族团结进步模范表彰暨创建全国民族团结进步示范市活动总结表彰大会】 9月27日，拉萨市2017年度民族团结进步模范表彰暨创建全国民族团结进步示范市活动总结表彰大会召开，拉萨市广播电视台等66家单位获“民族团结进步模范集体”称号，拉巴等70人获“民族团结进步模范个人”称号，阿尼卓玛、杨友斌等10户家庭获“民族团结进步家庭”称号；自治区民族团结宣传教育活动和民族团结进步创建评选表彰活动办公室等20家单位获“拉萨市创建全国民族团结进步示范市活动先进集体”

2017年12月7日，拉萨市政府与江苏凤凰出版集团有限公司签订合作协议

称号，蒋翠莲等40人获“拉萨市创建全国民族团结进步示范市活动先进个人”称号，向自治区党委宣传部等50家单位授“拉萨市民族团结进步创建活动示范单位”奖牌。区党委常委、市委书记白玛旺堆出席并讲话。白玛旺堆指出，民族团结是中国各族人民的生命线，是西藏的宝贵财富和光荣，是拉萨一切工作的根本前提和保障。全市各级各部门要深刻认识做好民族团结工作的重大意义，坚定不移地贯彻落实党的民族工作方针政策，始终把民族团结作为各族人民的生命线，持续保持各民族手足相亲、和谐发展的良好局面。自治区政协、自治区党委宣传部、自治区民宗委相关负责人出席会议，市委领导达娃、果果、袁训旺、彭祎涛、马军、吴亚松、阿努次仁出席会议。

【拉萨雪鹰通用航空股份有限公司CCAR-91部运行合格审定颁证运行仪式】 9月28日，拉萨雪鹰通用航空股份有限公司CCAR-91部运行合格审定颁证运行仪式举行。区党委常委、市委书记白玛旺堆出席并讲话。白玛旺堆指出，拉萨雪鹰航空项目在拉萨落地建设，对拉萨乃至整个西藏的通用航空事业发展具有示范引领作用，填补了藏区通用航空产业空白，展现了拉萨欣欣向荣的时代气息。拉萨雪鹰通用航空股份有限公司要牢牢抓住机遇，科学管理、规范运营、安全生产，为拉萨乃至西藏长足发展和长治久安做出新的更大贡献。中国民航局原副局长杨国庆，民航西南地区管理局副局长吴小兵，民航西藏区局党委书记白珍等应邀出席。市委领导果果、庄红翔、王念东出席。

【2017年度脱贫摘帽验收考核动员部署大会】 10月30日，全市2017年度脱贫摘帽验收考核动员部署大会召开。区党委常委、市委书记白玛旺堆出席并讲话。白玛旺堆指出，当前，全市的脱贫攻坚到了最后总攻冲刺阶段，全市各级各部门和全体党员干部要进一步强化责任担当，坚决打赢如期实现脱贫摘帽这场硬仗。脱贫攻坚验收工作即要通过自治区和国家的验收考核，又要获得群众的认可，要确保“及格线”、“三率一度”、柔性指标达标。市委领导达娃、果果、胡洪、庄红翔、王念东、占堆、暴剑、阿努次仁出席。

【江苏省“3350”改革工作专家团与拉萨市相关部门座谈交流】 11月10日，江苏省政府副秘书长、省政务服务管理办公室主任方伟率江苏省“3350”改革工作专家团与拉萨市相关部门座谈交流，听取拉萨市市民服务中心建设和全市“放管服”改革工作推进情况。13日，召开拉萨市“3550”改革专题培训会，江苏省编办4位专家分别围绕“推进权力清单标准化，为实现‘3550’改革目标打下坚实基础和开展相对集中行政许可权改革试点实现‘3350’改革目标”，详细讲解江苏省在实现“3350”改革目标开展的“集中推进高效审批、清单标准化管理和创业创新环境评价”工作时的成功经验和先进做法。

【拉萨市委九届三次全会】 11月15日至16日，拉萨市委九届三次全会在市政府会议中心举行。市委常委会主持会议。区党委常委、市委书记白玛旺堆代表市委常委会作工作报告，市委副书记、市长果果就《中共拉萨市委员会关于高举习近平新时代中国特色社会主义思想伟大旗帜率先全面建成小康社会奋力开启全面建设社会主义现代化拉萨新征程的意见（讨论稿）》作说明。市委领导达娃、果果、肖志刚、肖光富、王念东、占堆、暴剑、马军、吴亚松、阿努次仁出席会议，市委委员、候补委员出席会议。

【全市非公经济人士代表座谈会】 11月22日，拉萨市非公经济人士代表座谈会召开，听取市工商联汇报全市非公经济发展情况。区党委常委、市委书记白玛旺堆主持并讲话。白玛旺堆指出，当前拉萨市非公经济已经到了转型发展、提档升级的历史性拐点，全市各级各部门要高度重视，不断增强推动非公经济发展的责任感和紧迫感，通过建立规范有序和公平公正的市场秩序、实施积极的税收优惠政策、解决好融资难、融资贵等难题，同时积极学习和借鉴发达省份的发展实践经验，利用拉萨市资源、产业、区位等优势，进一步创造良好环境，促进非公经济发展。市委常委、统战部部长阿努次仁出席。西藏远征集团有限公司、西藏百益商贸有限责任公司、西藏阜康医药发展有限公司等15家非公企业代表作交流发言。

【2017年下半年和谐模范寺庙暨爱国守法先进僧尼表彰大会】 11月28日，全市2017年下半年和谐模范寺庙暨爱国守法先进僧尼表彰大会召开，对22座和谐模范寺庙、1808名爱国守法先进僧尼、20个先进寺管会、63名优秀宗教执事人员、65名优秀驻寺干部和22名宗教工作优秀干部进行表彰。市委副书记、市人大常委会主任达娃出席并讲话。达娃从坚持正面引导、把思想政治教育作为首要任务；围绕中心，牢牢把握宗教工作的正确方向；坚持法治思维，提高依法管理宗教事务工作水平；坚持素质提升，树立驻寺干部的良好形象；坚持精进修持，争做新时代合格僧尼；坚持齐抓共管，健全和完善工作机制六个方面对下一步工作作出安排部署。市委常委、统战部部长阿努次仁出席。

【拉萨市党政代表团到北京学习考察】 12月6—7日，以自治区党委常委、拉萨市委书记白玛旺堆为团长的拉萨市党政代表团前往北京学习考察。6日，北京市委书记蔡奇，市委副书记、代市长陈吉宁与拉萨市党政代表团座谈，共商对口支援拉萨工作。蔡奇指出，北京继续坚持精准扶贫精准脱贫基本方略，助力拉萨打赢脱贫攻坚战。拉萨市领导肖志刚、庄红翔、王念东、暴剑参加。

【拉萨市创先争优强基础惠民生活动第六批驻村（居）工作总结表彰暨第七批驻村（居）工作动员大会】 12月16日，拉萨市创先争优强基础惠民生活动第六批驻村（居）工作总结表彰暨第七批驻村（居）工作动员大会召开。区党委常委、市委书记白玛旺堆出席并讲话。白玛旺堆指出，全市各级各部门要切实把思想和行动统一到中共十九大的决策部署上来，统一到习近平总书记关于驻村工作的系列重要指示和要求上来，统一到区市党委九届三次全委会精神上来，全面精准和深化干部驻村工作。第六批先进驻村工作队和第七批驻村工作队代表分作交流发言。自治区强基办指导协调组负责人，市委领导达娃、庄红翔、吴亚松、阿努次仁出席会议。

2017年8月17日，中国国际广播电台以“砥砺奋进的五年——微观西藏融合篇”为主题在拉萨市开展参观采访

【拉萨市“先进双联户”创建活动表彰大会】 12月22日，拉萨市“先进双联户”创建活动表彰大会召开。区党委常委、市委书记白玛旺堆出席。市委副书记、市人大常委会主任达娃出席并讲话。达娃指出，开展“双联户”工作，是自治区党委政府着眼于加强和创新社会治理作出的重大决策部署，拉萨作为先行区和首府城市，一定要充分发挥示范引领作用，为全区探索出更好的经验和措施，各级各部门要持续强化责任，确保“先进双联户”各项措施落到实处，为推动拉萨市长足发展和长治久安作出应有的贡献。会上，获奖先进集体和“先进双联户”代表分别作了交流发言。市委领导庄红翔、占堆、彭祎涛、阿努次仁出席。

【全市第二次科技创新大会】 12月22日，全市第二次科技创新大会召开。区党委常委、市委书记白玛旺堆出席并讲话。白玛旺堆指出，当前我国经济已进入新时代，要实现全面建成小康社会，必须更多地依靠科技创新。全市各级各部门和广大科技工作者要站在推进拉萨长足发展和长治久安的高度，紧紧围绕拉萨创建国家创新型城市工作，以柳梧双创示范基地建设为示范引领，系统推进技术创新、产业创新、企业创新，实现创新文化成为社会主流文化、创新企业活力明显提升、产学研用紧密结合，形成符合区域和行业资源优势、具有区域和行业特色的创新布局。自治区科技厅厅长赤列旺杰，自治区科协主席李秀珍应邀到会指导，市委领导达娃、肖志刚、庄红翔、占堆、彭祎涛、马军、阿努次仁出席。

【2017年度县（区）委书记、党（工）委书记抓基层党建工作述职评议会】 12月27日，拉萨市2017年度县（区）委书记、党（工）委书记抓基层党建工作述职评议会召开。区党委常委、市委书记白玛旺堆主持并讲话。白玛旺堆指出，加强基层党建工作，事关全局，全市上下要继续强化责任担当，突出主业主责，严格评议考核，认真督查问题，以更加有力的措施抓好基层组织建设，努力开创基层党建工作新局面。会上，胡洪、肖志刚、庄红翔、吴亚松、阿努力次仁分别代表市企业党工委、市社会组织党工委、市直机关工委、市互联网党工委、市非公党工委作现场述职发言；市老干局和曲水县、当雄县、林周县、墨竹工卡县、达孜县、尼木县、堆龙德庆区分别作现场述职发言；城关区、市教育局作书面述职。白玛旺堆作点评，与会人员进行评议打分，提出意见建议。

【拉萨市精准扶贫以业脱贫推进大会】 12月28日，拉萨市精准扶贫以业脱贫推进大会举行。区党委常委、市委书记白玛旺堆出席并讲话。白玛旺堆指出，发展产业是脱贫攻坚的根本之策，全市各级各部门要围绕产业发展工作中存在的突出问题，坚持目标和问题导向，为在全区率先全面建成小康社会、开启社会主义现代化拉萨建设新征程做出新的更大贡献。会前，与会代表前往城关区、堆龙德庆区、达孜县、林周县、曲水县和拉萨经济技术开发区等地对以业脱贫情况进行观摩。

【全市农村工作调研座谈会】 12月29日，全市农村工作调研座谈会召开，听取2018年全市农村工作汇报和与会人员建议意见。区党委常委、市委书记白玛旺堆主持并讲话。白玛旺堆指出，要始终坚持农牧业、农牧区优先发展，坚持以乡村振兴战略统领农村工作，着力加快发展现代农牧业、着力深化农牧业供给侧结构性改革、着力打好精准脱贫攻坚战、着力深化农村改革开放、着力统筹城乡发展、着力加强农牧业农村基础工作。市委副书记肖志刚出席。

（姚雪梅）

组织工作

【概况】 2017年，全市组织部门全面贯彻落实十八届六中全会、全国全区组织部长会议精神，按照区市第九次党代会、市委九届二次全会和全市组织部长会议的部署要求，以迎接、学习、贯彻中共十九大精神为主线，深入实施“党建统市”战略，聚焦主责主业、积极主动作为，坚定不移全面从严治党，推动全市组织编制老干部工作质量不断提高，为拉萨经济长足发展和社会长治久安提供了坚强组织保证。

【思想政治建设】 年内，坚持

把加强思想政治建设摆在突出位置，结合推进“两学一做”学习教育常态化制度化，市委理论学习中心组围绕习近平总书记系列重要讲话精神，特别是中共十九大精神，开展“读原著、学原文、悟原理”学习研讨活动22次，举办县处级党员干部学习贯彻中共十九大精神专题研讨班4期。地级党员领导干部带头讲党课90余次，深入村（居）、企业、寺庙调研指导工作500余次。强化干部能力素质培训，举办各类培训班1942期，培训各级党员干部5万多人次，选派86名干部到国家部委、对口援藏省市进行挂职锻炼或跟岗培训。

【领导班子建设】　年内，深入开展县处级领导班子和领导干部综合研判工作，全面掌握班子运行情况、岗位空缺情况和有关干部的现实表现，推进后备干部动态管理。着力选优配强各级领导班子，全年调整市管干部12批次229人次。不断优化领导班子配备，完成堆龙德庆区换届、市政府机构改革人事调整等工作。制定出台《拉萨市党政领导干部任职试用期规定（试行）》，强化干部动态管理。

【干部监督管理】　年内，大力推行科级干部选拔任用“跟进式”监督检查，对全市提任的860余名科级干部选任情况进行全面审核，其中2名不符合提任条件的干部被终止选拔程序。制定出台《拉萨市党政工作部门关键岗位干部轮岗交流办法（试行）》，突出对权力集中、资金密集、资源富集的重点部门、关键岗位干部的监管。深入开展领导干部个人有关事项填报工作，抽查核实167名领导干部个人有关事项报告，对未如实报告情况的24名干部作出调离岗位、批评教育、诫勉谈话等处理。深化超职数超规格配备干部专项整治，共消化超配县级干部26名、超配科级干部171名。深入整治“不作为”“慢作为”，大力推进干部能上能下，对3名工作成效差的干部予以改任非领导职务或调离岗位处理，对在全市重大项目工程建设中存在慢作为和损害生态环境行为的111名干部进行问责。有效开展借（抽）调干部清理工作，清理违规借（抽）调干部228人。

【村（居）组织换届】　年内，坚持党委领导、组织部门牵头、民政部门配合，突出政治标准，严格履行程序，严肃换届纪律，圆满完成全市278个村（居）组织换届工作，依法选举产生村（居）“两委”班子成员2317名，村（居）务监督委员会班子成员835名。新一届村（居）“两委”班子成员中中共党员比例达到100%，汉族及其他少数民族占3.69%，初中及以上文化程度占98.7%。换届期间，全市未发生一起上访事件和违反换届纪律的问题，实现了“零违纪”“零上访”“零举报”。

【基层组织建设】　年内，以提升组织力为重点，围绕强化基层党组织政治功能和服务功能，坚持问题导向、聚焦薄弱环节，推动各领域基层党建工作水平全面提升。召开全区城市基层党建工作现场会、全市国有企业党的建设工作会议和全市社会组织党建工作“两个覆盖”推进会，突出抓好城市、国有企业、社会组织等领域党建工作。加大基层投入保障力度，完成269个村级组织活动场所标准化建设，扶持村（居）创办经济实体71个，培育集体经济年收入100万元以上的村（居）57个，全市所有村（居）集体经济发展实现全覆盖。进一步提升村级组织运行经费和村（居）干部待遇，村（居）干部人均报酬4万元以上，农村基层组织运行经费每村10万元以上，城市社区运行和服务群众工作经费达到50万元，达到全区最高水平。

【党员发展与管理】　年内，按照“控制总量、优化结构、提高质量、发挥作用”的要求，制定党员发展指导性计划，严格落实政治审查制度，优化党员队伍结构，全年共培养入党积极分子7120名，发展党员2315名，完成全市近2000个基层党组织和近5万名党员信息采集工作。坚持高标准、严要求教育管理监督党员，严肃共产党员不得信仰宗教纪律，严厉查处党员违纪违法行为，特别是违反政治纪律行为。全年共处置违纪违法党员127名。引导党员发挥先锋模范作用，持续推进各级机关事业单位2.5万余名在职党员到村（居）报到，开展便民利民服务3万余人次。

【党建促脱贫】　年内，市县组织部门坚持把抓党建作为脱贫攻坚的“根”与“魂”，通过优化组织设置架构、强化示范引领带动、完善激励保障机制等举措，抓党建促脱贫攻坚工作取得显著成效。实现对全市8个县（区）58个贫困乡镇232个贫困村脱贫攻坚调研督查工作的全覆盖。扎实开展贫困县（区）党政正职谈心谈话工作，全市8个县（区）和66个乡镇（街道）党政正职持续保持稳定。深化“强党、固基、扶村”工作，选派232名副科级以上乡镇干部担任贫困村党组织第一书记，精选56名优秀乡镇干部担任贫困村党组织书记，1230名乡镇机关干部下沉到村（居）帮助开展工作，培养党员致富带头人351名，一线扶贫工作力量不断壮大。全面推行“321”党员干部结对帮扶模式，全市党员干部结对帮扶建档立卡贫困户11237户44162人。

【强基惠民】 年内，紧紧围绕驻村工作“七项重点任务”，聚焦重点问题，持续精准发力，工作成效显著。全市各驻村工作队帮助村（居）组织建立完善各项规章制度2000余条，化解和妥善处理各类矛盾纠纷近1000件，落实“短平快”项目266个，争取扶贫项目51个，涉及资金1200余万元。完成278个驻村工作队调整轮换，进一步充实了驻村工作力量。

【人才队伍建设】 年内，加大人才培养力度，开展“产业人才培养年”活动，实施91个培养项目，培养培训各类人才2797人次。做好人才引进工作，从区外引进急需紧缺人才38名，专项招录北京高校非西藏生源毕业生185名。探索开展柔性引才用才工作，从北京、江苏聘任157名知名专家组建“区外专家服务团”。加大校地和区域人才合作力度，新建9个区外干部人才培养基地，依托清华大学研究生社会实践拉萨基地，吸引5名清华大学博士生进藏参加社会实践。结合当雄牦牛育肥和林周饲草种植专项工作，对全市农畜牧专业人才进行摸底，合理调配和使用现有人才。

【组团式援藏】 年内，坚持把组团式援藏作为重大政治任务和组织部长工程，协调北京、江苏选派53名医疗人才和129名教师到市县人民医院及8所学校开展援助工作，完成组团式医疗人才和教育人才援藏轮换工作。拉萨市人民医院成功创建为全区首家地市级三级甲等综合医院。探索6+1组团式教育援藏新模式，拉萨市第二中等职业技术学校与江苏省6所国家重点五年制高职校签订相关专业合作共建协议。

【行政审批改革】 年内，在全区率先完成市级权责清单2017年度第一次动态调整，取消、下放及明确不得行使行政许可等事项21项，市级权力事项从3984项减少为3974项。启动市级权责清单2017年度第二次动态调整。参与研究提出《拉萨市深入推进“放管服”改革实施方案》。学习江苏“3550”研究提出具体实施方案，推动“3550”改革措施在拉萨先期落地。编制市级行政审批中介服务事项清单，取消涉审中介服务事项6项、保留58项，并实行清单管理。

【机构编制管理】 年内，完成市、县（区）政府机构改革，做好涉改部门“三定”规定审核印发、人员编制划转及县（区）直属事业单位调整工作。推进纪检监察、道路运输、国土规划等重点领域体制改革。围绕城区公安、八廓古城、城市管理、综合执法、经济发达镇、园区体制等重点领域开展课题研究，完成调研报告16篇，为市委、市政府提供决策参考。推进承担行政职能事业单位改革试点，稳妥推进生产经营事业单位改革，完成市污水处理中心改制涉及的机构撤销、编制收回、人员安置等工作。坚持机构编制绿色配置，重点加强了安全监管、食药监管、教育卫生、社会福利等民生重点领域机构编制力量。加强机构编制监督管理，严格执行实名制系统数据月报制度，严格执行用编审核制度，强化监督检查，提升机构编制规范化、科学化水平。推进事业单位网上登记管理和党政群机关统一社会信用代码赋码，完成市级120余家机关事业单位登记、变更及换证工作。

【离退休干部管理】 年内，召开全市离退休干部党建工作座谈会，健全完善离退休党支部设置，建立114个离退休党支部。全面落实老干部政治待遇和生活待遇，开展“畅谈十八大以来变化、展望十九大胜利召开”和“建言十九大”活动，组织离退休干部参加全市重要工作会议12场次，成功举办“为健康拉萨助力、为美丽家乡喝彩”老干部大型趣味运动会，联合市人民医院对十八军老战士进行定期巡诊，为居住在拉萨的26名十八军老战士和70岁以上地级（正高级）退休干部配送氧气，在“三大节日”期间慰问离退休干部5337人，涉及资金629.16万元。

（张振平）

2017年8月20日—9月10日，中宣部重点项目《精彩中国》纪录片摄制组在拉萨市开展采访拍摄工作

宣传工作

【概况】 2017年，在市委的坚强领导和区党委宣传部的悉心指导下，全市宣传思想文化战线高举习近平新时代中国特色社会主义思想伟大旗帜，以迎接、学习、宣传、贯彻中共十九大精神为主线，深入学习宣传贯彻中共十九大精神及中央第六次西藏工作座谈会精神，深入学习宣传贯彻习近平总书记治边稳藏重要战略思想和“加强民族团结、建设美丽西藏”的重要指示精神，贯彻落实全国、全区宣传部长会议精神，深入学习贯彻落实区市第九次党代会和区市党委九届三次全会精神，牢牢把握“两个巩固”的根本任务，主动作为、勇于担当、履职尽责、真抓实干，宣传思想文化各项工作取得新进展、新成效，为深入推进“六大战略”，打赢脱贫攻坚战，实现拉萨长足发展和长治久安汇聚了强大的精神力量。

2017年8月20日—9月10日，中宣部重点项目《精彩中国》纪录片摄制组在拉萨市开展采访拍摄工作

【理论武装】 制定印发《拉萨市委理论学习中心组2017年度理论学习安排意见》，围绕习近平总书记系列重要讲话精神、中共十九大精神、全国“两会”、深化体制改革以及“两学一做”学习教育等内容，市委理论学习中心组共组织集中学习23次，交流发言人数不少于60人，实现了理论学习经常化、制度化、持续化。以市委讲师团为主导，充分发动老干部、老党员和退休基层干部、驻村驻寺干部、农牧民宣讲员等宣讲骨干，深入机关、学校、农牧区、社区、寺庙、企业，通过示范宣讲、广泛宣讲、入户宣讲等方式，围绕习近平总书记系列重要讲话精神、中共十九大、区市第九次党代会精神和九届三次全委会、“两学一做”学习教育和纪念西藏百万农奴解放58周年等重大主题持续开展宣讲，做到了全覆盖、无缝隙。成立拉萨市委理论学习中心组督导工作领导小组，下设7个督

2017年11月4日，市委书记白玛旺堆在纳金乡塔玛村向群众宣讲

导组，强化对全市各级各部门理论中心组学习的督导工作，加强工作指导力度，推动全市理论武装工作扎实开展。

【主题教育】 *健全机制，明确任务，为教育活动提供组织保障。*根据区党委的安排部署，按照白玛旺堆书记在全市深入开展“四讲四爱”主题教育实践活动动员部署大会上的指示要求，市、县（区）及相关行业单位分别成立领导小组和工作专班，落实经费保障，形成党委领导，书记挂帅，齐抓共管，一级抓一级、层层抓落实的工作机制。中共十九大召开后，按照“主题不变、机构不撤、人员不散、力量不减、劲头不松”的要求，及时将各级各部门的“四讲四爱”活动办转为学习宣传贯彻中共十九大精神的协调联络机构，将全市“四讲四爱”主题教育实践活动整体转入学习宣传贯彻中共十九大精神，及时制定印发以及相应的学习、宣讲、培训、督导、新闻宣传、理论宣传以及网络宣传工作方案，明确了学习宣传贯彻中共十九大精神和“四讲四爱”主题教育实践活动的总体要求、学习重点、学习步骤、学习任务等内容。同时，设立督导组，各县（区）四大班子成员“包乡、包寺”，划定“责任田”，把责任落实到具体人头，采取纵向延伸、横向扩展的方式，督导检查全市各级各领域开展培训、宣讲、氛围营造、台账建立工作情况，做到以责促行、以责问效，确保了活动主题不变、内容不省、步骤不减、要求不降、不走过场。

*强化学习，深刻领会，确保教育活动入脑如心。*研究制定全市各级党委（党组）理论学习中心组中共十九大精神学习安排计划，围绕习近平新时代中国特色社会主义思想分专题、成体系安排学习内容，认真组织各级党委（党组）理论学习中心组成员原原本本、原汁原味学好中共十九大精神。把学习中共十九大精神作为各级党校、行政学院教育培训必修课，作为大中小学思想政治教育和课堂教学重要内容，把中共十九大提出的重大理论成果列入学校教学安排。充分发挥市委党校和大中小学校教育阵地作用，针对广大党员干部举办形式多样的理论培训班和研讨班，针对广大大中小学生开办主题黑板报、作文评比、主题班会和德育课等各类活动，确保习近平新时代中国特色社会主义思想进教材、进课堂、进学生头脑。

2017年11月23日，拉萨市委常委、宣传部部长吴亚松赴堆龙德庆乡宣讲中共十九大精神

2017年10月17日，副市长朱建红带队，会同文化执法支队、文化局、消防支队到各娱乐场所检查消防安全情况

把握主题，突出宣讲，增强教育活动实效性。全市上下准确把握中共十九大关于“新时代”“主要矛盾”“四个伟大”“新征程”“八个明确”“基本方略”“现代化”等重大理论成果以及“四讲四爱”主题教育实践活动“十个方面”的教育目标，创新“宣讲+”模式，即“宣讲+入户服务+窗口咨询+医疗义诊+结对认亲+文艺演出+电影放映+体育活动”等，采取集中、分片、包组、入户宣讲等方式，组织全市讲师团成员示范讲，道德模范和致富带头人巡回讲，驻村队员和联户代表机动讲，学校教师课堂讲，驻寺干部和僧尼现身讲，结合经济社会事业发展取得的成就，讲政策说意义、讲发展说道理、讲变化说热点，以便民服务站、乡镇会议室、基层文化站、村组活动场所、田间地头、牧区草场、校园操场、学生教室、僧尼活动点、“职工之家”、施工现场为宣讲阵地，以开设“每晚一课”“空中讲堂”“微信宣讲”，开展交流讨论、演讲比赛、知识竞赛、问卷测试、作文评选、撰写心得体会、召开主题班会等形式，形成了宣讲工作的强力态势，真正让重大主题教育实践活动更加贴近基层、贴近群众，让中共十九大精神和“四讲四爱”的内容深入人心。

创新方式，丰富载体，推动教育活动纵深延展。在主动开展自治区规定的19项主题实践活动基础上，拉萨市结合实际，推出“科普进寺庙”“最美家庭评选”“生态文明拉萨少年行”等14项自选实践活动内容，进一步丰富了主题教育实践活动内容。全市各县（区）、各相关单位紧紧把握主题实践活动与宣讲教育之间的内在联系，本着贴近实际、贴近生活、贴近群众的工作理念，以各大节庆活动为契机，结合“四类人群”的不同特点，编辑印发“习近平总书记系列重要讲话精神语录摘编（农牧民群众版、寺庙僧尼版、青少年学生版、国企职工版）”76万余册，开展“习近平总书记重要讲话摘录100句学习大比拼”活动，组织广大群众像学习毛主席语录一样学习习近平总书记系列重要讲话精神，推动习近平新时代中国特色社会主义思想在基层群众中广为传播和普及。通过全市上下不

2017年2月23日，拉萨市委宣传部副部长张碧芳在达孜区慰问道德模范

2017年12月28日，拉萨市举办全国道德模范与身边好人现场交流活动

懈努力，“四讲四爱”主题教育实践活动在全市得到深入开展，取得了良好成效。截至2017年底，“四讲四爱”主题教育实践活动已覆盖全市66个乡（镇、街道办）、278个村（居）、96所学校、169座寺庙和30余家国有企业，开展宣讲1.9万余场次，受众约达230万人次。

建章立制，巩固成果，不断把教育活动引向深入。在开展“四讲四爱”主题教育实践活动中，全市各村（居）、学校、寺庙、国有企业坚持“边学边建、边改边促”的工作思路，坚持问题导向，采取研究问题、查找不足、完善思路、征求意见的形式，充分发动群众建言献策集思广益，对村规民约、校纪校规、学生守则、寺庙管理规定及国有企业规章制度进行修订完善，做到规章制度公开，对内规范运行，对外接受监督。通过“四讲四爱”主题教育实践活动，全市共修订完善各类规章制度3607条。

【舆论引导】　紧紧围绕市委市政府中心工作，精心策划，组织协调中央和区市媒体突出宣传了中共十九大和“四讲四爱”主题教育实践活动的重大意义、核心内容、进展情况以及农牧民群众、寺庙僧尼、青少年学生、国企职工在主题教育实践活动中的学习体会、积极评价和受教育情况，重点宣传了拉萨市“两会”召开、重点项目开复工、精准扶贫精准脱贫、生态环境保护、民生改善、“双创”、健康拉萨建设、净土健康产业发展、强基惠民、新旧西藏对比宣传教育等重要会议、重点工作及重大项目等开展情况，营造了良好的舆论氛围。各级媒体全年报道拉萨各项工作的稿件达3000余篇。市属媒体刊登中共十九大和“四讲四爱”主题教育实践活动新闻稿件2600余篇，报道先进典型50余例。市属网站和县（区）微信公众号、移动客户端等平台发布关于中共十九大和“四讲四爱”主题教育实践活动相关内容稿件1945篇，利用“拉萨发布”官方微博、微信，“城关掌上通”等网络平台发布推送相关稿件、文字、信息105篇。集中宣传了在学习贯彻中共十九大精神、开展“四讲四爱”主题教育实践活动以及实施“六大战略”等活动中涌现出的“十九大代表强巴卓玛”“全国见义勇为英雄模范强巴曲扎”“群众脱贫致富领路人晋多”等的典型事迹，在全社会形成了宣传先进、学习先进、争当先进的良好风气。依托拉贡高

2017年1月4日，城关区举办社区网络春晚

2017年3月25日，拉萨市委宣传部志愿服务队在曲水县才纳乡开展义务植树活动

速沿线和市区大型广告牌、车载电视、LED显示屏、宣传栏等社会宣传媒介，大力宣传中共十九大精神、“四讲四爱”主题教育实践活动、西藏和平解放66周年、西藏百万农奴解放58周年、生态环境保护等重大主题，营造良好的社会氛围。

【精神文明创建】 扎实推进深化全国文明城市创建工作。市委、市政府、市文明委领导多次主持召开拉萨市深化全国文明城市创建工作部署会议、全市文明办主任会议、各类专题会议等，专项安排部署工作。特别是召开2016年度深化全国文明城市创建总结表彰暨2017年迎检测评动员部署大会，总结成功经验，安排部署了2017年迎检测评工作，区党委常委、拉萨市委书记、市文明委第一主任白玛旺堆出席并讲话，市委副书记、市长、城关区委书记、市文明委主任果果与县（区）、单位代表签订《2017年度拉萨市深化全国文明城市创建工作目标管理责任书》。各县（区）、市文明委成员单位、市（中）直各单位严格按照要求，制定了该县（区）、该单位工作实施方案，并逐项落实各项工作任务，形成了深化全国文明城市创建工作有安排、有部署、有落实的工作机制。围绕《全国文明城市（地级以上）测评体系》，市委市政府专门成立迎接2017年全国文明城市综合测评指挥部，对各自负责领域进行督促检查，提出整改意见，在迎检测评期间蹲点开展工作，不留死角、不留盲区，形成了齐心协力、共同推进迎检测评工作的良好局面。2017年11月17日，拉萨市继续蝉联“全国文明城市”荣誉称号，成功实现“全国文明城市”三连冠。曲水县严格按照《全国县级文明城市测评体系》，抓好创建全国县级文明城市工作，县城文明程度指数显著提升，2017年继续保留县级文明城市提名。

群众性精神文明建设工作取得新进展。对全市已获得市级及以上文明县城、文明村镇、文明单位等进行复查，评选新一届文明县城、文明村镇、文明单位等。通过实地考察并择优推荐，城关区纳金乡嘎巴村、达孜县唐嘎乡唐嘎村、曲水县南木乡江村3家获评第五届全国文明村镇，拉萨市园林局、拉萨市财政局、拉萨市人民医院、城关区教育体育局、城关区热木齐社区5家获

2017年4月12日，拉萨市启动“四讲四爱”主题教育实践活动

评第五届全国文明单位。持续常态推进道德讲堂“唱歌曲、学模范、诵经典、自我反省、发善心、向德鞠躬、送吉祥”七个环节，在全市各级道德讲堂建设单位深入开展，使崇德向善在全社会形成声势。2017年，全市各级各类道德讲堂开展活动800余场次。持续开展“文明交通”“文明餐桌”“文明旅游”“文明网络”活动，常态更新维护拉萨文明网。拉萨市文明办荣获2017年全国未成年人网络春晚“优秀组织奖”和2017全国社区网络春晚“特别贡献奖”。以学雷锋日和学雷锋月为契机，结合深化全国“志愿之城”试点城市创建工作，在全市范围内广泛集中开展邻里守望、文明交通、环境保护等志愿服务，营造了良好氛围。3月份，拉萨市成功加入第三批全国“志愿之城”试点城市。拉萨市文明办荣获西藏自治区宣传推选“最美志愿者、最佳志愿服务项目、最佳志愿服务组织、最美志愿服务社区”活动“优秀组织奖”。组织在全市各县（区）和33家联名单位扎实开展诚信建设制度化工作，大力推进诚信建设制度化，着力营造讲诚实、守信用的舆论环境、经济环境、社会环境。

未成年人思想道德建设工作取得新成效。以“做一个有道德的人”“网上祭英烈”“童心向党”等主题活动为载体，抓好未成年人思想道德建设工作。分别对全市乡村学校少年宫进行复查，进一步推进拉萨市乡村少年宫项目建设，切实发挥乡村学校少年宫在促进农牧区未成年人全面健康成长方面的积极作用。全市共获得中央福利彩票公益金支持建设乡村学校少年宫项目学校41所。

【公共文化服务】　全力推进国家公共文化服务示范区创建工作，2017年7月通过中期测评。深入实施广播电视直播卫星“户户通”等基层公共文化建设重点工程，完成对全市2016年实施的61134户机顶盒升级置换项目，为八县（区）农牧民群众和寺庙僧尼发放3746个机顶盒和206部电视机。堆龙德庆、曲水、尼木、当雄、达孜、林周、墨竹工卡七县（区）县城数字影院建设工作有序进行。落实资金解决全市五个异地搬迁安置点（国家级拉萨经济技术开发区、柳梧新区、堆龙德庆区桑木村、文创园、恩慧园）2421户、9543名群众收听收看广播电视问题。继续实施“农村电影放映工程”，努力解决农牧民群众看电影难问题。2017年，全市共完成电影放映4008场次，观众20万余人次。

【文艺创作】　召开拉萨市文学艺术界第二次代表大会，选举产生了拉萨市第二届文联主席团和拉萨市第二届文联委员成员。配合中央电视台完成2017“东西南北贺新春”特别节目西部分会场（拉萨）的排练录制工作，展示了拉萨的良好风貌。与北京市文联共同举办“共话京藏情·同筑中国梦——首都艺术家拉萨行”活动，圆满完成第三届民间艺术团文艺调演、2017中国拉萨雪顿节文艺晚会、拉萨市民族团结文艺晚会、2017年藏历火鸡新年电视联欢会和2018年藏历土狗新年电视联欢会等节目的审查、观众组织以及录制播出工作。与中外名人集团合作的“欢乐一家亲”特别节目小年夜晚会，在中央电视台中文国际频道播出，受到广大观众一致好评。联合中国音乐家协会、中外名人文化产业集团

2017年12月28日，尼木县开展深入学习宣传贯彻党的十九大精神喜迎新年“幸福锅庄大家跳”展演活动

2017年5月1日，当雄县当曲卡镇向群众发放党的十九大宣传册

共同开展“欢乐一家亲”原创歌曲征集活动，共收到来自全国各地以及部分海外国家专业和业余词曲作者创作的1389份作品，经中国音乐家协会组织专家通过初评、复评两轮评选，评出了50强优秀作品。同时，邀请关牧村、郁钧剑、平安等歌唱艺术家以及知名歌手在拉萨、广州、南京、西安、哈尔滨、北京6个城市先后举办了城市巡演和宣传推广，并通过专家推选和官方网站全民投票，最终推选出20首优秀作品，在全国引起了良好反响。

【文化产业】 编制《拉萨市文化产业三年行动纲要》，制定出台《拉萨市文化产业发展专项资金管理办法》，进一步规范文化产业工作。加快西藏文化旅游创意园区发展步伐，推动西藏非物质文化遗产博物馆、《金城公主》室内历史舞台剧等14个项目建设。《文成公主》大型藏文化史诗剧2017年演出186场，共计接待游客约45万人次，票房及相关文化旅游配套产业收入突破1.6亿元。拉萨净土文化传媒有限公司联合相关企业有序推进《金城公主》电视连续剧策划拍摄工作，并首次策划引进“中国新歌声”品牌在西藏设立海选赛区，西藏推荐的选手扎西平措取得全国总冠军的优异成绩。组织选派全市6家文化企业赴深圳参加第十三届中国国际文化产业博览交易会，推介了一批代表拉萨市民族特色的文化项目和文化产品。

【文化遗产保护】 完成拉萨市第五批市级非遗代表性项目评选、西藏十佳优秀传承人和非遗专家推荐申报实地调查等工作。编辑整理《公共文化》《非遗专刊》杂志，重新编辑出版《拉萨古籍目录》《拉萨珍贵古籍图录》。

【对外宣传】 调整充实拉萨市委对外宣传工作领导小组，进一步完善《拉萨市人民政府新闻发布制度》和《拉萨市突发事件新闻发布工作制度》，印制并发放新闻发言人学习手册200册。围绕市委市政府的中心工作，及时制定年度新闻发布计划，2017年共召开新闻发布会11场。接待来自奥地利、尼泊尔、蒙古国共3批23人次的境外记者团，接待国际广播电台、中央电视台法语频道、《精彩中国》纪录片摄制组、《生活在世界屋脊》纪录片摄制组共6批38人次的国内采访摄制组，向外媒团展示了拉萨市经济社会发展取得的巨大成就和拉萨市人民群众的幸福生活。优化整合全市外宣采访点，形成精品外宣点78个、外宣户118户，涉及经济、文化、历史、旅游等多个方面，初步形成功能齐全、内容丰富、内涵深刻、特色浓郁的精品外宣路线。加大外宣品制作力度，完成大型纪录片《驻藏大臣》的拍摄及制作工作，配合完成纪录片《吉祥拉萨》的拍摄及制作工作。

【网络阵地建设】 强化调查摸底，做到各网站组织数量清、党员数量清、组织设置清，着力消除党建工作“盲点”，2017年新登记备案网站356家，单独建立网站党组织9个，联合党组织2个，指派党建指导员345人，建立109人的网站党建学习微信群，519家网站逐步建立健全网站日常巡查制度，对重点网站（政府类网站、大型企业网站）进行每日巡查，对存在实际困难的网站党支部和支部内“三老”人员进行了走访慰问。加强全市政务新媒体建设，2017年全市机关企事业单位共开通政务新媒体45个，各县

2017年10月2日，拉萨市文化部门对各文化经营单位开展安全生产检查

（区）共开通政务新媒体106个（统计至乡村一级）；以“四讲四爱”主题教育实践活动为抓手，组织全市各级政务新媒体开设专题专栏，分阶段分步骤开展“迎接十九大”主题宣传，累计发布“四讲四爱”活动图文等信息2000余篇、迎接中共十九大图文等信息1000余篇，累计阅读量近百万次；2017年撰写舆情信息308篇，处理负面网络舆情100余条，上报删除不良贴文80余篇，累计跟帖、评论8481条，转发引导性贴文28792条次，撰写原创性网评文章300余篇，发布辟谣信息40余条。

【文化市场】　深入开展“清查政治性反宣品”、扫黄打非、“清源”、“净网”、“秋风”系列专项行动、迎接中央环保督查、扫黄打非督查、十九大专项保障等文化市场环境整治专项行动、查缴非法地面卫星接收设备等专项行动等。加强对重点网站、重点账号、重点栏目的日常监管和执法监督，着重封堵和查缴政治性反宣品，坚决防范和消除“藏独”反宣渗透，维护文化市场安全。截至年底，2017年共出动执法检查1200人次，车辆330台次，检查文化经营单位1600余家次，罚款14.15万元，停业整顿9家，移交公安机关刑事拘留2人，取缔2家，查缴盗版光碟5400余张，查缴涉藏类反动光碟7张，涉藏类违禁光碟54张，淫秽光碟34张，盗版书刊156册，查缴并销毁带有赌博性质的游艺机50余台。

【落实意识形态工作责任制】　将意识形态目标责任考核纳入拉萨市年终目标绩效考核检查内容，编制印发《拉萨市党委（党组）意识形态工作责任制实施细则》《拉萨市党委（党组）意识形态工作责任制目标管理考核办法（试行）》《拉萨市落实党委（党组）意识形态工作责任制工作方案》，进一步明确各级党委（党组）领导班子和领导干部意识形态工作责任，推动形成责任明确、科学规范、奖惩分明、客观公正的意识形态工作目标管理考核机制。

（张振华）

统战工作

【概况】　2017年，市委统战部认真贯彻落实中共十九大精神，贯彻落实习近平总书记系列重要讲话精神和治国理政新理念新思想新战略，贯彻落实中央统战工作会议、中央民族工作会议、中央第六次西藏工作座谈会、全国宗教工作会议精神，贯彻落实《中国共产党统一战线工作条例（试行）》，贯彻落实区市第九次党代会和区市宗教工作会议、区市统战民族宗教工作会议精神，以“四个全面”战略布局为统领，以迎接服务和学习宣传中共十九大为主线，以加强党对统一战线的领导为根本，以巩固民族团结进步示范市成果为引领，以维护宗教领域和谐稳定为落脚点，紧扣中心、服务大局，主动作为，发挥优势，凝聚共识、汇聚力量，促进团结、维护稳定，为全市发展稳定大局和建设团结美丽健康幸福新拉萨做出了新贡献。

【全市统战民族宗教工作会议】　3月24日，拉萨市召开全市统战民族宗教工作会议。会议深入贯彻落实全国统战部长、民委主任、宗教局长、区市第九次党代会和全区统战民族宗教工作会议精神，回顾总结2016年全市统战民族宗教工作，安排部署2017年统战民族宗教工作重点任务。市委副书记、市人大常委会主任达娃出席会议并讲话，市委常委、统战部长阿努次仁，市政协副主席、市民宗局党组书记拉巴顿珠出席会议并作报告，市政府副市长贡扎曲旺主持会议。市统一战线工作领导小组成员单位、市宗教工作领导小组成员单位，市属寺庙管委会主要负责人，各县（区）分管副书记、副县长、统战部长、民宗局长、宗教办主任及副县级以上寺庙管委会主要负责人等170余人参加会议。

【拉萨市和谐模范寺庙暨爱国守法先进僧尼表彰大会】 6月28日、11月28日，拉萨市分别召开2017年上半年、下半年和谐模范寺庙暨爱国守法先进僧尼表彰大会，共评选表彰了拉萨市级和谐模范寺庙42座、爱国守法先进僧尼3352名、先进寺管会37个、优秀驻寺干部127名、优秀宗教执事人员63名、优秀宗教干部22名，发放表彰金额734.9万元。

【拉萨市民族团结进步表彰暨创建全国民族团结进步示范市总结表彰大会】 9月27日，拉萨市民族团结进步表彰暨创建全国民族团结进步示范市总结表彰大会召开，评选表彰民族团结进步模范集体66个、民族团结进步模范个人70个、民族团结进步模范家庭10个，评选表彰创建民族团结进步示范市活动先进集体20个、先进个人40个，共兑现奖金146万，并确定了全市民族团结示范单位50家。

【拉萨市统战民宗领域学习宣传中共十九大精神会议】 11月6日，全市统战民宗系统学习宣传中共十九大精神会议召开。会议对全市宗教领域学习宣传贯彻中共十九大精神进行了全面部署，并邀请自治区党委党校副教授万金鹏作专题辅导报告。

【拉萨市统一战线各族各界代表人士学习中共十九大精神会议】 11月10日，拉萨市统一战线各族各界代表人士学习宣传中共十九大精神会议召开。会议向全市60余名党外代表人士、非公经济人士、归国藏胞、民族界人士、宗教界人士通报中共十九大会议及区党委九届三次全会情况。

【宗教领域维稳】 年内，坚持把维护全市宗教领域和谐稳定特别是中共十九大前后宗教领域和谐稳定作为2017年统战民族宗教工作的重中之重，主动作为、提前谋划部署全市宗教领域维稳工作，进一步明确要求、强化目标、细化措施，要求全市25位活佛返回到寺庙协助管委会管理教育僧尼。安排60名工作人员组成22个督查组，对全市290座寺庙、拉康、日追以及大小清真寺、12处伊斯兰教临时礼拜点和基督教临时聚会点的维稳工作情况开展督查，共开展1560余次督导检查，其中督导哲蚌寺、色拉寺、甘丹寺等寺庙20次以上。

【“四讲四爱”主题教育实践活动】 年内，结合寺庙僧尼爱国主义教育、法制宣传教育、民族团结进步教育、寺规戒律教育、新旧西藏对比教育等，在全市寺庙深入开展了“四讲四爱”主题教育实践活动，开展各类宣讲1534场次，举办“四讲四爱”藏汉语文书法比赛、“四讲四爱”藏文测评考试、“党的恩情怎么报”主题演讲比赛、“新闻联播”僧舍看、“美化寺庙环境”等各类活动500余场次。

2017年9月10日，拉萨市召开2017年深化全国文明城市创建工作表彰大会

2017年2月15日，拉萨市召开全市宗教工作会议

【宗教活动管理】 2017年，参加各类宗教活动信教群众人次同比减少20%。积极稳慎开展西藏佛学院四所寺庙分院的整顿规范工作，清理和劝退不符合条件特别是未成年学经人员110名，稳步推进学经回流人员教育转化工作，依法取缔6个伊斯兰教和基督教的违规宗教活动点。

【驻寺干部队伍建设】 年内，开展了驻寺干部身体状况、履职情况、存在问题的专题调研，建立完善了驻寺干部科级后备人才库；举办驻寺干部专题培训班、选派驻寺干部参加自治区党校、社会主义学院及区外等培训达41次，实现全市驻寺干部轮训全覆盖，并结合“两学一做”学习教育，加强了驻寺干部队伍作风建设和履职监督，严格审批县处级及以上驻寺领导干部外出102次，指导县（区）开展驻寺干部调整交流补充工作，优化了驻寺干部队伍结构。

【落实利寺惠僧政策】 年内，继续把寺庙公共服务纳入社会管理范畴、纳入经济社会发展规划，全面落实在编僧尼医疗保险、养老保险、低保、人身意外伤害保险、僧职补贴、僧尼免费健康体检等，寺庙文物保护力度进一步加大，寺庙基础设施和僧尼修行环境进一步改善。把寺庙包虫病综合防治工作作为利寺惠僧政策来部署、来推进，先后制定完善了寺庙包虫病宣传教育及综合防治工作方案，大力开展了宣传教育、协助抓捕、筛查治疗等工作。

【民族团结进步创建】 年内，在持续深化民族团结“七进”和“共产党员民族团结先锋活动”“共青团员民族团结闪光行动”“少先队员民族团结牵手行动”等创建活动的基础上，不断拓展创建形式、创建载体，及时总结好经验、好做法，为自治区创建活动提供了可以在全区复制推广的好经验好做法。

【非公经济统战】 年内，深入贯彻落实全区第二次非公经济发展大会精神，筹备召开了全市第二次、第三次非公经济发展大会，研究制定了《拉萨市第三次非公有制经济发展大会工作任务分工方案》。完善和落实非公经济人士评价体系，有序完成了205名非公经济代表人士的评价工作，召开拉萨市工商联第四次代表大会，完成县（区）工商联换届工作。发挥非公企业在精准扶贫、精准脱贫工作中的积极作用，引导全市45家非公企业积极投入6773万元，通过产业帮扶、就业帮扶、技能帮扶、公益帮扶等途径惠及贫困人口3000余人。

【党外人士队伍建设】 年内，深入开展全市党外知识分子和新的社会阶层人士调研工作，建立完善5104名全市党外知识分子数据库和932名党外干部数据库，进一步加强全市转世活佛的教育培训和管理服务，扎实做好十一届自治区政协委员推荐提名工作。

【藏胞接待】 年内，紧紧围绕拉萨市维稳工作大局，认真贯彻“爱国不分先后”思想，在扎实推进宣传教育、审批管理、走访慰问等工作基础上，深入开展了藏胞工作调研，进一步凝聚了藏胞的共识，增强了藏胞工作水平。2017年以来，共完成562人申请回国探亲藏胞的调查审批工作，解决39.5万藏胞专项工作经费，解决33900元藏胞走访慰问资金；先后接待3批境外藏胞宗教界重要人。

【理论调研】 年内，共起草报

送信息300余份、专报50余份；围绕驻寺干部队伍建设、党外知识分子队伍建设、藏胞工作等开展集中调研，进一步掌握了实情，深化了认识，促进了工作，并撰写《关于防止拉萨市“宗教热”的几点思考》《拉萨市党外知识分子统战工作调研报告》《关于非公身份驻寺人员转录后续存在问题分析及对策建议》《拉萨市藏胞工作调研报告》等调研报告10余篇。

【党风廉政建设】 年内，按照市委党风廉政建设工作要求，严格落实全面从严治党责任，建立并完善了《党风廉政建设责任制考核制度》等10余项规章制度，部务会多次听取机关党风廉政建设工作开展情况，分析机关党风廉政建设方面存在的问题、安排部署部机关党风廉政建设工作，形成了良好的工作氛围。按照“两学一做”学习教育常态化制度化要求，共组织50余次集体学习，部班子成员带头以普通党员身份积极参加部机关支部活动，共开展5次讲党课活动，继续深化了藏汉双语学习和统战民族宗教业务知识学习。同时，先后2次组织干部自筹资金46800元，走访慰问驻村结对户，开展了各类为民办实事活动。

【老干部工作】 年内，召开退休党支部换届选举大会，选举出了新一届退休党支部书记、副书记及委员，组织老干部开展了“畅谈十八大以来的变化、展望十九大”，参观警示教育基地和座谈交流等丰富多彩的支部活动和各类文化体育活动；实行“五连卡”制度，形成部机关在职干部与退休干部一对一联系、帮扶工作机制。

（土旦格桑）

党校教育

【概况】 2017年拉萨市委党校扎实开展各项工作，完成年初制定的目标任务，单位获得“拉萨市创建全国民族团结进步示范市活动先进集体”“拉萨市创新争优强基础惠民生活动优秀组织单位”荣誉称号，驻加措社区工作队获得“优秀驻村工作队”荣誉称号，7人获得拉萨市民族团结、组工工作、综治工作、信息工作等的先进个人。

【党建工作】 年内，中共拉萨市委党校认真贯彻落实中央关于“党要管党，全面从严治党”的重大决策和区市党委的部署要求，坚持围绕中心、服务大局，突出党校特色，把机关党建工作作为“一把手”工程抓严抓实。制定《市委党校关于贯彻党的十八届六中全会精神努力推动党校各项工作的实施方案》《市委党校理论学习中心组2017年学习计划》《市委党校干部职工2017年学习安排意见》，专题组织学习《中共党委（党组）理论学习中心组学习规则》《中国共产党工作机关条例（试行）》等文件以及中共十九大会议精神，年度召开党小组学习会36场次，支部委员会会议4次，支部党员大会4次，安排校党委书记、党支部书记讲党课2次。

【廉洁建设】 年内，安排专题部署会议8次，签订责任书20份、企业助廉守法承诺书10份，班子成员和各科室负责人相互听取汇报52人次，向纪委作专项报告8次。全年从从严治党、落实党风廉政建设和反腐败工作方面集中学习传达37次，召开严肃党纪、政纪会2次，理论中心组集中学习会12次，职工集中学习、“党员论坛”开设34次、配合市纪委举办“第十二期新任副县级干部党风廉政建设专题研讨班”，培训县级干部58人。

【人才引进和激励保障】 年内，为解决人才紧缺的困境，结合空编实际，2017年度向市委组织部申报人才引进需求计划3次，申报引进相关人才16人，调入引进1人。拟制了《市委党校2017年公开遴选工作人员的方案》，计划公开选调8名工作人员，实际选调录用7人。同时发挥援藏优势，经市委党校援藏干部与北京市物资学院沟通协调，实现了教学资源资源共享，提升了远程服务工作水平。市委党校始终把关心关爱人才工作放在突出位置，及时解决各类人才工作、生活条件，使他们能够安心工作。严格落实高层次人才相关职级待遇政策，按要求兑现薪资福利等各项待遇。

【干部教育培训】 年内，根据《拉萨市委党校2017年度干部教育培训工作计划》和《拉萨市委党校2017年度工作要点》的要

2017年5月3日，自治区党校领导一行在市委党校召开经验交流座谈会

求，市委党校（市行政学院）举办了“拉萨市第十二期新任副县级干部党风廉政建设专题研讨班”等35期培训班，培训各级各类干部4972人。根据拉萨市当前发展形势和培训对象的实际情况设置并开设了《坚持全面从严治党全面提高党建工作科学化水平》等42个新专题。组织骨干教师深入企事业、机关、学校及各县（区）乡镇村组，共开展678场次宣讲辅导，受教育群众达28790人次。积极落实领导干部上讲台制度，共聘请15名领导干部及区内专家教授到党校授课。

【科研工作】　年内，采取以课题为平台，以训练队伍提高资政能力为目的，以传帮带为主要形式，以对口援助单位为依托，实行集体协助和攻关，发挥团队功能优势，深入开展课题研究，推动了科研水平的整体提高，也带动了教师科研能力的提升。全年市委党校共完成省部级课题1项，地市级课题1项，校级课题1项，申报拉萨市首届哲学社会科学资金项目13项，其中《拉萨市构建意识形态领域反分裂斗争长效机制研究》项目，填补了拉萨市乃至自治区在意识形态领域反分裂斗争的研究空白；全校干部职工在省部级期刊发表文章近20篇，表彰优秀科研人员3人次。根据市委办公厅安排，撰写上报各类研究报告33篇，为上级部门决策提供学术参考。由市委党校牵头，组建了由中组部研究室、中央党校、北京党建工作研究所、北京物资学院、区党委组织部、区党委党校、西藏大学、自治区社科院等区内外精干力量参与的研究团队，联合攻关拉萨“党建统市”战略。着力打造校刊《拉萨社会科学》，提升刊物影响力，为党校教师和学员搭建资政平台，拓宽资政渠道，已编辑出版本年度三期校刊。

【学历教育】　年内，市委党校依托首都经贸大学雄厚师资力量和丰富办学经验的办学平台，继续加强沟通协作，完成了首都经济贸易大学专升本三届89名学员的授课考试工作，2014级25名学员的毕业工作，2017年29名新生录取工作。另外，经自治区委党校同意，在党校设立了在职研究生辅导点，并将2017级法学理论专业在职研究生班作为辅导点试点工程。

【“两学一做”专题教育】　年内，开展“两学一做”学习教育，制定了《“两学一做”学习教育常态化制度化实施方案》等，进一步提高了学习教育的针对性和覆盖面。按要求安排党员领导干部和教师参加市委“每月一课”和“两学一做”集中学习研讨活动以及在线学习活动。全年累计召开“两学一做”学习教育集中学习、“党员论坛”集中学习累计38次，安排党员干部参加市委统一组织的学习活动150余人次，安排骨干教师为全体党员举办党建专题讲座4次，党员领导干部在线学习达到规定学时。

【强基惠民、精准扶贫】　年内，市委党校驻加措社区、驻色甫村工作队制定维稳工作方案、应急预案6份；召开维稳宣讲大会6场次；召开村情民意群众会议10场次，走访所驻村（居）525户；积极化解和妥善处理各类社会矛盾6件。色甫村工作队慰问五保户、贫困户和困难群众16人次、“三老”人员8人次、敬老院老人9人次，共计发放慰问金9000元；争取3万元进行了学校和困难人员献爱心、救助活动；落实为民办实事91690元。市委党校专门成立了扶贫工作领导小组，将扶贫工作纳入年度工作要点同步推进；认真协助指导驻村（居）工作点开展精准扶贫工作。协助完成了城关区加措社区及曲水色甫村的贫困人口调查、核实、上报工作和贫困户的建档立卡工作；召开专题会议研究部署了脱贫帮扶措施；开展座谈，全力宣传。市委党校两个驻村工作队积极发挥自身优势，带领所在村（居）共同学习领会区、市、县精准扶贫工作会议精神；入户走访，精准调研。开展书记下村（居）调研和驻村工作队走村串户调研活动，详细了解，力求全面、真实地反映贫困户基本情况，完成调研报告1篇。结对帮扶，促脱贫。先后2次在加措社区及色甫村积极开展扶贫宣传工作，全校教职工与贫困户结成对子，按照县处级干部每人帮扶2—3户、每户300元，科级干部每人帮扶2户、每户200元，讲师以上每人帮扶1户、每户200元的标准进行结对帮扶，共计帮扶77户，资金达万余元。

【基础建设】　年内，为贯彻落实市委主要领导对党校工作作出的“要进一步改善和提升党校服务能力水平”重要指示精神，在市委、市政府的坚强领导下，市委党校启动“市委党校基础设施提升改造项目”的前期可研编制和初步设计等工作，该项目总投资控制在1500万元以内，项目资金争取列入本级财政预算。根据年初的项目预算指标，组织实施完成了22.5万元的校园路灯改造亮化工程；20万元的图书资料购置；30.6万元的门卫值班室改造工程；二期项目财政评审、资金拨付及设施维修；15.5万元的党校二期室外安防监控设备购置；8.13万元的消防设施设备配备建设；87.5万元的足球场顶棚、灯光及草坪维护建设；50万元的校园文化建设招投标工作；学校供暖设施设备改造工程已经市委、市政府批准全面启动；校园硬件基础设施建设在积极稳步推进中。进一步充实后勤服务队伍力量，通过人才市场招聘、登报公开选录等方式成功招录了数名后勤服务人员，后勤服务队伍人数现已达42人，完成了体育服务综合楼对外开放工作，有效提升了党校干部教育培训硬件服务能力和水平。

（何　满）

机关党建

【概况】　2017年，市直机关工委在市委的坚强领导下，坚持“围绕中心、服务大局，建设队伍、固本强基”的思路，以迎接、服务中共十九大，学习贯彻习近平新时代中国特色社会主义思想和中共十九大精神为主线，积极进取、开拓创新、扎实工作，有力推动机关党建各项任务落实。截至年底，工委系统共有63家单位，其中1个党工委，52个党组，11个机关党委，20个党总支，229个党支部，4465名党员。团工委1个，团支部5个，团员36名。

【加强理论武装】　学懂弄通中共十九大精神。坚持把学习贯彻中共十九大精神作为首要政治任务，采取集中学习、个人自学与研讨交流相结合的方式，年内，市直机关各级党组织开展十九大精神集中学习780场次，举办专题解读讲座68场次，发放学习十九大精神辅导读物5000多册。扎实推进“两学一做”学习教育常态化制度化。一方面充分利用“共产党员”公众号、西藏先锋教育公众号、拉萨机关党建微信群等网络平台，开展“线上”学习；另一方面，以庆祝中国共产党成立96周年为契机，积极开展2017年全民阅读·机关党员阅读之星评选活动和“佩党徽、亮身份、树形象·喜迎党的十九大”活动，开展“线下”学习，进一步增强了基层党组织的凝聚力和战斗力。年内，工委理论学习中心组召开集中学习会议15场次，示范带动市直各单位党支部集中学习8600多场次，县级以上领导干部讲党课348场次。

【狠抓机关党建责任落实】　年初，机关工委在广泛征求意见建议的基础上，研究制定了《2017年拉萨市直机关党建工作要点》，明确了2017年党建工作重点任务，对重点工作进行了逐条逐项的分解，与市直机关签订《2017年拉萨市直机关党建工作责任书》；召开市直机关党委（党组）书记抓机关党建工作述职评议会议，对市直机关党委（党组）书记就2016年度基层党建工作进行了述职评议考核；召开机关党建工作会议，对2016年工作进行总结，对2017年工作进行安排部署。年中，开展机关党建年中检查，对机关党建重点工作和工作要点落实情况进行了全面检查和督促。同时，开展软弱涣散党组织整顿工作，从全市目标绩效考核中党建得分靠后的10家单位中，结合各单位自评情况评定出4个后进党支部，并认真抓好整顿。年底，工委组成考核组对市直各单位党建工作情况进行一次全面考核验收。

【机关基层党组织建设】 年内，市直机关工委加强业务指导，规范科学设置机关基层党组织。凡是党员人数达到100人及以上的党支部或党总支调整设置为机关党委，凡是党员人数达到50人的党支部调整设置为党总支。同时，指导机关基层党组织做好机构调整后名称变更、隶属关系调整、划转或撤销等工作，进一步理顺党组织关系。新成立机关党委2个，党总支3个，党支部6个；撤销党总支1个，党支部3个，确保机关基层党组织全覆盖。建立提醒机制，按期开展换届选举工作。年内，印发了《关于建立健全基层党组织按期换届提醒督促机制的通知》，编印换届资料样本，督促指导45家单位78个基层党组织开展基层党组织换届选举和补选工作，确保党建工作不断档、不脱节。

【机关党组织领导班子建设】 加强领导，配备机关专（兼）职党务干部队伍。建立一支“政治坚定、结构合理、精干高效、充满活力”的机关专兼职党务干部队伍。做到机关“第一级”基层党组织由单位领导班子成员兼任，机关党委至少有1名专兼职党务工作者。整合资源，开展多层次的教育培训。全年举办各类培训班2次，共培训党支部书记和党务工作者430人次。强化指导，完善党建工作联系点。建立了党建工作联系点制度，4名县级干部分别联系工委系统63家单位，并于8月中旬至9月上旬，工委成立2个调研检查组，深入机关各基层党组织，加大调研检查和指导力度，积极推进机关党建规范化建设。

【机关党员队伍建设】 严格培养，认真做好党员发展工作。年内，编印《拉萨市机关发展党员实用手册》，科学编制2017年度党员发展计划，举办入党培训班，共发展党员37名，培养入党积极分子130名。集中走访，认真做好老党员和困难党员慰问工作。在三大节日期间，工委抽调专人组成节前慰问工作组对29名老党员、困难党员进行节前走访慰问，送去4.7万元的慰问金。严格标准，做好党费收缴管理工作。及时核定党费标准，设立每月10日为机关党员党费缴纳日，督促机关党员主动按时全额缴纳党费，并及时做好市直单位党费收缴、下拨和公示工作。加强管理，按时做好党内统计年报工作。6月，工委集中一个月的时间，做好机关党内统计半年报工作。在半年报的基础上，于8月集中开展了党籍清查工作，认真完成全国基层党组织和党员系统录入工作，于12月完成党内统计年报工作。

【党建载体建设】 探索拓展“互联网+党建”新型阵地。工委积极与中国建设银行拉萨支行合作，开通“党费云”手机缴纳党费平台，稳步开展手机缴纳党费试点工作。同时，探索推进线上线下虚实融合的学习教育方式，积极推进党员日常管理信息化。开展喜迎中共十九大系列活动。工委创新活动载体，把开展各类党建活动作为努力提高党员干部参与活动的自觉性、充分发挥党员先锋作用的有效载体来抓。年内，举办市直机关“庆‘七一’喜迎党的十九大”书画摄影作品大赛，组织开展“讴歌十八大·喜迎十九大”有奖征文活动，开展“学党章党规学系列讲话做合格党员·喜迎党的十九大”知识竞赛活动。积极组织开展各类政务活动。根据市委、市政府工作安排，共组织市直机关党员干部职工6000多人次先后参与各类大型活动共21场次。

【党员活动场所建设】 按照“九有”标准，建好活动场所。按照有标识、有党旗、有领导画像、有电教设备（电视、电脑）、有书报学习材料、有宣传栏、有上墙制度、有办公桌椅、有党建专柜（含规范化党建台账）的“九有”目标，加强机关党员活动场所建设。落实组织生活制度，用好活动场所。机关各级基层党组织充分发挥活动场所作用，在活动场所内，开展“三会一课”、主题党日活动等各类组织生活。建立管理制度，管好活动场所。按照“经常性使用、规范化管理”原则，制定《党员活动室管理制度》，设立管理员，做到专人负责、专人管理。

【机关群团建设】 指导市直机关单位青年组织健康发展，组建青年工作委员会，打破行政单位的格局，建立联合团支部，以此有效扩大、延伸团组织的覆盖面和工作手臂，努力构建起广泛联系青年、有效吸引青年、真正凝聚青年的基层团组织网络。同时，认真做好推荐优秀团员入党工作。召开市直机关“五四”表彰会议，对5个先进基层团组织、6名优秀共青团干部、9名优秀共青团员、57名优秀青年进行了表彰，并进行了经验交流。

【文明城市创建】 扎实开展文明城市创建活动。将精神文明创建工作贯穿机关党建、党风廉政建设、党员教育工作全过程，认真研究制订了2017年工作计划，健全完善了各项规章制度，充实了机关精神文明创建工作队伍和党员志愿服务队，并开展了内涵丰富、形式多样的精神文明活动。认真开展各类公益活动。4月，开展植绿护绿活动，600余名机关党员干部参加，共植树1000余棵；8月，组织市直机关50名党员志愿者在拉萨市百货大楼献血点，开展“无偿献血公益活动”。大力开展“三关爱”活动。年内，共慰问空巢老人10户，送去慰问金5000元；入户走访慰问23户基层困难职工和单亲母亲，共发放慰问金11500元；看望慰问10户社区留守小朋友，为他们送去价值3000元的书包、图书、画笔等礼物。

【定点扶贫】 坚持党建引领，夯实基层组织基础。驻村工作队按照“驻村七项重点任务”的要求，抓好基层党建工作，年内，共培养了27名入党积极分子。宣传扶贫政策，切实增强主动脱贫意识。驻村工作队结合结对认亲、“四讲四爱”主题宣讲教育活动、维稳巡逻进行入户宣讲，年内，共集中宣讲11次，听讲群众1600多人次，发放资料2000多份；入户宣讲、调研325户次，入户率100%，进一步增强贫困户主动脱贫意识。分析致贫原因，做好扶贫动态管理。进一步完善建档工作，建立了工作队精准扶贫工作专项档案，认真完善扶贫工作相关台账资料，制定详细扶贫工作计划，对贫困户致贫原因进行了分析，针对每户建档户的不同情况，提出了具体帮扶措施，实现了68户贫困人口建档材料的动态管理。情系贫困家庭，走访慰问办实事。年内，共集中走访慰问贫困户、五保户、“三老”人员三次，慰问金和慰问物资4.5万余元。开展综合整治环境卫生、维修清理水渠、举办技能培训班等为民办实事9件，合计资金17.5万余元。多次走村入户，抓好结对帮扶。年内，先后4次深入驻村点甲日村，帮助群众理清脱贫思路，制订脱贫计划，结合实际开展结对帮扶活动，共投入物资约15000元，项目折合资金10000元，现金44000元。另外，工委出资1万元，帮助甲日村村民小组建设党员活动室。

【自身建设】 以办公地点搬迁为契机，进一步规范工委内部工作。3月，工委全面启动办公地点整体搬迁工作，从原江苏东路40号整体搬迁至市委大院内，并于4月全部完成。入住新办公楼后，及时建立廉政文化走廊，按照“九有”目标，加强工委党员活动场所建设。认真开展理想信念、宗旨意识、党纪条规、党建业务的教育学习，计划性规范性地开展各项工作。以市委巡察为契机，进一步加强工委各项规章制度的贯彻落实。4—6月，市委巡察七组对工委进行了巡察，7月，召开了巡察市直机关工委情况反馈会会议，对巡察情况进行了反馈。针对市委巡察组发现的薄弱环节和突出问题，工委始终把政治规矩和纪律挺在前面，把推进党风廉政建设党组主体责任和纪检监督责任贯穿整改工作的整个过程，坚持警诫警醒，把整改当契机，进行一对一、点对点的整改，修订完善机关党建、党风廉政、日常管理等共计37项规章制度，进一步扎紧了制度“篱笆”，建立了用制度管人、按制度办事的长效机制。

（曾小周）

拉萨市人民代表大会

综述

2017年，拉萨市人大常委会全面贯彻落实中共十八大、十九大精神，按照区市第九次党代会、九届二次、三次全会和区党委人大工作会议部署，紧紧围绕全市经济社会发展重大问题，认真履行宪法和法律赋予的各项职权，加强立法工作，提升监督实效，改进代表工作，在扎实推进“两学一做”学习教育常态化制度化的同时，抓好自身建设，为建设团结美丽健康幸福新拉萨做出了积极贡献。年内，常委会编制完成新一届人大常委会五年立法规划，审议修订地方性法规2件，组织开展执法检查3次，专项工作视察、调研11次，完成调研报告和执法检查报告9个，听取工作报告5个、专项报告2个，备案审查政府规章和规范性文件2件，参与自治区人大组织的各类执法检查、调研18次，依法行使重大事项决定权，作出决议、决定7个，任免地方国家机关工作人员128人次。

（罗　梅）

重要会议与决议、决定

【拉萨市十一届人大常委会第二次会议】　1月4日，拉萨市第十一届人大常委会举行第二次会议。会议表决通过了《拉萨市第十一届人大常委会主任会议关于补选达娃、果果为西藏自治区第十届人民代表大会代表的议案》，同意补选达娃、果果为西藏自治区第十届人民代表大会代表。会议听取了市委组织部关于人事任免事项的说明。会议审议了《拉萨市人民政府关于郑卫国同志任职的议案》，表决通过了《拉萨市人大常委会任命名单》，决定任命郑卫国为拉萨市人民政府副市长，并为被任命人员颁发了任命书，举行了《中华人民共和国宪法》宣誓仪式。

【拉萨市十一届人大常委会第三次会议】　2月16日，拉萨市第十一届人大常委会举行第三次会议。会议听取和审议了市人民政府关于市十届人大六次会议及十一届人大一次会议代表议案建议批评意见办理情况和拉萨市人大常委会工作报告。会议审议通过召开拉萨市第十一届人民代表大会第二次会议的决定和《拉萨市第十一届人民代表大会常务委员会代表资格审查委员会关于个别代表的代表资格的审查报告》。会议听取和审议了市十一届人大二次会议列席人员、主席团和秘书长、主席团常务主席、执行主席分组等十类大会建议名单。会议审议通过市人民政府关于《拉萨市2016年财政预算调整方案的报告》和《拉萨市人大财经委员会关于拉萨市2016年财政预算调整方案的审查报告》。会议同意接受李晋辞去拉萨市第十一届人民代表大会常务委员会委员职务的决定，并报市十一届人民代表大会第二次会议备案。

【拉萨市十一届人民代表大会第二次会议】　2月19日上午，拉萨市第十一届人民代表大会第二次会议举行，出席会议的代表216人。大会期间，听取并审议了市长果果作的《政府工作报告》；书面审查了《拉萨市2016年国民经济和社会发展计划执行情况与2017年国民经济和社会发展计划草案的报告》《拉萨市2016年财政预算执行情况和2017年财政预算草案的报告》《拉萨市人民政府关于市十届人大六次会议及十一届人大一次会议代表议案建议批评和意见办理情况的报告》；听取并审议了市人大常委会主任达娃作的《拉萨市人民代表大会常务委员会工作报告》、拉萨市中级人民法院院长郝涛作的《拉萨市中级人民法院工作报告》，拉萨市人民检察院检察长田建设作的《拉萨市人民检察院工作报告》，并表决通过了上述报告的各项决议。

【拉萨市十一届人大常委会第四次会议】 4月28日，拉萨市第十一届人大常委会举行第四次会议。会议听取审议并通过了市人民政府关于“六五”普法决议执行情况的报告、市人大法制委员会关于《在全市公民中开展第七个五年法治宣传教育的决议（草案）》审查意见的报告、市人大常委会《关于全市法院人民陪审员工作开展情况的调研报告（草案）》、市人大常委会《关于开展〈拉萨市老城区保护条例〉贯彻实施情况的执法检查报告（草案）》。会议听取审议并通过了市人民政府《在全市公民中开展第七个五年法治宣传教育的决议（草案）》。会议听取审议并表决通过了市人大法制委员会关于《拉萨市十一届人大及其常委会五年立法规划（草案）》。会议听取和审议了市中级人民法院有关人事任免说明和人事任免议案，表决通过了市人大常委会人事任免职名单，并为被任命人员颁发了任命书。

【拉萨市十一届人大常委会第五次会议】 6月27日，拉萨市第十一届人大常委会举行第五次会议。会议听取和审议了市人大常委会关于《拉萨市人民代表大会常务委员会讨论决定重大事项的规定（草案）》的说明，并表决通过了《拉萨市人民代表大会常务委员会讨论决定重大事项的规定》。会议听取和审议了市人民政府关于《拉萨市村庄规划条例（草案）》议案和说明及市人大财经委员会关于对《拉萨市村庄规划条例（草案）》的审议意见，并同意通过市人大财经委关于《拉萨市村庄规划条例（草案）》的审议意见。会议听取和审议了市人民政府关于推进科技发展促进“双创”工作情况专项报告及市人大教科文卫委员会关于《拉萨市人民政府推进科技发展促进“双创”工作情况专项报告》的审查报告，并同意通过市人大教科文卫委员会关于《拉萨市人民政府推进科技发展促进“双创”工作情况专项报告》的审查报告；会议听取和审议了市人大常委会关于市检察系统体制改革情况的调研报告及关于《中华人民共和国预算法》执法检查报告，并同意通过以上两个报告，并要求市人大办公厅会后及时将报告印发至有关单位。会议听取和审议了市委组织部和市中级人民法院人事任免事项的说明，表决通过了拉萨市人大常委会任职名单和拉萨市人大常委会任免名单，并为新任命的干部颁发了任命书，举行了《中华人民共和国宪法》宣誓仪式。

2017年2月19日，拉萨市第十一届人民代表大会第二次会议在市政府会议中心隆重召开

【拉萨市十一届人大常委会第六次会议】 8月18日，拉萨市第十一届人大常委会举行第六次会议。会议听取审议并通过了《拉萨市中级人民法院2017年上半年工作总结暨下半年工作安排》和

市人大法制委员会关于《拉萨市中级人民法院2017年上半年工作总结暨下半年工作安排》的审查报告。会议听取审议并通过了《拉萨市人民检察院2017年上半年工作总结暨下半年工作要点的报告》和市人大法制委员会关于《拉萨市人民检察院2017年上半年工作总结暨下半年工作要点的报告》的审查报告。会议听取和审议关于检查《拉萨市地名管理条例》实施情况的报告、关于拉萨市卫生与健康事业发展情况的调研报告和拉萨市重点项目开展情况的调研报告，并同意通过以上三个报告，并要求市人大办公厅会后及时将报告的审议意见印发给市人民政府办公厅进行整改完善，并在两个月内将整改结果上报市人大常委会。会议听取和审议市人民政府提交的人事任免议案，表决通过了拉萨市人大常委会任免名单，同意免去和平志的市人民政府秘书长职务，同意任命廖波兼任市人民政府秘书长职务，并为新任命的干部颁发了任命书。

【拉萨市十一届人大常委会第七次会议】 10月30日，拉萨市第十一届人大常委会举行第七次会议。会议审议了《拉萨市制定地方性法规条例（修订草案）》，并要求市人大法制委员会根据分组审议时委员们提出的修改意见建议进一步做好法规二审工作。会议听取和审议了《拉萨市人民政府关于学前教育发展情况专项报告》和市人大教科文卫委员会关于《拉萨市人民政府关于学前教育发展情况专项报告》的审议意见，会议要求市人大办公厅会后将有关审议意见收集整理后印发市人民政府进行认真整改完善。会议听取和审议了《拉萨市人民政府关于2017年上半年国民经济和社会发展计划执行情况与下半年国民经济和社会发展计划安排的报告》和市人大财经委员会关于该报告的审查报告，会议要求市人大办公厅会后将有关审议意见收集整理后印发市人民政府进行认真整改完善。会议听取和审议了《拉萨市2016年财政收支决算和2017年上半年财政预算执行情况的报告》和市人大财经委员会关于该报告的审查结果的报告，并作相应决议。会议听取和审议了《拉萨市人民政府关于2016年本级预算执行和其他财政收支的审计工作报告》和市人大财经委员会关于该报告的审查报告，会议要求市人大办公厅会后将有关审议意见收集整理后印发市人民政府进行认真整改完善。会议听取和审议了拉萨市人大常委会关于拉萨市国有资产经营及国有企业发展情况的调研报告，并同意通过这个报告，要求市人大办公厅会后将有关审议意见收集整理后印发给市政府，请市人民政府按照审议意见认真整改完善，并在两个月内将整改结果上报市人大常委会。会议听取了《关于拉萨市出席西藏自治区第十一届人民代表大会代表选举事宜的报告》，并作相关决定。会议听取和审议了《拉萨市第十一届人大常委会代表资格审查委员会关于个别代表的代表资格的报告》及公告（稿），并同意依照《中华人民共和国全国人民代表大会和地方各级人民代表大会代表法》的有关规定，拉萨市第十一届人民代表大会代表陈军因工作变动已调离本行政区域，其代表资格终止。会议通过公告，拉萨市第十一届人民代表大会实有代表255人。会议听取和审议了市委组织部、市中级人民法院和市人民检察院有关人事任免说明，表决通过了市第十一届人民代表大会常务委员会关于接受杨林辞去市人大常委会副主任职务的请求的决定和市第十一届人民代表大会常务委员会关于接受郝涛辞去市中级人民法院院长的决定，并表决通过了市人大常委会任免职名单，会议为新任命的干部颁发了任命书，并组织新任命干部进行宪法宣誓。

【拉萨市十一届人大常委会第八次会议】 12月29日，拉萨市第十一届人大常委会举行第八次会议。会议听取了市委组织部作的人事任免事项说明，审查了市人民政府提请的任免案1件1人，会议同意提请市十一届人大常委会第八次会议审议。会议听取了市人大法制委员会关于《拉萨市制定地方性法规条例（修订草案二审稿）》修改情况的汇报，并要求市人大法制委员会根据分组审议时委员提出的修改意见建议进一步做好法规修订完善。会议听取和审议了关于拉萨市公共场所控烟工作开展情况的调研报告和《拉萨市本级2017年财政预算调整方案（草案）的报告》和市人大财经委员会关于该报告的审查报告，同意以上三个报告，并要求市人大办公厅会后将有关审议意见收集整理后印发给市政府，请市人民政府按照审议意见认真整改完善，并在两个月内将整改结果上报市人大常委会。会议听取了市十一届人大常委会代表资格审查委员会关于个别代表的代表资格的报告。经拉萨市第十一届人民代表大会常务委员会代表资格审查委员会审查，任卫东、彭飞跃、廖波、扎西江村、谢玉梅的代表资格有效。根据代表法的有关规定，陈文强、郝涛、杨林、蔡岷、杨珺、和平志、高春林的拉萨市十一届人民代表大会代表资格终止。会议听取和审议了拉萨市第十一届人民代表大会第三次会议的再行决定，根据市委的决定，将于2018年1月中下旬召开拉萨市十一届人民代表大会第三次会议。

（罗　梅）

监督工作

【监督制约机制建设】 年内，常委会率先在全区地市制定了《拉萨市人民代表大会常务委员会讨论决定重大事项的规定》（以下简称“规定”），报市委批转执行。规定共22条，规定了12个方面的讨论决定事项和11个方面作出决议决定的条款，明确了重大事项的范围和重点，对讨论决定重大事项的原则、机制和程序等作出具体规定，保障了宪法和法律赋予地方及其人大常委会重要职权的行使，推动了依法治市战略的实施。

【监督经济工作】 年内，常委会依法听取和审议了年度财政计划、预算执行情况报告、财政决算报告、预算变更报告、审计报告等，并积极开展重大项目专题调研，开展了国有资产经营和国有企业发展情况专题调研。针对部分重大项目存在的前期工作被动滞后、投资完成量明显偏低、项目实施过程中环保措施不到位等困难和问题，提出了意见建议。围绕深化全市国有资产体制改革，针对国有资产经营和国有企业发展存在的困难和问题，向市政府提出了切实可行的建议和整改要求，确保建立有效的国有资产管理、监督和运营机制，提高政府宏观调控能力，确保国有资产保值增值。

【监督民生工作】 年内，常委会听取和审议了市政府关于学前教育工作推进情况的专项工作报告，监督和支持政府加快实施幼儿园建设工程，加强学前教育师资队伍建设，不断规范学前教育办园行为。开展了全市医疗保障和基金管理情况的专题调研，并听取和审议了市政府关于卫生健康事业推进情况的报告。开展了全市公共场所控烟情况的专题调研，推动“健康拉萨”战略目标的落实。听取和审议了市政府关于“双创”工作推进情况的专项报告，推动政府提高政策的协调性和针对性，把“双创”与简政放权、放管结合、优化服务有机结合，坚持创新驱动，不断激发市场活力潜力和社会创造力。

【监督法治工作】 年内，常委会听取和审议全市“六五”普法工作完成情况和“七五”普法规划制定情况的报告，作出《关于开展第七个五年法治宣传教育的决议》，推动实施精准普法、突出重点普法，提升普法的针对性和实效性。开展了对《拉萨市地名管理条例》《拉萨市老城区保护条例》实施情况的执法检查，检查了《中华人民共和国水土法》《中华人民共和国预算法》在拉萨市的实施情况，围绕拉萨市流浪犬的收容与管理，开展对《拉萨市养犬规定》实施情况的监督检查；配合自治区人大常委会开展修订《西藏自治区实施〈中华人民共和国妇女权益保障法〉办法》《西藏自治区实施〈中华人民共和国消费者权益保护法〉办法》《西藏自治区环境保护条例》；制定《西藏自治区藏医药条例》《西藏自治区司法鉴定管理条例》等法规的立法调研以及检查了《中华人民共和国邮政法》《中华人民共和国档案法》《中华人民共和国教师法》《西藏自治区实施〈中华人民共和国档案法〉办法》《西藏自治区实施〈中华人民共和国教师法〉办法》《西藏自治区实施〈中华人民共和国水法〉办法》《西藏自治区邮政条例》和《西藏自治区消防条例》等法律法规在拉萨市的实施情况，有力促进相关法律法规的贯彻执行。

【监督司法体制改革工作】 年

内，常委会分别听取和审议市中级人民法院、市人民检察院上半年工作总结和下半年工作安排报告，派员旁听重点案件的开庭审理工作，督促司法机关进一步牢固树立司法公平正义理念、提升司法行政机关的履职能力和服务水平。围绕全市法院贯彻落实《全国人大常委会关于完善人民陪审员制度的决定》，开展人民陪审员制度实施情况专题调研，进一步推动人民陪审员工作制度的落实，推进司法制度完善。围绕全市检察院贯彻落实《最高人民检察院关于完善人民检察院司法责任制的若干意见》，开展深化司法责任制改革情况专题调研，推动检察院不断完善司法责任制，进一步促进严格公正司法，提高司法公信力，让人民群众在每一个司法案件中感受到公平正义。

（罗　梅）

2017年4月25日，拉萨市十一届人大代表首期培训班在市委党校隆重开班

代表工作

【人大代表培训】　4月，市人大常委会举办了首期市十一届人大代表培训班。8月，又举办了第二期培训班，先后共有130名市级人大代表参加培训。通过培训，使新当选的代表对人民代表大会制定的基础理论、人民工作的基本知识及代表的职能、责任、作用有了初步的了解和认识。

【发挥人大代表作用】　年内，为切实保证代表执行职务，常委会组织代表90余人次参加各类执法检查、专题调研和专项检查，先后组织150余名代表考察了教育城建设、环城路建设、精准扶贫项目建设，24名代表列席市人大常委会会议8次，确保代表知政知情权。

【增强代表履职能力】　年内，为进一步增强基层人大代表的职务意识和责任意识，市人大常委会制定出台了《关于加强和改进基层人大代表履职活动保障工作办法（试行）》《关于加强和规范市人大代表履职活动的办法（试行）》，本着属地原则、非专业技术要求和谁邀请谁负责原则，要求各级人大和“一府两院”组织需要人大代表参与的活动，必须以基层人大代表为主体，由市、县级人大和组织单位按政策规定负责参与代表的交通服务、履职补贴，切实增强代表的荣誉感和使命感。

【议案、建议办理】　年内，市十一届人大一次、二次会议通过的代表议案建议批评意见233件。市人大常委会、市政府高度重视，多次召开会议，督促承办单位、有关部门积极与代表沟通联系。截至年底，这些议案和批评、建议、意见答复率、满意率均达到100%，建议落实率达到75.96%。年内，常委会还配合自治区人大对5件重点建议案办理落实情况开展了现场督查，制定常委会领导领衔督办重点建议的机制，针对城市公共交通、交通安全等7件重点建议开展了现场督办、专人督办、跟踪督办，代表与承办单位共同督察、面对面答复，从强调“满意率”向重视“办成率”转变，代表给予了充分肯定。

【“人大代表之家”互观互检互学活动】　年内，常委会对全市各级“人大代表之家”开展了“互观互检互学”交叉检查和验收活动。截至年底，全市创建的72个“人大代表之家”建设规范、覆盖面广，运行有序、资金保障，利用率高、作用发挥好，得到上级人大的充分肯定和基层代表的广泛赞誉。

（罗　梅）

自身建设

2017年6月30日，市人大系统举办"庆'七一'、学党章、喜迎十九大"暨"两学一做"知识竞赛

【思想政治建设】　年内，常委会健全了党组理论中心组学习制度，设立机构、安排专人、覆盖全面，并围绕"两学一做"和人民代表大会理论与实践创新成果，制定了2017年"两学一做"主题教育实践活动方案、学习贯彻中共十九大精神和区市党委九届三次全会精神的实施意见，切实推动政治理论学习常态化制度化。全年常委会党组理论中心组集中学习14次，党组成员参加市委理论中心组集中学习44人次，参加区市党委组织中共十九大专题学习培训22人次，机关党组集中学习14次，各个支部开展集中学习、"三会一课"等活动70余场次。6月，常委会举办了拉萨市人大系统"庆'七一'、学党章、喜迎十九大"暨"两学一做"学习教育知识竞赛。9月，常委会举办了"中华民族一家亲、同心共筑中国梦暨拉萨市人大系统喜迎党的十九大"文艺演出活动。通过活动的开展，营造了良好的政治氛围，凝聚强大的正能量，极大地提升了广大人大干部职工的精神状态。

【制度建设】　年内，常委会制定了《拉萨市人大常委会工作制度》，就立法工作、监督工作、代表工作和会议制度与流程等方面进一步进行了完善和规范。针对人大工作依法、按程序的特点，常委会恢复出刊《拉萨市人大常委会公报》，通过制定常委会年度工作计划和每月工作安排，按月编辑《拉萨市人大工作动态》，健全了全市人大系统信息交流机制，切实推动了常委会工作的规范化建设。年内，共修订完善机关19项规章制度，新制定5项制度，使各项工作有章可循，有据可依，机关作风切实得到转变。

（罗　梅）

拉萨市人民政府

综述

2017年，在以习近平同志为核心的党中央亲切关怀下，在自治区党委、政府和市委坚强领导下，拉萨市深入贯彻落实中共十八大、十九大精神，以习近平新时代中国特色社会主义思想为指导，紧紧围绕区市第九次党代会、区市党委九届三次全会和经济工作会议的决策部署，始终坚持以人民为中心的发展思想，正确处理好“十三对关系”，坚持稳中求进、进中求好、补齐短板工作总基调，以新发展理念积极适应引领发展新常态，以提高发展质量和效益为中心，以供给侧结构性改革为主线，深入实施“六大战略”，奋力推进团结美丽健康幸福新拉萨建设。拉萨市继续保持了经济持续健康发展、社会大局和谐稳定、生态环境保持良好、社会事业全面进步、民族团结巩固深化、宗教领域和睦和谐的良好态势，蝉联和荣获全国文明城市、全国民族团结进步创建活动示范城市、中国最具幸福感十佳城市、中国最具特色旅游城市等多项荣誉称号。

促进投资消费，经济增长动力稳步提升。坚持适度扩大总需求，持续加大项目投资力度，促进消费市场平稳健康。拉林、泽贡高等级公路和环城路路网建成通车，国道109线拉萨至那曲控制性工程、S5线开工建设，拉林铁路有序推进，藏中南3小时经济圈加快形成。建成聂当等110千伏输变电工程3座，纳金水厂、中心医院、柳东大桥等重大城镇基础设施和民生项目投资过半，综合基础设施不断完善。持续深化受援工作，落实援藏投资8.9亿元，安排建设项目131个。积极开展各类节日促销活动，大力发展电商贸易平台，完成木材、二手车等交易市场搬迁，新建、改造农贸市场3个，房地产销售面积超过100万平方米，汽车、餐饮、休闲等消费日趋旺盛，城乡居民消费水平稳步增长。

强化产业支撑，自我发展能力持续壮大。净土健康产业快速发展，积极实施“万户百场十中

2017年2月10日，拉萨市举行全国民族团结进步创建活动示范市授牌仪式。自治区党委副书记、自治区主席齐扎拉（右）向拉萨市授牌，市委副书记、市长果果（左）接牌

2017年5月2日，市委副书记、市长、城关区委书记果果（左四）调研环城路绿化情况

心”工程，完成3000家养殖示范户挂牌，奶牛存栏8.6万头，奶产量达10万吨。城关区高标准奶牛养殖中心被评为国家级标准化奶牛养殖示范区、畜禽养殖标准化示范场、奶牛产业技术体系综合试验站。牦牛短期育肥出栏5600头，藏鸡存栏52万只。开展安格斯肉牛养殖试验。食用菌、雪菊、藜麦、汉藏药材、林木花卉等种植业规模持续扩大。严格落实粮食安全责任制，青稞种植面积30万亩，加工转化量达3.9万吨。粮经饲比例达到65.63∶17.04∶17.33。出台“拉萨净土”品牌使用办法，拓展线上线下营销网络，完成17类170项产品商标注册，“拉萨净土”区域公用品牌知名度不断提高。大力发展文化旅游产业，编制《拉萨市全域旅游发展规划》，新增A级景区2个、星级宾馆2家，雪鹰通用航空投入试运营，成功举办首届藏东南环线区域旅游战略合作活动暨藏中旅游东环线推介会，在市区和旅游景区安放牵引式移动公厕30座。推进西藏非物质文化遗产博物馆、《金城公主》舞台剧等14个文化产业项目建设，制作《驻藏大臣》《吉祥拉萨》纪录片，文化旅游产业对经济发展的带动作用更加凸显。全年接待国内外游客1606万人次，实现旅游总收入227.4亿元，分别增长17.6%和21.9%。天然饮用水产销量达到54.3万吨、实现产值12.1亿元，清洁能源、绿色矿产业稳中有升，预计完成规模以上工业增加值60.6亿元，增长15%。加快信息产业发展，移动通信网络进入4G时代，成功申报“宽带中国”示范城市，“新型智慧城市”建设积极推进，完成立体停车场、公共场所免费Wi-Fi等试点项目前期工作。金融体系不断完善，重点项目融资有序推进，设立拉萨市首家村镇银行，全市各类金融机构达到284家，中小微企业融资难问题得到缓解。年末存款余额2766亿元，增长10.4%，贷款余额2622亿元，增长32.3%，金融业增加值超过20%。

深化改革开放，市场发展活力不断增强。深化“放管服”改革，推进“两集中两到位”，38家单位的151项行政审批事项和17项便民服务事项实行集中办公。建立完善行政审批事项等7项清单，取消、不得行使、下放行政许可事项21项，取消各类证明材料14项。推进商事制度改革，设立工商注册“绿色通道”，启动“多证合一、一照一码”改革，新增市场主体1.65万户。全市各类市场主体达到7.5万户、注册资金达到3872亿元，分别增长50%和134%。上市企业达到12家。推进国企国资改革，开展新一轮整合重组，形成国有企业“11+3”格局，市场竞争力、影响力不断增强。国有企业资产总额达到660亿元，完成营业收入64.8亿元，实现利润总额5.9亿元，上缴税费5亿元，提供就业岗位5万个。支持和鼓励非公经济发展壮大，非公企业达1.77万家，注册资金2779亿元。深化开放合作发展，综合保税区申报建设加快推进，中尼友谊工业园项目成功落地。市属企业对外投资迈出新步伐，对尼泊尔投资超过300万美元。预计全年完成进出口贸易总额44亿元，增长6.8%。加强招商引资工作，在内地5座一线城市设立6个产业交流中心，积极举办、参加区内外经贸洽谈，推进“央企助力富民兴藏”合作项目建设，落实项目50个。全年招商引资实际到位资金300亿元，增长12%。

实施创新驱动，调结构转方

式步伐全面加快。积极推进科技创新与经济发展深度融合，投入科技项目资金5200万元，实施重大科技创新项目35个。设立科技专家工作站7个，院士工作站增至2个，2家众创空间被确定为国家备案众创空间。全市现有高新技术企业27家，科技型中小企业51家，专利授权298项，科技进步贡献率达到45.2%，重点领域科技创新能力不断增强。大力普及科学知识，科普率提升至92%。继续深化“两创”示范工作，出台“双创”支持政策92项，减免税收1.13亿元。在深圳等地建立3家“创业创新实践基地”，帮助103名高校毕业生和185名农牧民群众成功创业。高新区获批国家第二批“双创”示范基地。发展壮大优势资源品牌，全市商标注册数量达到8000件，拥有驰名商标、著名商标、地理证明商标和区域公用商标90件，注册马德里国际商标2件。积极推进全国质量强市示范城市创建工作，完成净土健康六大产业标准体系建设，编制各类标准635项，藏香国家标准通过立项审批。

统筹城乡发展，区域发展差距逐步缩小。修订后的《拉萨市城市总体规划（2009—2020年）》获国务院批复同意，城市建设用地增至77.88平方公里。达孜撤县设区，堆龙城市副中心建设积极推进。出台户籍制度改革实施意见，有序放开落户限制，促进人口合理流动。成立拉萨市城市管理委员会，进一步整合市政管理事权，推动执法重心下移。新建、续建农村公路项目41个，农村公路通车总里程达到4644公里，覆盖全市所有乡镇、村居。完成投资3.2亿元，建设涉农项目33个，农村安全饮水、高效节水灌溉、造林绿化等工程全面实施。在全区率先完成新一轮农网升级改造，农牧区户均配电容量达到4.26千伏安。认真抓好农村土地制度改革，完成4.35万户、66.2万亩土地确权登记颁证。有序推进甲玛、吞巴、羊八井、纳木湖4个特色小城镇建设。“村村通”、农村电影放映、农家书屋等文化惠民工程深入实施，在6个县（区）设立广播电视台，完成有线电视数字化和数字影院建设项目。建成县（区）综合文化活动中心、非遗传习基地等一批重大项目。农牧区生产生活条件持续改善，公共文化服务供给不断加强，城乡收入差距缩小1.6个百分点，人民群众生活更加富足。

推动精准扶贫，脱贫攻坚战初步告捷。坚持把脱贫攻坚作为头等大事和第一民生工程，注重产业先行、志智双扶。羊八井风湿病患者集中安置点搬迁入住。城关区恩惠苑、经开区B区等5个集中安置点全面建成，搬迁群众2411户9302人。开工建设产业项目92个，带动9088名建档立卡贫困群众全面脱贫。开展技能技术培训125期，转移就业4811户6181人。向7671名贫困家庭学生发放资助金3456万元，为9398名贫困群众报销医疗费用3215万元。落实生态补偿岗位26260个，兑现补助资金7878万元。率先实现“两线合一”，累计发放农村低保金和“两线合一”补贴资金6853万元。97.3%的建档立卡贫困人口越过贫困线，城关区率先脱贫摘帽，基本实现了既定目标任务。

加强民生保障，群众生活水平不断提升。将市级可用财力的80%用于民生支出。加快教育事业发展，投入经费3.8亿元，全面

2017年3月23日，拉萨市举行2017年民生类重点项目集中开工暨拉萨市第一中等职业技术学校迁建项目奠基仪式，市委副书记、市长、城关区委书记果果（左三）出席仪式并为工程培土奠基

落实免费教育和“三包”政策及营养改善计划，“三包”生均标准再提高240元。新建城乡幼儿园75所，新建、改扩建中小学40所。达孜、当雄通过义务教育均衡发展国家评估认定。组团式教育受援学校增至9所。全市高考成绩再创佳绩，市直6所高中高考上线率达到97.8%，高出全区平均水平16个百分点。积极推进社会就业，开发就业岗位3.07万个，实现城镇新增就业1.6万人，农牧区劳动力转移就业19.1万人次。统筹做好社会保障，实施全民参保计划，采集数据54万条，在全区率先实现“五险合一”，各险种参保人数达到55.56万人。加强社会救助，残疾人托养康复中心投入运营，低保标准增至城镇每人每月764元、农村每人每年3411元，孤儿、有意愿五保对象集中供养率分别达100%和80.7%。加强住房保障，基本建成公租房1230套，实施棚户区改造项目11个，建成易地扶贫搬迁和小康安居住房3480套。卫生健康事业快速发展，初步建立分级诊疗体系，全面取消公立医院药品加成，完成53万人包虫病筛查防治工作，孕产妇、婴儿死亡率分别下降至31.7/十万和4.68‰。市人民医院成为全区首家地（市）级三甲医院，6家县医院成功创建二乙医院，顺利通过国家卫生城市复审。推进国家食品安全示范城市创建工作，监管体制机制不断健全，食品药品安全形势稳中向好。积极推广工间操、规范舞等全民健身活动，承办全国性围棋、篮球、足球等竞赛项目和文体活动50余场次，直接影响和带动参与群众达30余万人次。“拉萨城投”足球队冲入国内职业联赛，市体育健儿多布杰获得全运会男子万米长跑冠军。

突出环境治理，生态环境持续改善向好。用心呵护“世界上最后一方净土”的金字招牌，坚定不移推进美丽拉萨建设。大力开展植树造林，推进国土绿化。完成植树造林3.28万亩、封山育林1.13万亩、防沙治沙5.1万亩，治理水土流失面积5000公顷。自治区级生态村、乡镇命名率分别达到74%和67%。积极开展环境污染综合防治，科学划定城市禁燃区，取缔燃煤锅炉22台，关停“地条钢”、水泥等落后产能企业5家，淘汰黄标车及老旧车辆3100辆，完成7100户电采暖改造。扎实做好水源地定期监测和土壤采样，处置各种危险废物55吨，建成生活垃圾焚烧发电厂。推广绿色清洁能源应用，新投入运行14座光伏电站，发电容量23万千瓦。新增新能源公交车128辆、出租车192辆，投放共享单车6700辆。全市空气质量优良率达98.9%，主要江河、湖泊等地表水水质均达到Ⅲ类标准，集中式饮用水水源地水质达标率100%。严格落实环境保护责任，认真办结中央环保督察组转办案件708件，追责问责70人。

创新社会治理，社会局势更加和谐安定。把确保中共十九大胜利召开作为全年社会治理工作的主线，始终高举法律旗帜，依法打击分裂渗透破坏活动，重拳惩治违法犯罪行为，坚决确保国家安全和公共安全。推进立体化社会治安防控体系建设，加强人、地、事、物、组织等治安要素信息采集，扎实做好实有人口、特殊人群动态监管，社会治安形势总体稳定。全面启动“七五”普法工作。扎实开展矛盾纠纷排查化解，办结信访事项992批3000人次，办结率为92.7%。加强安全生产监管，扎实开展大检查大排查，安全事故发生起数、死亡人数分别下降7%和5.3%，实现重特大安全事故“零发生”。加强宗教事务管理，全面落实利寺惠僧政策，投入寺庙基础设施建设资金3685万元，极大改善了僧尼修行生活环境。深入推进民族团结进步事业，广泛开展“民族团结一家亲”等联谊活动，引进44户种养大户和企业在拉萨市投资兴业。

为民务实清廉，政府自身建设不断加强。强化责任担当，坚决落实市委决策，依法接受人大法律监督和工作监督，自觉接受政协民主监督和社会监督，支持工商联和无党派人士参政议政。办理区市两级人大代表建议议案240件，政协委员提案286件，建议提案办复率、代表委员回访率均达100%。坚持依法行政，出台法治政府建设三年行动规划，推行政府法律顾问制度，建立“随机抽查”事项清单，向市人大常委会提请审议法规草案1件，颁布政府规章1件、规范性文件5件。推进政务公开，加快实施“互联网+政务服务”，升级改版政府门户网站，推行网上办公，共享部门数据资源，实行重大决策、重大事项及时全面公开。严格执纪问责，全面落实党风廉政建设责任制，共问责落实责任不力单位20家、党员干部132人。严肃查处违反中央“八项规定”精神、公职人员参与赌博和带有赌博性质娱乐活动问题，给予政纪处分26人。

（张　驰）

重要会议

【拉萨市第十一届人民政府第六次常务会议】 1月18日，市委副书记、市长果果主持召开第十一届人民政府第六次常务会议，在家常务副市长、副市长、市政府党组成员、秘书长出席会议，市人大常委会副主任觉根、市政协党组成员刘亮应邀列席会议。会议研究审议了《关于呈报〈拉萨市近期土地储备计划〉的请示》《关于呈报〈拉萨市近期土地征收储备工作实施方案〉的请示》《关于呈报〈拉萨市征收集体土地预留安置发展用地管理暂行办法（试行）〉的请示》《关于明确市水利局与成都建工集团〈和解协议书〉中涉及的赔偿款是否从征地补偿款中支付的请示》《堆龙德庆区〈关于实施堆龙德庆区乃琼镇政府整体搬迁建设项目的请示〉》《拉萨市“十三五”时期特色产业发展规划》《拉萨市受援办关于〈江苏省对口支援西藏项目和资金管理暂行办法〉的请示》及部署自治区交通建设投资有限公司购置土地工作和拉萨市城市管理工作等相关事宜。

【拉萨市第十一届人民政府第七次常务会议】 2月11日，市委副书记、市长果果主持召开第十一届人民政府第七次常务会议，在家常务副市长、副市长、市政府秘书长出席会议，市人大常委会副主任杨林、市政协副主席拉巴顿珠应邀列席会议。会议共研究审议《政府工作报告（征求意见稿）》《拉萨市2016年国民经济和社会发展计划执行情况与2017年国民经济和社会发展计划（草案）的报告》《拉萨市2016年财政预算预计执行和2017年财政收支预算（草案）的报告》《关于拉萨市生活垃圾焚烧发电项目申请核准的请示》《关于动支2016年预备费的请示》等5项议题。

【拉萨市第十一届人民政府第八次常务会议】 2月20日，市委副书记、市长果果主持召开第十一届人民政府第八次常务会议，在家常务副市长、副市长、市政府秘书长出席会议，市人大常委会副主任觉根、市政协副主席孙宝祥应邀列席会议。会议研究审议了《拉萨市小微企业创业创新基地城市示范建设工作方案》《拉萨市小微企业创业创新基地城市示范建设工作目标绩效考核办法》《拉萨市小微企业创业创新基地城市示范中央专项资金管理实施细则》《拉萨市小微企业创业创新基地城市示范地方配套专项资金管理实施细则》《拉萨市小微企业创业创新基地城市示范工作的若干政策措施》，并就建设拉萨市高原生物研究所科研基地、尼木县城市总体规划（2014—2030）修编工作、拉萨经济技术开发区“十三五”时期发展规划、柳梧城投集团公司收购“拉萨城市广场”“德天城市名人酒店”项目、拉萨市人民政府关于调整市政府序列临时机构组成人员、拉萨市天然饮用水开发利用规划（2015—2025年）、2016年新增地方政府债务需求、安全生产迎国检准备工作等相关事宜进行了研究。

【拉萨市第十一届人民政府第九次常务会议】 2月24日，市委副书记、市长果果主持召开第十一届人民政府第九次常务会议。会议研究听取了关于迎接中央环保督查工作推进情况、全市3—4月份重点项目开复工建设工作推进情况，传达学习了市纪委《关于重申廉洁过节纪律的通知》精神等事宜。

【拉萨市第十一届人民政府第十次常务会议】 3月8日，市委副书记、常务副市长胡洪主持召开第十一届人民政府第十次常务会议，在家副市长、市政府秘书长出席会议。会议研究审议了《关于提请审议〈拉萨市拥军优属规定（送审稿）〉的请示》《关于申请审批拉萨市“十三五”时期农牧业发展规划（2016—2020年）的请示》《关于提请审议〈拉萨市村庄规划条例（送审稿）〉的请示》《中共拉萨市委宣传部拉萨市司法局〈关于在全市公民中开展法制宣传教育的第七个五年规划（草案）〉的请示》《关于审定〈拉萨市妇女发展规划（2016—2020年）〉（送审稿）的请示》，传达了自治区党委常委、拉萨市委书记白玛旺堆关于全市维稳工作和经济发展工作的系列指示精神等事宜。

【拉萨市第十一届人民政府第十一次常务会议】 4月6日，市委副书记、市长果果主持召开第十一届人民政府第十一次常务会议，在家副市长、市政府党组成员、秘书长出席会议，市人大财经委员会主任委员德吉、市政协副主席岳国红、市委副秘书长任映绮应邀列席会议。会议研究审议了《拉萨市全面推行河长制实施方案》、《拉萨市寄递安全管理办法（送审稿）》、《拉萨市政府债务突发事件应急处置预案》和新驾考中心实施市场化管理、会展中心移交及建设资金等事宜。

【拉萨市第十一届人民政府第十二次常务会议】 6月9日，市委副书记、常务副市长胡洪主持召开第十一届人民政府第十二次常务会议，在家常务副市长、副市长出席会议，市人大常委会副主任欧阳莉萍、市政协副主席岳国红、市委副秘书长任映绮应邀列席会议。会议研究审议了《拉萨市预算信息公开暂行办法（代拟稿）的请示》《拉萨市肉类蔬菜流通追溯体系管理办法（试行）》《拉萨市肉类蔬菜流通追溯服务（IC）卡使用管理办法（试行）》《拉萨市肉类蔬菜流通追溯智能溯源电子秤使用管理办法（试行）》《拉萨市城区农贸市场发展规划（2016—2025）》《关于印发〈拉萨市人民政府办公厅关于健全生态保护补偿机制的实施意见〉（代拟稿）的请示》《关于呈报〈关于发挥品牌引领作用推动供需结构升级的实施意见〉的请示》及市委常委、常务副市长暴剑一行赴北京市、江苏省对接就业援藏工作情况报告等事宜。

【拉萨市第十一届人民政府第十三次常务会议】 7月10日，市委副书记、市长果果主持召开第十一届人民政府第十三次常务会议，在家常务副市长、副市长出席会议，市委常委吴亚松、市人大常委会副主任觉根、市政协副主席岳国红、市委副秘书长任映绮应邀列席会议。会议研究听取了第一批扶贫（农发）系统干部赴江苏考察学习情况汇报，审议了《拉鲁湿地国家级自然保护区总体规划（2013—2025）》《拉萨市关于贯彻落实〈西藏自治区人民政府关于大力开展植树造林推进国土绿化的决定〉的实施方案》《拉萨市重点产业项目推进工作成效考核办法（试行）》《关于确定2017年新增地方债券使用计划的请示》及部署拉萨市开展国家食品安全城市创建试点工作、“简政放权、放管结合、优化服务”改革工作等事宜。

【拉萨市第十一届人民政府第十四次常务会议】 8月9日，市委副书记、市长果果主持召开第十一届人民政府第十四次常务会议，在家常务副市长、副市长出席会议，市人大常委会副主任觉根、市政协副主席岳国红，市政协党组成员、城关区区长刘亮，市委副秘书长徐永生应邀列席会议。会议研究审议了《拉萨市援藏项目资金管理实施细则》《拉萨市“十三五”时期食品药品安全监管规划》《拉萨市2016年财政收支决算和2017年上半年财政预算执行情况的报告》《拉萨市穆斯林朝觐事务管理办法（试行）》《拉萨市“十三五”时期民族宗教事业发展规划》《关于落实自治区领导关于双创暨大学生创业就业系列讲话精神的情况和安排的报告》及国有企业负责人经营业绩考核相关情况等事宜。

【拉萨市第十一届人民政府第十五次常务会议】 9月4日，市委副书记、市长果果主持召开第十一届人民政府第十五次常务会议，在家常务副市长、副市长出席会议，市人大常委会副主任杨林、市政协副主席岳国红、市政协副主席朱梅品、市委副秘书长任映绮应邀列席会议。会议研究听取了王念东常务副市长关于赴内地学习推进“放管服”改革的考察报告、暴剑常务副市长关于赴内地考察城市水系治理情况的调研报告，分别审议了《关于拉萨市参加2017年郑州园博会和2018年南宁园博会及2019年北京世园会相关事宜》《关于审批西藏自治区医药有限责任公司整体划转方案》《拉萨市国有企业负责人经营业绩考核试行办法》《关于中国电子科技集团与拉萨净土文化传媒有限公司拟成立中电雪域信息产业有限公司的请示》等事宜。

【拉萨市第十一届人民政府第十六次常务会议】 11月8日，市委常委、常务副市长王念东主持召开第十一届人民政府第十六次常务会议，在家常务副市长、副市长、秘书长出席会议，市人大常委会副主任达瓦、市人大常委会副主任平措朗杰、市政协副主席朱梅品应邀列席会议。会议共研究审议了《拉萨市柳梧新区国家双创示范基地建设工作方案》《关于报请市政府研究城关区智昭产业园区-净土产业文化主题公园规划设计的请示》《拉萨市“十三五”时期扶贫开发规划（2016—2020）》《拉萨市“十三五”时期农业综合开发规划（2016—2020）》《拉萨市人民政府关于实行中期财政规划管理的实施意见》《关于明确西藏非物质文化遗产博物馆项目策展布展相关事宜的请示》《关于对藏游坛城项目70亩土地进行整体出让的请示》《关于申请下发堆龙德庆工业园（物流园）为市级工业园区批复的请示》等7项议题。

【拉萨市第十一届人民政府第十七次常务会议】 11月8日，市委副书记、市长果果主持召开第十一届人民政府第十七次常务会议，在家常务副市长、副市长出席会议，市人大常委会副主任欧阳莉萍应邀列席会议。会议研究审议了《拉萨市生态文明建设目标评价考核办法（试行）》《拉萨市红土基金管理有限公司（暂定名）框架协议》《拉萨市红土产业投资基金框架协议》《拉萨市职业病防治“十三五”规划》《加强农村留守儿童关爱保护工作的实施意见》《拉萨售粮大户奖励办法》《拉萨市关于对无人机“低慢小”飞行器地面管控工作的实施意见》《拉萨市“十三五”水资源消耗总量和强度双控行动实施方案》和拉萨市广播电视台控制中心建设项目、拉萨市东环北线项目、建设拉萨国际离岸数据中心试点及关于合作开展电视剧《格萨尔王》项目相关产业开发等事宜。

（俞中勋）

重要活动

【雪顿节开幕式】 2017中国拉萨雪顿节开幕式于8月21日在拉萨市群众文化体育中心篮球馆举行，以“团结美丽好家园，健康幸福新拉萨”为主题，通过《吉祥鼓韵》《酸奶飘香》《幸福拉萨》《千年之约》《林卡欢歌》等12个歌舞节目，充分展示拉萨市在保护和传承民族文化方面取得的可喜成果，展示拉萨经济社会各项事业取得的巨大成就。雪顿节期间全市共接待国内外游客239.85万人次，同比增长19.75%，实现旅游总收入7.83亿元，同比增长25.48%。成功签约项目75个，总投资319.85亿元。

【马术表演】 8月23日，在拉萨市北郊赛马场中断数年的民族传统马术表演2017年恢复举行，包含马上舞蹈、马上拾哈达、马上射箭、斩劈、多人多马、双马双人等16个大项28个小项，得到了观众阵阵喝彩和热烈的掌声，给市民观众和游客送去了一场雪顿节马术的视觉盛宴。除拉萨市区的群众和游客外，此次马术表演还吸引了堆龙、曲水、达孜等县区的群众前来观看。据统计，观看马术表演的观众达2万人。

【藏戏展演】 8月21日至27日，组织区内7支藏戏队近300名藏戏民间艺人，在罗布林卡和宗角禄康公园为各族群众演出《朗萨雯蚌》《卓娃桑姆》《苏吉尼玛》《白玛雯巴》《智美更登》《顿月顿珠》《特巴旦巴》等14场经典传统藏戏，累计观演人数达到26万人次。同时，市文化局从六县两区组织选派17名民间藏戏艺人和居民群众唱腔爱好者参加第三届全区藏戏唱腔比赛，堆龙德庆区嘎东藏戏队赤列多吉荣获全区唱腔比赛一等奖。

【摄影联展活动】 7月26日至8月26日，市人民政府在西藏牦牛博物馆和自治区群艺馆，举办以“和美家园、时代风采”为主题的摄影联展，集中展出来自四川、云南、贵州、广西、重庆、西藏等六省区市精心反复甄选的210幅作品，吸引了近五百余名市直部门干部职工、摄影爱好者、群众和游客参观，社会反响热烈，获得一致好评。

【纳木错徒步大会】 8月20—25日，拉萨市人民政府在当雄县举办以“圣湖天之巅、公益环保行”为主题的纳木错徒步大会，在10公里的徒步线路上，设置2个帐篷休息点，邀请当地牧民教队员们捏糌粑、打酥油茶、编织牦牛毛绳子等，体验西藏传统民俗。在宣传推介纳木错美丽自然景色的同时，引导广大游客树立环保意识，宣传推介藏区非物质文化遗产，提升拉萨市国际文化旅游城市良好形象。

【招商引资推介会】 8月21日，拉萨市人民政府在圣地天堂洲际大酒店举行招商引资项目推介会，大会邀请区内外客商214人，其中区外客商143人。成功签约项目75个，总投资319.85亿元（市政府下达的任务目标为215亿元）；其中正式签约项目45个，总投资185.5亿元；意向签约项目30个，总投资134.35亿元。总投资10亿元以上的项目有7个，其中投资20亿元以上的重大项目有4个，分别是中国电子科技集团公司的“新型智慧拉萨”城市建设项目、总投资32亿元，上海鹰凰进出口有限公司的西藏特色绒业产业链项目、总投资25亿元，亿利生态修复有限公司的拉萨市城关区夺底乡夺底沟生态综合整治与利用PPP项目、总投资21亿元，四川玖玖爱集团的玖玖爱青稞项目、总投资20亿元。活动期间，制作易拉宝200余个、发放宣传资料3500余册，组织客商参观拉萨市规划建设展览馆和拉萨市净土产品展销有限公司，进一步宣传拉萨、推介拉萨。

【名优商品交易会】 8月20—27日，拉萨市净土文化传播有限公司举办以“欢乐雪顿欢乐购”为主题的名优商品交易会，设置房展区、国际车展区、全国名优商品区、拉萨净土健康产品区、台湾名品区、全球美食区等功能展区。来自区内和北京、上海、广东、福建、浙江、四川、陕西、云南、重庆、河南、辽宁、内蒙古、宁夏等10多个省区市以及香港、台湾地区参展厂商近300家。大部分参展商品低于市场价30—40%，受到广大市民和游客的追捧。拉萨净土健康产品、特色农畜产品、藏药材、手工艺品、健康饮用水等也得到了充分展示和销售。据统计，展会八天时间，逛展观众18.5万人次，展会现场成交4518.5万元，合同成交6320万元，总成交达到1.08亿元，首次突破1亿大关。

【乐美食嘉年华活动】 8月22—28日，由拉萨市净土文化传播有限公司举办的雪顿节音乐美食嘉年华活动，在市群众文化体育中心露天展场举行，全力营造吃喝玩乐购的欢乐祥和节日氛围。拉萨堆谐传承队精彩上演“东方踢踏舞”、自治区藏棋协会非遗藏棋表演引人入胜、拉萨酒吧歌手天天驻场献唱、吃酸奶比赛、喝啤酒比赛等，交易会期间共举办雪顿节嘉年华活动16场次，达到了吸引展会人气、带动展会销售、扩大展会影响的目的。

【宗教活动】 8月21日，拉萨市民族宗教事务局严格按照“依法管理、内紧外松、疏导为主、高效处置、督严督实”的工作原则，在哲蚌寺、色拉寺举行展佛活动，确保展佛活动安全有序开展。参加展佛群众和游客约17.3万人，其中参加哲蚌寺展佛群众101200人次，色拉寺71931人次。

（杨亚鑫）

机关效能建设

【“三服务”工作】 年内，全年起草各类文稿500余篇、修改文稿150余篇。全年办理公文7500余件，办结率98%。与2016年相比，发文总数减少20余件。围绕经济社会发展宏观战略、市委市政府重大决策、“六大战略”、“十三五”规划实施、各族群众关心的焦点问题，开展调研50余次，为领导科学决策提供了详实可靠的参考依据。编发各类信息5600余条，连续15年在全区政务信息考核中排名第一。依托电子政务外网，对协同办公系统（OA系统）及无纸化会议系统进行全面升级改造，实现无纸化办公，办文、办会时间及工作量减少近80%。市政府门户网站全年共发布各类信息10600余条，办理市民来信425件，信件答复率达97%以上。积极推进构建“大督查”工作机制，全年开展各类督查200余次；办理区、市政府领导批（交）办件260件，办结182件，办结率70%；转办和承办区、市人大代表建议、政协委员提案529件，答复率、代表委员满意率均达到100%。《拉萨市志（2001—2010）》和《拉萨年鉴（2017）》已通过初审，综合年鉴“一年一鉴，公开出版”任务顺利完成。建立健全24小时政务值班制度，及时报送突发事件应急信息50余期。累计融资达50亿元，为教育城二期项目、拉萨“s5环线”等一批重大项目顺利实施提供了有效资金保障。不断加大“12345”政府服务热线的督查催办力度，全年共计接听群众来电近30000个，办结率达99.22%，回访群众满意率达99.5%。努力加强交易平台建设，着力打造阳光工程，共完成招标项目500余项，交易总额达160亿元。

【干部队伍建设】 年内，市政府办公厅始终按照习近平总书记四个“铁一般”标准和20字好干部标准，大力推进干部人事制度改革，建立健全科学合理的领导干部考核评价体系，严格按照《党政领导干部选拔任用工作条例》规定，选拔任用信念坚定、为民服务、勤政务实、敢于担当、清正廉洁、有所作为的好干部。发挥党组织在干部选拔任用工作中的领导和把关作用，形成有效管用、简便易行、有利于优秀人才脱颖而出的选人用人机制。坚持正确用人导向，干部提任前认真开展民主推荐，根据民主推荐结果，严格审查考察对象档案，核实个人有关事项报告情况，并充分征求市纪检、综治等部门的廉政意见和综治维稳实绩考核意见，任前按程序对拟提任干部进行七天的公示，定期向市纪委第三纪检组报告工作，主动接受监管，全面接受干部群众的监督。积极探索内设机构改革，把干部及时发现出来、合理使用起来。全年共提拔、调整干部近40人次，其中1名县级干部得到提拔使用，提拔交流科级干部14名。全年共组织干部职工各类学习35场次1300人次，安排到北京市政府办公厅跟班学习4批13人次，组织各县（区）和市直各单位跟岗学习培训14批30人次，组织干部职工观看《榜样》等廉政影片3次200余人次，参观西藏科学博物馆1次50余人次。地级领导、县级领导及各个支部书记讲党课达15次，参加人数达700人次。撰写心得体会、学习笔记各100余篇。

【发挥参谋助手作用】 年内，市政府办公厅始终将服务大局、当好参谋助手作为重要工作职责，在文稿起草、信息调研、决策督办等重点工作上，坚持高标准、高质量，积极主动服务好领导、部门和群众，确保政府工作运转周密细致、高效有序。联络协调及会务工作，强化与各县（区）、各部门的合作，积极稳妥处理好各种关系，认真筹划、精心准备会务工作，努力做到不出纰漏、细致圆满，积极主动推动各项工作顺利开展。全年成功组织各类会议360余次（包括政府党组会议、市政府常务会、全体会、市长办公会议、各类专题会、协调会等）。积极转变调研工作作风，围绕经济社会发展宏观战略、市委市政府重大决策、“六大战略”“十三五”规划实施、各族群众关心的焦点问题，开展调研50余次，努力为领导科学决策提供详实可靠的参考依据。规范各部门信息公开工作，市政府门户网站全年共发布各类信息10600条，办理市民来信425件，信件答复率达97%以上。网站点击量近200万人次，日均点击量4700人次。积极推进构建“大督查”工作机制，突出重点、创新方式，有效推动决策落实，确保政令畅通。全年开展各类督查200余次，共起草印发《政务督查》4期、《督查专报》180期、《督办通知》32期、《督查通报》18期、《领导批示》34期、《督查简报》105期；办理区、市政府领导批（交）办件260件，办结182件，办结率70%。

【党风廉政建设】 年内，市政府办公厅党组认真贯彻落实中央和区市党委关于党风廉政建设和反腐败工作的总体部署，深入学习贯彻中共十九大精神，围绕落实全面从严治党，全面推进党的政治建设、思想建设、组织建设、作风建设、纪律建设，落实党风廉政建设责任制要求，严格执行《党政机关厉行节约反对浪费条例》《党政机关国内公务接待管理规定》，控制接待规模、规范接待中间环节、规范接待车辆管理、完善财务审批流程、分列两办食堂食材支出，2017年接待经费支出同比2016年降低65%，厉行节俭成效明显。不断完善谈话制度，严格执行“廉政谈话制度”，特别是对班子成员做到经常提醒、打招呼，牢固树立其廉洁从政意识。严格执行“廉政谈话制度”，党政主要领导与领导班子成员、领导班子成员与科室干部开展廉政谈话50余人次，党组班子廉洁从政意识明显增强。加强制度建设，修改完善《拉萨市人民政府办公厅规章制度汇编》，其内容涵盖工作规则、公文处理、会务协调、信息综合、督促检查、保密管理、网络管理、机关党建、人事管理、后勤保障等9个方面的内容，共涉及36个具体制度、21项工作流程。

【机关党建】　年内，市政府办公厅深入贯彻落实《中共拉萨市委员会关于贯彻落实“党建统市”战略进一步加强机关党建工作的实施意见》，严格落实从严管党治党责任，以基层服务型党组织建设为核心，以基层党组织班子建设和党员干部队伍建设为重点，以阵地建设为抓手，按照“书记抓、抓书记”工作目标要求，不断强化基层党组织建设。严肃发展党员纪律，制定年度党员发展计划，注重在优秀年轻干部和科室业务骨干中发展党员，2017年以来共发展入党积极分子2名。严格按照规定收缴党费，印发了《中共拉萨市人民政府办公厅党组关于建立“党费交纳日”制度的通知》，将每月5日作为统一缴费日，进一步加强和改进党费收缴工作，切实培养和增强干部职工的党性修养。截至11月，已按时足额缴纳党费5万余元。通过组织离退休干部参加“畅谈十八大、展望十九大”活动和参观西藏自然科学博物馆等活动，进一步丰富离退休支部活动形式。通过组织“三八”主题座谈会、义务植树、做工间操、环境卫生清洁、包虫病筛查、“禁白”等活动，增强党员参与支部活动的积极性和主动性。通过开展“庆‘七一’·学榜样”观影活动、“喜迎十九大，共筑中国梦”文体比赛等系列活动，党组织活力进一步增强，党员先锋模范和战斗堡垒作用得到充分发挥。办公厅现有党总支1个，下设4个支部，党员121人，其中在职党员92人，退休党员29人。认真核实党员基本信息，重点核查党员名册、党员档案、党员党费缴纳情况、党组织活动会议记录、党员组织关系介绍信以及党员现实表现情况，做到信息准、情况明、底数清。严格按照《中国共产党章程》《中国共产党基层党组织选举工作暂行条例》等要求，及时召开党组会、党员大会进行党总支和支部改选，并按照相关程序送市直机关工委批准报备。建立《“党费交纳日”制度》，明确党费计算的依据、党费交纳的方式、党费交纳的时间等，指定专人负责党费管理，有力的保证了党费收缴的准确性和严肃性。建立把收缴党费作为增强党员党性观念的重要措施，将党费收缴工作同严格党的组织生活结合起来，同党员教育结合起来，同民主评议党员结合起来，同党员目标管理结合起来。以创建学习型、创新型、服务型党组织为重点，精心谋划、强化责任，抓早抓实、抓深抓细，进一步明确“党建引领队伍”这一思路，取得明显成效。

【作风效能建设】　年内，市政府办公厅自觉服务大局，团结协作，务实创新，有力保障政府系统高效运转。做好领导服务工作，本着“急领导所急，谋领导所虑”的思想，按照“说办就办，马上就办”的原则，对各位领导交办的各项工作，认认真真、不折不扣地高质量完成。对于政府领导工作和生活中的实际困难积极帮助协调，及时征求政府领导对后勤服务方面的意见建议并认真整改。充分发挥桥梁纽带作用，严格履行工作职责，不断加大对各办事处在党建、党风廉政建设和干部教育管理等方面的业务指导，积极帮助协调解决问题。各办事处紧紧围绕拉萨市经济发展工作重点，及时搜集、了解最新的政策信息和项目信息，经过筛选和编辑后，及时报送给市委、市政府以及相关部门和单位，力求为领导决策部署提供有效参考。各办事处积极协助开展招商引资工作，利用联络处这一平台，抓住一切宣传机会，大力将拉萨市2017年以来的招商项目推荐给内地及有意在拉萨市投资发展的企业。全力做好后勤保障。严格按照机关用品采购标准、节约成本的原则进行采购、分发，保障机关办公用品正常使用；做好日常的服务保洁工作，督促各入驻单位、服务员做好保洁、绿化工作，不定期地对办公区域卫生、绿化进行检查，对检查出问题的单位或个人进行通报或处罚；配合各办会单位、科室做好会议服务工作；做好食堂管理工作，确保让每一位干部职工吃上安全放心食品。切实做好进出市政府人员和车辆的管理，办公厅制作干部职工及入驻单位工作证，及时更新车辆通行证800余张，严格落实凭证出入。严格执行《机关单位公务用车规定》，控制公务用车，严禁公车私用，做好车辆的日常管理、保养、维修工作。

【干部学习教育】 年内，市政府办公厅严格按照中央和区市党委推进“两学一做”学习教育常态化制度化实施方案有关要求，结合“四讲四爱”主题教育活动，研究制定了《拉萨市人民政府办公厅关于推进“两学一做”学习教育常态化制度化的实施方案》《拉萨市人民政府办公厅2017年党组理论中心组学习计划》《拉萨市人民政府办公厅2017年党风廉政建设和反腐败工作计划》，确保在组织推进、活动内容、进度安排和方式方法等方面不折不扣地贯彻中央和区市党委精神。全年共组织干部职工开展党章党规党纪等各类学习达35场1200人次，组织干部职工观看《榜样》等廉政教育片3次200余人次，安排到北京市政府办公厅跟班学习4批13人次，组织各县（区）和市直各单位跟岗学习培训14批30人次，参观西藏科学博物馆1次50余人次。地级领导、县级领导及各个支部书记讲党课达15次，参加人数达700人次。撰写心得体会、学习笔记各100余篇。

（冯立柱）

外事·侨务

【概况】 2017年，全市外事工作以“外事为民”为宗旨，按照习近平提出的“推动构建人类命运共同体”要求，充分体现“亲、诚、惠、容”的周边外交工作理念，与多个国家（地区）的有关方面进行友好往来，交往范围覆盖亚洲、欧洲、北美洲、南美洲和大洋洲，交往涉及友城、经贸、公共安全、住建、教育等多个领域，全方位、多层次的外事工作格局正在形成。在侨务工作方面，开展侨情调研、有力推动侨务援藏工作，为下一步工作奠定了良好基础。

【外宾来访】 2017年，拉萨市接待及协助接待来自尼泊尔、美国、瑞士、新西兰、以色列、博茨瓦纳、古巴、俄罗斯、苏里南、奥地利、斯洛文尼亚、斯洛伐克、捷克、荷兰、西班牙、葡萄牙、英国、拉脱维亚、塔吉克斯坦、吉尔吉斯斯坦、哈萨克斯坦等21个国家的外宾共19批186人次。3月28—29日，尼泊尔总理普拉昌达一行18人访问拉萨市，副市长、当雄县委书记张正、大昭寺管委会兼八廓古城管委会书记多吉陪同。4月10—12日，由美国蒙大拿州共和党联邦参议员斯蒂文·大卫·戴安斯率领的美国参议员代表团一行26人前来拉萨市访问，访问期间，区党委常委、拉萨市委书记白玛旺堆全程陪同。5月16—9日瑞士外交部副国秘马蒂亚希一行4人访问拉萨市，市外侨办主任高春林全程陪同。6月22—27日，尼泊尔外交部及地方发展部官员代表团一行10人到拉萨市考察交流。7月26—29日，苏里南驻华大使夫人皮纳斯一行3人访问拉萨市。9月3—10日，议员阿南达·普拉萨德·博克瑞尔率领的北部边境县议员代表团一行10人访问拉萨市。9月9—11日，以色列边防警察部队司令沙博泰少将率代表团一行5人访问拉萨市。

【因公出国服务】 年内，拉萨市全年因公出国14批46人，其中地厅级4批4人，县处级16人，科级及以下4人，专业技术人员9人，教师12人，学生1人。出访内容涉及社区卫生服务学习、人社系统培训、社会治理创新培训、高校项目合作等。4月1日至9月30日，拉萨师范高等专科学校领导及教师13人分3次赴丹麦哥本哈根大学就课堂教学、学习资源、远程教育、信息技术等方面进行学习交流。12月18—25日，拉萨布达拉旅游文化集团公司一行3人赴法国马赛进行2架飞机的交接。12月25—29日，拉萨经济技术开发区管委会党工委书记、主任刘汝鹏一行6人赴尼泊尔加德满都市对中尼工业合作园区相应项目开发用地进行选址考察。9月11—19日，拉萨市歌舞团一行9人随西藏自治区文联代表团赴毛里求斯、法属留尼汪参加“天涯共此时”中秋演出活动。

【领事工作】 年内，市外事办根据尼泊尔驻拉萨总领事馆的要求，积极协调尼泊尔驻拉萨总领馆馆舍改建事和沙拉斯沃提寺修缮事，增进双边友谊。9月14日，副市长、公安局局长赵涛代表拉萨市签署尼泊尔驻拉萨总领事馆馆舍改建协议。5月，尼泊尔驻拉萨总领馆提出位于拉萨市嘎玛贡桑的沙拉斯沃提寺租赁续签以及该寺进行修缮请求。经拉萨市外事侨务办公室协调，拉萨市城关区政府提出修缮方案并进行维修。

【友城工作】　年内，拉萨市积极配合国家总体外交，充分结合周边外交形势，秉承“亲、诚、惠、容”的周边外交工作理念，与尼泊尔加德满都市进行友好往来，对俄罗斯埃利斯塔市进行友好访问，深化彼此间的友谊。按照自治区外侨办关于做好友城工作的指示，市政府向加德满都新任市长、副市长祝贺，进一步加强两市友好关系，主动邀请由加德满都市副市长哈利普拉哈·卡迪女士担任团长的代表团一行9人对拉萨市进行友好访问。代表团于10月26—30日在拉萨市访问，通过拉萨市精心安排的参观、家访、会谈等活动，代表团一行对拉萨市的接待工作及发展成就表示高度赞赏。9月2—6日，拉萨市借助与俄罗斯埃里斯塔市友好城市这一平台，组成友好代表团，赴友城埃里斯塔市开展友好访问，宣传中国、中国西藏和拉萨各项领域取得的巨大成就，切实加深两市友谊，促进双边了解，密切两市之间的友城关系。

【侨务工作】　3月，拉萨市侨务工作机构正式挂牌成立，拉萨市外事办公室更名为拉萨市外事侨务办公室。侨务工作机构成立后，有序推进侨务工作，组织开展全市华人华侨权益保护调研，推进侨务援藏工作。按照国侨办、自治区外侨办的工作要求，拉萨市组织市委统战部、市人社局、市民政局、市商务局、市教育局、市公安出入境管理支队等单位召开协调会，研究华人华侨权益保护工作。积极推动侨务援藏，根据拉萨市侨务援藏5年规划，市外侨办向江苏省侨办报送2017年侨务援藏项目申请，江苏省侨办积极回应，提供了10万元的侨务援藏资金。市外侨办党组经与林周县松盘乡岗巴村“两委”班子协商，购买打捆机一台交由村农机合作社经营管理，所得收益用于在年底向贫困户分红，把侨务援藏项目和脱贫攻坚工作充分结合起来，惠及人民群众。

（赵鹏飞）

港澳事务

【旅游宣传推广】　4月4日至10日，拉萨布达拉旅游文化集团公司副总经理胡玺、旺扎赴香港、澳门参加“魅力中国——2017年港澳地区主体旅游宣传推广活动”。

【交流学习】　5月4日至5月9日，拉萨师专学工处副处长、团委书记德吉、学生会副主席旦增强巴随团区委、区学联赴香港进行交流学习。

（赵鹏飞）

信访工作

【概况】　2017年，全市信访系统在市委、市政府的坚强领导下，在自治区信访局的大力指导下，深入贯彻落实中央、区市党委政府对信访工作的一系列决策部署，特别是习近平总书记关于信访工作的重要指示精神，紧紧围绕国家治理体系、治理能力现代化为目标，坚持以人民为中心的发展思想，坚持把信访工作作为了解民情、集中民智、维护民利、凝聚民心的一项重要工作，千方百计为群众排忧解难。切实依法及时就地解决群众合理诉求，注重源头预防，夯实基层基础，加强法治建设，健全化解机制，不断增强工作的前瞻性、系统性和针对性，不断提高信访工作专业化、法治化、信息化水平，真正把解决信访问题的过程作为践行党的群众路线、做好群众工作的过程，较好维护群众合法权益，维护社会和谐稳定。

【强化组织领导】　年内，按照“党委总揽全局、政府牵头负责、部门分工落实”的原则，坚持把信访工作作为“一把手”工程，主要领导带头抓、亲自抓。市委、人大、政府等相关领导就95件信访事项和矛盾纠纷（含维稳要情）作出重要批示。特别是区党委常委、市委书记白玛旺堆以身作则、率先垂范，在市委常委会上4次听取信访工作汇报，并多次批阅重点信访事项，作出重要批示。果果市长、马军常委、央金卓嘎副书记、廖波副市长、赵涛副市长等市信访工作联席会议召集人先后主持召开4次信访工作联席会议、14次信访工作专题会议、19次信访工作例会听取信访工作汇报，对信访工作形势进行分析研判和安排部署，研究解决了一大批突出疑难信访事项和矛盾纠纷。全市上下形成主要领导亲自抓、分管领导具体抓、班子成员配合抓、职能部门落实抓的信访工作模式，确保大量信访事项和矛盾纠纷得到及时就地解决。

【信访维稳】 中共十九大期间，拉萨市信访局严格落实中央和区市党委、政府关于做好中共十九大期间维稳安保工作“防患于未然、以不出事为底线”的总体部署，精心组织、周密安排，确保了全市信访形势平稳，实现了“三无”的工作目标。6月份开始，市委副书记、市长果果对全市开展矛盾纠纷大排查大化解信访事项清零专项行动作出部署，明确目标任务，提出工作要求，主持召开2次市信访工作联席会议和4次信访工作专题会议，适时听取专项行动工作开展情况，推动工作开展。市人大党组副书记、市信访工作联席会议召集人央金卓嘎带队，对全市18家重点单位的54件信访事项进行实地督办，全部实现化解。拉萨市信访局共对85件信访事项开展下访督办、电话督办378次，有效化解75件。9月份开始，全市信访干部坚持全员在岗在位，执行24小时值班带班和开门接访制度，强化值班带班力量，确保群众上访随时有人接待，群众诉求能够及时转交办，进一步提高信访事项及时受理率和按期办结率。全市派出2名干部赴北京参与驻京值守，各县（区）派出8名干部在拉萨市值守，确保信访维稳工作力量保障到位，通过对重点事项的实地下访，指导协调化解，及时消除维稳隐患。启动信访信息“零报告”机制，采取“每日一报”的形式于每天下午五点前向自治区信访局、市委、市政府、市维稳一线指挥部等部门和市主要领导及时报送，累计报送《党的十九大专刊》35期（含每日动态信息22期）。

【全市信访工作会议】 3月，市政府组织召开全市信访工作会议，自治区党委常委、拉萨市委书记白玛旺堆，拉萨市委副书记、市长果果等市领导对全市信访工作作出重要批示指示。会议表彰全市信访工作先进集体34个、表彰全市信访工作先进个人40人。根据国家信访局的要求，扎实开展“三无”市（县、区）创建活动。截至年底，全市8个县（区）中荣获“三无”市（县、区）荣誉称号的县（区）达6个。

【律师接访】 4月26日，市信访局在市公安局5楼会议室举行聘请律师入驻签约仪式。市政府副市长、市委政法委副书记、市公安局局长赵涛出席签约仪式并作重要讲话。西藏方诺律师事务所从5月1日正式入驻以来，共参与接待协调信访事项167批411人次，提供法律咨询200余次，起草工伤赔偿协议5份，其中涉及民工解决劳资纠纷46批1436万余元。律师参与信访工作，消除了涉诉信访群众在法律上的一些疑问，给予群众在争取正当利益的方式方法上精准指点。同时，作为法治宣传的一种方式，培养信访群众理性解决纠纷的思维模式，助推拉萨信访法治化建设进程。

【干部交流接访】 年内，市信访局共选派3名信访干部赴国家信访局挂职学习。7月，在市委组织部支持下，继续从各县（区）及市直单位选派9名干部入驻联合接访中心，加强信访工作力量。全市地级主要领导下访5次，接待信访群众5批36人次，化解突出疑难信访事项5件；全市地级领导下访70次，接待信访群众82批234人次，化解突出疑难信访事项44件；全市县处级干部下访137次，接待信访群众164批580人次，化解信访事项157件；一般干部针对308件信访事项下访395次。

【领导包案】 年内，市信访局按照属地和主体责任划分，对一个月内未化解的突出疑难矛盾纠纷和信访事项，实行地、县级领导、部门“一把手”包案工作制度，把落实责任作为及时就地解决问题的关键，层层传导压力、层层压实责任，层层抓好落实，以“钉钉子”的精神努力化解矛盾、解决群众合理诉求，坚持“一个问题、一个领导、一套班子、一个措施、一抓到底”，做到包情况掌握、包解决困难、包教育转化、包稳控管理、包依法处理，全力抓矛盾纠纷和信访事项化解工作。年内，全市地级领导包案疑难信访事项50件，通过采取领导包案、召开联席会议和政府专题会议等措施，成功化解50件，化解率100%。

【信访督查】　年内，市信访工作联席会议办公室采取多种形式、多项举措深入基层开展实地督查工作，对网上信访系统应用，重点区域、重点项目、重点事项进行督导检查，为全市信访维稳工作积极营造良好的社会环境。针对867件信访事项，安排专人通过电话督办、书面督办、书面催办、下访督办、约访督办、实地督办等方式，督查督办1150次，回访1042次，回访率100%。

【驻村工作】　年内，驻村工作队深入开展“四讲四爱”主题教育活动，引导群众爱党爱国爱社会主义，召开感恩教育大会4场次，政策宣讲3场次，举办专题讲座3场次，发放宣传材料800份，群众受教育面达98%，帮助广大农牧民群众牢固树立“三个离不开”的思想和坚决跟着共产党走的信心。按照年初制定的精准扶贫计划安排，市信访局23名干部职工分别对38户贫困户进行了走访调研，与贫困户签订结对帮扶责任书，制定了脱贫计划，累计筹措发放慰问物资2.5万元。年内，驻村工作队为当地农牧民群众和村“两委”办实事解难事累计投入资金10万元；投入8万元完成网围栏建设项目。

【党建工作】　年内，市信访局不断深化党建工作，深入开展“两学一做”学习教育，以党组中心组为引领，以党支部为基本单位，以“三会一课”为基本组织形式，扎实开展“学党章党规、学系列讲话、做合格党员”活动。召开党建工作专题部署会议4次，学习会议40余次，开展专项检查2次，组织集中学习52次，个人自学人均40学时，撰写心得体会人均4篇，人均1.2万字。认真落实基层党建工作责任制，按照工作分工，党组书记联系龙珠岗村党支部，4次进驻龙珠岗村开展党建工作，拨付“七一”党建工作专项经费8000元，组织开展局党支部与龙珠岗村党支部“七一”共建活动。4月，局党支部将1名干部和1名驾驶员（公益性岗位）共2人列为入党积极分子培养，并按要求参加市直机关工委组织的入党积极分子培训。11月24日，局党支部书记在党员大会上向局党组进行公开述职述责；党建工作考核领导小组对局党支部、党小组党建工作进行考核；11月27日，局党组书记就抓党建工作向市直机关工委提交述职报告。加强党员队伍建设，组织开展“绿色·环保·健康·生活——环保公益行”主题活动、道路清扫党员志愿服务活动、机关卫生大扫除活动、机关党员台球比赛、机关党员参加市直机关工委组织的摄影书画比赛、“七一”党支部共建活动、机关党员佩戴党徽亮明身份活动、党员慰问结对帮扶贫困户活动等8项重点活动，局领导以普通党员身份参加各项活动。

【廉洁建设】　年内，市信访局党组班子成员带头落实《党政机关厉行节约反对浪费条例》和《党政机关国内公务接待管理规定》等管理办法，认真落实党风廉政建设责任制，局党组层层签订党风廉政建设责任书，确保责任到科室、责任到人，全年办公费用支出同比分别下降0.05%和0.05%。全局干部职工始终做到忠诚、干净、担当，未出现公车私用、公款消费接待、公款吃喝等违纪腐败现象，党风廉政建设和反腐败工作成效显著。

（卫广伟）

政务服务

【概况】　拉萨市市民服务中心内设综合科、业务科（信息网络科）、督查科3个科室，正式编制为20名。36家单位（广电、新闻出版局，文化、文物4家单位合并）依据市审改办动态调整目录清单，经过项目梳理现有111项行政审批和19项便民事项入驻市民服务中心办理。开设办事窗口71个，126名A、B岗工作人员、30名首席代表及中心机关干部职工（含西部志愿者、公益性岗位工作人员）共206人为办事群众提供服务。年内，累计共受理行政审批项目和便民项目118万余件，按时办结率达99.93%，受理咨询服务达133万余人次。

【政务服务体系建设】　拉萨市市民服务中心通过了创建国家级政务服务标准化建设试点验收，创建成果逐步向县（区）延伸。年底，八县（区）均已成立县级政务服务大厅，全市65个乡（镇）已有62个成立了乡级政务（便民）服务大厅。以拉萨市市民服务中心为龙头的拉萨市、县、乡三级政务服务体系建设正日趋走向规范化和标准化。

【“3550”改革】 在认真学习江苏省“3550”改革先进工作经验的基础上，中心充分发挥“放管服”改革领导小组办公室职能，先后组织各相关部门召开六次专项推进会和一次金融领域协调会，协调各相关部门根据白玛旺堆书记“抓紧推进，边实施边完善”和果果市长“拉萨市作为‘放管服’改革试点，在解决相关问题时要特事特办，拉萨市层面能解决的马上解决，拉萨市不能解决的，要大胆、积极的报自治区协调解决”重要指示精神，结合江苏省“3550”改革先进经验和工作实际扎实推动全市“放管服”改革落实。9月14日，拉萨市“放管服”改革目标进入试运行阶段（即实现5个工作日内完成企业注册登记、7个工作日内完成不动产登记、50个工作日内出具投资项目获得施工许可），9月20日，拉萨市“放管服”改革后第一个企业营业执照于5个工作日、第一批20个不动产登记证于7个工作日成功完成审批并颁发。

【压缩流程】 在各部门的大力支持下，市民服务中心牵头继续优化和压缩审批时限，拉萨市入驻市民服务中心的151项行政审批事项和17项便民服务事项中，已有22项实现现场办结。2017年7月1日起，市公安部门在城区各派出所和各县区部分派出所安装并启用身份证异地受理系统，开展身份证异地受理工作；交警支队车管所在群众办理异地委托审验、车辆抵押登记等7项事务上取消了部分签字审批环节，并减少了所需提供的材料。在群众性活动审批、居住证办理、户籍办理、犬证办理等10余项事项上分别取消了主管领导、治安中队长、户籍民警或者警长签字审批环节。

【推进“五证合一”】 放宽市场准入条件，实行注册资本认缴登记制，深入推进企业“五证合一”“一照一码”、个体工商户“两证整合”改革措施，与各相关部门进行协调，继续推进工商、质监、国税、人社、统计等部门相关工作整合归并和内部信息共享，优化企业准入流程，减少重复审查，提升行政审批效率。通过企业信用信息平台向税务、质监、社保、统计部门推送市场主体信息30176条，实现了数据资源共享。加速推进多证合一（13证）、全程电子化，实将信息采集、记载公示、管理备查等证照事项，集中整合到营业执照上，使营业执照成为企业唯一“身份证”，企业信用代码是企业的“身份代码”，实现“一照（码）走天下”。

【政务公开】 对所有进驻中心的项目流程图和服务告知单全部进行了梳理规范，并建立了公开、透明的告知制度。每一个窗口都备有统一印制的示范文本供群众参考咨询，保证了审批服务的窗口单位、项目名称、设立依据、申报条件、申报材料、办理时限、收费依据及标准、联系电话都依照“公开透明、提速高效”的服务要求得到全面体现，进一步推进了政务公开。

【党建工作】 市民服务中心党组始终把党建工作纳入重要议事日程，狠抓各项工作落实。考虑到窗口党员干部均是来自不同的单位和部门，为了凝聚人心，中心党组从加强党的组织建设入手，首先把窗口党员干部的党组织关系由各单位转入本中心，民主推选出支部成员，还选举产生新的工会、妇委会、团支队书记、副书记及委员，为推动中心的全面建设和发展提供有力的组织保证。中心现有党总支1个，党支部4个，工青妇、群团组织各1个，党员55名，其中大厅窗口党员43名，中心机关党员12名。

【廉洁自律】 始终把党风廉政建设和反腐败工作纳入党组工作总体布局，同研究同部署同落实同考核，不断强化管党治党的政治责任。制定《拉萨市市民服务中心2017年党风廉政建设和反腐败工作计划》《拉萨市市民服务中心关于执行党风廉政建设责任制存在问题的整改方案》《关于开展2017年党风廉政建设调研的实施方案》等党风廉政建设文件，做到党风廉政建设工作分工明确、责任到人。年内，中心党组理论中心组共学习12次，召开党组会共7次，主任办公会9次，其中党组会3次、理论中心组学习会8次，专题研究部署和传达学习党风廉政建设相关工作。

（杜仕聪）

“12345”政务服务热线

【概况】 2017年，拉萨市12345

政府服务热线坚持做到受理快、办理快、回复快，切实为广大市民办实事、办好事、解难事，各项工作扎实有序推进。

【办复情况】　年内，“12345”政府服务热线严格按照市委、市政府统一安排部署，以群众满意、政府放心为工作出发点，高度重视热线服务管理工作，结合全市受理情况实际，建立有人接、有人管、有人督、有人访的工作机制，特安排15名接线员、1名质检员、1名管理员、1名回访员，全面提高“12345”政府服务热线的办理效率与办理质量，坚持“群众利益无小事”的工作原则，认真受理群众来电。2017年1月1日至12月31日，“12345”政府服务热线共受理接听群众来电34921个，共向承办单位转发工单9882件，由市政府督查室直接受理和接处中心在线办结共计25039件，群众回访率100%，群众回访满意度达99.8%。

【服务群众】　年内，拉萨市“12345”政府服务热线放大服务职能，快速办理群众急事。共接到200余个较紧急事件电话，解决了房屋拆迁安全隐患、公交车遗失物品、电梯被困、车祸求助、小孩入学困难、游客纳木错被狗咬、民工救助、打破伤风针困难、山石影响房屋安全等事件。履行政府职能，专办热点问题。共接到2058个拖欠民工工资电话、1300余个停水电气电话、754个噪音扰民电话。解决了环线、纳金路、格桑林卡等路段因公共基础设施维护不及时导致群众出行困难等问题；结合“环保立市”对噪音扰民及环境污染进行协调处理，如娱乐场所、建筑施工噪音扰民，环线垃圾乱堆放、五叉路烧烤店烟雾大等问题；按照属地管理和部门职能原则，妥善解决拖欠民工工资电话和停水电气问题。延伸服务职能，人性化办理群众诉求。全年共接到1500余个投诉建议电话、6000余个咨询电话、450个举报违建电话。协调解决了八一路、林廓北路等车辆乱停乱放问题，夺底路天路分公司安居苑、嘎玛贡桑第九组等地段违建问题等；投诉电话主要为投诉单位工作人员、旅游投诉、公交及出租车等投诉，所有问题已按照部门职能处理完毕；群众来电建议在冲赛康路段天桥修建成双向行驶、整改人力三轮车乱象、整治两岛排污问题等。

（李　易）

办事处

拉萨市人民政府驻北京联络处

【概况】　2017年，联络处在市委、市政府的正确领导下，认真学习贯彻落实中共十九大精神，紧紧围绕全市工作大局，改进工作作风，推动创新工作的开展，充分发挥服务、协调职能，确保政府驻外机构的高效协调运转，圆满完成本年度各项工作任务。截至年底，在京居住离退休干部职工共计18人，其中地级3人、县级4人、科级5人、一般干部1人、副高1人、中级4人。

【强化接待】　全年前往机场、车站390余次，接待近600人次，其中到京回访、开会、协调项目、洽谈合作、招商引资、学习培训、商品展销、对外宣传推介等团队近30个，人员400余人；出差、休假、开会等散客100余人。全国“两会”和中共十九大期间主动配合自治区驻京办做好会议期间西藏代表团接待服务工作。12月5日至10日，全力做好拉萨市党政代表团在京期间后勤保障工作。

【保障服务】　全年联络处向北京有关部门和各驻京办事处发送《西藏旅游》杂志1400余份。积极为来京看病就医人员进行心理上的疏导和解决生活上的难题，全年协助就医体检32人，接待陪同就医数十人，联系医院9家。配合信访部门完成全国“两会”和中共十九大期间的截访任务，主动劝返和送返上访人员2人。配合北京市对口支援合作办公室完成了2017年度的部分对口支援活动。配合中国市长协会做好城市联络员工作。在北京市对外联络办公室的带动下，积极与兄弟单位交流合作，大力宣传介绍拉萨，收到了很好的效果，也为联络处工作拓宽了路子。加强对在京退休老干部的联系与管理，积极开展退休老干部活动，“三大节日”期间逐户开展慰问活动送上了组织的关心和问候，5月组织退休老干部春游踏青，增进了在京老干部之间的友谊和联系，为进一步做好老干部工作奠定了基础。全年帮助到京人员预定酒店、宾馆住房200余间。2017年度市内、市外出车累计1300余次，车辆行驶里程达7万余公里。

【学习教育】 联络处以每周会议、干部职工会议、专题会议、专题学习、自学等形式，组织干部职工学习中共十八届五中、六中、七中全会精神，习近平总书记的系列讲话，深入学习中共十九大精神，传达学习区、市九届三次全委（扩大）会议精神，系统学习《中共中央政治局贯彻落实中央八项规定的实施细则》文件精神。全年集中学习40次、开展专题学习会议16次，集中观看“两会”、中共十九大和先进人物专题教育片8次，个人自学均不少于80学时，整理读书笔记6份，提交学习心得24份，办理学习板报4期。

【党建工作】 联络处始终坚持把党建工作放在一切工作的核心地位，按照总书记“三严三实”和“两学一做”学习教育的要求，把强化党建工作贯穿于整个工作中，把从严的态度、从严的标准、从严的举措的要求落到实处，深入开展“三严三实”和“两学一做”学习教育专题教育；切实加强思想政治工作；严抓领导班子和干部队伍建设；严抓党风廉政建设。联络处内部全年开展党建工作会议10次。

【招商引资】 联络处积极利用在经济社会发展中拥有的社会资源拓展工作职能，强化招商引资工作。全年参与服务招商引资项目12次，接待来京开展招商引资、产品推介等团队8个140人。

【结对帮扶工作】 11月7日，联络处专程返回拉萨，到当雄县宁中乡堆灵村开展慰问帮扶工作，深入了解帮扶对象的生活状况，家庭收入来源，产业发展、民房建设、思想状况及脱贫意愿，最后向7户贫困户送上慰问金，并叮嘱他们要听党话、感党恩，并要抓住机遇靠自己的勤奋努力争取早日脱贫。

（尚栓斌）

拉萨市人民政府驻成都办事处

【概况】 2017年，认真按照市委市政府的工作部署，成都办事处进一步发挥“枢纽、窗口”作用，落实接待服务，协调保障老干部工作，认真开展理论学习和党建工作，有效完成了2017年度各项工作任务和市领导交办的其他工作。

【接待服务】 年内，成都办事处坚持接待无小事原则，做好进出藏干部，包括对口支援省市代表团，以及其他相关人员的进出藏接待服务工作，成都办事处与酒店、民航售票处、火车站等相关单位维持良好的合作关系，在接待过程中高标准、严要求。全年安全行车总里程101679公里，车辆完好率基本达到良好状态。始终做好各类接待服务工作，根据《党政机关国内公务接待管理规定》的要求，完成3448人次（含要客、地级以上528人次，县级领导2880人次）的接待任务。加强与四川华西医院、四川华西口腔医院、成都363医院和自治区成办医院等各类医疗单位的沟通和协调，为干部职工提供便利快捷的就医渠道和体检服务，截至年底，共协调安排干部职工就医保健服务214人次。

【离退休党支部工作】 年内，贯彻落实《西藏自治区离退休干部职工党员管理办法（试行）》，加强对离退休干部的政治教育、政治要求和政治管理。在成立拉萨成都安居苑党支部的基础上，进一步推进了成都周边离退休干部职工退休点党支部的建设工作。根据市委、市政府及市老干部局的指示要求，年初成都办事处组织举办春节藏历新年团拜会。协调配合市老干部局做好春节藏历新年在蓉离退休干部座谈会。截至年底，在蓉居住离退休干部职工共计965人，其中，地级以上30人、县级183人、高级99人、科级339人、一般干部161人，相关专业技术人员153人。共设立离退休党支部8个，管理党员477人。

【物业服务】 年内，为了让离退休干部职工切实感受到市委、市政府对安居苑的关心关怀，2017年安居苑升级小区内的门禁系统，大门规划了机动车道、非机动车道、人行道，同时配备了全新的门禁系统，每个单元门也换上了崭新的不锈钢门，并与长城社区建成了全新的老干部活动室，与蜂巢快递柜公司签订了入住协议，4.8米宽的智能快递柜在年底将投入使用，进一步方便了离退休干部职工的日常生活，小区建设得到长足进展。采用召开通报会、利用板报等形式图文并茂展现拉萨的经济社会改革发展喜人成果，使老干部及时了解拉萨的发展变化。

【党建工作】 年内，成都办事处全体干部职工及退休党员，积极参加成都市高新区肖家河兴蓉社区于2017年6月30日上午举办的“颂歌献给党永远跟党走”暨热烈庆祝中国共产党成立96周年文艺活动，并激情演唱《再唱山歌给党听》《共筑中国梦》两首歌曲。全面展示出成都办事处党员全体干部职工及退休党员优良的工作作风及精神面貌。成都办事处党委开展“两学一做”学习教育专题党课教育活动。党委书记任道波，党委副书记、主任任加带领办事处全体党员组织观看《不忘初心继续前进》七集政论专题片，从专题片中所叙述的中国近5年发展成果联系到西藏近5年发展的喜人成果，以当前形势下日新月异的跨时代发展回顾西藏各个历史时期的进程，以习总书记提出的“治国先治边、治边先稳藏”为切入点，深入阐述西藏的稳定发展对于国家发展的重要性，从西藏的名称来源、藏民族的历史沿革、藏传佛教的发展等三个方面重点学习了西藏的历史文化知识。

【结对帮扶】 年内成都办事处党委副书记、主任任加，市政府办公厅副调研员、办事处办公室主任丁昭等一行3人，赶赴堆灵村开展“进村入户深入基层访贫问需”活动。在堆灵村委会和驻村工作队的陪同下，前往堆灵村次仁占堆、次仁塔杰、赤列多吉以及卓玛次吉、次仁措吉等5户村民贫困户家中，给村民送去了慰问金、大米、食用油等生活所需品。任加主任鼓励困难群众感党恩、听党话、跟党走、开拓思路、勤劳实干，配合村委会和驻村工作队抓住脱贫政策的良好机遇，积极响应党的号召，顺应党的政策，用自己的双手创造美好生活。“结对帮扶”活动结束后，任加主任一行还慰问了市政府办公厅驻堆灵村工作队，通过与驻村工作队、宁中乡和堆灵村相关负责人的交流中，了解到基层驻村工作开展的喜人成果，并充分肯定驻村工作队工作人员的工作成效。任加主任表示希望堆灵村的干部群众有机会多到内地走走，了解学习内地的先进发展经验。成都办事处也将依托地处内地的有利平台，在今后工作开展中加强沟通联系，切实为堆灵村各项工作提供帮助支持。

【离退休干部职工考察】 年内根据《中共拉萨市委办公厅关于进一步加强和改进离退休干部职工工作的意见》精神，按照市委老干部局的总体部署，组织住蓉离退休干部职工于9月在重庆白公馆、渣滓洞、武隆等地进行了参观考察。活动共参加人员共计126人，其中地级干部8人，县级干部31人，高级职称14人，一般干部67人，工作人员及医护人员6人。

（奉　芳）

应急管理

【概况】 2017年，市政府应急办坚持立足当前、着眼长远、统筹兼顾、整体推进、把应急处突与源头预防、专项整治与整体防空、区域联动有机结合起来，不断完善应急预案和健全应急联络平台，全面提高社会避险救助能力，有效保障人民群众生命和财产安全。全年发生3起较大安全事故，其中2起较大道路交通安全事故，死亡7人，伤2人；1起较大燃气管道施工窒息死亡生产安全事故，死亡3人，伤1人。截至年底，发生各类安全事故180起，死亡63人，伤139人，直接经济损失1853.31万元（其中生产经营性事故32起，死亡22人，伤20人），与2016年同期（发生事故202起，死亡72人，伤163人，直接经济损失972.96万元）相比，事故总起数下降10.89%，死亡人数下降12.5%，受伤人数下降14.72%，直接经济损失增加880.35万元。通过各县（区）各部门的共同努力，全市安全生产形势总体稳定好转，实现了事故总量、死亡人数、受伤人数“三个继续下降”和重特大安全事故“零发生”的较好成绩。

【自然灾害】 年内，拉萨市林周、曲水、达孜、尼木、空港新区等五县（区）数次遭受洪涝、泥石流、风雹和病虫害等自然灾害，其中，林周县遭受风雹灾害2起，洪涝灾害2起；曲水县遭受洪涝灾害3起；达孜县遭受洪涝灾害3起；尼木县遭受洪涝灾害6起，泥石流灾害5起，风暴灾害1起，生物灾害1起；空港新区遭受洪涝灾害1起。累计8184人次不同程度受灾，紧急转移安置9人，农作物受灾面积1695.9322公顷，农作物绝收面积170.746公顷，因灾倒塌民房4间，严重损坏民房9间，一般损坏民房23间，造成直接经济损失708.011万元。2017年自然灾害呈现以下特点：汛期洪涝灾害仍是造成农业损失较为突出的自然灾害，农作物受灾面积相比2016年增加35%；洪涝发生次数比往年上升，相比2016年增长17%；受灾人口呈现逐年递增趋势，相比2016年增长13%；直接经济损失呈现逐年递增趋势，相比2016年增加44%；干旱、生物灾害等自然灾害，因应对措施得当，没有造成较大损失。

【公共安全】 年内，拉萨市刑事案件发案率较2016年相比下降15.6%，破获涉毒类案件96起，破案率100%。抓获犯罪嫌疑人102人，与2016年105人相比，下降2.9%；缴获各类毒品3.9千克，与2016年相比下降7.1%。全市发生交通肇事案件145起，死亡59人，受伤148人，直接经济损失约137万元；与2016年同期相比事故起数下降12.7%，死亡人数下降7.8%，受伤人数下降36%，直接经济损失下降32.2%。

【公共卫生事件】 年内，拉萨市发生2起突发公共卫生事件，分别是：人感染H7N9禽流感疫情和江苏中学细菌性痢疾疫情暴发流行。疫情发生后，市应急办迅速监测禽类养殖场、销售点累计72户、从业人员210名。对市区医院进行流感样病例监测1182例，阳性病例47例，未监测到人感染H7N9病例。共接内地省市食品药品有关问题协查函119份，全部核实复函；共受理投诉举报470起，对相关企业下达《责令改正通知书》52份；共查处食品药品违法案件30起，已全部结案，罚没款17.10万元，没收涉案物品货值金额6.43万元。

【应急机制建设】 年内，市政府应急办健全应急管理机制，落实应急管理责任。根据《中华人民共和国突发事件应对法》《国家突发公共事件总体应急预案》和《西藏自治区突发事件总体应急预案》及相关规定，强化应急管理工作组织领导，健全机制，明确职责。形成以市政府主要领导为组长，市直各单位负责人为成员的突发事件应对工作领导小组，做到责任明、任务清，各专项应急预案责任单位落实相应人员，积极履行相关职责，确保领导小组对全市突发事件处置全面调度指挥。强化应急处置协调联动机制，建立并完善应急处置工作的协商机制，明确各单位在应急工作中的协调联动职责，制定相互联系、密切配合、高效有序的应急工作实施方案，严格执行突发事件的预防预警、决策指挥、抢救救援、应急保障、宣传报道、恢复重建等方面的责任追究制。完善应急预案体系建设，实施监测预警。健全《拉萨市突发公共事件应急管理预案》，建立拉萨市应急联络平台和各种突发事件处置程序、应急调查处置操作规范和技术方案。健全监测网络体系，加强预警信息报告，建立突发公共事件检测报告制度，确保突发事件及时处理、及时上报。

（刘其伟）

综述

【概况】　2017年在市委的坚强领导下，在自治区政协的悉心指导下，在市人大、市政府的大力支持下，市政协常委会团结带领广大政协委员深入学习贯彻中共十九大精神、区市第九次党代会精神和区市党委九届二次、三次全会精神，聚焦市委市政府中心任务，围绕团结和民主两大主题，凝心聚力、同心同德，认真履行政治协商、民主监督、参政议政职能，充分发挥思想引领、协调关系、汇聚力量、建言献策、服务大局的重要作用，为率先全面建成小康社会，奋力开启全面建设社会主义现代化拉萨新征程作出了积极贡献。

【协商建言】　年内，遴选委派35名政协委员担任民主监督员派驻市住建局等7家单位进行民主监督17次。向相关部门协商推荐40多名委员担任特邀监督员，推荐60多名委员参加各类会议，广泛开展有效监督。聚焦拉萨市“营改增”税收政策执行情况、农牧业供给侧结构性改革现状、生态文明建设情况、促进再生资源利用、推进河长制工作等课题开展重点调研。围绕巩固脱贫攻坚、拉萨河城区段4号闸、环城路工程项目推进和管理等，组织委员开展视察活动。提出意见建议103条，移交办理《解决机动车审车难》《加大市区道路井盖安全隐患排查》等社情民意信息7件。召开4次季度协商座谈会，提出具有较高参考价值的意见建议20余条。

【维护稳定】　年内，市政协地级党员领导干部在重大节日开展维稳巡查督导工作，积极做好维稳一线指挥部带班工作，赴联系县（区）、乡村、贫困户、寺庙和企业指导，走巷串户，与寺庙僧尼亲切交谈，交流思想，为群众想办法、出主意，为企业讲政策、谋发展，走访工作对象共计150余人次，参与精准扶贫、精准脱贫考核验收工作30余人次，参与督导“两学一做”学习教育常态化制度化、“四讲四爱”主题教育实践活动60余人次。党外副主席积极走访民族宗教界人士、归国藏胞和爱国统战人士。政协

2017年11月24日，市政协围绕拉萨市“法院判决执行难”问题召开第12次季度协商座谈会

委员充分发挥自身优势，全力推进拉萨市民族团结、宗教和睦和社会稳定。

【服务民生】 年内，市政协常委会深化驻村“七项任务”落实，为驻村点群众办实事好事30余件。争取民生项目7个，投入经费10万元帮助村集体发展经济，争取21.7万元的饮水改造项目。地级领导每月常态化检查指导驻村工作，机关县级以下党员干部职工结对帮扶贫困户27户，投入帮扶物资及钱款合计3万余元。

【交流交往】 年内，接待安徽合肥、吉林延边、宁夏中卫及那曲、阿里等区内外地市政协考察学习团22批次。组织委员赴区内昌都市、林芝市、日喀则市、阿里地区考察学习，赴广西桂林、贵州贵阳考察学习“大数据建设”、互联网建设、产业培育。积极适应互联网时代，开通“拉萨政协”微信公众平台，拓展委员知情明政渠道。

【自身建设】 年内，市政协党组按照新时代党的建设总要求，坚持“三个牢固树立”，以加强党的建设为统领，以坚定理想信念为根基，以深入开展“两学一做”学习教育常态化制度化为抓手，以转变作风为目的，不断推动机关自身建设向纵深发展。市政协党组带头严格执行中央“八项规定”精神，严格执行准则、条例，坚持巡察整改问题导向，认真落实党风廉政建设主体责任，严肃执纪问责，深入剖析问题原因，强化整改落实，进一步完善健全考勤、财务管理和办会制度，坚持制度约束、规范管理、照章办事。加强委员服务联络管理，加大干部学习培训力度。

（次旦伦珠）

重要会议

【政协十一届二次会议】 政协第十一届拉萨市委员会第二次会议于2月18—19日拉萨召开。会议应到市政协委员249人，实到202人。会议审议通过了市政协主席袁训旺代表政协第十一届拉萨市委员会常务委员会所作的《政协第十一届拉萨市委员会常务委员会工作报告》和市政协副主席孙宝祥代表政协第十一届拉萨市委员会常务委员会所作的《政协第十一届拉萨市委员会常务委员会关于一次会议以来提案工作情况的报告》；列席了拉萨市第十一届人民代表大会第二次会议，听取和讨论了“一府两院”报告及其他报告；审议通过了《政协第十一届拉萨市委员会第二次会议提案审查情况报告》；审议通过了《提案工作报告决议》《常委会工作报告决议》《政治决议》。

【政协十一届二次常委会】 政协第十一届拉萨市委员会常务委员会第二次会议于2月15日下午召开。会议应到常委49名，实到34名。会议审议通过了政协第十一届拉萨市委员会专门委员会设置的决定，政协第十一届拉萨市委员会副秘书长、专门委员会主任、副主任名单以及关于召开政协第十一届拉萨市委员会第二次会议的决定。听取了政协第十一届拉萨市委员会第二次会议筹备情况报告，审议通过了政协第十一届拉萨市委员会第二次会议议程（草案）、日程（草案）以及政协第十一届拉萨市委员会常务委员会工作报告（草案）及报告人和政协第十一届拉萨市委员会常务委员会关于十一届一次会议以来提案工作情况的报告（草案）和报告人，审议通过了政协第十一届拉萨市委员会第二次会议大会秘书长、副秘书长名单。

【政协十一届三次常委会】 政协第十一届拉萨市委员会常务委员会第三次会议于5月26日上午召开。会议应到常委49名，实到38名。会议传达学习了《关于加强和改进人民政协民主监督工作的意见》，审议通过了《政协拉萨市委员会委员履职考核暂行办法》《政协拉萨市委员会第9次季度协商座谈会报告》《关于对拉萨市全面推行河长制工作情况进行专题调研的报告》《政协拉萨市委员会关于拉萨市“营改增”税收政策执行情况的调查报告》。

【政协十一届四次常委会】 政协第十一届拉萨市委员会常务委员会第四次会议于11月3日下午召开。会议应到常委49名，实到37名。会议传达学习了中共十九大精神，听取了全市上半年经济运行情况通报，市中级人民法院、市人民检察院、市脱贫攻坚指挥部、市环保局上半年工作情况通报。

（次旦伦珠）

重要活动

【春节、藏历新年团拜会】 1月23日下午，举办拉萨市2017年春节藏历新年团拜会。自治区党委常委、市委书记白玛旺堆出席团拜会并致辞，市委副书记、市长，城关区委书记果果主持团拜会。各族各界代表互献哈达、互致祝福，并观看了文艺演出。市委、市人大、市政府、市政协其他在家地级领导，以及驻市人民解放军、武警部队、执勤部队代表、驻村（居）工作队代表，劳模、英模和各族各界人士代表，各县（区）和市（中）直单位主要负责人参加。

【节前慰问活动】 2月18日至25日，在春节藏历新年来临之际，市政协党组班子成员分别深入各自联系指导村（居）、寺庙和贫困户，开展联系指导工作和节前慰问活动，亲切看望慰问村（居）“两委”班子成员、驻村（居）工作队，寺管会干部、寺庙僧人，送上了哈达、慰问金、慰问品，向基层干部群众致以节日的问候。

【市委巡察组进驻市政协机关党组】 4月10日至6月10日，市委巡察三组就市政协机关党组近三年来工作开展情况进行了为期两个月的巡察。机关党组坚持巡察整改问题导向，深入剖析问题原因，强化整改落实，确保了巡察反馈问题全部整改到位。

【纪念西藏和平解放66周年座谈会】 5月24日下午，市政协组织各界别委员代表，召开纪念西藏自治区和平解放66周年座谈会。市政协副主席亚古出席会议并讲话。各界别委员结合自身亲身经历或所见所闻，畅谈了拉萨市和平解放66年来在经济、政治、文化、社会等各方面取得的辉煌成就。

【第2期委员学习培训班】 6月1—2日，市政协举办了为期两天的第2期委员学习培训班，市政协党组副书记、副主席兼秘书长张勤，市政协党组成员、副主席孙宝祥出席，自治区政协、自治区社会主义学院、市委党校等专家为委员授课。

【庆“七一”系列活动】 6月27日至28日，市政协机关组织驻村点“两委”班子成员12人，赴拉萨二职、城关区扎细街道、曲水才纳乡四季吉祥村等地，围绕“精准扶贫、四讲四爱”主题开展学习考察活动。市政协党组副书记、副主席兼秘书长张勤参加活动。6月29日下午，市政协党组副书记顿珠多吉为机关全体党员讲廉政党课。6月30日，机关党支部赴城关区河坝林社区开展爱心捐赠慰问社区党员活动，为社区老党员、优秀党员、困难党员送去慰问金8400元。

【全市政协文史工作会议】 6月30日上午，市政协召开全市政协文史工作会议，总结经验、谋划部署下一阶段工作，成立市政协文史资料编委会，聘请30名文史委员，市政协党组副书记、副主席兼秘书长张勤讲话，市政协党组成员、副主席拉巴顿珠主持会议，自治区政协常委、文史资料学习委员会主任单增卓扎应邀作专题讲座。

【主题党日活动】 8月4日下午，市政协机关党支部组织20余名党员干部职工开展党支部主题党日活动，集中观看红色电影《建军大业》。市政协党组副书记、副主席江嘎参加主题党日活动。

【西藏传统筹算技艺“迪孜”传习基地挂牌暨培训班】 9月5日上午，市政协文史民族宗教法制委员会与拉萨师范高等专科学校协作举行西藏传统筹算技艺“迪孜”传习基地挂牌暨培训班开班仪式。市政协与拉萨师专签订了《西藏传统筹算技艺“迪孜”传习协议》，市文化局向拉萨师专授予了“西藏传统筹算技艺‘迪孜’传习基地”牌匾。

【“9·17”民族团结进步节座谈会】 9月15日上午，市政协召开各族各界政协委员庆祝“9·17”民族团结进步节座谈会。市政协党组成员、副主席拉巴顿珠主持会议并讲话，各族各界政协委员代表和市民宗、统战部门负责人参加会议。党政界、军警界、文化旅游界、民族界、宗教界6名委员围绕委员如何发挥在民族团结进步中的积极作用，汇聚民族团结进步强大合力，共同谱写好实现中华民族伟大复兴中国梦拉萨篇进行了发言。

（次旦伦珠）

2017年11月6日，市政协委员围绕“我市农牧业供给侧结构性改革现状”进行专题调研

参政议政

【提案审查】 3月22日下午，市政协十一届提案审查委员会召开会议，遴选十一届二次会议重点提案。市政协党组成员、副主席、提案审查委员会主任孙宝祥主持会议并讲话。

【季度协商】 年内，市政协先后召开第9次、10次、11次、12次季度协商座谈会，分别围绕“委员如何围绕中心、服务大局履职尽责”“改善‘三渠一河’水源污染”“规范拉萨市电动车管理”“法院判决执行难”等问题进行协商座谈。

【调研“营改增”执行情况】 4月19日，市政协围绕市“营改增”税收政策执行情况，组织工商界、经济界委员赴市国税局北城分局、拉萨饭店、嘎吉林房地产公司进行实地调研，并召开座谈会。市政协党组成员、副主席孙宝祥参加调研活动。委员们立足自身实际，就“营改增”税收政策在执行过程中遇到的疑问和问题与相关部门负责人做了沟通交流，并积极建言献策。

【委员活动】 民族、爱国统战和归国藏胞界委员开展界别活动。7月21日，民族、爱国统战和归国藏胞界委员围绕“规范藏语文社会用字”开展界别活动。委员们前往城关区两岛街道办事处、北京中路冲赛康路段和市市民服务中心社会用字藏汉翻译窗口实地视察，并召开座谈会。座谈会上，市政府副秘书长李中福通报了拉萨市规范藏语文社会用字工作开展情况。与会委员围绕主题就更好开展拉萨市规范藏语文社会用字管理工作提出了意见建议。

工商界、经济界政协委员开展界别活动。8月3日，市政协组织工商界、经济界委员围绕“深入学习供给侧结构性改革，积极助推拉萨经济再创新辉煌”开展界别活动。活动邀请市委党校高级讲师为委员们作了题为《供给侧结构性改革》的专题讲座，并前往西藏高原天然水有限公司和西藏月王生物科技有限公司进行了实地考察。

中共界、军警界委员界别活动。8月15日，市政协办公厅组织中共界、军警界委员前往拉萨市人力资源市场、第三极众创空间等地，围绕拉萨市“大学生就业问题”开展界别视察活动。委员们对拉萨市促进大学毕业生就业创业工作取得的成就，出台的一系列扶持政策措施和鼓励引导大学生就业创业的举措给予充分肯定。

群团界、教育体育界委员开展界别活动。8月18至19日，群团界、教育体育界委员围绕“市县乡三级政务服务体系运行情况和‘放管服’工作情况”开展界别活动。委员们深入尼木县、曲水县、堆龙德庆区、城关区、墨竹工卡县、达孜县、林周县，实地参观各县（区）级政务服务中心及部分乡（镇）级政务服务中心运行情况，委员们与市市民服务中心、市审改办、市发改委、各县（区）政务服务部门负责人进行了协商交流。

医卫界、群团界、宗教界委员开展界别活动。8月30日，市政协组织医卫界、群团界、宗教界委员围绕“拉萨市包虫病防治工作”开展界别活动。委员们前往拉萨市流浪犬收容中心、拉萨市疾病预防控制中心、拉萨市人民医院等地进行视察，并结合视察情况提出加大宣传力度、加大流浪狗的抓捕力度、改善抓捕方式、加大防护措施投入、建立完善管理方案等建议。

【调研农牧业供给侧结构性改革】 11月6日，市政协组织政协委员围绕“拉萨市农牧业供给侧结构性改革现状”进行专题调研。调研组先后前往城关区高标准奶牛养殖中心、乳制品加工基地、千亩油桃种植基地，曲水县才纳净土健康产业园区、新品种种植基地等地实地调研，并召开座谈会，市农牧局，城关区、曲水县农牧局负责人就农牧业供给侧结构性改革相关工作情况进行了报告，与会委员围绕主题畅所欲言，为拉萨市农牧业供给侧结构性改革积极建言献策。

【调研生态文明建设】 11月10日，市政协组织17名政协委员围绕“拉萨市生态文明建设工作开展情况”进行专题调研。调研组先后前往拉萨鹏矗生态园、经开区天文广场、鲁定公园、罗布林卡公园、宗角禄康公园、中国税务林、色拉寺广场等地视察拉萨市“树上山”“河变湖”等生态工程建设。座谈会上，委员们对拉萨市实施“环境立市”战略，生态文明建设取得的成效给予充分肯定。市环保、水利、林业绿化、园林、城投公司等相关单位负责人参加调研。

【重点提案办理】 5月16日，由市政协党组副书记、副主席兼秘书长张勤领衔，办公厅牵头，联合市委、市政府“两办”督查室，组织相关提案人、部分政协委员对十一届一次会议重点提案《关于解决幼儿园入学难的问题》的办理情况进行督办和深入调研。张勤副主席与委员们对解决幼儿入园难问题提出了有针对性的意见建议。

【督办重点提案】 6月9日，由市政协党组成员、副主席孙宝祥带队，组织相关提案人、6名政协委员对十一届二次会议重点提案《关于引入“共享单车”，升级拉萨市公共自行车租赁系统的提案》的办理情况，前往共享单车投放点进行实地调研督办，委员们与市交通运输局、市交通产业集团、ofo公司相关负责人进行了深入交流。

（次旦伦珠）

2017年9月5日，市政协与拉萨师专协作承办西藏传统筹算“迪孜”传习基地挂牌暨培训班开班仪式

民主监督

【委派民主监督员工作会议】 4月11日上午，市政协召开委派民主监督员工作会议，市政协党组成员、副主席孙宝祥主持会议并讲话。会议研究制定政协拉萨市委员会关于聘任委派民主监督员相关事宜，向35名民主监督员颁发聘任证书。

【反映社情民意信息工作会议】 4月13日上午，市政协召开反映社情民意信息工作会议，对市政协反映社情民意信息工作进行安排部署，市政协党组成员、副主席孙宝祥出席会议并讲话。会议传达了《政协拉萨市委员会反映社情民意信息员工作暂行办法》《政协拉萨市委员会关于聘任反映社情民意信息员的通知》，颁发了聘任市政协反映社情民意信息员证书。

【调研河长制工作】 5月16日至17日，由市政协党组成员、副主席孙宝祥带队，组织18名政协委员对拉萨市全面推进河长制工作情况进行专题调研，市政协党组成员、城关区区长刘亮参加调研活动。调研组先后来到拉萨河城关区嘎巴段、贡布塘段、3号闸、流沙河沉沙池、拉鲁湿地、拉萨河经开区段等地实地调研。座谈交流会上，委员们结合调研情况，针对拉萨市推进河长制工作情况作交流发言，提出了加大河长制工作的宣传力度、加大污水直排现象排查整治、加大“三渠一河”的源头治理、加大水资源循环利用等意见建议。

【督导委派民主监督工作】 6月13—15日，市政协副主席张勤、孙宝祥分别到7家受派单位督导检查委派民主监督工作开展情况，就做好拉萨市政协委派民主监督员工作提出了相关要求。

【考察4号闸、环城路项目】 6月27日，市政协组织委员对拉萨市重点工程项目4号闸、环城路工程项目推进和管理情况进行考察。市政协党组副书记顿珠多吉参加视察。视察组先后来到拉萨河城区段综合整治工程4号闸、环城路南环线、西环线、东嘎立交桥、北环线项目施工现场，仔细了解工程环评、生态保护等情况，委员们提出了加大水质的监测力度、妥善处理建筑垃圾和生活垃圾、高度重视鱼类的回游问题、做好环城路绿化工作等建议。

（次旦伦珠）

专门委员会工作

【提案委员会】 研究制定了《政协拉萨市委员会重点提案遴选与督办暂行办法》。审查立案市政协十一届二次会议以来提案84件，遴选2件重点提案，提案办复率100%，满意或基本满意率为100%。积极组织各县（区）政协工作人员及部分基层政协委员赴堆龙德庆区“政协委员之家”参观学习，为在全市范围内建立“政协委员之家”提供借鉴。

【经济资源环境社会教科文卫委员会】 组织委员和界别小组围绕拉萨市脱贫攻坚、农牧业供给侧改革、再生资源利用、全民健身等开展各项调研视察活动6次。积极做好拉萨市巩固“禁白”成果工作。与8个县（区）、各园区、16家农贸市场签订“禁白”目标责任书，开展“禁白”宣传170次，录制公益宣传片。开展督导检查61次，查处没收一次性塑料购物袋2680公斤，及时处理了2起“12345”热线举报事件，共向市场投放布袋2000余万条。研究起草《拉萨市禁止一次性发泡塑料餐具、塑料购物袋管理办法（草案）》，并已纳入2018年市人大常委会立法计划。有效开展“河长制”督查工作。先后4次深入拉萨市8个县（区）、4个园区、20个乡镇、4个村（居）、10条重点河（湖）道、7处非法采沙场和部分成员单位及河长制办公室，就河湖分级名录确定、工作方案制定及实施、组织体系建设、制度建立和执行、重点任务落实等情况进行督查。

【文史民族宗教法制委员会】 成立政协第十一届拉萨市委员会文史资料编委会，聘请了30位文史委员，与8个县（区）政协签订了《关于整理和出版县（区）史的协议》。成功申报西藏传统筹算技艺“迪孜”列入自治区级和拉萨市级非物质文化遗产名录，与拉萨师专合作举办第二期“迪孜”培训班。完成《回族百年实录》稿件修改和配图工作。校审《拉萨地区藏传佛教节日简介》，完成“拉萨市政协文史展厅”建设。

（次旦伦珠）

中国共产党拉萨市纪律检查委员会

综述

2017年，中国共产党拉萨市纪律检查委员会在自治区党委的坚强领导下，在自治区纪委的悉心指导和有力推动下，以白玛旺堆书记为班长的市委坚决落实管党治党政治责任，始终把全面从严治党摆上突出位置，不断加大管党治党力度，拉萨市党的纪律建设全面加强，党风政风不断好转，反腐败斗争压倒性态势已经形成并不断巩固发展。全市各级纪检监察机关不断增强"四个意识"，忠诚履职尽责，推动党风廉政建设和反腐败工作取得了新的明显成效。

（陈启堂）

纪检工作

【中国共产党拉萨市第九届纪律检查委员会第二次全体会议】 2月13日，中国共产党拉萨市第九届纪律检查委员会第二次全体会议召开。自治区党委常委、拉萨市委书记白玛旺堆出席主会场会议并作重要讲话。白玛旺堆书记从"坚持管党治党不放松、坚持规范党内政治生活不懈怠、坚持正风肃纪不停步、坚持反腐惩恶不手软"四个方面充分肯定了中共十八大以来拉萨市党风廉政建设和反腐败斗争取得的成效。拉萨市委在家常委；市人大、政府、政协党组成员；拉萨警备区、市中级人民法院、市人民检察院、市公安消防支队负责人；九届拉萨市纪委委员出席会议。自治区纪委常委，拉萨市委常委、市纪委书记彭祎涛主持会议。

【压紧压实主体责任】 市委坚守政治责任，坚持把党风廉政建设和反腐败工作摆在突出位置，制定2017年主体责任工作要点，把责任分解落实到下一级党组织特别是"一把手"身上，形成上下贯通、层层落实的责任体系。制定下发拉萨市2016年党风廉政建设责任制检查考核整改方案，提出针对性整改措施21项，并督促落实。2017年，市委先后听取党风廉政建设和反腐败工作汇报50余次，市委主要领导认真履行"第一责任人"责任，研究部

2017年2月7日，自治区纪委常委、市委常委、纪委书记彭祎涛藏历年前慰问老干部

2017年2月3日，中国共产党第九届拉萨市第二次全体会议

署党风廉政建设和反腐败工作11次、批示30余次，亲自带队组成10个考核小组对各县（区）、市直各单位2016年、2017年落实党风廉政建设责任制进行验收考核。

【深化“双述”工作】 选取8家单位在市委常委（扩大）会议上现场述责述廉并接受评议质询，选取20家单位书面提交述责述廉报告并接受书面质询，切实加强“一把手”监督。各县（区）认真开展县乡村三级“双述”工作。同时，全面开展纪委系统“双述”。召开各县（区）纪委书记、派出（驻）纪检组长“双述”会议，选取堆龙德庆区纪委、墨竹工卡县纪委、林周县纪委、曲水县纪委和市纪委派出第一纪检组、公安局纪委等6家单位进行现场述责述廉并接受评议质询，城关区纪委、市检察院纪检组、市净土公司纪委等16家单位书面提交述责述廉报告，着力推动各级纪委管党治党监督责任落实。各县（区）纪委书记、派出（驻）纪检组长“双述”现场共发放民主测评表51份，6位现场述责述廉对象平均分达95.51分。

【十九大精神学习宣传】 把学习贯彻习近平新时代中国特色社会主义思想和中共十九大精神作为首要政治任务，及时制定中共十九大精神学习方案，召开市纪委机关、巡察机构和派出纪检组干部大会，传达学习中共十九大精神；举办5期理论中心组中共十九大专题学习会议，累计研讨发言30人次；举办全市纪检监察系统中共十九大精神培训班2期，实现市一级纪检监察和巡察干部、县乡两级纪委和巡察机构科级以上干部轮训全覆盖；协助自治区纪委制作学习中共十九大精神专题片，参加全市中共十九大精神知识测试，组织机关干部开展中共十九大全面从严治党战略部署专项测试；依托拉萨纪检监察网和“清风拉萨”微信公众号开展线上学习教育，开辟专栏系统解读中共十九大精神。把督导检查中共十九大精神学习贯彻情况与检查扶贫领域监督执纪问责工作结合起来，与督促指导县（区）深化国家监察体制改革试点工作结合起来，按照自治区纪委督导调研工作统一安排，深入八县（区）进行实地督导，推动中共十九大精神落地生根。

【加强党的政治建设】 坚持把严明党的政治纪律和政治规矩摆在首位，制定印发《关于加强党员干部政治纪律建设的意见》，教育引导广大党员干部始终牢记“五个必须”，坚决防止“七个有之”，严肃查处妄议党的领导决策、对党不忠诚不老实、追随十四世达赖集团、充当“两面人”、散布反动言论的党员干部和国家公职人员。联合市委组织部下发《关于严禁共产党员信仰宗教的通知》《关于严禁共产党员和国家公职人员参与“萨嘎达瓦”宗教活动的通知》，集中力量对党员信仰宗教、参与宗教活动开展明察暗访。全年共查处违反政治纪律案件3件3人。围绕迎接和服务中共十九大胜利召开这条主线，全面落实维稳安保责任，抓住重大敏感节点，持续加大社会维稳面的检查力度，全年督查单位10205个次，现场发现并纠正问题372个。中共十九大召开期间，查处违反维稳工作纪律36人，给予党纪政纪处分4人，诫勉谈话8人、约谈24人、通报批评7家单位6人。严把党员干部选拔任用政治关、廉洁关，对拟提拔重用人选出具党风廉政意见函240批4370人，取消评优或提拔资格12人。

【严肃党内政治生活】 市纪委共派出干部88人次（其中县级领导干部53人次）列席82家市直单位党组（党委）专题民主生活会，监督其严格按照《关于新形势下党内政治生活的若干准则》要求，认真开展批评与自我批评，并就班子成员相关问题在会上作出说明。

【实践监督执纪“四种形态”】 牢牢把握纪在法前、纪严于法要求，严格执行监督执纪工作规则，制定《关于进一步规范问题线索处置有关工作程序的通知》《拉萨市纪检监察机关谈话函询办法（试行）》，全面加强和规范反映党员领导干部问题线索的处置工作。转变执纪审查理念，综合运用监督执纪“四种形态”，探索建立集体谈话、提醒谈话、函询谈话和诫勉谈话“四种谈话机制”，运用第一种形态315人次，占68.5%，第二种形态106人，占23%，第三种形态24人，占5.2%，第四种形态15人，占3.3%。“四种形态”的结构性特征已基本形成，监督执纪问责的政治效果、纪律效果和社会效果显著提升。

【预防惩治腐败】 坚持有案必查、有腐必惩，全市纪检监察机关共受理信访举报375件次（含上级转交办），处置问题线索294件，初核谈话函询了结202件，立案审查90件，给予党纪政纪处分143人，移送司法机关6人；查处基层“微腐败”案件16起22人，给予党纪政纪处分21人，移送司法机关2人。

【严厉追责问责】 严格执行《中国共产党问责条例》及自治区实施办法，建立健全责任追究典型问题通报制度，对落实“两个责任”不力的20家单位、落实领导责任不力的132名党员领导干部进行严肃问责。其中，处置环境保护领域追责问题线索25件，给予纪律处分18人，诫勉谈话18人，约谈40人，通报4人，责成公开道歉1人，停发半年绩效奖金2人。

2017年3月25日，拉萨市纪委组织干部职工在曲水县才纳乡植树

【逐级开展约谈】 2016年12月至2017年3月，市委书记、副书记、纪委书记对县（区）委书记、市直单位和市属国有企业党委（党组）书记开展约谈95人次，同时要求各县（区）参照市委做法逐级开展约谈工作。

【查处扶贫领域违纪违规问题】 紧盯扶贫领域问题易发多发的风险点和关键环节，把责任传导到乡（镇），把问题解决在基层。围绕全市扶贫项目安排、资金落实等环节，对七个未脱贫县（区）进行扶贫领域专项巡察，重点查处脱贫攻坚领域贪污挪用、虚报冒领、截留私分、优亲厚友、挥霍浪费等问题，坚决斩断伸向扶贫领域的“黑手”，为打赢脱贫攻坚战提供纪律保障。全年查处扶贫领域违纪案件23件30人，给予党纪政纪处分3人，通报曝光2批6人次，一批民生问题和联系服务群众“最后一公里”问题得到有效解决。

【廉政宣传教育】 每逢节假日、子女升学之际，在拉萨纪检监察网以及“清风拉萨”微信公众号上刊登进一步严明纪律要求的公告等，提醒教育全市党员干部廉洁过节，坚决防止“欢送会”“谢师宴”等各类不正之风滋生蔓延。在网站上链接“两学一做”学习教育官方网站，提供权威宣传平台，设立时政要闻、工作动态、宣传教育、互动交流、展馆动态、资料库、他山之石、机构设置等8个版块22个栏目，以文字、图片、视频等多种形式展现工作成果，全面反映拉萨市纪检监察工作动态；在“清风拉萨”微信公众号宣传教育平台，设立学习微平台领导声音、工作信息、“两学一做”、传统家规、带你学+、学思践悟、以案说纪、每周廉政警句等栏目，宣传党风廉政建设和反腐败工作的新形势、新要求和新成效。组织力量编撰《落实中央八项规定精神和“两个责任”政策法规实用手册》5000册，向各县（区）、市委各部委、市（中）直各单位、寺管会等713家单位发放；将中纪委“学思践悟”专栏系列评论文章汇编成册，发放给各县（区）、市直各单位党委（党组），共计发放500册；向各县（区）农牧民党员发放《中国共产党党内监督条例》（藏文版）宣传书籍共计14000册；向各县（区）、市直各单位党委（党组）发放《永远在路上》警示片光盘150张，切实筑牢党员干部廉洁防线。组织全市党员干部观看《贪欲·黑洞—黄羽天违纪违法案件警示录》，联合市妇联开展“倡导家庭助廉培育廉洁家风”活动，联合市委宣传部启动“廉洁拉萨与你同行”有奖征文活动等一系列经常性教育活动，以身边事教育身边人，筑牢党员干部拒腐防变思想防线。

2017年7月1日，拉萨市纪委组织“七一”党员爬山活动

【筹划组建市县两级监察委员会】市委强化政治担当，站位全局谋划，成立拉萨市深化国家监察体制改革试点工作小组，制定工作实施方案，准确把握改革工作的基本原则、目标任务、实施步骤，全面加强对改革工作的组织领导，推动形成党委牵头抓总、纪委主抓直管、各相关领导机关和相关部门协调配合的联动格局，筹划市县两级监委平稳迈出拉萨改革试点工作坚实步伐，为下一步机构高效运转、精准履行职责奠定坚实基础。

【县乡巡察机构建设】健全县级巡察监督机制，市委巡察工作领导小组统筹推进全市县级巡察机构建设工作，实现全市巡察监督全面铺开、无缝对接。截至年底，全市8个县（区）均已设立巡察机构并组织开展了首轮巡察工作。

【推进派驻机构建设】制定《关于向市一级党和国家机关派驻纪检机构方案》，按照“职能相近”原则，拟采取“8+1”模式进行“综合+单独”派驻，将现有市级部门纪检机构整合为9家派驻纪检组。将堆龙德庆区作为县（区）纪委派驻机构改革试点区，探索形成可复制、标准化的派驻改革示范样板。

【自身建设】突出思想政治建设，伴随“两学一做”学习教育常态化制度化，督促党员干部提高政治站位、站稳政治立场、纠正政治偏差，坚决维护习近平总书记作为党中央的核心、全党的核心地位。市纪委常委会坚持以上率下，带头严肃党内政治生活，认真贯彻执行民主集中制；班子成员始终保持坚强政治定力，模范践行“三严三实”，带头争做合格党员。加强能力素质建设，制定《拉萨市纪检监察干部专题培训班工作方案》，形成以案代训、集中培训、基层纪检干部轮训等多种长效培训机制。市纪委领导班子成员采取集中授课、现场答疑、经验交流及赴县（区）巡回开办知识讲座等方式，对各级纪检监察干部进行监督执纪问责专题培训。邀请北京市纪委4名业务专家赴藏，为全市

2017年7月10日，拉萨市纪委开展赌博专项整治部署会议

180名纪检监察干部传授执纪审查实战经验。全市派出干部参加中央纪委、自治区纪委各类培训108人次，纪检监察干部监督执纪问责能力不断提升。强化内部监督管理，开展全市纪检监察系统“双述”工作，制定下发《关于进一步规范全市纪检监察干部行为的通知》，建立完善全市纪检监察干部问题线索处置及立案审查情况报告制度，开展全市纪检监察干部参与赌博或带有赌博性质娱乐活动专项整治工作。一年来，共处置涉及纪检干部信访举报和问题线索2件3人、组织处理2人，坚决防止以案谋私，办人情案、关系案、抹案子等违纪违法问题的发生。

（陈启堂）

监察工作

【巡察监督】　持续深化政治巡察，编印《巡察工作指导手册》和《政治巡察要点》，规范完善巡察工作规章制度，起草制定全市巡察五年规划和年度巡察计划，九届市委巡察覆盖面达18.85%。全年派出3轮13个巡察组，采取“1托1”“1托2”等方式对158个党组织开展常规巡察和扶贫领域专项巡察，反馈三类问题190个，移交问题线索（事项）19件。组织7个督查组对八届市委两轮、九届市委第一、轮二轮巡察整改情况及移交问题线索（事项）办理情况进行督查，有关被巡察党组织清退违规发放津补贴90余万元，上交应缴未缴款80余万元。

【纠正“四风”】　坚决捍卫来之不易的作风建设成果，对“四风”问题紧咬不放、紧盯不松，一个节点一个节点坚守，一个问题一个问题解决，严肃查处不收敛、不收手、不知止的顶风违纪行为。全年查处违反中央八项规定精神案件16件19人，给予党纪政纪处分14人，通报曝光5人次。出台《拉萨市党员干部参与赌博问题专项整治工作方案》，把以赌博为中心的5类行为作为整治重点，共查处党员干部和国家公职人员参与赌博或带有赌博性质娱乐活动问题15起15人，立案审查12人，给予党纪政纪处分12人。推动干部作风能力提升，严肃查处工作中不思进取、不敢担当、玩忽职守、精神懈怠、作风漂浮、消极被动党员干部27起103人，其中给予纪律处分26人，诫勉谈话21人、约谈50人、通报曝光2件6人。深入分析研判中共十八大以来全市落实中央“八项规定”精神情况，总结经验，发现问题，提出整改措施，为继续巩固深化作风建设成果提供指引及参考借鉴。

【党建工作】　市纪委机关党总支下设4个党支部（3个在职党支部、1个离退休党支部）。与市直机关工委签订《基层党建工作目标责任书》，机关党总支部书记与1名副书记、3名支部委员及3名党支部书记分别签订《拉萨市纪委监察局机关党建工作责任书》，层层分解任务，级级落实责任。常委会专题研究部署机关党建工作4次，平均每月3次以上机关党员教育培训及学习活动。

（陈启堂）

法　治

政法委及综治

【概况】　年内，市委政法委（综治办、维稳办）深入贯彻落实习近平总书记系列重要讲话精神，特别是“治国必治边，治边先稳藏”和“加强民族团结、建设美丽西藏”等治边稳藏重要战略思想，以统筹推进“六大战略”为统领，以全力确保中共十九大胜利召开为主线，围绕充分发挥首府城市首位度作用和维稳关键作用的总要求，团结、带领全市政法机关，坚持主动出击、依法治理，积极应对各类风险挑战，从严从实从细抓好保安全、护稳定工作，深入解决源头性、基础性问题，深入推进司法体制改革，切实加强政法队伍建设，全面巩固和深化拉萨持续和谐稳定的良好局面，为建设团结美丽健康幸福新拉萨作出了积极贡献。

【队伍建设】　年内，市委政法委强化教育培训和舆论宣传力度，不断提升社会治理专业化水平，逐渐形成全民治理的社会氛围。主动适应推进国家治理体系和治理能力现代化的要求，把能力建设作为一项重要任务，全面提高综治干部的职业素养和专业水平。围绕网格化管理、“双联户”工作、矛盾纠纷排查、社情民意搜集等综治工作重点，结合市情实际，实行分类施教，大力开展全市各级综治干部教育培训，筑牢社会治理基层基础。

【反分裂斗争】　年内，全市各级政法维稳综治部门保持高度的政治敏感性，牢牢把握政法维稳综治工作正确政治方向，以打好十九大期间维稳安保攻坚战为工作重心，以“防暴恐、防自焚、防聚集、防极端、重疏导”为工作着力点，严密防范十四世达赖集团实施分裂渗透破坏活动，依法打击各类暴力恐怖犯罪，努力实现拉萨社会局势持续长期全面稳定。加强情报信息分析研判工作，发动专业情报力量、秘密情报力量，做好策划实施自焚、非法聚集以及行动性、破坏性等情报信息的搜集核查、集中研判、整合共享和落地处置工作，提高维稳工作的前瞻性和主动性。持续深化“反自焚、防自焚”专项行动，严格执行油品销售实名制和零散油品审批管理制度，强化油品管控力度。加强输入型维稳隐患排查防控工作，加强环拉“护城河”盘查检查，严格落实“五逢必查”要求，加大对进出拉萨市人车物的查控力度，构建起“外圈保内圈、内圈保核心”的危险因素过滤机制。持续深化反暴恐专项行动，全面落实党政军警民联勤联防机制，突出打击人员密集场所危安案件、从事分类渗透破坏活动的非法组织和重点人员，从源头切断摧毁分裂主义的行动渠道，筑牢全民反恐防控的基础防线。持续深化宗教领域维稳工作，加强教育引导，在全面落实利寺惠僧政策的基础上，严格按照属地管理、分级负责、流入地流出地共同负责的原则，加强宗教领域防范，坚决杜绝宗教领域人员与境外分裂势力勾连，积极引导宗教与社会主义社会相适应。

【立体化治安防控】　年内，市委政法委（综治办、维稳办）坚持一手抓保安全护稳定促和谐，一手抓服务和保障经济社会发展大局，把打击犯罪、维护稳定与化解风险、促进发展统筹部署，织牢立体化、信息化社会治安防控体系，为全面深化改革、推进长足发展提供有力的司法保障、优质的法律服务和良好的法治环境。严厉打击违法犯罪活动，把依法打击危害人民群生命财产安全的故意杀人、故意伤害、“两抢一盗”、金融犯罪、毒品犯罪作为重点，严厉打击惩处违法犯罪分子，侦破和查处刑事、治安案件，始终保持对违法犯罪活动的高压态势，着力提升公共安全感和满意度。深入开展治安重点地区排查整治，以群众反映强烈的社会治安热点、难点和焦点问题为抓手，强化街面防控、社区防控、视频监控、区域警务协作、群防群治、情报信息“六张网”，全面清理整治治安顽疾，加强治安突出问题整治，消除潜在的治安隐患，有效净化了社会治安环境。强化公共安全监管，持续强化对管制刀具、枪支弹药、烟花爆竹、危险化学品的管理，针对道路交通、煤炭矿山、旅游客运、建筑施工、消防安全等重点行业，全面开展大家查、大排查、大整治专项行动。持续推动社会稳定风险评估机制落实，加强重大项目及重大宗教活动的稳定风险评估，确保全市无一起因预防化解措施不到位引发的不稳定事件。强化矛盾纠纷源头治理，以“发现得了、控制得住、处置得好”为目标，深入重点区域、行业、群体开展摸排，及时排查化解矛盾纠纷，严防一般性矛盾纠纷转化为刑事案件、治安案件，未发生越级上访事件，严防境内外敌对势力和达赖集团插手利用。特别是以劳资纠纷等为重点，加强分析研判、监测预警、部门协作，推动排查化解联勤联动。

【创新社会治理】　年内，市委政法委（综治办、维稳办）坚持围绕中心、服务大局，坚持机制、理念、方法、手段、科技创新，推进专项治理与系统治理、综合治理、依法治理、源头治理相结合，着力提升社会治理系统化、科学化、智能化、法治化水平。持续推进网格化管理、社会化服务，深化“双联户”创建活动，促进社区网格与警务管理双向融合，大力提升流动人口服务管理能力、矛盾纠纷排查化解能力、社区治安整治能力、安全隐患整治能力和基层公共服务能力。积极适应城乡发展一体化进程新要求，不断加强实有人口服务管理，整合职能部门服务管理资源，推进流动人口服务管理工作齐抓共管、共同参与。贯彻落实自治区《关于进一步推进户籍制度改革的实施意见》，全面实施居住证制度，放宽全市城乡落户条件，统一城乡户口登记制度。提高流动人口服务保障水平，流动人口被广泛纳入联户单位，享有与户籍居民在公租房申请、公共交通、医疗卫生等服务保障方面同等的权利。深化科技应用，不断提高政法综治工作现代化水平，依托拉萨市大数据中心，积极构建一网多用、多网联动的信息化、智能化社会治安防控体系，部署建设纵向连通全市所有县（区）、乡村的社会治安综合治理信息系统。以入选全国公共安全视频监控示范城市的契机，推动“雪亮工程”联网应用建设，编制视频整合联网应用共享平台建设初步设计方案，通过打造高科技综治平台，有效提升社会治理效能。深入开展综治教育培训和法治宣传教育活动，群众法治意识、法治观念不断提升。全面落实“七五”普法规划，大力推进法律“七进”，将法治宣传触角延伸至全市各个角落，群众自觉守法、遇事找法、解决问题靠法的氛围正在形成。进一步推进社区矫正制度化规范化建设，全面推行“五对一”社区矫正教育监管制度，每一名社区服刑人员由1名司法行政人员、1名公安派出所民警、1名村（居）委员会成员、1名双联户长、1名亲属（担保人）组成矫正小组实行教育监管，确保不发生社区服刑人员虚管、脱管、漏管事件。加强行业性专业性人民调解组织建设，全市共建立行业性专业性人民调解组织28个，同时建立调解员专家人才库，吸收社会律师、退休检察官、退休法官、法律援助律师等专业人才36人，为行业性专业性人民调解工作提供人才支撑。

【司法体制改革】　年内，市委政法委（综治办、维稳办）紧紧围绕完善司法责任制及相关配套改革、推进以审判为中心的刑事诉讼制度改革等工作，按照“顶层设计、分步实施、试点先行、稳步推进”的思路，外学内研、靠前部署，依法积极稳妥地推进改革试点工作。组织召开全市刑事审判工作会议，市中法、检察院、公安局、司法局、安全局共同商议解决侦查、起诉、审判中的难点和问题，形成改革合力。组织力量在广大干警中做好调研、宣传工作，全面掌握各类人员情况及思想动态，分类开展思想引导，形成支持改革、积极参与改革的氛围。稳妥推进法官检察官入额，按照正规化、专业化、职业化要求，严格标准、规范程序，认真完成入额法官检察官遴选工作。在法官检察官员额制改革中，按照正规化、专业化、职业化要求，严格标准、规范程序，制定入额法官检察官遴选工作实施方案和法官入额考核办法，提取2016—2018年法官业绩数据指标和综合考核成绩，实事求是核定员额比例。围绕落实司法责任制这一改革核心，逐步建立司法责任制体系。除保留重大、复杂、疑难案件的重大决定权限，细化法官检察官权利清单，理清责任链条，减少中间环节和层层审批，引导落实审判任务。制定三类人员绩效考核办法和绩效奖金分配办法，确定入额法官检察官办案指标。成立法官检察官权益保障委员会，加强对干警依法履职的保护。加快推进以审判为中心的刑事诉讼制度改革。健全警种协同、部署周密的国家安全保卫工作机制，建立完善应急处突快速反应机制和危安案件联侦快查机制，做到危安案件“快侦快破、消除隐患”。开展大部门、大警种制改革试点，在堆龙德庆区公安局开展大部门、大警种制改革试点工作，将该局原有20个部门整合为“三部四中心+看守所”8个部门，完成民警工作意向调研和改革方案、部门规章、考核办法制定工作。市司法局围绕健全权力运行制约和监督体系,认真开展人民监督员选任管理方式改革试点工作，选任15名人民监督员，31名后备人民监督员。积极筹备全市政法部门协同办案系统建设，牵头对全市政法部门协同办案系统建设事项进行规划，组织政法部门业务骨干，对案件种类、证据标准进行梳理，完善相关目录，形成平台建设初步方案。

（周 杰）

立法工作

【人大立法】 年内，市人大常委会结合拉萨市实际，在广泛征求各方意见、充分论证的基础上，编制了拉萨市十一届人民代表大会及其常务委员会五年（2017—2021年）立法规划和5个年度立法计划，确立立法项目16件，内容涉及法治体系建设、城市建设与管理、历史文化保护、生态环境保护、民生保障等方面。

【修订《拉萨市制定地方性条例》】 年内，为规范拉萨市制定地方性法规活动，确保国家法制统一，市人大常委会根据国家新修订的《中华人民共和国立法法》的要求，对原有的《拉萨市制定地方性法规条例》进行修订，形成了《拉萨市制定地方性法规条例（修订草案）》，已在按程序提请自治区人大常委会审议批准。

【制定《拉萨市村庄规划条例》】 年内，为进一步保护拉萨市土地资源，纠正乡村规划管理薄弱现状，促进农村有序建设，避免造成基础设施重复建设和资源浪费，常委会经过调研、起草、论证，形成了《拉萨市村庄规划条例（草案）》，并报常委会会议审议，已进入二审阶段。

【政府立法】 年内，市政府进一步改进立法工作方法，遵循民主立法、科学立法要求，通过召开征求意见会、调研座谈会、专家论证会、立法协调会，多渠道征求县（区）、市直单位和专业人士意见建议，对意见建议逐条研究吸纳，不断提高立法质量。共颁布政府规章1件即《拉萨市城市渣土管理办法》，规范性文件5件。

（罗 梅 张 坤）

法治政府建设

【概况】 年内，全市政府系统全面贯彻中共中央、国务院《法治政府建设实施纲要（2015—2020年），以“深入推进依法行政，加快法治政府建设”为总目标，紧紧围绕市委中心工作，全面贯彻落实法治政府建设各项任务，充分发挥服务决策、服务中心工作的作用，各项工作顺利有序推进。

【行政复议】 年内，拉萨市坚持以维权为重，认真履行行政复议职责，充分保障群众复议申请权，收到的行政复议申请，符合条件的均予以受理，全力化解行政争议受理12件行政复议案件，均已办结。同时，加快建立权责明确、行为规范、监督有效、保障有力的行政执法体制，促进行政执法机关公开、公平、公正、合理行使行政处罚自由裁量权。

【执法培训】 2017年9月25—27日，举办为期3天的行政执法人员培训，全市28家行政执法单位530余名行政执法人员参加培训。主要对《中华人民共和国宪法》、《中华人民共和国行政处罚法》与行政执法监督、《中华人民共和国行政复议法》与行政执法文书、《中华人民共和国行政法》《行政诉讼法》《中华人民共和国行政许可法》等有关内容进行了培训。9月30日，对参训人员进行了行政执法能力考试，全市80%通过考试，对执法资格合格的，颁发了西藏自治区行政执法证、西藏自治区行政执法监督证。

【执法监督】 年内，根据《西藏自治区行政执法人员资格管理办法》的规定，对全市行政执法人员资格进行了认证，清理出不具有行政执法资格人员1334名，因工作调动、退休、离岗等原因收回行政执法证件31个，规范了行政执法人员队伍。

【规范性文件清理】 年内，对1990年以来拉萨市所有地方性法规、规章、规范性文件进行全面清理。涉及清理的地方性法规、规章和规范性文件共166件，其中，拟修改的地方性法规为3件。废止的规章、规范性文件为38件，需要修改的规章、规范性文件为9件，拟废止、修改的规章、规范性文件为32件。

【仲裁事务管理】 年内，拉萨仲裁委员会受理各类民商事仲裁案件56件，涉案标的总额7054万余元，审结案件22件。案件类型有房屋租赁合同纠纷、建设工程施工合同纠纷、机械租赁纠纷、矿产资源开发纠纷、借款合同纠纷。拉萨仲裁委员会根据仲裁员工作变动情况、业务知识掌握情况等原因，对仲裁员进行了及时调整，完成拉萨仲裁委员会换届工作，确定了第五届拉萨仲裁委员会组成人员。

【法治政府建设】 根据《中共中央、国务院〈法治政府建设实施纲要（2015—2020年）〉》《中共西藏自治区委员会西藏自治区人民政府关于贯彻落实〈法治政府建设实施纲要（2015—2020年）〉的实施意见》，成立了法治政府建设领导小组，制定了《拉萨市法治政府建设工作实施方案》，《拉萨市人民政府办公厅关于做好2017年度法治政府建设重点工作的通知》和《拉萨市2017年度法治政府建设工作考核办法》，并对五县三区人民政府、51家市级行政机关（单位）的法治政府建设工作进行了考核。

【依法决策】 年内，市政府法制办坚持事前防范风险、事中控制风险、事后化解风险的原则，认真参与处理政府及政府部门涉法事务，通过各种方案对比，提出切合实际的解决办法，确保政府决策程序和内容合法。对自治区、市政府及市直各单位送来的120余件规范性文件、文稿、合同文本进行了审核并提出反馈意见，对市政府及市直有关部门的56余件政府涉法事务提出了法律意见。

【强基惠民】 市政府法制办驻堆龙德庆区古荣村工作队组织召开学习会25次、开展宣讲座谈会4次、群众参与人次320人次，入户率达100%。深入开展“讲党恩爱核心、讲团结爱祖国、讲贡献爱家园、讲文明爱生活”主题教育实践活动，共开展“四讲四爱主题教育宣讲活动27次，参加人员达9000人次。统筹兼顾，全力协助村“两委”班子开展精准扶贫精准脱贫工作。通过实地走访，逐户摸底调查，填写村民调查表，详细记录了村民家庭成员情况、农业生产情况、受教育情况、致贫原因等详细情况，经统计，古荣村共有贫困户52户，164人，贫困户20户79人易地搬迁工作已完成。

（张　坤）

公安工作

【概况】 年内，全市公安机关在市委、市政府和区公安厅的正确领导下，紧紧围绕“维护社会稳定、保障公共安全、服务人民群众”“三无”“三不出”“三

2017年6月7日，公安部督察组对拉萨市公安机关公安改革工作进行督导检查

稳定”的目标，牢固树立起“大平安”理念，以全市和谐稳定为重，以社会经济发展为要，以人民群众利益为念，全面围绕“为中共十九大胜利召开创造和谐稳定社会环境”这条主线，加快理念转变、机制创新和科技应用，忠实履行维护国家安全、社会大局安定和保障人民安宁的重大责任，有效提升公安机关防范应对各类风险挑战的能力和水平，充分发挥起维稳主力军作用，为维护拉萨市社会治安大局的持续稳定、全面稳定和长期稳定付出了辛勤努力。全年社会治安态势持续向好，群众安全感、幸福感、获得感不断提升。

【“110”宣传日宣传活动】 1月10日，市公安局组织经侦、禁毒、消防等相关业务警种（部门），紧扣“公安‘110’，为民保安宁”宣传主题，在拉萨市市民服务中心门前开展“110”宣传日街面集中宣传活动。

【全市县（区）公安局长会议】 4月19日，市公安局召开2017年度全市县（区）公安局长电视电话会议。区公安厅党委副书记、巡视员晶明应邀出席会议，市委常委、市委政法委书记、市公安局党委书记马军出席会议并讲话；副市长、市委政法委副书记、市公安局局长赵涛作主题报告。会议传达了白玛旺堆常委、刘江副主席、果果市长对拉萨公安工作的重要批示。马军系统分析全市维稳形势新变化，实事求是地指出工作中存在的主要问题和短板，对贯彻落实好全年公安工作提出了具体要求。

【全市公安机关思想政治工作会议】 4月28日，市公安局召开2017年全市公安机关思想政治工作会议。会议的主要任务是：深入学习贯彻党的十八大、十八届三中、四中、五中、六中全会和第六次西藏工作座谈会精神，学习贯彻习近平总书记系列重要讲话精神和治国理政新思想新战略、特别是治边稳藏重要思想，学习贯彻中央、区市政法工作会议、全国政法队伍建设工作会议、全国公安队伍工作建设会议、全国公安厅局长会议、全区公安处局长会议和全国、区市组织部长会议精神，总结回顾2016年全市公安思想政治工作，研究部署2017年全市公安机关思想政治工作任务，为中共十九大胜利召开提供坚强的政治保证和纪律保障。

【公安部督察组督导检查公安改革工作】 6月7日，公安部警务督察局副局长丁颢率公安部第四督察组一行，在拉萨市督导检察公安机关改革工作。督察组通过召开会议、实地检查和暗访等形式，对市公安机关公安改革工作进行督导检查，并就做好公安改革工作提出了意见。

【广州市公安局到拉萨调研指导】 6月13日至18日，广州市公安局党委委员、政治部主任杨日兴一行，来拉调研指导素质强警交流合作，亲切看望慰问广州市公安局警察训练部选派的2名警务实战教官，并送5名业务骨干前来市公安局帮助工作。

【新型单警装备试用培训】 6月29日，市公安局在市局警务实战化培训基地开展“新型单警装备试用培训”。在此次培训中，市公安局参训民警大胆开展新型单警装备试用，并及时总结归纳试用过程中出现的问题和改进建议，切实为新型单警装备的生产定型和全国列装提供依据。

【吴涛调研指导党建工作】 7月13日，公安部直属机关党委副书记吴涛、公安部直属机关党委办公室副主任周金军一行，到拉萨市公安局调研指导公安机关党建工作。吴涛一行分别前往市公安局特警支队、城关分局两岛派出所等地进行了实地调研。

【子成调研公安基层基础工作】7月18—20日，公安部咨询委员、原自治区党委常委、政法委书记、公安厅党委书记、厅长子成在区公安厅工作人员的陪同下，到市公安局开展公安机关基层基础建设专题调研活动，活动以座谈汇报会的形式进行。市公安局党委委员、调研员李斌主持就市公安局2012年以来基层基础建设情况作了汇报。

【举办公安机关中央转移支付资金及相关业务知识培训班】 7月19日至21日，市公安局在市局警务实战化培训基地举办“公安机关中央转移支付资金及相关业务知识培训班”。此次培训主要任务是结合全局各部门工作，组织对拉萨市辖区的各县（区）公安局及下属二级财务部门进行为期3天的财务制度、装备管理、国有资产管理、中央转移支付资金管理使用等业务知识的培训工作。

【公安部第四派驻督察组督导检查迎十九大维稳安保工作】 9月3日，公安部第四派驻督察队督察专员、督察组组长陈新一行三人，在区公安厅副厅长平措、区公安厅警务督察总队总队长华罗桑、区公安厅警务督察总队副总队长江村等领导的陪同下，到拉萨市公安局，对《十九大安保专项督察8月份工作方案》任务分解落实情况进行督导检查。

【巡检公安一、二级检查站装备管理工作】 10月17日，市公安局组织专人对公安检查站（一级、二级）装备管理工作进行巡检，随行技术人员对各安检站的X光机、安检门等设备进行检查维护，并现场指导安检人员对设备的操作培训。对于巡检中所发现的问题，向公安检查站（一级、二级）提出了整改意见。

【欢迎中共十九大代表强巴卓玛返回拉萨】 11月3日，市公安局举行欢迎仪式，热烈欢迎中共十九大代表、交警支队女子大队教导员强巴卓玛载誉归来。区公安厅党委委员、市委常委、市委政法委书记、市公安局党委书记马军，副市长、市公安局局长赵涛与区党委班子成员出席欢迎仪式。

强巴卓玛，女，藏族，1999年8月参加工作，现任拉萨市公安局交警支队女子大队教导员。先后荣立集体三等功2次、个人三等功1次，被评为拉萨市首届30佳巾帼标兵、民族团结进步先进个人等荣誉称号。6月27日，在中共西藏自治区代表会议上，当选为中共十九大代表。

【“12·4”国家宪法日宣传活动】 12月4日，市公安局在宇拓路开展“法治宣传一条街”活动。民警向过往群众发放了《中华人民共和国宪法》《中华人民共和国民族区域自治法》《涉法涉诉信访》《反电信诈骗》《中华人民共和国道路交通安全法》等法律法规书面资料，随赠牙签盒、笔、围裙、购物袋等宣传品，活动现场，推广了“拉萨公安法制”“拉萨反诈中

2017年11月3日，拉萨市公安局举行中共十九大代表强巴卓玛载誉归来欢迎仪式

心”等普法宣传微信公众平台。

【基层党委书记抓基层党建工作述职评议会议】　12月27日，区公安厅党委委员、市委常委、市委政法委书记、局党委书记马军主持召开2017年基层党委书记抓基层党建工作述职评议会议，局机关、特警支队、刑警支队、交警支队四个基层党委书记分别围绕2017年抓党建工作主题，从抓党建工作履职情况、抓党建工作存在的问题和下一步工作等方面向局党委作现场述职。马军书记分别对四个基层党委抓基层党建工作情况进行现场点评，并就做好下一步党建工作提出具体要求。参会人员对四个基层党委抓基层党建工作述职情况分别进行了现场评议。

【编纂《拉萨公安志（2001—2010）》】　年内，拉萨市公安局史志办组织开展《拉萨公安志（2001—2010）》编纂工作。《拉萨公安志（2001—2010）》由区公安厅党委委员、市委政法委书记、市公安局党委书记马军担任编委会主任兼主编，采用分类编辑法编纂，由类目、分目、条目3个编辑层次组成。全年，共走访拉萨公安机关离退休老干部9人次、前往档案室（包括厅档案室、市局档案室、各县（区）局、支队、机关综合部门内勤档案，以及市、县区政府档案馆、政法委档案室、厅各对口业务处室的档案室）摘抄制作“《拉萨公安志（2001—2010）》资料搜集卡”474份、收集筛选媒体（报纸、期刊、杂志、书籍、资料等）、公安局域网（市局、各县区局、支队，机关综合部门和基层所队三级公安局域信息网）和互联网上所有报道宣传过拉萨公安工作的文字、图表、声像等有效内容资料信息3000余条29万余字，其中电子版图片2.5GB，特别是积极号召全局公安民警“翻箱倒柜”，查找对《拉萨公安志（2001—2010）》编纂有价值的历史工作资料。

【防汛抢险救灾工作】　自七月份以来，西藏地区进入了一年中雨水最为充沛的时节，但拉萨区域面积强降水天气明显较往年多，各县（区）均不同程度出现雷电、冰雹、大风及强降雨等极端恶劣天气，故极易引发洪涝、泥石流、山体滑波等衍生气象灾害，严重威胁到人民群众生命财产安全。按照区市安全生产工作电视电话会议精神，在市委、市政府和区公安厅的坚强领导下，拉萨市公安局党委结合辖区实际，把握动态规律，因地制宜、因情施策、因势利导进行超前预警、研判分析和精准施策，采取“三项措施”找准夏季防汛抢险救灾工作的隐患点、排查点和整治点，全力迎战夏季雷电、冰雹、大风及强降雨等极端恶劣天气，确保一旦发生突发事件能够快速反应。截至年底，全市公安机关共出动警力5000余人次，调派车辆、1000余台次，处置汛情类报警求助10余起，转移疏散群众上千余人，转移物资上千件。

【三月武装安保拉动演练】　3月3日，市公安局在武警一支队参与了2017年三月份重点时期武装安保拉动演练誓师大会。该武装拉动以实战为背景，以反恐防暴处突为重点，以锤炼队伍、提升士气为目的。根据任务分工，各作战梯队民警携带各类武器警械，迅速集结到位，落实警灯警报器使用规定，在拉萨市主要街道和重点部位进行武装巡逻。整个拉动期间指挥体系畅通，车队队形整齐、有条不紊，部门配合有序、衔接到位，有力震慑违法犯罪行为，打压了犯罪空间，向社会各界展示了维护社会稳定和长治久安的强大力量，达到了预期的拉动目的。

【护航2017年西藏第一批公开考录】　8月19日，西藏自治区2017年度第一批公务员招录考试如期举行。为全力让广大考生顺利进行考试，拉萨市各学校考点附近的公安机关从交通出行、安全防范、净化考场周边秩序和“送考服务”等多方面入手，最大限度地为考生的圆梦之路保驾护航。

【中共十九大维稳安保武装拉动演练】　10月15日，市公安局在武警一支队参与了以“党的十九大、忠诚保平安”为主题的武装安保拉动演练誓师大会。根据既定方案部署，各作战梯队民警根据任务分工，携带武器装备，迅速集结到位，在规划路线开展武装机动巡逻。沿途警灯暴闪、排列跟进，队伍警容严整、威武庄严，部门配合有序、衔接到位，营造了强大声势，展现了特警雄风，达到预期效果。

【安全生产监督管理】　年内，市公安局根据国务院和区市党委、政府关于安全生产既定部署要求，全面加强对交通、消防、枪支弹药、烟花爆竹、危险化学品、管制刀具等的安全监督管理，特别是针对老城区、重点文物保护单位、大型商场、医院、学校周边等人员聚集区，定期协同消防、安监、街道办事处、辖区居委会、寺庙管委会等部门开展联合安全检查，坚决杜绝重特大安全生产事故在拉萨市的发生，坚决确保人民群众生命财产安全。年内，安全事故总数、死亡人数、直接经济损失同比分别下降11.98%、18.33%、12.4%。交通事故总起数、死亡人数、财产损失全面下降，同比分别下降23.6%、16.1%、38.5%。火灾形势保持稳定，实现了人员“零伤亡”。

【春运交通安全管理】　年内，市公安局交管部门加强警力部署、源头管理，加强交通引导、安全宣传，全力抓好各项工作措施的落实，为辖区人民群众欢度佳节创造良好的道路交通环境。

【安全生产“迎国考”】　2月22日，国务院安委会赴藏考核检查组一行3人，在自治区政府党组副书记、区党委政法委副书记、区安委会副主任格桑次仁，区政府办公厅副巡视员扎西巴登、区安全监管局党组书记曹边疆及市委副书记、市长果果，副市长张正和市公安局党委委员、调研员李斌等相关领导的陪同下，到市公安局交警支队、城关分局扎细派出所雄嘎社区就2016年度全市道路交通安全生产工作和社区警务室基层基础和双联户群防群治工作进行考核验收。

【夏季道路交通秩序安全专项整治】　7—9月，为进一步强化全市夏季道路交通安全管理工作，促进全市道路交通安全形势持续稳定好转，切实维护道路交通秩序，市公安局交管部门在全市范围内开展夏季道路交通秩序整治专项行动。期间，共出动警力1万余人次，出动警车3000余台次，查处各类交通违法行为3.19万起，其中无证驾驶59起，饮酒驾驶25起，醉酒驾驶17起，依法行政拘留15人次，扣证77本，扣车75台，罚款519.3万元。

【整治酒驾】　年内，为进一步确保道路交通安全畅通，遏制重特大交通事故发生，始终保持对酒后驾驶行为的高压查处力度，市公安局交警部门召开各节点专题会议，详细制订方案预案，严查以酒后驾驶为主的各类交通违法行为。全年，共出动警力近1590余人次，警车近300余辆次，检查过往车辆2万余辆，查处各类交通违法行为37619起，其中饮酒驾驶57起、醉酒驾驶8起（2起待处理）、无证驾驶97起、超速行驶3833起，拘留44人（刑事拘留酒后驾驶6人）。有力震慑了心存侥幸的驾驶人员，有效净化了辖区道路交通环境，全力确保人民群众生命财产安全。

【打击刑事犯罪】　年内，市公安局整合刑侦、经侦、禁毒及辖区派出所、便民警务站各方警力，组织开展“三个不发生”“六项大排查”“九大专项行动”等专项行动，全方位、全天候开展线索摸排，强化案件串并，注重各类不稳定苗头隐患的甄别核查，对重大案件线索，集中精干警力开展专案侦查，推动案件快侦快办、快查快处。全年共破刑事案

2017年6月，拉萨公安局启动系列护考行动

件1265起，破案率达55.9%，破案率同比上升4.9个百分点。杀人、放火、投毒、贩卖毒品、强奸、抢劫、爆炸、故意伤害等八大类案件破案率为92.45%，命案破案率100%；查结治安案件1612起，查结率99%，同比上升10个百分点。打掉黑恶势力犯罪团伙6个，抓获犯罪嫌疑人34名，追缴各类赃款赃物折合人民币共计63.26万元。

【打击电信网络诈骗】　拉萨市反诈骗中心始终坚持以“打防并举、以防为先”为原则，以“关注民生、保障民生、服务民生”为出发点，以“跨界联动、无缝衔接、以快制快、以专克专”为综合措施，充分发挥反诈骗中心龙头作用，认真研究案件规律特点，不断从加强统筹、专业研判、资金截流、防骗宣传等方面入手，进一步创新工作的新思路、新机制和新手段，积极探索建立此类案件效率高、成本低、周期短的分析研判机制、落地侦查机制和部门间协作机制，逐步实现电信网络诈骗犯罪由原告被动反应转变为主动治理的新模式，积极回应人民群众新期待。全年共破获电信诈骗案件167起，抓获违法犯罪嫌疑人9人，止付资金748万余元、冻结2169万余元。

【打击“黄赌毒”】　年内，市公安局紧密结合当前维稳防控形势任务，联合治安、刑警、禁毒等多家部门，集中时间、集中力量、集中方向对辖区内的涉黄、涉赌和涉毒等违法犯罪场所进行广泛摸排、重拳出击和全面清剿，坚决破获一批案件、摧毁一批窝点、打掉一批团伙，最大限度遏制“黄赌毒”多发蔓延势头，不断挤压违法犯罪分子活动空间，依法维护良好的社会治安秩序，有效净化健康向上的社会风气，全面促进“平安拉萨、法治拉萨、幸福拉萨”建设。

【打击“盗抢骗”专项行动】　2016年12月1日至2017年4月1日，市公安局组织开展了为期四个月的集中打击“盗抢骗”犯罪专项行动。共破获各类刑事案件586起，抓获违法犯罪嫌疑人530名，打掉犯罪团伙20个，挽回群众财产损失折合人民币1000余万元。重点打击了电信网络诈骗等新型犯罪和“盗抢骗”等传统多发性侵财犯罪，破获了一大批社会影响恶劣、群众反映强烈的刑事案件，有力打击了犯罪分子嚣张气焰，追缴了大量被盗、被抢、被骗财物，最大限度减少和挽回了被害群众的财产损失，切实维护了广大人民群众的生命财产安全，有效提升了人民群众的安全感和满意度。

【打击“盗抢骗”犯罪专项行动退赃大会】　4月29日，市公安局在拉萨市民服务中心广场专门组织开展“打击‘盗抢骗’犯罪召开专项行动退赃大会”。区政府副主席、区党委政法委副书记、区公安厅党委书记、厅长刘江，拉萨市委副书记、市人大常委会党组书记、主任达娃，拉萨市委常委、政法委书记、市公安局党委书记马军以及区公安厅刑侦总队、市公安局在家局党委委员出席大会。副市长、市委政法委副书记、市公安局局长赵涛出席会议并致辞。当日，共退赃总价值达700余万元。

【打击经济领域违法犯罪】　年内，市公安局围绕征地拆迁、矿产开发、非法集资、劳资纠纷、虫草交易纠纷以及金融诈骗等经济领域犯罪，持续开展线索摸排和打击整治工作。受理各类经济案件288起，立案140起，办结116起，办结率为82.2%；刑拘58人，逮捕27人，起诉21人，取保候审38人；案件涉案金额达1200余万元，挽回经济损失达435万余元。有力维护了拉萨城市经济秩序和建设稳定大环境。

【油品管控】　年内，市公安局继续加大实名制登记加油明查暗访检查力度，加强派驻加油站安全监管员在岗履职督导检查，加强对加油站安全防范措施落实情况监管，加强对涉油单位监管力度。全市58家加油站（市区26家，县区32家）已全部安装并使用成品油购销实名登记系统。

【校园安全监管】　年内，市公安局认真落实整治校园及周边治安秩序各项措施，有效地净化校园及周边治安秩序，进一步夯实校园安全工作基础，着力解决突出的安全问题，全面强化各项安全措施，切实建立校园及周边治安管理长效机制，为拉萨市校园营造良好社会环境。

【无户口人员登记】　年内，市公安局严格按照《国务院办公厅关于解决无户口人员登记户口问题的意见》要求，着力解决无户口人员登记户口问题，自开展无户口统计工作以来，各县（区）公安局通过深入摸排、走访询问后，共发现55名无户口人员，已按有关规定解决38人无户口问题。

【“扫黄打非”专项行动】　4月至11月，市公安局在全市范围内开展“扫黄打非”专项行动，重点对非法出版物、盗版书、盗版音像光碟制品、宣传封建迷信书册、淫秽书刊、音像等进行了全面清理清查。

【居住证办理】　年内，市公安局不断加强流动人口管理，对在拉萨市居住3日以上，半年以下的流动人口，实行居住登记，办理居住登记卡，对居住地实际居住半年以上，有合法稳定就业、合法稳定住所、连续就读条件之一的，可以申领居住证。全年，共办理居住登记卡302925张、居住证44647张。

【特殊行业场所日常管理】　年内，市公安局以规范场所管理，强化制度措施的落实为目标，重点对落实实名制登记入住、信息上传、规章制度落实情况和技防、人防、物防开展情况等，通过采取不定时、不定点的工作方法，对全市旅馆业、桑拿洗浴业、藏刀销售店进行滚动式督促检查。

【寄递物流行业管理】　年内，市公安局联合区市邮政管理局，对全市寄递物流企业展开拉网式排查，督导各寄递物流企业加快推进“三个100%”（开包验视100%、实名登记100%、X光机安检100%）制度，对工作中不规范、管理混乱无序的及时进行整顿。

【金融机构银行业安全管理】　年内，市公安局根据公安部治安管理局《银行业安全防范指南》《银行营业场所场所安全防范要求》（GA 38—2015）及《银行自助设备自助银行安全防范要求（GA 745—2017）》等金融机构银行业安全防范技术标准，继续强化对各大银行网点新建、改建工程进行检查、验收。共组织拉萨市金融机构银行业审批、验收专家组对光大银行股份有限公司拉萨分行等8处金融机构营业网、对中国建设银行西藏自治区分行等11家金融机构35处自助银行/自助设备先后进行选址、隐蔽工程验收、设施建设完工验收工作。

【企事业单位内部安全管理】　年内，市公安局根据《企事业单位内部安全管理条例》，加大对机关、企事业单位、金融机构银行业自助网点、自助器具等内保单位开展不间断督导检查工作。

【“缉枪治爆”专项行动】　年内，市公安局按照《民用爆炸物品安全管理条例》《爆破安全规程（GB 6722—2014）》《爆破作业单位资质条件和管理要求（GA 990—2012）》《爆破作业项目管理要求（GA 991—2012）》《拉萨市公安局爆破行业管理工作规范（试行）》，开展“缉枪治爆”专项行动。全年，共检查民爆物品使用单位11家，经安全评价合格的民爆物品储存仓库25个；检查剧毒、易制爆危险化学品使用单位115家次。

【犬只管理】　年内，市公安局以“稳妥、扎实、谨慎”为原则，以“‘四讲四爱’活动”为指引，以“宣传、服务、管理”为重点，集中时间、集中精力、集中人员对老城区、火车站、汽车站、罗布林卡、水电油气热、布达拉宫广场、宗角禄康公园等人员密集场所、党政首脑机关及防控薄弱部位，特别是对居民小区、农村、寺庙内的流浪犬进行了重点收容救治。收容救治流浪犬4159只，办理登记犬证犬牌1016只。

【矛盾纠纷排查化解】　年内，市公安局以“预防为主、调解为先、因情施策”为指导，以“属地管理、便民利民、联动调处”为原则，以“能处速处、当调则调、调移结合、案结事了、停访息诉”为要求，结合辖区实际，充分发挥职能，立足抓早、抓小、抓苗头，化民怨、解民忧，紧扣转变作风、摸排建档、收集线索、调处化解、宣传教育、机制建设六个环节，积极探索新思路、新举措和新方法，大力推进基层矛盾纠纷排查化解工作，最大限度地减少和预防民事转刑事、隐患变事件及个人极端暴力犯罪等现象的发生，全力维护社会大局的持续和谐稳定。全年，共出动警力5000余人次、车辆1千余台次，受理各类矛盾纠纷319起，调解118起，调解率达37%；及时化解社会治安热点、难点和焦点问题纠纷37起。

【公安改革】　年内，市公安局根据《中央指定地方实施行政许可事项汇总清单》及《拉萨市公安机关权力责任清单》中明确的公安机关权限内容，经请示上级机关同意后，将户口迁移审批以及居住证核发、临时身份证受理与办理等居民户口事项、民用爆炸物品购买运输许可、典当业特种行业许可证核发等8项业务权限下放至派出所；推进“互联网+公安政务服务”平台建设，陆续上线成品油购销、民用爆炸物品、公章刻制业等治安信息管理系统，初步实现网上申报、网上审批；在全局各窗口单位陆续推行首接责任制、一次性告知、限时办结、预约服务、绿色通道、一站式服务等服务模式；按照国务院、区市党委政府关于深入推进户籍制度改革工作部署要求，在全面取消农业户口和非农业户口性质区分，落实户口办理终身责任制，全面推行居住证办理制度的同时，开展拉萨市内户口迁移网上流转核验，在全市开展户口大清查工作，着力解决无户口人员登记户口问题。全年，共核查户口9487户22203人，补漏户口1639人。

（罗俊国　高　巍）

案例举要

【绑架案】　1月3日22时许，刑警接受害人报警称：当日18时许，其从康昂东路某公司下班，前往拉百停车场准备驾驶保时捷汽车回家，两名头戴帽子、面戴口罩的陌生男子坐在汽车后排座位上，趁其上车后将其按到驾驶位上，暴力威胁索要现金100万元，并将其带至经开区中国会所附近，后被其中一名男子放走。案发后，市公安局立即启动重特大刑事案件侦破工作机制，其中一名犯罪嫌疑人段某投案自首，另一名犯罪嫌疑人潘某于1月4日18时许，在当热路琅赛青年公寓出租房内抓获。经审查，该团伙交代因网上赌博输钱，策划并实施了绑架的犯罪事实。

【持刀拦路抢劫案】　1月17日2时许，刑警接受害人报警称：当日1时30分许，其驾驶一辆黑色“路虎”牌越野车途经三环路与北京中路交叉口附近的“顺通”加油站斜对面公路，被一辆银色“五菱宏光”牌面包车内人员阻拦去路，对方持刀威胁并抢走车内酒、香烟、服装、饰品、佛珠及手机等财物，涉案总价值达10万余元。案发后，公安机关高度重视，将此案列为区市两级公安机关督办案件。

1月17日，公安机关分别在娘热乡一出租房和柳梧新区百益小区保安室内将3名犯罪嫌疑人抓获。缴获作案工具若干。经审查，该团伙交代了持刀拦路抢劫的犯罪事实。

【“2·3”涉黑犯罪团伙案】2月3日，公安机关通过线索掌握到，以各某为首的家族式涉黑犯罪团伙长期盘据拉萨市，从事开设赌场、非法拘禁、故意伤害、敲诈勒索等犯罪活动。市公安局抽调警力成立专案组，全力开展侦查工作。2月17日，公安机关在江苏东路统建社区等地抓获6名犯罪嫌疑人，缴获现金27万余元，手枪子弹8发，藏刀10把，房屋所有权证6本，土地使用证4本，建设用地规划许可证1本，路虎越野车1辆，凯迪拉克越野车1辆，账本20本，欠条200余张等物品。经审查，该家族式涉黑犯罪团伙交代在拉萨市开设赌场、非法拘禁、故意伤害、敲诈勒索的犯罪事实。至此，“2·3”涉黑犯罪团伙案全面告破。

【系列电信网络诈骗案】　2月10日18时许，拉萨市反诈骗中心接受害人报警称：2016年12月份，其通过微信朋友介绍添加一名好友，该好友自称不用参加考试就可以办理驾驶证，其信以为真，并通过微信向朋友介绍此事，随后受害人将其父亲和另外78名朋友办理驾驶证的费用转账给对方后，发现被骗。案发后，市公安局迅速成立专案组，全力开展侦查工作。2月22日，公安机关在吉林省白山市警方协助下，在白山市临江市东康小区抓获2名犯罪嫌疑人，核实诈骗案28起，追回现金13万元、黑色广州本田凌派牌二手车1辆、Q3白色奥迪1辆及部分黄金首饰，扣押作案手机5部。经审查，该团伙交代实施网上办理驾驶证进行诈骗的犯罪事实。

【特大入室盗窃案】　2017年4月

19时许，刑警接警称：在老城区东孜苏一巷1号院2—6号房内发生一起入室盗窃案，嫌疑人撬锁入室，盗走天珠39颗、红珊瑚34颗、绿松石7颗、“白玛热噶”5颗、藏式头饰1个（镶有镀金“美东”2个、红珊瑚430余颗、绿松石140余颗）、“嘎乌盒”2个，涉案总价值达100余万元。案发后，市公安局立即抽调警力成立专案组，启动合成作战机制，全力开展侦查工作，于4月16日1时许，在拉鲁三组645号出租房内抓获1名犯罪嫌疑人，缴获涉案赃款2209.1元、“嘎乌盒”4个、镀金“美东”2个、红珊瑚490颗、绿松石270颗、天珠20颗、佛珠10串。经审查，犯罪嫌疑人交代实施入室盗窃的犯罪事实。

【故意杀人、抢劫、强奸案】　6月25日18时许，刑警接警称：在堆龙德庆区乃琼村2组一居民家中发现2具尸体。接警后，市公安局立即抽调警力成立专案组，启动合成作战机制，全力开展侦查工作。6月25日22时许，公安机关在安多火车站成功抓获1名犯罪嫌疑人。经审查，犯罪嫌疑人交代因索要拖欠工资未果，实施故意杀人、抢劫、强奸的犯罪事实。

【拐卖妇女案】　6月28日，公安机关经走访了解到：2013年8月份，墨竹工卡籍一妇女被人拐卖至青海省互助县，于当年9月份因临产与家人取得联系后，被墨竹工卡县公安局警方解救，但犯罪嫌疑人至今未抓捕归案。随后，市公安局开展侦查工作，于2017年7月12日、26日在琅赛花园桑珠林宾馆内、青海省海南州共和县切吉乡“哇玉”农场内将犯罪嫌疑人白某等2人全部抓获。经审查，该团伙交代了实施拐卖妇女的犯罪事实。

【特大盗窃保险柜案】　2017年7月25日至8月9日，刑警陆续接到七起报案，均为企事业单位办公场所内保险柜被撬盗，损失较为严重。案发后，市公安局立即抽调警力成立专案组，启动合成作战机制，全力开展侦查工作，于2017年8月10日2时许，在扎细街道办事处附近的拉达仓出租房二楼6号住所内抓获1名犯罪嫌疑人。经审查，犯罪嫌疑人交代其实施盗窃7起，涉案价值达182900余元的犯罪事实。

【假酒案】　2017年6月18日，市公安局接某白酒西藏经销商提供的线索称：近期，在拉萨、日喀则等地市场上出现大量假冒某品牌白酒，已侵犯广大消费者和其公司的利益，望公安机关予以严厉打击，及时挽回损失。市公安局迅速开展侦查工作，并于8月31日在拉林高速检查站抓获犯罪嫌疑人。经审查，犯罪嫌疑人交代了自年初以来在拉萨、日喀则等地销售上百箱假冒某品牌白酒的犯罪事实。

【非法经营案】　2017年10月7日，市公安局接嘎玛贡桑派出所移交一起乱贴信用卡代还、养卡广告的可疑人员，并随身发现120张信用卡。经审查，犯罪嫌疑人交待自2015年5月至2017年10月期间，使用pos（终端机）机，采取虚假交易的方式，先后向多人提供信用卡套现业务，套取金额达人民币119万余元的犯罪事实。

【运输毒品案】　2017年3月8日17时许，市公安局禁毒支队在八一路八一菜市场附近抓获犯罪嫌疑人1名，当场缴获一个内藏少量毒品的包裹。经审查，犯罪嫌疑人交待还有一个涉毒包裹即将从四川绵阳寄到拉萨，均为他个人所为。根据犯罪嫌疑人的交待，公安机关于3月13日再次缴获一个快递包裹，内藏毒品516.8克。

（罗俊国　高　巍）

法院

【概况】　2017年，全市法院共受理各类案件9896件，审执结8805件，综合结案率为88.98%，收案数同比增加980件，上升11%，结案数同比增加411件，上升0.48%。拉萨市中级人民法院受理案件1967件，审执结1900件，结案率96.59%，收结案同比分别下降0.51%和1.5%；八个基层人民法院受理案件7929件，审执结6905件，同比分别上升14.23%和6.77%。

【刑事审判】　年内，全市法院共受理各类刑事案件1283件，审结1236件（含减刑、假释案件693件），结案率为96.33%，同比下降1.87%，判处罪犯503人同比下降

28%，对21名罪犯判处十年以上有期徒刑刑罚，依法调处刑事附带民事纠纷13件。持续保持对严重危害人民群众生命财产安全刑事犯罪高压态势，审结杀人、抢劫等严重危害社会治安犯罪案件198件；审结“盗抢骗”“黄赌毒”等多发性案件107件。加大妇女儿童权益保护力度，审结强奸、拐卖等侵犯妇女儿童权益案件9件。审结危害国家安全犯罪案件10件，判处罪犯10人。严惩职务犯罪，重点打击行贿犯罪这个源头，判处罪犯6人。审结职务犯罪案件15件22人，被告人原为厅局级干部的1人、县处级干部的2人。加强人权司法保障，排除非法证据1件，依法从轻判处未成年被告人13人，裁定减刑假释693人。

【民事审判】　年内，全市法院共受理民事案件6066件，同比增加782件上升14.79%，审结5362件，结案标的33.56亿元，结案率达88.39%。其中审结股权、证券等纠纷案件35件，审结商品房开发、房屋买卖、建设工程施工等案件150件，审结知识产权案件6件，依法妥善审结涉军产租户案件124件、执结30件。拉萨中院审结全区首例网络域名侵权案件。

【行政审判】　年内，全市法院审结行政案件41件，同比上升36.3%。行政首长出庭11件，出庭率37%。向相关部门提出司法建议74条，为市人大立法和制定规章制度提供法律意见2件次。

【执行工作】　年内，全市法院共受理执行案件2365件，同比增长348件上升17.25%，执结2034件同比上升0.71%，执结率为86%，执结标的6.69亿元，执结到位2.02亿元，执行到位率30.26%，生效裁判文书即时履行940件，同比上升51.6%，终结此次执行程序案件457件，同比下降49%。推进网络司法拍卖，全市法院累计网拍10余次，成交额374.28万元，成交率达100%，为当事人节省佣金16.74万元。依法惩治拒不执行裁判行为，司法拘留23人，对7名被执行人罚款9.35万元。

【信息公开】　年内，全市法院公开案件信息8431件109.65万条；公开生效裁判文书7606份。其中，公开藏文裁判文书270余份；公开失信被执行人728名、失信企业154家；直播庭审41场次。全市法院新建19个科技法庭，庭审语音识别系统在拉萨中院试点，全方位记录庭审全过程。

【队伍建设】　加强教育培训工作，采取轮训、培训、岗位练兵等方式，对全市法院干警分层、分级、分类培训。办理各类培训13期，受训干警263人次，选派干警参加区内外培训772人次。加强与院校战略合作交流，接收西藏大学、西藏民族学院法律专业实习生249名，促进法学理论研究与审判业务实践深度融合，共同培养法治人才。

【党风廉政建设】　坚持“以党建带队建、以队建促审判、以业绩求认同”工作思路，进一步做好“六个深度融合”，确定“四高、四好、四新、四严、四佳”争创指标。组织廉政党课、观看警示教育片、廉政学习等活动166次，提高干警廉洁自律意识，筑牢拒腐防变思想防线。强化党内监督，邀请廉政监督员监督庭审、执行等活动7次，在全市法院范围内聘任30名廉政监察员。科学运用监督执纪“四种形态”，开展审务督察、明察暗访、实地查纠29次，拉萨中院纪检组受理问题线索17件，了结15件，均未发现任何违纪违法问题，司法作风持续改善。

【落实司法责任制】　理清“权力清单”和“责任清单”，制定合议庭办案责任制、审判责任追究实施办法等规章制度。中院在全区法院率先推行新型审判团队，组建立案（速裁）、刑事、民事、审监、执行审判团队，实现“速裁速审”和“精审”分离，全市法院速裁结案762件。坚持有效监督，实行裁判文书审判长签发制。构建“大民事、大刑事”审判格局，探索审判委员会工作机制改革，合理限缩审委会研究案件范围，建立专业法官会议，提交审委会讨论案件同比下降5.4%，审委会明显减负释压。

（王　静　丁　勇）

检察

【概况】　年内，全市检察机关按照“五位一体”总体布局和“四个全面”战略布局，牢固树立“五大发展理念”，筑牢“四个意识”，深化“两学一做”学习教育，扎实推进“四讲四爱”主题教育实践活动，大力实施“1234”工作思路，为全市长足发展和长治久安提供了强有力的司法保障。

【全市检察长会议】 4月27日，拉萨市人民检察院召开全市检察长会议。全面总结回顾2016年度全市检察工作，紧紧围绕区市党委、区检院和市委政法委的工作要求，全面部署2017各项工作。会议表彰了2016年度全市检察机关先进集体和个人，签订了2017年度《队伍建设目标管理责任书》。

【司法责任制】 年内，全市检察机关严格落实司法责任制，出台配套制度23项。实行人员分类管理，全市331名检察人员全部分类定岗到位，将81%以上的人力资源配置到办案一线，检察长和分管检察长人均办案3.4件，入额检察官人均办案量同比上升23.3%，办案期限平均缩短15天。实施大部制改革，建立新型办案组72个，进一步突出办案主体、明确权责权限，确保每一起案件都在阳光下操作。率先在全区兑现员额工资，并建立业绩考评奖惩制度。

【反分裂斗争】 年内，全市检察机关批捕危安案件7件7人，起诉10件10人（含积存）。

【依法打击刑事犯罪】 深入开展打黑除恶、严打整治专项斗争，共批准逮捕各类案件433件551人，同比分别上升8.3%、9.9%，提起公诉513件625人（含积案和直诉案件），同比分别上升8.7%、7.4%。强化对特殊群体司法保护，审结起诉侵害妇女儿童、老年人、残疾人、进城务工农民等犯罪案件33件36人。准确适用从宽法律规定，因无逮捕必要提起直诉案件113件116人，因无社会危险性不批捕116件139人，不起诉60件62人。注重挽救涉罪未成年人，不批捕起诉17人。推进“检校共建”活动，开展关爱留守儿童、防治校园欺凌等专题法治巡讲活动80余场次，发放法律宣传手册2万余份。

【保障经济健康发展】 坚决惩治影响经济发展犯罪，查办破坏市场经济秩序犯罪43件46人，成功办理了全区首例非法吸收公众存款案、电信诈骗案等新型犯罪案件。平等保护非公有制经济，受理行贿犯罪记录查询2821件，涉及单位2832家，个人3200人，有力促进社会诚信体系建设。深化“检企合作”，与中国石油西藏销售非油品分公司举行“预防职务犯罪联系点”挂牌仪式，签订《预防职务犯罪联席会议制度》，优化了营商环境，构建了既亲又清的检企互动关系。

【保持反腐败高压态势】 持续查办大案要案，立案查处贪污贿赂案件20件20人，其中查办涉案100万元以上7件7人，有罪判决率100%，为国家挽回经济损失2300余万元。严肃查处发生在群众身边的医药、扶贫、民生等领域职务犯罪14件14人，占立案数70%，对围猎干部、性质恶劣的8名行贿犯罪嫌疑人列入黑名单。加强追逃追赃工作，达孜县检察院联合纪委将1名潜逃19年之久的职务犯罪嫌疑人，成功劝返归案，追缴资金10万余元。

【加大预防工作力度】 围绕林拉公路二期工程、那拉公路一期工程、柳梧新区水厂等重点投资项目，开展专项预防26次。深化

2017年12月8日，拉萨市院党组书记、检察长田建设出庭支持公诉

2017年4月13日，拉萨市检察院开展“检企共建”活动，在企业挂牌设立“预防职务犯罪联系点”

“订单式”预防，为国家电力投资西藏分公司、中国石油拉萨分公司、拉萨市消防支队等单位专题讲座12次，受教育干部职工1000余人次。持续加强侦防一体化建设，认真撰写年度预防报告、调查报告、案件评析10余份。

【强化刑事诉讼监督】 坚决纠正有案不立、有罪不究等问题，监督立案5件，纠正漏捕4人，纠正漏罪漏诉5人，提出口头纠正意见332次，发出《纠正违法通知书》《检察建议》14份。加强刑事审判监督，全面落实罪刑法定、疑罪从无、非法证据排除等制度，对确有错误的刑事裁判出庭抗诉2件2人，并成功改判。对不服法院生效、裁判正确的32起案件，积极做好释法说理工作，引导申诉人罢访、息诉服判。

【强化刑事执行监督】 依法办理减刑、假释、暂予监外执行案件1042件，建议调整减刑幅度113人，取消5人。加强和规范羁押必要性审查，建立《在押人员检察台帐》320份。开展监管场所巡回检查213次，与在押人员谈心谈话264人次；坚持约见检察官制度，受理举报申诉12人次，帮助返还财物2万余元。继续开展集中清理判处实刑罪犯未执行专项检查活动，清理4件4人，建议收监3件3人，其中一起案件被最高人民检察院评为全国精品案例。打造“一院一品”刑事执行检察品牌，以全国检察机关规范化检察室申报评比为契机，扎实推进派驻监管场所检察室“两网一线”互联互通建设，努力实现一级规范化检察室目标。

【强化民事行政检察监督】 受理民事行政申请监督案件20件，同比增长17.6%，提请抗诉4件，成功获得改判3件。全力配合党委、政府环保迎检专项工作，协助办理督查案件400余件。制定《加强公益诉讼工作内部协作配合规定》《提起公益诉讼实施意见》，加大公益诉讼线索排查，针对有害食品、餐饮行业污水处理不当等问题，发出《检察建议》16份，督促行政执法单位依法履职。

【社会治理创新】 共受理举报、控告、申诉案件34件，办理群众来电来信来访323人次，检察长接待群众76人次，协助联合接访中心办理案件132件，全部妥善化解到位，连续多年保持越级、进京零上访，被授予“全国检察机关文明接待室”荣誉称号。积极开展普法宣传教育，结合“法律七进”，检察干警进机关、社区、企业、乡村等开展普法宣传136场次，发放宣传资料2.6万余份，接受群众咨询2000余人次。

紧紧抓住维稳工作重要节点，以“三无、三不出、三稳定”为目标，累计投入警力2.1万余人次，开展值班备勤、街面巡逻、维稳督查、驻守加油站等工作。特别是中共十九大召开期间，全体干警层层签订“军令状”，自发撰写决心书、请战书400余份，组织开展反自焚、防自焚实战演练9次。

【检察队伍建设】 借力“组团式”援藏，加大人才储备，与北京、江苏检察机关互派15名干部挂职交流，邀请12批58人进藏指导授课，选派177名干警参加各类培训。严控案件入口管理，开展司法办案风险评估预警，口头提醒承办人防止超期办案20次，确保了办案安全。常态化开展案件质量评查，评查案件1125件，及时纠正办案瑕疵。

【提升司法公信力】 开创“互联网+检察”工作新局面，公开程序性信息、重要案件信息、法律文书967件，公开率达到95%以上；“两微一端”发布信息3881条，阅读量10万余次，点赞8000余次。自觉把检察权置于人民监督之下，认真落实“两会”精神，收集整理人大代表、政协委员意见建议14条，并全部纳入2017年重点工作。坚持向人大、政协报告检察工作制度，专题汇报工作5次，邀请代表、委员、人民群众工作考察、参加检察开放日活动12次。巩固人民监督员制度改革成果，联合市司法局举办初任人民监督员专题培训班，邀请人民监督员监督评议案件8件，有力提升了检察工作透明度。

【“青少年维权岗”揭牌】 1月6日，共青团拉萨市委员会、拉萨市预防青少年违法犯罪工作领导小组办公室联合发文授予堆龙德庆区检察院公诉科市级“青少年维权岗”称号。该院“青少年维权岗”正式揭牌。

【达孜县检察院开通行贿犯罪档案查询系统】 达孜县检察院按照自治区检察院及拉萨市检察院的安排部署，正式开通了行贿犯罪档案查询系统。开通行贿犯罪档案查询系统，能有效遏制贿赂犯罪、促进诚信建设、优化廉政环境，进一步规范市场主体行为。

【“预防职务犯罪联系点”授牌】 4月20日，拉萨市检察院和中国石油西藏销售非油品分公司召开了“检企共建”活动启动会议，并举行了“预防职务犯罪联系点”授牌仪式。此举开创了拉萨市检企合作预防职务犯罪工作新局面。

【援藏回访及检察业务考察学习】 5月9—20日，拉萨市检察院党组书记、检察长田建设带队，分别赴北京、江苏检察机关各对口支援单位开展受援工作回访和考察学习活动。认真考察学习对口支援单位刑事执行检察、信息化建设等工作经验，推动拉萨检察工作再上新台阶。

【经验交流】 6月2日，吉林省检察院司改办主任于喜峰，区检院政研室正县级检察员、司改办副主任李韶辉到拉萨市检察院进行座谈交流。于喜峰主任介绍了吉林省司法体制改革进展情况。

【首届全市检察机关公诉人辩论赛】 8月2日，拉萨市检察院举行首届拉萨市检察机关公诉人辩论赛。参赛选手严格按照诉讼程序，严谨规范，将法学理论知识运用到辩论过程中，思维敏捷，反应迅速，在辩论中不乏风趣幽默的侃侃而谈，亦有针锋相对的唇枪舌剑，展现了公诉队伍的辩论风采。

【应急演练】 9月27日，市检院法警支队组织全体法警和保安共同开展应急演练。进一步增强处突预案的预判性、操作性，提高应急处突力量快速反应和协同配合能力。

【田建设出庭支持公诉】 12月8日，拉萨市人民检察院提起公诉的犯罪嫌疑人尚某合同诈骗一案在拉萨市中级人民法院开庭审理。拉萨市检察院党组书记、检察长田建设作为公诉人出庭支持公诉。

【“两学一做”学习教育】 年内，全市检察机关理论中心组集中学习171次，领导干部上专题党课98次，特别是围绕学习宣传中共十九大精神，召开专题学习会42场次，邀请专家解读11次，进

2017年8月2日，拉萨市检察院举办首届全市检察机关公诉人辩论赛

2017年9月25日，一起民事案件当事人向市检察院送锦旗，感谢检察机关依法执法

村入户宣讲180余次，切实巩固了习近平总书记在干部群众中的崇高地位和领袖形象。

【党建工作】　新建党员活动阵地30个，制作主题展板80余个，实现了党建活动载体化形象化。自觉接受上级院为期2个月的政治巡视，照单全收整改意见21条，全部落实整改，带动了党内正气上升、风气上扬。严明政治纪律和政治规矩，开展廉政约谈331人次，警示教育42场次。牢牢掌握意识形态工作领导权，旗帜鲜明、理直气壮淡化宗教消极影响，全体干警、离退休老干部全部签订《不参加任何朝佛或佛事活动承诺书》。

（王永祥　郑　燕）

司法行政

【概况】　年内，拉萨市司法局在市委、市政府和市委政法委的正确领导和自治区司法厅的具体指导下，深入贯彻落实中共十八大和十八届三中、四中、五中、六中全会精神，紧紧围绕喜迎中共十九大这条主线，立足于服务全市“六大战略”，积极推进司法行政规范化建设，扎实开展法治宣传、人民调解、安置帮教、社区矫正、法律援助和法律服务等工作，为建设团结美丽健康幸福新拉萨贡献了力量。

【“七五”普法规划】　5月8日，市委、市政府转发《中共拉萨市委宣传部拉萨市司法局关于在全市公民中开展法治宣传教育的第七个五年规划（2016—2020）》。《规划》共分6个部分、24个方面的内容，对深入宣传习近平总书记新理念新思想新战略，宣传普及党内法规，教育引导各族干部群众不断增强走中国特色社会主义道路的自觉性和坚定性，努力开创拉萨长足发展、长治久安、民族团结、宗教和睦、民生改善、生态良好、党建加强新局面作出了具体的安排部署。

【第七次全市法治宣传教育工作会议】　9月25日，第七次全市法治宣传教育工作会议在拉萨召开。会议全面总结了“六五”普法工作，并对先进集体和先进个人进行了表彰，对“七五”普法进行了安排部署。

【法治宣传教育】　年内，市司法局编写印制5万册《公民常用法律知识系列问答》，向全市各单位、各县（区）发放，重点面向基层工作人员、青少年、农牧民（居民）群众、流动人口、机关和企事业单位干部职工、寺庙僧尼等群体，有针对性地开展法治宣传教育。全年共开展各类法治讲座117场（次），举办面向社会的集中法治宣传服务活动366场次，开展法治宣传咨询服务219次，印发各类法治宣传资料、法律读本259000余份（册）；发放宣传品价值32.2万余元，参与群众26.13万人次。全市政法系统和法律服务机构在各新闻媒体刊发《法官、检察官、律师以案释法》案例139例；市属公证机关、律师机构和法律援助机构面向社会共计接受各种咨询和提供法律服务2632人次。

【民主法治单位创建】　年内，按照自治区普法办统一部署，完成第四批全国法治县（市、区）创建先进单位和第七批民主法治示范村（社区）创建先进单位的遴选推荐工作。达孜县荣获全国法治县（市、区）创建先进单位的称号。

【人民调解】 年内，拉萨市共有人民调解组织405个，其中村调委会223个，居调委会42个，乡镇调委会56个，街道调委会8个，企事业单位调委会42个；道路交通事故调解组织5个；医疗纠纷调解组织5个；劳动争议调委会5个；物业纠纷调委会1个；消费纠纷调委会1个；旅游纠纷调委会2个，设在其他部门调解组织1个，其他调解组织14个；调解员总数2638人。年内，共调解各类纠纷522件，调解成功504件，调解率为100%，调解成功率为97%；涉及当事人2922人；涉及金额5809.68万元。

加强专业性、行业性调解组织建设。在矛盾纠纷多发、适合人民调解方式的领域建立行业性专业性人民调解组织，不断拓展人民调解工作领域。组建拉萨市婚姻家庭纠纷人民调解委员会、拉萨市道路交通事故纠纷人民调解委员会、拉萨市劳动争议纠纷人民调解委员会、拉萨市环境资源纠纷人民调解委员会。

加强人民调解员业务培训。按照分级培训方式开展人民调解业务知识培训，共计培训人数2700余人次。开展区市两级先进人民调解委员会和优秀人民调解员评选，向自治区推荐18个先进人民调解委员会和29名优秀人民调解员。城关区纳金乡人民调解委员会荣获2017年度全国模范人民调解委员会，达孜县人民调解员次仁荣获2017年度全国模范人民调解员。

【安置帮教】 年内，全市在册刑满释放人员581人。健全完善安置帮教工作体制机制。年初，调整充实了社会治安综合治理委员会特殊人群专项组刑满释放人员安置帮教领导小组成员。完善《拉萨市刑满释放人员安置帮教工作机制》，重点解决安置帮教工作中的组织机构、衔接管理、救助政策等方面的问题。建立拉萨市监地衔接工作机制，制定《关于拉萨市建立监地衔接工作的实施意见》，由自治区监狱管理局下发至各监所，由市安置办下发至县（区）安置办贯彻执行。各级安置帮教办进一步健全工作制度，细化工作措施，全面实行“6+1”帮教工作模式，健全完善刑满释放人员衔接帮教制度。

落实安置帮教工作措施。做好与公安机关、监所的衔接，随时掌握重点帮教对象情况，落实帮教管控措施；做好跨地衔接，两头跟进、协同管理，随时掌握人员动向；严格落实必接必送措施，实现刑满释放人员衔接工作无缝对接。全面运行全国刑满释放人员信息管理系统，实行分级培训、专机专用、落实到人。把服刑人员信息核查与刑满释放人员日常信息管理结合，不断提高信息录入核查准确率。协调有关部门做好符合条件的刑满释放人员的最低生活保障、特困人员供养、受灾人员救助、医疗救助、教育救助、住房救助、就业救助、临时救助等工作。年内，落实就业扶持政策3人，临时救助政策25人，教育救助政策1人，医疗救助政策2人，开展驾驶技能培训6人。

【社区矫正】 年内，全市登记在册社区矫正对象186名。做好敏感节点社区矫正安全防范工作，有效杜绝社区服刑人员虚管、脱管、漏管事件发生。组织开展公益劳动和警示教育活动26批次，收到良好的警示教育效果。为县（区）司法局、司法所配备警用便携式执法记录仪42台，加强对社区服刑人员的日常管理和对执法人员执法行为的监督。全年深入基层督导检查20余次，规范社区矫正对象档案及日常工作档案，推进社区矫正规范化建设。组织市、县（区）两级社区矫正业务骨干共12人赴江苏省司法厅跟班学习1个月。8月份举办基层基础观摩培训，提升基层社区矫正工作人员业务素质和能力。9月11—15日，由区综治办、区高级人民法院、区检察院、区公安厅、区司法厅等部门组成的社区矫正专联合督查组于深入全市各县（区）和市直相关单位督导检查社区矫正工作。

【法律援助】 年内，拉萨市两级法律援助中心共受理760件法律援助案件。积极参与办理市政府、市委政法委、信访等部门督办、转办案件。办理市委政法委督办案件3件，“12345”市长热线转办案件7件，上级部门督办案件41件，信访转办案件53件。拉萨市看守所法律援助工作站接待在押人员法律咨询357起，受理法律援助申请38件，为在押人员进行集中法治宣讲和现场法律咨询20余场，依法保障在押人员合法权益。与城关区武装部联系，积极推进军人军属法律援助工作站建设。根据《拉萨市法律援助案件质量评判办法》，对已结案件进行评查，共评查案件案卷261件，评出优秀案卷67件。

【律师公证管理】　年内，全市17家律师事务所、拉萨市法律援助中心共计办理刑事案件169件；民事诉讼代理1045件；非诉讼338件；法律援助案件492件；为157家企事业单位担任法律顾问；提供法律咨询及代写法律文书4000余人/次。从健全律师执业准入机制入手，切实把好律师执业申请受理和审批关口；健全完善律师执业惩戒制度，开展经常性执业状况专项检查，认真受理群众投诉，严肃查处律师违法违规执业行为。在市直机关单位、新闻媒体等19家单位中聘请律师行业行风监督员，加强对律师行业行风的监督。按照《律师事务所管理办法》规定注销北京中鹏（拉萨）分所，新成立西藏蜀蒇铭律师事务所、西藏彦之文律师事务所。2017年全市17家律师事务所没有发现任何违规、违纪案件，律师管理部门未收到投诉律师类案件。加强律师行业党建工作。全市共有律师党员25人。推进律师参与信访工作。5月份方诺律师事务所入驻市信访局为信访群众提供法律咨询和服务。共派出律师7名125人次，参与接待信访事项134次，接待信访人员310余人，提供法律咨询120余次，起草工亡赔偿协议5份，出具法律意见书5份，协助信访局接访、咨询、配合处理的信访事件人员所涉及或包含、挽回的经济损失约1亿元。推行律师、法律工作者值班制度。8月份起在拉萨市便民服务中心设立法律咨询窗口，共有市直12家律师事务所和拉萨市法律援助中心通过轮流值班的形式入驻，现场为群众起草法律文书、修改合同文本，引导群众合理合法通过诉讼途径解决问题，共接待群众各类法律咨询案件116起。年内共计办理公证11748件，同比增长14%；其中经济类公证3310件，增长13%；民事类公证8227件，增长22.7%；涉外类公证211件，减少13%。全额上缴财政公证收费747.67万元，减少4.6%。接受群众公证法律咨询7000余人次，代写法律文书6000余件。开展公证质量自查自纠工作，共抽查卷宗200份，保障公证质量，杜绝假证错证。

【人民监督员选任】　年内，全市选任15名人民监督员，补选16名后备人民监督员。组织人民监督员参加检察院案件评议会4次12人/次，参加巡视活动、检查开放日活动3次4人次。年初与拉萨市检察院联合举办2017年度拉萨市人民监督员业务培训会。10月份组织人民监督员前往林芝参加全区人民监督员培训。健全完善人民监督员工作制度，研究制定《拉萨市人民监督员选任管理办法》《拉萨市人民监督员选任管理实施细则》《拉萨市人民监督员工作制度》，明确人民监督员选任条件、程序、方式和管理机制，推进人民监督员工作规范化、制度化发展。

【司法鉴定】　推进市级司法鉴定机构设立，与市卫生局、市人民医院、华大基因就设立司法鉴定机构事宜进行沟通协商。对《西藏自治区司法鉴定管理条例征求意见稿》提出修改意见。积极争取司法鉴定管理权限下放，依据《司法鉴定机构登记管理办法》规定，向市审改办提交下放司法鉴定机构的执业核准和司法鉴定人的执业核准职权的建议。

【“12·4”国家宪法日】　12月4日，拉萨市司法局联合72家市（中）直和城关区区直单位在宇拓路步行街开展了以“学习贯彻党的十九大精神，弘扬宪法精神，共建法治西藏”为主题的大型集中法治宣传活动。市县（区）两级共发放《中华人民共和国宪法》《中华人民共和国民族区域自治法》等141种宣传资料近10万份，带有法治宣传内容的雨伞、购物袋、笔记本、纸巾、卡包、杯子等宣传品价值20余万元，提供现场法律服务1700余人次。

（伍　丹）

拉萨警备区

【概况】 2017年，拉萨警备区部队紧紧围绕党在新时代下的强军目标，坚持不懈用习近平新时代中国特色社会主义思想凝心聚魂，突出抓好十九大精神的学习贯彻，深入开展“维护核心、听从指挥”主题教育和“四决不、四争做”专题教育，扎实推进“两学一做”学习教育常态化制度化。大力纠治基层不正之风和“微腐败”，严密组织庆“八一”军事科目建纪录活动，完成高危敏感时期的维稳执勤任务，单位建设呈现持续发展、稳步推进的良好势头。

【思想政治建设】 年内，拉萨警备区党委坚持把学习宣传贯彻中共十九大精神作为首要政治任务，坚决落实习主席关于“学懂、弄通、做实”和“努力走在前列”的政治号令，对表上级指示要求，细化“六个贯彻”措施，提出“十学”系列活动安排，及时进行全面部署和深入动员，高端摆位、大事大抓、强势推进，多措并举推动十九大精神深入进灵魂、扎实进工作、全面进基层，营造出领导带头、上下联动、辐射全员的良好态势，在部队持续兴起学习宣传贯彻热潮。认真组织党委机关理论学习，参加军区师团干部理论集训和基层政治干部专题培训，扎实开展“维护核心、听从指挥”主题教育和“学习十九大、担当新使命、奋进新时代”“四决不、四争做”专题教育，推进“强军风采”文化活动，各项教育活动有声有色、专题学习扎实有效。

【作风建设】 年内，拉萨警备区严格规范落实党的组织生活制度，丰富“三会一课”、主题党日活动形式，开展“学党章、上党课、交党费、过党日”专项检查，组织党员承诺践诺和“党章党规学习月”活动，推进“两学一做”学习教育常态化制度化。突出“三对照三查纠”，高质量召开民主生活会，对照“六查六看”，不断巩固肃清成果，“两项清理”扎实推进，政治生态更加清明。

【维稳执勤】 年内，拉萨警备区以中共十九大期间拉萨社会面维稳安保任务为重点，突出“金砖国家领导人会晤”“次曲”“色拉协曲”等重要时节，及时修订完善处突预案，合理调整兵力部署，持续加强训练演练，扎实做好维稳任务调整。先后出动民兵7000余人次、车辆300余台次，担负守护青藏铁路堆龙德庆和当雄县辖区内路段，守卫党政机关、油库、青藏输油管道、交通要道等重要目标，协助公安武警设卡执勤等任务，有效确保了防区社会面持续安全稳定。

【军警民联合训练】 年内，拉萨警备区依托拉萨民兵训练基地，围绕维稳防暴科目、轻武器射击等训练内容，组织协调城关区公德林派出所公安干警、城关区应急民兵骨干与警备区轮勤轮训官兵开展军警民联合训练，活动流程规范、衔接紧凑、秩序正规，与公德林派出所公安干警交流演示了盾棍术、防自焚、防刀斧砍杀3个防暴科目，开展气球靶射击竞赛，有效促进拉萨军警民联演联训整体水平提升，得到军地各级较高评价。

【征兵工作】 年内，拉萨警备区严格按照征兵宣传、兵役登记、应征报名、初审初检、体格检查、政治考核、审定新兵等工作流程，完成征兵任务。

【人武部主官整训】　12月，拉萨警备区组织人武部主官参加了全区人武部主官整训活动，高标准完成活动保障和人武部正规化建设示范观摩任务。城关区人武部以库室建设标准、方案预案拟制、制度规定落实以及民兵防暴训练和抢险救灾装备展示为重点，向全区人武部主官展示警备区后备力量建设取得的成果和人武部官兵良好的精神风貌。

【军训工作】　年内，拉萨警备区遴选政治观念强、组织纪律性好、军政素质和组训能力突出、训练经验丰富的军训教官，利用2个月时间，圆满完成西藏大学、西藏体育运动技术学校等地方院校2380名学生军训任务。

【军校招生考核】　年内，各人武部会同本县（市、区）招生办公室、考生户籍所在地派出所和毕业学校，采取走访调查、座谈交流等形式，完成报考军校青年学生的政审及报考昆明民族干部学院附属藏族中学的19名考生政治考核工作。

【军民共建】　年内，按照《拉萨警备区参与打赢脱贫攻坚战实施计划》，结对帮扶10个贫困村、66个贫困户和30名贫困学生。积极参与地方民族团结进步和双拥模范城（县）创建活动，走访慰问共建单位，参加烈士纪念日、全民国防教育日等活动，6个单位和3名个人被自治区和拉萨市表彰为民族团结进步模范集体和先进个人。

【民兵建设】　年内，拉萨警备区按照“建、管、用”的原则，不断调整拉萨市民兵队伍布局、优化组织结构、拓宽编组渠道，对民兵开展民兵整组工作，形成一支规模适当、布局合理、结构科学、素质较高的后备力量队伍。组织各县（区）修订完善应急处突预案21套，先后出动应急民兵执行雪顿节等重要时期的安保工作。7—9月，采取“前期抓学习、中期抓训练、后期抓总结”的方法，分别组织城关区应急民兵、堆龙德庆区应急民兵，对《军分区人武部军事训练大纲》《民兵军事训练大纲》明确民兵担负反恐维稳行动17项内容、共62个科目进行试训论证，民兵队伍“平时服务、急时应急、战时应战”能力得到全面提高。

（王晓林）

人民防空

【概况】　2017年，市人防办在市委、市政府坚强领导和自治区人防办的有力指导和全体干部共同努力下，积极克服内设机构不健全、专业人员紧缺等困难，认真贯彻“长期准备、重点建设、平战结合”方针，全面提高和履行“战时防空、平时服务、应急支援”使命任务能力，牢固树立“宁可备而不用，不可用时无备”的工作理念，加强人防法律法规宣传工作，狠抓人防“结建”这个保命工程，注重人防建设与城市建设和经济建设相融合发展，完成年初制定的各项工作目标任务。

【国防宣传教育】　年内，市人防办筹措资金3万余元，制作藏汉双语人防宣传单和纸杯、环保布袋、围裙共计12000件。会同自治区人防办、市地震局在市属中学和驻村点开展人防宣传教育活动，向拉萨市所有初级中学发放“三防”知识教材和群众发放各类人防宣传品，确保“三防”知识在中学的普及，提高中学生和群众对人防知识的认知，增强国防意识。深入贯彻落实《中华人民共和国人民防空法》和《西藏自治区实施〈中华人民共和国人民防空法〉办法》，检验全市防空设施，加强国防教育宣传，发放《西藏自治区实施〈中华人民共和国人民防空法〉办法》宣传册子、《人民防控知识宣传单》、人防宣传袋子及围裙等宣传资料2500余份。并在自治区人防办执法处帮助下，投入16万元在拉萨市江苏中学和拉萨八中建立人防宣传阵地，开展人防知识讲座2次，播放《人民防空宣传片》共2场。

【人防培训】　年内，市人防办共选派3名干部分别参加在威海和北京、郑州举办的全国人防信息化研修班、全国人防化研修办和全国人防工作研讨班，进一步开阔眼界、拓展思路，着力提高拉萨人防部门工作人员的业务水平和工作能力。

【指挥所建设】　年内，市人防办重点推进人防基本指挥建设。项目开工建设后，与区办工程处、指通处组织施工单位、监理单位召开项目推进会，研究部署项目推进工作，加强对项目施工进度、施工安全等方面进行监督和检查，严把工程质量关，现工程建设进展顺利。截至年底，共召开项目推进会7次，召开总参设计院深化设计会2次，促使人防基本指挥所项目主体工程全部竣工，并通过初步验收。

【人防地下室审批】 年内，市人防办按照人防相关法律法规，认真开展人防地下室审批工作。

【执法检查】 年内，市人防办深入拉萨市各工程现场进行执法检查，重点检查全市新建民用建筑“结建”情况，共对98个项目施工单位进行执法检查，个别项目单位存在未批准修建人防工程项目和未按照人防设计要求进行建设。市人防办对符合人防要求的项目建设单位提出修建人防地下室的要求或开具交纳易地建设费的通知单。

【更换防空警报器】 年内，根据自治区人防办更换防空警报器的安排部署，结合拉萨市城市建设实际，市人防办及时召开会议研究防空警报布局和更换相关事宜，积极与区办指通处衔接，多次协调各警报器设置单位，顺利完成全市63台防空警报器更换工作，在现有的防空警报资源情况下，扩大防空警报的覆盖面，使全市防空警报覆盖率达到90%，制定出台《拉萨市防空警报设施管理办法》，为拉萨市防空警报设施建设制度化、规范化建设提供依据和制度保障。

【“两学一做”活动】 年初，市人防办根据区市党委关于深入推进“两学一做”学习教育制度化常态化的精神，研究制定《拉萨市人防办党组理论中心组2017年度学习计划》《2017年度拉萨市人防办机关党支部理论学习安排意见》，以及《拉萨市人防办机关党支部“学党章党规、学系列讲话，做合格党员”学习教育安排表》，组织党员干部集中学习十八届中纪委第七次全会精神、关于依法治理民族事务促进民族团结的意见、吴英杰在拉萨干部大会上的重要讲话精神及区市农村工作会议精神、九届区市纪委二次全会精神全市经济工作会议精神等内容，截至年底，组织党员干部集体学习12场，参学108人次，累计36学时，自学135人次，累计270学时，专题研讨8场，交流发言8人次，观看专题教育影片3场，邀请市委讲师团讲座1期，发放学习资料7篇，撰写心得体会8篇，书记专题讲党课1场，组织党员干部参观廉政教育基地1次。

（蘧智超）

武警拉萨市支队

【概况】 中国人民武装警察部队西藏自治区总队拉萨市支队（旅级）（简称拉萨市支队），2005年5月，由原第一支队和原拉萨市支队合编而成。

【执勤任务】 年内，拉萨市武警支队担负完成“萨嘎达瓦”宗教活动期间维稳执勤任务。为庆祝中华人民共和国成立68周年，拉萨市政府在布达拉宫广场隆重举行“升国旗、唱国歌”仪式，根据总队和拉萨市一线指挥部统一部署，出动警力完成现场安全保卫任务。协助中国人民银行拉萨市中心支行守押中心，完成拉萨至贡嘎机场和拉萨至山南两起往返货币押运勤务。协助拉萨市公安局看守所完成至自治区监狱、拉萨监狱转监途中的武装押解任务。

【自治区领导看望官兵】 1月24日，西藏自治区党委常委、拉萨市委书记白玛旺堆率市委副书记、市人大常委会党组书记、主任达娃，市委常委、警备区政委肖光富，市委常委、政法委书记、市公安局党委书记马军，亲临武警拉萨市支队看望慰问了基层一线官兵。1月27日下午，西藏自治区党委常委、政法委书记、自治区政府副主席何文浩到武警拉萨市支队看望慰问官兵，向支队全体官兵致以节日问候和祝福，并赠送慰问金。7月31日上午，西藏自治区党委副书记、区人大常委会主任洛桑江村到武警拉萨市支队看望慰问官兵，向支队全体官兵致以节日问候和祝福，并赠送慰问金。

【警民联谊】 2月，拉萨市武警支队某中队官兵与用兵单位拉萨监狱开展篮球友谊赛，共同迎接藏历新年的到来。7月，某大队与中国人保西藏分公司共同举办“同呼吸·共命运·心连心·庆八一”联谊会，军地双方欢聚一堂，共同叙写“军爱民、民拥军、军民鱼水一家亲”的深厚情谊，支队米玛次仁副政委参加联谊活动。10月27日上午，拉萨市支队在夺底乡政府积极开展“九九重阳节、浓浓敬老情”义诊活动。

【勤务联席会议】　5月12日下午，拉萨市支队会同民航区局召开联席会议。西藏民航区局王嵩副局长和支队相关领导参加会议。7月17日下午，拉萨市支队与自治区司法厅就自治区监狱监墙重建期间执勤工作，自治区监狱、曲水监狱AB门上勤事宜召开联席会议。陆健政委、刘懿参谋长，司法厅于续文副厅长、监狱管理局万马政委，以及双方相关业务部门领导参加会议。

【走访慰问群众】　藏历新年前夕，陆健政委、米玛次仁副政委等一行前往“六共”活动结对寺庙曲水县热堆寺和支队级精准扶贫对象夺底乡维巴村，为他们送去部队的关怀；还到精准扶贫对象央金阿妈啦家中详细了解实际困难，并亲手送上慰问物品。随后，米玛次仁副政委代表支队对共建、友邻单位进行走访慰问，送去节日祝福和慰问品，并代表支队感谢对部队建设工作的支持和帮助。政治部贾利锋副主任带队前往支队常年帮扶的彩泉特殊学校，把水果、牛奶等慰问品亲自送到孩子们手中，并亲切询问他们的生活条件、学习情况。端午节前夕，拉萨市支队某中队官兵深入城关区夺底乡洛欧村开展扶贫帮困活动。

（杨佩佩）

拉萨市公安消防支队

【概况】　2017年，拉萨市公安消防支队以打赢中共十九大消防安全保卫战为目标，创新求是，真抓实干，扎实推进消防工作和部队正规化建设，确保社会局势、火灾形势和部队内部的总体稳定。全年，检查社会单位14656家（次），发现火灾隐患或消防安全违法行为13104处，督促整改12834处，下发《责令改正通知书》6970份，下发《行政处罚决定书》58份，临时查封单位21家，责令“三停”单位16家，罚款94.27万元。

【火灾警情】　年内，拉萨市共发生火灾45起，无人员伤亡，直接财产损失152.06万元，较2016年同期相比，伤亡人数下降100%，火灾起数、财产损失略有上升，火灾形势基本稳定。市公安消防支队共接警2021起（其中，扑救火灾45起，抢险救援63起，公务执勤1891起，社会救助21起，其他接警出动1起），出动车辆2448辆次，出动警力12533人次，抢救被困人员82人，疏散被困或受灾人员240人，抢救财产价值323.7万元。

【中共十九大消防安保】　中共十九大召开期间，市公安消防支队把消防安全作为出发点、落脚点，制定印发《拉萨消防支队党的十九大消防安保期间督战工作方案》，设立9个督导检查组，由支队党委常委带队，对战役“部署、落实、预防、处置、事故、倒查”等关键环节，不定时组织明查暗访。期间，支队党委抽调机关三分之二警力36人，组成7个帮扶小组，1个增援分队，深入全市各基层大队进行蹲点帮扶，共完成蹲点帮扶89次。排查社会单位420余家，督促整改火灾隐患或违法行为580余处，下发《责令改正通知书》119份，下发《临时查封决定书》1份，罚款12万元，向各场所负责人宣传消防安全知识390余次，受教人员2200余人，坚决确保“三个不发生”工作目标的实现。期间，公安部消防局琼色副局长、昆明高等专科学校杨永刚副校长分别带队督导组，深入拉萨市各重点单位、敏感场所，督导检查消防安保工作。

【消防演练】　年内，市公安消防支队推行常态化熟悉演练，先后组织开展文物古建筑、人员密集场所和危化品生产储备库等各类场所实战演练661次，修订完善各类执勤方案、灭火救援预案648份，开展“六熟悉”1260次，普查市政消火栓1940处，召开典型火灾案例战评会6次，做实做严火灾扑救基础工作。坚持基地化轮训学习，87名新兵高标准通过集训考核，16名接警员参加接警调度培训，29名指战员完成攻坚组比武淬炼，41名执勤中队干部完成指挥能力考评，91名大中队干部在综合能力素质培训班得到能力提升，79名战士参加支队本级各类灭火救援、车辆和危险化学品事故处置技术、通信与计算机专业技能鉴定，119名骨干取得正（副）班长资格，全面夯实灭火救援能力水平。

【战备执勤】 年内，市公安消防支队出动警力10570人，出动车辆2097辆，出色完成“色拉崩坚”、“两节”、“两会”、“三月敏感期”、“格西拉让巴”、“甘丹寺达孜仲曲”、“叶巴次久”、“611”在藏活动、雪顿节等消防安保任务1887次，取得了一系列重大消防安保任务“不冒烟、不发火、无纰漏、无事故”的优异成绩，特别是瞄准实现“三个不发生”工作目标，每日投入579名官兵、91辆各类消防车，以“全警在岗、全员投入、屯摆结合、高度待命”的执勤模式，决胜收官中共十九大消防安保战役。全市各级消防部队执行二级以上战备147天，灭火、抢险救援108起，出动车辆325辆，出动警力1819人，抢救被困人员82人，疏散被困人员240人，挽回财产价值323.7万。

【消防安全大检查】 年内，市公安消防支队认真开展安全生产大检查、大排查、大整治工作，召开消防安全工作专题会议，提请印发拉萨市人民政府、拉萨市公安局、消防支队三级夏季消防检查方案，全面深入城区、社区、农牧区、寺庙区、易燃易爆场所、民生场所、夜间营业场所、重大敏感场所等，实现消防工作全覆盖、无缝隙排查。突出整治人员密集场所、寺庙文物建筑、易燃易爆场所、建设工程施工工地、“九小场所”、屋顶违章简易建筑、“三合一”等场所火灾隐患或消防违法行为。检查社会单位4996家次，发现火灾隐患或消防安全违法行为2490处，督促整改2428处，下发《责令改正通知书》1428份，下发《行政处罚决定书》63份，临时查封单位21家，责令“三停”单位14家，罚款24.65万元，拘留1人。深入实地指导施工工地落实消防安全责任67次，提出整改建议或意见410余条，拆除屋顶违章简易建筑800余平方米，指导“九小场所”安全用火用电用油用气120余次。扎实开展高层建筑综合治理，全市156栋高层建筑全面落实楼长制度、消防经理人制度，建立建成微型消防站。组织开展消防产品专项整治行动，严肃查处各类消防产品违法行为，查处违法销售行为5处，依法没收各类“三无”、不合格以及国家明令淘汰使用的消防产品179件，有力打击各种违法销售消防产品行为。

【消防宣传】 年内，市公安消防支队强化消防宣传教育，充分利用传统媒体、新媒体和各类社会资源，在区、市两级媒体开辟《消防宣传》专栏，在移动互联网信息平台占领宣传高地，实现全市1600辆出租车顶灯、184个便民警务站播放消防提示语，市区所有主干道人行护栏及人行天桥悬挂消防宣传横幅，12类重点场所张贴万份消防安全提示画等形式，营造浓厚的消防安全氛围。全年以来，在省、市级以上媒体上稿80余篇，在报刊开辟2个消防专栏，发送消防短信75000余条次，消防微博、微信发布消防知识370余条次，组织实施集中消防宣传活动180余次，发放各类消防宣传资料125000余份。5月23日，国务院省级政府消防工作考核组实地检查拉萨市消防工作，并给予充分肯定和较高评价。

【后勤保障】 年内，市公安消防支队着力加强战勤保障基础，从经费争取、装备投入、基础建设等各个方面强化保障措施，争取本年度业务经费8442.99万元，采购总价1050万元的1台火灾勘察消防车和5700件（套）装备器材，有力提升部队适应实战需求的战斗能力。协调总队落实支队应急救援指挥中心及机关综合楼装修改造建设经费500万元；协调市财政落实支队营区监控对讲点名系统、搜救犬分队建设、机关综合楼改造等项目经费700余万元。全面推进消防队站基础建设，开展特勤大队训练塔建设、搜救犬分队建设、培训基地营房维修、特勤二中队附属维修改造、支队应急救援指挥中心内部装修、取暖等基建项目，督促6个县消防队站完成取暖、吸氧工程建设。加强微型消防站建设，夯实城镇消防工作基础，全市各级政府共投入896万元专项经费用于微型消防站建设，建成微型消防站702个，积极引导和规范全市建设微型消防站，确保实现“会接警出动、会操作器材、会实施扑救、会开展检查、会组织宣传”的工作目标。创新开展保障副食品集中配送，紧紧围绕“服务为本、勤廉为纲”的工作思路，5月1日起全市部队实行副食品集中配送制度，发挥伙食费用的最大效益，切实提高官兵伙食水平。

【学习教育】　年内，市公安消防支队聚焦“铸警魂、强教育”，着力提升思想政治教育水平，扎实开展“两项重大教育”活动，紧密结合队情和社情，依托32个各级基层党组织，广泛开展“维护核心、听党指挥”和“两学一做”常态化制度化主题教育，专题学习讨论习近平总书记系列讲话、中共十九大报告精神，形成思想汇报425份、剖析材料672份。组织全体官兵开展廉政教育18次，观看廉政警示教育片50余部，学习了《中国共产党党员领导干部廉洁从政若干准则》《军队党员领导干部廉洁从政若干规定》《公安消防部队廉政教育暂行办法》，使广大官兵时刻保持政治上的清醒和行动上的自觉。安排各级党委（支部）书记，面向全市消防部队进行轮流授课和课件评比10次，邀请地方专家教授专题授课67场，开设“网络大课堂”22场，配发各类教育学习资料3000余本，缺乏系统化教育、政工干部能力不足、备课授课敷衍了事以及官兵厌教厌学的突出问题，确保思想政治教育的深入有效。发挥文化育警功能，举办“忠诚铸警魂、共谱强军梦”文艺会演和“践行总要求，喜迎十九大”主题演讲活动，丰富教育形式和载体，营造浓厚的警营文化氛围。

【监督执纪】　年内，市公安消防支队着力强化党风廉政建设，始终把廉政建设作为反腐倡廉建设的基础性、关键性和全局性工作常抓不懈，召开党风廉政建设专题部署会，逐级签订《党风廉政目标责任书》39份，建立健全《干部廉政档案》《领导干部个人有关事项报表》85份。对全体官兵持有因私出国护照情况进行彻底排查，登记造册，形成档案，并收缴5名官兵私人护照。发挥督察预警，将全市部队分为东西两个片区，实行党委常委带队、每月开展明察暗访并拍摄视频进行全市单位通报，完成11期常态化督察，切实帮助基层找问题、解难题126处，保持全年无事故案件发生的良好态势。执行审计工作制度，完成3个基层大队主官任期经济责任审计，积极配合总队审计部门，协助完成达孜和堆龙大队主官经济责任审计。开展装备采购管理专项审计，涉及8个大队、14个采购项目、资金1217.127万元，核查装备器材5100余套（件），梳理问题30个，提出整改意见30条，切实发挥审计工作监督、防范、评价和服务作用。

（皮智勤）

武警拉萨市森林大队

【概况】　中国人民武装警察部队西藏森林总队拉萨大队，简称武警拉萨市森林大队，2002年7月26日组建，同年11月挂牌成立，主要担负拉萨市七县一区约3万平方公里的森林防火灭火、维稳执勤、野生动植物保护、处置突发事件等任务。境内有林面积约15万公顷，林相多以针叶林、针阔混交林为主，执勤区域主要分布在林周、墨竹工卡、堆龙德庆和曲水等县，辖区内国家级保护动物20余种。

【党建工作】　年内，拉萨市武警森林大队党委一班人着力在提高按纲抓建、把关定向、突出中心、从严治军能力上下功夫，及时建立健全各类组织机构，突出一线“堡垒”作用和主体责任，强化党管党员，党管干部的刚性约束。按时开展党课教育，组织党员参加党章学习、理论测试等，不断提升支委成员议事能力。工作中党委一班人，树立求真务实的工作作风，严格按照“十六字”方针规范议事规则，对于部队建设的重大问题及事关官兵切身利益的问题，始终坚持民主集中制，做到“四公开”，注重听取委员和全体官兵的意见和建议，发挥党委支部议事决策能力，保证了各项工作决策的科学性、正确性。

【思想政治教育】　年内，拉萨市武警森林大队以落实八项经常性工作为重点，突出抓好总队党委扩大会议精神的传达学习，狠抓“两项重大教育”和经常性政治工作，注重用主题教育凝神聚气。年初以来，大队党委高度重视思想政治教育，将“两学一做”学习教育和“维护核心、听从指挥”主题教育贯穿教育始终，深入学习十八届六中、七中全会精神，和习主席“7.26”、朱日和阅兵和庆祝建军90周年等系列重要讲话精神，全面学习、贯彻、宣传党的十九大，用理论充分武装头脑，切实把官兵思想和行动统一到讲话精神上，统一到习主席强军思想上，坚定信仰信念、坚决看齐追随。抓好强军系列教育活动的实施并抓好预防犯罪两支队伍和心理骨干、心理咨询师的培训。坚持在建队育人、开拓创新中谋发展，充分利用好文化工作的“宣教”“育智”“励志”功能，在熏陶、渲染中潜移默化的影响激励官兵。充分发挥两大组织的作用，按照“四有”要求，抓好经常性文化活动，积极与驻地共建对子，采取请进来、走出去的方法，适时开展联谊活动，丰富了官兵业余文化生活。

【军事训练】 年内，拉萨市武警森林大队始终坚持党委会议中心，充分调动官兵群策群力，深入分析军事训练形式，查找训练中短板弱项，及时调整完善训练计划。坚持把军事训练作为中心工作来抓，落实“军事训练十项制度”，着眼提高干部骨干组训能力，严格按新大纲施训，集中时间对干部骨干进行教案编写和示讲、示教训练，做到不偏训、粗训、漏训。坚持以军事训练“三项比武”为契机，大抓军事训练，干部能够以身作则、以上带下，坚持随队训练，跟班作业，发挥模范带头作用，官兵充分利用现有场地设施和“五小练兵”时机开展基础体能、专业技能训练，掀起了浓厚的军事训练热潮。贯彻《加强实战化军事训练暂行规定》等指示要求，大力抓好官兵实战化军事训练，有效激发官兵“训练有功、训练有为、训练有位”思想认识，全面落实军事训练“一票否决”，切实提高军事训练思想站位。

【战备工作】 年内，拉萨市武警森林大队始终坚持把战备教育纳入年度教育内容，组织官兵学习了防火执勤常识、战备工作规定和适时开展形势战备教育等，有效增强了官兵战备意识。根据实战化要求及时完善各类方案预案，年初以来共制定各类方案预案10余种，修改完善30余次。同时每周坚持开展方案演练、拉动检查等，有效提高了部队的快速反应和实战能力，增强了官兵战备意识。认真落实装备维修保养制度和驾驶员50公里训练，确保武器装备保持良好的性能，也进一步提高了驾驶员的驾驶技能，为执行多样化军事任务打下了坚实基础。坚持靠前用兵、主动用兵，先后圆满完成了山南靠前驻防任务。应拉萨市（山南市）林业局邀请，经总队批复同意，大队先后完成7次防火宣传任务，为坚决杜绝防区火灾发生打下坚实基础。

【安全建设】 年内，拉萨市武警森林大队狠抓总队党委建安创安工作思路，贯彻落实，紧盯“八个关键环节”，以“八个规范”统筹安全建设，严格落实安全制度、加强安全管控，努力营造安全文化，扎实开展“百日安全竞赛”和安全大检查活动。全面落实安全责任，从大队至中队班排逐级签订安全责任书、“禁酒”承诺书、手机使用责任书等90余份。深入查找治理隐患，充分发挥安全领导小组、班安全员作用，每天查找安全隐患，坚持“日碰头、零报告”，确保了每天隐患归零。严格落实各项安全管理措施，注重做好一人一事的思想工作，特别是新兵下队、老兵退伍、战士考学和重大节日期间，大队主官、中队干部骨干主动靠前与老兵战士谈心交心，坚持班长骨干每日与战士有交流、干部每周与官兵有谈心，确保官兵思想无包袱、困难有帮带、压力有释放。

【后勤保障】 年内，拉萨市武警森林大队坚持把保中心、保生活作为保障重点，严格落实伙食管理“五项制度”，膳食营养结构合理，饮食环境规范舒适；因地制宜发展“两业”生产，保障质量明显提高。通过抓业务培训提高专业技能，抓岗位锻炼培养专业人才、抓履职尽责提高工作成效。积极开展“健康警营”和基层卫生机构建设达标工作，及时供应发放高原保障药品，定期进行营区和办公场所消毒，有效防止流感病毒进入大队。同时在大队范围内，进行专业技能比武、岗位竞争活动，使后勤人员专业技术明显提高。严格落实责任制度，做到“车定人、岗定位、事定责”，严格落实各类登记账目，每天坚持食品检验和食物留样制度，每周组织车辆装备维护保养和驾驶训练，每月进行考核讲评，从严落实各项管理措施，积极采取集中走出去、请进来和个人自学、以老带新相结合的方式，先后对炊事员、种养殖员和灭火装具维修员培训，进一步提高后勤队伍建设和后勤人员的专业水平。

【文化宣传】 年内，拉萨市武警森林大队积极开展“四有”活动，真正在“歌曲唱起来、场地用起来、乐器响起来、书籍看起来、警营乐起来”上下功夫、使长劲，警营文化生活更加丰富；利用警营小周报、橱窗和宣传栏对党的路线、方针、政策进行广泛宣传，不断强化官兵听党指挥、能打胜仗、作风优良的意识。积极发挥思想骨干队伍作用，有效掌控人员思想和行为，有效杜绝安全事故苗头。

【执勤工作】 年内，拉萨市武警森林大队按照总队“强化中心、打牢基础、用好载体”的工作思路和会议中心会议纪要相关精神，大队始终围绕中心抓建设，立足实战抓训练，全力提高“打赢”能力，确保了以防火灭火为中心的各项任务圆满完成。抓关键，在加强中心工作领导上下功夫。牢固树立“围绕中心抓建设、抓好建设保中心”的理念，坚持党委议中心制度，做到研究工作不忘中心内容，分析问题不忘中心工作情况，解决问题不忘工学训矛盾，检查讲评不忘落实成效，形成了“党委定期议中心，干部经常查中心，官兵经常想中心，上下全力保中心”的良好氛围。固根本，在增强官兵忧患意识上使长劲。坚持抓好林政执勤三项纪律、形势任务和法纪教育，做到警钟长鸣。1月9—16日，山南驻防分队2名官兵配合地方林业部门组织力量赴隆子县、洛扎县、错那县、加查县四个县开展防火宣传。2017年3月22日，由大队长毕占国带领40名官兵赴拉萨市曲水县才纳乡四季村林木良种繁育中心西南侧，参加2017年拉萨市义务植树活动。4月2—9日，森林大队山南市驻防分队配合地方林业部门赴山南市隆子县、罗扎县，开展防火宣传活动。10月24日大队出动5名兵力前往拉萨市南山鹏矗生态园，参加拉萨市林业绿化局防火宣传活动。11月8—10日，教导员边巴罗布带领3名官兵赴山南市林业局开展防火知识授课活动。11月21日，大队30名官兵前往拉萨市墨竹工卡县日多乡怎村，参加拉萨市林业绿化局防火宣传活动。12月12—22日，山南驻防分队动用3名官兵前往隆子县、错那县、落扎县下属七个乡，协助山南市林业绿化局开展防火宣传活动。

【警民共建】 大队官兵始终牢记全心全意为人民服务宗旨，积极投身驻地建设，强力推动“双拥”共建活动。坚持将内部关系摆在重要位置，官兵家属来队，坚持做到“五个一”（接一次站、请吃一次饭、汇报一次工作、安排一道外出、送一次站），战士探家，坚持做到写一封慰问信，安排好送站，让战士安全、心情愉悦回家。树立良好形象，密切警民关系。大队先后与拉萨市市团委、儿童福利院、特殊学校等相继结成共建单位，3月份，大队出动40名官兵在拉萨市曲水县才纳乡四季村林木良种繁育中心西南侧，参加由自治区统一组织的植树造林活动，共植树300余棵，在活动过程中，大队官兵展现的过硬作风素质得到了上级首长、地方领导的一致好评。6月份，大队10名官兵参加拉萨市第四届篮球比赛并获得较好名次。8月份，大队与市团委共同举办夏令营军训活动。定期组织群众纪律教育、密切内部关系教育和民族宗教政策教育，使大队每名官兵了解当地少数民族的风俗习惯，保持良好的内外关系，确保不发生任何警民纠纷。

【工作亮点】 年内，拉萨市武警森林大队大队出动20名兵力，完成山南地区乃东县靠前驻防任务，完成三月重要时期各项工作的安排部署和战备工作，组织官兵观看“两会”有关新闻报道。组织完成森林部队2017年度单兵、建制班、建制中队比武工作，圆满完成国庆、中共十九大的召开期间战备工作，严格落实“七个一”措施，配合市林业局完成防火授课和防火宣传活动，扎实推进EB病毒防控工作，对指挥部年终考察帮建工作进行安排部署。完成总队教练员集训保障任务，开展为期10天的士官集训任务。

（李 坤）

社会团体

拉萨市总工会

【概况】 2017年，拉萨市总工会始终坚持党对工会工作的领导，牢牢把握正确的政治方向，始终坚持全心全意依靠工人阶级的根本指导方针，坚定不移地走中国特色社会主义工会发展道路。围绕中心、服务大局、服务职工，以解决职工群众最关心、最直接、最现实的利益问题为重点，切实履行代表和维护职工合法权益的基本职责，充分调动广大职工的积极性和创造性，促进职工队伍的和谐稳定。

【机构编制】 年内，市总工会内设正科级机构1室3部1中心，即办公室、组宣部、法律保障部、劳动经济部和职工活动中心，另设财务室和机要室。虚设一中心四室三部，即困难职工帮扶中心；经费审查委员会办公室、女职工委员会办公室、经济技术办公室、职工技术协作委员会办公室；女职工部、民主管理部、基层工作部。市编办核定市总工会机关行政编制为10人，事业编制3人，实有14人。年内，新建工会组织167家，发展会员38477人，全市基层工会组织数达到1344个，会员总数达到12.6万余人。

【2016年度民主生活会】 1月10日市总工会党组书记余刚主持召开2016年度党员领导干部民主生活会，市人大常委会党组副书记、市总工会主席平措朗杰，市委第三督导组、市委组织部以及市纪委第二纪检组有关领导出席会议，市总工会县级领导干部、各部室负责人参加会议。会上，市总工会党组书记余刚代表班子作对照检查，4名副县级领导干部分别作个人对照检查，相互间开展批评和自我批评。市委第三督导组、市纪委第二纪检组和市委组织部领导对此次专题民主生活会召开情况进行点评。

【十届五次全委会议】 4月7日，拉萨市总工会十届五次全委

2017年7月11日，拉萨市总工会在当雄县龙仁乡开展“四讲四爱”暨“喜迎党的十九大工会服务在基层”系列活动，市人大常委会党组副书记、市总工会主席平措朗杰与会员们合影

（扩大）会议召开。会议由市总工会副主席措姆主持，市总工会党组书记余刚受市总工会十届委员会委托作工作报告，副市长廖波和自治区总工会组织部副部长王秀英出席会议，市委常委、宣传部部长吴亚松出席会议并作重要讲话。八县（区）分管工会工作领导、总工会主席及市直机关、企事业工会负责人110余人参加会议。

【自治区总工会一行到拉萨调研】 4月11—12日，由自治区总工会党组成员、副主席秦少相带队的职工队伍稳定调研组一行利用两天时间分别前往拉萨市交通产业集团、拉萨市城市建设有限公司、墨竹工卡县华泰龙矿业有限公司和达孜工业园区部分企业围绕职工教育帮扶、安全生产、维护职工权益、信访等容易影响职工队伍稳定的一些重要因素进行了调研，市总工会党组成员、副主席措姆等陪同。

【《职业病防治法》宣传】 4月28日上午，拉萨市总工会协助区安监局、区卫计委、市安监局等部门在经开区举行了《中华人民共和国职业病防治法》宣传活动。活动现场采取义诊咨询、展板展示、发放资料、防护用品使用讲解等丰富多彩的形式，重点宣传了《中华人民共和国职业病防治法》及相关的法律法规和职业病防治知识。卫生监督所、疾病预防控制中心等职业病防治机构的医护人员在现场进行咨询和义诊服务，共发放宣传资料1000余份。

2017年5月3日，拉萨市总工会“喜迎党的十九大工会服务在基层”系列服务职工活动在城关区嘎巴村举办，市总工会党组书记余刚、副主席措姆与演出人员合影

【“送温暖”活动】 5月4日，由拉萨市总工会组织面向农牧民工开展以“送温暖、送文化、送法律、送政策、送医送药”为主要内容的“喜迎党的十九大工会服务在基层”系列服务职工活动启动仪式在城关区纳金乡嘎巴村启动。此次活动共发放慰问金2万元，发放价值达2万元的各类药品，发放各种法律宣传资料1500余册；5月14日，拉萨工会“喜迎中共十九大工会服务在基层”系列服务职工活动在墨竹工卡县尼江乡举办。此次活动由拉萨市总工会主办、墨竹工卡县总工会协办，县司法局、县卫生院、交警以及尼江乡农民工会员和乡干部近200余人参加活动。此次活动发放慰问金共计2万元，免费发放了近1000多份法律法规手册，累计投入资金6万余元。

【江苏省总工会一行到市总工会考察交流】 5月14日下午，以江苏省总工会副主席马永青为组长的交流考察组一行4人到市总工会进行交流考察，两地工会就工会工作和援藏工作情况进行了交流。

【表彰大会】 5月27日，拉萨市总工会召开五一劳动奖状（章）和工人先锋号表彰大会。会议由市总工会党组书记副主席余刚主持，拉萨市人大党组副书记、市总工会主席平措朗杰，市委副秘书长刘期彬，市委第二纪检组组长索朗次仁，司法局副局长、市总工会副主席边巴次仁出席会议。会议对12个五一劳动奖状获奖单位，26名五一劳动奖章获奖个人和13个工人先锋号获奖班组（车间）进行了表彰。

【节能宣传】 6月16日，市总工会在宇拓路组织开展了节能宣传周和低碳日宣传暨安全生产宣传活动。活动中，接待群众100余人次，发放节能宣传资料、《中华

2017年7月26日，自治区政协副主席、自治区总工会主席洛桑久美在拉萨远大建材有限公司指导检查厂务公开民主管理工作

人民共和国安全生产法》等资料100余份。

【庆祝建党96周年】 6月30日，由市总工会机关党支部、嘎巴村党总支联合组织开展的“喜迎党的十九大”庆祝中国共产党建党96周年系列党员活动在嘎巴村隆重开展。市总工会机关党支部和嘎巴村党总支全体党员100余人参加本次活动。活动上，市总工会机关党支部和嘎巴村党总支6名预备党员宣读了入党誓词，表彰了嘎巴村党总支优秀党务工作者和优秀共产党员，最后还进行了庆“七一”文艺会演。

【服务职工活动】 7月11日，由拉萨市总工会主办，当雄县总工会、龙仁乡工会委员会协办的拉萨市总工会“四讲四爱”宣讲活动暨“喜迎党的十九大工会服务在基层”系列服务、农民工集中入会活动在当雄县龙仁乡龙仁村开展，拉萨市人大党组副书记、市总工会主席平措朗杰，当雄县人大常委会副主任、县总工会主席仁青等领导出席了此次活动，活动现场约有职工群众400余人参加。

【机关党支部换届选举党员大会】 7月18日上午，市总工会召开机关党支部换届选举党员大会。会议由党组书记余刚主持，其他在职、退休党员共11名正式党员参加了会议。会议采用公推直选的选举办法，以无记名投票方式选举产生了新一届机关党支部成员，措姆当选为支部书记。

【工会干部培训】 8月8—12日，拉萨市总工会成功举办2017年全市工会干部培训班。本次培训采取市总工会自主办班与江苏省总工会援藏项目“送教上门”相结合的授课方式，为来自全市各级工会的70余名工会专兼职干部进行培训。9月4日，根据江苏工会2017年对口援藏工作安排，拉萨市总工会从全市范围内选派30名基层工会干部赴江苏省参加为期十天的培训学习。

【道德模范巡讲活动】 8月20日下午，拉萨市总工会在拉萨交通产业集团公司组织开展了道德模范先进人物进企业巡讲活动。拉萨市总工会、拉萨交通产业集团有限公司领导和拉萨市敬业奉献道德模范曾程、自治区助人为乐道德模范提名奖、拉萨市道德模范德庆卓嘎以及拉萨交通产业集团公司70多名员工参加了活动。

【全国总工会领导检查指导工作】 8月29日，全国总工会权益保障部副部长王晓华、西藏自治区总工会边巴次仁副主席等一行组成的检查组到市总工会检查指导工作，市人大党组副书记、市总工会主席平措朗杰，市总工会党组书记余刚分别向全总领导和区总领导汇报了拉萨市总工会2015年以来的援藏工作开展情况和推进工资集体协商情况，检查组一行就如何用好援藏资金，切实发挥工会服务职工职能作用，提出具有建设性和针对性的意见。

【个人信息保护日主题日活动】 9月24日，由拉萨市总工会牵头组织的全区2017年国家网络安全宣传周个人信息保护主题日活动启动仪式在拉萨圣地天堂洲际大饭店二楼会议厅隆重举行。自治区党委网信办、自治区总工会、自治区安全厅、自治区通信管理局、自治区工信厅以及市总工会有关领导出席活动。

【“三大节日”慰问】 2月17—24日，市总工会组织在全市范围内开展“三大节日”送温暖活动，对节日期间坚守岗位的一线干部职工，特别是困难群众和劳动模范以及公安干警、驻寺驻村点近1000余人进行送温暖活动，共计发放慰问金124.27万元。

【“12·4”宪法宣传活动】 12月4日，拉萨市总工会在宇拓路步行街开展了国家宪法日宣传教育活动。活动中，市总工会工作人员向过往群众发放《中华人民共和国劳动法》《工会法》《女职工特别规定》《安全生产文件汇编》等相关的法律法规宣传资料150余册。

【“两癌”筛查】 12月，市总工会组织洲际大饭店、交通产业集团等公司200名女职工在恒大医院进行“两癌”筛查体检活动，体检内容为宫颈癌，乳腺癌检查，体检标准为每人800元，共计投入体检资金16万元。

（张兆鑫）

共青团拉萨市委员会

【概况】 2017年，团市委团结带领广大团员青年，在决胜全面建成小康社会进程中发挥生力军和突击队作用，扎实推动拉萨长足发展和长治久安。截至年底，全市共有各级团组织915个，团干部1161人，其中兼职团干部1128人，专职团干部33人，14—28周岁青年101893人，团员29438万人，团青比例为28.89%；全市8个县（区）、65个乡（镇、街道）、267个村（居）团组织书记配备率和乡、村基层团支部书记进班子率均达100%。落实专、兼、挂相结合的团干部队伍配置，提拔科级干部2名，选派1名科级干部到北京朝阳团区委挂职半年，新引进人员2名。严格落实团员发展比例要求，规范团员入口，进一步控制团员规模，调整团青比例。

【青年文明号创建表彰大会】 1月13日，团市委组织召开2015—2016年度拉萨市级青年文明号创建集体命名表彰暨交流分享会。命名表彰了拉萨市国家税务局北城分局等13家青年集体为“2015—2016年度拉萨市级青年文明号创建集体”，拉萨邮区中心局、西藏阜康健康管理有限公司阜康大药房、华泰龙矿业有限公司、西藏航空客舱服务部格桑花乘务组等4家先进创建集体进行交流分享。拉萨市委常委、宣传部长吴亚松出席并作重要讲话，拉萨市委副秘书长、团市委书记任映绮主持，团区委工农部副部长李杰，拉萨市文明办副主任格桑卓玛，团市委副书记普旦等出席会议。各县（区）团委负责人，全市各级青年文明号创建集体代表共100余人参加活动。

【“暖冬行动”】 1月23日，拉萨市志愿者服务指导中心以“暖冬行动”·17（一起）情暖拉萨为主题，组织志愿者在西藏自治区人民医院门诊部开展“暖冬导医”活动，每天引导家属就医、维护候诊秩序300人次，帮助病人及时就医，缓解医院导医台工作压力；在娘热乡政府和夏萨苏居委会开展“暖冬公益补习”活动中，志愿者们根据学生的实际情况，为社区130余名学生开展藏语发音补习、寒假作业辅导，帮助学生养成良好的学习习惯，拓展学习范围和视野；在丹杰林居委会开展“暖冬募集”活动，号召社会爱心人士捐献衣物等生活用品，为困难家庭和孤儿送温暖；在哲蚌寺、色拉寺周边，开展“禁白活动”，清理活动地点周边垃圾，向附近居民宣传环保知识。

【蓝精灵在行动—志愿服务】 1月25日，团市委组织22名志愿者参与拉萨市2017年春节藏历新年联欢会现场志愿服务活动，22名志愿者分为内场组、看台组和外场组，分别负责看台观众引导和入口处检票等工作，确保联欢会顺利进行，得到市委、市政府领导的认可和广大观众及主办方的一致好评。

【“三大节日”慰问活动】 2月16日，团市委党员干部代表在委党组的带领下赴当雄县乌玛塘乡郭尼村开展贫困户慰问活动，走访慰问了党员结队户34户，通过与联系户促膝长谈、听取联系户的意见建议，进一步熟悉、掌握了联系户的生产生活情况和当前思想动态。在集中慰问活动现场，向郭尼村9名“三老”人员、10户驻村工作队帮扶贫困户、34户党员结对户、43名区外在读大学生、16名区内在读大

2017年1月13日，拉萨市组织召开2015—2016年度拉萨市级青年文明号创建集体命名表彰暨交流分享会。拉萨市委常委、宣传部长吴亚松出席并作重要讲话

学生、2名区外在读中学生、驻村工作队员等送去节日慰问品和慰问金共计85900元。

【“清明”主题活动】 3月27日，团市委组织召开专题工作会，研究部署“我们的节日·清明节”主题活动相关工作，要求各级团组织结合实际制定切实可行的活动方案，勇于创新活动形式，充分激发青年、学生对革命先烈的缅怀之情和学习热情，以此教育学生继承先烈遗志、珍惜幸福生活。清明节期间，拉萨市各学校组织学生到烈士陵园开展“缅怀先烈祭奠英灵”扫墓活动。拉萨市第八中学团委、堆龙区中学团委、墨竹工卡团县委共组织1500余名学生，在中国文明网上参加了清明节“慎终追远缅怀先辈”网上鞠躬、献花、抒写感言寄语活动，以培养学生爱国情感。市第八中学七年级（12）班开展了“走进清明感受传统”主题班会，班会课上班主任向学生讲解清明的由来、习俗等一系列活动；4月2日，市第一小学举行升国旗仪式，校领导作国旗下讲话，全校师生默哀祭奠逝去的烈士；4月5日海城小学以升旗仪式为契机，给学生们讲述清明节的来历，并在活动中对同学们进行革命传统教育。

2017年7月，拉萨市开展2016—2017年度拉萨大学生志愿服务西部计划志愿者表彰大会

【“五四”表彰】 5月4日，团市委对全市各条战线的广大团员青年进行表彰，授予次典桑珠等11人“拉萨青年五四奖章”；授予次央等15名共青团员拉萨市“优秀共青团员”称号；授予仁增多吉等10名团干部拉萨市“优秀共青团干部”称号；授予共青团拉萨市堆龙德庆区第一初级中学委员会等5个团组织拉萨市“五四红旗团委”称号；授予共青团拉萨市当雄县乌玛塘乡郭尼村支部委员会等5个团组织拉萨市“五四红旗团（总）支部”称号，以此激励广大团员青年在全面建设团结美丽健康幸福新拉萨的伟大实践中做出新的更大贡献。

【第三届青年创新创业大赛】 5月20日，拉萨市“两创示范”建设暨高校毕业生创业就业领导小组主办、团市委承办拉萨市第三届青年创新创业大赛启动仪式，区党委常委、拉萨市委书记、拉萨市“两创示范”领导小组组长白玛旺堆致辞。大赛以“青创拉萨筑梦未来”为主题，分为网络报名、初赛、复赛、总决赛等环节，设城乡青年创业组和大学生创业组两个组别，城乡青年创业组赛事由拉萨县（区）团委承办，获奖项目奖励扶持资金根据县（区）自行制定；大学生创业组由拉萨团市委承办，获奖项目11个，扶持资金为一等奖1名、奖励20万元，二等奖2名、各奖励15万元，三等奖3名、各奖励10万元，优胜奖5名、各奖励5万元。整合资源，组建金融服务方阵、平台合作方阵及投资企业方阵，促进青年创业就业服务体系建设。

【志愿服务】 5月22日，团市委组织40名大学生志愿服务西部计划西藏专项拉萨市志愿者走进拉萨市特殊教育学校，开展“牵手孤残儿童共建美好回忆”志愿服务活动，帮助孤残儿童树立勇敢拼搏的精神和自尊、自爱、自强、自立的顽强品质。

6月5日，团市委组织20名大学生西部计划拉萨志愿者，开展“关爱湿地保护城市之肺”志愿服务活动。在拉鲁湿地门口设置宣传点，开展环保宣传活动，解答市民提出的环保问题，向市民发放环保宣传资料，宣传环保理念，引导大家养成科学、文明的生活方式，增强生态文明意识，创造整洁优美的生活环境，共建团结美丽健康幸福新拉萨。

9月13日下午，在市公安局交警支队召开交通引导动员大会，全市100名志愿者参加会议。配合拉萨市7个交警大队，开展交通文明引导、引导志愿服务活动，主要对过往行人、车辆进行文明交通引导、文明出行知识讲解、发放各类宣传单和宣传册。为期10天的活动，100名志愿者从8：30至19：30全员全时在岗，累计服务时长达4200余小时。志愿者交通引导活动受到了报纸、广播、电视、网络等媒体宣传报道，得到了社会的广泛关注，赢得了广大市民的一致好评。

【第二届“向上向善好少年”文艺会演】 5月28日下午，市少工委联合市教育局、市青少年活动中心、拉萨市《格桑梅朵》少儿栏目举办了“红领巾相约中国梦”—拉萨市第二届“向上向善好少年”评选表彰暨“庆六一”文艺会演。活动中，表彰了拉萨市24名“向上向善好少年”即“友爱、创新、乐善、诚信、孝心、团结”好少年，市各小学和市青少年活动中心各兴趣班表演了各自精心编排的15个主题突出、内容丰富、形式新颖的少儿节目，让小朋友们在祥和的节日氛围中度过了一个快乐的“六一”国际儿童节。

【开展“讲团结爱祖国——我与国旗合张影、我向国旗许个愿、我对国旗宣次誓”主题活动】 6月21日，团市委驻当雄县郭尼村工作队联合村“两委”在郭尼村五组虫草采挖点启动了“讲团结爱祖国——我与国旗合张影、我向国旗许个愿、我对国旗宣次誓”主题活动。拉萨市委副秘书长、团市委书记任映绮，当雄县委常委、组织部部长徐建华出席活动。郭尼村牧民群众代表，村“两委”班子成员、第一书记、下沉干部，驻点民警、驻村工作队队员460余人参加活动。活动先后为郭尼村597户牧民群众家庭免费发放国旗，为200名共产党员免费发放党徽，为19名共青团员免费发放团徽，发放倡议书600多份，小党旗、小国旗450个，营造了良好的活动氛围。

2017年6月，红领巾相约中国梦——拉萨市第二届“向上向善好少年”表彰暨庆“六一”文艺会演活动

【“七个一”主题党日活动】 7月，团市委驻当雄县郭尼村工作队联合村党支部在庆祝中国共产党成立96周年、喜迎党的十九大胜利召开之际采取“四项举措”，开展“七个一”主题党日活动。开展一次“讲团结爱祖国——‘我与国旗合张影、我向国旗许个愿、我对国旗宣次誓’”主题活动。组织200名牧民党员积极参与主题活动，通过编微信、晒照片、发心情，歌颂中国共产党，祝福伟大祖国，传递正能量。开展一次入党宣誓和重温入党誓词活动。让新党员坚定入党信念和为共产主义奋斗终生的决心，让200名老党员唤醒先进意识，增强党性意识，永葆共产党员的政治本色。开展一次党支部书记带头上党课活动。村党支部书记围绕“讲党恩爱核心”专题，给广大牧民党员上党课，教育引导广大牧民党员在思想上拥戴核心、在政治上信赖核心、在组织上忠诚核心、在行动上捍卫核心。开展一次专题组织生活会。6名牧民党员代表围绕“如何发挥先锋模范作用，以实际行动争做讲党恩爱核心的好公民”进行座谈交流。开展一次党员奉献日——“美丽乡村人人有责”清洁环保活动，为自治区级“文明村镇”复查奠定良好基础。开展一次慰问帮扶、调研走访活动。组织对6名老党员、生活困难党员进行慰问，发放了价值3000元的大米、白面、糌粑、茶砖、食用油等帮扶物资。开展一次评选先进、学习先进活动。评选表彰先进党小组1个，优秀共产党员6人、优秀党务工作者6人，发放奖金7000元。通过评选表彰活动，激励广大牧民党员以先进模范为榜样，学习先进、争当表率，创先争优、建功立业。

2017年7月，拉萨市第八届“红领巾相约中国梦”素质拓展暨民族团结进步教育夏令营开营仪式

【曾锐调研5300团支部建设】8月15日，团中央基层组织建设部副部长曾锐到拉萨市调研华泰龙5300团支部建设情况。拉萨市委副秘书长、团市委书记任映绮，墨竹工卡县委常务副书记汪东明及团县委负责人陪同调研。

【南京市青年代表团交流活动】8月30日，南京市青年联合会副主席韩旗率南京市青年代表团一行12人赴拉萨团市委交流共青团工作。团市委班子成员、各部（室、中心）、少年宫负责人、团墨竹工卡县委负责人参加活动。

【江苏共青团领导考察对口支援工作】 9月2日，共青团江苏省委书记王伟一行到团市委考察对接对口支援工作，在苏拉共青团援建工作座谈会上交流了拉萨市共青团工作、江苏西部计划志愿者工作和援建工作。拉萨市委副秘书长、团市委书记任映绮，团市委班子成员、志愿者代表参加了座谈会。

【“星光计划”活动】 9月6日，拉萨市预青办通过政府购买服务形式，联合拉萨市看守所和海雕视角教育咨询有限公司举办关爱在押青少年“星光计划”主题教育活动启动仪式。以帮助在押青少年走出阴霾，迎接新的人生为目的，通过法制教育、思想引领、心理疏导、人生规划、互动游戏等形式，为在押青少年进行全面的教育，为他们重返社会、重返学校打下良好基础。

【共青团拉萨市九届五次全委会】 9月15日，共青团拉萨市九届五次全委会召开。全会深入学习贯彻习近平总书记系列重要讲话精神，认真贯彻落实区市第九次党代会精神、团中央十七届六中全会精神和共青团西藏自治区委员会九届六次全委会精神，安排部署近期重点工作任务，全面从严治团，推进共青团自身改革创新，为全面推进拉萨市“六大战略”建功立业。

【民族团结集中宣传活动】 9月16日，团市委积极组织干部职工参加“9·16平安西藏宣传日暨第27个民族团结宣传月”集中宣传活动。通过在活动现场悬挂宣传横幅、发放宣传册和现场咨询服务等形式，向广大市民特别是青少年广泛宣传《中华人民共和国未成年人保护法》《中华人民共和国妇女和儿童权益保障法》《中华人民共和国预防青少年违法犯罪法》，发放有关宣传教育资料150余份，受到广大群众和青少年的好评。

【中共十九大精神专题学习会】 10月24日，团市委理论中心组召开学习中共十九大精神专题学习讨论会，学习会上，团市委各部（室、中心）、少年宫负责人以及部分干部职工，分别结合各自岗位、成长经历，畅谈学习十九大工作报告的心得体会。

【传递爱心志愿同行】 12月5日，团市委以第32个国际志愿者日为契机，组织近30名西部计划志愿者在拉萨市人民医院、柳梧红军小学、江苏实验中学开展公益导医和公益教学志愿服务活动，当天累计服务160余小时，共服务400余人次。

【深化共青团改革】 2017年团市委结合共青团“8+4”“4+1”“1+100”工作模式和“走进青年、转变作风、改进工作”大宣传大调研工作载体，深入8县（区）、17个乡（镇、街道）、3所中学、2家大型国有企业、25家中小民营企业和农村合作社开展调研，指导基层团建工作。召开座谈会13余场，与8位县级分管共青团领导交换了改革意见，与近280名团员青年开展面对面交流，收集基层团干和团员青年对共青团下一步改革的意见建议120余条。

【“四讲四爱”主题教育实践活动】 年内，团市委班子集中学习20次，其中专题学习交流7次，警示教育10次，政策解读3次，累计参加人数400余人次。全市各级团组织通过组织宣讲团、报告会、座谈会、主题团日、社会实践等形式，利用各种载体组织开展学习1100余次，受教育3.5万余人次，发放各类宣传资料1.2万余份。

【党风廉政建设】 团市委始终把党风廉政建设主体责任落实工作作为一项经常性、长期性的重要工作来抓。全面践行准则、条例，严格执行中央“八项规定”和区党委“约法十章”“九项要求”及市委“八项要求”，驰而不息整治“四风”。重视、支持和保障市纪委第一纪检组、市委巡察六组履行监督责任、加大内部纪律监督检查力度。针对市委巡察六组下发的立行立改通知书，立即召开党组（扩大）会议，通报立行立改通知情况，针对整改事项，迅速成立整改工作领导小组、明确整改责任、强化督导检查、公开巡察反馈整改事项，确保实效。建立完善科级以上干部廉政档案，通过面对面、书面、微信形式，开展谈心谈话25人次。严格执行干部考察制度，开展考察谈话10人次。

【“青创拉萨”】 拉萨青年创新创业工作得到了区市领导的充分肯定和高度评价，2017年1月，时任区党委副书记、拉萨市委书记齐扎

2017年5月20日，拉萨市第三届青年创新创业大赛启动

拉在《共青团拉萨市委员会关于青年“双创”工作开展情况的报告》上批示：团市委在开展“双创”活动中工作扎实，特色鲜明，深受青年喜爱，活动取得了很好的效果。望继续努力，在拉萨市“两创示范”中发挥好各级团组织作用。2017年5月20日，区党委常委、拉萨市委书记白玛旺堆在拉萨市第三届青年创新创业大赛启动仪式上指示：团市委要落实好习近平总书记对共青团工作的要求，用中国梦打牢广大青少年的共同思想基础，激发广大青少年的历史责任感，继续把促进青年创业就业作为服务青年的重要内容，让每个青年都为实现中国梦增添强大青春能量。

（栾　天　李莫华）

拉萨市妇女联合会

【概况】　年内，拉萨市妇联组织666个，妇联干部1334名，其中市（县）妇联组织9个，专职妇联干部54名；市（县）直机关妇委会214个，妇联干部602名；乡（办）妇联66个，兼职妇联干部111名；村（居）妇联278个，村（居）妇联主席278名，100%为女性，100%进“两委”班子；“两新组织”妇委会66个，妇委会干部162名；寺管会妇委会33个，妇委会干部134名。

【妇女创业就业】　年内，市妇联依托“春风行动”，参与组织专场用工招聘会、洽谈会7场次，成功介绍女性就业196人，为1573名人员提供了免费服务，为658名妇女提供了劳动维权服务和法律援助。积极争取农牧民妇女技能培训资金190.65万元，开展技能培训28期，培训农牧民妇女1070人。

【妇女岗位建功】　年内，市妇联深化“双学双比”“巾帼建功”活动，投入资金30万元，重点扶持市级“妇”字号合作社3个，切实增强农牧民妇女自我发展能力和造血功能。以拉萨市妇女儿童活动中心为依托创建了“拉萨巾帼众创空间”，有效为全市广大女性提供创新创业服务。

【巾帼典型引领】　年内，市妇联评选表彰“三八红旗集体”等先进集体27个，“三八红旗手”等先进个人46名，“最美家庭”等先进家庭40户。全市2户家庭荣获“全国最美家庭”称号，4户家庭荣获2017年“自治区五好文明家庭暨最美家庭”称号，3人荣获“自治区三八红旗手”称号，并向市委宣传部、市电视台、脱贫攻坚指挥部等推荐优秀妇女代表进行采访报道。

【家庭家教家风】　年内，市妇联制定《关于指导推进拉萨市家庭教育的五年规划（2016—2020年）》，共创办家长学校144所，举办家长培训600期，培训家长1000余名。与市纪委联合开展了以“倡导家庭助廉培育廉洁家风”为主题的“家庭助廉”活动，组织拉萨市党员干部及家属200余人，通过读书思廉、宣传示廉、讲座导廉、观案警廉等方式，加强干部家风建设，切实把家庭助廉教育落到实处。向自治区妇联推荐“四世同堂”候选家庭10户，作为选入《家和万事兴—四世同堂影像录》一书的重点家庭；组织最美家庭代表9户28人参加新年联欢会，提升最美家庭的知晓率和影响力。

【宣传教育活动】　年内，全市各级妇联组织以重要节点为契机，在妇女群众中宣传党的政策97次，开展“感党恩、听党话、

2017年，全国妇联书记处书记杨柳在拉萨市调研督导

跟党走”主题活动24次，开展“民族团结巾帼添彩行动”42次，开展巾帼志愿服务活动47次，开展“建设法治拉萨巾帼在行动”活动，举办系列法律宣传活动110次，发放宣传资料、宣传品3万余份，受益妇女群众达1.7万人，其中流动妇女8051人。

【尼姑宣传教育】 年内，市妇联在全市47所尼姑寺中开展了“四讲四爱”主题教育实践暨“送医送药送健康”进尼姑寺庙健康体检活动，为1331名尼姑进行免费体检，发放常用药品价值20万余元；开展入寺教育31次，受教尼姑567人，跟踪回访65次。

【妇女儿童维权】 年内，积极配合区人大、区妇联，参与妇女权益保障法实施办法修订立法调研工作，围绕拉萨市流动乞讨妇女儿童及流动妇女儿童维权、女职工“四期”保护、建立妇女庇护场所等内容，进行深入细致的调研，为修订《西藏自治区实施〈中华人民共和国妇女权益保障法〉办法》提供科学依据。全市各级妇联组织共接待来信来访813件，其中市妇联接访33件，妇女儿童维权服务岗接访650件，八县（区）接访87件，信访代理员接访17件，市信访局妇女儿童维权岗接访26件，信访调解率达98%。在城关区铁崩岗社区成立市级妇女信访代理员示范点1个，发展妇女信访代理员116名。与市司法局联合建立了“婚姻家庭纠纷人民调解委员会”。新增12338维权热线点154个。城关区妇联在

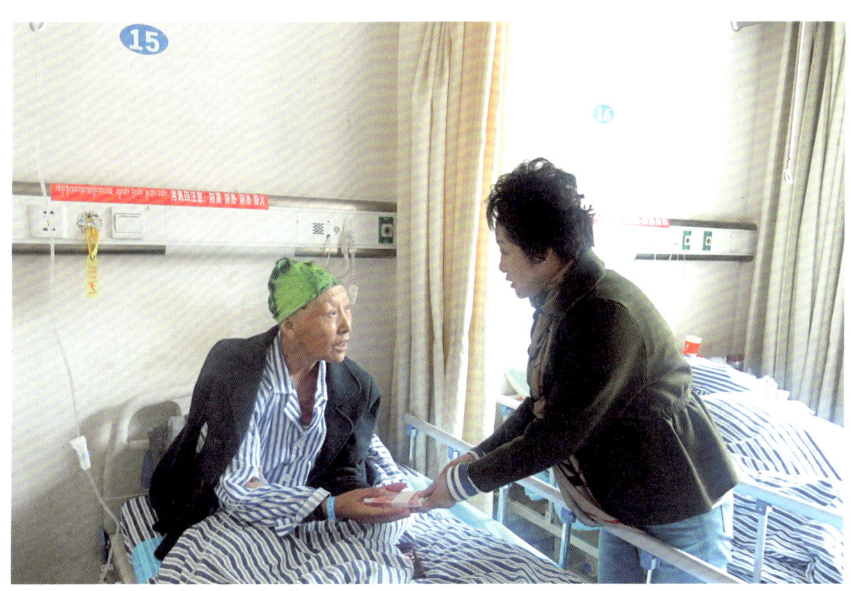

2017年8月31日，市妇联为贫困妇女“两癌“患者发放资助金

木如社区设立“妇女儿童关爱温馨调解室”。

【妇女儿童公益活动】 年内，向拉萨市100名贫困母亲发放了“母亲邮包”100个。为3万名妇女进行两癌免费筛查，其中对34名“两癌”患者（其中3名尼姑）发放救助金34万元。投资51万元的林周县旁多乡日布村“母亲水窖”工程项目已通过自治区妇联的验收并投入使用。落实“蓝天春蕾计划”项目，为97名家庭贫困且品学兼优的春蕾女生兑现助学资金17.52万元。对全市2017年考入内地重本的50名贫困女大学生发放助学金25万元。为98名留守、困难儿童发放爱心毛衣98件。为八县（区）160名残疾、贫困、单亲、患病母亲、孤残儿童发放慰问金8.74万元。

【驻村工作】 市妇联第六批驻村工作队争取资金95.66万元，落实群众发展生产、壮大村集体经济等惠民项目，为驻村点群众解决生产生活困难12件。先后开展慰问活动230次，900余人，发放慰问金2.6万元，为实现驻村点脱贫发挥了重要作用。

【妇联改革】 年内，《拉萨市妇联改革方案》报经市委研究同意，由市委办公厅印发，从3个部分10个方面明确了推进全市妇联组织和工作改革创新的重点内容，提出13项改革举措。通过举办改革专题培训会，召开全市妇联系统改革工作推进会，检查指导各县（区）改革试点工作进展情况，采取实地观摩、现场交流的工作方式，及时解决改革进程中的重难点问题，不断推进全市妇联改革进程。

【“会改联”工作】 年内，在堆龙德庆区东嘎镇桑木村“会改联”试点工作的基础上，全市各级妇联组织紧紧抓住村（居）组织换届选举的有利契机，在全区率先完成278个村（居）“会改联”工作，共推荐产生村（居）

2017年3月9日，市妇联召开践行“四讲四爱”“最美家庭、最美格桑花”表彰大会

妇女代表31150名，选举产生执委1783名，妇联主席278名，副主席246名，兼职副主席354名，实现了村（居）妇联建设“五个100%目标”［村（居）妇联主席配备达100%，村（居）妇联主席进村（居）“两委”班子达100%，村（居）妇联主席工资待遇给予100%保障，村（居）妇联工作经费按辖区妇女人数（含流动妇女）给予100%保障，村（居）“妇女之家”覆盖率达100%］。

【“妇女之家”建设】 年内，全市共有“妇女之家”376个，其中区市县三级“妇女之家”示范点9个，各类“妇女之家”开展活动288余场次，参与群众9万余人。推动县（区）建立妇女儿童活动中心，墨竹工卡县妇女儿童活动中心正式获批。先后选派28名妇女干部赴内地参加各类专题培训；邀请北京市法律专家，为全市“妇女儿童维权服务岗”90名民警进行了专题培训；各级妇联建立女干部、女党员、妇联干部信息库27个，向相关部门推荐优秀女干部41名。

【党建工作】 年内，市妇联以“两学一做”学习教育常态化制度化为主线，将党建工作纳入妇联工作的重要议事日程，对党建工作进行规范化管理。将机关党支部活动经费5200元，退休党支部活动经费4000元纳入年初预算，驻村工队工作经费1万元用于党建工作。把管党治党各项要求落实到每个班子成员、每个党员，县级干部深入基层开展调研活动48次，形成调研报告5篇；党员干部深入驻村点开展结对帮扶活动3次，深入社区开展活动4次，与基层社区贫困党员结对子18个，签订党员责任承诺书64份。扎实推进“两学一做”常态化制度化，组织集中学习37次，专题研讨7次，座谈交流6次，召开组织生活会2次，主要领导讲党课4次，个人自学读书笔记上万余字，每人撰写心得体会4篇。

【廉洁建设】 年内，市妇联以市委巡视组对市妇联党组开展的专项巡视为契机，按照党要管党、从严治党要求，严格落实党风廉政建设主体责任，深入推进作风建设和反腐败工作。严肃党内政治生活，召开民主生活会1次，组织生活会2次，严肃落实领导干部双重组织生活。以严明的纪律确保政令畅通，召开正风肃纪工作会2次，强化日常监督，注重抓早抓小，推动各项决策部署落实到位。严格履行主体责任，召开党风廉政建设工作专题会议2次，向市委、市政府分管领导汇报本领域党风廉政建设工作2次，班子主要负责人与班子成员、班子成员与工作人员层层签订党风廉政建设责任书，支部书记定期约谈班子成员、党员干部，形成上下施压的责任链条。班子成员严格履行“一岗双责”，将党风廉政建设自觉融入到平常业务工作之中，班子成员听取分管科室党风廉政建设和反腐败工作情况汇报4次，在分管领域开展党风廉政建设专题调研2次。

（刁　莉　永　春　毛丽娟）

拉萨市工商业联合会

【概况】 2017年，全市工商联系统会员总数达507个，其中企业会员441个，团体3个，个人63个。拉萨市工商联直属会员总数217个，其中企业会员194个，团体3个，个人20个。全市各类市场主体达74687户，注册资金3872.7亿元。其中私营企业17717户，注册资金

2779.47亿元，全年新增私营企业5320户，新增注册资金962亿元。

【召开第四次代表大会】 6月18日，按照《中国工商业联合会章程》以及《中共西藏自治区委员会办公厅转发〈区党委统战部关于工商联（商会）2017年换届工作的实施意见〉的通知》（藏党办发〔2017〕3号）精神，拉萨市工商联联合会召开第四次代表大会，选举产生了拉萨市工商业联合会第四届执委会执委94名，常委34名；主席1名，副主席17名，其中企业界副主席15名，秘书长1名兼任；总商会会长1名，副会长17名，其中企业界副会长15名。

【免费体检】 3月8日，市工商联与拉萨厚北医院联合开展“三八节送健康、送关爱免费体检活动”。组织全市非公企业女性职工1000余人参加了免费体检。

【举办自治区第二次非公经济发展大会精神专题辅导报告会】 4月9日，邀请自治区党校副教授万金鹏，在市政府会议中心举办自治区第二次非公经济发展大会精神专题辅导报告会，组织全市非公企业代表和市直各部门领导共300余人参加报告会。

【雪顿节招商引资推介会】 6月12日，市工商联邀请昆明市50余家民营企业参加拉萨市政府在昆明举办的“2017南亚、东南亚国家商品展暨投资贸易洽谈会拉萨市招商引资项目推介会”。8月26日，市工商联邀请兰州市工商联党组书记杜吉平一行参加拉萨雪顿节经贸洽谈会，加强兰州企业家对拉萨的了解，对促进两地民营企业家之间的经贸往来奠定基础。

【举办银企政企座谈会】 6月20日，市工商联与市政府金融办联合驻市银行业金融机构共同举办了拉萨市“两创示范”小微企业银行融资产品服务推介会，为有效解决拉萨市小微企业融资难、融资贵等问题搭建了平台。6月25日，市工商联组织12家民营企业家参加市政府举办的“为企业做好保姆式”服务座谈会，向政府提出了为企业服务的对策和建议。

【非公经济调研】 7月16日至8月5日，市工商联邀请西藏民族大学的专家成立课题组，深入拉萨市六县二区及30余家企业，采取座谈交流、发放问卷等方式，开展了《拉萨市非公有制经济供给侧结构性改革调查研究》专题调研，通过调研，掌握了一手资料，详细了解了民营企业存在的困难和问题，为下一步推动拉萨市非公经济供给侧结构性改革收集到很好的意见和建议。

【考察活动】 7月17日—22日，为进一步加强与对口援藏单位的沟通与联系，促进拉萨市企业与北京市企业的有效对接，北京市工商联副主席王爱民组织北京市涉及饮用水开发、文化旅游、园林建设、农业产业、物流、餐饮行业、新能源、劳务输出等产业的非公企业家20名赴拉萨开展对接考察活动。北京考察团一行对拉萨市景观产业打造、水产业合作、景点开发、文化产业项目等有了合作意向。

【非公企业观看中共十九大开幕式】 10月18日，市工商联组织西藏圣美家超市、西藏皇室西纳健康管理有限公司、西藏通泰投资集团等30余家民营企业700余名企业党员、员工观看中共十九大开幕式，并邀请拉萨市电视台、拉萨晚报进行了采访和报道。

【阿沛·晋源调研各县（区）工商联】 11月7—9日，自治区政协副主席、工商联主席、总商会会长阿沛·晋源在区工商联副巡视员格桑次旦，区工商联副秘书长刘鸿柱，市委常委、统战部长阿努次仁陪同下，赴拉萨市城关区、林周县、达孜县、经开区非公企业考察调研并调研县级工商联建设工作。

【学习贯彻中共十九大精神专题辅导报告会】 11月20日，市工商联邀请市委党校讲师陈乐举办了全市工商联系统及非公经济人士学习贯彻中共十九大精神专题辅导报告会，全市工商联系统及非公经济人士100余人参加辅导报告会。

【拉萨市第三次非公经济发展大会】 11月29日，召开了拉萨市第三次非公经济发展大会，区党委常委、拉萨市委书记白玛旺堆出席会议并作重要讲话，自治区工商联领导以及拉萨市在家地级领导参加会议。白玛旺堆书记在讲话中指出，要积极创造公平竞争的条件，提高非公经济发展定力；加快转变政府职能，优化环境，提高非公经济发展动力；坚持改革创新转型升级，提高非公经济发展活力；坚持改革创新转型升级，提高非公经济发展活力；促进非公经济健康发展，提高非公经济发展实力等四个方面支持服务非公经济发展。截至年底，梳理的36条工作方案正在征求各相关部门意见。

【拓展“拉萨净土”健康产品销售市场】 年内，充分发挥“以商招商优势”，与西藏藏缘文化发展有限公司合作，分别在江苏南京开展了“拉萨净土”健康产品批发业务和电子商务业务，在苏州开设了1家“拉萨净土”健康产品销售店。

【“企帮村”精准扶贫】 年内，市工商联采取产业帮扶、就业帮扶、捐赠帮扶、公益帮扶、技能帮扶等措施，参与精准扶贫行动。有50余家企业参与“企帮村”精准扶贫行动，与54个村结成了精准扶贫对子，带动了3096名贫困群众脱贫致富，企业投入资金达5866.06万元。

【非公经济人士综合评价】 年内，根据中央统战部、中央组织部、全国工商联、最高人民法院、最高人民检察院、工业和信息化部、公安部、人力资源社会保障部、环境保护部、国家卫生计生委、税务总局、工商总局、安全监管总局、全国总工会14部委联合下发的《关于加强和改进非公有制经济代表人士综合评价工作的意见》文件精神，完成非公经济人士综合评价205人，其中直属会员代表90人。通过评价，较为全面系统的掌握了非公经济界人士的基本资料和政治表现情况，为全市非公经济换届大会奠定了基础。

【“五好”县级工商联创建设】 年内，制定了“五好”县级工商联建设工作实施方案，向各县（区）工商联下发落实文件，切实发挥县级工商联作用，扎实推进领导班子好、会员发展好、商会建设好、作用发挥好、工作保障好的“五好”县级工商联建设。拉萨市辖区六县两区工商联“一个设立、五个有”已经全面完成，其中，城关区工商联、堆龙德庆区工商联、达孜县工商联、林周县工商联、墨竹工卡县工商联被评为全国“五好工商联”。

【小微企业创新创业高级研修班】 年内，为推进拉萨市大众创业万众创新，促进拉萨市广大非公企业家更好的树立创新创业意识，提升企业核心竞争力和生存能力，为拉萨市企业家搭建一个相互学习交流互助的良好平台，助力培育、催生、打造一支政治素养高、业务能力强的创新型企业家队伍，经与西藏大学继续教育学院对接沟通，向各县（区）工商联及直属会员企业发放《西藏小微企业创新创业高级研修班招生简章》100余份，全年共有60名企业家参加报名，50余名被录取。

【净土健康产品展销】 年内，为了进一步推进拉萨净土健康产品走出去工作。市工商联组织从事净土健康产品生产企业到北京参加了“2017年北京市支援合作地区特色产品展销会”和市政府在南京举办的“招商引资项目推介和产品展示会”活动。

【缔结友好商会】 年内，市工商联与青岛市工商联、广东省惠东县工商联、青海省玉树州工商联、云南省昆明市工商联缔结为友好商会。双方就商会建立互访制度、加强友好合作与联系、探讨合作途径、积极主动为对方提供本地区经济社会发展的动态与信息、为对方非公有制企业到本地区考察投资、业务洽谈和开展经贸活动给予支持，并提供一切合法便利等诸多方面达成了一致协议。

【非公党建工作】 年内，市非公党工委以扩大党建工作覆盖面为引领，着力健全非公有制经济组织管理体系，把抓组织覆盖作为加强非公有制经济组织的首要环节，通过单独组建、联合构建等形式，大力推进党建覆盖网络建设。截至年底，全市非公有制企业党支部101个，党员885人。

【驻村工作】 年内，市工商联驻甲玛村工作队紧紧围绕“5+2”工作任务，开展“四讲四爱”宣讲活动15场次，开展“新旧西藏”对比展览10余场次；全年培养积极分子2名、协助村“两委”开展换届工作、建立村规民约1条，建立党务、村务公开4条，开展“七一”慰问活动，慰问“三老”人员、困难党员11人，发放慰问金1万元；制定长效机制提高维稳能力，协助村“两委”开展治安巡逻20余次，完善各项维稳措施；认真落实当雄县委、县政府脱贫攻坚任务，全年协助羊八井镇党委、政府完成了甲玛村46户204人脱贫任务；开展慰问活动，年初从办实事经费中拿出3.1万元，慰问70户贫困户；开展包虫病防治工作，组织200名牧民群众参加了包虫病防治工作；改善村委会办公条件。从办实事经费中出资10万元，为新建村委会安装地暖；开展助学活动，从办实事经费中拿出1.5万元，帮助15名考上大学的贫困生圆梦大学。

（张正鹏）

拉萨市残疾人联合会

【概况】 2017年，拉萨市残联围绕年度三大重点工作任务，以改善残疾人民生为重点，努力进取、真抓实干、开拓创新，有序开展残疾人教育、就业、培训、康复、维权、扶贫等各项服务工作，积极推进拉萨市残疾人事业又好又快发展。内设办公室和综合业务科，正科级建制编制10人。所属全额拨款事业单位分别为拉萨市残疾人康复服务中心和拉萨市残疾人就业服务中心，建制正科级，编制分别为各5人。所属差额拨款事业单位为拉萨市残疾人托养服务中心，建制为正科，编制为6人。全市持证残疾人12376人，年内新增1032本，死亡注销1141人。

【残疾人补贴】 年内，市残联按每户补助5000元的标准，为拉萨市7户残疾人家庭落实无障碍改造资金3.55万元；按照每人每年380元的标准，为全市268名残疾人落实残疾人燃油补贴10.18万元；按照每人每年2400元的标准，为全市730名残疾人落实0—16岁残疾儿童康复补贴175.2万元；按照每人每年6000元的标准，为全市110名重点关爱对象残疾人发放护理补贴66万元；按照每人每年3000元的标准，为17名学前教育阶段残障儿童兑现落实“残疾人事业专项彩票公益金助学项目”资金5.1万元；协调自治区残联，按每人每年1000元的标准，为拉萨市特殊教育学校26名受助学生落实“主流贫困残疾学生关爱活动”资金2.6万元；按照每人每年500元的标准，为全市150名残疾人落实农村贫困残疾人实用技术培训资金7.5万元；按照每人每年165元的标准，为全市798名残疾人落实基本康复服务资金13.17万元；按照每人每年1500元的标准，为全市8名残疾人落实1.2万元的“阳光家园”资金。

【残疾人工作调研】 年内，理事会2名领导分别带队前往拉萨市六县两区进行实地调研，全面了解掌握各县（区）残疾人工作开展情况。7月，陪同中残联副理事长王梅梅一行前往城关区开展脱贫攻坚专项调研，围绕残疾人义务教育、基本医疗、住房安全保障、扩大基本康复服务、家庭无障碍改造覆盖面以及国家对脱贫考核评估的四项指标内容（即贫困人口识别准确率、贫困人口退出准确率、因村因户帮扶工作群众满意度、贫困人口漏评率），了解掌握城关区残疾人脱贫攻坚专项工作和残疾人建档立卡的基本情况。2017年6月，市残联和县（区）民政（残联）20名残疾人工作者参加残疾人基本服务状况和需求信息数据动态更新工作培训，并从7月份开始开展为期2个月的入户调查。

【残疾人医疗康复】 2017年，市残联以残疾人康复需求为导向，以实现“人人享有康复服务”为目标，切实加强和提高残疾人康复服务成效。自4月12日—5月15日，开展了为期一个月的全市0—16岁残疾儿童基础摸底统计工作，及时更新和完善了全市1048名0—16岁享受康复补贴的残疾儿童相关信息；开展了全市白内障、唇腭裂和脑瘫患者免费筛查和修复手术工作，其中白内障符合手术条件的190人成功进行手术，唇腭裂88名符合手术条件的患者接受了免费修复手术；20名脑瘫患儿列入资助计划。

【残疾人教育培训】 年内，市残联与拉萨市克莱德曼音乐艺术学校合作，开展政府购买特殊教学社会服务试点工作。经认真细致的筛查统计，拉萨市共有30名

2017年6月24日，“拉萨市人民政府购买‘克莱德曼’特殊教学社会服务试点工作”启动仪式现场

残障少儿及残障人士家庭子女有意愿学习乐器乐理知识并符合培训条件，学校以政府购买社会服务的形式为孩子们提供乐理知识、乐器弹奏、舞蹈、绘画、演讲等培训。6月24日，举行培训班开班仪式及“拉萨市残疾人联合会特殊教学培训点”挂牌仪式。此次培训是市残联在残疾人培训工作上的一次大胆创新，旨在借助政府购买特殊教学社会服务工作平台，推动全市残疾人全纳教育工作，提高残障少儿、残障人士家庭子女综合素养，发掘培训特殊艺术人才幼苗。为保障残障儿童少年顺利接受教育，让残障孩子和健全孩子一样平等接受教育，以政府购买服务方式与拉萨市岗旋语言学校合作，为30名3—7岁的残疾幼儿提供学前教育。

【残疾人创业就业】 年内，市残联结合残疾人创业能力提升和创业就业需求，在推进残疾人“大众创业、万众创新”和精准扶贫工作的进程中，深入各县（区）调研，认真了解，反复筛选，与11家企业合作，通过市级残保金和区市残疾人创业就业专项扶持资金，投入300多万元，扶持项目11个，100多名残疾人创业就业，项目后期还将辐射252户贫困残疾人家庭受益。针对每个项目的实际特色及发展前景，制定“扶持残疾人‘双创’项目协议”，与各项目县残联分别签订，并颁发“拉萨市扶持残疾人创业就业项目”铜牌。

【残疾人托养服务】 年内，市残联大胆创新残疾人服务提供机制和方式，拉萨市首家残疾人日间照料服务点试点工作于下半年全面启动，主要为残疾人提供职业技能培训、心理康复、生活能力训练、文体娱乐、图书阅览等为一体的日间照料服务体系。探索开展残疾人集中托养服务工作，在市残疾人托养服务中心原有基础上进行重新打造，设立办公区、托养区、医疗康复区、多功能区、学习区、健身康复训练区、种植+养殖农疗区，从设备维修、功能区打造、中心环境维护、建立规章制度、打造走廊文化等方面进行全面的维修改造升级和管理。从残联队伍中选调优秀工作者形成新的工作队伍，为集中托养的残障人士提供耐心细致、周到全面的护理和照料服务，缓解残疾人家庭在长期养护、康复、生活等方面承担的巨大压力和困难，摸索出一套适合拉萨实际的管理运行经验，此项工作成效显著，提供的服务质量和服务效果明显，在全市乃至全区都产生了较好的反响，也为其他地市提供了良好的示范和借鉴作用。

【残疾人服务设施建设】 年内，市残联将建设残疾人服务基础项目、完善服务机构功能作为各项工作中的重中之重，狠抓项目建设工作，“十三五”期间申报“拉萨市残疾人托养康复综合服务中心项目”，该项目占地160亩，建设总面积31984平方米，项目一期和二期共投资6371.8万元。经过积极协调，项目建设资金全部到位，招投标工作顺利完成，并于5月份正式开工建设，建成后的残疾人托养康复综合服务中心拟设立100张床位，为全市智力、肢体重度残疾人提供集中托养服务。

【残疾人权益保障】 年内，市残联为切实维护残疾人的合法权益，创新开展残疾人维权服务工作，年初与“拉萨珠穆朗玛律师事务所”合作，投入2万多元专项经费，为残疾人提供专门的法律维权咨询服务。4月，市残联与多个单位和部门，在贡扎曲旺副市长的带领下，以人文关怀和“三不出”为原则，主动联系，积极沟通，合理解决，将安抚教育工作放在首位，先后六次前往幼儿园开展耐心细致的解释说明、思想教育、安抚疏导、政策解释等工作，妥善安置幼儿园师生，顺利完成“吉吉盲童幼儿园”清理工作。

【驻村工作】 年内，市残联围绕“5+2任务”，在完成原定五项重点任务的同时，落实好党的利民惠民政策和推进扶贫开发。在社区“两委”换届选举中，深入开展一对一的“四必谈”活动，同时与社区党支部一同扎实开展创建“五个好”党支部、争做“五带头”优秀共产党员活动、“两学一做”集中学习和“四讲四爱”主题教育实践活动、开展“访贫问苦送温暖”主题慰问活动，落实慰问金70500元、落实结对帮扶资金51900元；投入近15万元为尊姆康桑等7座社区居民大院进行了自来水、公厕维修改造，切实解决困扰社区居民多年的公共设施陈旧损坏问题。

（格　桑）

拉萨市文学艺术界联合会

【概况】 2017年，拉萨市文联按照“团结引导、联络协调、服务管理、自律维权”的工作宗旨，积极探索和创新工作思路、工作方法和自身建设，将文学艺术工作主动融入服务经济社会发展之中，认真履行组织、引导、服务艺术家的职责，坚持贴近实际、贴近生活、贴近群众的“三贴近”原则，加快构建文学艺术工作新格局。隶属市委宣传部的副县级机构，内设综合科、《拉萨河》编辑部，行政编制4人、事业编制7人，共有十个协会（作家协会、美术家协会、书法家协会、摄影家协会、音乐家协会、舞蹈家协会、戏剧家协会、曲艺家协会、民间文艺家协会、影视艺术家协会），各协会会员共计532名。

【送春联公益活动】 1月6日，市文联、市书法家协会、西藏书法美术培训中心和自治区老干部局在自治区老干部活动中心，联合举办写吉语送春联公益活动。活动旨在贯彻落实习近平总书记在中国文联十大、中国作协九大开幕式上的重要讲话精神，贯彻落实吴英杰书记在自治区文艺工作座谈会上的讲话精神，深入实施文化兴市战略，积极践行艺术服务人民群众宗旨，是书法家、艺术家弘扬传统艺术、广泛传播经典文化的实际行动。市书法家协会9位知名藏汉文书法家，现场向老干部们书写赠送春联、吉语、福字，书写赠送春联、吉语、福字400多幅，得到广大老干部们高度评价，取得良好社会反响。

【成立影视艺术家协会】 2月8日，市影视艺术家协会成立暨第一次会员代表大会在市文联成功召开。会议由文联主席李铭主持，市影视艺术家协会会员30余名代表参加会议，市委宣传部常务副部长范跃平宣布拉萨市影视艺术家协会成立并致辞。市影视艺术家协会的成立，是拉萨文化艺术事业发展进程中的一件大事。必将对大力实施“文化兴市”战略，推动电影电视艺术事业繁荣发展产生积极影响。

【拍摄全家福照片】 2月28日，市文联、市摄影家协会组织六名摄影家与驻村工作队，分别到墨竹工卡县甲玛乡龙达村和唐加乡莫冲村与老百姓共同欢度藏历新年。六位摄影师分成两组，在村民小组干部的带领下，走村入户给群众拜年并为三十余户农牧民家庭拍摄全家福照片，受到基层干部和农牧民群众的热烈欢迎。市文联把照片冲放装框送到每一户农牧民家里，给他们带去浓浓的关爱之情，并以此为契机把文艺惠民活动引向深入。

【艺术作品观摩】 4月1日，市文联、市美术家协会在八廓街根敦群培当代艺术画廊，共同举办的次旺扎西、四清月艺术作品观摩展。展出作品均为两位艺术家近期完成的精选之作，参观人数达到500余人，西藏卫视、拉萨晚报、西藏商报记者专访两位艺术家，前来参观的有西藏大学、拉萨师专学生、各界艺术爱好者，为促进拉萨文艺创作，展示拉萨美协会员创作成果，营造拉萨市美术创作学术氛围，增进艺术家之间的相互了解和友谊，丰富活跃协会工作，引导全市各族文艺工作者积极投身“文化兴市战略”实践取得丰硕成果。

2017年7月18日，拉萨市文学艺术界联合会第二次代表大会召开，自治区党委常委、拉市委书记白玛旺堆出席开幕式并发表重要讲话

【首都艺术家拉萨行】　6月6—7日，北京市文联、北京援藏指挥部、拉萨市委、市政府，拉萨市委宣传部、拉萨市文联在拉萨共同举办，2017年“共话京藏情同筑中国梦”第六届首都艺术家拉萨行文艺交流活动，7名藏汉书法家、画家挥毫泼墨，用自己精湛的艺术技巧，充分结合“四讲四爱”主题教育实践活动和中国传统文化精髓，举办三场书画交流活动。北京艺术家不辞辛苦，克服高原反应等重重困难，为拉萨市干部职工及学生献上三场精彩的文艺演出。

【唐卡作品展】　7月8日，“2017拉萨市美术家协会唐卡艺术作品展”成功举行。展厅分为展示唐卡制作工具、流程和唐卡作品两个部分，参加此次展会唐卡艺术家18名，参展作品近50件，作品刻画入微、美轮美奂，充分展现唐卡艺术家们精湛技法，弘扬传播藏民族传统文化。

【摄影采风活动】　7月27日至28日，市文联组织中国摄影家协会和西南六省区市28名摄影艺术家赴拉萨市当雄县、纳木错景区、布达拉宫、八廓街、大昭寺开展摄影采风活动。摄影作品生动有趣、恰到好处、意境深远，充分展现高原景色的壮丽秀美，真实反映人民群众在党的领导下生产、生活翻天覆地的变化，各摄影家对西南六省摄影联展和采风创作予以高度评价，对文联精心组织、科学规划摄影联展各项活动表示一致肯定，贴心细致到位的服务切实让各位摄影家感受到温暖。

【第二次代表大会】　7月18—19日，拉萨市在市政府会议中心和天宜藏润大酒店举行文学艺术界第二次代表大会，300余名嘉宾及代表出席会议。大会得到中国文联、自治区文联，各兄弟省市文联热烈关心，分别来信祝贺。市四大班子主要领导出席会议，区党委常委、拉市委书记白玛旺堆出席开幕式并发表重要讲话。市文联按照《会议手册》坚决执行各项议程，组织全体代表对区党委常委、拉萨市委书记白玛旺堆重要讲话、《文联工作报告》和修改《拉萨市文学艺术界联合会章程》进行学习讨论。会议选举产生李铭等7人为拉萨市第二届文联主席团和巴桑云丹等29人为拉萨市第二届文联委员。

【十九大精神宣讲会】　11月18日，市文联组织拉萨文艺界召开学习贯彻中共十九大精神宣讲会，市委党校高级讲师王明莲宣讲关于“坚定文化自信，推动社会主义文化繁荣兴盛”学习主题，影视家协会副主席白玛央宗传达学习拉萨市第九届委员会第三次全体会议主要精神，拉萨市文艺界各协会代表、拉萨电视台等新闻媒体共计50余人参加宣讲会。通过宣讲全市文艺工作者，对中共十九大第七部分“坚定文化自信，推动社会主义文化繁荣兴盛”精神，有了更深刻的了解，全市广大文艺工作者积极创作的主动性进一步提高，繁荣文艺创作的决心更加坚定。

（强巴卓嘎）

对口支援

综述

【综述】　2017年，在北京江苏两省市的无私援助下，在市委、市政府的坚强领导下，拉萨市受援办不断加强与北京江苏援藏指挥部协调配合，紧紧围绕市委、市政府和自治区对口援藏办中心工作，认真开展做好各项援藏工作，完成市直项目审批和项目录入市级重大项目库等工作任务和工作目标。全年，北京、江苏两省市对口支援拉萨1‰以内援藏投资约5.89亿元（北京援藏2.44亿元，江苏援藏3.45亿元），截至年底，北京、江苏2017年度计划内和计划外援藏资金全部到位。

【援助项目实施】　年内，北京计划投资安排项目56项。其中，固定资产项目37个（含续建项目18个），完工项目7个（续建项目6个），开工在建项目10个，开（完）工率46%，正在开展前期项目20个。江苏援藏安排项目共58项，其中固定资产类项目51个（含续建项目32个），截至10月底：完工项目19个，开工在建项目32个。智力援助安排人才培训项目40个，培训人数1952人。文化项目进展顺利，完成西藏传统歌舞艺术传承与保护（数据库建设）、拉萨非遗影视作品项目工作方案，准备启动实施。国家地理特刊《大拉萨》项目出版发行，受到拉萨市主要领导充分肯定。拉萨文库编撰工作完成底稿。北京、江苏支援西藏籍普通高校毕业生就业扶持项目组织实施，拉萨高等师范专科学校师范生赴江苏见习项目计划实施，组团式援助拉萨市第二职业技术学校已编制完成工作方案，签署援助协议并组织实施。重大课题研究工作经费，完成拉萨市2030年城市发展战略研究、曲水县新型城镇化综合试点工作实施方案编制、拉萨市“十三五”特色产业发展规划、拉萨市对外开放课题研究等，2017年课题完成申报。空港新区规划编制项目已完成中期成果和专家评审并报拉规委审查。拉萨净土健康产业标准化体系建设项目已完成招标并组织实施，完成三个产品标准体系建设。

【援助项目管理】　年内，市受援办规范援藏项目管理，起草制定《拉萨市援藏项目管理实施细则》，于9月12日市政府正式出台。积极督促推进援藏项目建设，多次深入到各县（区）督促项目建设进度，确保按期完成年度任务目标。通过检查情况看，各县（区）均成立北京援藏项目建设领导小组，按照规定及时办理项目规划、用地、环评、风评、消防、用电、用水及征地拆迁等相关法定建设手续，年度新建援藏项目前期工作进展顺利。对年度援藏项目，督促各县（区）、市直各项目单位及时将新建项目录入国家在线审批平台和拉萨市重大项目库。督促各县（区）、市直各项目单位做好“十二五”完工项目收尾相关工作。“十二五”171个固定资产投资项目，开展财政评投资评审或审计工作，完成项目财政投资评审或审计82个。积极配合北京、江苏援藏指挥部、市财政局，对受援县（区）援藏项目资金使用和项目建设进展情况进行督导检查，对不合规的财务凭证及时进行纠正，提出资金使用不规范的整改意见。

（雷青松）

北京援藏

【概况】 北京市扶贫协作和支援合作工作领导小组西藏拉萨指挥部，主要负责统筹组织实施北京市在拉萨市的项目建设、产业合作、智力支援等对口支援和经济合作工作，内设办公室、宣传联络部、规划发展部、项目管理部、财务管理部、审计和监督部。年内，北京市把助力深度贫困地区完成脱贫攻坚任务作为政治责任和神圣使命，全力助推拉萨脱贫攻坚，计划外新增资金3亿元，年度支援资金达到5.43亿元，安排项目73个，助推两区两县建档立卡贫困户4771户18710人脱贫。城关区顺利通过国务院扶贫办脱贫考核验收，成为西藏首批脱贫摘帽县（区）；堆龙德庆区、当雄县、尼木县通过拉萨市和自治区两级评估考核。

【脱贫攻坚】 年内，北京市共投入资金4.47亿元用于拉萨脱贫攻坚，安排项目54个，资金量占全年支援资金总量的82%。安排产业项目16个，共助推3124户12445人脱贫。尼木县卡如村以藜麦、平谷大桃种植为代表的扶贫产业累计收入352.4万元，实现113名贫困人口全部脱贫；实施堆龙德庆区波玛村易地搬迁民宿旅游可持续发展项目、城关区乳制品加工厂就业扶贫建设等项目，帮扶贫困家庭成员270余人就业，每人月收入2500元以上。积极动员北京社会力量就业扶贫，北京在拉萨各类企业52家，共吸收建档立卡户人员353名，每人月收入3000元以上。坚持扶贫与扶智扶志相结合，设立贫困大学生助学项目和拉萨北京实验中学“京藏宏志班”，使建档立卡户家庭学生深切感受祖国的温暖，建档立卡户子女的“京藏宏志班”班级成绩从入学倒数第一，提升为期末全年级第二。

【组团式医疗教育援藏】 年内，由北京市组团式支援的拉萨市人民医院在17个援藏省市中第一个完成地市级医院创三甲任务，率先在全区挂牌。在中组部和国家卫计委组织召开的全国医疗人才组团式援藏工作推进会上，北京市援藏工作队作了经验介绍。北京援藏医护人员积极开展义诊活动，先后到农牧区和寺庙义诊近150场次。由北京市教育组团式支援的拉萨北京实验中学经过三年努力从无到有，获得拉萨市委市政府颁发的“李氏教师团队奖”一等奖，高考上线率达到100%。

【民族团结工作】 年内，全面开展携手奔小康行动，北京市四区与拉萨市两区两县主要领导实现互访，签订携手奔小康协议75份，全面开展实质性对口帮扶工作。拉萨市党政代表团赴北京学习考察，北京市委书记蔡奇、市长陈吉宁与代表团进行座谈。北京市与拉萨市积极对接，开展干部人才、农牧民技能等培训工作，为拉萨脱贫攻坚培养各类人才4000余人次。北京援建的拉萨市群众文化体育中心先后承办了中央电视台欢乐一家亲、中国男子篮球职业联赛西藏行、藏历新年晚会等各类型文体活动，累计参与人次80余万元，2017年荣获“全国群众体育先进单位”和“全国体育系统先进集体”两项殊荣。

【探索援藏工作新模式】 年内，北京市积极动员社会力量参与援藏，组织北京企业到拉萨投资兴业，已有近百家在拉萨落户。北控清洁能源集团投资的西藏嘉天羊易光伏电站储能项目正式并网运行，二商集团所属已有10余家企业与拉萨深度合作，在北京开设了16家拉萨特色产品专卖店（柜）；宁算科技、秋实农业、东方雨虹等非公企业在拉萨投资近20亿元。2017年12月，组织拉萨26家企业参加北京对口支援地区特色产品展销会，签订协议47个，累计销售额达1159万元。初步搭建两地企业合作平台，在北京成立了拉萨企业商会，建成拉萨产业交流（北京亦庄）中心，中关村科技园分别在拉萨高新区和拉萨经济开发区建立了科技成果转化基地，增强了拉萨经济发展动能。

（北京援藏指挥部）

江苏援藏

【概况】 年内，江苏省援藏前方指挥部团结带领全体援藏干部人才切实增强政治意识、大局意识、核心意识、看齐意识，在后方各委办厅局和南京、苏州、镇江、泰州等市的大力支持下，不断创新援藏理念、拓展援藏领域、加大援藏力度，计划内援助资金34464万元，安排援藏项目66个，开工项目60个，完工项目22个，完成援藏实物投资36277.86万元，用于民生工程和基层工作的援藏资金分别占年度援藏资金计划总额的85.87%和81.05%，形成了全方位、宽领域、多层次的援藏工作新格局。

【援藏干部队伍建设】 年内，江苏省援藏前方指挥部把学习宣传贯彻中共十九大精神作为首要政治任务，把“旗帜鲜明讲政治”作为对援藏干部的最重要要求，坚决维护党中央权威和集中统一领导，自觉用习近平新时代中国特色社会主义思想武装头脑、指导实践、推动工作。制定出台《前方指挥部理论学习中心组学习制度》、《关于推进“两学一做”学习教育常态化制度化的实施方案》及学习计划，大力弘扬忠诚老实、公道正派、实事求是、清正廉洁等价值观。坚决落实中央、江苏省和西藏自治区关于援藏干部管理的各项规定，经常督促援藏干部树立责任意识、安全意识和纪律意识，时刻牢记自己江苏援藏干部身份，确保政治安全、身体安全、工作安全和生活安全。加强援藏干部高原保健工作，争取资金改善援藏干部公寓供氧、饮水等生活条件，丰富援藏干部精神文化生活，将关心关爱落到实处。

【大力推进脱贫攻坚战】 年内，坚持把援藏扶贫工作作为对口支援的重中之重，聚合各方资源力量，深入推进脱贫攻坚。制定《深化对口援藏扶贫工作行动方案》《东西部扶贫协作东部考核评价任务分解表》，进一步推动援助资金和项目向深度贫困地区倾斜，已建成援藏项目共帮助建档立卡贫困人口脱贫2225人。新增1.5亿元扶贫专项资金用于支持拉萨市深度贫困地区林周县，建设格桑塘现代牧业产业（示范试验）园区。南京、苏州、镇江、泰州的32个县（区、镇）与墨竹、林周、达孜、曲水的32个乡（镇）建立扶贫协作关系，实现了结对帮扶全覆盖。协调江苏社会资源捐款捐物1571.9万元，在拉萨市开展志愿服务443人次。

【重点项目】 年内，通过重点援藏项目建设，帮助拉萨本土企业做大做强，增强拉萨发展内生动力，积极牵线搭桥，争取更多江苏企业投资拉萨、落户拉萨，推动江苏优势产业与西藏特色资源融合发展。将林周热振片区环境优化、曲水俊巴渔村、拉萨河水上游、拉萨市智慧旅游、达孜县种苗育苗基地等一批产业援藏项目列入2017年拉萨市重点产业项目推进计划。加快达孜工业园区、林周鹏博健康产业园、曲水才纳现代农业示范园、墨竹工卡现代农业示范园区与“双创”园区等一批产业园区建设。采取高校与园区共建模式，从工艺研究、规划设计、养殖技术、饲草配方等环节着手高起点规划林周县格桑塘现代牧业产业（示范试验）园区建设。继续推进南京、镇江、苏州三地拉萨产业交流中心建设，加强苏拉两地产业对接、技术交流、人才引进、品牌招商等方面的合作。引入江苏鱼跃集团在拉萨经开区投资建立生产基地，引进江苏若尔通用航空发展集团和拉萨市国有企业合作，实施直升机通用航空产业项目，培养藏族飞行员，提供应急救援、医疗、执法、观光等通用航空飞行业务。引进投资1亿元的振发光伏发电一期10兆瓦工程组装发电，引进投资1亿元的那菲药业有限公司被评为全区纳税二十强企业。促成泰州市19家企业与曲水县所有村级组织结对实施小型惠民工程。

【医疗教育组团式援藏】 年内，按照三级医院组团式对口支援县人民医院创建二甲医院要求，帮助受援医院健全体制机制，提高综合管理服务能力，实施拉萨中心医院新建、县级人民医院提升改造以及乡镇卫生院标准化改造等项目。除了省级对口支援县级医院改造建设专项资金外，协调江苏有关单位捐助资金42.48万元，捐助医疗设备、药品等物资181万元。通过开展学术讲座、现场授课、业务指导等方式，江苏援藏医生共计向当地医院内科、外科、妇产科、儿科、检验科等输出38项新医疗技术。利用远程会诊系统开展网上培训交流，共享内地优质医疗资源。专项做好包虫病筛查工作，组织开展眼病患者“光明万里行”活动、先天性心脏病患儿“暖心窝”活动，江苏援藏医生利用业余时间多次前往农牧区开展义诊。组织实施温暖校园工程、学校信息化与远程教育平台建设等项目，增派拉萨市第二中学、城关区雪小学管理团队，在江苏选择6所国家重点五年制高职校帮助拉萨市第二中等职业技术学校提升专业建设，开展“6+1”组团式教育援藏。新建拉萨市江苏实验幼儿园，补齐学前教育短板，实现江苏教育援藏从学前教育到高等教育、从普通教育到职业教育全覆盖。组织江苏教育部门和企业向拉萨市中小学捐款捐物累计达223.2万元。拉萨江苏实验中学中考全校均分496.8分，藏族班均分505.6分，均居全市第一；高考重本率25.14%、本科率66.29%、上线率97.77%，较2016年分别上升11.01、14.64、12.53个百分点。

【实施“四个一”民生工程和精神文化援藏工程】　年内，认真落实“四个一”（在每个县建一所二级医院、一个自来水厂、一个制氧站，每个乡镇打一口深水井）民生工程，墨竹工卡县人民医院已被评定为二乙，达孜、曲水、林周已通过二乙审核，力争“十三五”末全部成功创建二甲。援建墨竹工卡县嘎则新区水厂、塔巴村供水工程、达孜县纳金水厂、曲水县才纳供水工程，林周县公共场所供暖净水工程，完善乡镇供水设施，确保受援乡镇深水井全覆盖，基本解决群众饮水问题。引进江苏昊泰、双盛等制氧设备制造企业，安排专项援藏资金建设制氧站，为受援县人民医院、社会福利院等安装供氧设施。加大农村道路、改厕等配套设施建设力度，做好垃圾、污水处理和周边绿化等环境整治工作，加快改善农牧民生产生活条件。协调江苏省新闻出版广电局捐赠自有版权影视作品99部，总计时长500小时。联系江苏爱心人士及相关组织捐建乡村小学“爱心图书室”6所、图书12000余册。促成江苏省新闻出版广电局、江苏凤凰传媒集团有限公司与拉萨市政府联合拍摄出品大型神话古装英雄史诗电视剧《格萨尔王》，合作开发相关系列图书、服装、饰品、艺术品等文化产业市场。

【加强交往交流交融】　年内，苏拉两地党政领导互访交流频繁，8月19日，江苏省委副书记、省长吴政隆率团赴藏，共商对口支援和两省区合作发展大计进行考察交流。9月17日，自治区党委常委、拉萨市委书记白玛旺堆率团赴苏回访考察，在南京举行18个江苏拉萨项目合作协议集中签约仪式。18个合作项目既涉及拉萨净土健康和文化旅游两大特色主导产业发展，又涉及教育卫生、科技创新、安全检测、园区合作、对外开放、审批改革等政府部门间合作，还涉及重大项目投资合作。江苏省级机关各对口支援单位和南京、苏州、镇江、泰州等市党政领导加强访问交流，不断拓宽对口支援与合作领域，推动产业合作和项目建设。出台《2017年度江苏省对口支援拉萨市人才和智力援助计划》，安排1831万元专项资金用于人才和智力援助工作，重点开展党政、企业、教育、卫生、农牧等干部人才培养培训项目。共实施赴苏集中培训27批次、518人次，选派干部赴苏挂职锻炼18批次、202人次，邀请江苏专家进藏授课指导13批次、76人次。发挥群团、教育等部门优势，深入推进“结对子、结亲戚、交朋友”等民间交流活动，让拉萨青少年与江苏青少年多层次、多形式走动互动。组织开展“2017年度江苏西藏少年儿童手拉手”活动，举办民族团结夏令营，结成千对少先队员互助对子，邀请拉萨中小学生赴江苏参加少代会活动，组织南京大学教师和江苏企业到墨竹工卡县设立专项奖学金。受援四县分别制定《2017年度民族交流交往交融项目实施方案》，组织创业青年、农牧民、妇女代表等群体分批次赴江苏学习考察，增进民族感情。

（江苏援藏指挥部）

经济管理

发展和改革

【概况】 2017年，拉萨市地区生产总值达到479.25亿元，同比增长10%；全社会固定资产投资完成611.73亿元，同比增长5.1%；全社会消费品零售总额达到258.76亿元，同比增长12.7%；全市财政收入完成141.6亿元，增长31.7%，其中公共财政预算收入完成89.63亿元，增长26.6%。

【重点项目建设】 年内，拉萨市坚持以园区为产业发展载体，以S5线、白定医院、纳金水厂等61个重点项目为支撑，加强重点项目调度管理，确保项目建设进度和工程质量，带动有效投资增长作用明显。推进交通重大项目，拉萨环线项目南环线、西环线、北环线等建设完成，S5线拉萨至泽当快速通道项目、青藏铁路格尔木至拉萨段扩能改造项目拉萨段7个站点、新建川藏铁路拉萨至林芝段（拉萨段）及其附属设施等项目加快推进。建设“三农”领域项目，新建干（支）灌溉水渠、防洪堤，实施植树造林、人工种草与天然草地改良工程，开展水土流失治理、防沙治沙、人工种草等生态建设与修复，全年完成农牧、林业、水利行业固定资产投资3.2亿元，建设涉农项目33个。推进城镇基础设施建设项目，拉萨市19条市政道路、柳东大桥、纳金水厂等重点项目顺利推进。柳梧新区顿珠产业园市政道路、高新区北中南组团（邦嘎）隧道等项目建设完成。实施产业发展项目，纳金乡嘎巴生态牧场、城关区乳制品加工厂、曲水县农业产业化示范基地、西藏自治区林木良种繁育中心等一批净土健康产业项目开工建设。西藏非物质文化遗产体验园暨《金城公主》室内舞台剧、西藏非遗文化博物馆、拉萨影视城—雪顿古镇、拉萨通用航空项目、当雄县康玛药泉度假村建设项目（一期）等一批文化旅游项目加快推进。落实民生保障项目，加快实施拉萨市白定医院一期、拉萨市第二高级中学改扩建、拉萨市一职等重点民生项目。全年，安排中央预算内计划安排民生类项目54个，总投资5.62亿元。加强项目稽查，对全市中央预算内投资项目、全市61个重点项目，以及项目前期经费使用情况开展7次专项稽查和1次全面稽查。

【经济体制改革】 加快简政放权，清理规范行政审批中介服务事项，取消、不得行使、下放行政许可事项21项，38家行政审批单位的151项行政许可事项集中进驻市民服务中心。落实《拉萨市政府投资项目和重点产业项目前期工作会办制度（试行）》，联审联批取得“5750”阶段性改革成果。事中事后监管不断加强。全面推行“双随机、一公开”检查，出台《拉萨市社会信用体系建设行动计划（2017—2020）》，加快构建多层次信用评价体系。提升财政收入，试点开展全过程绩效管理，市本级部门预决算公开全覆盖，全市财政收入预计完成141.6亿元，增长31.7%，其中一般公共预算收入完成89.6亿元，增长25.9%。发挥金融支撑作用，光大银行拉萨分行揭牌，西藏堆龙民泰村镇银行设立得到银监会批准。培育壮大非公经济，召开拉萨市第三次促进非公经济发展大会，实施企业登记注册“五证合一”、个体工商户“两证整合”改革，非公企业总数达1.77万家。开展区域经济合作，编制完成《拉萨山南经济一体化发展规划》《拉萨市开放型经济发展战略研究》，成功签订《中尼友谊工业园框架性合作协议》，综合保税区申报、建设工作加快推进。

【物价粮食改革】 开展药品、医疗、教育、涉企行政事业性收费专项检查，编制拉萨市地方涉企收费目录清单，通过政府门户网站向社会公布，服务企业降本增效。围绕出台的自来水、污水、停车场收费政策进行后续跟踪检查，确保价格改革各项措施落实到位。强化12358价格举报电话功能，受理价格监督举报案件303件，办结率100%。加大生活必需品价格监测力度，设立价格监测点95处，上报市场价格监测信息48期。积极实施售粮大户奖励政策，完成粮食库存监督检查和粮油市场价格监测工作。全面贯彻落实粮食安全专员（市长）责任制度，全市各类粮食经营企业共收购粮食5327吨，采购粮食166137吨，销售粮食156191吨，粮食库存总量达到16797吨，全市粮食安全得到保障。深化国有粮食企业改革工作，完成市属国有粮食企业划转工作。

【易地搬迁】 拉萨市围绕“两年脱贫、三年巩固”目标任务，累计筹措项目资金15.6116亿元，全力推进易地扶贫搬迁工作。开工建设21个安置点，经开区B区安置点、文创园区安置点、墨竹工卡县嘎则新区安置点（二期）全面竣工。其余安置点顺利推进，计划2018年月6底全部完工。截至年底，全市已累计完成搬迁任务2407户10115人，完成目标计划的40.75%。

【节能减排】 年内，建成市级第一批9个既有建筑节能改造试点项目，完成全市608个公共机构单位能耗统计，扎实开展第三批国家低碳城市试点申报工作。达孜县污水处理厂、秸秆综合利用、公交公司综合能效提升、百淀片区污水处理厂及配套管网等工程项目建设加快推进。

（廖唯朴）

财政

【概况】 2017年，拉萨市财政收入累计完成141.63亿元，比2016年增加34.10亿元，增长31.72%，其中全市一般公共预算收入89.63亿元，比2016年增加18.45亿元，增长26.6%；政府性基金收入50.87亿元，比2016年增加14.57亿元，增长40.14%；国有经营预算收入1.13亿元，比2016年增加1.08亿元，增长23倍。

2017年，全市财政支出累计完成324.61亿元，比2016年增加34.61亿元，增长11.93%，其中全市一般公共预算支出257.47亿元，比2016年增加8.97亿元，增长3.61%；政府性基金支出66.25亿元，比2016年增加24.84亿元，增长59.98%；国有经营预算支出0.89亿元，比2016年增加0.8亿元，增长9倍。

【教育支出】 2017年，全市教育支出43.46亿元，增长26%，其中落实义务教育阶段“两免一补”资金5.38亿元、129万名学生受益，落实市直中职、高校助学金3086.8万元、2万名学生受益；推进义务教育阶段学校教师绩效工资稳步实施。

【支农惠农支出】 2017年，全市农林水支出27.03亿元，下降7.48%，其中统筹安排9.3亿元加快推进脱贫攻坚，安排7.13亿元推动农、林、水项目建设，发放粮食直补和综合直补资金0.16亿元，促进了农牧民增收、农牧业增效。

【就业支出】 2017年，拉萨市围绕“就业、创业、创新”三大目标，切块中央奖励资金7亿元，实际落实“两创示范”建设中央奖励资金4.71亿元，在创新空间、创新基地、服务平台、服务体系建设等方面给予大力支持。

【社会保障支出】 2017年，全市社会保障和就业支出13.56亿元，比2016年增加0.28亿元，增长2%。重点用于城乡低保、新型农村养老保险财政补贴、城镇居民及寺庙僧尼养老保险、“三老”人员补助、农村“五保”户供养、住房公积金配套等方面。

【基础设施建设支出】 2017年，全市共落实基本建设支出

42.42亿元，主要支持了保障性住房、会展中心建设、供暖工程、拉萨医院，实施了市委党校改造、水利基础设建设、市政道路建设项目。

【维稳支出】 2017年，拉萨市财政部门积极筹措资金，足额安排加强和创新社会管理经费、各政法系统公用经费、业务费、8小时外加班补助、便民警务站生活补贴、驻寺派出所、警务室驻寺津贴等；筹措落实2017年度维保经费及网络租赁费；智能交通系统及边界接入平台建设；严格按照信访联席会议精神，落实信访专项资金；落实中央及自治区下达的维稳资金；及时安排应急处突的各项资金。

【财政改革】 2017年，拉萨市财政局建立健全公共财政预算、政府性基金预算、国有资本经营预算和社会保险基金预算统一编报、有效衔接的政府全口径预算体系。推进预决算公开，实现市本级部门预决算公开全覆盖。深入推进三年滚动预算编制，建立和完善跨年度预算平衡机制。强化财政收入管理，实行收入责任考核制，加强财源建设和税收征管。全面清理规范了税收优惠政策。优化财政支出结构，清理规范了财政支出挂钩事项，加强结转结余资金的管理。推进政府购买公共服务；推进了预算执行和预算绩效工作。规范国库资金和地方政府性债务管理。

【财政管理】 政府采购行为进一步规范。2017年，全市采购计划资金44.32亿元（含基建资金），节约资金0.16亿元。对102个竣工建设项目和181个市直单位维修、改扩建项目开展了财政投资评审，评审资金52.16亿元，审减资金3.12亿元，审减率5.98%。财政资金使用效益明显提高。

财政监督扎实有力。对全市127家县（区）、市直单位的内部控制报告编报进行了审核、汇总和上报，加强了预算单位银行账户管理。对全市6个县4个区、117家市直行政事业单位的622个银行账户的账面余额进行了统计核查。按照《代理记账管理办法》，对全市代理记账机构行业行为规范进行了抽查。

严控“三公”经费支出。按照中央“八项规定”的要求，市财政严控“三公”经费支出，尤其对会议费、车辆使用费、出国考察费、招待费等一般性支出，从严从紧管理，按规定指标进一步压缩。2017年，全市“三公”经费支出11847.25万元，同比减少613.94万元、下降4.9%。

【机关作风与效能建设】 2017年，拉萨市扎实开展“两学一做”学习教育和“四讲四爱”主题实践活动，深入推进机关作风效能建设，增强财政干部的执行力，强化服务理念，增强服务意识。财政干部综合素质不断提高，机关政务环境更加优化，干部服务水平进一步提高，局机关内部管理制度进一步完善，科学理财水平逐年提高。干部职工经常深入基层、深入单位开展调研，及时掌握对口服务单位的基本情况和工作需求，对各单位上报的请示、严格审核、认真阅办、及时反馈，提出有效的意见和建议。按照“一岗双责”的要求，认真落实党风廉政建设责任制，切实抓好反腐倡廉建设工作。

（肖伟利）

税务

【概况】 2017年全年，累计入库各项收入1303866.61万元，较2016年同期增收398169.23万元,同比增长43.96%。

【推进依法治税】 贯彻落实重大税务案件审理办法及工作规程，提高对失信纳税人的惩戒力度。组织实施法治税务建设，当雄县国家税务局被评为全区法治税务示范基地。成立依法行政工作领导小组，遵照执行基准，依法行使行政处罚裁量权。抓好税务行政复议、行政诉讼工作，落实税务行政复议规则和应诉工作规程。对重点工作落实情况开展督查，实行自查工作底稿制，创新性在部分单位试点“系统互查”。

【规范税收征管】 推进税收风险管理，成立税收风险管理团队，制订税收风险工作计划，确定重点风险应对任务。开展重大风险事项排查及专项风险事项应对，全面启用风险管理系统。加大重点行业风险应对力度，对296户医药行业纳税人开展风险应对工作。推进实名办税，加强重点

2017年9月22日，拉萨市国税局局长孙清明、副局长扎西旺堆调研指导纳税服务工作

风险业务环节法人及办税人员身份信息采集及确认工作。加强增值税普通发票比对核查，组织开展增值税普通发票虚开及受让企业的核查工作。加强增值税一般纳税人管理，开展增值税小规模纳税人达标未登记一般纳税人认定工作。加强二手房管理，稳步推进二手房交易税收征管方式革新。持续推进同城通办、全市通办、全区通办三类通办业务。继续贯彻落实商事制度改革工作,积极稳妥推进“三证合一”和“两证整合”

【优化纳税服务】 增设4个办税服务点专门受理二手房交易及代开发票等业务。率先在全区推行汽车销售4S店自助办税。实施便民办税春风行动及“税沐春风暖圣城”工程，开展税收宣传月活动、市长和局长为企业送法活动，发放《致纳税人的一封信》。通过实体“纳税人学堂”开展“营改增”政策大辅导以及优惠税收政策解读等各类培训，共计培训企业法人及财务人员1200多人次。组建13个“春风行动志愿服务队”，开展“税法宣传进社区”等活动，普及税法知识。大力推进“银税互动”，助推拉萨经济发展和社会就业。结合“放、管、服”改革要求，编写发放《纳税人“到拉萨国税办税最多跑一次”办税事项服务指南》。拓展纳税人权益保护渠道，成立维权中心，健全投诉处理机制，为纳税人提供全方位的维权服务。加强办税服务厅日常巡查，落实纳税服务规范，落实领导值班制、导税员制、预约服务制等各项服务措施。完成2016年度纳税信用评定工作，开展纳税信用A级企业送牌上门活动。积极受理区局“12366”热线工单，对纳税服务投诉事项进行通报和整改。开展纳服之星和星级办税服务厅评选。推动“互联网+税务”工作进程，约1.8万户纳税人成功实现网报。在门户网站定期发布双公示内容，推动双公示常态化。组建服务团队，加大“拉萨国税”微信公众平台运维力度。

【提升干部素质】 深化人事制度改革，完善干部选拔任用工作，贯彻县以下税务机关公务员职务与职级并行制度，解决了长期在基层工作的38名干部的待遇问题。有序推进数字人事工作。制定干部培训工作要点及计划，做大做强业务骨干培训营划分实战组、提升组和备考组，突出目标、互补短板，实现梯队式干部培训新格局。2名营员取得税务师从业资格证书，10名营员取得司法资格证书。在全区税务系统2017年“岗位大练兵、业务大比武”中，1名干部纳入素质提升“115工程—专业骨干”项目，2名干部取得全国税务系统“岗位大练兵、业务大比武”参赛资格，4名干部纳入素质提升“115工程—岗位能手”项目，4名干部获得个人优胜奖，拉萨市国税局获得优秀组织奖。

【党建工作】 围绕“纵合横通强党建”的工作思路，确定2017年为全市税务系统党建巩固提升年。党组成员带头开展理论中心组和党支部学习。推进全市税务系统“两学一做”学习教育常态化制度化，深化全面从严治党新格局。完善系统党员基础资料和党费收缴工作。开展推荐评选“身边优秀共产党员”等各类评先评优及表彰工作。组织党员开展“佩党徽、亮身份、树形象”

2017年12月15日，拉萨市推行汽车4S店车购税自助缴税系统启动仪式

活动。积极参加拉萨市第一届“文明家庭”和“优秀共产党员家庭”推荐评选活动。深入开展“四讲四爱”主题教育实践活动。开展“一支部，一品牌，一单位，一特色”活动。开展“两学一做凝聚力，民族情深颂党恩”主题文艺会演。开展“五四”青年节青年干部赴高海拔县局和纳木错乡驻村点“四体验”活动。开展全市税务系统各支部环保志愿服务活动。制定党建工作制度，成立成都退休党支部，组织系统支部书记赴区外开展党建工作学习交流。完成各基层单位党员活动室标准化建设。东城税务分局办税服务厅获“全国城乡妇女岗位建功先进集体”称号。

【廉洁建设】　深入分析反腐新形势，部署党风廉政建设和反腐败工作任务。加强领导班子和领导干部日常监督，严格执行领导干部报告个人有关事项规定及查核结果处理办法。层层签订《党风廉政主体责任书》、《党风廉政监督责任书》及《“一岗双责”责任书》。下发党风廉政建设工作任务清单、任务分解、工作要点、工作计划及领导小组工作机制。成立由党风廉政建设领导小组，健全完善“一把手负总责，分管领导各负其责，班子成员齐抓共管、监察室组织协调”的领导体制和工作机制。将党风廉政建设工作列入绩效考核指标，实现主体责任落实无缝衔接。强化日常教育引导，组织收看警示教育片，征订并发放《中国共产党廉洁自律准则》《中国共产党纪律处分条例》图解书籍，开设专题宣传栏，实施节前廉政提醒，筑牢反腐倡廉思想防线。开展新晋升科级干部任前廉政谈话。加大责任追究力度，重点对干部服务效能、工作态度、会场纪律及请销假制度执行情况、到岗履职情况、维稳值班情况等方面进行督查。加强廉政制度落实监督检查，执行干部婚丧喜庆事宜报告与登记制度。开展深化巡视整改和全面自查自纠工作，成立巡察工作领导小组，实现六县一区巡察全覆盖。

（谢东萨）

国有资产监管

【概况】　拉萨市人民政府国有资产监督管理委员会依法履行政府出资人职责，努力实现国有资本保值增值，稳妥处理企业改制遗留问题，推进国资国企改革，扎实做好国有企业维护稳定和党的建设等工作。

【国有资产】　年内，国有企业资产总额748.2亿元；负债总额455.53亿元；所有者权益总额292.90亿元。实现营业收入92.4亿元，同比增长50.1%，利润6.2亿元，同比增长29.2%，盈利企业9家，亏损企业5家，盈亏相抵后实现利润总额6.26亿元；上交税费总额5.3亿元，同比增长23.3%。

【国资监管】　年内，对企业改制重组、合并、分立、投资、股权转让、资产处置等经济行为进行评估，厘清产权关系。联合市财政组织开展2017年国有资本经营预算收益申报，6家市属国有企业、2家园区企业符合上缴国有资本经营收益条件，共上缴国有资本收益10727.44万元，实现国有资本保值增值。对市属国有企业196宗土地权属问题进行调查，开展专题培训，完善土地手续，盘活土地资产。

（洛桑次成）

审计

【概况】 2017年，拉萨市审计局根据全市经济工作会议精神和全区审计工作会议精神，围绕中心、服务大局，狠抓各项审计工作。人员编制48人，在编44人，领导职数6名。设有办公室、法规科、财政金融审计科、基本建设投资审计科、行政事业与社会保障资金审计科、经济责任审计处、经贸企业审计科、农业与资源环保审计科、信息中心。完成审计项目23个，出具审计报告、决定33篇，提出审计建议66条，被采纳66条，不断加大审计监督力度，为促进拉萨的经济建设、社会稳定和构建和谐社会以及党风廉政建设等发挥积极作用。

【预算执行情况】 年内，市审计局不断深化财政管理、预算执行审计，认真组织开展2016年市本级预算执行情况和其他财政收支情况审计，开展墨竹工卡县2012年至2016年预算执行情况和财政收支情况审计，对全市相关部门的预算执行情况及其他财政收支等方面进行延伸审计，按照国务院统一部署和审计署统一要求，对拉萨市2017年贯彻落实稳增长、促改革、调结构、惠民生、防风险政策措施落实情况进行跟踪审计，促进有关政策的落实。提出审计建议8条，被审计单位采纳8条。

【专项资金审计】 年内，完成山南市2016年城镇保障性安居工程跟踪交叉审计、拉萨市旅发委2016年财政财务收支情况审计、拉萨市人社局2016年财政财务收支情况审计、拉萨市蔡公堂乡2015—2016年财政财务收支情况审计、拉萨市2016年护路经费收支情况审计和拉萨市2016年雪顿节活动经费使用情况专项审计调查报告。提出审计建议25条，被审计单位采纳25条。

【经济责任审计】 年内，完成拉萨市旅游局原党组书记、副局长董天林和副书记、局长丹增曲扎离任审计项目，拉萨市人社局原党组副书记、局长张义泉任期经济责任审计，拉萨市人民政府驻成都办事处原主任彭飞跃离任审计，聂拉木县原县委书记王平和副书记、县长冯鲁伟经济责任交叉审计、市自来水公司原总经理普布次仁离任审计（资料整理阶段）。提出审计建议17条，被审计单位采纳17条。

【固定资产投资审计】 年内，市审计局进一步加大对重点投资、重点工程建设项目的审计力度，完成了堆龙德庆区生态农业园区古荣园区项目竣工决算审计、达孜县中心小学建设项目竣工决算审计和第二职业技术学校建设项目竣工决算审计。提出审计建议11条，被审计单位采纳11条。

【农发项目专项资金审计】 年内，不断加强对涉农资金的审计力度，完成堆龙德庆区2016年以补脱贫专项资金收支情况审计、根据审计厅统一安排，对昌都市本级及类乌齐县、八宿县2016年至2017上半年精准扶贫精准脱贫政策落实情况交叉审计。提出审计建议5条，被审计单位采纳5条。

【企业审计】 年内，按照“把握总体、揭露隐患、服务发展”的总体思路，以企业资产、负债、所有者权益的真实性为基础，重点揭露和查处弄虚作假、盈亏不实、资产管理不规范等行为，有重点、有步骤、有深度、有成效的推进企业审计。完成拉萨市城市规划设计院2013—2015年财务收支情况审计、拉萨城市建设投资经营有限公司审计调查、拉萨市暖心燃气热力有限责任公司审计调查。

（沈世虹）

统计

【概况】 年内，认真贯彻落实中共十八大及十八届三中、四中、五中、六中全会和中央第六次西藏工作座谈会区、市党委九次党代会精神，深入学习贯彻中共十九大精神，贯彻落实中央领导关于统计工作重要批示指示和《中共中央办公厅国务院办公厅〈关于深化统计管理体制改革提高统计数据真实性的意见〉》自治区的实施意见精神，贯彻落实中央、自治区、市经济工作会议精神和统计工作会议精神，抢抓机遇、担当作为、强化服务，各项统计工作取得新业绩。

【常规统计与专项调查】 积极

开展各项常规统计调查的同时，围绕市委、市政府中心工作，关注民生和社会热点难点问题，开展“税务满意度调查”“企业用工需求和生产经营情况调查”“2016年全市车辆能源消费调查”“群众安全感调查”等专项调查工作。完成名录库的维护和更新工作。依据“先进库、再有数，不在库、不出数”的原则，认真开展了2016年基本单位名录库核查工作，并与相关部门积极联系，实地调查，收集整理新设立企业的各种申报材料，及时将达到“四上”标准的企业纳入名录库，确保统计数据的完整性。根据全市“双创”工作安排，完成拉萨市“两创”统计监测平台建设、报表制度培训、制度修改等相关工作。

【第三次全国农业普查】 年内，按照国务院农普办和自治区农普办工作要求，全力以赴做好第三次全国农业普查，完成全市农户、规模户、经营单位和乡村共五套表的录入、审核、验收、督查工作；完成了国务院农普办反馈的错误信息核查上报、农普事后质量抽查工作。

【统计服务】 年内，组织开展专项调查，及时为领导科学决策提供针对性强、参考价值高的分析研究报告和政策咨询建议。撰写《统计分析》52期、统计信息29期、《统计专报》11期、《统计工作动态》213篇，完成《统计研究与报告》12篇。及时提供《2017年月度主要经济指标小册子》《领导干部手册》，为党政领导把脉经济社会发展状况提供全方位的统计信息参考。编印《2016年统计研究与报告汇编》《数说十八大以来拉萨经济社会发展成就》图书。及时在《拉萨晚报》刊登《2016年拉萨市统计公报》。

【制度建设】 年内，起草制定《拉萨市“四上”联网直报企业统计人员奖励补助办法（试行）》《全市2017年统计执法大检查工作方案》，加大统计信息公开力度，编印《2016年统计研究与报告汇编》《数说十八大以来拉萨经济社会发展成就》图书，组织起草《拉萨市统计基层基础规范化建设及实施方案》及《部门统计调查制度》。及时与各科室负责人签订《目标责任书》，从基础工作、统计服务、临时性工作、工作作风、机关党建、群团工作、党风廉政建设、创新工作、保密工作、督办事项办理工作、民主评议、综合治理等12个方面实行量化计分考核。

【统计队伍建设】 年内，改选拉萨市统计局工会会员代表，成立拉萨市统计局机关妇女委员会。制定《理论中心组学习计划》《机关党支部学习计划》《2017年全市统计教育培训计划》等，组织干部职工学习宣传中共十八大及十八届三中、四中、五中、六中全会和中央第六次西藏工作座谈会精神，学习中共十九大精神，贯彻落实区、市党委九次党代会精神，贯彻落实中央领导关于统计工作重要批示指示和《中共中央办公厅国务院办公厅〈关于深化统计管理体制改革提高统计数据真实性的意见〉》、自治区的实施意见精神，要求每人撰写心得体会、学习笔记不少于2000字。推行统计人员继续教育，搞好统计知识培训，培训尽量向基层倾斜，确保基层统计人员每年都能参加一次培训。扩大覆盖范围，增强全市领导干部的统计基础知识，通过利用统计年报会及其他专业培训会议，以会代训的方式、“走出去”学习、“请进来”传帮带的形式等开展培训会20多场，参加人数1000多人次。

【强基惠民】 年内，推进创新争优强基础惠民生活动，派驻局、队8名干部作为局、队第6批工作队员入驻驻村点，严格按照驻村工作队“5+2”七项任务要求抓好落实。开展集中学习活动9次，党员群众代表1200余人参加相关活动。完成城关区加尔西村党支部升格为加尔西村党总支部，下辖2个党支部、4个党小组，配齐配强村党务工作人员，提升村党建工作科学化水平。按期召开村党支部组织生活会，建立健全了村党员信息档案，吸收入党积极分子7人，将3名致富能手培养成入党积极分子，健全完善村党务政务工作制度，靠制度管人理事。全面贯彻落实自治区“十项维稳措施”，及时调处化解矛盾纠纷，全力做好重要节点、重要节庆、重大活动期间的维稳值班工作，确保驻村点社会和谐稳定。两个驻村工作队累计为群众办实事、解难事20余件，累计投入资金20余万元。发挥专业优势，帮助驻村点普查员开展第三次全国农业普查现场入户登记工作。对全村风湿病患者进行登记，组织全村1400余群众进行包虫病筛查体检。组织群众开展义务植树，挖坑植树300棵。利用QQ群、微信群和悬挂横幅等方式，积极宣传《中华人民共和国国家安全法》、抓好“两降一升”统计工作。

（郑红艳）

工商行政管理

【概况】 2017年，全市工商系统以商事制度改革统揽全局，推动重点领域改革取得有效进展，不断降低市场准入门槛，推动大众创业、万众创新，营造了宽松平等的准入环境；不断创新市场监管方式，加强事中事后监管，推行“双随机、一公开”检查，坚持“宽进”与“严管”并重，营造公平有序的竞争环境，不断加大消费维权工作力度，持续改善营商投资环境。

【商事制度改革】 年内，积极开展“一照多址”企业登记注册，大幅降低规模型企业的运营成本。参照江苏省“3550”改革方案，参与制定《拉萨市“开办企业限期办结”改革工作实施方案》。10月1日，全面开放企业名称库，有效解决“起名难、效率低”的问题。落实“先照后证”改革，严格执行工商登记前置审批事项32项，变更、注销前置审批事项31项，后置审批事项134项的规定。10月，与全国同步实施企业“多证合一、一照一码”改革。截至年底，办理“多证合一、一照一码”8619户，换照率达95%，办理个体工商户“两证整合”13095户，换照率达20%。向税务、质监、社保、统计等15个部门推送市场主体登记信息99345条，实现资源共享。深入推进“产业强市”战略，积极服务“大众创业、万众创新”。截至年底，全市各类市场主体达到75985户，注册资金4242.4亿元，同比分别增长51.4%、111.3%；非公有制经济达73281户，注册资本（金）2704.7亿元，同比分别增长13.7%、45.8%。全力服务小微企业，确保小微企业“进得来、活得下、行得好”，积极开展“双创”宣传活动，开展送法到企、政策宣传，实行“一企一策”，实现个转企、小升规，全市个转企31户，注册资金上亿的非公经济市场主体达到740户。积极协调市政府落实资金1200万元，建设拉萨市小微企业名录库。创新服务举措，通过外网提交、内网审核的方式，落实“网上工商”便民措施。截至年底，办理网上名称核准、设立、变更登记共15462户。按照《工商总局关于全面推进企业简易注销登记改革的指导意见》，加快实施企业简易注销，截至年底，全市43户企业公示简易注销公告，9户企业完成简易注销登记。积极协调以市政府名义印发《拉萨市个体工商户简易注销登记管理暂行办法》，全市24户个体工商户完成简易注销登记。

2017年5月18日，市工商局组织系统干部赴京跟岗学习总结会

【商标注册】 年内，全市有效注册商标总量8774件，较2016年底增长39%，占全区的68%；其中，驰名商标14件（2017年新增1件驰名商标）、著名商标70件、地理证明商标6件、区域公用商标1件、马德里国际注册商标2件。针对拉萨部分公共历史文化资源被抢注的现状，主动开展公共历史文化资源商标注册及保护工作，积极论证“雪顿”商

2017年6月18日，市工商局与北京市工商局就智力援藏工作召开座谈会

标异议驳回的可行性。根据市政府主要领导的重要批示要求，通过区局与国家工商总局对接“文成公主”系列商标异议，以及拉萨市和美布达拉文化创意产业发展有限公司申请从速注册“文成公主”系列商标事宜。加强商标专用权保护，查处商标侵权案件17件，案值16.75万元，罚没款11.19万元。严格落实商标“四书五进”指导制，开展商标行政指导558次，发放四书558份，五进指导445次。组织召开“4·26”知识产权座谈会，最大限度激发市场主体的商标运用意识。2017年，设立户外宣传点20个，发放宣传材料近1800份，开展培训及实地宣讲14次。组织全市各大广告主、利用主流媒体及电子显示屏滚动播出各类公益性广告7万多条次。相继开展“全区商标战略成就展”“西藏自治区推进商标品牌战略实施研修班”拉萨工商局分会场培训班、“讲述商标品牌故事”活动，以及商标品牌基层宣讲等一系列商标战略活动。组织市属企业参加2017年中国国际商标节，拉萨市工商局连续2年被中华商标协会授予“中国国际商标品牌节贡献奖”。推进“拉萨净土”区域公用品牌建设，对从事净土健康产业的经营主体开展摸底，90家企业入围，“拉萨净土”取得17类商标注册证书。

【市场主体监管】 年内，全系统年报率为92.5%，将逾期未申报2017年度年报的1339户企业和农民专业合作社列入经营异常名录，将3084户个体工商户标记为经营异常状态，对402户长期未经营的“僵尸”企业给予吊销营业执照的行政处罚，并在国家企业信用信息公示系统（西藏）进行公示。这是拉萨市工商局有史以来第一次、也是规模最大的一次吊销营业执照的执法行动。认真履行“双告知”职责，协调市政府组织召开“双告知”工作专题会议，对市场主体登记信息的认领工作进行安排部署。同时召开国家企业信用信息公示系统（西藏）“协同监管平台”操作培训会，就开展网上认领和协同监管工作进行培训。各县（区）也已参照市级层面的做法陆续召开专题会议和培训会议进行安排部署。同时经多方沟通请示，“国家企业信用信息公示系统（西藏）”正式上线市政府门户网站，进一步拓展信息共享渠道。截至年底，全市共发放《承诺书》和《后置审批告知函》5300余份。开展“双随机、一公开”监管，按照区局抽取的名单，对2015户市场主体进行检查，检查事项涉及12大类35个小类，占全部市场主体总数的4%。为加大抽查的覆盖面，强化监管，市工商局主动将柳梧、堆龙、达孜和曲水等四个有园区的抽查比例由规定的3%提高到10%。将抽查中发现的406户虚假公示和失联企业列入经营异常名录，并予以公示，公示率为100%。强化综合执法力度，投入大量资金为每个单位购置录音电话、配备执法记录仪、在询问室安装监控，为固定证据创造必要条件。积极开展春耕农资打假、“禁白”“重型货车非法改装销售整治”等专项工作；认真履行“扫黄打非”工作职责，为有效净化社会文化环境做出积极贡献；在全市范围内开展“无传销社区、无传销校园”建设活动，发动社会各方力量，群防群治、齐抓共管、综合治理；及时对涉传人员登记造册并进行回访，掌控新型传销模式，保持打击传销高压态势。全力做好环保督查工作，办结市迎检办交办案件12

2017年6月15日，市工商局赴北京市工商局考察商事制度改革相关工作

件，查办案件524件，案值163.67万元，罚没款59.12万元。

【消费维权】 年内，投入专项资金，制作《中华人民共和国消费者权益保护法》和规范直销的动画宣传册、海报、3D动画片、环保袋等。通过基层寻访、人物专访、在线访谈、专版专栏等形式，宽领域、全方位、多层次、广角度大力宣传“3·15”活动。在各大平面媒体刊登17篇消费警示和典型案例。通过接受采访、LED屏播放宣传标语、法律宣传“五进”等方式对全市“3·15”国际消费者权益日宣传活动进行系列跟踪报道。开展“12315”规范化建设，按照“标识明晰、场所适当、设施先进、人员到位、职责明确、制度健全、程序规范、处置高效”的要求，规范“12315”硬件、软件和形象建设，全面提高“12315”规范化水平。2017年共受理10934件总案值314.7万元，挽回经济损失267.1万元。针对职业索赔人严重损害社会公序良俗，致使投诉举报数量不断增加现状，积极探索建立消费维权联合机制，组织开展专项业务培训，指导执法人员妥善处理职业索赔人的投诉举报。加强流通领域商品质量监管。围绕群众反映强烈的家用电器、农用机械、电线电缆等重点商品分别开展三批流通领域商品质量抽检工作，对50种商品539个批次进行抽检，其中抽检合格400批次，不合格139批次，不合格率25.8%，同时对不合格产品进行立案处理。

【依法行政】 年内，制定《拉萨市工商局企业公示信息抽查检查工作规范》，规范企业公示信息抽查工作；制定《拉萨市工商局企业移出经营异常名录操作规范（试行）》，规范操作程序和申请材料；制定《拉萨市工商局“一址多照”“一照多址”登记操作规范（试行）》，于8月11日实施。加强执法监督，对办案程序、文书不规范、案件核审不严格、登记受理资料不齐全等问题进行检查整改。依法监督行政处罚案件信息的公示工作，开展两次专项督察并进行了通报，依法公示行政处罚案件489件，占应公示案件的94.4%；办理行政复议案件1件、诉讼案件1件。开展业务培训，按照年度培训计划，采取“走出去”的方式，选派22人赴北京工商系统开展为期45天的跟岗学习；采取“请进来”的方式，邀请北京市工商局4名业务专家进藏开展集中授课及实地指导工作，开辟了大规模智力援藏的先河；选派60余名骨干到总局行政学院、新疆培训基地、北京市、江西井冈山及区工商局集中业务培训。同时，市局系统内举办各类业务培训7次，参加人数520余人次。参训学员积极转化学习成果，编发《法规工作指导》《商广在线》《执法在线》等指导材料印发全系统。

（次　央）

质量技术监督

【概况】 年内，市质监局围绕区质监局中心工作和市委重点经济工作，围绕“六大战略”，坚持“五大发展理念”，全面落实从严治党要求，着力推动质量提升，严守安全底线，夯实质量基础，增强履职能力，在服务拉萨经济建设和推动社会和谐发展方面发挥积极作用。

【产品质量安全】 年内，全面开展消费品质量提升行动，突出重点开展全市质量安全集中执法大检查、春季农资打假、“3·15”活动日、强制性认证产品企业专项检查和食品相关产品行业等专项监督检查。重点检查企业128家次，抽查10大类别52种消费品，对电商及重点产品抽检送样25批次，合格率为92%。深入调查研究，摸排特色产业、行业质量状况，撰写《西藏拉萨市藏香产业质量状况调查分析报告》《西藏拉萨市藏毯产业质量状况调查分析报告》《拉萨市2017年度电梯运行安全状况分析》和《拉萨市辖区获证检验检测机构基本情况的调查分析报告》。

2017年4月20日，拉萨市召开以“净土拉萨·质量引领”为主题的质量强市工作推进会

【质量强市】 年内，市质监局全力推进全国质量强市示范城市创建工作，首次召开2017年“净土拉萨质量引领”专题新闻发布会，全方位宣传拉萨市城市质量精神和创建“全国质量强市示范城市”进展情况及取得的阶段性成效。组织开展2016—2017年度五县三区“质量强县（区）”工作考核，有效督促各区县政府全力推进质量振兴战略。拉萨市民对城市质量总体情况满意度由2016年的75.85分上升到2017年的83.25分，全市产品质量态势良好、工程质量不断提高、服务质量显著提升、环境质量保持优良。10月份，质量强市办向质检总局正式递交创建全国质量强市示范城市验收申请，并就创建情况进行全面汇报，完成创建验收本底资料收集工作。

【特种设备监察】 年内，区质监局党委和市委政府高度重视特种设备安全工作，主要领导多次就拉萨市特种设备安全生产工作作出指示和批示，分管副市长方桂林亲自动员部署特种设备安全工作，并带队现场督导检查，全面落实各区县、各部门、各行业的“三个必须”监管责任。在安监、教育、住建、旅游、商务、卫生等部门以及五县三区政府部门的共同协作下，组织开展矿山起重机械、学校特种设备、园区特种设备、住宅电梯、供暖锅炉、大型游乐设施和10蒸吨以下燃煤锅炉等安全专项检查治理行动以及重大节假日特种设备安全专项检查行动，全市共有特种设备9527台，检查特种设备使用单位410家，现场监督抽查特种设备654台，发现安全隐患185起，下发特种设备安全监察指令书185份，整改合格率100%；依法关停存在严重安全隐患特种设备28台。圆满完成国务院、自治区和拉萨市三级政府开展的各类安全生产督导巡查迎检工作及其整改工作，实现了特种设备安全“零事故”目标。全年依法办理特种设备使用登记证1004本，考核特种设备作业人员187人次。

【标准计量】 年内，市质监局围绕市委政府“产业强市”战略，全力推进拉萨市净土健康产业标准体系建设，完成藏鸡、藏香、拉萨好水、奶牛、藏毯、藜米六大产业标准体系建设，采用、编制各类标准635项，藏香国家标准通过国标委立项。扎实开展“行业树标杆、企业树标兵”标准体系贯标试点企业创建活动，积极组织净土企业参加首届中国标准国际博览会，展示拉萨市净土健康产业标准体系建设成果。全力推进拉萨城关区高标准奶牛养殖中心国家级农业标准化示范试点项目建设，纳木错景区获批国家级旅游服务标准化示范试点项目。会同民政部门开展福利机构服务标准体系建设工作，成功推选达孜县五保集中供养中心申报国家级社会管理和公共服务综合标准化试点项目，有力提升重点产业、重点旅游业及公共服务标准化水平。深入开展地理标志工作，开展拉萨地标资源库产品建设工作，全市地理标志保护产品达到4个。深入开展计量惠民行动，围绕“健康拉萨”创建活动和地市人民医院“创级”需求，首次对全市在用医疗计量器具开展强制检定工作，完成自治区人民医院等29家驻市医院的1933台医用计量设备的检定或校准工作。全年开展专项计量监督检查工作，检查全市中石油等加油站57家、29家土特产经销单位和7家重点用能企业，比对商品44批次，检查各类计量器具365台（件）。

【执法监督】 年内，市质监局按照“放管服”要求，坚持执法与宣传双轮驱动，在各新闻媒体及时宣传报道“双随机”专项综合执法情况12次，检查企业77家。处理投诉、举报、咨询电话132起，办结率及满意率均达100%。全力以赴完成环保督查相关工作任务，包括黑心棉、尾气检测、废品市场搬迁等，联合环保部门依法查停燃煤锅炉28台、注销燃煤锅炉56台。

（贾伟萍）

安全生产监督管理

【概况】 2017年，拉萨市共发生各类安全事故198起，死亡71人，伤150人，直接经济损失1893.7万元（其中生产经营性事故38起，死亡25人，伤23人），与2016年同期（发生事故213起，死亡75人，伤168人，直接经济损失1080.14万元）相比，事故总起数下降7.04%，死亡人数下降5.33%，受伤人数下降10.71%，直接经济损失增加813.56万元。

【安全事故】 年内，拉萨市共发生道路交通事故143起，死亡57人，伤148人，直接经济损失140.84万元（生产经营性事故22起，死亡11人，伤21人），其中，城区发生事故111起，死亡26人，伤122人；曲水县发生事故6起，死亡5人，伤7人；堆龙德庆区发生事故9起，死亡12人，伤2人；当雄县发生事故6起，死亡3人，伤6人；达孜区发生事故6起，死亡3人，伤6人；墨竹工卡县发生事故5起，死亡8人，伤5人。发生火灾事故43起，无伤亡人员，直接财产损失145.9万元（生产经营性事故4起，无伤亡人员），其中市辖区7起；城关区20起；堆龙德庆区10起；曲水县2起；达孜区2起；当雄县1起；墨竹工卡县1起。发生工矿商贸事故12起，死亡14人，伤2人，直接经济损失1606.96万元（生产经营性事故12起，死亡14人，伤2人）。发生3起较大安全事故，其中2起较大道路交通安全事故，死亡7人，伤2人；1起较大燃气管道施工窒息死亡生产安全事故。

【非煤矿山监管】 年内，制定印发《关于切实做好2017年非煤矿山复产验收工作的通知》，坚持高标准、严要求开展复产前安全验收，做到合格一个矿山，开工一个矿山，凡不符合开工条件的，一律禁止开工生产，绝不能因姑息迁就而留下事故隐患。年内申请复产的矿山企业有5家，通过验收5家。加强检查力度，采取明查暗访和随机检查、邀请专家“会诊”等方式，对矿山企业落实安全生产责任制和安全生产各项措施、安全生产资质、作业现场安全管理和安全生产隐患排查治理等情况进行严格检查。深入开展汛期安全检查，加大汛期矿山安全监管力度，重点对排洪沟进行检查，加大重点矿山企业汛期监管力度，开展专家“会诊”，根据专家提出的安全隐患，要求企业加大力度进行整改，以免发生因自然灾害引起的生产安全事故。

【危化品监管】 年内，按照总体检查计划，重点加强对全市60家加油站的安全生产检查。对发现的安全隐患，当即下达隐患整改通知书责令限期整改，并要求属地安监部门督促整改和复查，做到隐患及时排除，不能及时排除的隐患要求企业按照隐患整改“五落实”要求，逐步排除。严格按照《危险化学品经营许可证管理办法》《危险化学品建设项目安全监督管理办法》的规定要求，严格对延期换证和新申请办证加油站的安全条件进行严格审查，重点加强对加油站的安全条件审查和设施设计审查，对企业自行开展的试生产和验收进行监督抽查。在安全条件审查和设施设计审查过程中邀请具有危险化学品安全资质的专家，对评价报告和安全专篇内容与加油站现场情况进行核对，提出问题和隐患，确保从源头上确保全市加油站基础设施符合安全生产要求。加强人才队伍支撑，市安监局经过认真研究和严格筛选，聘请5名具备相应资格的危险化学品领域安全专家，在日常的安全检查和安全条件审查过程中，邀请危化专家对加油站的设施设备进行安全检查，提出专业性、科学性、针对性的问题和隐患。邀请北京、河北等安监部门具有多年安全监管经验的专家指导拉萨市监管人员深入企业排查隐患，提升全市危化企业的本质安全。

【烟花爆竹监管】 年内，严格规范烟花爆竹零售店审批程序，全市审批67家烟花爆竹零售店，督促烟花爆竹企业购买安全生产责任保险，做到全市各烟花爆竹经营店面投保率100%。“三大节日”期间，市安监局和区直相关部门以及市公安局治安大队、市消防大队、市质监局、市工商局、城关区安监局、烟花爆竹协会等单位组成联合检查组，对全市烟花爆竹仓库和零售经营店开展安全专项检查。1月13日，联合拉萨市公安局治安支队危爆大队、城关区安监局、城关区消防大队和烟花爆竹学会，针对烟花爆竹安全知识、办证条件等方面，烟花爆竹经营销售50余人进行培训。1月24日至2月28日，对拉萨市烟花爆竹仓库以及七县一区的烟花爆竹经营店开展专项检查。

2017年9月15日，市委副书记、市长果果（中）检查中石油铁路接卸库

【职业健康监管】 年内，市安监局利用“职业卫生宣传周”和6月份全国安全生产月活动契机，进企业、进社区宣传等方式，深入开展安全生产宣传教育活动，受到广大群众好评。以日常检查和与自治区联合检查等方式，深入巨龙矿业、高争水泥厂等企业开展职业卫生检查、对发现的问题及时督促企业进行整改。持续加强用人单位职业病危害申报工作，截至年底，全市共有近500家用人单位进行网上在线申报。

【安全生产月宣传】 年内，市安委会制定印发《拉萨市2017年“安全生产月”和“安全生产拉萨行”活动方案的通知》。6月16日，开展安全生产一条街宣传咨询日活动，全市悬挂横幅400余幅，发放《中华人民共和国安全生产法》《安全生产许可条例》以及安全生产小知识各类宣传资料7000余份，发放手提袋等宣传品3000余个，接受群众咨询300余人次。开展“一城萤光·关爱童行”向小学生发放反光背心活动；城关区举办第三届“安康杯”安全生产知识竞赛活动，共20支代表队，60人参加；在全市主流新闻媒体上，加大对安全生产法律法规、安全生产知识等方面的宣传，做到报纸上有文字、广播里有声音、电视上有影像、网络上有信息，开辟2个宣传专栏、并在微信公众平台发布安全信息61条，编辑发送手机短信10000余条。

【安全生产工作部署】 年内，区党委常委、拉萨市委书记白玛旺堆，市委副书记、市长、市安委会主任果果先后多次对安全生产工作作出批示，2月16日、9月28日市委常委传达学习《中共中央国务院关于推进安全生产领域改革发展意见》，研究讨论《拉萨市安全生产领域改革发展的实施意见》《拉萨市安全生产党政同责暂行办法》，听取全市安全生产工作汇报。市政府先后召开两次常务会议听取安全生产工作汇报，研究部署安全生产工作迎接国务院安委会巡查及研究《拉萨市安全生产“十三五”规划》。市安委会先后4次召开市安委会全体成员会议，分析安全生产形势，部署重点工作，安委会办公室印发《关于学习宣传贯彻〈中共中央国务院关于推进安全生产领域改革发展的意见〉的通知》，组织市安委会成员单位负责人参加自治区举办的意见宣讲学习会，3月28日，组织安委会成员单位召开意见研讨会，形成自上而下学习宣传贯彻意见的良好态势，进一步筑牢各级各部门安全生产底线意识。各县（区）、市安委会各成员单位紧扣全市安全生产工作部署，先后召开党委、党组及县（区）安委会全体成员会议，研究分析各县（区）、各部门安全生产工作，并对照市政府与县（区）签订的《安全生产目标责任书》、细化责任，与乡镇（街道）、行业主管部门、重点企业层层签订目标责任书，将压力传导到一线、具体岗位，落实安全生产责任，夯实工作基础。

【健全责任体系】 年内，制定印发《中共拉萨市委拉萨市人民政府关于印发〈拉萨市安全生产领域改革发展的实施意见〉的通知》《中共拉萨市委办公厅拉萨市人民政府办公厅关于印发〈拉萨市安全生产党政同责暂行办法〉的通知》《拉萨市人民政府办公厅关于印发〈拉萨市安全生产“十三五”规划〉的通知》以及《拉萨市安全生产委员会关于印发〈拉萨市标本兼治遏制重特大安全事故工作实施方案〉的通知》《拉萨市安全生产委员会关于印发〈企业全员岗位安全生产责任制指导意见〉的通知》和《拉萨市安全生产领域失信行为联合惩戒和惩戒信息管理制度》等，以制度刚性全力推动全市安全生产形势稳定好转。

【安全生产大检查】 年内，市安委会（办公室）先后制定印发“三大节日”“两会”“汛期”“五一”“十一”，以及中共十九大期间加强安全生产工作通知的同时，制定印发《拉萨市危险化学品安全综合治理方案》《拉萨市安全生产大检查大排查大整治工作方案》《关于深化安全生产检查大排查大整治工作的通知》《全市安全生产大检查实施方案》等，按照“全覆盖、零容忍、严执法、重实效”要求，开展安全生产大检查工作。对S206纳班线等重点路段实行不间断巡查，年初雪灾期间清除积雪30公里，疏通涵洞60余道，完成公路清淤567余公里；淘汰黄标车、老旧车1356辆；加大对道路违法行为行政处罚力度，严查酒驾、超速、超载等违法行为，加大对校车安全监管力度。紧紧围绕冬春火灾防控攻坚战、夏季消防检查揭幕战及全市安全生产大检查工作总体部署，突出分级管理、严格整治人员密集场所、易燃易爆场所、建设工程施工工地、屋顶违章简易建筑、“三合一”“多合一”场所等火灾隐患为重点，深入排查整治城区、社区、农牧区、寺庙、民生场所、夜间营业场所、重大敏感场所的消防安全隐患。强化日常安全“双随机”检查和工贸领域、粉尘涉爆监督检查工作，8月份聘请危化品专家对全市所有加油站和油库进行安全大检查，发现并整治各类安全隐患800余处。突出加强对车站、学校、机场、游乐园、大型商场等人员密集场所的监管执法，严把气瓶充装关，依法打击违法充装行为，报废处置超过使用年限钢瓶896只，淘汰10蒸吨以下燃煤锅炉21台，接到特种设备投诉12起，处置12起。

【安全隐患整改】 年内，国务院安委会对自治区人民政府开展安全生产考核、巡查、督查、综合督查、“回头看”检查中均对拉萨市安全生产工作进行抽查。全面部署迎检工作，市政府主要领导、分管领导先后多次就迎接国务院安委会各项检查作出具体工作部署，市安委会先后下发做好国务院安委会安全生产考核组、第八巡查组、第十二督查组、第二十一综合督查组、安全大检查“回头看”第二十一检查组迎检准备工作的通知，成立以市委副书记、市长、市安委会主任果果为组长，市政府常务副市长、分管副市长为副组长、市安委会各成员单位主要负责人为成员的迎检领导小组，市安委会办公室先后多次就各县（区）、各行业主管部门迎检准备工作进行检查，夯实了工作基础。扎实做好反馈问题的整改工作。年内2月份，国务院安委会安全生产考核组抽查拉萨市工作中，拉萨市取得未丢1分的好成绩，保质保量完成了迎接考核的工作任务。在国务院开展的安全生产巡查、督导、综合督查等工作中，共反馈存在的安全隐患和问题65项，针对所存在的安全隐患和问题，制定印发《关于国务院安委会第八巡查组反馈问题整改任务分解的通知》《关于国务院安委会第十二督导组反馈问题和隐患整改任务分解的通知》和《关于国务院安委会第二十一综合督查组反馈问题整改任务分解的通知》等文件，将整改责任落实到了市长、市政府各分管副市长和县（区）政府（管委会）行政一把手、各行业主管部门行政负责人，提出了整改要求和时限，健全完善了安全隐患和问题台账，落实闭环工作要求，完成整改60处，整改完成率92%。推进安全大检查“回头看”检查组反馈问题整改工作，国务院安委会安全大检查“回头看”检查组于10月19日、20日抽查拉萨市安全生产工作。针对“回头看”检查组反馈的涉及11家单位、26个安全隐患和问题，市安委会办公室在前期已督促相关部门进行整改的基础上，已拟订整改任务分解表，要求涉及整改任务的各县（区）和各部门要按照“党政同责、一岗双责、失职追责”和市安委办的具体工作要求，采取主要领导牵头、专人负责、跟踪指导、终身责任追查等制度落实好整改任务。

【巡察问题整改】 4月7日至7月5日，市委第二组巡察入驻市安监局开展巡察工作，巡察组对市安监局党组开展为期两个多月的全面巡察。市委第二组巡察及时向局党组反馈巡察情况，根据《关于印发拉萨市委巡察二组〈关于对市安监局党组巡察情况的反馈意见〉的通知》要求，客观、公正的指出局党组存在的10个问题，提出6条整改意见。根据市委第二巡察组的意见和建议，局党组坚持“实事求是、务求实效，突出重点、科学谋划，逐级负责、先易后难，完善机制、长期坚持”的原则，采取切实可行的措施，制定翔实的《巡察整改方案》，切实解决市安监局在党的领导、党的建设、全面从严治党、“四风”等方面的突出问题。

（李金凤）

食品药品安全监管

【概况】 年内，拉萨市食品药品监督管理局保障重大活动驻地餐饮服务安全16次，受理办结2700件食品生产经营许可申请和214件药品医疗器械许可，对全市范围内近10000余家餐饮服务单位、1320家食品流通企业、68家食品生产企业进行监督检查，共立案处罚30起，罚没款共计人民币17万余元，处理各省市协查来函119件，处理投诉举报470起，办结率达100%，完成1039个批次的食品抽样任务，35批次国家医疗器械抽样送检任务。

【健全监管机制】 年内，积极发挥食安办综合协调职能，深入推进“国家食品安全城市”创建工作。加强组织领导，调整充实创城工作领导小组，市委副书记、市长、城关区区委书记果果担任组长，分管副市长任副组长，6个县6个区、市直24个部门主要领导为小组成员。市政府与各小组成员单位签订《拉萨市创建国家食品安全城市工作责任书》。深入进行动员部署。市食

2017年12月25日，副市长扎西白珍（前排右二）检查指导食品安全工作

2017年1月23日，市安监局党组书记达娃次仁（左一）看望慰问结对帮扶对象

安委组织召开动员部署会，市委副书记、市长、城关区委书记果果主持会议并做再动员、再部署讲话；健全完善规章制度。制定《拉萨市食品药品安全行政执法检察监督工作协调机制》等5项规章制度，用以规范行政执法行为和食品市场秩序，推动创城工作。大力营造浓厚氛围，市食安委印发《拉萨市创建国家食品安全城市宣传活动实施方案》，利用拉萨市各大新闻媒体和媒介，全面展开国家食品安全示范城市创建宣传活动；开展“放心肉菜示范超市”创建工作，格拉丹东优品超市八一店和八廓商城店顺利通过第三方机构复评。全年完成食用农产品抽检620批次，抽检合格率达到97%以上。

【食品安全监管】 年内，共受理办结餐饮服务许可1530件，食品流通环节行政许可1170件，食品生产许可及换证15件，完成10000余家次餐饮服务单位、1320余家次食品经营企业、68家次食品生产企业的日常监督检查，完成全市90%以上共计4800余家餐饮服务单位明厨亮灶工程，完成辖区内25所学校食堂食品安全专项检查。开展全市“两会”、“三大节日”“足球邀请赛”及“全国围棋赛西藏拉萨站”等食品安全保障16次，发放《餐厨废弃物收集、运输、处置台账》10000余本；承接中央环保督查案主办案件12件，协办件15件；签订《食品安全承诺书》1600余份；完成8家创建“放心肉菜示范超市”申报单位的资格审核及上报工作；建立10家农残、兽残、重金属超标快速检测室，销毁被污水污染的100余公斤猪蹄和贮存条件不符合要求的62只烤鸭；完成198批次的餐饮环节食品抽检任务，食品流通环节抽检国抽、省抽任务363批次，完成市县级食用农产品抽检任务600批次。

【药品安全监管】 年内，共受理药品医疗器械许可事项214件，其中，新办零售药店1家，新办医疗器械19家，其余184件为药械变更、延续等申请事项。共清查药品经营企业153家，其中药品批发企业32家，药品零售121家，封存不合格苯乙双胍片75瓶；聘任19名拉萨市第一批药品GSP检查员；共检查药品零售企业22家，批发企业3家，限期整改6家，收

2017年11月10日，市质监局组织召开拉萨市藏香产业标准体系建设工作推进暨贯标培训会

回药品GSP证书2家。对辖区内13家医疗机构、4家医用氧经营企业进行监督检查。对3家医用氧使用、经营单位责令限期整改；按照风险等级将全市的188家医疗器械经营企业进行分级管理；检查医疗器械经营企业78家，医疗机构31家，责令限期整改18家；完成8个品种35批次的国家医疗器械监督抽样任务，重点抽检软性清水接触镜等高风险、易出问题的医疗器械71批次；检查化妆品经营使用单位128家，对29家单位下达限期整改；制订藏药材种植产业推进情况督查记录表等各项记录3份，开展联合督查2次。

【查处食品药品违法案件】 年内，共接受职业投诉人行政复议案件2起；共查处食品药品违法案件30起，罚没款171014.31元，没收涉案物品货值金额64257.7元；共接协查函119份，受理投诉举报470起，对相关企业下达了《责令改正通知书》52份。

【应急处突能力建设】 年内，组织开展“2017年西藏自治区级食品安全示范性演练暨拉萨市较大食品安全突发事件（Ⅲ级）应急演练”。邀请外省专家指导应急演练方案、脚本的制定工作；多次召集市食安委各成员单位和有关部门召开全市重大食品安全突发事件应急演练联席会议，研究部署应急演练各项工作，讨论应急演练实施方案、脚本，分配参加应急演练活动的工作任务，圆满完成应急演练工作。

（蒋旭东）

2017年，拉萨市食药监局组织开展食品药品安全宣传

扶贫（农发）

【概况】 2017年，拉萨市实现10721户43837名贫困群众脱贫，225个贫困村（居）退出，贫困发生率下降到3%以下。通过国家省际间交叉考核、自治区交叉考核和第三方评估，在2017年全区脱贫攻坚成效综合评价中取得第一的成绩。城关区成为全国第二批、西藏首批脱贫摘帽县（区）之一，堆龙德庆区、达孜区、曲水县、墨竹工卡县、当雄县、尼木县、林周县顺利通过自治区第三方评估，达到脱贫摘帽标准，并在自治区主流媒体完成脱贫摘帽公示，全市脱贫攻坚目标任务将全面完成。成功参展全区脱贫攻坚经验交流展，组织108名干部参与布展工作，直接及间接参与经验交流展活动的机关企事业干部职工和农牧民群众1.5万余人，经济合作组织55家。

【产业扶贫】 2017年，拉萨市计划实施产业项目117个，开工建设项目92个（完工48个），产业发展带动37537名建档立卡贫困群众受益，实现14360名建档立卡贫困户脱贫；依托“四业工程”开展转移就业培训，共投入资金1344.07万元，开展培训125期4894人，实现转移就业4811户6181人。

【易地扶贫搬迁】 2017年，拉萨市统筹产业发展、人居环境等方面，科学谋划、扎实推进易地扶贫搬迁工作。建成28个，占全市总规划建设的71.79%，完成10880人搬迁任务，占总任务的43.83%。曲水县三有村易地扶贫搬迁被中央政治局第39次集体学习参阅材料采用。全力做好全区建档立卡贫困户中风湿患者易地扶贫搬迁至当雄县羊八井镇等3个安置点项目建设，完成羊八井精准扶贫风湿患者集中搬迁安置点一期项目建设，实现昌都、那曲和阿里150户662人搬迁入住。

【政策保障】 2017年，拉萨市从教育、生态补偿、社保、医保等多管齐下，最大限度放大兜底政策、形成综合功效，保证贫困群众无后顾之忧。全年向2482名建档立卡贫困大学生，发放资助金1083.73万元；落实生态补偿岗位26260个，发放岗位补助资金7878万元，向19783人实施政策性补助，落实补助资金1560.88万元；为4491户18443名农村最低生活保障对象兑现“两线合一”补贴资金3400万元；为764名建档立卡贫困人口报销住院及门诊费用242.8万元。

【完善攻坚机制】 2017年，拉萨市不断创新扶贫模式，完善扶贫机制，凝聚脱贫攻坚强大合力。

主体责任进一步落实。制定出台《拉萨市脱贫攻坚责任制实施细则》，严格落实“五级书记”抓脱贫责任制，明确党委主体责任、政府主抓责任、干部主帮责任、基层主推责任、社会主扶责任，做到人员到位、责任到位、工作到位、效果到位，形成高位强势攻坚态势。

“工作前置”机制进一步完善。依据建档立卡基础数据，明确驻村工作队员、下沉干部、乡（镇）扶贫专干等，定期定量进村入户，了解帮扶情况，确保心中有数，为有针对性落实措施打好基础。

“动态监测”机制进一步健全。建成全区首个精准扶贫大数据平台，平台页面基础数据信息涉及9个模块119项内容，充分借助这一平台的资料准入门槛、数据修改权限、指标分析研判等功能，为全市脱贫攻坚动态监测、绩效评估等提供有力支撑，实现精准扶贫、精准管理。

督查考核机制进一步强化。开展扶贫领域专项巡察，紧盯扶贫政策落地、形式主义、“雁过拔毛”等问题进行巡察，共开展各类检查督导400余次。把脱贫攻坚工作纳入各级各部门年度目标考核内容，提高脱贫指标的权重。召开全市2017年度脱贫摘帽考核验收动员部署会，对参加市级脱贫摘帽验收考核的人员进行集中封闭培训，设立4个验收考核小组对全市2017年度未脱贫县（区）开展全面严格的脱贫摘帽验收考核，确保扶贫工作务实、脱贫过程扎实、脱贫结果真实。

【创新发展】 金融扶贫持续发力。强化金融对接，着力在产业发展、易地扶贫搬迁等方面集中发力。2017年，全市产业项目融资到位14.38亿元，通过市平桥公司搭桥贷款15亿元；易地扶贫搬迁融资到位14.89亿元。

志智双扶激发动力。市委、市政府设立1000万勤劳致富奖励资金，强化扶志、扶智措施，着力提高贫困群众创业就业积极性，着力激发贫困群众脱贫内生动力、着力提高自我脱贫能力。通过表彰595名勤劳致富典型，引导贫困群众树立“勤劳光荣、脱贫光荣”的思想观念，用自己勤劳的双手创造美好生活。

帮扶力量进一步壮大。深入实施“321”干部帮扶机制，实行一包到底、不脱贫、不脱钩。扎实开展定点扶贫，全市组织动员97家市（中）直单位参与定点扶贫；全市参与“企帮村”行动企业40家，投入资金7423.16万元，涉及建档立卡贫困户584户3312人。

【农业综合开发】 2017年，拉萨市把农业综合开发作为服务“三农”工作重要组成部分，以土地治理为重点，产业化发展为支撑，坚持综合投入、综合治理、综合提升、有力的促进农牧业基础设施建设、优势产业发展，农牧业科技推

2017年7月31日，拉萨市高海拔风湿病患者集中搬迁到当雄县羊八井新居

2017年9月，达孜区致富带头人次仁曲珍（右一）及其丈夫在家中向群众传授辣椒酱制作过程

广应用和农牧业生态环境治理，着力提升农牧业综合生产能力，助力全市脱贫攻坚。全年通过实施农业综合开发，全年新增粮食60.62万公斤、油5.77万公斤、干草109.37万公斤。

围绕提升农牧业综合生产能力抓项目。通过对土地集中连片治理，实行农业、林业、水利的措施的综合配套，建设形成田成快、林成网、路相通、渠相连、旱能灌、涝能排的农业生产新格局，提升农牧业综合生产能力，增强了农牧业发展后劲。2017年，全市共批复农业综合开发土地治理项目8个(国家立项4个，自治区级立项4个)，总投资6918.46万元，其中财政投资6685.46万元。建设高标准农田1.55万亩，完成以草原治理为主的生态综合治理5.33万亩。新建渠道49.079公里，新增或改善灌溉面积1.651万亩；改良土壤1.55万亩，建成机耕道15.883公里，种植防风林0.0315万亩，人工种草0.1万亩，改良草场5.3万亩，围栏171.075公里，受益农牧民群众2032户10823人，其中建档立卡贫困群众509户2258人。

围绕推广农牧业实用技术抓培训。全年建成标准化棚圈105座，开展种植技术培训科技明白人37人、农牧民80人次，增加机耕机播面积0.56万亩，示范良种面积1.55万亩，扩大良种种植1.55万亩。

围绕增收实效抓监督。联合市财政局等部门重点对各县区农业综合开发执纪、监督、检查。通过政府采购方式引入第三方机构，对全市2013—2015年农业综合开发项目开展项目建设、运行管理、效益发挥、资金使用及开发潜力等方面的周期评估，全面客观评价拉萨市农牧业综合开发现状和潜力，为工作决策提供参考和数据支撑。同时，配合市财政，整合农业综合开发资金1105万元用于支持贫困地区产业发展，助推打赢全市脱贫攻坚战。

（王少明）

农业·水利

综述

2017年，拉萨市总耕地面积63.95万亩；林地面积970.4万亩；国家一级保护动物10种（如黑颈鹤、白唇鹿等）、二级保护动物20种；雅江中游河谷黑颈鹤国家级自然保护区，面积为1762.57平方公里，核心区面积为302.67平方公里，缓冲区面积为317.26平方公里，实验区面积为1142.64平方公里；水利工程建设计划投资6.1亿元，实际累计投资10.87亿元，拉萨河城区段综合整治工程2#闸、4#闸建成蓄水，形成水域面积2760亩。全年总降雨量偏多，防汛形势严峻，累计投入防汛资金3000余万元，避免受灾1.52万人次，防洪减灾效益约1.17亿元，成功处置拉萨市第一职业学校校址迁建项目等大小险情80余起，大中小型水库无一垮坝，重要堤防无一决堤，河湖水库险情得到有效控制。

（冯　静）

种植业

【概况】　2017年，拉萨市总耕地面积63.95万亩，完成总播面积68万亩（含复种面积4.05万亩），粮食作物面积41.97万亩（含青稞面积29.77万亩），经济作物面积10.9万亩（含油菜面积4.02万亩）。粮经饲比例调整为65.63∶17.04∶17.33。粮油产量17.47万吨，粮食产量16.79万吨，油菜产量0.68万吨。完成机耕面积56.25万亩，机播面积50万亩，机收面积47.01万亩，三项作业综合机械化水平保持在80%以上；完成深松整地作业面积15.67万亩。

【青稞提质增产】　拉萨市农牧部门坚持以绿色发展理念为指导，以青稞增产增效为切入点，通过采取“一计划、三水平、四工程”的有效措施（“一计划”即深入调研各县区青稞生产实际，起草制定《拉萨市青稞单产行动计划2017—2020年》，奠定青稞增产基础。“三水平”即提升农业科技服务水平、提高种管收机械化水平、提升青稞防灾减灾水平，激发青稞生产潜能。

2017年12月23日，拉萨市召开青稞产业发展座谈会

“四工程”即实施品种兴粮、沃土兴粮、植保兴粮、政策兴粮四大工程，确保青稞增产增效），青稞种植面积29.77万亩，推广展示“藏青2000”“喜拉22号”“冬青18号”“藏青320”等一批高产、优质抗逆性较好的品种，良种推广面积28.97万亩，占青稞总播面积的97.3%。在6个粮食主产县区开展青稞整建制绿色高产高效创建活动，创建示范田面积25.5万亩，亩均单产360至385公斤。

【创建绿色有机农业示范县】 依托自然条件和传统优势，以曲水县、尼木县为重点，以绿色、有机、生态、安全为统领，出台《拉萨市推进曲水尼木两县绿色有机农业发展实施意见》，成立绿色有机农业工作领导小组、技术服务小组，加快推进绿色有机农业发展。拉萨市绿色有机种植面积12.35万亩，使用商品化有机肥1.59万吨，减少使用化肥0.39万吨、农药21.2吨。尼木县成功创建国家有机产品认证示范区。

【推进农田残膜回收】 围绕高产、优质、高效、生态、环保、绿色农业的目标，争取项目资金40万元，购置14台（其中科技推广项目资金购置7台）残膜回收机械，开展农田残膜机械化回收实验示范项目。年内，共完成残膜机械化回收作业面积1.32万亩，残膜机械化回收率44%。

【创建农产品质量安全县】 积极申报农产品质量安全县，达孜县被评为国家级农产品质量安全县创建试点县，曲水县被评为自治区级农产品质量安全创建县，城关区、当雄县、达孜县、墨竹工卡县被评为市级农产品质量安全县示范县。

【开展绿色有机产品认证】 加大各县区农产品“三品一标”认证工作力度，截至年底，拉萨市认定无公害农畜产品生产基地（场）13个，农产品“三品一标”认证98个，包括无公害农畜产品66个、绿色食品20个、农产品有机认证证书和有机转换证书共12个。

（冯　静）

畜牧业

【概况】 2017年新生仔畜44万头（只），成活43.2万头，成活率98.2%。成畜死亡0.85万头（只），死亡率0.69%。牲畜出栏42.12万头（只），出栏率35.1%。肉类产量4.5万吨，较2016年增加4.6%；奶类产量10万吨，较2016年增加68%，蛋产量880吨，与2016年持平。

【牦牛育肥】 制定《拉萨市牦牛短期育肥实施方案（2017—2020年）》和《拉萨市良种牦牛改良实施方案（2017—2020年）》；安排1100万元专项资金用于当雄县郭庆村牦牛育肥基地建设，年内完工投用。投资1610万元收购2000头当雄牦牛，推出以牛排系列为主的有“身份证”的牦牛肉产品15种，提升本地牦牛肉品牌影响力。西藏泰城乳业有限公司在达孜县开展短期育肥，设计存栏2000头，年底存栏1380头，育肥出栏220头。

【重大动物疫病防控】 组织协调拉萨市8家宠物医院（诊所）32名专业兽医与城区内16家公安派出所合署办公，为城区内家养犬进行注疫苗、植芯片、录信息、发虫药、办犬证，年内共注射狂犬疫苗11131支，发放犬只免疫证11131本，吡喹酮驱虫药16箱等。开展春秋两季强制免疫工作，拉萨市强制疫苗免疫密度99%以上。抓好包虫病防治工作，明确“犬驱虫、羊免疫、治鼠患、埋脏器”工作任务，为12万只羔羊注射包虫病疫苗，免疫率99.6%；处理犬粪和病变脏器3.2吨，发放包虫病宣传挂历和藏汉双语小册子13万份。

【草原生态保护】 建立拉萨市2016—2017年草原生态补助奖励机制，兑现补助奖励资金13123.512万元，兑现率100%。组织开展市级草原生态补助奖励验收工作，通过自治区级草原生态补助奖励验收。

【净土健康产业】 2017年，拉萨市依托资源优势，市净土健康产业推进组研究形成青稞、牦牛、天然饮用水、高原奶、藏鸡、藏系绵羊、食用菌、藏药材、经济林木及花卉、高原特色设施园艺等十大主导产业，各产业取得较好发展。全市青稞种植面积达29.77万亩，青稞加工转化量达4.2万吨。积极推进牦牛短期育肥和牦牛改良，截至年底，完成育肥牦牛8303头。全市天然饮用水生产企业实现产值89926.9万元，同比增长17%；产量达43.32万吨，同比增长33%。全市3000家示范户创建完成并挂牌，26个奶牛养殖场建成或在建，其他4个奶牛养殖小区纳入产业扶贫项目计划。五个高标准奶牛养殖中心建设任务中，城关区、达孜县、堆龙德庆区均已开工建设，其中城关区已完成基础建设的85%。全市饲草料种植面积16.38万亩；奶牛存栏达8.6万头，奶产量达10万吨。全市完成创建藏鸡养殖示范乡镇6个，藏鸡存栏52.1万只，孵化鸡苗25万只以上。优化农牧业产业布局，加快绵羊和推广林周半细毛羊品种改良优良，争取良种补贴资金240万元，推广良种公半细毛羊3000只。全市食用菌生产总规模达500亩，生产各类食用菌约2000吨，实现总产值超过5000余万元。全市藏药材种植面积达6836亩，年底已有3家药品生产企业设立藏药材种植基地。全市种植经济林木及花卉10892.78亩，品种包含桃树、万寿菊、雪菊等20余个品种。全市设施园艺面积达2万亩，同比增长5.8%；年底已建成的集中连片设施农业基地有17个。

（冯　静）

林业

【森林资源】　2017年，全市林地面积970.4万亩，有林地面积38.08万亩，森林面积866.33万亩，灌木林面积884.79万亩，补偿生态公益林面积744.08万亩，森林蓄积量851525立方米，森林覆盖率19.49%，城市建成区绿化覆盖率37.8%，人均公共绿地面积9.7平方米。天然乔木林主要由杨、桦、圆柏等组成，天然灌木林主要由蔷薇科、豆科、杨柳科的木本植物组成。人工乔木林主要由杨、柳、柏松等树种组成，木本植物有20个科、105种（含变种），乔木树种有41种。

【野生动植物资源】　主要有鹿、獐子、水獭、藏马鸡、旱獭、黑颈鹤、雪鸡、黄鸭、灰鸭、野鸡、黄羊、豹子、狗熊、猞猁、狼、狐狸、岩羊、野驴、野兔、大雕、虫草、贝母、黄莲、党参、雪莲等；国家一级保护动物10种（如黑颈鹤、白唇鹿等）、二级保护动物20种，三级以及未列入保护级别的动物种类更多。

【保护区】　雅江中游河谷黑颈鹤自然保护区（拉萨段）成立于1993年，2003年晋升为国家级自然保护区，所在地域涉及林周、达孜、墨竹工卡3个县，面积为1762.57平方公里，核心区面积为302.67平方公里，缓冲区面积为317.26平方公里，实验区面积为1142.64平方公里，是国际濒危物种黑颈鹤的重要越冬栖息地，保护区内181种野生脊椎动物，列入国家一、二级重点保护的野生动物共有25种，占保护区内总种数的13.8%，其中列入国家一级重点保护区的野生动物有黑颈鹤、雪豹、白唇鹿、金雕、胡兀鹫、白尾海雕、白肩雕等7种，占区内脊椎动物总数的3.9%；列为二级重点保护的动物有棕熊、水獭、鸢、猞猁、兔狲、藏原羚、岩羊、苍鹰、大鵟、鹗、秃鹫、高山兀鹫、猎隼、红隼、燕隼、藏马鸡、藏雪鸡、灰鹤等18种，占区内脊椎动物总数的9.9%。雅江中游河谷黑颈鹤国家级自然保护区拉萨河流域保护点，包括林周—达孜段（面积为1762.57平方公里），核心区由2块小核心区组成，林周澎波核心区包括林周澎波农场以西河谷地带，是保护区内黑颈鹤最主要的分布区域，面积197.966平方公里；达孜核心区位于达孜县以东、墨竹工卡县以西的拉萨河谷地段，面积104.7平方公里；缓冲区由2块小缓冲区组成，林周澎波缓冲区包围在林周澎波核心区外围，面积200.77平方公里，达孜缓冲区位于达孜核心区外围，面积116.49平方公里；实验区包裹在林周澎波核心区和达孜核心区的外围，面积1142.64平方公里。

【造林绿化】　2017年，拉萨市完成造林绿化面积9.51万亩，其中造林3.28万亩（包括县区义务植树5500亩），封山育林1.13万亩，防沙治沙5.1万亩。其中，拉萨市2017年防护林工程（拉萨周边造林绿化工程），造林1.2万亩、封山育林1.13万亩，投资713万元；重点区域生态公益林建设工程造林1.53万亩，投资7681.51万元；高原生态安全屏障保护与建设工程防沙治沙项目，治沙5.1万亩，投资974万元。

【消除“无树村、无树户”工作】拉萨市“无树村”共20个，其中海拔4300米及以下有4个，海拔4300米以上有16个；“无树户”有25004户，其中海拔4300米及以下有18679户，海拔4300米以上有6325户。年内，各县区通过实施义务植树、四旁植树、房前屋后绿化等形式，对易地搬迁点、敬老院、寺庙周围、道路沿线及村庄周边等开展消除“无树村、无树户”工作，城关区、柳梧新区率先完成消除“无树户”任务。

【林权制度改革】 2017年5月，拉萨市启动集体林权制度改革工作，成立了以政府主要领导任组长，相关部门主要领导为成员的工作领导小组，下发《拉萨市集体林权制度改革实施方案》，对各县区现有林地的管护情况、符合改革条件的林地和林木的现状进行了摸底统计，全市可纳入改革范围的林地林木面积为6.34万亩，年内开展了林地林木勘界工作。通过招投标的方式将拉萨市集体林权制度改革工作委托给云南林规院昆明生态分院。

【野生动植物保护】 2017年，组织实施总投资390万元的曲水县野生动物救护站项目和总投资300万元的当雄阿热湿地保护工程，曲水县野生动物救护站项目可研报告已编制完成，拉萨市发改委下达立项批复，正在聘请专家对设计规划进行评审；当雄阿热湿地保护工程资金已下拨给当雄县财政局，通过招标方式确定代建公司组织施工。经统计，2016年拉萨市共发生野生动物肇事事件10330起，涉及6个县31个乡（镇）98个村10646户，损失金额为1475.45万元，拉萨市级财政承担的30%已下拨至各县区，自治区财政承担的70%已上报自治区财政厅、林业厅审核。年内，开展代号为“2017利剑”和“2017春雷”的打击非法侵占林地野生动植物保护专项行动，出动警力54人次、车辆23台次，对拉萨市旅游市场和木材加工交易市场进行全面摸排，未发现有用濒危、珍稀野生植物加工家具及出售等违法行为，未发现珍稀、濒危野生植物制品。加强野生动物疫源疫病监测工作，充分发挥拉萨市871名野生动物疫源疫病监测员作用，实行全天候监测巡查，全面落实日报告制度，严格考核奖惩，野生动物疫源疫病监测基本实现全覆盖。年内，拉萨市共救助野生动物21只，未发现野生动物疫病情况，无野生动物非正常死亡现象。

【雅江中游黑颈鹤国家级自然保护区建设和管护】 年内，继续组织实施总投资1525.27万元的雅江中游黑颈鹤国家级自然保护区三期建设项目，全面完善保护区基础设施建设，完成界桩、界碑、知识性宣传牌等安装及相关基础设施建设工作，完成总工程量的90%。强化保护区日常巡护，配备19名专职巡护员（其中达孜县7人、墨竹工卡县3人、林周县9人），加强保护区内违法生产经营、乱捕盗猎鸟兽等行为的巡护检查，有效维护了保护区生态功能。启动雅江中游河谷黑颈鹤国家级自然保护区范围和功能区调整工作，开展外业调查、资料收集等相关工作。

【森林资源管护】 强化植物检疫工作，强化造林苗木的“两证一签”制度，下发《关于切实加强拉萨市植物检疫执法工作的通知》，印发《林业行业危险化学品安全综合治理实施方案》和《农药使用安全事故应急预案》，与苗木及花卉企业签订《2017年森林植物检疫承诺书》27份，共开具《植物检疫要求书》401份、植物检疫证书33份。加强林业有害生物防治工作，坚持“预防为主，科学防控，依法治理，促进健康”的防治方针，强化目标管理，推行联防联治，群防群控，推广先进适用技术，完善林业有害生物监测措施，健全林业有害生物突发事件应急机制，有效遏制林业有害生物高发势头。2017年拉萨市林业有害生物发生面积2.06万亩，均为轻度发生，累计防治面积1.92万亩，防治率93%，无公害防治面积为1.8万亩，无公害防治率87%，测报准确率85%，林木种苗产地检疫率95%，全面完成了自治区下达的2017年度林业有害生物防治各项工作目标和任务。加强森林防火工作，召开森林防火宣传现场会3次，组织各县区林业部门工作人员、护林员等200余人在墨竹工卡县开展森林防火实战演练1次，在堆龙德庆区、墨竹工卡县、鹏矗生态园等重点县区和主要景点的醒目位置设置永久性宣传牌7座，与各县区签订森林防火目标责任书，制定下发《拉萨市夏季森林防火工作方案和森林防火工作应急预案》。年内，拉萨市未发生一起森林火灾。

【林业产业发展】 年内，拉萨市经济林木及花卉种植面积10592.78亩，成活率80%以上，品种有桃树、树莓、葡萄、雪

2017年3月30日，自治区主席齐扎拉参加全民义务植树

菊、万寿菊、油用牡丹、玫瑰等20余种。曲水县玫瑰种植项目（种植面积1122.03亩）、尼木县雪菊种植项目（种植面积达5560亩）被列入2017年拉萨市净土健康产业重点项目及推进计划表。

【林业生态扶贫】 年内，通过调整各县区2016年存在的“一人双岗”问题及2017年各县区申报新增生态补偿岗位，共落实林业生态保护岗位13590个，按照3000元/人的生态岗位补偿标准，实现贫困群众增收4077万元。

【科研工作】 年内，完成自治区科技厅关于《拉萨山地造林环境调控技术与耐旱树种筛选研究》重点科技项目收尾工作，筛选出适合山地环境栽植的树种3种，完成各类苗木的栽植、实验数据的整理、资料归档、树种汇编、验收资料编制、基础设施维修，完成了项目验收。完成《西藏珍稀濒危树种雅江巨柏快繁与造林推广项目》《乡土树种收集、保存、选育及扩繁示范项目》的前期调研和规划编制。

【苗圃基地建设】 年内，拉萨市林业局制订“三个一律不进”原则（没有植物检验检疫合格证的外来苗木一律不进、携带病虫害的本地苗木一律不进、近两年发生重大疫情苗圃的苗木一律不进），严格外来苗木管控，做到源头上堵塞、根源上防范。清理苗圃基地杂草90余吨，挖坑整地面积80余亩，栽（移）植各类苗木2万余株，栽植耐旱树种筛选研究项目苗木2000余株，实现病虫病害防治全覆盖。邀请资深专家20余人次，讲解苗木培育、管理知识、传授经验、破解瓶颈，为苗木培育奠定了坚实的基础。

【党建工作】 落实“党政同责、一岗双责”制度，推进“两学一做”学习教育常态化制度化，开展“四讲四爱”主题教育实践活动下基层、进农家。改选成立拉萨市林业局党总支和4个党支部，进一步强化党的基层组织建设。

【廉洁建设】 印发《拉萨市林业局2017年党风廉政建设和反腐败工作计划》《中共拉萨市林业局党组2017年落实党风廉政建设主体责任任务分解方案》《拉萨市林业局干部职工不信教、不参与宗教活动责任书》，召开班子成员述责述廉大会2次。年内，拉萨市林业局干部职工无违法违纪现象。

（王荣达）

水利管理

【重点水利工程建设】 年内，全市水利工程建设计划投资6.1亿元，实际完成中小河流治理、中小型灌区建设、水土保持综合治理、高效节水灌溉、城市防洪、县城水源地等39个重点项目建设，累计投资10.87亿元，超额完成78%。拉萨河城区段综合整治工程2#闸、4#闸建成蓄水，形成水域面积2760亩，城市水生态环境得到显著改善。实施堆龙德庆区防洪堤二期工程、夺底沟桑益段下游防洪工程等项目，新建和加固堤防68.53公里，城镇防洪能力显著提升。完成拉萨河干流河道治理聂当护岸工程、拉萨河干流治理峻巴护岸工程、达东灌区工程等14个项目的竣工验收。

【民生水利建设】 完善农田水利基础设施，建设林周澎波灌区白浪子灌区、达孜县尼帕灌区、曲水协荣灌区等中小型灌区项目，实施达孜县、尼木县、林周县、曲水县、当雄县、墨竹工卡县和堆龙德庆区等7县区2017年小型农田水利重点县建设，维修和改造干支渠386公里，改善和新增灌溉面积6.1万亩。推进林周县高效节水灌溉工程建设，采取现代农业节水喷灌、低压管道灌溉方式，改善灌溉面积6500亩，实现年节水54.6万立方。整合脱贫攻坚资金3789万元，推进城关、达孜等9县（区、管委会）农田水利项目建设，改善和新增灌溉面积近4万亩。农村安全饮水巩固提升工程普惠群众，结合精准扶贫易地搬迁点供水工程和脱贫摘帽工作，加快建设达孜、曲水等5县（区）23处农村饮水安全巩固提升项目，总投资815万元，解决8963人饮水安全问题。扎实做好农村水源地检测工作，对拉萨市近600个农村饮用水源点水质进行检测，确保农牧民群众饮水安全。

【水生态文明建设】 严格规范取水许可、水资源论证审批程序，完善施工降排水制度，依法对23家企业征收水资源费2000余万元。实施水资源消耗总量和强度双控行动，落实水功能区限制纳污，率先在全区开展地下水管理区划分工作。加大水土保持综合治理力度，实施达孜县叶巴沟、林周县甘曲镇帕亚沟水土流失综合治理项目，治理水土流失面积5004公顷。对水利、交通、市政等160个项目水土保持方案严把审批关，对33个在建项目开展执法检查，征收水土保持设施补偿费188万元。全力整改落实中央环保督察转办涉及河道采砂、污水排放、黑臭水体等25件涉水案件，及时解决了群众反映的水污染问题。

【河长制工作】 全面建立河长制工作机制，编制《拉萨市全面推行河长制河湖、河长名录》，设立河长487名、公示牌448个，明确河长职责、河流概况、监督电话。推出“河长+警长+公众河长”模式，实现中心城区段每公里1人，中心城镇段每2公里1人进行管护。编制拉萨河和纳木错“一河一策”“一湖一策”综合保护治理工作方案，完成堆龙河“一河一策”初稿编制。对拉萨河等12条骨干河流开展水功能区划，全市8个水功能区达标河长727千米、达标湖泊面积1920平方千米，达标率100%。加强河道执法检查，关停全市87家非法采砂场，及时恢复河道原貌。

【水利改革】 全面清理和规范水利行政审批事项，梳理143项内容，全部向社会公开；成立拉萨市水利工程建设管理中心、西藏农村饮用水安全水质监测中心拉萨分中心；稳妥推进尼木县水务一体化改革进程；试点推行林周县小型水利工程管理体制改革；成立“胡春宏院士工作站”，有效改善拉萨市水利高层次人才缺乏问题。

【水利援藏工作】 水利部淮委选派5名专业技术干部，对拉萨市水利局进行为期半年的短期援藏。江苏省水利厅援助资金1545万元，建设拉萨市防汛抗旱指挥调度系统；在全市水利系统选派24名业务骨干前往江苏开展为期8天的培训。

【党建工作】 年内，拉萨市水利局开展集中学习教育40余次，将原有2个党支部扩充为4个党支部，由局党组成员兼任党支部书记，有效发挥党支部党员管理主体作用。

【廉洁建设】 年内，拉萨市水利局党组专题研究党风廉政建设工作7次，开展党风廉政专题约谈20余人次。

（田莉莉）

防汛抗旱

2017年，拉萨市总体雨量偏多，防汛形势严峻。汛前累计投入120余万元购置防汛物资，对涉河在建工程、堤防、水库、水电站、闸坝、塘坝等重点部位进行隐患排查，及时修订完善防汛应急预案；汛期建立与水文、气象等部门的沟通衔接机制，掌握第一手雨情、洪水信息，将旁多水利枢纽、直孔电站、拉萨河2#、3#、4#闸集中调度管理，提高大规模水闸群工程运行管理水平，对拉萨河嘎巴堤段等薄弱环节及时进行修复。汛后及早制定水毁修复方案，对受损部位和安全隐患处维修完善。年内，全市累计投入防汛资金3000余万元，避免受灾人次1.52万，防洪减灾效益约1.17亿元，成功处置拉萨市第一职业学校校址迁建项目等险情80余起，大中小型水库无一垮坝、重要堤防无一决堤，河湖水库险情有效控制，确保了人民群众生命财产安全。

（田莉莉）

综述

【概况】 年内，拉萨市工业和信息化局主动适应经济新常态，全力以赴稳增长、调结构、补短板、惠民生，实现经济结构优化，发展效益提升，呈现健康持续发展的态势。

【工业经济】 年内，全市新增规模以上工业企业6家，规模以上企业达到76家，完成规模以上工业增加值57.12亿元，同比增长14.5%，占全区总量的58.9%，工业增速在全区第四位；完成工业税收6.76亿元，同比增长57%。产值超亿元企业26家，其中，产值超5亿元企业4家（分别是高原天然水7.8亿元、高原之宝6.95亿元、冰川矿泉水5.74亿元、天地绿色5.5亿元）、产值超10亿元企业2家（分别是高争建材15.6亿元、华泰龙矿业19.1亿元）。

【天然饮用水】 年内，全市天然饮用水产量为69.6万吨，同比增长26%；实现产值14.9亿元，同比增长29%；产品销售68.42万吨，同比增长39%；销售收入11.22亿元，同比增长12%。天然饮用水规模以上企业增至6家。

2017年5月18日，拉萨人家旅游扶贫产业项目共建合作签约仪式完成

【拉萨藏香】 拉萨藏香作为当地佛教礼佛供养之上品，是显密典籍中记载著名的五种殊胜供香之一，其制作历史可追溯到1300年前，拉萨藏香为养生疗病之良药，有辟秽化浊，除恶防虫，通络疏窍，熏治毒疮怪病，祛散山瘴邪气之效，颜色上有土黄色，褐色二色，形状为圆形盘旋状或圆形长条状，香味清香醇厚、持久绵长、清心健脾，还具有杀菌消炎的功效。

2008年6月，藏香制作技艺就已被列为国家级非物质文化遗产，而拉萨藏香作为藏族传统的手工艺品，凭借出色的品质，浓郁的芳香以及独有的药理作用，受到了广大熏香爱好者的追捧，成为了当地藏传佛教重要的文化载体之一。

2017年，为了进一步体现拉萨藏香的独有、特有的地理优势，充分利用与保护自然资源、人文资源和地理遗产，有效保护优质特色资源产品和促进特色产业的发展，正在开展注册“拉萨藏香”的地理标志商标工作。

【园区工业经济】 年内，全市工业园区累计实现规模以上工业总产值60.6亿元、工业增加值22.3亿元，同比增长5.1%；完成工业税收4.06亿元，园区规模以上工业企业增至46家。

【淘汰落后产能】 年内，狠抓产业转型升级，严控“两高”行业新增产能，推进清洁生产引导企业开展节能减排，淘汰4家落后水泥产能企业，实施2个节能减排项目，1个民爆生产企业技术改造升级项目。推广应用气电混合式公交车和纯电动公交车共184辆，进行油改气公交车15辆，新能源汽车占全市公交车的35%。

（洛桑次成）

信息化建设

【概况】 年内，加强信息化基础设施建设，全面开放4G移动网络，提升行政村一级信息化服务能力。全市固定电话用户20余万、移动电话用户110余万、3G用户60余万、4G用户20余万、宽带接入用户24余万、FFTH/0用户20余万、宽带接入端口55余万、宽带速率50兆及以上端口15余万，实现全市226多个行政村宽带接入全覆盖。

【完成“新型智慧城市”顶层设计】 12月20日，拉萨市“新型智慧城市”顶层设计通过了专家评审会。国家信息中心、中国电子技术标准化研究院、中国信息通信研究院、中兴、华为等顶级专家，认为拉萨市“新型智慧城市”顶层设计符合国家大数据战略，指导性、可行性、可操作性强。

（洛桑次成）

市属国有企业

【概况】 年内，进一步做强做优做大国有企业，优化市属国有企业的资源配置，对拉萨市净土产业投资开发有限公司和拉萨净土商贸（集团）有限公司，拉萨市城市建设投资经营有限公司和拉萨置地开发有限公司、拉萨净土水务集团有限公司整合重组，形成市属国有企业“11+3”的格局（市属国有企业11家，园区国有企业3家），全市80%以上的国有资产集中在净土健康产业、文化旅游产业、城市基础建设和民生保障等关键领域。

【国企改革】 年内，多次开展国有企业上市培训，初步筛选交通产业集团（出租车板块、旅游汽车板块）、城投公司（建筑板块）、布达拉旅游集团（纳木错景区）等上市重点培育企业。国资监管制度体系加快建立，起草《拉萨市国有企业分类划级管理试行办法》《拉萨市属国有企业投资监督管理办法》等文件，修订完善《拉萨市国有企业负责人经营业绩考核试行办法》《拉萨市国有企业负责人薪酬管理试行办法》。制定“权力责任清单”和“投资项目负面清单”，探索建立外派监事会制度。

【人才培育】 年内，组织企业监事会成员12人到北京市国有企业监事会挂职，组织市属国有企业经营管理人员50人到北京、江苏参加企业经营管理培训学习，提高生产经营监督管理水平。邀请北京、上海、江苏等地专家学者和企业负责人来拉萨针对国有企业经营管理人员进行专

2016年6月13日，拉萨市组织召开央企入藏座谈会

2017年6月20日，拉萨市企业经营管理人员培训班

题培训。

【国企党建】 建立健全市属国有企业党组织书记党建工作述职评议制度、党风廉政建设述责述廉制度，召开了企业党工委党组织书记党建工作述职评议大会和党风廉政建设述责述廉大会，在优秀群团成员中培养入党积极分子，认真做好新形势下的发展党员工作。企业党工委与市委党校联合开展两期入党积极分子培训班，培育入党积极分子386人，吸收预备党员133人，转正党员40人。

（洛桑次成）

拉萨市城市建设投资经营有限公司

【概况】 年内，拉萨市城市建设投资经营有限公司内设综合办公室、计划财务部、党委办、人力资源部、纪检室、总工办等10个部门，下辖拉萨市置地公司、拉萨净土水务集团、西藏圣城建设集团、拉萨市城市建设工程有限公司、拉萨泰颐建筑工程有限公司、拉萨城投建材公司、拉萨城投农副产品经营管理有限公司、拉萨城投投资管理公司、拉萨市设计院、城投二手车市场管理公司、拉萨地下管网经营管理有限公司、拉萨城投资产运营管理有限公司等32家全资子公司，拥有在职职工2000余人，总资产500亿元。

【重大项目建设】 年内，共实施建设项目81项，其中自建项目30个、代建及融资项目51个，总建筑面积349.4万平方米，道路总长218.7公里。累计完成投资149亿元，占全年计划投资的61.5%。

【房产开发】 年内，推出青木呈祥苑、雪顿古镇、东嘎时代广场新楼盘，总开发面积56.95万平方米，其中住宅面积32.65万平方米，非住宅面积24.3万平方米，销售成交总面积8.21万平方米，总成交额5.1亿。

【党建工作】 年内，加强和完善党的领导，加强和改进党的建设，研究制定《2017年基层党建工作计划》及任务分解表，明确党委、主要负责人在党建工作中的责任，并将工作任务分解至各相关部门，形成了党委统一领导、党委成员组织协调，各部门各司其职，层层抓落实的工作格局。严格落实“三会一课”“民主评议党员”“民主生活会”等组织生活制度，持续推进

2017年1月18日，拉萨市“牦牛铺子”开业

"两学一做"学习常态化制度化建设，共召开党委书记办公会9次，党委会15次。

【党风廉政建设】 年内，始终坚持党风廉政建设同企业经营同研究、同部署、同落实、同考核，层层签订党风廉政目标责任书，夯实防腐体系。正确运用监督执纪问责"四种形态"，驰而不息纠正"四风"，开展"三公"经费管理使用情况专项检查，对23名提拔和调整人员进行任前廉政谈话。

（次旦欧珠）

拉萨布达拉旅游文化集团有限公司

【概况】 拉萨布达拉旅游文化集团有限公司下辖纳木错景区保护开发有限公司、雪域明珠国际旅行社有限公司、拉萨市和美布达拉文化创意产业发展有限公司、拉萨布达拉文化传媒有限公司、拉萨雪域明珠旅游汽车运输有限公司、拉萨布达拉生态旅游开发有限公司、拉萨布达拉古城古院保护利用有限公司、拉萨布达拉智慧旅游开发有限公司、拉萨布达拉通用航空产业发展有限公司、拉萨乃仓酒店管理有限公司、拉萨布达拉旅游文化投资管理有限公司共11个子公司，业务范围涵盖通用航空、国际旅行社、星级酒店、文化演艺、智慧旅游开发、景区开发、旅游汽车运输、游船观光、旅游文化产品开发、销售等，拥有员工1345名。年内，着力整合开发拉萨旅游文化资源，推进纳木错游客服务中心及特色旅游小城镇建设、西藏非物质文化遗产体验园暨《金城公主》室内历史舞台剧、拉萨河水上游项目、拉萨通用航空产业等重点项目建设，成为西藏旅游文化产业领域中具有很强的经济实力和品牌优势的大型国有企业。

【全域旅游推介会】 4月15日，拉萨布达拉旅游文化集团有限公司"全域旅游"推介会在拉萨香格里拉大酒店举办，200多家旅行社及多家媒体单位共600余人出席了活动，为拉萨"全域旅游"转型发展、创新发展、跨越发展奠定了基础。

【雪鹰直升机成功降落纳木错】 8月19日，拉萨雪鹰航空公司一架B-70UF型直升机在纳木错景区售票处成功着陆。

航空旅游项目的推出，可使游客从空中饱览拉萨至纳木错沿途独特风光，开创了空中观光视角体验。

【江苏省捐赠环保观光车】 8月20日，自治区主席齐扎拉与江苏省长吴政隆率领的代表团在纳木错景区共同出席"旅游直升机航线试航、环保观光车捐赠"仪式。江苏代表团祝贺雪鹰航空直升机成功试航，向纳木错景区捐赠30辆环保观光车。

【党建工作】 年内，坚持将党建工作与业务工作一起谋划、一起部署、一起考核，组织学习中共十九大精神会议41次、"两学一做"学习26次、"四讲四爱"主题教育实践活动75次；组织开展"三会一课"学习活动10次、书记讲党课16次、党员干部撰写心得体会60篇。下设基层党委1个，党支部4个，共有党员59名，比2016年党员数量增长40%。

【廉洁建设】 年内，签订《2017年度廉政建设责任制和反腐败工作责任书》，下发《廉政风险防控机制建设实施方案》，建立廉政监督体系，完善财务管理、报账审签、公务接待、公车管理等制度，严控"三公"经费支出，党风廉政责任制全面落实。

（李国彬）

拉萨市净土产业投资开发有限公司

【概况】 年内，成立拉萨市净土健康产业专项推进组，下设天然饮用水产业小组、牦牛产业小组、青稞产业小组、高原奶产业小组、食用菌产业小组、藏中药材产业小组、藏鸡产业小组、绵羊产业小组、经济林木产业小组、高原特色设施园艺产业小组，推进全市净土健康产业优化结构、调整布局，突出各县区产业优势特点，形成了青稞、牦牛、天然引用水、高原奶为主的十大产业。

【产业发展】 年内，全市青稞种植面积29.77万亩，产量11.7万吨，青稞加工转化量2.7万吨，转化率23%，开发青稞食饮产品近百种。编制《拉萨市天然饮用水产业发展规划（2016—2025年）》《拉萨市水资源开发利用》等规划，天然饮用水实现产值14.86亿元、同比增长29%，产量达69.59万吨、同比增长26%。推进“万户百场十中心”工程项目，完成3000户奶牛养殖示范户挂牌，升级改造标准化养殖场9个，改扩建标准化养殖场6个，新建标准化养殖场11个，饲草种植面积16.38万亩，引进荷斯坦奶牛1606、娟珊奶牛200头；奶牛存栏8.6万头，奶产量10万吨，牦牛育肥出栏6127头，销售惠民牦牛肉6.29万斤。创建藏鸡养殖示范乡镇6个，藏鸡存栏52.1万只。食用菌生产总规模500亩，生产食用菌2491吨，实现总产值3128.8万元。藏药材种植面积6836亩，种植经济林木及花卉1.06万亩，品种有桃树、树莓、葡萄、万寿菊、油用牡丹、雪菊等20余种，曲水县种植玫瑰2000亩，尼木县种植雪菊5560亩，收购雪菊2.96万斤。设施园艺面积达到2万亩，同比增长5.8%，形成集中连片设施农业基地17个，认定无公害农畜产品生产基地（场）13个，认证无公害农畜产品66个、绿色食品20个，有机产品（转换产品）17个。

（旺　久）

拉萨市暖心燃气热力有限责任公司

【概况】　年内，完成天然气销售2772.41万立方米，比2016年增长17.96%，营业收入13129.67万元，比2016年增长71.77%，投资收益939.42万元。

【便民服务】　年内，完成建行、中行、电信翼支付运营商的代收费系统建设和农行、邮储行的代收费系统开发，拓宽了缴费渠道。“96188”呼叫中心接听用户来电9.76万起，应答率超过99%。兑现3478户未领取灶具的天然气居民用户气费补贴347.79万元，18313户未领取灶具的电采暖居民用户电费补贴资金1831.3万元；兑现2016—2017年度18567户电采暖居民用户采暖季电费补贴资金2324.96万元，108家公建单位供暖补贴资金4416.74万元。

【安全生产】　年内，累计对全市燃气管网巡检15万千米，对燃气设施设备巡检4.6万余台次，对17000余户开展入户安全检查，发放燃气安全宣传资料12090份，播放燃气安全宣传片5000余次，在所有通气立管公共阀门部位安装警示标志5万余个，安装防撞栏4397个、防盗刺8569个。

【设施建设】　年内，实施2016年度供暖供气查漏补缺项目和2017年供暖供气项目23个。完成燃气调压箱、防护网安装各种规格型号共143套，立管防撞栏已安装110余个小区；完成供暖及燃气安装1146户，集中供暖项目3个，电供暖项目3个；完成顿珠金融产业园等5个供暖项目总工程量的98%；完成9条道路的燃气改管工程。

【党的建设】　年内，狠抓党建和党风廉政建设，把党建和党风廉政建设的优势及成果转化为企业发展优势和发展成果，为企业发展提供强有力的思想、政治和组织保证。公司党委书记带头讲党课2次，各支部书记讲党课3次，召开理论中心组扩大学习会26次，签订党建工作责任书231份，开展廉政谈话15人次。修订完善公司《党委会议事规则》《“三重一大”决策制度》等15项决策机制，梳理完善党员档案70余份，按党员人数工资总额的2%计提为党支部和党员活动经费。

（索朗央珍）

中国石油西藏拉萨销售分公司

【概况】　年内，累计实现成品油销售31.36万吨，同比增长4.56万吨，增幅17%。增加98号油品，累计销售898.66吨。成功打造4座年销售万吨加油站。

【加强现场管理】　确定2017年为现场管理提升年，将业绩合同中现场管理考核比例提升至15%。组织30余次加油站现场管理提升巡回宣讲活动，带班领导、业务部门随时对加油站现场进行视频抽查，每月营销例会上对各加油站现场管理及服务方面存在的问题进行通报，总结亮点、查漏补缺，加油站现场管理水平得到较大幅度提升。年内，共发生顾客投诉10起，同比下降74%。出台和完善财务管理办法等18项制度。

【安全平稳运营】　年内，先后

召开16次安全维稳专题会议，印发《安全维稳敏感升级管理工作方案》《安全大检查工作方案》等一系列有效措施，接受国务院安全检查3次，自治区级安全检查17次，市县政府及职能部门安全检查100余次，全市所属加油站安全平稳运营。

【加强党建】 年内，按照“五建设一中心”标准，结合“六有党支部”建设要求，成功将所属中和党支部打造为全区中石油系统首座标准化党支部，经验在全区推广。

（袁小奇）

中国石化西藏石油分公司

【概况】 2017年，面对严峻的经营形势，中石化西藏分公司深入当地市场分析和研判，积极应对，主动出击。通过统筹集采配置的调运，积极拓宽购进新渠道、配置新资源、优化合理库存，确保油品安全和油库库存资源充足，保障市场稳定供应同时积极扩销增量。全年销售成品油近7万吨。开展节假日优惠促销活动，提升加油站销量。加大在自治区交通、水利、能源等重大工程项目中发展直分销客户，积极拓展直分销市场。通过加大宣传力度，促进IC卡充值、消费增量，全力扩销增量，不断巩固扩大零售经营规模。与西藏移动、西藏邮政、西藏银联等单位开展“移动电子卷加油85折”“刷邮储信用卡加油满减”“银联满100立减50”等活动，进一步拓展经营创效。

【营销网络建设】 2017年，中石化西藏分公司依托“央企入藏”项目发展机遇，加强与政府部门的沟通协调，主动搭建企地合作平台，努力推动进驻山南、林芝、日喀则、那曲等地市的网络发展，为未来西藏石油的网络发展奠定坚实基础。加快新建迁建加油站、拉萨油库等的新征土地取证办理，拉林高速工布江达服务区南北2座加油站实现当年开工、当年工程竣工，待高速服务区投营后开业试运营。推进油库开库前后维修整改、加油站厕所革命工程等提量改造项目建设等，全面加大投资项目闭环管理。

【非油品业务发展】 2017年，中石化西藏分公司通过积极拓展加油站汽车服务，开展形式多样的油非互促优惠活动，在加大油品经营量中扩大非油品销售，实现扩销增量，积极打造综合服务体，进一步挖潜增效、推动油非融合发展。充分应用“互联网+”的营销平台，运用网络、门店、客户等扩大非油品销量，积极拓展非油新业务,加快向综合服务商转型步伐。通过不断拓宽非油品进货渠道、优化销售商品结构，配合开展加油送礼、充值送礼等油非互动活动，在实现“营改增”的同时提升客户满意度。充分发挥中国石化驻藏企业优势，积极协调当地政府关系，做好“易捷·卓玛泉”品牌维护和提升，积极介入卓玛泉水厂日常生产管理及市场营销等工作，持续加大“易捷·卓玛泉”营销力度，不断提高销量，提升易捷品牌的影响力。

【拉萨油库开库投营】 2017年，2017年，中石化西藏分公司领导班子按照时间倒排、进度倒逼的要求，全力以赴，确保了拉萨成品油库于2017年9月28日顺利开库投油。油库开库运营以来，加大员工对基础技能知识的培训学习，确保油库员工基本能单独完成接卸、付油、计量作业。通过重点抓好油库值班、跟班、现场安全，巡检、突发事件自防自救应急处置预案演练，进一步落实岗位职责，建立长效机制，不断夯实油库基础管理。及时组织设备试压调试、阀门维护保养及检修，确保油库安全平稳运行。油库吞吐量实现5万吨，接卸油品40个批次。拉萨油库的投营，使公司实现油品调运管理模式的根本转变，结束一直完全依赖公路汽运、雨雪滞留，安全风险大，进销环节不确定等因素制约的历史，对保证成品油市场的稳定供应，确保西藏石油开创性进行商储运作,保障站点对藏区重点线路供应的全覆盖提供坚实保障。

【HSSE安全管理】 2017年，中石化西藏分公司按照“党政同责、一岗双责”安全责任制要求，严格落实“有岗必有责、上岗必担责”的责任考核追究体系，全面落实HSSE安全管理主体责任，确保公司安全平稳运行。明确目标，落实责任。通过公司安委会定期或不定期召开例会，与公司各部门逐级签订《QHSE目标责任书》组织部门与员工签订《HSE岗位承诺书》，确保管理责任层层分解。强化宣传教育，增强安全意识。开展“安全生产月”、“安全生产万里行”、“我为安全做诊断”和参加由自治区政府部门举行的“4·7”质量日、“6·16”全国安全生产宣传咨询日和“安全生产宣传一条街”等活动，广泛宣传中国石化企业理念，宣传安全管理重要性，营造全员安全管理的浓厚氛围。加强现场安全监督检查，定期深入开展HSSE安全专项检查、安全风险识别和隐患排查治理，特别是在西藏3月重要时期、中共十九大召开前后以及召开期间等重要时段，深入督导检查，组织基层单位开展应急防恐演练，提高库站员工应急处突能力，确保安全生产经营万无一失。加强承运商管理，重点加大对承运商车辆的管控力度。扎实推进油气回收改造，完成加油站的油气回收改造。在做好集团公司HSE综合管理能力评价与环境绩效评价检查的同时，配合自治区做好迎接国务院安全生产考核准备和区安监局、拉萨市等各级组织的安全巡查组检查。在西藏自治区对24家安委会成员单位2017年度安全生产和维稳工作考核评比中，考核得分89.5分，排名第14名，位列第二梯队“良好单位”第一名。

【干部和人才队伍建设】　2017年，中石化西藏分公司根据集团公司人才工作的通知要求，对现行组织机构进行调整，进一步梳理明确公司机关职能。深化劳动用工制度改革，强化业绩贡献和效益导向，完善选人用人工作机制，注重加强对当地人才的培养和管理，不断加强后备干部队伍建设。制定出台公司绩效考核实施办法，推进“以业绩论英雄”的良好工作氛围。严格执行“一报告两评议”制度，加大干部考核监督力度。加强“三支人才”队伍建设，进一步优化人力资源配置，强化人力资源管理。通过参加集团公司或自治区相关业务培训学习，持续加大员工教育培训，不断提升员工业务水平。通过2018年校园招聘，做好高校毕业生和技能操作人员招聘，广开渠道为加油站扩销增量引进急需人才，推动公司人才队伍建设。

【党建工作】　中共十九大胜利召开以来，公司始终把学习宣传贯彻十九大精神作为首要政治任务抓紧抓实，牢固树立“四个意识”，坚决维护党中央权威和集中统一领导，自觉在思想上政治上行动上同以习近平同志为核心的党中央保持高度一致。及时传达学习中共十九大精神和中央经济工作会议、全国国企党建工作会议精神，牢固树立“在经济领域为党工作”的理念，将十九大精神贯穿到公司经营管理的各个方面，切实以习近平新时代中国特色社会主义思想武装头脑、指导实践、总揽全局、推动发展。坚持“融入中心抓党建、抓好党建促发展”，完善基层党组织建设，选优配强支部书记；抓细制度建设，严格基层党支部组织制度，持续推进“两学一做”学习教育常态化制度化，落实“三会一课”基本制度，使得公司党建机构更趋合理；坚持从严从实，严格考核问责，层层传导压力，倒逼党建工作责任落实。注重质量发展党员，确定为发展对象和入党积极分子。在“七一”前后，认真组织开展庆祝建党96周年“七个一”系列活主题活动，通过召开党员大会、签订承诺践诺书、到烈士陵园重温入党誓词、义务奉献日等活动，促使党组织战斗堡垒作用、党员履职尽责、发挥先锋模范作用得到进一步加强；狠抓集团公司党组第三巡视组巡视工作和党建考核反馈问题的整改落实。把握正确导向，加强和改进网络舆论引导，充分利用内刊、微信、QQ等载体，加强新闻宣传。全面落实“两个责任”，坚持从严治党，加大执纪力度，持之以恒地贯彻落实中央“八项规定”精神和集团公司党组实施细则，持之以恒地抓好党风廉政建设。召开公司职代会，逐步健全以职工代表大会为基本形式的民主管理制度。成功举办公司第二届职工智力趣味运动会，开展“走基层、访青年、寻找最美青工”活动，深化“走基层、访万家”活动，努力做好困难职工帮扶救助和“爱心募捐”，持续推动特色“家文化”建设，通过“五小工程”“两微”改造，解决员工实际困难，让员工真正体会到“家”的温暖，凝心聚力实现员工、客户、企业“三满意”。按照西藏自治区党委“创先争优强基惠民”活动的部署要求，全年累计投入资金30余万元，实施8项惠民项目，扎实做好第六批和第七批驻村工作队驻村点调整变更事宜，资助那曲地区班戈县12名白内障患者免费做复明手术，为西藏军区捐赠1500箱易捷卓玛泉饮用水，以实际行动开展真情救助、产业援藏，积极服务西藏经济社会发展，彰显中国石化在藏的良好企业形象。

（许 伟）

拉萨净土商贸有限公司

2017年3月11日至5月7日，拉萨净土商贸公司组织拉萨净土健康产业特色产品参加第五届北京农业嘉年华产品展销活动。嘉年华活动期间通过北京援藏成果展示、现场产品展销、特色产品推介等一系列展示展销活动，最直接、最有效地增强“拉萨净土”产品的吸引力和影响力，扩大“拉萨净土”的品牌效应，推进拉萨市净土健康产品市场拓展与宣传，进一步提升“拉萨净土”特色资源、特色产业、特色产品的知名度、美誉度、区域形象以及国际化水平。

【净土商贸对接北京二商】 为把“拉萨净土健康产业产品”推向首都市场，2017年4月，拉萨净土赴京走访北京二商集团，进一步对接“拉萨净土”产品北京专卖业务。

由北京二商集团提供前门店、西单店、和平门店、沙子口、大红门等10余家“拉萨净土”健康产品北京专卖店（柜），净土商贸集团公司对进入内地市场的产品抓紧调整，加快VI包装设计、产品筛选与贴牌生产，“拉萨净土”健康产品北京专卖要统一设计、统一形象、统一标识，所有产品将统一以“拉萨净土”品牌来进入北京市场。

电力供应

【概况】 2017年，国网拉萨供电公司内设11个职能部门，5个业务支撑机构，代管7个县（区）供电公司，共有在职员工501人，其中藏族员工占比39.7%，汉族员工占比57.1%，其他民族员工占比11.7%。

【电网发展】 年内，拉萨供电公司担负着全市五县五区（林周县、尼木县、曲水县、当雄县、墨竹工卡县、城关区、堆龙区、达孜区、柳梧新区、空港新区）及山南部分地区的供电任务，供电面积约2.9万平方公里，电力客户9.6万户，供电人口97万。截至年底，公司所辖35千伏及以上变电站64座，110千伏变电站27座（含用户变3座），35千伏变电站37座，其中2座城网变电站，35座农网（含用户变）变电站。10千伏在运电容器87台（农网16台）。

【电网项目】 年内，拉萨供电公司实施电网基建项目57项，纳金、聂当及教育城110千伏输变电工程分别陆续竣工投产，城东站110千伏改造工程8月进场施工，已完成综合楼封顶施工。在区内率先实现新一轮农网改造升级两年“攻坚战”目标，完成“9·30”建设任务，达孜、堆龙等8座110千伏变电站顺利完成改造任务并投产，完成212个中心村和1235个单体中低压项目建设任务。及时组织施工力量，完成纳金、聂当及教育城变电站周边负荷切入工作，变电站及配电线路重过载问题得到扭转。优化调整户表项目建设时序，积极配合中央环保督察和中共十九大保电任务，协调推进市政道路开挖工作。合理安排工期，完成羊八井精准扶贫及日追寺外部电源建设任务。

【保电工作】 年内，拉萨供电公司努力克服十九大保电、项目验收投产密集等困难，110千伏教育城、聂当、白荣等11座新建、改扩建工程顺利投产，在关键时段实现“四零”目标，圆满完成十九大供电任务，全年累计完成特重保电173次。全面应用“360现场安全管控系统”，制定拉萨公司《施工作业微现场安全质量管理实施细则》，“微现场安全质量管理项目”入选国网公司2017年度重要管理创新示范项目，工程全过程监督管理水平全面提升。全年发布风险预警33份，制定预控措施245条，有效保证拉萨电网在青藏直流年检和大规模投产情况下的安全稳定运行。完成防洪防汛、迎峰度夏工作。充分运用带电检测手段，有效避免八级及以上电网、设备事件5起。出台电力设施保护管理办法，加大电力设施保护力度；加强配电绝缘化改造力度，城区配网绝缘化率达81%。加强重要用户安全用电检查，完成拉萨市59家重要用户配电设施检查工作，全年开展带电作业174次、零点作业51次，计划停电累计减少156条次，停电时间减少800余小时。

【营销工作】 年内，拉萨供电公司完成售电量26.21亿千瓦，同比增长21.96%。全面贯彻落实国家清洁能源发展战略，加快推进电能替代工作，完成4户电杆厂的煤改电及4户充电桩建设工作，同时积极开展“电网连万家、共享电气化”主题活动，促进家居电气化，完成替代电量1.33亿千瓦。电力用户用电信息采集系统建设应用取得新突破，采集整体成功率达到98.88%，同比提升2.4%。持续推进“互联网+”营销服务，掌上电力、电e宝等APP线上服务，拓展用户查缴电费渠道，线上电费缴纳占比提升66.51%。优化营业网点合理布局，新建了柳梧营业网点和东郊营业网点。完善业扩报装流程，业扩供电方案答复及时率、装表接电及时率较2016年分别提高了1.05%和3.73%。高度重视“三供一业”分离移交工作，完成青藏铁路公司、海亮二、三期资产改造接收工作。

【安全生产】 年内，拉萨供电公司高度重视安全生产工作，加强用电安全检查和作业现场安全管理，完成高危重要用户排查梳理和政府认定工作，加强隐患排查整治，落实作业现场安全措施，全年累计排查安全隐患751项，已整改729项，整改率97%，未整改部分已安排2018年项目解决。全年未发生人身伤亡事件、一般及以上电网和设备事件，未发生信息、消防、交通安全事件，圆满完成年度安全生产工作目标。安全生产天数达1052天，全年未发生重大治安、刑事案件，未发生员工参与分裂破坏及危害社会公共秩序事件，未发生越级上访事件，确保了重大节庆、重点期间的安全稳定，实现了“三不出”目标。

【电力服务】 年内，拉萨供电公司规范“95598”接派单流程，将“12345”政府服务热线接入配网抢修指挥平台，接派单及时率99.988%，抢修到达现场及时率100%。完善业扩报装流程，业扩供电方案答复及时率、装表接电及时率较2016年分别提高1.05%和3.73%。严格规范停电计划管理，统筹安排项目施工，完成业扩报装1928项，实现电能替代1.33亿千瓦时。加强频繁停电问题分析和治理，10千伏城市配网故障停电同比减少147条次、故障率降低15.52%。规范营业厅和抢修人员服务流程，配网抢修指挥业务接派17968单，接单及时率99.988%。优化营业网点合理布局，新建柳梧营业网点等营业厅2个。全力支持地方建设，完成环城路、滨河路等重要市政建设工程电力迁改工作。完成羊八井风湿患者集中搬迁安置点、日追寺生活用电等项目配套供电工程建设。积极配合“中央环境保护督察”工作，办理案件9项，开展现场电磁辐射、变压器噪声检测15次，督促资产管理单位整改案件2项，全面完成督察组交办的工作任务。

（王振龙）

西藏空港新区

【概况】 西藏空港新区总面积378平方公里，规划面积89平方公里，距离拉萨市56公里，素有西藏“窗口”“门户”之称。下辖甲竹林镇和6个村（居）委会（甲竹林居委会、沃拉居委会、朗杰林居委会、甲日新村村委会、甲日村委会、甲日普村委会），31个村民小组，共2337户，总人口8184人，劳动力4240人。共有中心校2所，双语幼儿园3所，教学点3个；寺管会1个，寺庙3座；1所卫生院，5个村级卫生室；1个派出所，1个空港便民警务站。

【经济发展】 年内，实现生产总值2.12亿元，同比增长15%；完成社会固定资产投资17.06亿元，同比增长26%；实现社会消费品零售总额3168.34万元，同比增长17%；实现农牧民人均可支配收入16542元，同比增长16%。农林牧渔业增加414.65万元，同比增长4%。

【管理机构】 年内，制定下发《西藏空港新区管理委员会办公室主要职责内设机构和人员编制规定》《关于成立中共西藏空港新区管理委员会的通知》，明确西藏空港新区管理委员会办公室为空港新区管理委员会正县级常设办事机构及其党的组织体制设置，下设6个内设机构，3个事业单位。

【机场三期改扩建征地拆迁】 年内，拉萨贡嘎机场航站区改扩建工程占地面积61.47公顷，新建航站楼8.8万平方米，按照2025年旅客流量达到900万人规模进行设计施工。征地拆迁涉及2个村、3个居民小组，涉及居民154户、552人，房屋198栋，建筑物面积60535平方米，完成土地拆迁任务。

【指定口岸建设】 年内，完成指定口岸项目方案及设计的编制、可研初稿。物流、仓储方面与京东、顺丰、国航航空快递、绵阳冰港物流、德邦物流对接，与国航航空快递、四川物流两家达成战略合作协议。运营商方面与中农现代投资股份有限公司达成合作协议。

【社会治理】 年内，走访居民2503户，开展矛盾纠纷排查215起，妥善化解矛盾纠纷198起，排查调处与邻乡、近村之间草场、水源、矿产等矛盾纠纷4件。落实“党政同责、一岗双责”制度，严格执行《安全生产“一票否决”制实施办法》，强化安全生产宣传，共发放各类宣传单1000份，排查安全隐患263起，开展安全生产大检查大排查80余次，实现重大安全事故“零发生”。

【脱贫攻坚】 年内，清退建档立卡贫困户35户，55人。截至年底，新区建档贫困户232户，823人。贫困人口人均纯收入由2015年的2800元（贫困线）增长到2017年的5533元，增幅49%。通过产业项目，为777名贫困人口每人分红1800元，共计分红139.86万元，实现建档立卡贫困户分红全覆盖。

【社会事业】 年内，培养村（居）入党积极分子36名，落实党内激励关怀帮扶资金2.55万元，解决村级组织工作经费4.6万元，协助村（居）“两委”开展活动35场次，召开村情民意群众会15场次。转移就业135户177人，劳务输出57人。建立居民健康档案7850份，建立率达93%。开展一镇六村（居）包虫病流行调查，筛查8602人，疑似患者9人均得到及时有效救治。积极开展食品安全检查工作，着力推进农村土地（耕地）确权登记颁证工作，配合拉萨贡嘎机场三期改扩建，配合西藏军区实施输油管项目，做好新区总体规划和土地利用总体规划及基准地价确定工作。

【生态环保】　年内，加快构建生态文明建设体系，建立健全网格化工作管理体系，制定《空港新区大气污染工作实施方案》，打造新区共同环保圈。投资3876.58万元，推进西藏空港新区甲竹林镇甲日普村花果林木种植项目有序实施，打造甲日沟特色旅游小镇，鼓励附近居民创办农家乐特色旅游，带动周边农牧民创业就业。

【维稳工作】　年内，持续推进社会稳定治理，积极组建应急处突分队、预警侦查分队和“红袖标”治安协管队。开展隐患大排查、社会面巡控、快速集结、应急处突实战演练，完成2017年那若达布扎仓寺“久阿曲巴”、毕新寺“毕新米旺”重大宗教活动和中共十九大期间辖区内维稳安保工作。

（赵　丹）

拉萨经济技术开发区

【概况】　年内，按照区党委、政府提出的“产业升级换代、发展提质增效”的工作要求抓项目、调结构、促改革，保增长、优环境、惠民生，保持了经济社会稳中有进、稳中向好的发展态势。实现地区生产总值73.71亿元，增长11.6%；实现税收76.8亿元，增长31%；实现财政收入28.57亿元，增长23.5%；实现规模以上工业增加值11.74亿元，增长11.8%；实现固定资产投资55.62亿元，增长78.3%；实现社会消费品零售总额16.88亿元，增长13.5%；招商引资到位资金42.41亿元，增长84%。

【党建工作】　年内，坚持把政治建设摆在首位，以习近平新时代中国特色社会主义思想武装头脑为根本任务，组织广大党员干部深刻学习领会中共十九大精神丰富内涵，做到内化于心、外化于行。坚持把意识形态摆在重要位置，纳入党建工作责任制，层层传导压力、有效落实责任。研究制定《并联审批实施方案（试行）》《作风建设实施方案》《项目会办工作流程》，广大党员干部“四个意识”显著增强，形成了自觉按制度办事、按规定办事的良好氛围。成立经开区国有企业党工委，进一步理顺国有企业党组织隶属关系、规范组织程序，全面加强了党对国有企业的领导。建立健全非公党组织管理、考核制度，认真开展党建工作“回头看”，报批成立35个非公党支部。按照市委“把拉萨经开区打造成为全市输送经济型干部的重要渠道”的工作要求，通过“请进来”和“走出去”、自主培训和赴外学习等方式，加强沟通、主动协调，力争更多援藏人才、引进人才、西部计划志愿者等人才到经开区创新创业、成长成才，提拔使用科级干部3人，上报推荐县级干部1人。

【廉洁建设】　年内，严格落实主体责任、全面落实各级责任，层层签订责任书，有效推动工作落实，制定《拉萨经开区党风廉政建设“一岗双责”工作制度》，推动党风廉政建设和经济社会发展工作同研究、同部署、同检查、同考核，做到“两手抓、两手硬”。加强对重点项目、重要资金、重大工程的风险点防控，强化权力监督。以邀请专家授课、参观警示教育基地、观看警示教育片、廉政短信提醒等方式，党员干部的廉政意识和自律意识不断增强，实现了廉政监督日常化、廉政提醒经常化、廉政教育常态化。严格落实《中央八项规定实施细则》、区党委“约法十章”、“九项要求”和市委“八项要求”及相关规定，进一步细化党的政治、组织、财经等各项纪律，全面规范和控制“三公”经费支出，坚决抵制铺张浪费、奢侈享乐、挥霍公款等不正之风，不断巩固作风建设成果。按照“五个必须观看一遍”要求，组织广大党员干部观看《贪欲·黑洞—黄羽天违纪违法案件警示录》，切实发挥警示教育作用，始终保持警钟长鸣。

【招商引资】 年内，始终秉持“以诚相待、马上就办、主动服务”工作理念，在脱虚向实、虚实结合上下功夫，在存量招商和新产业招商上精准发力，做到招大、招强、招实。新增注册企业1055家，注册资金338.41亿元，累计注册企业4860家，注册资金2380.88亿元。特别是50余家实体企业相继落地，北京碧水源、江苏鱼跃医疗等一批国内行业龙头企业落户园区并开工建设，园区传统的天地绿色饮品、娃哈哈西藏公司、坎巴嘎布卫生用品等一批本土实体企业实现长足发展，园区产业集聚效应显著增强。

【生态环境】 年内，以迎接中央环保督察工作为契机，坚持把环境保护作为底线红线，全面履实环境保护责任、全力开展污染防治、全心推进环境建设，园区生态环境持续向好。严守生态底线，坚决做到“三个不要”，即污染性项目一个不要、破坏资源型项目一个不要、有重大环境隐患项目一个不要，真正从源头上严格环保准入门槛和环评审批程序。坚持环保至上的理念，在全区率先应用纯电动环保汽车，开通辖区内免费便民班车，建成新能源电动汽车应用示范区，并安排专项资金用于拉萨市污水处理厂中水回用循环化提标改造工程。在每年固定投入60余万元的基础上，投入2000多万元，加强环境卫生整治和管理工作。严格落实“河长制”，投入8000余万元，打造8.3万余亩绿地，建成长达5公里的滨河公园（经开区段），极大地改善了拉萨河道生态环境。

【优化服务】 年内，加快“互联网+政务服务”信息平台建设，开通运行OA系统和网上办事大厅，初步形成“一个中心、三个平台、一个门户”的政务服务格局，努力实现政企、政民的良性互动。全面深化“三证合一、五证合一、一照一码”以及个体工商户“两证整合”制度改革，持续推进商事制度改革，形成了高效的服务环境。全面落实国务院6项减免税收政策，全面推行“营改增”工作，做到纳税征管与优质服务有机统一，受到了市场的高度赞誉。特别是在窗口服务工作中，“资料齐全当场办、资料不齐区别办、紧急项目加班办、重点项目指导办、特殊项目灵活办”，赢得了园区企业和广大群众的一致好评。

【精准脱贫】 年内，按照全市扶贫工作统一部署要求，在帮助尼木县财政收入历史性突破亿元的基础上，加快尼木产业园基础设施建设，招商引资、改善民生等工作同步开展，帮助打造尼木发展的内生动力。投入资金4.33亿元，建设549套精准扶贫既小康安居房，供尼木县和当雄县433户1690人搬迁户入住，举行“精准扶贫、情暖经开”捐款活动，共募集爱心捐款227.91万元。落实昌都市100户易地搬迁安置任务，打造全市第一个易地搬迁示范工程。依托区内外培训机构，采取“定单定向、走出去”等培训方式，突出以岗代训、实践操作，做到“搬得出、留得住、富得起”，组织开展电脑操作、辅警、服务员、驾驶等技术培训500人次，尼木、当雄县已有189名群众就业。

（郭德江）

柳梧新区

【概况】 柳梧新区成立于2007年11月，是在原堆龙德庆县柳梧乡的基础上整体规划，是拉萨市“东延西扩南跨”城市发展战略的重要组成部分，是为配合青藏铁路拉萨火车站的建设，充分发挥青藏铁路辐射带动作用，拓展拉萨城市发展空间，缓解主城区人口、交通压力而开发建设的高原新城区，位于青藏铁路、机场高速、318国道以及南环路、西环路交汇处，与布达拉宫隔河相望，东与城关区蔡公堂乡次角林村接壤，西邻曲水县才纳乡，北面通过柳梧大桥与主城区相连，南面群山环抱。为统筹城乡发展，2014年8月1日，拉萨市委、市政府决定将原堆龙德庆县柳梧乡委托柳梧新区代管。2015年12月，经自治区人民政府批准，以柳梧新区为基础，成立了拉萨高新技术产业开发区。代管1个乡4个村，土地面积305平方公里，城市规划控制区面积44.17平方公里，由北、中、南三个组团及顿珠金融产业园构成，规划建设用地面积30平方公里，规划总人口10万—15万人。北组团为城市功能区，中组团为产业核心区，南组团和顿珠金融产业园为拓展区。总人口6万余人，其中农业人口4877人，城市人口5.5万余人。有卫生院1个，村级卫生室3个，小学2所，幼儿园5所，市级高中1所，寺庙5座。

【经济指标】 年内，完成地区生产总值27.78亿元，同比增长10.2%；完成固定资产投资82.73亿元，同比增长20.6%；完成财政收入12.9亿元，同比增长31.74%；完成各项税收收入25.6亿元，同比增长35.57%；完成招商引资到位资金55.83亿元，同比增长11.66%；实现农牧民人均收入12743元，同比增长14.65%；实现社会消费品零售总额9.95亿元，同比增长13%；实现农林牧渔业增加值0.25亿元，同比增长4.6%。新增注册企业1913家，同比增长108.62%，新增注册资金399亿元；累计注册企业3865家，注册资金1520亿元，累计注册个体户1268户，合计注册市场主体5133家。荣获2017年拉萨市争先进位考核二等奖。

【党建工作】 年内，通过专家讲座、观看爱国主义影片、闭卷测试、参观爱国主义教育基地、专题学习研讨、撰写心得体会、书记讲党课、举行摄影大赛等方式，引导党员干部群众自觉学习领会中共十九大精神、习近平总书记系列重要讲话精神以及区市党委政府重要文件精神，共组织开展“两学一做”学习45次，理论学习中心组扩大学习12次，学习各类理论知识、业务文件近100份，参观拉萨市廉政教育警示基地1次，观看警示教育片3次，广大党员干部人均自学达200学时、笔记2.3万字以上；完成2批次的干部选拔，共提拔使用8名基层干部，15名基层干部调整到适合发挥自身才能的岗位，引进主任助理1人、专招生5人、定向生2人、西部志愿者和研究生支教团9人；健全村级组织活动场所，完成柳梧乡4个行政村26名村“两委”班子和14名村务监督委员会的换届选举工作。

【重点项目】 年内，共计开复工项目94个，总投资203.54亿元，完成投资82.72亿元。其中，续建项目32个，完成投资47.39亿元，主要有邦嘎隧道、现代化综合农贸市场、1000户搬迁安置小区、扶贫暨就业安置小区、高新区道路、互达好城、圣地财富广场二期、中鹰黑森林、海亮世纪新城三期四期等项目；新建项目62个，完成投资35.33亿元，主要有自治区妇产儿童医院、拉萨文体中心游泳馆、桑达小康示范村、拉萨高新区管理中心（孵化器）、宁算科技集团一体化产业项目—数据中心（一期）等；开复工项目涵盖了民生、文化、教育、科技、房地产等领域，进一步完善新区城市功能，助推产业布局更加科学合理。

【脱贫攻坚】 年内，累计投入4.6亿元重点实施达东村村容村貌整治暨扶贫综合（旅游）开发项目、经济果林种植项目、达东村河滩地公益林项目、柳梧现代综合农贸市场、金银花观光带等扶贫产业项目，经村、乡、新区三级脱贫摘帽自验，柳梧乡政府综合贫困发生率为0.43%、错退率、漏评率为零，群众认可度达到91%以上，建档立卡贫困户年人均可支配收入由2015年的2596.23元增长到9824元，增长了2.78倍，实现了市定贫困人口人均纯收入2016年3645元、2017年4265元的脱贫标准，达到贫困区摘帽、贫困村退出、贫困户脱贫的条件，顺利通过拉萨市、自治区脱贫摘帽验收。

【生态文明】 年内，中央环保督查组督查期间在辖区内未发现重大环保问题，共转办新区环保案件23件，大部分为环境卫生类问题，均已办结；投入资金50余万元用于环境保护宣传、环境问题检测、环境问题整治及“禁白”等工作；投入资金16588.72万元用于城市及乡村绿化环境改造，投入120车次装载机和300车次运输车等对8万多平方米范围内的建筑垃圾进行了清理平整；根据《柳梧新区全面推行河长制的实施方案》，指派5名河道巡逻员每日对破坏拉萨河（柳梧段）生态的行为进行巡查监督，共处理乱倒垃圾等违法违规行为55余起；购置环卫洗扫车、洒水车、转运车、吸污车等20余辆，投入环境卫生作业和管理工作预算经费1253.84万元，日清扫面积约370444平方米，机扫面积约320416平方米，机扫率86.5%，日均清运生活垃圾60余吨，年清运生活垃圾

18000余吨。

【创业创新】 年内，出台《柳梧新区促进高校毕业生就业创业工作方案》《柳梧新区高校毕业生创业就业工作联合办公方案》等，设立2000万元的创新创业种子基金，建立双创服务中心、招商服务中心，引进成都“科创通”，构建线上线下相结合的服务体系，与银行、证券公司等金融机构合作，建立金融专柜和对接资本市场平台；成功举办全国双创活动周西藏分会场启动仪式、创交会、国企招聘会、达东创客徒步大会、北创营巅峰论坛、众创空间联盟成立等活动，举办30余场企业管理课程培训、创新创业沙龙培训、项目对接洽谈会等，参与总人数突破2000人次，在全市乃至全区掀起双创热潮；N·次元众创空间已有59家创业企业和项目团队、1家自治区级藏医制剂重点工程实验室和1家院士工作站（研究院）入驻，12月国家火炬中心备案为国家级示范众创空间；北京大学创业训练营西藏众创空间、自治区电商产业园被授予拉萨市众创空间；技术产权交易市场、优客工场、南开大学、自治区青科会、创业黑马、创业公社、象雄文化研究院等孵化器、加速器、苗圃正在入驻“柳梧蜂巢+创新中心”；共有小微企业3193家，2017年新增1549家，共解决就业9922人，2017年解决就业1043人，其中高校毕业生就业创业3197人，2017年高校毕业生创业成功9人，带动185人就业。

（苏颜军）

文化旅游创意园区

【概况】 西藏文化旅游创意园区管委会是拉萨市人民政府派出的正县级机构，管委会下设党政办公室、经济发展局、国土规划建设局、财政局4个科级行政机构和企业服务中心、群众服务中心、后勤服务中心三个事业机构。园区规划总面积8.15平方公里，预计总投资300亿元。根据“藏文化的世界总部基地、藏文化旅游产品标准输出地、藏文化创意发祥地、高端休闲度假地”的总体发展定位，秉承“科技表达创意，创意诠释文化，文化促进旅游”的办园理念，坚持“园区建设投入自筹、园区开发收益自留”的方针，将园区规划为文成公主文化旅游主题公园、藏民族民俗风情体验园、高原影视文化城（含雪域动漫城）、西藏非遗文化体验园、藏医药文化创意园、艺术家创意创作基地（含美术、唐卡、摄影、音乐创作基地）、出版文化产业园、藏民族手工艺品加工体验区、高端旅游服务配套设施（含高端游乐项目、高星级酒店、精品艺术客栈等）等九大功能区。

【经济指标】 年内，完成固定资产投资28.1亿、元，同比增长35%；完成招商引资20.3亿元，同比增长31%。

【维稳工作】 年内，结合园区发展实际，突出重点，对园区内的矛盾纠纷以及各种渠道反映的信访和群众矛盾突出问题，按照“谁主管、谁负责”和“分级负责、归口管理”的工作原则，建立和完善矛盾纠纷排查调解工作机制。严格督促项目施工方按要求缴纳民工工资保证金，协调解决《文成公主》实景剧场、中国美术创作研究基地等项目涉及的拖欠民工工资的信访案件。积极开展民族团结进步创建活动，召开感恩教育大会3场次，政策宣讲会2场次，法制宣讲活动3次，举办专题讲座2场次，组织参观新旧对比社会展室372人次，发放宣传材料1400余份，僧尼受教育面达100%。妥善解决慈觉林村293辆施工机械车辆的运输价格问题，解决各类征地纠纷百余起，涉及群众3000余人次。完成318国道沿线慈觉林村段11户的拆迁任务，开展拉萨河水环境综合治理，对沿河垃圾和违章建筑进行了集中整治，彻底改变了“脏、乱、差”的现象。建立突发公共事件应急处置体系，提高园区应对突发公共事件的能力，有效保障了园区经济社会的稳定发展。

【精准扶贫】 年内，园区发展带动群众致富成效明显，慈觉林村于年初实现全村脱贫。结合219户易地搬迁户由墨竹工卡县迁入园区，园区管委会结合产业发展实际，制定产业扶贫办法，园区企业提供350个就业岗位，园区管委会积极组织开展各类技能培训，有效增强搬迁人员的就业能力。

（达　曲）

达孜工业园区

【概况】 达孜工业园区规划总面积6.02平方公里，已初步形成以高原特色生物及医药医疗产业、新能源及科技型新兴产业、民族手工业产业、现代服务业产业为依托的“一个名牌，四大产业”发展格局。年内，入驻企业1687家，其中实体企业58家，规模以上企业10家，龙头企业8家。累计解决就业已达4527人次，完成工业总产值12.8亿元，实现全部税收24.78亿元。

【招商引资】 年内，招商引资项目34个，实际到位资金12.83亿元。出台《关于进一步规范自治区级工业园区入园企业审批实施意见》，明确具体审批流程，有效促进了招商引资工作的科学化和规范化。

【项目建设】 年内，累计投入9.39亿元，重点推进9个工业项目建设步伐。其中西藏宏发盛桃食品有限公司24000瓶/H饮料生产线、西藏延长医疗器械第三方物流有限公司1期附属工程、西藏吞伯古藏香有限公司厂区翻新项目、西藏春光食品有限公司厂区提升改造项目、西藏运高新能源有限公司三期光伏发电项目已完工。

【基础架构】 年内，开启总投资1.32亿元的达孜工业园区物流服务中心、达孜工业园区镇江路提升改造项目、达孜工业园区小微企业创业孵化基地及其周边绿化、达孜县民族手工艺创业基地升级改造工程项目建设工作，完成投入1.12亿元。小微企业创业孵化基地已完工；达孜县民族手工艺创业基地升级改造工程项目已完成总工程量的80%；达孜工业园区物流服务中心、达孜工业园区镇江路提升改造项目招投标工作已结束，准备开工。

【品牌建设】 年内，达孜工业园区企业品牌凸显，有“藏缘”青稞酒、“优敏芭”藏香、“北草地”高原保健品等中国驰名商标，有“优格仓”“美智敏芭”古藏香、“藏缘”“羌塘布”青稞酒、“赛牦岗”牦牛绒、“水墨藏绒”“卡瓦梅朵”羊绒纺织品、“雪域吉顺”青稞醋、“盛桃”抗缺氧芫根饮品等自治区名牌产品近20个，企业新增发明专利7项。西藏藏缘青稞酒业有限公司获得农业产业化国家重点龙头企业、全国五一劳动奖章；西藏吞柏古藏香有限公司获准为西藏自治区质量协会藏香委员会成员单位；西藏优格仓工贸有限公司新增“嘎玛瑞喜”藏香皂注册商标一枚，荣获优秀中国特色社会主义事业建设者，公司董事长龙日江措获得自治区“五一”劳动奖章；西藏罗占民族手工艺发展有限公司荣获中国工艺美术文化创意“金奖”；西藏春光食品有限公司“雪域圣谷”青稞香米获得第十五届中国国际农产品交易会参展农产品金奖并荣获“西藏工人先锋号”荣誉奖章；西藏天圣消毒制品有限公司申报了5个“藏惠净”注册商标；西藏阿妈羌妈酒业有限公司新注册了“古秘藏羌”商标；西藏阳光庄园农牧资源开发有限公司产品荣获中华品牌博览会“金奖”，成为中国民族文化旅游示范基地；2017年新认定高新技术企业2家：西藏天慈生物科技有限公司和达孜帆软软件有限公司。

【“百企帮百村”工作】 年内，

2017年1月19日，自治区党委副书记、主席齐扎拉（右二），拉萨市委书记白玛旺堆（左二），拉萨市市长果果（左一）等一行领导在园区调研精准扶贫相关工作

2017年6月30日，国务院安委会第八巡查组副组长王向明（右三）一行在园区考察指导安全生产相关工作

开展“百企帮百村”精准扶贫工作，筹集帮扶资金总额324.9万元，通过开办专项招聘会和管委会无缝对接方式，切实解决270名达孜籍农牧民就业上岗，其中实际解决123名建档立卡户贫困农牧民就业。

（覃雨菲）

堆龙德庆区工业园区

【概况】 堆龙工业园区2008年初设立，规划总面积6.07平方公里，以109国道为界分为A、B两区，A区规划面积3.1平方公里、B区规划面积2.97平方公里，已开发面积7305亩，产业以仓储物流、新型建筑建材业、高原健康及民族产品为主导。

【经济运行】 年内，完成工业总产值12.75亿元，同比增长52.63%；完成工业增加值5.13亿元，同比增长45.88%；完成工业销售产值12.87亿元，同比增长59.16%；完成税收2.07亿元，其中工业企业税收5659.5万元，同比增长28.62%；完成财政收入6417万元。

【完善A区配套设施】 年内，基础设施续建、新建项目共4个。总投资962.8万元的中小企业服务中心建设项目顺利竣工，总投资800.8万元的垃圾转运站建设项目通过验收并投入使用；日处理量2万吨的园区污水处理厂项目采取PPP模式建设实施；总投资799.94万元的工业园区A区基础设施附属工程项目顺利完工。

【B区开发建设与招商】 年内，以城投三年免息贷款形式集资委托建设，实施B区开发建设，积极开展招商引资，实现动工与招商项目入驻同步。总投资2.3亿元的西藏吉祥哈达民族用品有限公司，投资40亿元的西藏领峰国际智慧物流园项目和由堆龙德庆区净土健康产业公司实施的高原特色食品加工厂及冷链物流项目成功进驻。

【招商引资】 年内，共引进西藏阳光壹佰营销管理有限公司、西藏国路安科技股份有限公司等20多家注册型企业。正式入驻企业52家，建筑建材类20家，高原健康及民族产品25家，医药类3家，其他类4家。

2017年8月13日，国家工商总局、商标局领导专家一行在园区调研品牌建设等相关工作

【企业安全生产意识】　年内，加强园区各企业安全生产工作，组织成立园区义务消防队，对发现的问题能当场整改的当场整改，不能当场整改的，给出整顿完成期限，共开展安全生产专项整治行动5次，向企业发放安全生产书籍300余本，同企业签订安全生产责任书50余份，召开安全生产专题会3次，排查企业安全隐患3次，下令整改企业4家。

2017年9月11日，市委书记白玛旺堆到工业园区B区考察项目情况

【服务企业水平】　年内，共接待区内外考察团10余次，累计人数100余人；主动解决涉企信访事件及矛盾纠纷事件8起，涉及金额6万余元；大力营造“大众创业万众创新”环境氛围，为堆龙德庆区青年创业免费提供办公室场所、办公设施等，开拓青年创新创业工作新格局；全面推行办事公开制度，利用园区企业微信群、党务政务公开栏、财务公开栏，对办事流程、服务企业事项的相关政策、文件、法规进行及时公示，接受监督；为规范园区企业环评手续，园区管委会积极配合市环保局、区环保局做好企业环评相关工作，走访企业50余次。

【土地利用】　年内，针对园区部分闲置土地，成功无偿收回1宗，加大开发强度1宗，寻找合作伙伴谈合作5宗。

【规划布局】　年内，全力推进产业规划修编工作，组织数次专家评审，相关部门讨论，严格把关，《拉萨市堆龙德庆区工业园区产业发展规划》（2016—2030年）已先后通过区政府常务会议和一届区委常委会议研究，实现产业定位明确，发展潜力大，同时取得市级工业园区批复。

2017年6月16日，富士康到工业园区B区实地考察

【党风廉政建设】　年内，紧紧围绕习近平新时代中国特色社会主义思想和中共十九大精神，开展集中学习10次，集中观影2次，集中讨论4次，组织参观教育基地2次，形成党建工作简报26篇，党风廉政工作简报14篇，征求企业意见30余条，开展“讲党课”6次。组织管委会和企业党员深入学习宣传贯彻中共十九大精神5次，组织园区企业举办“建设知识性、技能型、创新型劳动者大军，弘扬劳模精神和工匠精神，营造劳动光荣的社会风尚和精益求精的敬业风气”的深入学习贯彻落实中共十九大精神文艺会演。

（王仓仓）

2017年12月13日，组织园区企业在柳梧双创空间参加培训

曲水县雅江工业园区

【概况】　曲水县雅江工业园区总体规划面积12.4平方公里，由聂当工业集中区和曲水县城工业集中区组成，呈“一区两园”结构。其中聂当工业集中区占地面积9.6平方公里，县城工业集中区占地面积2.8平方公里。

【园区定位】　年内，园区产业定位为：新型建筑建材、民族手工业、净土健康产业、电子科技、藏医药、再生资源循环利用为主导的产业集群。

【园区经济】　年内，完成工业总产值59105.9万元，销售产值97124.41万元，工业增加值51204.09万元，工业税收11441.25万元。

【园区环境】　年内，共计投入18余万元，对园区内常年堆积的生产、生活、建筑垃圾进行整治，专人负责，专人清扫，并为园区投放30个垃圾池和两辆垃圾转运车辆，全面改善了园区的环境面貌。对企业环评、营业执照等资料进行收集，建立一企一档，针对环保督察中发现的问题，取缔关停企业1家、下发整改通知书9份。

【园区管理】　年内，制定《企业入驻暂行规定》，对入园企业进行严格审查，规定投资强度，提交施工图纸、可行性研究报告，通过签订履约保证金等方式提高入园标准。

（央　金）

商业

综述

【概况】 年内，拉萨市实现社会消费品零售总额258.76亿元，同比增长12.7%，其中城镇实现社会消费品零售总额226.63亿元，同比增长12.9%；乡村实现社会消费品零售总额32.13亿元，同比增长10.9%。计完成进出口贸易总额44.27亿元，同比增长7.43%，其中，出口28.59亿元，同比增长1.04%；进口15.68亿元，同比增长21.44%。落实招商引资项目335个，其中178个续建项目，157个新建项目，项目总投资1132.93亿元，全年实际到位资金300亿元，完成年初预定目标。

【社会消费品零售总额】 年内，制定出台《拉萨市促进限额以上商贸企业发展奖励办法》，挖掘潜力，提质增效，拉动消费增长，培育新增以餐饮、酒店业为主的20家限上企业，带动社会消费增长；对8个行业98家限上企业逐一调研，指导企业发展。组织开展春节、藏历年、雪顿节等节庆促销活动，参与企业的销售额普遍达到同比增长25%。

【招商引资】 年内，组织以净土健康、文化旅游为重点的精准招商，参加“西洽会”“昆交会”“广交会”“南京推介会”“北京特色商品展”等展会，引进净土健康、文化旅游、新能源等产业项目115个，总投资560.55亿元，实际到位资金80.95亿元。持续跟进2016年已签约项目，对接落实2017年新签约项目，办好区内招商引资活动，在雪顿节招商引资活动中，正式签约项目45个，总投资185.5亿元。

【对外贸易】 年内，组织企业开展外经贸发展专项资金和外贸转型升级示范主体申报工作，配合拉萨经济技术开发区推进综合保税区和“中尼友谊工业园”项目建设，完成项目尼泊尔选址工作。组织拉萨文创园和美布达拉公司“《尺尊公主》喜马拉雅文化旅游创新发展项目”申报为国家级文化出口重点项目。11月，拉萨市政府与西藏出入境检验检疫局签订合作备忘录，将在综合保税区、指定口岸建设、产

2017年9月19日，拉萨净土产品北京二商专卖第一家店（西单店）正式落成

业发展等方面进行深度合作。开拓南亚市场，支持布达拉实业、嘎吉林建材等企业到尼泊尔投资。出台《拉萨市外经贸小微企业“两创”资金管理办法（暂行）》，扶持外经贸小微企业发展，全市企业对尼泊尔投资额超过300万美元。

【商贸流通体系建设】 年内，出台《拉萨市商贸企业集聚区认定管理办法》《拉萨市促进电子商务示范认定及“两创”资金管理办法》，促进商贸流通小微企业创业创新。组织申报当雄县净土牦牛生产加工和农业社会化电子商务与供应链管理体系综合开发、西藏农业服务中心建设、西藏农产品终端销售网络建设等3个新网工程项目及拉萨净土产品追溯系统现代服务业项目，进一步完善农畜产品流通平台。引进京东、天猫等大型电商企业，拉萨经济技术开发区与顺丰物流签订战略合作框架协议，京东西藏物流园区投入运营，天猫·西藏原产地商品官方旗舰店建成运营，申通、中通、韵达等企业物流服务开始向县区延伸；组织七芝堂、藏香阁2家企业成功申报“国家电子商务示范企业”。推进国家电子商务进农村综合示范县工作，国家级示范县曲水县已建设完成1个县级电子商务公共服务中心和13个村级服务站。全市网络零售额达16.97亿元，在全区占比74.37%。

【市场规范】 年内，完成肉菜流通追溯体系建设工作，制定实施《拉萨市肉类蔬菜流通追溯体系管理办法》，完成各个节点建设，实现猪肉来源可追溯、去向可查证、责任可追究，通过自治区商务厅组织的考核评估验收。完成木材交易和二手车交易市场搬迁治理工作，开展商贸领域安全生产检查和打假活动10次。组织百益百货成功申报全国“绿色商场”。开展中央环保督察迎检工作，全面完成督察组交办的案件，加油站油气回收治理任务完成近70%，关停报废汽车拆解企业2家。

【商务领域改革】 年内，精简行政审批事项，减少审批备案环节，编制形成101项权力与责任清单。将生猪屠宰监督管理职责移交市农牧局；承接自治区商务厅下放的对外贸易经营者备案权力，为企业快捷办理相关业务，累计办理对外经营者备案50家。

【商务领域精准扶贫】 年内，在驻村点林周县卡优村投入10.5万元，实施磨面机房等民生项目；争取资金18万元，实施短平快项目；为14户结对认亲帮扶户送去慰问金28820元。推动本地外贸企业“公司+农户+基地+科研”产业化经营模式，引导招商引资企业解决农牧民就业，累计解决农牧民就业7645人，支付工资1.42亿元，投资公益事业资金1.65亿元。

（武海波）

粮食

【概况】 2017年，市粮食局与市发展改革委正式合并，挂拉萨市发展改革委（粮食局）牌子，两块牌子一套人马，办公室和财务科与市发改委办公室合并，设立粮油调控科、储备粮管理科、粮食市场监督检查所。

【粮食购销状况】 年内，市粮食局收购粮食5327吨，与2016年相比增加38%。采购粮食数量166137吨，与2016年相比增加24%，采购食用植物油27251吨，与2016年相比增加3%；2017年，销售粮食156190.8吨，与2016年相比增加8%。销售食用植物油27601吨，与2016年相比增加2%。全市粮食库存数量为16797吨，与2016年相比增加20%；食用油及料折油库存数量为1259吨，与2016年相比增加27%。

【粮食流通】 年内，市粮食局对40户农牧民、35户城镇居民、18家餐饮企业和33户开展粮油供需平衡调查。深入农户和粮食收储企业，对粮食收购资金筹集情况开展调研，完成“加工转化企业产能及经济技术指标、粮食企业仓储设施年报表、粮食流通基础设施建设投资情况年报、粮食从业人员情况年报、粮油科技基本情况”等统计调查信息网上直报工作，及时向有关部门报送统计数据，做到粮食流通心中有数。

【储备粮安全】 年内，市粮食局认真实施“粮安工程”，项目涉及当雄、墨竹工卡、林周三个县，总投资140万元，通过公开招投标的方式，采购粮情检测、机械通风、安防监控等设备。扎实开展全区粮食库存检查工作，做好自治区储备成品粮轮换工作，完成成品粮轮换任务，全市三个储备库的自治区储备青稞已全部接收入库。加强自治区动态应急地方储备粮管理，堆龙德庆区古荣朗孜糌粑有限公司、西藏香源春农副产品购销有限公司等8家自治区动态应急地方储备承储单位，实际储备库存为1478.615万公斤，库存真实，质量良好，储粮安全。组织开展秋季粮油安全检查，完成林周县、当雄县、墨竹工卡县自治区储备粮代储库延续申请资格工作。

【粮食市场监管】　年内，市粮食局认真做好粮油市场监测工作，在“三大节日”及重大节庆前期组织开展全市粮油市场检查，督促粮油购销企业保质保量做好粮油市场供应，坚持对市区1个放心粮油配送中心和6个放心粮油营销店的定期检查，确保粮食安全。做好“放心粮油”、“三包学生”“产销合作”及监督检查季度报表上报工作，加强对粮食市场的监督检查。深入开展粮食经营企业复核摸底调查工作。据不完全统计，全市全社会粮食经营者214户，其中国有粮油经营企业13户，非国有粮食经营者共201户，类别为专营、兼营粮食销售店174户，转化企业9户，加工企业18户。全市非国有粮食经营户证照齐全，库存合理，储粮卫生，粮食质量良好。

【粮食安全考核】　年内，拉萨市政府成立粮食安全责任制考核领导小组，层层签订考核目标责任书，细化考核指标，层层落实粮食安全责任制。分管领导市委常委、常务副市长王念东亲自主持召开粮食安全专员（市长）责任制考核会议，就粮食安全工作作出安排部署，提出明确要求。市粮食局加强沟通协调，逐项落实考核指标，认真搜集、整理、汇总考核资料，扎实开展自治区粮安办考核工作。

【粮食安全整治】　年内，拉萨市成立由市发展改革委（粮食局）、市财政局、市食药监局、市工商局、市物价局等部门组成的领导小组，制定拉萨市《关于开展“粮食安全隐患大排查快整治严执法”集中行动实施方案》，按照方案扎实开展粮食安全隐患大排查、快整治、严执法集中行动。

【节粮宣传】　年内，市粮食局成立宣传活动领导小组，组织市教育局、市农牧局、市科技局、市妇联、放心粮油店开展世界粮食日和全国爱粮节粮宣传周活动，向广大市民发放“爱粮节粮、科学食粮”知识读本、“节约一粒粮、我们在行动”宣传手册800余册，以及印有“爱粮节粮保安全，优粮优价促增收”的宣传品共600余件，组织放心粮油营销企业宣传展示“放心粮油”产品。

【国有粮企改革】　年内，市粮食局扎实开展国有粮食企业改革，将拉萨市粮油经销公司和拉萨市粮油工业总公司划转到拉萨净土投资发展有限公司。各县（区）粮食公司积极推进企业划转相关工作，城关区粮食公司划转到城关区净土，曲水县粮食公司划转到曲水净土公司，达孜县粮食公司即将划转到达孜县城投公司。市粮食局按照“放管服”改革要求，将粮食收购许可证办证及年审工作下放到各县（区）粮食局，全市取得粮食收购资格经营户23户，其中国有粮食企业11户，非国有粮食企业12户（个体工商户3户）。

（索朗卓嘎）

旅游业

旅游管理

【全域旅游规划编制】　3月6日，拉萨市城乡规划建设委员会召开第21次会议，评审通过了《拉萨市创建国际文化旅游城市执行规划暨拉萨市全域旅游发展规划》（以下简称“规划”）。规划确定了拉萨市“一城、一湖、三廊道、八组团”的全域旅游产业发展格局，为拉萨旅游产业定位、产业布局、市场营销和配套设施建设等工作指明了方向，为旅游事业可持续发展提供了科学依据。

【全市旅游工作会议】　4月17日，全市旅游工作会议在拉萨召开。会议深入贯彻落实中共十八大和十八届三中、四中、五中、六中全会精神、贯彻落实中央第六次西藏工作座谈会和区市第九次党代会精神，按照区市经济工作会议和全国、全区旅游工作会议的有关精神，对2016年旅游工作进行全面总结，安排部署2017年旅游工作。

【全市旅游安全生产工作会议】4月25日，市旅发委召开2017年旅游安全生产工作会议。会议传达了《自治区旅发委2017年全区旅游安全生产专项整治工作的通知》《关于迎接2016年度消防工作考核工作通知》以及《2017年全市旅游市场环境整治方案》，对2017年旅游管理部门、星级宾馆（饭店）、旅行社、导游人员、A级景区的安全生产专项检查工作进行了安排部署，对各县（区）旅游局、各涉旅企业安全生产工作提出明确要求。全市300多家星级宾馆（饭店）、旅行社参加会议。

【旅游“绿色通道”】　年内，市旅发委建立的旅游“绿色通道”系统全面运行，完成对311家旅行社2431名导游的网上备案工作，7名导游因违规行为被曝光公示并列入黑名单。“绿色通道”系统为旅游企业、旅游从业者、旅游消费者和旅游行政主管部门提供服务，搭建了集旅游行业政务公开、旅游服务质量监管为一体的旅游服务管理平台。

【旅游联合执法检查】　年内，市旅发委制定《2017年全市旅游市场环境整治工作方案》，组织相关部门开展旅游联合执法检查工作。累计出动执法人员600余人次，检查旅游景区（点）52家次，检查旅行社500余家，宾馆（饭店）190家，导游人员例行检查280人，下发整改通知书26份，暂扣导游证33个、暂扣旅行社经营许可证2个，暂扣宾馆（饭店）星级牌子2个，其中对10家旅行社予以行政罚款98000元并全行业通报，对2名导游予以行政处罚并全行业通报。

【旅游投诉处理】　年内，市旅发委共接到旅游咨询、投诉电话1000余起，受理有效投诉149起，妥善处理149起，结案率100%，挽回游客经济损失301640元。

【酒店星级评定与复查】　是年底，全市共有旅游星级宾馆（酒店）145家，其中五星级3家，四星级28家，三星级48家，二星级19家，一星级5家，星级家庭旅馆42家。年内，市旅发委对11家星级酒店和家庭旅馆开展初评和评定，其中8家获准旅游星级宾馆资格。

【景区等级评定与复查】　是年底，全市共有A级景区24处。其中，AAAAA级景区2处，AAAA级景区4处，AAA级景区7处，AA级景区7处，A级景区3处，国家森林公园1处。年内，市旅发委完成兵器博物馆AAA、藏草宜生生物科技园AAA、达普天文历算台AA、米琼日寺A的评定及申报工作。

（德　吉）

旅游开发

【签订藏东南环线区域旅游战略合作协议】　4月15日—4月21日，首届藏东南环线区域旅游战略合作活动暨藏中旅游东环线推介会在山南市举行。山南、林芝与拉萨3市签署藏东南环线区域旅游战略合作协议，3市旅发委共组织旅行社及媒体60余人先后赴吞巴村、“秀色才纳”净土健康产业示范区、雅江生态动物园、达东村、群觉古代兵器博物馆、思金拉措、巴松措等藏东南环线旅游资源进行了为期6天的踩线考察，深入挖掘特色乡村旅游项目，开发旅游扶贫、旅游富民精品线路。

【签订《尺尊公主》历史舞台剧项目合作协议】　5月14日，在北京召开的“一带一路”国际合作高峰论坛上，拉萨市和美布达拉文化创意产业发展有限公司与尼泊尔英菲尼迪控股公司签订尼泊尔·中国西藏文化旅游产业园暨《尺尊公主》历史舞台剧项目合作协议，合作项目拟通过制作大型历史舞台剧，演绎松赞干布迎娶尼泊尔尺尊公主的故事，向国内外游客展现中华民族文化，进一步丰富拉萨文化旅游产业供给。项目规划面积496亩，计划总投资4.5亿美元。

【达东村入选中国乡村旅游创客示范基地】　8月18日，全国乡村旅游提升与旅游扶贫推进会议在河北张家口召开。会上，国家旅游局公布了第二批“中国乡村旅游创客示范基地”名单。拉萨市柳梧新区达东村入选。

【拉萨雪鹰航空获颁CCAR-91部运行合格证】　9月28日，拉萨雪鹰通用航空股份有限公司CCAR-91部运行合格审定颁证仪式举行。区党委常委、拉萨市委书记白玛旺堆出席并讲话。拉萨雪鹰通用航空股份有限公司由若航集团和拉萨布达拉旅游文化集团公司合资于2016年12月组建成立。该公司共建有2座机库、1个起降坪、2个停机坪，主飞机型为法国空客H125，主要从事直升机空中旅行短途包机业务。该公司的成立，填补了拉萨通用航空业的空白。

【旅游产业项目建设】　年内，市人民政府确定全市文化旅游产业重点项目15个，分别为拉萨市林周县热振保通恢复公路工程、S303当雄羊八井至大主卡公路改建工程、“拉萨乃仓”项目、拉萨市通航产业项目、尼木县卡如乡景区开发项目、林周县旁多乡达隆村文久岗组村容村貌整治工程项目、林周县热振片区环境优化项目、林周县唐古乡（唐古村、江多村）村容村貌提升改造工程、当雄（天湖、四季牧歌）项目、俊巴渔村建设项目、柳梧达东村旅游项目、西藏非物质文化遗产体验园（金城公主）室内舞台剧、西藏非遗文化博物馆项目、藏文化创意孵化中心项目和拉萨影视城——雪顿古镇项目，包括子项目34个，总投资86.5715亿元。年内开工项目15个，完工项目6个，分别为拉萨旅游创新工程、智慧旅游项目、堆龙德庆区香雄梅朵三号路1号桥建设项目、花卉经济林种植区建设项目、柳梧新区达东村二期经济林项目和柳梧新区达东村综合服务配套工程。国家投资的根培乌孜景区基础设施建设项目、自驾营地项目、乡村旅游项目、支沟旅游配套设施建设项目、通嘎村农耕文化旅游点设施建设项目、乡村富民工程项目等7个项目，全面竣工。

（德　吉）

旅游宣传

【“百名摄影家进高原”活动】　4月11日—4月18日，市旅发委邀请近百名区外摄影家和8名本土摄影家对思金拉错，达东村、俊巴渔村、纳木错、慈觉林、河变湖等景区进行取景拍摄，腾讯、人民网、新浪、网易、搜狐等主流媒体对活动进行了跟踪报道，并将摄影作品刊登转载，取得了良好的旅游宣传效果。

【媒体合作宣传】 年内，为进一步提升拉萨旅游的国际知名度和美誉度，市旅发委与中央电视台发现之旅频道合作，自4月中旬起每日播放拉萨旅游宣传片（5分钟）3次，为期两周，通过央视发现之旅频道这一广为人知的国内顶级媒体平台，更好地展示拉萨形象，宣传拉萨旅游。

【《中国国家地理“大拉萨”特刊》正式发行】 年内，市旅发委与中国国家地理杂志社合作制作的《大拉萨》特刊正式发行，特刊采用史诗级全景式图文编辑方式，展现拉萨文化、旅游、风俗等，并在中国国家地理杂志社官方微博、中国国家地理官方微信、中国国家地理官网首页焦点图、中国国家地理官方客户端首页焦点图等进行推广，在全国10个省会城市组织开展了“大拉萨全国户外俱乐部推广活动”，充分宣传了“圣洁拉萨健康之旅”旅游品牌。

【与《中国自驾游》杂志签订合作协议】 年内，市旅发委与《中国自驾游》杂志签订合作协议，推荐拉萨经典旅游线路及特色旅游产品，包括拉萨市区一日游、纳木错—羊八井一日游、甲玛沟一日游等经典线路。该杂志以全国4200家自驾车俱乐部和全国百强旅行社为主要投放目标，据全国权威数据统计，全国有4200多家汽车俱乐部，每天每家自驾车俱乐部新增会员30多人，每年汽车俱乐部出游人数达6000多万，潜在来藏出游群体数量大，极具推广价值。

（德　吉）

土地管理

【土地出让】　年内，市国土局围绕发展大局，全力以赴服务项目建设，提供用地保障。完成市区范围内的国有土地使用权出让42宗，出让面积2623.63亩，总出让价款20.9亿元。完成市区范围内的国有土地使用权划拨24宗，总面积达2536.17亩，总划拨土地价款11.97亿元。挂牌出让土地58宗，流拍2宗，成交56宗，成交面积为2676.03亩。

【征地拆迁】　年内，市国土资源局高度重视、明确对策，强化责任、倒排时间，扎实推进征地拆迁工作。北环线道路断面涉及征收30家单位用地，24家单位签订的《土地征收协议》，完成兑现征地补偿资金为5842万元。北环线延伸段项目地征收拆迁4.8公里，涉及部队4家、企事业单位18家，涉及个体土地租赁户及分租户89家，全部完成实地测量登记和协议签订。完成北环线沿线扩征50米4宗土地征用，总面积约为100亩。积极与嘎吉林房地产开发公司负责人沟通协商，签订《土地征收协议》，征地补偿352万元。教育城二期、顿珠金融产业园、红星美凯龙、京藏交流中心等土地征收项目如期推进。

【土地利用】　年内，市国土局根据2015年拉萨市中心城区建设用地使用实际情况，编制上报2015年中心城区农用地转用实施方案；根据2016年拉萨市中心城区城市建设项目计划需求，编制2016年度拉萨市中心城区城市建设用地计划，逐级上报至国土资源部和国务院；加强用地指标管理，下发2016年各县区土地利用预计划指标，保证精准扶贫、农村小型基础设施等项目用地。

【节约用地】　年内，市国土局完成一期40宗1066亩土地清理工作，其中涉及事业单位30家，企业10家。截至年底，发放《拉萨市国土资源局关于调查闲置土地的通知书》计36份，收到企事业单位反馈意见26份。在国土资源部勘察院与北京大学的配合下，组织全国土地利用类的专家，在拉萨召开拉萨市节约集约用地中期成果评估会议，对全市节约集约用地成果进行修改完善，11月底通过国土资源部评审验收。

【耕地保护】　年内，市国土局按照国土资源部、农业部相关会议精神，3月8日，召开全市永久性基本农田划定工作推进大会，对各县（区）明确的具体任务及工作要求。拉萨市中心城区永久基本农田划定方案，通过国土资源部审核且下达批复，各县（区）划定成果全面完成，上报自治区国土资源厅评审。

【不动产登记】　年内，在前期机构职责整合的基础上，2016年3月30日，拉萨市不动产登记局和不动产登记中心正式挂牌成立；制定上报了《拉萨市不动产统一登记工作实施方案》和任务分解表，并获得市政府批复同意实施；根据相关调研情况，拉萨市国土资源局拟将不动产登记中心设置在拉萨市市民服务中心办公，市局主要领导多次与市民服务中心协调相关事宜，窗口初步设置方案已经完成；信息系统建设、登记流程再造、人员资料移交等工作正在进行当中。两个试点县机构整合工作已经完成，人员已经到位，硬件采购工作基本完成，待市局统一设置好登记信息系统就可以开展工作；不动产登记发证工作实现全覆盖，2016年9月18日开始，拉萨市市本级及达孜、曲水两个试点县正式开展不动产统一登记工作，并在9月22日举行了拉萨市不动产权证书首发证仪式，由国土资源部王广华副部长颁发了拉萨市第一本不动产权证书。12月19日至22日林周县、墨竹工卡、堆龙德庆区、当雄县、尼木县先后举行不动产统一登记首发仪式，至此拉萨市不动产统一登记工作实现了全覆盖。

（江雪琴）

矿产管理

【矿产规划】 年内，市国土资源局结合县城“十三五”发展规划要求，将涉及用地指标、土地利用空间结构和耕地保护等方面进行分析，安排相关人员深入各县进行专题调研，帮助、指导各县做好规划修编工作前期准备。根据自治区国土资源厅相关要求，为全面实施矿业权设置方案制度，拉萨市国土资源局委托四川省冶金地质勘查院对拉萨市砂、石、土矿产资源规划作出适当调整，编制《西藏自治区拉萨市砂石土矿产资源规划调整方案》，该方案经自治区国土厅评审后，于2016年5月在国土资源部备案成功。拉萨市县级矿产资源规划编制工作，5月20日通过拉萨市公共资源交易中心随机摇号，选取新华招标公司为招标代理单位，完成项目招标工作。

【矿业开发管理】 年内，联合各县国土资源局对未停工项目和未停产矿山企业逐一进行全面排查，严格施工现场和生产经营现场的安全管理，严禁赶工期、抢进度，对达不到安全生产条件的，该关停的关停，该整改的整改，以有效防范和坚决遏制较大以上安全事故发生。结合“安全生产月”活动，严厉打击无证非法采矿行为，切实维护矿业开发秩序，针对非煤矿山领域进行再次排查，4月19—28日，对全市矿山企业地质灾害应急预案、应急演练及地质灾害检测预警进行检查，同时结合矿产卫片执法检查对非法采矿行为进行查处，对复工矿山企业在安全生产方面进行监督检查。在自治区国土资源厅的关心与大力支持下，在2015年度80名的基础上，本年度又向拉萨市增加20名地质灾害群测群防员工作经费指标（每人每年3000元），该指标分配至各县。拉萨市财政局下达200万元地质灾害防治经费，用于拉萨市2016年地质灾害应急治理、宣传、培训等工作。截至年底，各县共发生小型泥石流灾害共计9起，均已得到有效处置（无人员伤亡）、出具应急调查报告6份。

【宏观调控】 年内，扩消费、稳投资、调结构一系列政策措施持续发挥作用，全市经济总体上保持良好态势，全年地区生产总值完成478.3亿元，增长11%。编制发展计划报告。牵头编制《拉萨市”十三五“特色产业发展规划》《拉萨市能源发展规划（2016—2025）》《拉萨市社会信用体系建设行动计划（2017—2020）》。精心编制《拉萨市2016年国民经济和社会发展计划执行情况与2017年国民经济和社会发展计划草案的报告》，提交市十一届人大二次会审议通过。强化经济社会发展形势分析，研究提出针对性的措施建议，起草季度、月度经济运行分析。

（江雪琴）

减灾防灾

【概况】 2017年，在拉萨市委、市政府的正确领导下，在自治区防震减灾联席会议办公室的关心支持下，市地震局认真学习贯彻习近平总书记关于防灾减灾救灾系列重要讲话精神，贯彻落实国务院防震减灾工作联席会议部署要求和全区防震减灾工作联席会议精神，坚持以防为主、防抗救相结合的工作方针，坚持常态减灾和非常态救灾相统一的工作思路，不断推进思路理念、方法手段、体制机制创新。

【地震预警】 年内，根据西藏自治区地震局关于地震烈度速报与预警工程一般站场址勘选工作的通知要求，市地震局在时间紧、任务重、难度大的情况下，加强与各县区政府的沟通联系，明确项目部署的任务目的和工作思路，安排工作人员按照勘选表中的地理位置及经纬度，确定符合一般站要求的场址和设备安装位置共计50个站点，覆盖拉萨市六县二区49个乡镇。该项目的推进将充分发挥地震烈度速报与地震预警减灾效益，进一步促进拉萨市地震烈度速报和预警信息发布能力，提高地震应急效能，为减少地震损失和人员伤亡起到积极地作用。

【地震应急救援体系建设】 年内，市地震局坚持“预防为主、防御与救助相结合”的防震减灾方针，强化社会管理和公共服务，不断加强地震应急工作。根据“地震灾情速报网络建设，要争取做到纵向到底、横向到边”的要求，不断加强和完善拉萨市相关部门和各县（区）人民政府地震灾情速报网建设，将灾情速报网深入到基层一线。各县（区）人民政府均明确1个部门（单位），具体负责地震灾情速报工作，每个乡镇明确1—2名工作稳定的人员担任灾情速报员，全市建立灾情速报人员259名，确保地震灾情速报人员从县（区）、乡镇至行政村、街道全覆盖，确保地震发生后，灾情信息报送渠道畅通。

【防震减灾科普宣传】 年内，市地震局按照“科学、有效、积极、慎重”的要求，注重全面普及防震减灾基本知识和技能，不断增强广大公众的防震减灾意识，提高应急避险和自救能力，积极组织开展防震减灾知识的宣传普及。邀请自治区地震局专家为拉萨市北京高级中学、拉萨市第二中学师生开展地震应急知识讲座，开展地震应急疏散演练，参加活动师生约500余名。开展创建自治区防震减灾科普示范学校工作，2017年，推荐拉萨市北京实验中学、拉萨市师范学校附属小学2所学校申报自治区级防震减灾科普示范学校。结合“5·12”防灾减灾宣传主题“减轻社区灾害风险，提升基层减灾能力”，开展防灾减灾日宣传一条街活动。在拉萨市宇拓路开展面向社会公众的防灾减灾科普知识宣传，共发放藏汉两种文字防震减灾宣传材料300余份，发放印有防震减灾知识标语的环保布袋和围裙共600余份，布置藏汉两种文字防震减灾宣传展板8块，制作防灾减灾宣传横幅，向社会公众提供业务咨询服务，收到良好效果。围绕科技宣传周“四讲四爱科技强市创新圆梦”主题，紧密结合防震减灾行业特点和工作实际，在曲水县才纳乡四季吉祥村、曲桑日追寺庙、金珠小区、拉萨市青少年综合实践基地等开展防震减灾科普知识宣传。活动期间，共发放藏汉两种文字防震减灾宣传材料2500余份，赠送印有防震减灾知识标语的环保布袋、围裙和手机扣共3000余份，布置藏汉两种文字防震减灾宣传展板5块，制作防震减灾宣传横幅，并向农牧民、僧尼、中小学生等提供业务咨询。

【“平安中国”公益活动】 年内，以第六届“平安中国”防灾宣导系列公益活动为载体，以“平安校园”“平安社区”为着力点，陆续在拉萨市特殊教育学校、拉萨市北京中学、拉萨市城关区第六中学、拉萨市城关区海萨小学、拉萨市实验小学东城分校等学校深入开展防震减灾宣传活动。活动期间以悬挂横幅、放映系列防灾文化电影为主要形式，同时赠送《撑起一片天》《“震”撼人心》《临“震”不乱》DVD光盘，发放《地震来了怎么办》、《防震减灾知识手册》、藏汉文防震减灾知识宣传册等科普宣传材料、读本。通过主题电影、公益广告、发放宣传资料等公众喜闻乐见的形式，教育引导广大师生了解掌握防灾避险知识，让孩子们重视防震减灾，从自己做起，提高防灾减灾意识，提升综合防灾减灾能力。

【落实地震系统援藏会议精神】 年内，全国地震系统援藏工作会议在拉萨召开，为认真贯彻落实会议精神，市地震局坚持因地制宜，注重实效，围绕拉萨防震减灾工作实际，充分考虑拉萨市地震局防震减灾工作的地域性、特殊性，实事求是制定援藏工作需求方案，细化具体内容，积极主动地与北京市地震局、江苏省地震局沟通联系，加强援藏工作对接，建立相应的援藏工作协调机制，在人才援藏、资金援藏、项目援藏等方面争取得到最大的支持，为拉萨市的经济发展和社会稳定提供更加有力的地震安全保障。

【党员服务活动】　年内，组织在职党员干部在“七一”前夕，深入城关区纳金乡塔玛社区，开展在职党员到社区报到服务群众活动。为社区江中组次仁曲吉一家，送去价值3000余元的生活用品。进一步增强在职党员干部的党员意识，充分发挥共产党员的先锋模范作用，促进在职党员服务群众常态化长效化。

【结对帮扶】　年内，按照自治区、拉萨市强基办的要求，在市人防办牵头下，市地震局认真组织开展结对认亲帮扶贫困户工作，所有结对党员干部严格落实结对帮扶主体责任，将访贫问苦、走村入户作为一项常态化工作，做到党员干部深入结对帮扶的群众家中，与群众同吃、同住、同劳动，仔细了解生产生活情况。市人防办、市地震局、空港新区三家联合驻村点空港新区甲竹林镇新村的所有党员干部与29户贫困户结对，开展3次帮扶慰问，送去帮扶物资3万余元。

（次　央）

城市建设与管理

城乡规划

【概况】 年内，全市共受理规划类行政审批业务4702件，核发建设项目选址意见书69本，核发建设用地规划条件1703份，核发建设用地规划许可证210本，用地面积为4734683平方米。完成了天海国际广场、西藏博物馆改扩建等26个项目的设计方案审查，核发建设工程规划许可证514本，建筑面积为2846374平方米。核发乡村建设规划许可证28本，建筑面积为85888平方米，核发数量同比增长88.9%。规划展览馆共接待参观团体150个，约11000人次，同比增长25%。

【城市总体规划】 7月30日，国务院印发《关于拉萨市城市总体规划的批复》（国函〔2017〕112号），批复同意《拉萨市城市总体规划（2009—2020年）（2017年修订）》（以下简称“总体规划”）。批复从重视城乡区域统筹发展、合理控制城市规模、完善城市基础设施体系、建设资源节约型和环境友好型城市、创造优良的人居环境、重视历史文化和风貌特色保护、严格实施总体规划等方面，从拉萨市城市总体规划提出了要求，为把拉萨市建设成为经济繁荣、和谐宜居、生态良好、富有活力、特色鲜明的现代化城市提供了根本遵循。

【专项规划编制】 年内，《拉萨历史文化名城保护规划》已通过区住建厅、住建部组织的专家审查，已修改完善，并已请示区住建厅复审后上报自治区政府审批实施。《拉萨市地下综合管廊规划》和《拉萨市海绵城市专项规划》已通过第二十一次拉规委会议审查，《拉萨市地下综合管廊规划》已通过自治区住建厅组织召开的专家技术审查会，规划编制单位已根据专家意见修改完善，并已上报住建厅复审，待复审通过后实施。《拉萨建筑风貌导则》《拉萨河沿线特色空间规划》《拉萨市中心城区水系治理和生态修复规划》已通过第二十四次拉规委会议审查；《拉萨市城市双修规划》已通过市委专题会审查。《拉贡公路沿线地区规划设计规划》《拉萨慢行系统规划》《拉萨市中心城区停车

市城乡规划局组织召开2017年度全市规划系统业务知识培训开班仪式

设施规划》《拉萨市城乡规划管理技术规定》已通过拉萨建筑风貌专业委员会审查。《拉林公路沿线地区规划设计规划》已召开了初步方案汇报会。

【其他规划编制】 年内，市城乡规划局做好服务乡村振兴战略，指导督促村庄规划编制工作，协调财政解决300万元村庄规划编制经费，配套用于各县区村庄规划编制工作，指导、督促各县区人民政府加快乡、村庄规划编制工作，完成了柳梧、林周共6个村庄规划的专家审查，指导当雄县、城关区完成了6个村庄规划的编制。

【重点工作】 年内，市城乡规划局结合拉萨市城市总体规划、控制性详细规划和拉萨河沿线特色空间规划、拉萨市中心城区水系治理和生态修复等专项规划，编制上报了2018年全市拟建设的项目库；按照《西藏自治区各级党委、政府及有关部门环境保护工作职责规定》的要求，积极履行环境保护“党政同责、一岗双责”，办理中央环保督察问题主办案件8件，协办案件32件，进一步提升了城市环境质量和品质；启动了城乡规划信息化建设工作，制定了城乡规划信息化建设方案，完成了一期项目的招标工作，确定项目实施单位；组织召开拉规委会议3次，审议相关项目议题共23项；组织召开城市规划建设专题会议2次，审议相关项目议题共16项；组织召开建筑风貌专业委员会议4次，审议相关项目议题共22项。组织召开市城乡规划局专家评审、论证会议54次，邀请规划、建筑、市政、古建等各方面专家对73项规划方案、设计方案进行审查，充分发挥专家在城市规划管理工作中的领衔作用，为重大项目进行了科学决策，保障项目及时落地。

【行政改革】 年内，市城乡规划局制定实施《拉萨市城乡规划局规划实施管理工作程序》，明确市局各科室、部门与分局之间的权力和责任，同步研究制定一书三证、规划条件和规划核实办理流程图，推进各项行政审批工作规范化，进一步提高了规划服务效率。城关分局和堆龙德庆分局分别进驻城关区和堆龙德庆区进行办公，方便群众办事，更好地服务地方城乡建设、经济社会发展。

【批后监管】 年内，市城乡规划局协调城关区、堆龙德庆区、柳梧新区、联动支队等有关部门依法查处违法建筑267宗，总面积587600平方米，处罚金额约5000余万元。

【规划系统人员专业培训】 年内，市规划院结合自身发展需要，引进环境景观设计、建筑设计、电气工程、工程测量、计算机等15名专业人员，壮大人才队伍。市城乡规划局深化实施“请进来、走出去”培训工作，举办了拉萨城市规划建设管理专题培训班，全市120余人参加培训；结合工作实际邀请内地专家赴拉萨举办培训班，选派干部职工赴北京、江苏进行交流学习，共举办2期“请进来”、3期“走出去”培训工作，80余人参加请进来交流学习，30余人赴北京江苏交流学习；分批分期参加全国各种规划学习培训班百余人次，全面接触和掌握国内先进的规划管理理念和技术，进一步提高干部职工的岗位履职能力。

（赵　欣　程思维）

住房和城乡建设

【概况】 2017年，拉萨市住房和城乡建设局紧紧围绕“圣城、名城、要城、净城、新城”的城市定位，聚焦工作重点不放松，狠抓措施落实不懈怠，锐意进取，攻艰克难，重点项目建设、民生保障、行业监管、机关效能建设等任务，完成全年各项工作目标。

【城镇基础设施建设】 年内，市住建局完成2017年5条市政道路改造，新建14条市政道路工程开工建设10条，续建环城路北段、柳东大桥项目，完成郑州园博会拉萨展园建设，投资1100万元；推进两岛市政基础设施建设综合整治工程，完成仙足岛北路工程建设，累计完成投资2000万元。推进百淀片区污水处理厂及配套管网设施工程建设，完成投资1510万元，实施柳梧大桥维修工作，完成投资320万元。加快已完工项目收尾，组织开展会展中心等4个项目财政评审工作，组织完成东嘎水厂等8个项目验收移交工作。协调推进“厕所革命”试点建设和各县区公厕选址新建，完成各县区322座公厕选址，开工建设厕所75座，累计完成投资约3250万元。完成柳梧集中供热项目、堆龙工业园燃气管道预留项目、塔玛二期五个项目、嘎玛贡桑电采暖高压改造项目以及文化创意园燃气管道预留等项目和第一批节能改造项目。

【小城镇建设】　年内，市住建局积极指导推进特色小城镇建设，墨竹工卡县甲玛乡、尼木县吞巴乡、当雄县羊八井镇和那木湖乡（2017年新增）4个乡镇是自治区批准的特色小城镇建设示范点，建设内容主要包括各县（区）县城及重点村镇的道路、给排水、景观绿化等项目，计划建设项目20个，总投资2.99亿元，完成投资1.48亿元。

【保障性住房建设】　年内，市住建局完成2014年、2015年、2016年公租房建设，共572套，建筑面积29618平方米，投资11042万元；续建2016年干部职工周转房，新建2017年干部职工周转房96套。全市实施棚户区改造项目11个，国家、区、市投资23071.8万元，完工量20%。发放2017年度租赁住房补贴714.816万元。推进小康安居工程建设，计划建设4334套，实际建成3480套。各县（区）8个集中安置点计划建设974套，城关区、曲水县、墨竹工卡县、林周县开工建设。

【公积金管理】　年内，市住建局及时调整充实住房公积金管理委员会，进一步完善资金风险防范机制，提高财务管理水平。强化公积金风险防控，对照《住房公积金廉政风险防控指引》，结合住房公积金职能，梳理出13项职权、15个廉政风险点，有针对性地制定出31条防控措施，明确相关防控责任人，有效加强惩防体系建设。加强政策宣传，推进异地转移接续，及时接入全国住房公积金异地转移接续平台，实现缴存职工跨省调动办理住房公积金异地转移接续业务“最多跑一次”的目标，受理19笔异地转移接续业务，实现系统内转移资金近36万元。严厉打击骗提骗贷行为。及时做好提醒劝诫工作，依法追回骗提骗贷资金，并将失信行为通报所在单位，为拉萨市诚信体系建设提供支持。2017年，完成公积金归集7.38亿元，提取4.96亿元，发放贷款6.4亿元，实现公积金业务的稳步增长，有效保障干部职工改善住房的能力。

【房地产市场监管】　年内，拉萨市房地产市场整体运行平稳，全市商品房销售面积为103.53万平方米（其中住宅82.44万平方米、非住宅类21.09万平方米），实际销售商品房9623套（其中住宅7327套、非住宅类2296套），实际销售额67.69亿元（其中住宅49.87亿元、非住宅类17.82亿元），全市房地产市场销售均价住宅类6531.57元/平方米，较2016年上涨10.6%；二手房交易38.08万平方米（其中住宅34.03万平方米、非住宅类4.05万平方米），成交套数2936套（其中住宅2827套、非住宅类109套），房地产市场住宅去库存周期约为9个月，非住宅商品房约为46个月。加强物业企业管理，受理125起物业投诉，回访满意度100%。召开拉萨市物业协会第三届会员大会，完成物业协会换届选举，通过《协会章程修订议案》和《会费收费标准和管理办法》。制定《拉萨市物业服务企业信用评价管理办法》和《拉萨市物业服务企业信用等级评价评分标准》，规范物业服务行为，促进物业服务行业健康有序发展。

【工程监管】　年内，市住建局以质量强市活动为切入点，制定切实可行的工作计划和实施方案，通过层层落实责任，全方位开展工程质量监管。监督工程项目393项，报监工程监督覆盖率达100%，竣工质量合格率基本达到100%，竣工验收一次性通过率基本达到100%。开展消防、防汛、起重机械、文明施工等安全生产检查10余次，安全生产专项检查6次，安全生产大检查5次，共检查施工工地362家次，排除安全生产隐患579处，当场整改427处，限期整改152处，停产整顿98家；按照自治区住建厅建筑市场环境整治有关要求，全年开展“打非治违”活动，打击违法违规施工企业20余家，处罚建设单位、施工企业16家，罚金600余万元；积极推进建筑业企业发展，新增加建筑企业106家企业，发放安全生产许可证44份。

【房产管理】 年内，市住建局起草《拉萨市机关事业单位公有房屋拆除管理实施细则》，收缴市直公共租赁住房租金105万元，累计收缴252万元；与市国土局、市国税局、市民中心等部门积极联动，实现房产交易与不动产登记“一窗受理、集成服务”，将原35个工作时限压缩至7个工作日；累计完成各类房屋交易8011件，其中转移6002件，抵押1795件，涉及金额46.08亿元，办理商品房合同备案确认6971套，涉及金额59.39亿元，存量房合同备案2497套，涉及金额12.67亿元；启动“智慧房产”系统升级建设工作，实现全市业务的集中处理，数据的集中管理，促进跨县（区）、宽领域的信息资源共享。

【城建档案管理】 年内，市住建局受理项目档案审核预约435次，完成423个项目、10855卷、1953827页档案资料审核，完成134个项目4378卷档案资料归档工作，项目档案资料归档率31%；完成档案资料数字化转录7671卷；办理项目备案登记141个。

【党风廉政建设】 年内，市住建局认真开展“两学一做”学习教育，落实党章关于加强党员教育管理要求，从集中性教育向经常性教育延伸。建立党内关怀帮扶基金，对困难家庭进行走访慰问，开展精准扶贫结对帮扶，切实把党的思想政治建设抓在日常、严在经常，构筑党建向心力。持续整治“四风”突出问题及庸懒散奢不良作风，督查曝光作风散漫、办事拖拉、效率低下等问题，严格落实中央“八项规定”、自治区“约法十章”和市委“八项要求”，机关公务接待费、会议费均有大幅度减少，公用经费、车辆费用也实现零增长，公共服务廉洁化和政风行风满意率稳步上升。落实党风廉政建设责任，将反腐倡廉建设任务分解到分管领导和责任科室（单位），在全局范围内开展“以案为镜、整改提升”专题警示教育活动，打造清廉的干部队伍。梳理行政执法职权、执法主体和执法依据，对梳理出来的273项逐一列明依据和执行措施。

（王　震）

市政市容管理

【概况】 年内，根据《中共西藏自治区委员会办公厅西藏自治区人民政府办公厅关于印发〈拉萨市人民政府职能转变和机构改革方案〉的通知》《中共拉萨市委办公厅拉萨市人民政府办公厅关于印发〈拉萨市人民政府职能转变和机构改革方案〉的通知》精神，设立拉萨市城市管理委员会，挂拉萨市城市管理综合执法局牌子，为拉萨市人民政府工作部门。

【道路修复】 年内，市城市管理委员会维修路面6.2万余平方米、人行道6.1万余平方米、休闲座椅65套、绿化带栏杆5.8万余米；对林廓东路、塔杰郭瓦路人行道进行整体改造，共7770平方米。

【路灯更换】 年内，市城市管理委员会维修主要路段路灯9100余盏，共处理路灯故障200余起，更换路灯电缆4000余米；对鲁定北路、贡布堂路路灯进行专项改造，维修路灯280余盏，新铺设电缆7000余米。

2017年2月10日，拉萨市委副书记、市长果果（右四）在曲水县聂当乡视察填埋场建设

【排水管护】　年内，市城市管理委员会组织清掏城市排水井内垃圾280余方，更换井圈井盖2340余套，新建检查井和雨水井90座，新接排水管920余米；对纳金路、林廓路、宇拓路井盖进行了专项更换，共计更换球墨铸铁井盖905套；对鲁定路、娘热路、当热路、东尊路、扎基路排水管进行了专项清淤，共计清掏垃圾1.2万余立方。

【桥梁设施维护】　年内，市城市管理委员会维修养护拉萨大桥的路灯、景观灯、限高架、限高警示牌等桥面设施，共计路灯20盏、景观灯2盏；对柳梧大桥人行道、中央隔离带等进行了维修。

【广告宣传】　年内，市城市管理委员会受理审批设置城市户外广告666件、车身广告203件，协调拉萨市区9处大型LED显示屏开展了“110”宣传日、“3·28”西藏百万农奴解放58周年、组织学雷锋好榜样及《强基础、转作风、树形象、拉萨城管在行动》等宣传活动。

【城市景观管理】　春节、藏历新年期间，市城市管理委员会在布宫广场、大昭寺广场、铜牛公园、滨河公园、宗角禄康几个景点悬挂15000余串纸质灯笼、1500根LED流星雨灯、1320组LED灯笼；完成春节、藏历新年、“3·28”西藏百万农奴解放日、“五一”国际劳动节期间城市装扮工作，共使用绢花4.3万余朵、仿真花卉及植物23.66万余盆（株）、灯笼600余个；完成布宫广场藏式门柱翻新、布宫广场白塔亮化、转经道香炉刷新、景观灯笼擦洗、全市栏杆及休闲座椅刷新维护专项工作。

【灯笼修复】　年内，市城市管理委员会对江苏路、北京中路、当热路、新藏大路等34条主要道路上破损、断亮的节庆灯笼进行更换和修复，共更换破损灯笼1000余个，修复断亮灯笼600余个。

【垃圾清理】　年内，市城市管理委员会对原东郊建筑垃圾填埋场、新藏大路、江苏大道、太阳岛等36处卫生死角及乱倒建筑垃圾点进行检查清理，共清理建筑垃圾7800余吨；对白定小学周边、东绕城2号隧道、新藏大规划路、江苏东路市档案局对面空地及东三路等区域乱倒的建筑垃圾，协调相关单位和居委会进行了清理，共清理6500余余吨；对曲米路、纳金路上乱堆的装修垃圾，责令相关店面进行清理，共清理30余吨；在建筑垃圾现象易发地段设置警示牌5个、围挡600余米。

【果皮箱管理】　年内，市城市管理委员会在藏热路、新藏大路、金珠西路新安装果皮箱300余个；对部分路段老化破损和人为损坏的107个果皮箱进行了拆除更换。

【城市绿地监督检查】　年内，市城市管理委员会共向绿地管护责任单位下发《绿化监督通知》4份、《责令整改通知》23份、《督察专报》20份，承办市民信访投诉事件7件，受理树木修剪、移植、砍伐审批119件，处理交通事故损坏绿化26起，办结市长热线举报13起。

【树木管理】　年内，市城市管理委员会完成实验性杨柳飞絮防治共562棵，注射赤霉酸2716支；经过调查和精心安排，对全市树木开展了病虫害防治工作，强化了引种驯化和花卉培育。

2017年6月12日，市城管委举行挂牌仪式

【燃气管理】　年内，市城市管理委员会加强燃气管理，从危化品专家库中选取了6名专家组成拉萨市燃气专家库，开展相关检查、评审，组织开展了拉萨市燃气管道突发事故抢险应急演练，督促整改安全隐患问题58个。

【供水、污水管理】　年内，市城市管理委员会不定期对自来水公司、污水处理中心进行检查，要求自来水公司和污水处理中心每月提供水质监测数据和报表，确保供水水质和污水处理排放达标。

【流浪犬管理】　年内，市城市管理委员会建成并启动运行流浪犬三期项目，全面解决拉萨市区内尚存流浪犬的收养问题。强化犬舍消毒工作和收养中心污水处理工作，加强对工作人员的防疫知识培训，持续改善流浪犬收养中心环境卫生。

【移动公厕安放】　年内，市城市管理委员会在拉萨市区人流量大的地段安放牵引式移动公厕30座次。

【生活垃圾焚烧发电厂建设】　年内，市城市管理委员会与安徽盛运机械股份有限公司签署生活垃圾焚烧发电厂BOT项目特许经营协议，协议约定以BOT方式建设、运营、移交拉萨市生活垃圾焚烧发电厂。生活垃圾焚烧发电项目设计日处理生活垃圾1050吨，总投资约6.3亿元，已进入调试运行阶段。

（王茹月）

八廓古城管理

【市政养护】　年内，八廓古城管委会先后完成300余处基础设施的维修维护工作，对11条巷道破损路面进行维修，维修石板路面4086.48平方米，其中更换新石板1836.24平方米，维修松动石板2250.24平方米。对14条巷道的桥架进行了维修，共维修各类桥架6148米，新更换桥架1859米；维修石头围栏878米，疏通下水管道18640米，各类管井清理2948口，更换各类井盖215套，修复坍塌井盖18处，新安装排污主管道26米，新增加管井17口，更换钠灯灯管2148套，更换钠灯整流器2276套，线路检修23447米，更换各种线路1948米，更换路灯控制柜里空气漏电开关50个，更换LED灯条198条，更换景观灯顶酥油灯177个，景观路灯灯桩维修9处，更换景观路灯变压器14个，更换路灯控制柜里时控开关24个，更换自动控制开关16个。保证了老城区基础设施的正常运行和逐步完善，进一步彰显古城风貌和历史文化特色，及时消除了道路安全隐患。

【规划审批】　年内，八廓古城管委会按照《拉萨市老城区保护条例》《拉萨市城乡规划条例》《拉萨市城市总体规划（2006—2020）》《拉萨市中心片区控制性详细规划》《拉萨八廓街历史街区保护规划》等相关要求，对老城区申报的公（私）房改建项目严格把关，深入实地严格勘验，对不达标的报送工程项目一律退件并说明理由，做好解释工作。在工程规划验收过程中，严格按照相关要求，将实地测量结果与相关数据进行比对，对符合规定的建筑核发《建设工程规划许可证》，年内共计核发41个，不符合规定的建筑要求进行限时整改，未在规定时间内整改的移交至拉萨市综合执法联动支队。

【违建整治】　年内，八廓古城管委会对老城区内新建违章建筑进行排查整治，共排查登记违法建筑物261处，其中简易房245处，多为居民临时仓库、厨房和阳光棚，剩余16处违章建筑行为情节严重。八廓古城管委会协同执法部门下达《违法建设拆除通知》13份，8处违章建筑已经拆除。

【城市综合治理】　年内，八廓古城管委会持续加强老城区社会治安综合治理和城市管理工作。开展户外广告规范和小广告清理工作，清理违规户外广告195处、小广告4800余处。整治流动商贩、摆地摊、扎辫子、尾随兜售等不文明行为，清理流动商贩1.6万余人次，清理地摊4400余人次，清理编扎辫子3487人次，行政罚款处罚489起、处罚违法人员540人、行政罚款26500元。落实出入机动车、非机动车逐级登记制度，加强治安巡逻防控，劝堵违章进入核心区的机动车240余辆，劝其下车推行非机动车人员1.1万余人次。加强流浪乞讨人员清劝工作，遣送流浪乞讨人员16人。开展流浪犬清理，清理流浪犬300条。

（旦　真）

布达拉宫广场管理

年内，布达拉宫广场管理处提出“打造国际一流广场、展现大美西藏，服务市民、服务游客、服务全国、服务世界”的指导思想，积极开展布达拉宫广场和宗角禄康公园景观建设、市政养护、绿化管护、卫生保洁和市容整治工作。争取财政资金更换对公园内公用设施进行更换，因地制宜引进各类观赏苗木，配合有关部门开展布宫周边摆摊兜售问题整治，为广大市民和游客创造了优美祥和的观光休闲旅游环境。

（赵利芳）

自来水

【概况】 2017年，市自来水公司完成安全供水13460万吨，其中售水量6892万吨，绿化用水2409万吨，水途损耗2592万吨，免费供水267万吨，老城区及其他无表户供水1300万吨。实现总收入13922万元，其中主营业务收入13315万元，其他业务收入607万元，比2016年同期9772万元相比，增加4150万元，增长42%；增加的主要原因为水价调整。上缴各项税金484万元，比2016年同期332万元，增加152万元。盈利2537万元，较2016年同期盈利418万元相比，增加利润2119万元。完成供水管及用户分支管安装14.765公里。截至年底，供水管网长度累计达994.105公里。

【水质监测】 年内，市自来水公司化验室每周二采取各水厂的源水、出厂水、末梢水，每次取4—5个水样，时逢敏感月、重大节假日，加大水质监测频次、扩大采水监督范围，将工作频率调整为每周采样3次，共采水样380个，检测水质项目次数6794个，所检项目合格率达99.41%。市卫生防疫站对四个水厂的出厂水以及末梢水进行监测，监测常规项目27个，均符合《生活饮用水卫生标准》（GB/T 5750—2006）。市环境监测中心站对各水厂地下水检测报告结果表示，所检22个项目均符合《地下水质量标准》（GB/T 14848—1993）Ⅲ类标准要求。

【供水工作】 年内，市自来水公司实行水源地封闭式管理，设立24小时值班制和领导带班制度，加强对各厂车间、二级泵房、水源地及周边等重点部位的巡逻监控，确保安全供水。维修保养各水厂、泵站的机组设备共计176次，完成供水管网及消防设施大型维修16次，小型维修620次，闸门安装及维修80次，水表安装及维修141次，更换各路段井圈井盖49次，对外校表28次，消防维修47次，实现营业收入28.68万元，免费维修金额56.15万元。加大供水巡查力度，检查路段地点410次、查处违章用水107起、整改水表35只、查处水车56辆、催缴28户、停水19个点。测漏145余次，查处漏点48处。追缴拖欠水费48.3万元。加大水费征收力度，提高水费征收额度，并为各单位及老城区五保户、低保户共计减免133.42万元。接到各单位及群众执线报修电话2256次，其中，咨询电话632次。妥善处理“12345”政府热线关于广大群众各项用水问题案件共235件，办结率为100%。

【党建工作】 年内，市自来水公司培养入党积极分子3名，吸收预备党员5名，预备转正式党员3名，收缴党费6288元。“三大节日”期间慰问24名困难职工发放大米、清油等物资2.16万元；慰问困难党员20人次，物资价值1.8万元；看望住院干部职工16人次，物资价值0.96万元；为职工发放200元/位生日券；慰问驻村队员0.27万元；看望军民共建单位甘巴拉雷达站，送去价值0.8万元物资。解决墨竹工卡县扶贫办2名贫困人员就业，为当雄县纳木湖乡色德村贫困户，提供就业岗位6个。安排64名党员干部职工，按照“三二一”的原则，帮扶当雄县纳木错乡色德村52户贫困家庭（64名帮扶对象），发放慰问物资价值0.93万元。配合扎细新村社区开展“义仓、义集、义访”活动，向扎细新村居委会贫困户发放电视机、高压锅、蒸笼等价值2100元，荣获“共驻共建先进单位”称号。

【给排水设施建设】 年内，市自来水公司建设完成教育城加压泵站项目，总投资600.58万元，建成3眼水源井、800千瓦变压器及配套附属工程，于3月份正式启用。完成区通信管理局、城关区第五幼儿园等955家分支单位（用户）的给水安装工程，管道长度约14.765千米，砌筑闸门井74座，砌筑长方形水表井881座，维修雨水井47座，总投资约744.76万元。开展供水管网排查，制定缓解供水压力方案，通过采取连接贡布塘泵站、扩容西郊泵站变压器和增大深井泵用电功率、改造部分部分老旧供水管网、连接部分主供水管道等措施，德吉路、加措小区周边的供水压力有所缓解。投资4000多万元，配合市设计院、中设设计公司完成哲蚌寺接城市管网供水方案；投资4920万元完成10条老旧供水管网改造方案，完成36条老旧供水管网改造提升方案设计；投资11533万元，完成11个安居小区给水管升级改造和一户一表智能型水表施工设计方案；投资9993万元，完成老城区389个居民大院给水分支管改造和大院一表多卡改造工程施工设计方案；投资368万元完成药王山水厂提升改造方案。

【环保督察整改】　年内，市自来水公司严格落实中央环保督查整改要求，成立环保迎检工作领导小组，指定专人负责落实各项工作。针对环保督察提出的集中式饮用水水源地存在的问题，按照水十条要求加强水源地环境保护，建立一源一档台帐资料，划定四个水厂水源保护区，投入资金67万元，设立地理界线标志，治理水厂水源地环境污染，清拆柳梧泵站、北郊水厂游乐园等违章建筑、购买化学试剂、送检水样、生活生产垃圾统一收集，加强应急管理能力。四个水厂整治和清拆违章建筑共计11次，健全和完善台账资料共计167项专题文件。特别是北郊水厂水源地保护区问题案件及市区用水问题案件共10起。

【供水设施改造】　年内，市自来水公司通过公开招标采购16辆价值578万元的多功能应急车辆、运输车辆和机械设备，采购价值2037万元的4300只智能水表。实施老城区给水分支管改造和居民大院一表多卡项目，计划完成400多个居民大院改造，铁崩岗社区等32个大院完成施工，完工率3%。制订纳金水厂人员招聘计划和运营方案，加快设备采购等前期筹备工作，为纳金地表水厂投入运营奠定基础。

（肖　琴）

环境保护

综述

2017年，拉萨市环保局坚持“绿水青山就是金山银山、冰天雪地也是金山银山”的理念，坚持经济快速发展与生态持续优良协同并进的绿色发展路子，实现经济发展和环境保护“双赢”。坚决守住环保红线、底线、高压线，严把建设项目环评审批关，严禁“三高”项目进入拉萨市。加大污染防治工作力度，科学施策，统筹谋划，监管有力，走出一条政府统领、企业施治、公众参与的新路子，环境保护各项措施落实到位。全市环境质量稳中有升，实现了生态环境安全。

（吴丽霞）

环境保护与污染防治

【环境质量】 年内，拉萨市的环境空气质量优为116天、良为245天，轻度污染3天，中度污染1天，优良率98.9%。全市地表水、地下水、城市集中式饮用水均达到相应功能区划标准。全市区域环境噪声总体良好，民居环境较为安静。

【污染防治】 年内，拉萨市淘汰黄标车1756辆，老旧车1782辆；对机动车排放检验检测134775辆次，合格111621辆次，合格率82.82%；淘汰燃煤锅炉21台；安装油烟净化器餐饮服务业211家，依法取缔“地条钢”企业航鑫金属制品有限公司；对4个集中式饮用水源地进行现场调查与评估，加大对水污染事件的监管力度；配合开展农用地土壤的表层土壤、深层土壤、有机土壤采样工作，摸清土壤污染情况；加强对危险废物的转移处置和监管。

【环境监察】 年内，拉萨市环保局检查86家涉矿企业、116家工业企业、98个施工场地、5个饮用水源点、27家养殖场、13个自然保护区、18个重点交通项目、7次污水处理厂（站）、48家辐射源单位、135个其他排污单位，对存在环境安全隐患等相关问题的50家企业（项目）当场下达《限期改正通知书》，对59家环境违法企业（项目）进行立案，处罚企业45起，处罚金额305万余元。依法查封（暂扣）2家存在环境污染问题企业的生产设施设备；完成5家被自治区政府挂牌督办企业（项目）及5家被市政府挂牌督办企业（项目）的摘牌工作；依法征收排污费309万余元。

【环境信访】 年内，拉萨市环保局畅通环境信访渠道，充分发挥“12369”环保举报热线作用，积极处理各类环境举报386起，其中噪音污染255起，大气污染112起，水污染7起，其他环境违法事故12件，处理率100%，办结率100%。

【环境监测】 年内，拉萨市环保局对7个国控断面23项监测指标进行了12次监测，对4个集中饮用水源地22个监测项目进行了12次监测；对4个功能区、32个交通点、区域环境195个监测点位进行了噪声监测，对5个降尘监测点位进行了12次监测、对酸雨情况进行监测；对6个空气自动站进行了监测，开展举报监测1次，委托监测4次、验收监测9次、污染源监督性监测25次、农村环境质量监测11次，出具监测报告49份。

【环评审批】 年内，拉萨市环保局审批建设项目环评文件368个，出具环评受理通知书400份，执行标准344个，向自治区环保厅出具预审意见6个。所有建设项目的环评审批，市环保局严格按照法定程序和自治区有关规定进行审批，未出现违法违规行为。年内，拉萨市建设项目环境影响评价登记表备案项目数1438个。

【“未批先建”清理】 年内，拉萨市环保局组织县（区）环保部门按照“完善备案一批、整顿规范一批、淘汰关闭一批”的原则，对全市在建设工程领域存在的“未批先建”“擅自实施重大变动”等环境影响评价违法项目进行集中清理，全面完成全市3236个违法建设项目清理认定工作。

【生态创建】 年内，全市已有240行政村成功创建并获命名为自治区级生态村，58个乡镇成功创建并获命名为自治区级生态乡镇。墨竹工卡县、当雄县成功创建为自治区级生态县；当雄县启动首个国家生态文明建设示范县创建活动。

【环保宣传】 年内，拉萨市环保局以“6·5”世界环境日为重点，积极开展环保宣传活动。向各族群众发放《中华人民共和国环境保护法》《全民环保知识宣传手册》《如何又好又快办理环评手续》等宣传资料15000余册、悬挂横幅70余条、开展自行车骑行活动、现场有奖问答以及组织干部职工、学生至拉鲁湿地开展清扫活动。

【环保考核】 年内，拉萨市环保局组织开展自治区环保考核的县（区）自查、初评工作以及拉萨市目标绩效争先进位“环境保护”指标的考核工作。

（吴丽霞）

环保机制建设

【落实“双随机”】 年内，拉萨市环保局建立“双随机”单位9家，污染源监管动态信息库中数据库9个，污染源439个，执法人员信息库数据库9个，环境执法人员数量47个。对“双随机”监管3125次，信息公开62次，发现并查处违法问题493个。

【简政放权】 年内，拉萨市环保局简化建设项目环境影响评价审批程序，针对运营期不产生生产性污染物、不涉及重点区（自然保护区、水源地保护区等）、非重大项目、环评类别为报告表的建设项目，实行专家函审；科学下放审批权限，下放采砂类项目至各县（区）；积极参与探索落实“3550”“联审联批”改革工作。

【规划编制】 年内，《拉萨市生态文明建设规划》通过环保部组织的专家评审。

【中央环境保护督察】 年内，拉萨市环保局以收集台账资料、配合现场督察、抓好问题办理等方式积极服务保障中央环保督察。拉萨市收到中央第六环境保护督察组转办件708件，市环保局206件（来电188件、来信18件）。其中主办33件，标“★”重点案件8件。协办173件，标“★”重点案件13件，均已办结。开展现场调查274次，参与执法调查监测240人次；召开座谈会37次；下达执法文书116份，行政处罚28家，责令停产停业10家；拆除油烟机9台；制定专项整改方案30份；出具信访监测报告113份，其中噪声监测96次，水质监测9次，大气监测8次。

（吴丽霞）

交通·运输·邮政

交通

【概况】 2017年，拉萨市交通运输行业蓬勃发展，交通运输固定资产投资创新高，累计完成103.8亿元，其中市管项目46.7亿元。公路通车里程达到4166公里，养护里程2282公里，实施危桥改造项目16座；全市乡镇、建制村通达通畅实现全覆盖，提前实现交通运输部“十三五”期末“80%的乡镇和30%的建制村通硬化路”的规划目标；完成522辆市县际班线车辆改革工作，全市道路运输客货运实现增长12%，更新新能源公交车128辆、新能源出租车192辆；完成市交通综合执法支队移交，开展拉萨市非法营运专项整治，查处非法营运车辆780台次，纠正超限超载车辆9672台次，进一步规范了全市道路运输市场秩序。

【拉萨市环城路建设】 拉萨市环线项目由北环线、北环延伸段、南环线、西环线、柳东大桥组成，全线按双向六车道设计，总长72.2公里，包含7座隧道、24座桥梁，计划总投资113.1亿元，拉萨市交通运输局为南环线、西环线、北环延伸段项目业主，总投资66.217亿元。2017年底已完成全部投资，南环线、北环线、北环延伸段已通车，西环线已完成工程量的98%，绿化等附属工程正在施工。

【农村公路建设情况】 年内，全市共有交通建设项目61个，其中续建项目31个，总投资3.79亿元，已全部完工。新建农村公路项目30个，总投资11.139亿元，项目审批工作全部完成，开工建设30个，完成投资4.7亿元，建设农村公路408.2公里。3月，自治区成立“四好农村路”建设工作领导小组，印发《西藏自治区2017年“四好农村路”建设工作督导方案》，市交通运输局指导各县（区）进行迎接交通运输部“四好农村路”建设考核，堆龙德庆区成功申报全区“四好农村路”示范县（区）。

【交通重点项目建设】 年内，总投资98亿元的S5线拉萨至泽当快速通道项目，完成投资27.82

鹏矗隧道

亿元，完成工程量的29%；总投资23.9亿元的东环线北线建设项目，完成项目建议书、可行性研究报告批复、环评、防洪、稳评、节能评估、地质灾害报告审查、土地预审、规划选址等相关前置手续办理完成，按EPC模式移交市政投资公司；拉萨至林周公路新改建项目（全长25.92千米，隧道长13.55千米），完成项目可行性报告编制和评审，取得项目建设书批复。

【农村公路工程质量监督检查】年内，按照《公路工程质量监督管理办法》相关规定，市交通运输局深入全市各县（区）开展农村公路工程质量监督检查，以不定期、不定时的方式对工程建设项目进行突击检查，共出动检查人员270余人次，检查农村公路建设项目33个，审查监督申请资料104次，对25个项目下达质量监督通知书。

【迎接中央环保督察工作】年内，市交通运输局圆满完成中央、自治区、拉萨市环保督察组反馈的2方面24个交通运输行业环保问题的整改工作。

【市交通综合执法支队移交】2017年3月，根据自治区交通改革工作安排，市交通综合执法支队实行属地化管理，整体划转拉萨市，为市交通运输局下属单位，人员、编制、财务等完成移交，负责辖区内道路运输动态监管工作。

（董绍辉）

运输

【春运工作】　年内，市交通运输局依据“安全优质、平稳有序、客货兼顾”的总体要求，本着“安全第一、预防为主”的指导思想，圆满完成春运工作，共投入班线运输车辆28639台次、65.541万座次，其中加班车辆82台；运送旅客25.5914万人次，其中进藏人数10.3635万人次，出藏7.0094人次；总客车数量与2016年同比上升11.4%，客运量与2016年同比上升9%；重特大安全事故0次，无人员伤亡。

【市县际班线客运改革】　年内，拉萨市率先在全区完成了市县际522辆班线车辆改革工作，并确保了改革后客运行业的稳定。

【新能源公共交通应用】　年内，全市共有公交车522辆，其中购置更新新能源公交车128辆；共有出租车1678辆，其中购置更新新能源出租车192辆；新开通公交运营线路1条，优化线路3条。

【引进投放共享单车】　年内，市交通运输局赴成都开展共享单车运营调研，引进摩拜、ofo（小黄车）两家共享单车公司，共有共享单车6700辆，极大解决了群众出行难问题。

【国家“公交都市”申报创建】年内，顺利启动国家“公交都市”申报创建工作，已完成初步方案的征求意见工作，后续工作正稳步推进，计划2020年完成创建。

【交通运输规划先行】　2017年8月，修订完善了《拉萨市“十三五”交通运输综合发展规划》，得到市政府批复同意。

【提升道路运输能力】　年内，全市完成道路客运量362万人次，同比增长12%，旅客周转量13亿人公里，同比增长12%，货运量891万吨，同比增长12.2%，货

南山观景台

运周转量43亿吨公里，同比增长12.7%，道路运输服务能力稳步提升，未发生较大以上道路运输安全事故；拉萨东嘎客运枢纽站前置手续基本完成，进入施工图设计评审阶段。

【非法营运车辆专项整治】　2017年3月，市交通运输局联合公安、工商、旅游等部门开展为期9个月的非法营运车辆专项整治，共出动执法人员1.26万人次，查处非法营运车辆780台次，完成行政处罚643台次，结案率100%。

【超限超载治理】　年内，市交通运输局持续加强国道治超力度，严厉打击绕道、冲卡等逃避超限检测的违法行为，共纠正超限超载车辆9672台次，卸载货物1981吨，确保了辖区国道完好。

【安全生产监管】　年内，市交通运输局持续加强交通运输行业安全生产监管，规范道路运输市场秩序，遏制重大道路运输安全事故，累计开展客运站安全生产检查120余次，检查客运、危货运输等道路运输企业90余家次，保障了全市道路运输安全生产形势长期稳定。

（董绍辉）

拉萨市交通产业集团有限公司

【概况】　年内，拉萨市交通产业集团下属15家国有独资子公司，4家国有控股混合制公司，1家国有参股子公司，涵盖公交、出租、旅游客运、班线客运、站务管理、汽车维修、驾驶培训、物业保洁和旅行社等业务。拥有职工8412人、各类运营车辆5625辆，公交营运车辆494台，营运线路36条，线路总里程达757.2公里，年总运量8067万人次，老年人免费乘坐公交总人数1043万余人次。拥有旅游客运车辆2947余辆，接送游客人数42.6万人次，同比增加12.8%；班线客运车辆391辆，年运输运送旅客人数36.6万人次，同比增加15.3%。

【班线客运改革】　年内，投入2.34亿元完成4家班线客运公司423辆客运车改制，妥善安置就业435人，出台423辆市际班线客运车辆免收半年承包金的让利政策，让利总额3300万元；投入资金5900万元收购不符合青藏高原新型客车标准的车辆，全部按照政策提前报废。

【推广应用新能源汽车】　11月30日，举行182辆新能源出租汽车投放仪式，全市新能源出租汽车达到192辆，与传统出租车相比能耗成本下降51%，尾气排放和噪音下降90%。12月27日，为91辆新能源公交车发放专用号牌，投放混联插电式新能源公交车128辆，纯电动车公交车能耗成本下降62%，噪音下降90%，尾气零排放；混合动力公交车成本下降39%，噪音下降40%，尾气排放下降90%。全市新能源公交车总数达到312辆，占公交车59.8%，提前完成2019年新能源公交车达到30%的国家要求。

【企业改革】　年内，按照“明确市场定位、整合多方资源、创新服务方式、打造新型业态”的思路，坚持以运促游、以游兴运的经营理念，创新商业模式，发挥协同优势，为客运转型发展勇闯新路。5月，举办2017年旅游产品推介会，加快推动“旅游+体育”产业融合；6月，举办“交通产业杯”首届围棋汽车拉力赛，将围棋比赛与汽车竞技比赛跨界融合；9月，在曲水县举办第二届社群狂欢节暨望果狂欢节，整合促进曲水文化、旅游娱乐商业等第三产业，助力精准扶贫；10月，在拉萨举办2017年第二届中国东西部“互联网+交通运输”创新合作高峰论坛；11月，围绕“天上西藏、大美于行”品牌，在广州举办“行走的天籁”音乐会活动周；12月，协助拉萨市旅发委在北京、南京、上海、广州、成都举办“拉萨冬季旅游推介会”。

【推进基层党建】　年内，以开展“两学一做”学习教育常态化和“四讲四爱”教育实践活动为契机，大力推进基层党组织标准化建设。设有23个基层党组织（2个党总支、21个党支部），党员总数356名（正式党员171人、预备党员87人、离退休党员52人、流动党员46人），209名入党积极分子，290余名职工递交了入党申请书。

【廉洁工作建设】　年内，组建监察督查处和主体责任办公室，建立内控管理体系、内部监督体系，完善中高层干部廉政档案和个人重大事项报告制度，开展督查督办、明察暗访49次，点名通报批评16人，给予纪律处分和经济处罚15人。

（陶效忠）

邮政

【概况】 年内，中国邮政集团公司拉萨分公司完成业务收入6563.07万元，比2016年增加310.54万元，增长4.9%，用户服务满意率94%以上，呈现出良好的发展局面。

【代金业务发展】 年内，代理金融资产规模达到5.52亿元，创历史新高。积极开展“跨赛”“浓浓雪域情，邮储伴你行”等专项活动，实现保险业务全面铺开，信贷业务稳步拓展。

【平台建设】 年内，抓住“精准扶贫”和“农产品进城”契机，全力打造以“邮乐购”加盟店为核心的电商共赢生态圈，“地毯式”地进军农村电商市场，累计建成“邮乐购”加盟店47个，“邮掌柜”平台累计交易额、进销存金额220万元，代购笔数1267笔，邮乐小店53个。继续强化综合服务平台建设，进一步与交警、财政有关部门加强沟通，明确三方合作关系，加快代缴罚没款业务上线步伐，基本实现邮政网点全覆盖；全面开展代理火车票、机票、彩票、交警违章短信、电费等业务，打造综合服务平台，提高客户粘度，实现邮政便民缴费一站式服务。

【寄递业务加速发展】 年内，共收寄包裹55.5万件，实现收入1460.96万元。继续挖掘传统寄递包裹市场，做好节日包裹、爱心包裹的宣传和收寄工作。加大电商协议快包开发力度。城南、城北投递部已投入使用。

【精准扶贫工作】 年内，拉萨市分公司主动了解帮扶村民情况，积极开展走访调查，组织募捐活动，筹得善款2万多元，解决困难户家庭就读大学的学费问题。

（央金拉姆）

信息化建设

【概况】 2017年，拉萨市委、市政府高度重视信息化建设工作，积极组织电信运行商加强信息化基础设施建设，成功申报“宽带中国”示范城市，行政村一级信息化服务能力增强。全市拥有固定电话用户20余万户、移动电话用户110余万户、3G用户60余万户、4G用户20余万户、宽带接入用户24余万户、FFTH/0用户20余万户、宽带接入端口55余万户、宽带速率50兆及以上端口15余万户。

【电信项目】 年内，拉萨市共建设电信FTTH总端口5048个、敷设6芯光缆193.13公里、12芯光缆899.873公里、24芯光缆216.418公里、36芯光缆9.5公里、38芯光缆2.5公里、1：8分光器779台、16芯分路箱616个、新建杆路22.493公里等，确保226多个行政村实现宽带接入全覆盖，架起拉萨市村一级“信息化高速公里”。

【移动4G开放】 12月15日，拉萨市全面开放中国移动4G网络，用户体验及连接质量良好，通过无线高速连接为市民所需相关信息服务提供便捷渠道。

【“智慧城市”建设】 12月20日，拉萨市邀请国家信息中心、中国电子技术标准化研究院、中国信息通信研究院、中兴、华为等单位的11位区内外信息化领域顶级专家，对拉萨市“新型智慧城市”顶层设计进行评审，专家认为拉萨市“新型智慧城市”顶层设计，符合国家大数据战略、十九大“网络强国、数字中国、智慧社会”的精神，贴合自治区以及拉萨市“十三五”规划纲要总体部署和要求，具有很好的指导性、可行性和可操作性。

（洛桑次成）

中国电信拉萨分公司

【概况】 2017年，中国电信拉萨分公司考核经营收入完成全年目标的86.23%，超预算时序进度2.90个百分点，同比上升12.42%，超绝对值1435.78万元。其中，固网考核经营收入完成全年目标的109.34%，同比上升13.86%；移动考核经营收入完成全年目标的76.84%，同比上升11.60%，其中，新兴业务收入完成全年目标的76.41%，同比上升16.28%，占全业务收入比为39.72%。新发展移动用户约13万户，完成全年目标的78%，发展合格用户11万户，完成全年目标的78%，均低于年度预算进度，新发展有线宽带用户42451户，完成年度目标的91.43%；宽带计费用户净增28897户，超年度目标的111.98%。

【业务发展】 年内，中国电信拉萨分公司以移动第二卡槽进攻战、宽带阵地战、新兴ICT圈地战、农牧区份额争夺战四大战役，结合多样化营销政策，分渠道销售，有效提升4G机卡匹配率。开展宽带增量促增、以存带增、策反夺增宽带份额突破（保卫）战役，新增“新装宽带融合同办率”“新装宽带高清同办率”“新装宽带100兆占比”“天翼视讯同办率”指标，加强执行宽带渗透率的考核。推进翼支付业务，在电力、燃气、电视三大民生应用缴费网点开展为期三个月的驻点营销活动，通过民生应用提升天翼移动品牌价值。加大流量经营，利用推广宣传营销活动，实现户均流量超600兆。优化渠道网点布局，提升中国电信专营门店服务能力，在市、县、乡三级的实体渠道网点布局，加强中国电信的品牌竞争力。

【规范划小承包】 年内，中国电信拉萨分公司与三家代理商共同推进5家厅店由代理商内部实施划小承包，推动四家城区分局承包公司自行实施内部责任田“三级划小”，对22个“三级承包区域”进行三级划小承包。在县域和乡镇推行6.2.2双线考核承包模式，强化承包提成模式与公司经营目标的协同。成立CEO便捷服务中心，由市场部、实体渠道部、财务部、宽带中心人员驻店，构建“一站式”办公，直接受理、办理、代理划小承包单位申办事项，让划小承包单位CEO得到最便捷、最快捷的服务，累计接待202人次。

【网络建设】 年内，中国电信拉萨分公司利用援藏渠道及800兆双频基站（替换3G站），加大各乡镇3G网络深度覆盖、建设3G基站55个，建设800兆基站515个，1.8G基站112个，为县域光宽带、天翼高清及4G业务提供网络基础保障，实现各县域带宽20G、县乡带宽10G、乡村带宽5G承载能力。县域新增FTTH端口12781个（其中普遍服务项目新增134个行政村FTTH端口6432个），投资1200万优化调整市区光纤物理网，按主干层、汇聚层、园区层建设优化城域光网、打造优质基础网。建设FTTH端口83089个，完成光网络资源3.23万个分路箱及27.3万个OBD端口现场清查，清查出光宽物理号码79845个，关联补录主光路5896条，子光路35385条，通过系统数据比对，完成光宽用户端口完整链路数据134610个，清理出资源系统无效光宽带数据13063个。

【企业文化建设】 年内，中国电信拉萨分公司组织开展娱乐活动、慰问员工、保障后勤等工作，促进员工的积极性和归属感。新建当雄等4个县支局职工之家，解决最基层员工休闲娱乐和文化生活问题，解决近200余名员工的饮水问题。公司本部及1个县支局职工之家被西藏分公司评定为星级模范职工之家，成为全区首个县支局模范星级职工之家的本地网。

（刘剑波）

中国移动拉萨分公司

【概况】 2017年，中国移动拉萨分公司为社会大众提供更多信息手段与选择，信息化收入份额为43.39%，信息化市场占有率逐年递增。

【网络建设】 年内，中国移动拉萨分公司坚持“固边惠民，消除数字鸿沟”的使命，通过核心骨干网改造升级、精品网络建设、村村通、边境盲区及寺庙覆盖等工程，搭建了一张高效稳定的基础网络。共有基站3378个，传输光缆3143.38皮长公里，传输网PTN设备1683套、SDH设备996套、OTN设备33套。

【信息化建设】 年内，中国移动拉萨分公司以智慧站牌、车载WI-FI为主体，将8号线作为智慧公交项目切入点，落实每个站点的建设工作，在前端侧实现了线路信息查询、动态到站预测、车载WI-FI连接等一系列便民功能，为市民出行带来便利。落实“信息带教”工程，与拉萨市教育局开展教育城域网及信息化综合应用建设项目合作，通过村、乡、县级点位连接，建立核心城域网络，实现资源互通。为共享优质教育资源，消除地域性教学差异，与北京市教委联合开展“云视讯助力同步课堂”项目，利用高端云视讯及音视频矩阵设备，顺利完成“北京密云二小”及“拉萨市第一小学”远程课堂的同步教学，并在上海的GSMA大会上演示，实现“零距离”互动体验，受到政府领导高度关注。

（韩　休）

中国联通拉萨分公司

【概况】 2017年，中国联通拉萨分公司立足为用户提供优质通信服务，以用户感知为中心，全面深化“青年文明号”建设，着力创造服务差异化优势，不断提升服务水平，努力建立统一支撑公司全业务和3G业务、服务营销一体化、具备差异化服务竞争优势的客户服务工作体系。下设综合部、市场部、网运部。

【通讯设施建设】　年内，中国联通拉萨分公司新建41个基站，覆盖到六地区行署所在地以及交通干线、旅游景点和发达县城。完成GSM网络对四条重要交通干线（拉萨—林芝、拉萨—日喀则国道和省道、拉萨—山南）和23个县城的覆盖。实现GSM网络由点状覆盖到网状覆盖的历史性跨越，同时GSM网络覆盖到除墨脱外所有县城。

【业务拓展】　年内，中国联通拉萨分公司充分发挥营维整合优势，创新业务发展模式，实现GSM数据业务既可以在GSM网内的用户间进行，也可以与公用电话网（PSTN）、综合业务数字网的用户进行。完成新兴WCDMA业务模式转变，创新推出多媒体业务、个性化定制业务、Internet融合等多样化的业务，开放的业务体系初步形成。

（黄小蓓）

中国铁塔拉萨分公司

【概况】　中国铁塔股份有限公司西藏自治区分公司（简称“西藏铁塔”），是在国家大力实施“网络强国”战略的大背景下，组建的专业化通信设施服务企业，承担着西藏自治区促进通信设施共建共享的重要使命。自2014年12月成立以来，始终坚持融入和服务各地经济社会发展大局，始终牢记改革使命，深化资源共享，加快创新发展，有力支撑和保障全区信息基础设施建设和“网络强国”战略实施。

中国铁塔拉萨分公司在拉萨市修建的藏式铁塔

【通讯基站建设】　年内，拉萨铁塔投资3亿余元，建成铁塔类设施3862个、室内分布系统182个，助力拉萨信息化建设和经济转型升级，紧密围绕拉萨市委、市政府“六大战略”，先后完成拉林高速、拉萨环城路等大型通信覆盖项目，迅速提升拉萨市的信息化水平和广大人民群众的网络感知。新建铁塔共享率达到65%以上，全量站址共享率从铁塔成立前的6%提升到的35%，共节省土地资源2万多平方米；加速通信规划布点，先后完成拉萨市教育新城、西藏文化旅游创意产业园、

中国铁塔拉萨分公司在拉萨市修建的一号塔

顿珠产业园、中组团、北组团等重点园区的通信规划和建设。推动通信网络向农村及乡镇覆盖，新建铁塔站址中农村及乡镇站址占比达到66.29%。拉萨铁塔通信基站遍布拉萨市中心城区、县城、乡镇、行政村、旅游景点、铁路、主要公路干线，中心城区基站间距500米以内，一般城区基站间距800米左右，农村区域基本实现一村一站。

中国铁塔拉萨分公司检修工人上塔工作

【服务西藏】 年内，拉萨铁塔变过去多家自建自营自修为一家统筹规划建设、多家资源共享，新建铁塔共享水平由过去27.18%迅速提升到33.18%，共减少铁塔建设量约6086座，节约重复资金约39.4亿元，节约土地约739亩。加大网络建设投入，累计投资13.57亿元，同步开展信息通信基础设施建设，发展成为全区信息通信基础设施建设的主导力量，有力支持西藏国民经济和社会发展。加快推动通信网络向偏远地区、向老少边穷地区延伸，助力网络扶贫和信息扶贫，使通信网络部署更趋均衡，共享竞合、集约高效的“铁塔模式”得到社会各界认可。

【政府支持】 年内，拉萨市人民政府出台《关于推进拉萨市通信基础设施建设的通知》等支持性文件和政策，为加快全市信息通信基础设施建设、促进信息经济和“互联网+”创造良好的政策环境和广阔的发展空间。铁塔基站等信息基础设施建设是“网络强国”“互联网+”战略的基础和前提，信息基础设施的规划建设和利用水平，已成为衡量一个地区现代化程度的重要标志。

【重要活动】 年内，拉萨市副市长、市政府秘书长廖波到拉萨铁塔调研2016年度重点工作完成情况和党风廉政建设，考察西藏铁塔网络监控中心和西藏铁塔0001号站，听取拉萨铁塔关于通信建设、队伍建设、党风廉政建设工作、廉洁自律等方面的工作汇报，区公司向涛总经理陪同并主持座谈。

8月4日，拉萨铁塔收到西藏自治区老干部局发来的感谢信，对拉萨市分公司在省级老领导参观考察做出的工作表示感谢。考察期间，省级老领导们参观了体现三年发展历程的“时光长廊”、企业文化和西藏铁塔0001号塔，听取情况汇报，并对拉萨市分公司运营提出意见建议。

（达瓦江村）

金融业

银行

中国人民银行拉萨中心支行

【概况】　2017年，中国人民银行拉萨中心支行下设26个处室，共有干部职工290人，其中少数民族157人，汉族133人。下辖日喀则、林芝、山南、昌都、那曲、阿里、樟木七个地区（口岸）中心支行，共有人民银行系统专、兼职人员798人。西藏金融业继续保持快速健康发展，对辖区经济增长贡献率超27%，金融业已成为西藏经济发展的重要产业。其中社会融资总规模增量超过1000亿、存量超过5000亿，为西藏经济社会发展和长治久安提供有力支撑。

【支持实体经济】　年内，人行拉萨支行对实体经济发放的贷款余额超过4000亿元，贷款余额增加超过955亿元，占社会融资规模增量的97.6%。强化信贷政策结构性调整功能，持续加大对中小微企业、涉农领域的信贷投放，贷款投向薄弱环节和重点领域力度不断加大。中小微企业贷款同比增长57.60%，增速高于大型企业26.36个百分点；涉农贷款余额超过1100亿元，同比增长37%。金融支持非公经济工作稳步推进，促成39家非公企业签订贷款协议，签约金额达25.5亿元，各类创业贷款余额超过21亿元。推动“两权”抵押贷款和林权抵押贷款工作，贷款余额超过1000万元，同比增长58.43%。推进直接融资业务，四家西藏企业直接债务融资97亿元。

【金融改革】　年内，人行拉萨支行创新发展绿色金融产品和服务方式，印发《西藏绿色金融发展实施意见》。绿色融资渠道不断拓展，绿色金融贷款余额超过590亿元，同比增长51.74%。研究建立西藏金融先行指标体系。稳步推进辖区利率市场化改革。做好对利率定价秩序的规范和引导工作，维护辖区公平有序的利率定价秩序。深化投融资体制改革，PSL贷款突破300亿元，有力支持棚户区、农村公路、水利建设等。4月，海思科医药集团股份有限公司在银行间市场顺利发行2

2017年1月，人民银行拉萨中心支行举办西藏辖区人民银行工作会议暨外汇管理工作会议

亿元非金融企业债务融资工具。9月，西藏爱尔眼科、西藏康得投资有限公司分别在银行间债券市场募集2亿元资金。

【金融服务】 年内，人行拉萨支行印发《西藏自治区普惠金融发展规划》，普惠金融体系不断完善，金融服务覆盖面不断扩大，支付环境持续改善，社会信用体系建设稳步推进。1月份设立西藏文化旅游创意园区支库，8月份设立拉萨空港新区支库，在全国率先开展发行基金托管业务。认真落实“七五”普法规划，初步建立依法行政风险防控体制。《西藏辖区金融业信息化“十三五”发展规划》稳步实施，辖区金融IC卡逐步发放，货币金银和钞票处理工作持续加强。

【金融扶贫】 年内，人行拉萨支行深入贯彻落实中央脱贫工作要求，推动加快形成以精准对接建档立卡贫困户为核心的金融扶贫新模式。对辖区1537扶贫产业项目对接进行筛选，落地贷款资金10.35亿元，完成44家重点扶贫产业项目对接，实际落地资金2.6亿元，融资需求满足率44%。截至年底，西藏产业精准扶贫贷款余额超过85亿元，较年初增长90%，项目精准扶贫贷款余额超过1100亿元，较年初增长79%。积极推广精准扶贫金融工作模式，协调财政部门设立产业风险补偿基金，全区金融精准扶贫贷款余额超过1230亿元，同比增长74.34%。全区扶贫贴息贷款余额超过540亿元，较2010年末增加523.80亿元，增长26.67倍。

【防范金融风险】 年内，人行拉萨支行把防控金融风险放到更重要的位置，组织召开辖区银行业、证券业、保险业风险形势分析会，全年信贷资产质量良好，各项风控指标符合监管规定，守住了不发生系统性金融风险的底线。深入分支机构开展排查，推动形成防控金融风险工作合力，西藏银行业不良贷款率为0.33%，低于全国1.57个百分点。开展“虚拟货币交易及非法活动风险排查及处置”，互联网金融犯罪等金融乱象得到整治。

【外汇业务】 年内，人行拉萨支行始终坚持“扩流入、控流出、稳预期、防风险”的工作思路，有力维护辖区外汇市场的健康稳定运行。外汇业务服务覆盖除那曲地区外的所有地市，涉外收支总额超过9亿美元，同比增长1.9倍。西藏实际对外直接投资达2.04亿美元。出访尼泊尔国家银行，邀请尼泊尔驻拉萨总领事来访，持续深化与尼金融交流合作，助推西藏自治区航空、医药等重点领域涉外企业“走出去”战略有效实施。

【强基惠民】 年内，人行拉萨支行驻村工作队积极帮助各驻村点因地制宜大力发展沙石资源、纯净水资源开发等产业扶贫项目，提升经济效益。协助琼孜乡政府组织村干部赴拉萨、山南两地开展干部培训，帮助村干部提高生产技能，开阔脱贫思路。完成自治区第一轮驻村扶贫工作任务，驻村点农牧民人均年收入达7000余元，贫困发生率控制在3%以下，所驻5个贫困村（定结县琼孜乡塔嘎多村、哲圭村、朗玛村、乃萨村、羌姆村）全部脱贫摘帽，被自治区党委政府评为自治区第六批强基惠民工作“优秀组织单位”。

【党建工作】 年内，人行拉萨支行把学习宣传贯彻中共十九大精神作为首要的政治任务，召开学习贯彻宣传动员部署大会，充分运用拉萨中支内部信息网络、文化长廊、楼道视频电视等宣传介质，营造浓厚的学习氛围。开展特色学习教育活动6次，及时组织交流学习情况。邀请自治区党校专家团开展十九大精神理论宣讲5次。拉萨中支各党支部结合“两学一做”学习教育常态化机制，利用支部活动、主题党日，开展学习活动70余场，班子成员和处级干部讲党课超30场次，各支部开展学习研讨70余次，党组织生活趣味多彩。

【廉洁建设】 年内，人行拉萨支行党委层层压实党风廉政建设和反腐败工作责任，切实肩负起抓党风廉政建设的政治责任，研究制定《落实党风廉政建设党委主体责任和纪委监督责任的意见》，班子成员任务分工全覆盖，狠抓工作部署，分层落实责任，形成“两个责任”的落实链条。支持纪委履行职责、推进深化“三转”，大胆加强监督执纪，专题研究党风廉政建设7次，安排纪委开展主体责任、政治纪律、中央“八项规定”落实等各类专项监督检查工作10余次，践行监督执纪“四种形态”，下发各类纪委提示19期。红脸出汗等监督执纪方式成为常态。

（李家玲）

中国农业银行拉萨分行

【概况】 2017年，农行拉萨分行共有营业网点72个，其中一级支行14个（城区行中，除城北外，3个高配城区行、3个直管支行）、二级支行11个、分理处12个、营业所35个。在职员工962人，平均年龄38岁，专科以上学历占75%，少数民族占比77%。其中在职党员464人，占比48%。共有信用县3个（当雄、尼木、墨竹），信用乡镇54个、占比94.7%，信用村居227个、占比98.7%，新增离行式自助设备59台，“四卡”发证面和使用率均在99%以上，为全市8148户建档立卡贫困户发放贷款3.1亿元。328名一线员工分布于六县一区，为32万名农牧民群众提供金融服务。按照总行省会城市行改革要求，拉萨分行成为全国第三家顺利完成更名工作的省会行。

【工作亮点】 年内，农行拉萨分行以总行治行兴行“六维方略”为引领，全面贯彻区分行党委管理理念，主动将自身各项工作融入拉萨市发展的战略大局。各项经营管理工作平稳发展，全行各项存款余额696.81亿元，较年初增加153.42亿元，增幅28.23%。2017年四行市场份额39.14%，较2016年增长3.14%，排名第一（对公、储蓄增量、存量份额双第一）；各项贷款余额307.84亿元，较年初增加55.83亿元，增幅22.16%。2017年四行市场份额35.06%，较2016年降低2.98%，排名第一，支持拉萨实体经济特别是“三农”事业健康快速发展。全行市场竞争力、价值创造力、案件防控力和社会影响力持续提升，得到了农行总、分行、拉萨市党政、监管部门及社会各界的高度肯定和广泛好评，城西支行成功获评“四星级”网点。农行拉萨分行成为拉萨市金融同业中业务规模最大、网点分布最广、员工人数最多、产品种类最丰富、科技体系最完善、服务功能最齐全、服务方式最“接地气”的一家大型上市商业银行。

【服务“三农”】 年内，农行拉萨分行以农牧户贷款证“四卡”为载体，全面落实面向“三农”的市场定位，以面向“三农”和商业运作为主线，以做好农户金融工作为重点，积极促进全市农业和农村经济发展，保持农牧户小额信用贷款的广覆盖和高使用率。发放农村个人生产经营贷款45930万元，农村个人生产经营贷款余额达到171420万元。积极对接拉萨市扶贫办确定的11237户44162名建档立卡贫困人口，全年累计发放建档立卡贫困户扶贫贷款14058万元，带动建档立卡贫困户446人。

【服务实体经济】 年内，农行拉萨分行先后完成西藏阜康医药发展有限公司、西藏帮锦镁朵工贸有限公司等9家企业2017年年度评级。协同区分行公司与投行业务部、城西支行共同营销西藏万泰地热旅游投资开发有限公司，并成功为其发放项目贷款9000万元。落实个贷新政，规范、拓展网点理财、网捷贷业务。以互联网金融拳头产品为服务切入点，落实存量转化，扩大交叉拓展，实现全行移动金融活跃客户的快速增长。根据县域小微产业企业和农民专业合作社近年来呈现出集聚化的发展趋势，经济技术开发区、柳梧新区、各县工业园区已成为小微产业企业集聚地，顺应形势，加强与各级开发区、县工业园区的金融业务合作，全年已发放县域产业企业和专合组织发放贷213720万元。

【支持地方建设】 年内，农行拉萨分行坚持大局为重，责任先行，优先保障支持拉萨市经济社会和谐发展。向龙建路桥股份有限公司发放贷款40000万元，对西藏阜康医药发展有限公司发放贷款4770万元，对拉萨市城关区哈达（集团）有限公司发放贷款6000万元，对西藏宏绩建设有限责任公司发放贷款5000万元，对西藏宏发建筑工程有限公司发放贷款3500万元，对西藏舒心实业有限公司发放贷款1900万元，对西藏帮锦镁朵工贸有限公司发放贷款1600万元，对拉萨康达汽贸有限责任公司发放贷款7000万元。向中交第一公路工程局有限公司、拉萨市城关区哈达（集团）有限公司等客户办理保函业务5笔，金额达4088万元。

【企业文化】 年内，农行拉萨分行组织谈心谈话活动693人次，开展员工家访工作693次，外部走访工作170次，设置基层网点微信公众号76个，设置外部监督员85名，设置基层网点网格微信外部监督员60名。同时，持续推进“职工之家”、制氧工程建设，充实农银爱心基金帮扶困难员工，开展文化体育及职业技能竞赛活动，通过组织召开离退休老干部春节、藏历新年慰问、座谈会等活动。着力根植“诚信立业、稳健行远”的企业核心价值观，加强正面宣传、舆情管理，维护农行金字招牌，积极营造“和谐农行”文化氛围。

【党建工作】 年内，农行拉萨分行加强党的作风建设，优化人力资源配置，深化人事制度改革，努力提升基础管理水平，有效巩固党建工作成果。以“三会一课”基本制度，以党支部为基本单位，促进“两学一做”学习教育融入日常、抓在经常。党委理论学习中心组织集中（扩大）学习18次，各党支部组织专题学习120次，编发“两学一做”专题简报33期。切实增强党员“四个意识”，坚持“四个自信”。优化基层党组织设置，巩固扩大网点党组织覆盖面。排查党员关系，所辖各县支行创新开展网络党支部建设，全面规范党费补缴及专项检查工作。坚持“三亮五有十上墙”标准，成功举办两期学习贯彻落实中共十八届六中全会精神、中共十九大精神研讨班一期、二期轮训以及“迎七一”党章党规知识竞赛，完成全辖586名党员，42个党组织基本信息采集工作。

【廉洁建设】 年内，农行拉萨分行坚决贯彻落实拉萨分行党委、纪委部署的党风廉政工作，压实“一岗双责”和“谁主管、谁负责”责任要求，制定《拉萨分行2017年党风廉政建设责任制考核办法》《拉萨分行“三线一网格”管理模式推广实施综合考评方案》等，层层签订党风廉政建设和案防责任书，确保压实“两个责任”。集中开展“四风”问题整治“回头看”，各级党组织对照中央“八项规定”精神等党内法规制度逐条逐项检查，“四风”问题有效遏制。部署开展违反廉洁纪律专项排查和“知法、守法、敬法”案例警示教育，引导全员进一步增强法纪意识。认真落实总行巡视发现问题整改工作。结合工作实际及时建立巡视整改工作组织保障机制，制定《拉萨分行落实总行专项巡视反馈意见整改工作方案》，对存在问题进行细化分解，巡察组共向被巡察行发放问卷调查表257份，发现问题25个，提出整改建议25条。

（刘　淼）

中国银行西藏自治区分行

【概况】 2017年，中国银行西藏分行设有28家经营性网点，其中拉萨城区支行16家、日喀则分行6家、山南分行1家、林芝分行2家、昌都分行1家、那曲地区支行1家、阿里分行正在筹建中。全行共有在岗员工1025人，其中少数民族员工570人，占比55.61%，本科及以上学历726人，占比70.83%，35岁以下员工627人，占比61.17%。

【信贷投放】 年内，西藏中行人民币存款时点余额585亿元，较年初新增102亿元，增幅21.25%。人民币日均存款521亿元，增加39亿元，增幅8.13%。贷款时点余额382亿元，增加74.38亿元，增幅24.16%；区内可比五大行市场份额占比15.32%，增加0.44个百分点。非利息收入首次突破亿元大关，同比增幅31%。实现账面净利润11.35亿元，同比增长9.44%，完成中国银行总行预算的146.26%；实现人均净利润109.12万元，同比增长5.76个百分点。

【业务发展】 年内，西藏中行以提升普惠金融水平为方向，以支持地方经济发展为目标，以落实“一带一路”倡议为职责，增设吉隆口岸支行、林芝巴吉西路支行，完成阿里分行与墨竹工卡县、芒康县、波密县等县域支行的选址工作，普惠金融得到有效落实，金融服务延伸至更广阔区域。各机构积极拼抢市场、拓展客户，巩固优势业务，拓展新兴领域，突破区域限制、跨区争揽客户迈出历史性一步。托管、投行、对公理财、金融机构资产业务保持同业第一。国际结算、国

2017年6月，中国银行西藏分行参加自治区央企助力富民兴藏会议暨战略合作签约仪式

际收支及跨境人民币市场份额在系统内及同业中均排名第一；年度外汇考核连续多年保持为A级。不断优化和完善信贷盘存机制，加大对潜在风险的防范和化解力度，巩固资产质量。截至年底，西藏中行不良率为0.06%，个人授信不良率控制在较低水平，公司授信连续64个月保持零不良。

【金融扶贫】 年内，西藏中行与自治区扶贫办、农发行西藏分行签订《金融精准扶贫合作三方协议》，通过扶贫资金支持保障系统累计发放贷款111笔、金额25亿元。牵头组建全区第一笔扶贫资金银团贷款，金额15亿元。支持异地扶贫搬迁，向拉萨城投放款10亿元，用于农牧民集中安置房建设。加大产业扶贫力度，发放3亿元贷款，支持全区试点县农村公路示范建设项目，为解决贫困地区公路通达问题起到标杆示范作用。

【创新服务】 年内，西藏中行加快推进智能柜台建设，推广覆盖率达70%，提升非现金业务自助化办理水平，助力网点经营模式转型。在全区独家投产扶贫资金支持保障系统等创新项目，有效发挥科技服务支持作用。优化现金管理平台、产业基金等产品投放模式，在区内率先推出中银E贷网络贷款产品。深度融入各种场景，手机银行交易客户数同比增长46%。持续推广电子银行承兑汇票业务，电票占全区总承兑量的99.27%，在系统内排名第一，科技助推经营管理的能力得到有效提升。

【党建工作】 年内，西藏中行党委进一步加强和改进党建工作，按照中央、自治区和中总行部署，落实新时代党的建设总要求，紧紧围绕主题主线统筹党建工作，坚持突出重点、环环相扣、层层推进，推动管党治行从“宽松软”走向“严紧硬”。通过邀请外部专家授课、召开宣讲会动员会、班子成员讲党课等形式，深入学习宣传贯彻中共十九大精神和习近平总书记系列讲话精神。强化责任追究，查处各项违规违纪问题。开展对中国银行山南、林芝、昌都、日喀则分行的巡视工作。广泛开展党建共建活动，建立起银、政、企、社区多维度的新型共建关系，促进业务发展。

【廉洁建设】 年内，西藏中行大力开展以“规矩、干净、文明、安全”为主要内容的廉洁文化建设工作，推广运用“廉洁中行”平台，加强案例警示教育和民族传统文化教育，深挖中行廉洁文化内涵，引导各级机构和干部员工增强反“四风”的内在自觉，巩固拓展党性党风党纪教育成果。坚持“简单、清新、阳光”的廉洁理念，推广“廉洁合作伙伴”计划，西藏中行已与拉萨海关等25家单位签订《廉洁伙伴协议》，通过与合作单位签订《廉洁伙伴协议》，公开廉洁交往承诺，建立廉洁监督机制，开展廉洁共建等活动，推动构建新型“亲、清”银企关系，向社会传播廉洁文化。共同培育与中央精神和时代要求相符合、与健康发展相适应的廉洁文化，共同构建新时代下风清气正的新型合作关系，推动行业新风正气的形成。

（胡　滔）

中国建设银行西藏自治区分行

【概况】 2017年，中国建设银行西藏分行各项存款时点余额1060.59亿元，比年初新增179亿元，日均余额达954.34亿元。一般性存款日均余额达到921.30亿元。

各项贷款余额621.25亿元，同比新增72.23亿元。其中对公贷款新增59.87亿元；个人贷款新增12.36亿元。实现中间业务净收入1.48亿元，同比增长0.3亿元。全年处置不良贷款2326.91万元，计划完成率109%。年末不良贷款余额5408.09万元，较年初减少1099.28万元，不良率0.09%，较年初下降0.03%，不良额、不良率实现双降，资产质量进一步提升。

【经营业务】 年内，建行西藏分行狠抓对公存款资金承接，及时组建任务型团队、强化高层营销、上下联动，新增地市级社保基金、扶贫资金专户、非税收入专户、事业收入专户等财政可保留专户，承接130亿元政府产业基金，军警类存款增长率35.17%，社保类存款增长率53.26%。累计代理政策性银行贷款资金207.66亿元，同比增长130.7%；实现交通领域资金有效承接140多亿元，当年实现存款新增83亿元；年末对公资金承接率为58.22%。储蓄存款方面，进一步细化客户分层管理、精准营销；强化公私联动，着力提高对公基本户和有贷户代工覆盖率，新增代发工资个人客户8.4万户，狠抓对公经营性资金承接，实现个人客户承接对公经营性资金70.42亿元。

【金融产品】 年内，建行西藏分行零售条线（含电子银行）中间业务收入突破1亿元，全行占比达到59.93%。其中信用卡及商户收单业务等优势业务表现突出，占全行中间业务收入25.14%。批发条线贡献度迅速提升，中收增长率达到77%，其中新型结算产品价值创造力日趋凸显，占单位人民币结算业务收入的46.18%，提高了27.24个百分点；传统产品收入快速增长，实现银团贷款收入799万元，较2016年新增688万元；保函业务收入1232万元，较2016年新增1197万元。

【普惠金融】 年内，建行西藏分行积极推进完善普惠金融组织架构，全面推动普惠金融业务，提前超额完成总行下达的普惠金融任务计划。加大金融支持精准扶贫力度，金融精准扶贫贷款（包括产业扶贫和项目扶贫）余额达到31.90亿元。全年累计实现信贷投放45亿元。积极支持区内农网升级改造、藏中和昌都电网联网、新型城镇化、产业园区等项目建设，做好政府风险补偿金担保贷款的投放。加快发展个人消费贷款，个人消费经营类贷款余额17.64亿元，比年初新增7.38亿元，增幅71.92%；个人“快贷”快速推进，实现客户新增2682户，余额4.24亿元。建立健全小微企业业务管理、考核及风险管理机制，以“小微快贷”“云税贷”等产品为抓手，全面完成“三个不低于”任务，仅半年时间成功发放小微快贷381笔，累计金额4.03亿元。

【智慧化应用】 年内，建行西藏分行物理渠道布局持续优化，离行自助银行与网点比例达1.84，自助设备全功能服务率提升至97.49%；智慧柜员机迁移率提升至91.39%。完成全辖网点柜面COS-T及智慧柜员机渠道远程集中授权审核上收，完成智慧柜员机人脸识别技术推广应用，渠道集约化智慧化水平进一步提高。移动金融交易量占比较年初提升19.10%；电子银行账务性交易量占比高达97.68%，交易量6326.6万笔，是柜面交易量的42倍，是自助渠道交易量的6倍。

【系统升级】 年内，建行西藏分行全面完成新一代对私核心系统的

2017年1月15日，建行西藏自治区分行在综合楼五楼举行迎新晚会

2017年2月23日，建行西藏自治区分行与天海集团公司在区分行七楼会议室召开沟通交流洽谈会

推广上线。完成中心机房改造，为分行可持续发展提供重要保障。完成社保代发系统等14项自主开发工作，科技条线深度参与客户综合营销，“科技融入业务”能力进一步提升。完成ODSB应用迁移改造、反洗钱项目改造，开展个人存款和青年客户消费行为分析，数据挖掘应用能力不断提升。

【风险防控】 年内，建行西藏分行全面加强风险管理，认真落实“风险管理职责进党委”，按照“一把手负总责、领导班子负全责”的层级主体责任要求，从主要风险入手，推动全面风险管理“五个到位”，层层分解细化责任，实现风险管理工作全覆盖。信贷行业调研分析能力不断提高，押品管理制度进一步完善，贷后管理工作扎实有力，不良额和不良率达到15年来历史最低。实现柜面督导和稽核监测有机整合，强化线下督导与线上监测工作协同，增强柜面业务风险防范能力，稽核问题率降幅达到38.94%。以开展“信贷业务、柜面业务、印章管理和集中采购”4个重点领域专项整治活动为抓手，加大高风险领域整治力度。全行印章基本实现集中管理，大大降低了印章风险。保密工作再上新台阶，被评为自治区保密工作良好单位。安保维稳工作扎实规范，获得拉萨市社会治安综合治理先进单位称号。

【党风廉政建设】 年内，建行西藏分行进一步落实两个责任，不断完善制度体系，通过细化考核指标、层层签订责任书，进一步夯实两个责任。强化两个责任考核结果运用，各级领导管党治党主动意识不断提高。深入推进廉洁采购文化建设，全行尤其是二级分行采购专业水平、规范化程度明显提高。加强组织队伍建设，实现辖内基层网点纪检监察监督全覆盖。深入开展“三线”教育和“三清查”工作，进一步加强员工廉洁从业教育和监督管理。持续开展巡视巡查和“回头看”工作，坚持政治巡视定位，巡视利剑作用进一步发挥。严肃执纪问责，全年查处违规事件5件，问责处理7人次，轻处理61人次。

（雷　勇）

中国工商银行西藏自治区分行

【概况】 2017年，中国工商银行西藏自治区分行内设综合管理部、公司金融业务部（普惠金融事业部）、机构金融业务部、银行卡业务部、业务保障部和风险管理部6个部室，下辖5个分支机构，分别为分行营业部、色拉路支行、经开区支行、林芝支行和昌都支行。

【信贷投放】 年内，工行西藏分行累计投放各类贷款融资361亿元，同比增长28.3%，各项贷款余额259亿元，较2016年末增加33亿元，增长14.7%，其中公司贷款余额221.27亿元，较2016年末增加50.4亿元，增长29.5%；个人贷款余3.3亿元，较2016年末增加2.9亿元，增长741%。本外币全部存款余额45亿元，其中公司存款余额24亿元，较2016年末增加12亿元，增长100%；储蓄存款余额7.7亿元，较2016年末增加1.25亿元，增长19.5%。投放公司企业贷款161亿元，同比增长158%，净增50亿元、增长30%，高于四家国有银行平均增幅8.9个百分点，居第一位。同期全部存款余额45亿元，余额存贷比高达575%，向总行借用资金220亿元，中标认购地方政府债9亿元，全力支持自治区经济社会发展。

【驻村工作】　年内，工行西藏分行选派第六批3名驻村队员赴阿里地区革吉县革吉镇森布村开展驻村，全面落实自治区党委政府提出的强基惠民“八项任务”，在加强党建、感恩教育、帮助致富、办好实事、解难事等方面发挥了应有作用。协助村委完善建立了值班、巡逻和排查等维稳机制，召开维稳大会7场次，组织各类“四讲四爱”主题教育活动近30场次。在广泛征询驻村村民需求的基础上，向全村272户村民家庭捐赠价值18万元的高压锅和毛毯，同时主动联系工总行北京票据营业部开展定点捐赠，向森布村学生和牧民家庭捐赠衣物和文体用品。坚持每年向自治区公安民警英烈基金会捐赠2万元，以实际行动支持公益事业。

【普惠金融】　年内，工行西藏分行围绕拉萨市主干道北京路和大昭寺、布达拉宫两个繁华区“一干道两商圈”进行网点规划，稳步推进人工物理网点搭配自助银行建设，主城区营业网点达到3家、建成沿北京中路布达拉宫两侧银亭4个和离行式自助银行13个，服务触角已辐射整个主城区；昌都支行顺利组建开业，完成拉萨、林芝和昌都三个经济大市的网点布局；紧跟智慧银行发展趋势，对位于八廓街旁的丹杰林路的自助银行进行了改造，升级为集自助服务、智能服务、O2O体验和贵金属展示为一体的全功能智能服务网点，全方位满足周边商户、居民和游客的银行卡发卡、支付结算、互联网金融、贵金属消费和投资理财等金融产品及服务需求。成功协助区市两级反欺诈中心成功堵截一起21万元电信诈骗案件，对“银行卡诈骗、电话欠费陷阱、网银转账陷阱”等电信诈骗现象进行提示，社会公众的金融知识水平和金融安全意识提升。

【重大活动】　3月20日，工行西藏分行王学勇行长、格桑曲珍副行长赴昌都拜访自治区党委常委、常务副主席、昌都市委书记罗布顿珠，汇报昌都机构筹建开业有关情况。4月15日，工行西藏分行格桑曲珍副行长带队参加分行与拉萨布达拉旅游文化集团联合主办的2017年“全域旅游”推介会暨战略合作签约仪式，并代表西藏分行与拉萨布达拉旅游文化集团签订战略合作协议。

（吴振京　张舟舟）

中国邮政储蓄银行西藏自治区分行

【概况】　2017年，中国邮政储蓄银行西藏自治区分行下设6个专门委员会，设置15个一级部门、8个二级部门，下辖拉萨、林芝、山南、日喀则和昌都5个一级支行，其中拉萨市支行下辖14个二级支行。邮政金融网点87个，其中自营网点16个、代理网点71个，农牧区和县域网点48个，县域覆盖率70%。在职员工315人，平均年龄32岁，其中少数民族员工131人，占比41.59%；本科及以上学历员工221人，占比70.16%。截至年底，分行资产规模103.95亿元，比2016年增长15.31%。实现自营收入3.06亿元，比2016年增长40.37%；实现利润总额4696.37万元，完成预算165.37%。各项贷款余额88.18亿元，净增59.69亿元，比2016年增长209.43%；各项存款余额99.41亿元，净增11.9亿元，比2016年增长13.59%。贷款市场占有率2.18%，较年初增长1.24个百分点，拨备覆盖率3181%，不良贷款率0.05%。

【业务经营】　年内，邮储西藏分行个人储蓄存款规模27.09亿元，储蓄年日均余额下降0.62亿元，保费新增0.5亿元，大理财业务销售13.92亿元，净增5.06亿元；国债销售0.27亿元，黄金定投结存户数36户，基金定投新增客户96户，信用卡发卡7500张，比2016年增长612.93%；实物贵金属销售379万元，手机银行净增客户2876户，激活率23.81%；柜面可分流率32.7%。发放信用卡7500张，比2016年增长612.93%；大理财业务销售13.92亿元，净增5.06亿元；消费贷款净增10.8亿元，比2016年增长346%。成功上线“邮享贷”“邮薪贷”等互联网金融消费产品，完成首笔商铺使用权抵押贷款。发放小企业贷款8.5亿元，净增6.08亿元，列系统内16位，完成总行下达预算609%，预算完成率排第1位。公司存款结余32亿元，净增6亿元，列系统内第18位；公司贷款余额60亿元，净增42亿元，列系统内23位。

【终端服务】　年内，邮储西

2017年6月13—17日，中国邮政储蓄银行西藏分行行长吕家进一行在西藏拉萨参加央企助力富民兴藏会议

藏分行金融服务网络覆盖位列全区第二，金融网点县域覆盖率70%，汇兑网点实现县域全覆盖，逐步向具备条件的乡镇延伸服务。自营机构覆盖拉萨、林芝和山南3个地市，计划筹备昌都市和日喀则市新增机构。设立助农取款服务点123个，投放ATM和CRS机具135台、POS终端1487台。拥有个人结算账户数77.88万户，服务客户超过42.6万户，客户总数78.27万人。打造包括网上银行、手机银行、电话银行、电视银行、微信银行、微博银行和易信银行在内的电子金融服务网络。新增手机银行客户2.1万户，电子银行替代率91.97%，高出邮储系统平均水平5.56个百分点。

【党风廉政建设】 年内，邮储西藏分行持续开展分行领导班子成员履行“一岗双责”述责述廉、干部集体廉政谈话及“两个责任”约谈。开展巡视反馈问题检查自查整改工作，自查问题162项，整改完成131项、持续整改数31项，责令退款2630元。开展西郊支行项目重建、“责任能力提升年”专题活动等效能监察工作。持续深入推进廉洁风险防控排查工作，排查风险点47个，梳理防范措施99项；建立健全兼职纪检监察员运行机制，开展“三重一大”决策制度的监督，开展现场和非现场监督112项。保持零发案、零违纪、零信访的态势。

【风险管控】 年内，邮储西藏分行修订完善案件管理办法等3项制度，完成对公重点业务风险排查，开展网点风险等级评价和代理金融网点专项检查，严格责任追究，全年问责48人，经济处罚5.3万元，实现年度“零案件”工作目标。扎实开展“三三四十”等专项排查工作，开展“扶贫富农贷”等新产品、新业务，以及外包业务的风险评估工作；全年清收不良资产1389万元。推行授信业务审查审批环节限时服务、平行作业和贷前会商制度，审查审批业务3218笔，增幅208.53%，授信金额202.76亿元，比2016年增长71.83%。开展专项审计11项，经济责任审计16人次，审计调查1次。审计发现问题53个，提出审计建议36条，工程审计项目10个，金额239.51万元，审减金额8.97万元。

【金融改革】 年内，中国邮政储蓄银行西藏分行全面推行“扁平化”和“大部制”模式，在区分行设立零售金融部和公司金融部两个“大部”，将拉萨市支行下设的三个部门与区分行相应部门进行合并，成立公司金融中心、小微企业金融中心、消费金融中心和三农金融中心。实现会计业务系统分行集中处理，完成资金汇划集中处理、个人集中授权交易上收和营业主管派驻等工作。创新推出“扶贫富农贷”新产品，在山南市扎囊县成功发放西藏银行业机构首批产业扶贫贷款。

【金融扶贫】 年内，邮储西藏分行首创“扶贫富农贷”新产品，在山南市扎囊县成功发放西藏银行业机构首批产业扶贫贷款。完成与拉萨、林芝、山南、日喀则和昌都5个市的32个县（区）的产业扶贫工作对接，已与其中的32个县（区）达成初步合作意向，与其中的17个县（区）签订了产业扶贫合作协议，受理产业扶贫贷款项目76笔14.18亿元，完成授信审批33笔5.93亿元，实际发放产业扶贫贷款27笔4.74亿元，带动全区“建档立卡”贫困户近万人。1月2

2017年5月19日，中国邮政储蓄银行西藏分行荣获2017年中国技能大赛西藏农牧区支付结算综合金融服务大赛二等奖

日，中国邮政储蓄银行董事长李国华批示：“西藏分行积极践行普惠金融，推进银政合作，在开展金融扶贫方面走在了前列。希望你们继续深化与地方政府的合作，完善配备机制，把扶贫工作做得更细更好更扎实，为西藏脱贫攻坚和经济社会发展做出更大的贡献。”

【重大活动】 3月28日，邮储西藏分行与日喀则市人民政府签订全面战略合作协议。6月15日，西藏自治区党委常务副书记、自治区政协党组书记丁业现在拉萨会见中国邮政储蓄银行行长吕家进。6月16日，中国邮政储蓄银行行长吕家进一行到西藏分行视察指导工作并举行座谈。

（单兴乐）

西藏银行

【概况】 西藏银行是西藏自治区第一家地方性法人银行，内设部门17个，营业机构9个，员工494人，少数民族员工、本科及以上学历员工占比分别为48%、90%。始终坚持“立足西藏、面向全国、服务西藏”的经营宗旨，致力于提高全区金融服务水平，建立基本覆盖区内城乡的金融服务网络，逐步缓解区内中小企业“贷款难”和银行“难贷款”的问题，改善农牧区金融服务，为农牧区经济发展、农牧民增收提供金融支持，促进西藏实现跨越式发展和长治久安。

【业务发展】 2017年，西藏银行实现税后净利润11.26亿元，比2016年增长2.72亿元，增幅31.9%，计划完成率112.6%；实现经济利润7.89亿元，比2016年增长30.9%。资产规模达到675亿元，增长189.6亿元，增幅39%；各项存款余额、贷款余额分别为507.7亿元、365.3亿元，新增90.8亿元、103.3亿元，增幅21.8%、39.4%，完成全年计划的100.8%、129%。不良贷款余额1.06亿，不良贷款率控制在0.29%，低于全区银行业平均水平。贷款拨备率2.83%，高于监管指标0.33个百分点。累计提取拨备15.46亿元，新增拨备5亿元。7月3日新系统成功上线运行，增资扩股方案顺利履行董事会程序，跨区经营迈出第一步。

【支持地方发展】 年内，西藏银行加大个人住房、个人消费、汽车等贷款业务。做大总量，盘活存量，做优流量，实现自身经营质效提高与地方经济转型升级的良性互动。累计发放重点项目贷款280亿元，小微企业贷款211.6亿元，涉农及个人贷款38亿元、28亿元，连续5年实现了银监会小微企业贷款“三个不低于”目标。累计向实体经济新增各项贷款110亿元，增幅42%，同比多增54亿元；收回票据类贷款6.8亿元，公司信贷收回移位再贷规模80亿元，超过同期公司类贷款增量，腾挪资金促进产业转型升级。投资地方债6.1亿元。年内，新增个人贷款11.09亿元，高出贷款平均增幅44.53个百分点；个贷占比6.5%，比2016年提高1.54个百分点；个贷风险权重74.75%，低于公司类贷款25.13%个百分点，资本耗用水平逐步降低，集约化经营能力有所提高。

【内控管理】 年内，西藏银行切实发挥“1+7”风险专业委员会的组织、决策、工作推动职责，建立多层次，相互衔接的执行保障体系，全面准确识别，审慎评估，及时预警，有效处置各类风险。认真贯彻银监会“三违反”“三套利”“四不当”等9个监管新规，着力抓好风险总量控制和重点客户、重点行业、重点领域的风险管控，牢牢守住风险底线。突出信用风险、流动性风险、操作风险等重点领域风险管控，严格评级授信和贷前调查，抓好贷后管理，做好流动性风险计量监测，开展压力测试，建立资金拆入管理平台，加强资产负债比例及头寸管理，调整优化资产负债结构。大力开展员工行为排查和内控检查，严密防控案件和重大风险事件发生，强化对新设机构的检查监督，积极发挥内审及监察部门的监督作用。强化资本约束，推行经济资本管理，注重监管指标执行和监管评级升级。收回不良贷款近3600万元，核心一级资本充足率、杠杆率分别为13.14%、10.9%，流动性比例、核心负债依存度分别为37.1%和59.3%，主要风险指标优于监管要求。

【人才队伍建设】 年内，西藏银行切实加强党组织和党员队伍建设，全行共有党组织24个，党员237人，党员占员工总数的48%。2017年校园招聘全日制本科毕业生46名，择优社会招聘21名具有工作经验人才，公开竞聘主管、副主管级干部45名，组织选任28人，全行共有员工494人。全年累计组织819期次培训，培训7200余人次。落实就业政策，履行纳税义务，吸纳本地就业400余人，累计缴纳税金2.04亿。

（魏　山）

国家开发银行西藏自治区分行

【概况】 2017年，国家开发银行西藏分行下设办公室、规划发展处、经营管理处、法律事务办公室、风险管理处、评审处、贷委办、客户一处、客户二处、客户三处、财会处、营运处、人事处、纪检办共计14个处室，员工共计89名。

【业务经营】 年内，国开行西藏分行向自治区项目评审授信1274亿元，发放表内人民币贷款323亿元，新增贷款259.58亿元，贷款余额达到462.27亿元，市场份额11.4%，全区银行排名由2016年的第7位提高第4位；正常类资产占比97.4%，较年初提高6.3个百分点；总体风险率为1.038%，较2016年下降0.07个百分点；RAROC已由年初的25.74%提升到年底的45.87%，可持续发展的能力显著提高。

【融资授信】 年内，国开行西藏分行与自治区发改委联合编制《边境小康示范村建设规划》《拉萨山南一体化发展规划》《西藏自治区“十三五”产业发展规划》。起草国土绿化、绿色金融、水利建设等领域项目融资方案，承担人行拉萨中心支行《PPP融资模式在西藏的应用与推广研究》《开发性金融服务西藏供给侧结构性改革的路径选择》两项重点课题研究。围绕自治区融资瓶颈，评审授信集中向自治区重点项目、短板项目和民生项目聚焦，包括脱贫攻坚、棚户区改造、国土绿化、能源交通和乡村振兴战略等。

【重点工作】 年内，国开行西藏分行积极响应自治区党委政府的号召，加强与各地市的银政合作，实现了开发性金融与西藏七个地市银政合作的全覆盖。坚持“优势互补、错位发展、合作共赢、不搞恶性竞争”的同业合作原则，发挥各自优势，共同服务西藏稳定和发展。加大与重点客户的沟通力度，牵头组建了苏洼龙等五个总投资超过百亿的重大项目银团，累计落实社会融资总量超过600亿元。

【服务地方发展】 年内，国开行西藏分行坚决贯彻落实习近平总书记关于“加强民族团结，建设美丽西藏”的指示精神，主动担当作为，创新融资模式，向全区生态保护和国土绿化项目发放贷款30余亿元。严格落实与自治区扶贫办签订的500亿元战略合作协议，选派业务骨干支持自治区脱贫攻坚指挥部各专项小组工作；推动总行在拉萨举办“西藏金融扶贫干部培训班”，全区74个县101名县处级干部参加扶贫政策、融资模式等学习。发放产业扶贫贷款确保贫困人口搬得出、稳得住、能致富，作为全区唯一助学贷款经办银行，助力教育扶贫，保证不让任何一名大学生因贫困而辍学。加强与自治区住建厅、总行住宅局等部门的沟通汇报，推动全区相关棚改项目纳入国家计划，享受PSL贷款利率，并发放贷款近40亿元，支持日喀则、昌都以及那曲地区的棚户区改造。

【风险管控】 年内，国开行西藏分行提升贷审工作精细化管理，以制度建设为基础，明确各环节职责，以边界控制为底线严格准入门槛，以计划管理为中心，增强审议的计划性，以项目预审为重点，深化复杂项目风险研判，以多维度评价为手段，推进评审质量提升。结合监管要求，认真组织开展“三违反”“三套利”“四不当”市场乱象自查，对排查出的潜在风险客户强化贷后管理频度，逐个制定风控预案。以贯彻落实“3号令”为契机，不断强化日常管理，加大培训宣传力度，有效防范洗钱风险，西藏分行以第一名的成绩重回反洗钱工作A类行。建立整改调度机制，实行问题“清单制”，按月跟踪按季调度，对照清单逐一整改“销号”，对疑点和薄弱环节建立跟踪检查和纠正机制，积极落实内外部整改意见，内部审计问题整改率100%，“零”不良、“零”案件、“零”投诉的内控目标得以实现。在总行的支持下再度提升西藏地区省级政府信用等级，推动各地市的评级提升工作，为政府增信，进一步拓宽与政府的合作空间创造条件。

【党建工作】 年内，国开行西藏分行及时成立学习宣传中共十九大精神工作小组，班子成员带头讲党课，开展专家辅导和“支部书记谈十九大”“党言党语微课堂”“青年员工有话向党说”等活动；选派5人次赴总行党校及井冈山干部学院参加党的十九大精神集中轮训。落实党建主体责任。研究制定《2017年党建工作要点》《贯彻落实全行党建工作会议精神19条措施》《“三会一课”实施办法》；召开20次党委会研究推动党建与业务重点工作，把抓党建与抓业务同部署、同考核。深入开展“两学一做”学习教育常态化制度化。通过与成都审计分局开展“联学联做”，与西藏银监局、中行西藏分行开展“结对共建”，活动载体和形式进一步丰富，分行被自治区确定为榜样宣传对象。深化驻村工作。大力开展“四讲四爱”主题教育实践活动，向雄巴乡政府医疗扶贫项目捐赠50万元，捐赠高压氧舱1台，雄巴乡基本医疗公共服务能力得到提升和改善。

（王　荣　周子敬）

浦发银行拉萨分行

【概况】 2017年，浦发银行拉萨分行设立职能部门“九部一室”，即公司业务管理部、零售业务部、金融市场部、投资银行部、营业部、资金财务部、风险管理部、信息科技部、运营管理部和办公室。按照相关要求设立纪委、工会、团委，党务职能部门设置党委办公室和宣传部，营销部门设置战略客户部、四个公司客户部和信用卡团队。共有正式员工85名，其中援藏干部16名、当地社会招聘36名、校园招聘33名。各项业务快速推进、经营效益持续向好、市场竞争力逐步提升，开业一年实现扭亏为盈，各项存款余额达到61亿元，经营效益和资金实力持续提升。

（李文健）

中信银行股份有限公司拉萨分行

【概况】 2017年，中信银行股份有限公司拉萨分行辖9个部门，分行营业部及北京中路支行2个营业网点，员工123人，领导班子5人。资产总额82.78亿元，较年初增加14.10亿元，增幅达20.54%。各项存款62.29亿元，较年初增加8.18亿元；各项贷款余额81.12亿元，较年初增加23.13亿元，增幅达39.88%。其中对公一般贷款76.1亿元，票据融资2.5亿元，个人贷款2.52亿元，关注类贷款、不良贷款和不良率均为0。

【经营业务】 年内，中信银行拉萨分行始终坚持“三大一高”的客户定位，积极拓展客户，主动对接区、市两级财政、发改委、政府平台等机构，贷款投放行业覆盖基础设施建设、能源及矿产开发、天然水、藏医药及西藏特色产业等多个板块。通过成功承销2亿元西藏自治区第一笔地方债券，成功中标国库现金管理存款5.2亿元，成功开立拉萨市烟草专卖局一般销售账户，实现烟商贷业务成功落地，与拉萨市住房与城乡建设局公积金管理中心达成合作，标志着中信银行拉萨分行成为拉萨市第一家开立公积金业务账户的股份制商业银行。

2017年12月30日，拉萨市副市长崔晓峰一行到中信银行拉萨分行慰问一线员工

将“以客户为中心”作为协同的出发点，积极推动辖内集团子公司的客户、产品、信息的交流共享。面对西藏特殊的金融环境和同业市场监管，中信银行拉萨分行积极推进区内金融同业客户的覆盖度，成功营销西藏信托有限公司签约“中信同业+”平台，成为西藏辖内首家利用同业平台开展同业业务的商业银行。成功竞标西藏自治区财政厅2亿元跨区域农产品流通基础设施建设股权投资资金结算专用托管账户，成为首家托管银行。截至年底，零售管理资产余额11.06亿元，日均8.35亿元，分别较年初增长3.98亿元，4.76亿元；做大资产业务，截至2017年12月末，新增发放个人贷款1.59亿元，结存余额2.36亿元；做大收单业务，截至2017年12月末，自主收单商户193户，带动日均存款余额2588.90万元，户均储蓄年均沉淀达到13.41万元，远超全国平均水平。

【普惠金融】　年内，中信银行拉萨分行积极开展普惠金融服务，完善网点柜台、手机银行、网上银行等基础服务功能，全辖配置立式及桌面式智慧柜台，并在网点增设便民服务设施，打造星级网点建设，优化网点服务与体验。按照监管单位要求开展“金融知识万里行”和“金融服务宣传月”活动，主题贴近消费者生活，同时针对不同群体、不同年龄阶段的消费者提供符合实际的金融保护知识，受益群众数千人。

【社会责任】　年内，中信银行拉萨分行投入800万元用于扶贫项目。其中，水渠建设方面投资600万元，修建九条“中信银行水渠”，总长度11.65公里，有效解决达那普乡、达那答乡、荣玛乡、卡嘎镇649户群众、3462人的10090亩农田灌溉问题（其中贫困户275户，贫困人数1065人），共计增产粮食50.45万斤，可产生经济效益100.9万元，人均每年增收535元；助学方面，共投资200万元设立“中信银行教育发展基金”用于教育助学，累计资助包含2015以来的大学本/专科生、中专生和考入内地西藏班学生共计580人。同时，为进一步丰富学生业余文化生活，不断拓宽学生知识面，帮助他们牢固树立“知识改变命运”思想，派驻干部还

2017年7月31日，中信银行拉萨分行举办“客户生日会”客户答谢活动

2017年8月6日，中信银行拉萨分行分别向自治区公安民警英烈基金会、银监局谢通门县达那普乡驻村点捐助

通过不同渠道，积极争取资金10万元，为达那普乡小学购买图书4500余册，建成“中信银行爱心书屋”。

【党建工作】　年内，中信银行拉萨分行通过分行党委书记讲党课、分行党委成员深入各个党支部宣讲、聘请专家做专题讲座、集体研讨、参加集团及总行视频学习等形式，多维度解读中共十九大精神。持续开展党章和系列讲话学习，全面理解党的纲领，深入领会党的指导思想、组织原则、优良作风，确保党员干部在政治上的先进性，纯洁性。严肃党内政治生活，抓好“三会一课”落实，深入开展“不忘初心、牢记使命、重走长征路”主题教育活动，将主题活动融入到日常经营管理中，学习成果体现在工作业绩上。严格落实主体责任和监督责任，坚持一岗双责，分行党委书记与党委班子成员及各部门（经营机构）负责人签订《党风廉政建设责任书》，分行党委与各党支部书记签订《全面从严治党主体责任承诺书》，分行纪委与各党支部纪检委员签订《全面从严治党监督责任承诺书》，制定从严治党责任清单和各党支部、各支部书记、纪检委员规定动作清单，逐项推进，确保各项工作按时高效完成。

（史　航）

民生银行拉萨分行

【概况】　2017年，民生银行拉萨分行设公司银行部、个人金融部、风险管理部、零售业务风险管理部、办公室、人力资源部、计划财务部、运营管理部、安全保卫部等职能部门，以及4个行业金融部（矿业金融部、水电及机构金融部、交通金融部、企业金融一部），对外营业机构为分行营业部、经开区支行、宇拓路支行以及德吉路社区支行。共有员工152人，其中藏族员工61人，占比40.13%；大学本科及以上学历137人，占比90.13%；分行员工平均年龄30岁，员工队伍年轻化、高学历特点明显。

【业务经营】　年内，民生银行拉萨分行立足藏区实际，精准营销，充分发挥业务“领头羊”作用，负债类资产排名位列区内股份制银行第一。民生银行拉萨分行主动与本地政府联系，确定存款资源重点，积极参与市场竞争，努力增加存款来源，陆续与自治区财政厅、交通厅、西藏航空、能源投资公司等一批优质客户建立密切合作关系，并取得其大力支持。发挥“总分联动”优势，积极寻求与在藏央企的业务合作，主动与总行集团客户部进行对接，借助集团授信模式，利用授信产品创新上的优势，提高产品竞争优势和金融服务效率，为服务实体经济做出应有的贡献。积极营销同业，争取代理结算资质，国开、农发等政策性银行在信贷投放上具有得天独厚的优势，抓住有利时机，拓思路、求突破，实现第二单私募股权基金托管业务，沉淀活期存款4000万元；营销西藏首单永续债—西藏天路永续债5亿元；获批投行立项两笔，分别为奥克斯企业ABS项目和西藏银行定增配资项目；获批西藏开投绿色债券一笔2亿元并实现投放。新兴业务发展有力，同业营销取得突破性进展。截至年底，民生银行拉萨分行各项存款余额93.39亿元（含协销），占拉萨市各项存款市场份额的3.09%；各项贷款余额55.39亿元

（含贴现），零不良，零逾期。

【零售业务】 年内，民生银行拉萨分行把八廓商圈作为重点推动小微项目，发放小微贷款128户，贷款余额为0.99亿元，累计授信客户249户，累计放款金额为7.53亿元。以按揭、消费类贷款为抓手，积极响应总行客户交叉销售，获批按揭项目4个，对消费性贷款主要目标客群进行重新定位，明确优质单位的认定标准、职责、流程，建立"优质单位个人消费贷款项目"，为消费贷款的持续健康成长奠定坚实的基础，实现客群化获客效应。进一步提升产品推动能力，实现重大项目突破。与银联商务结成银行卡业务合作关系，确定其为西藏地区收单专业化服务提供商。根据西藏实际情况，积极拓宽业务渠道。针对区市两级公务员、行政事业单位编制内的正式员工绝大部分在成都购置房产等实际情况，开展以成都房产作为抵押物的家庭综合消费贷款业务。该项业务通过近4个月的沟通协调，获得总行最终批复同意。

【风险管控】 年内，民生银行拉萨分行强化风险管理，资产规模增长有序，信贷结构不断优化。分行评审积极介入业务，助推分行业务发展，构筑了坚固的风险防范防火墙。加强合规文化建设，夯实风险管理基础。统筹管理经营授权与风险授权管理工作，完成经营转授权与部门负责人的备岗授权，拟定、制发、保管各类转授权文件，加强财务管理，充分发挥财务考核"指挥棒"的调控作用。加强日常监控和运营风险管理，建立以人员及业务管理为基础、运营监控为核心、规章制度为依据的运营风险管控架构。通过择优选拔、定向培训的方式，建立一支业务知识全面、风险控制能力强的支行监控岗队伍，防止关键岗位人员断层，保障分行对全行运营业务风险的有效控制。前台人员服务意识增强，业务系统运营平稳，全年无一例风险案件，无重大客户投诉事件。

【金融服务】 年内，民生银行拉萨分行践行服务宗旨，加强渠道管理工作，提升网点服务形象。根据《中国银行业营业网点文明规范服务标准评价体系（CBSS10003.0）》的要求，积极组织网点营业经理参加星级网点创建培训，解读CBSS10003.0评价体系，分行营业部（五星级）、经济技术开发区支行（四星级），成功入围"中国银行业协会2017年文明规范服务星级网点"。加快全行客户化2.0项目推进步伐，为客户化2.0模式在网点快速有效推广，牵头成立客户化2.0推动小组，推出厅堂员工考核激励机制，组织三家标准型网点所有厅堂员工进行培训，经过多次与厅堂主管沟通交流，确定了《拉萨分行2017年厅堂客户化2.0落地考核及激励方案》。突出服务效能管理，妥善快速处理业务投诉，基础管理初现成效。稳步推进科技建设，以稳定安全为主题，打造强有力的安防体系，初步呈现办公秩序、管理体系三位一体化格局，未发生重大科技运维风险事件，实现了"零案件"目标，确保分行安全、稳定、有效运行。

【员工队伍建设】 年内，民生银行拉萨分行加强外联内调，不断凝聚员工队伍向心力。新一届分行党委成立后，先后拜访自治区发改委、交通厅、财政厅等7家厅局级单位，以及西藏开投公司、西藏天路、巨龙同业等15家自治区重点龙头企业。加大同业沟通交流，先后拜访国开行西藏分行、农发行西藏分行，达成业务合作共识。加强基层调研，以召开各部门负责人座谈会等形式了解情况，掌握本地区情、社情、民情和市场情况，摸清当前业务发展脉络和团队建设基本情况。认真贯彻落实总行领导关于"处理好民族问题，搞好员工队伍团结，带出一支有凝聚力的高原队伍，实现分行稳定发展"指示精神，做好员工队伍的稳定工作，及时掌握藏族员工思想动态和工作状态，激发藏族员工干事热情和活力。

【党建工作】 年内，民生银行拉萨分行始终坚持党的领导，发挥好战斗堡垒、先锋模范作用，深入贯彻宣传学习中共十九大精神，12月份组织召开学习十九大精神宣讲报告会。持续推进"两学一做"学习教育，开展"尊党章、守党纪、严党规"专题教育活动，开展"党委书记讲党课"专项学习教育活动，以支部为单位组织全体党员、预备党员、积极分子，重温习近平总书记系列重要讲话等规章制度。深化党风廉政教育，坚持“一把手负总责，分管领导各负其责，一级抓一级，层层抓落实”的原则，健全领导机构，明确职责范围，分行纪委牵头组织开展廉洁文化进家庭活动，把党风廉政建设和反腐败工作，纳入到全行发展和党的建设总体工作之中。

（杨　璐）

保险

中国人民财产保险股份有限公司拉萨市分公司

【概况】 2017年，中国人民财产保险股份有限公司拉萨市分公司全力提高理赔服务广大客户的质量和水平，为广大客户以及全市人民群众提供更优质、更快捷的理赔服务，全心全意服务拉萨经济社会发展。实现保费收入4.17亿元，增幅为6.47%。

【承保服务】 年内，人保财险拉萨分公司积极推广移动销售平台和电销渠道，深化产寿险交叉互动协同机制，销售能力持续提升。不断深化农网建设，现已建成并投入使用的达孜、城关、柳梧新区等7个县级支公司及“三农”服务站，全面推广政策性涉农保险，切实把保险服务送到广大农牧民群众身边，进一步提高保险服务覆盖面。强化“三农”保险，选取柳梧新区作为承保到户试点，实现一户一保单。拉萨市其他6个县4个区59个乡镇悉数参保，并在赔付时做到“四到户两公开”。坚持企财险、意外险、健康险、工程险全面拓展，大力拓展保险的新领域、新市场，推出军队医疗机构医疗责任保险、航空保险等新型业务。

【理赔服务】 年内，人保财险拉萨分公司创新推出微信公众服务号，开通微信理赔，提供自主理赔服务，大力提高理赔速度和理赔质量，为广大客户开展理赔工作提供便利。加强理赔队伍建设，先后通过内部调整、外部招录等形式，大力充实理赔一线工作人员，推进“理赔夜市”“主干道巡查”“线上线下一站式服务”等工作举措。全年，受理案件21500个，结案率达97.7%。

【党建工作】 年内，人保财险拉萨分公司设党委1个、党支部3个，共有党员60人，新发展正式党员2人、预备党员4人，积极分子6人。通过中心组理论学习会、专题学习会、支部党员大会等形式，认真学习贯彻中共十九大精神和党建相关知识，开展集中学习6次，撰写心得体会50余篇、开展学习讨论活动3次、公司领导讲党课2次、落实“三会一课”20余次，党建工作氛围良好。公司党委及时与各单位、各部门签订《全面从严治党主体责任状》22份，进一步明确党委（支部）书记的第一责任，强化班子其他成员的“一岗双责”，促进《全面从严治党责任状》各项要求有效落实。

【党风廉政建设】 年内，人保财险拉萨分公司通过认真学习《中国共产党章程》、中共十九大报告、习近平总书记系列讲话读本、准则、条例、《违法犯罪典型案例汇编》、观看警示教育片、开展党风廉政知识测试等形式，积极开展党风廉政宣传教育和警示教育，接受教育人数达1000余人次。加强重点时间节点廉政教育，分别在元旦、春节、五一、国庆等重要时间节点，向党员领导干部发送廉政短信300余条，风清气正逐步成为党员干部的习惯。严格落实中央“八项规定”精神和区党委“约法十章”“九项要求”及市委“八项要求”，坚决纠正和整治“四风”，大力营造良好的干事创业氛围。

（赵　娟）

中国人寿保险股份有限公司西藏自治区分公司

【概况】 2017年，中国人寿保险股份有限公司西藏自治区分公司实现总保费4.31亿元，同比增长8.53%。各项指标在全国系统名列前茅。为全区33.26万人次、3791家机关（单位）提供保险保障，风险保障达504.24亿元，共受理案件1731件，理赔金额达3660.19万元。截至年底，在拉萨、山南、林芝、日喀则设有分支机构，在册员工和销售人员1300余人。在实施军人保险、城镇职工大额补充医疗保险等基础上，扶贫、妇女两癌等政保业务有序推进，公旅险及旅意险有新突破，年金、健康险市场稳步开

2017年，中国人寿西藏分公司那曲结对扶贫

拓，特别是在林芝率先开办“扶贫保”业务，成为全区保险业的一大亮点工作。

【扶贫工作】　年内，中国人寿保险西藏分公司认真贯彻落实自治区强基惠民、脱贫攻坚工作各项要求，与自治区扶贫办签订《保险扶贫合作框架协议》，与聂荣县聂荣镇58户贫困户结对认亲，累计投入各类帮扶、慰问、扶贫、捐赠资金440余万元，经过努力，3个驻村点全部如期实现了脱贫。围绕“远离贫困，从一份保障开始”主题，积极开展宣传活动，保质保量完成总公司电商扶贫任务。在山南、阿里开展“精准扶贫、情系校园”捐赠活动。向拉萨市卫生局捐款200万元，用于购置体检车。

【党建工作】　年内，中国人寿保险西藏分公司深入学习宣传贯彻十九大精神。组织干部员工收听收看中共十九大报告，通过专家授课、集中学习、开设内网专栏、党委班子讲党课等多种方式，广泛深入学习宣传贯彻，将系统上下的思想和行动统一到中共十九大精神上来。认真落实党建责任，不断加强基层党建。推进“两学一做”学习教育常态化制度化，组织开展驻村宣讲、三项专题讨论等活动，举行纪念建党中国共产党96周年系列活动，扎实推进“争夺十面旗激发新活力”年度党建工作重点项目。

【廉政建设】　年内，中国人寿保险西藏分公司扎实推进党风廉政建设，始终将纪律和规矩挺在前面，扎实落实八项规定自查及整改，驰而不息纠正“四风”，深入推进公司系统巡视工作，对检查所发现的各类问题，积极整改。严格按标准开展公务接待、不折不扣执行“禁酒令”。全年，未发现一起廉政类的违纪违规事件。

【重要活动】　2月20日，自治区常务副主席、自治区政协党组书记丁业现出席公司2017年度工作会并强调，聚焦改善民生，创新产品服务，为加快发展现代保险服务业贡献力量。5月3日，公司在山南市琼结县加麻乡小学开展“精准扶贫情系校园”捐赠活动，向小学捐赠了400套运动服和200套学习用品，为贫困学生送去国寿关爱。5月15日，公司与日喀则珠穆朗玛文化旅游投资发展有限公司签订合作协议，拉开了中国人寿服务西藏景区保险的序幕，结束了珠峰景区没有人身意外伤害保险的历史。11月18日，林芝市米林县发生6.9级地震。灾情发生后，公司立即启动应急预案，妥善安排灾后理赔、服务工作。

（首汉强）

中国平安财产保险股份有限公司西藏分公司

【概况】　2017年，中国平安财产保险股份有限公司西藏分公司实现保费收入2.74亿元，全年保费2.95亿元，利润-257万元。理赔13088件，赔款支出0.95亿元，全年赔付金额1.3亿元。缴纳各项税款超0.21亿元，代扣代缴税款0.26亿元。

【创新服务】　年内，平安保险西藏分公司创新推出车险线上理赔服务新模式，实现100公里、120公里、180公里、500公里的道路救援，并推出协谈服务、藏语坐席、双语单证、简单快赔、一站式服务等特色服务，致力实现理赔从线下作业到线上作业的变革，引领理赔迈入“指尖”时代。围绕中小企业保险需求研发产品，以财产险为主险，扩展平安公众责任险附加电梯与停车场、雇主责任险、以及公共营业场所火灾责任险等，一份保单覆盖财产损失、三者责任、雇主员工等方面，产品具有保障面广，出单方便快速、保费低于常规一揽子保险等特点，易于客户接受。

【内控管理】 年内，平安保险西藏分公司不断完善合规建设制度体系，通过成立全区合规领导小组、组织专项培训、参与重点项目、机构间经验交流等多种形式，帮助重点合规岗位人员拓宽工作思路，提高专业素质。在反洗钱建设方面，制度体系不断完善，强化责任到人，定期开展反洗钱月报、季报工作小结，举办反洗钱专项培训，加强反洗钱和法律法规宣传，贯彻落实反洗钱工作要求，不断完善反洗钱基础工作，确保反洗钱工作的顺利进行。

【服务西藏发展】 年内，平安保险西藏分公司积极参与各项社会公益和爱心善举行动，投资205万元分别在林芝八一、昌都察雅、日喀则江孜县、那曲嘉黎县修建四所希望小学，并持续注资希望小学助学金、校园修缮、支教等公益事业。5月，发起“银屏送温情·儿童公益行”行动。9月，运送价值5万元物资前往嘉黎县希望小学并开展为期3天的支教活动。10月，集资6万元开展全区希望小学修缮工作。扎实开展驻村帮扶工作，帮助解决村民自来水饮用、农田灌溉、娱乐场地、土路改建等生产生活中存在的困难和问题，分别被区、市、县评为先进驻村工作队。

【设立分支机构】 年内，平安保险西藏分公司筹建拉萨中心支公司，将本部经营管理与机构业务发展职能进行剥离和清分，在管理和服务方面更加贴近市场、贴近客户，深入挖掘和激发拉萨市的市场潜力，加强保险服务促进拉萨保险市场的进一步发展。筹建阿里中心支公司，填补业务发展空白，积极参与阿里地区的经济建设，实现全区保险服务全覆盖，主动为阿里地区公职人员赠送保额一亿元的人身意外保险。

截至年底，发展县域代理机构17个，新增15个。通过协谈员、代理人、合作修理厂、加盟店等方式加强县域覆盖，服务客户近2300人次。大力实施县域宣传项目，通过印制宣传单、宣传册、制作宣传展架、与第三方共建广告等方式提升保险宣传广度和深度。

【人才队伍建设】 年内，平安保险西藏分公司高度重视人才的招聘、培训和培养，努力造就一支适应保险业改革发展需要、素质优良的人才队伍。现有正式员工240人，营销员1044人，少数民族员工占比30%。通过内部帮扶和外部培训，初步完成人才队伍梯队建设，专业人才稳步发展，公司发展所需人才保障有力。

【重大活动】 9月29日，自治区党委副书记、自治区主席齐扎拉会见中国安保险（集团）股份有限公司总经理任汇川一行，双方达成在全区开展多层次、多领域的云平台战略试点合作意向，重点针对“平安智慧城市云平台”合作项目进行研讨。

（王 浩）

证券

中国银河证券股份有限公司拉萨营业部

【概况】 2017年，中国银河证券股份有限公司拉萨营业部在推出新金融业务、设计新金融产品、采用新营销渠道、运用新技术前，进行系统全面的洗钱风险评估，结合业务、服务、产品固有风险与市场具体运行状况，建立相应的风险管理措施。

【业务发展】 年内，银河证券拉萨营业部根据监管要求，加大客户身份识别工作力度，特别是针对身份证明过期的客户账户，通过电话、短信、邮件等方式通知客户临柜办理身份证明文件更新手续，对于未在规定时间内完成更新的客户账户，采取限制资金转出、限制转托管转出、限制撤销指定交易、限制办理柜台业务、限制开通新业务等限制措施。制定《客户账户管理实施细则》，明确公司客户账户资料的保管质量标准，规定账户纸质资料由办理账户业务的营业部保管，电子影像资料由公司总部集中保管。公司客户账户相关业务资料按客户账户顺序，每户单独建立档案，档案资料须与柜台系统账户信息一致，不得有空档、缺档、跳档现象，不得按账户资产或开户人员等特殊分类，单独保管部分账户资料。规定正常使用的客户账户资料应长期保存，已注销的客户账户资料保存期不得少于20年，并要求营业部指定专人保管账户资料，建立借阅、复制账户资料的书面登记制度，严格控制账户资料阅知范围，严禁无关人员阅知。

【反洗钱工作】 年内，银河证券拉萨营业部及时调整反洗钱和反恐融资工作领导小组成员，并向人行反洗钱处进行报备。召开专题会议，对反洗钱工作进行总结部署。对客户反洗钱风险等级评估指标表进行适当调整，细化客户洗钱风险等级分类及划分标准，从客户的身份背景以及客户的交易行为等多个方面确定客户风险等级的划分标准。加强对反洗钱禁入名单监控，在账户管理系统中导入相关名单并及时更新，对新开客户资料进行实时比对。不定期进行相关知识培训，通过书面培训、案例解读、邮件提醒等多种方式开展反洗钱知识培训，重点加大对关键岗位人员和新入职人员的反洗钱培训，5月和11月分别开展反洗钱宣传活动，通过发放宣传资料，设立咨询台，摆放“打非咨询台”和“反洗钱咨询台”指示牌，解答投资者有关证券业务、非法证券和反洗钱等问题，提高客户对金融知识的知晓率。

【可疑交易甄别】 年内，银河证券拉萨营业部在开立账户业务办理中，严格把关，认真审查机构户证件及经办人身份证的真实性、完整性、合法性，详细询问了解客户有关情况；对于开立个人账户，严格按实名制的有关规定审查开户资料，要求客户出示本人（或连同代办人）的有效身份证件进行核对，并登记其身份证件的姓名和号码进行开户操作，对于未能依法提供相关证明材料的个人账户一概不予办理开户手续。7月1日，银河证券合规管理及反洗钱综合检测系统正式上线，新系统提高了现有可疑交易监控指标阈值；在保留客户身份可疑指标外，增加了敏感人物类型使用、客户异常交易指标，重点关注操纵市场等相关指标。

【制度建设】 年内，银河证券拉萨营业部新建及修订多项制度，分别是《中国银河证券股份有限公司反洗钱交易监测系统管理实施细则》《中国银河证券股份有限公司大额交易和可疑交易报告管理办法》《关于调整客户反洗钱风险等级评估指标》《中国银河证券股份有限公司洗钱和恐怖融资风险自评估实施细则》等。拉萨营业部修订《中国银河证券股份有限公司拉萨朝阳路证券营业部大额交易和可疑交易报告管理实施细则》，并向人行进行报备。

（张建新）

东方财富证券股份有限公司西藏分公司

【概况】 2017年，东方财富证券股份有限公司西藏分公司实现营业收入5.04亿元，比2016年增长375%。利润4.62亿元，同比增长423%。支出0.43亿元，同比增长92%。

【增设分支机构】 年内，东方财富证券西藏分公司根据西藏证监局签发的《关于核准西藏东方财富证券股份有限公司新设九家分支机构的批复》，西藏分公司落地柳梧国际总部城，在拉萨辖区内新设4家营业部并已成功开业运营，拉萨市内营业部总数达到10家。

【业务开展】 年内，东方财富证券西藏分公司为拉萨境内上市公司、拟上市公司、中小企业等机构提供全方位综合金融服务，包括债券融资、股权融资、财务顾问、新三板、股权质押等投资银行服务和资产管理业务、通道业务等服务。与本地经济开发区沟通，争取在招商引资项目上开展合作，着力与招商引资企业建立系统的合作关系。特色财务顾问业务实现从传统业务到与服务机构的深入合作转型。年内，拉萨辖区分支机构新增普通经纪开户数374877，新增融资融券开户数24500户，实现新增资产量227.58亿元，各类产品销售约20.3亿元。

【合规审查】 年内，东方财富证券西藏分公司根据上级单位以及总部对合规工作的安排部署，在日常工作中将合规任务放在重中之重，形成日志月报的管理制度。拉萨市内各营业部接受监管部门现场检查，截至年底，未发生一起重大合规问题或扣分事项，合规管理工作成效良好。

【纳税评级】 年内，东方财富证券西藏分公司拉萨市内2家营业部被西藏自治区国家税务局直属税务分局评为A级纳税人，营业部在税务登记、纳税申报、账簿凭证管理、税款缴纳等方面的工作得到认可。

（嘎 玛 扎西旦达）

中国中投证券有限责任公司拉萨营业部

【概况】 中投证券拉萨营业部是西藏地区首家具有央企背景的证券营业部，位于拉萨市城关区林廓西路28号，营业面积386平方米，员工9人。经营范围包括证券经纪业务、证券投资咨询、证券投资基金代理、为期货提供中间介绍业务、融资融券（不包括金融业务）、代销金融产品。

【业务发展】 2017年，中投证券拉萨营业部注重提升员工专业水平，积极向财富管理转型，完善相关配套制度，组建投资经理和客服专员团队，调整营业部客户结构，把客户分为财富客户和大众客户两大类，投资经理团队负责面对面服务财富客户，为客户量身定制理财方案；客服专员团队借助互联网对大众客户提供全方位的线上服务，建立全方位服务体系。借助中金公司优势，健全财富管理产品，加大中后台业务支持能力，合规经营，在金融产品销售和创新业务拓展上有效弥补传统业务收入的下滑萎缩。

【企业文化】 年内，中投证券拉萨营业部以为客户创造价值、为员工提升价值、为股东实现价值、为社会奉献价值为使命，以忠诚、责任、创新、专业、进取、卓越为核心价值观，以市场导向、业绩标准为经营方针，规范运作，勤勉务实，强调风险意识，提倡勇于创新，积极奉献社会，与区内外客户携手前进。通过规范、优质、高效的专业服务，在业务发展和文化探索中逐渐形成具有自身特点的思想和行为规范，“客户至上、以人为本、市场导向、合规诚信、合作共赢”的经营理念已根植员工心中。

【廉洁建设】 年内，中投证券拉萨营业部坚决贯彻执行党风廉政建设和反腐败工作要求，把该项工作纳入年终考核，并规定对不履行或不正确履行责任员工，依据《中国共产党问责条例》《中国中投证券有限责任公司党风廉政建设责任制实施办法》《中共中国中投证券有限责任公司委员会党建工作责任制》等制度严肃问责。

【重要活动】 3月21日，中国中投证券完成股东变更工商登记手续，正式成为中金公司的全资子公司。8月，中国中投证券拉萨营业部参加公司向财富管理转型试点工作。年内，中国中投证券荣获首届中国资产证券化年度“信托收益ABA最佳资产奖”、财视中国“资产证券化介甫奖”、金融界“最具合作价值金融机构奖”、中证互联“最佳消费扶贫支持奖”等。

（谢 丹）

科技

【概况】 年内，市科技局共争取项目资金5201.07万元，其中自治区科技厅、科协项目8项，资金1217.4万元；拉萨市项目27项，资金1500万元。全市共有高新技术企业27家，较2016年增加8家，增长38.1%，自治区级科技型中小企业37家，市级科技型企业14家；专利授权量349件，较2016年增加171件，增长196.1%；科技进步对经济贡献率45.2%，农牧业科技贡献率51.2%，科普率92%，为全市经济社会发展提供了有力的科技支撑。

【党建工作】 年内，市科技局结合工作实际，以推进“两学一做”学习教育常态化制度化为契机，以提高党建工作科学化水平为重点，扎实有效地开展全局党员干部的思想建设、组织建设、作风建设和制度建设，严格落实党建工作责任制，扎实履行党建工作职责，有效促进了科技工作全面发展。全年共举办书记讲党课、专题讨论等集中学习41次，人均撰写学习笔记3万余字、学习心得体会3篇，书记讲党课6次。

【项目建设】 年内，市科技局围绕重点科技项目计划，共争取“曲水县优质奶牛性控冻精应用示范”“高原环境下茶用菊花推广种植及加工工艺”“高原环境下茶用菊花产业一体化研究”“专家工作站建设”“拉萨市草牧业发展潜力和小黑麦新品种开发研究”等市级科技项目27项，争取自治区科技厅“藏鸡遗传分层及其基因特性研究”“西藏高原富硒牛奶生产关键技术研发与手艺”等项目8项；全年共组织专家对青稞发芽糙米食品研究开发、曲水黑枸杞等17个科技项目进行了结题验收。加强科技项目的跟踪管理服务，重点对科研工作站等十余个科技项目进行了跟踪检查，加强与项目承担单位的沟通联系，协调解决项目实施中存在的问题和困难，确保项目按期实施，达到预期目标和成效。

【载体建设】 年内，市科技局以“全国小微企业创业创新基地城市示范建设”为重点工作，突出创业创新载体建设，拉萨科技众创空间共引进创业团队57家，其中外孵企业28家；内孵企业29家；大学生创业团队30家，储备创新创业项目46项，直接带动441人就业，实现产值1500万元，获国家级众创空间备案认定和国家级星创天地备案认定；在2017年自治区人社厅举办的“双创竞赛”中，拉萨科技众创空间入驻企业获得一等奖一项，二等奖两项。积极推进集科技孵化器暨高校毕业生创业就业基地、科技综合服务中心为一体的全市首家创业创新孵化器建设，推动各县（区）科技孵化器建设。完成拉萨市高原生物研究所科研平台建设招投标、施工许可等前置手续，具备开工条件。建设地点位于曲水县才纳乡净土健康产业园内，占地面积55.12亩，项目一期工程总投资440.93万元，土建内容包括面积719.18平方米的一栋二层实验楼和单栋面积781.86平方米的5栋日光温室，其余土地为试验田。

【食用菌产业】 年内，组织“食用菌专家下基层”服务活动2次，邀请食用菌专家5人，现场指导2次，举办培训会2场、专题讲座2场，完成2017年度拉萨市食用菌产业发展情况统计，全市种植的食用菌品种有羊肚菌、白肉灵芝、黑平菇、鸡腿菇、姬菇、香菇、褐色双孢菇、猴头菇等，生产总规模308余亩，从业人员近300人，生产各类食用菌2491吨，实现总产值3128万元。完成2017年度食用菌产业政策补助审核报送工作。

【队伍建设】 年内，先后四次组织全市科技管理者赴北京、江苏、成都、河北等地，就科技园区发展、科技众创空间发展、科技平台建设、科技孵化器建设、科技金融等进行专项培训及专项考察学习。从人才市场引进专业技术人才7人，成立拉萨市科技综合服务中心。加强科技特派员及三区人才建设，从自治区科技厅争取“科技特派员创业服务培训”项目经费50万元，对60名农牧民科技特派员开展种植技术提升培训，全市科技特派员达到721人，实现村村覆盖。

【科普工作】 年内，充分利用网络、微信、广播等大众传播媒介形式加大科普宣传力度，“拉萨科普”微信公众号向公众推送科普知识1500余条，3000余名公众参与线上科普知识竞答活动；科普广播频道播出科普节目300余期，开通“科技专家做客直播间”节目3期，近3万名听众积极参与和互动。组织了全市10余所学校参加“第32届全国青少年科技创新大赛”，取得青少年科技创意比赛1项入围终评、青少年科技实践活动三等奖1项、青少年科技创意优秀奖1项和少年儿童科学幻想绘画三等奖8项；开展“拉萨市第二届青少年科技创新大赛”，组织30名青少年学生参加2017年全国高校科学营活动；开展“北京科技专家拉萨行”活动3次，科技进校园活动4期，科技专家进校园专题讲座2期，科技下乡20次，科普讲座5场，体验活动10余场，播放科普视频6部，发放各类科普资料40余种50000余册，展出科普展板100余张，发放科普宣传品30000多个。

【国家创新型城市建设】 年内，抓住科技部、发改委启动新一批创新型城市建设机遇，开展拉萨市国家创新型试点城市建设申报工作，3月底完成试点建设方案的修改完善工作，5月初通过自治区发改委、科技厅共同行文正式向科技部申报国家级创新型城市，11月29日接到科技部初审意见，经进一步修改完善并再次上报科技部。

【可持续发展议程创新示范区建设】 年内，编制《西藏自治区拉萨市可持续发展实验区建设规划》，7月6日获自治区科技厅批准。经市政府第18次常务会议研究，初步确立“高原生态屏障区城市绿色发展”为国家可持续发展议程创新示范区创建主题，建设工作稳步推进。

【科技政策】 年内，出台《拉萨市创新创业载体管理资助办法》《拉萨市促进科技成果转化补助资金管理办法》《拉萨市科技创新券实施管理办法》《拉萨市科技型企业奖励资金管理办法》《拉萨市高校院所人才创业创新资助资金管理办法》等5项科技政策，为全市科技工作发展提供了制度保证。

【廉洁建设】 年内，深入学习贯彻中共十九大精神，全面落实中央纪委和区、市纪委部署要求，不断加强党风廉政建设，着力强化主体责任落实，持续深入机关作风改进，扎实推动全市科技系统党风廉政建设。

（旺　林）

教育

【概况】 年内，全市共有各级各类学校319所，学生130059人（含非拉萨籍学生近4万人，占全市学生总人数的30%以上）。幼儿园220所，在园总人数29816人；小学71所、教学点3个，在校生57179人；初级中学15所，在校生21987人；普通高中4所，完全中学2所，在校生10820人；中等职业技术学校2所，在校生6480人；特殊教育学校1所，在校生198人，高校1所，在校生3579人。全市教职工11598人（含离退休人员），在职教职工10003人，专任教师8987人，幼儿园、小学、初中、高中教师学历合格率分别达到100%、100%、99.74%和97.76%。投入教育基本建设资金17亿余元，各级各类学校教育条件进一步改善。全市高中、初中毛入学率分别达到90%、107.4%，小学净入学率达到99.93%，学前双语三年毛入园率达到90.9%，三类残疾儿童少年入学率达到57%，解决6000余名进城务工人员子女、500余名新落户子女、1800余名易地搬迁子女和115名福利院孤、残、弃儿就学问题。

【德育工作】 开展讲党恩爱核心、讲团结爱祖国、讲奉献爱家园、讲文明爱生活“四讲四爱”主题教育实践活动，创建国家级文化艺术传承校和国防、毒品预防教育示范校6所，自治区级文明校园和示范特色校18所，拉萨市教育局荣获自治区级未成年人思想道德建设先进单位。评定拉萨市语言文字规范化示范学校7所。推动学校体育场馆对外开放，全市已有67所学校体育场馆免费向社会开放，拉萨市初中足球队代表西藏参赛获全国冠军。

【学前教育】 年内，着力打造农牧区示范性幼儿园，开展以城带乡幼教帮扶，推进名园办分园。新建70所幼儿园，新增幼儿园教师241名，完成学前师资培训550人次。

【义务教育】 年内，达孜区、当雄县通过义务教育基本均衡国家认定，堆龙德庆等3个县（区）通过自治区素质教育评估验收。启动消除大班额专项规划，新建、改扩建义务教育学校10所，消除义务教育大班额42个。小学升初中内地西藏班考试汉文班、藏文班总平均分分别比2016年提高15.4分、2.75分；初中升高中内地西藏班考试上线599人，占全区上线总人数32.7%。

【普通高中教育】 年内，市第二高级中学改扩建工程竣工并投入使用，试行与内地西藏高中班同步同卷质量监测，内涵发展高中教育。应届高中毕业生高考总上线率达97.76%，比2016年提高23个百分点，比全区高16个百分点。

【职业教育】 年内，基本完成市第一中等职业技术学校迁建一期项目建设，校企合作企业增至140家；成立专业建设指导委员会和职业技能鉴定所，组队参加全国职业技能大赛，获“最佳展示奖”。年度中职毕业生2024人，除558人升入高职或普通高校，其余基本实现全就业。

【特殊教育】 年内，市特殊教育学校实施“医教结合+康复教学”，运行走班选课制，职教合作办学成效明显，聋生中考首次按普通中考模式进行。全面启动“送教上门”工作，推进全纳教育，全市随班就读学生705名，县（区）全纳教育示范校全覆盖。

【项目建设】 年内，教育城二期新建高中、初中各1所，完成可研评审、规划选址、土地征收、EPC招标等前置工作，建成投用小学1所，改建小学1所；柳梧新区新建1所初中，完成总工程量的50%。

【学生资助】 年内，出台《拉萨市建档立卡贫困子女接受高等教育实施免费教育补助政策实施细则》，各级财政拨付及社会资助资金共计6423.8万元，资助贫困大学生10574人次。拉萨市教育局获得“西藏自治区学生资助管理先进集体”荣誉称号。

【以教脱贫】 年内，招收109名“两后生”就读职校提升学历，组织180名“两后生”举办4期驾驶、创业等培训，16名建档立卡贫困学生和“两后生”招聘到雪鹰航空公司就业。

【教育质量】 年内，实施《拉萨市基础教育教学质量提升行动计划》，以及“局领导联县”“教研员蹲校”“信息带教”“名师送教”“城乡结对”“专家督学”工程，统筹全市优质教育资源助推农牧区教育发展，努力提升拉萨市基础教育教学质量。编印《课题研究工作指导手册》，申报自治区级课题16个，开展《拉萨市基础教育阶段理科教育教学质量有效提升》课题研究，对全市300名初中理化生教师和实验操作员进行集中培训，组队参加全区教师教学大赛，举办全市义务教育阶段第二届振兴教育教学质量三年行动计划课堂教学大赛。加强教育信息化工作，基本建成覆盖全市各级各类学校的市级教育城域网，宽带入校率达100%，完成教师信息技术培训4083人次。

【综合改革】 年内，推进落实

"五个100%"教育目标任务，出台方案和相关督导评估细则，修订完善课程设置、实验教学管理办法等，实行"一把手"负责制、分片包干制，在堆龙德庆区召开全市现场推进会，形成全方位推进落实"五个100%"教育工作目标、提升教学质量的有效机制。实施特聘督学教学管理巡查和专项督导，开展曲水县责任督学挂牌督导试点工作。推进"盟校共同体"、联片教研、名校办分校计划和"区内外学校手拉手"项目，城关区二小办成分校1所，拉萨北京实验中学创设京藏初中宏志班。启动高中学业水平测试工作，健全教学质量监测分析机制，创建首批高中学科教研基地校4所。严格落实民办学校年检制、违规办学联合执法制，取缔培训机构38所。组团式援藏受援校拓展到9所，引进京苏两地第三批援藏师资141名，拉萨北京实验中学2017年高考上线率100%，拉萨江苏实验中学中考平均分居全区首位。

【师资队伍】 年内，强化师德建设，启动"中国好老师"公益行动，16所学校成为基地校，4人被评为全区"四有好老师"，3人被评为"最美援藏教师"。健全新分教师依考分配、调入教师能力测试机制，新分教师326人、人才引进184人、调入教师143人。加强师资培训，完成拉萨市级以上师资集中培训2800余人次。承办全区首届中小学名校长名教师论坛，新增自治区学科带头人12名、骨干教师47名、教学能手79名，15名校长、教师成为自治区名校长名教师培养对象。落实好乡村教师生活补助政策，下达1855.4万元交通生活补助，投入1156万元表彰优秀教师和团队。

2017年8月28日，鸟瞰拉萨市教育新城

【教育管理】 将2017年定为教育管理年，出台加强教育管理实施方案，组织初中校长参加全区规范化管理现场会，开展小学县级规范化管理示范校、"一校一品"特色学校创建活动，推进中小学章程建设，规范学生座位编排和跳级管理，规范办园审批和幼儿园名称，统一中小学学年教学时间及作息时间，推进学校管理规范化、精细化、科学化。

【安全稳定】 年内，严格落实维稳责任，定期不定期进行安全隐患排查整治及校园周边安全工作，多形式开展安全知识宣传教育，全市形成"平安校园""健康校园"建设齐抓共管的良好态势，高标准通过国务院安委会巡查考核。拉萨市第四高级中学成功创建自治区平安校园。

【党建工作】 年内，抓好全市教育系统党建工作和意识形态工作，教育引导广大师生树牢"四个意识"，坚定"四个自信"，在思想上行动上始终与以习近平同志为核心的党中央保持高度一致。市教育局党委班子成员撰写心得体会39篇；教育系统基层党支部开展学习讨论456场次、支部书记讲党课243人次、普通党员讲党课146人次、邀请党校教师及老党员讲党课73人次、开展基层党支部书记培训203人次。全市中小学校、民办学校共发展党员109名，培养入党积极分子156名。实施"双培养"（把共产党员培养成骨干教师、把骨干教师培养成共产党员）工程，全市把骨干教师培养成党员297名，把党员教师培养成教学管理骨干294名。拉萨市教育局党委荣获区、市"先进基层党组织"，市党建工作行业系统第一名。

【廉洁建设】　年内，设立教育系统主体责任办公室，调整市教育局党风廉政建设领导小组，召开全市教育系统党风廉政建设工作会议。开展机关、市直学校廉政约谈活动，诫勉谈话2人，谈话提醒31人。开展党风廉政督查4次，组织县级领导干部个人事项报告13人次。

（施以平）

体育

【概况】　年内，市体育局下设办公室和体育科2个行政科室，行政人员6人，科级领导职数2名。贯彻落实《拉萨市全民健身实施计划（2016—2020年）》（拉政发〔2017〕8号）文件精神，通过不断完善公共体育服务体系，全面发展群众体育，择优发展竞技体育，加快发展体育产业，特色发展民族传统体育，合力推动拉萨体育事业健康有序发展，为全面建成小康社会贡献力量。

【党建工作】　年内，市体育局党组理论学习中心组共召开学习会议6场，组织党支部理论学习27次，观看警示教育片5场，全体党员干部每人撰写学习心得体会4篇。按照中共拉萨市直属机关工作委员会《关于同意成立中共拉萨市体育局支部委员会的批复》（市直工委复〔2017〕32号）精神，市体育局选举产生了党支部书记1名，副书记1名，委员3名。规范干部职工学习工作流程，扎实推进“两学一做”学习教育常态化制度化。

【廉洁建设】　年内，市体育局召开党风廉政建设工作部署会议，层层签订《拉萨市体育局2017年度党风廉政建设责任书》。严格按照《党政领导干部选拔任用工作条例》，坚持“好干部”选人用人标准，严把关口、严格程序，提任上一级职务干部2名，进一步使用干部1名。领导班子成员定期召开党组会议，共召开党组会议12次，局长办公会5次。

【体育赛事】　年内，拉萨市代表队荣获2017年“舞动中国”全国首届排舞广场舞锦标赛两项冠军、自治区第二届足球锦标赛第三名、自治区第一届健康锅庄舞交流展示大赛第三名。承办“华夏基金杯”中国围棋之乡联赛“拉萨建材交易中心杯”拉萨分站赛，举办第四届拉萨篮球联赛、“体彩杯”职工足球联赛、首届乒乓球、羽毛球联赛，开展拉萨市篮球教练员、裁判员、棋类裁判员培训。

【协办足球教练员培训班】　5月29日至6月2日，国家体育总局2017年西部送教上门（西藏）足球教练员培训班在拉萨举办，培训班由国家体育总局青少年体育司主办，总局教练员学院、自治区体育局承办，市体育局和那曲地区教育（体育）局协办。参训学员共计99人，其中拉萨市参训学员59人，那曲地区参训学员40人。

【承办中国足协业余足球联赛】　9月10日，中国足球协会2017业余足球联赛总决赛“拉萨城投队”VS“深圳鹏城协和辉队”八分之一首回合比赛在拉萨市群众文化体育中心举行，是拉萨市首次承办中国足协的足球比赛，“拉萨城投队”以3：1赢得比赛。9月24日，中国足球协会2017业余足球联赛总决赛“拉萨城投队”VS“淄博星期天队”四分之一首回合比赛在拉萨市群众文

拉萨二职同暖心公司签订校企合作协议

化体育中心举行，双方以0：0的比分打平，“拉萨城投队”获得2018年中乙联赛的参赛资格，成为西藏首支职业足球队。

（董运侠 央 珍 尼玛卓嘎）

拉萨师范高等专科学校

【概况】 年内，拉萨师范高等专科学校围绕“人才培养、科学研究、社会服务和文化传承创新”现代大学的职能，突出“科学发展、特色发展、内涵发展”主题，强化提升人才培养质量、创新教育发展模式一条主线，努力实现师资队伍水平、人才培养质量、科研服务能力、学校管理水平明显提升。学校占地面积205亩，共有正式教职工261人，全日制在校学生3561人。

【党建工作】 年内，制定学校“四讲四爱”主题教育实践活动实施方案、督导工作方案、宣讲工作方案，组建校内宣讲员42人，开展主题宣讲38次，党员干部累计撰写心得体会100余篇，撰写读书笔记80余万字。开展党委中心组、党总支、党支部集中学习，学校党委班子成员讲党课4次，深入部门走访调研20余次。

【爱国主义教育与民族团结教育】年内，始终将爱国主义教育、民族团结教育、反分裂斗争教育作为做好全校思想政治工作的重点，坚持每周一党支部学习、每周三教职工政治学习制度，进一步增强了政治意识、大局意识、责任意识和社会主义法治意识，坚定了爱党、爱国、爱社会主义、反对分裂的政治立场，有力维护了学校的安全稳定。

【安全稳定】 年内，扎实开展校园内部安全保卫工作、综合治理工作和维稳工作，与各部门签订《2017年社会治安综合治理目标责任书》《2017年安全稳定目标责任书》，层层落实责任，定期不定期进行摸底排查。举行应急疏散演练、防灾减灾专题知识讲座、消防安全培训及防暴演练、远离毒品知识讲座，对校园周边安全隐患进行排查。对校园网络，由专职网络管理员管理，坚决杜绝不良信息的传播。严格执行24小时领导轮流带班、教职工轮流值班、日报告、零报告制度、24小时保卫巡逻制度，实现了校园安全稳定。

【新校区建设】 位于教育城二期东侧规划百淀大道以北、丹圣路以东，占地面积512.5亩，总建筑面积190365平方米，工程建设总投资12.16亿元，已完成项目选址意见书、建设用地规划许可证及红线图、项目建议书、可行性研究报告、节能评估报告、环境影响评价报告、社会稳定风险评估报告等前置手续和地勘手续。按拉规委22号会议精神，增拨规划发展用地100亩。

【教育教学科研成果】 年内，每月编发《科研信息》，传播学术动态，积极鼓励教师学习科研、开展科研。立项国家级课题1项、自治区级科研课题5项、校级课题15项，校级课题结题20项，在省级以上刊物发表论文58篇。

【师资队伍建设】 年内，通过培养、引进、双聘等途径，强化高层次人才队伍建设，聘任副教授6人，讲师19人，助讲6人；引进教师13人，其中硕士6人，本科7人；公招9人，选派16人到对口支援高校进修学习。

【“外力助校”战略】 年内，加强东北师范大学、苏州大学、首都师范大学、南京师范大学对口支援高校联系，加快落实实验室建设、教材研发、图书资料添置、课题研究、硕博研究生培养、援藏教师选派等协议内容，接受南京师范大学捐助图书20万册。稳步推进与丹麦哥本哈根大学的交流合作，开展第四期英语教育、数学教育、教育实习项目合作，选派3名管理干部、6名教师赴丹麦哥本哈根大学学院开展访问学习。

【继续教育工作】 年内，积极开展小学藏文专业、学前教育专业培训、小学科学骨干教师教学技能培训、小学美术骨干教师教学技能提升培训、小学体育骨干教师教学技术培训、送教下乡昌都小学藏文教师培训等6项国培项目，开展小学教学教务主任培训1项区培项目和日喀则市小学科学教师培训和日喀则市初中理化生教师培训2项委培项目，共有839人参加培训。开展200余人的专升本成人函授教育。

（陈吉佳 杨 富 钟 鸣 刘海霞）

拉萨市第一中等职业技术学校

【概况】 年内，市第一中等职业技术学校占地面积7.9公顷，总建筑面积23603.13平方米，实训场地面积3240.7平方米。全日制寄宿学生1641人，教职工226人，45个专业教学班；主要职责是围绕净土健康产业发展、开展人才培养、农牧民培训，负责全市净土健康产品质量安全的认证和检测检验。

【迁址新建】 新校区总投资11亿元，占地面积80.81公顷，总建筑面积23.6万平方米。年内，一期主体工程已全面完工，投资约5.77亿元，建设项目包括图文信息中心、实验实训、教育教学、师生公寓、学生食堂、运动场及附属工程。抓紧实施室内装修及室外附属项目，总体进度达到95%左右。

【师资建设】 年内，新进教师98人，其中人才引进24人，公招41人，天津职业技术师范大学定向分配20人，从外校调入12人，退伍军人1人；“双师型”教师35人。选派16名教师赴北京农业职业学院，6名教师赴江苏农林职业技术学院，10名教师赴浙江宁波市鄞州职业高级中学进行专业能力提升培训。

【教研教改】 建立学校专业动态调整机制，构建工学结合的课程体系；在专业课教学中进行“理实一体化教学”改革试点；成立由教学副校长、教学管理人员和教学经验丰富的骨干教师组成的教学指导委员会，对学校人才培养工作进行宏观指导，对教学改革进行评估，对教学工作进行督导。

【专业建设】 年内，紧紧围绕食品、药品、保健品、饰品领域设置农林牧渔、交通运输与工程技术、轻纺食品与质量检验3个教学部，开设现代农艺、汽车运用与维修、工程机械运用与维修、畜牧兽医、园林绿化、产品质量检验检测等27个专业，服务净土产业发展。

【产教融合】 年内，以“合作办学、合作育人、合作就业、合作发展”为主题，加强与企业合作，选派5名工程机械专业学生参加拉萨市首届技能大赛。选派2016级3名优秀汽修专业学生前往浙江省宁波市鄞州职业高级中学进行为期2个月的教学实践。

（王晓梅）

拉萨市第二中等职业技术学校

【概况】 市第二中等职业技术学校是一所以民族文化、旅游服务、物流管理专业为主，平面设计、公共管理等专业共同发展的全日制综合性中等职业技术学校，主要面向民族文化、酒店服务、IT行业、财经物流、家政保安等行业，培养适应岗位需求的高素质技术技能型专门人才。总投资6.85亿元，占地面积25公顷，总建筑面积12.4万平方米，规划学生规模6000人，现有全日制中职在校生4850人。拥有综合教学楼、图书办公楼、实训楼、学术报告厅、活动中心、学生宿舍等完备的基础设施，建有木工木雕、藏药制药、唐卡绘画、酒店服务、物流服务、缝纫等8个现代化实训车间和平面设计、多媒体制作等8个实训室，基本建成数字校园信息平台。设有旅游服务、文化艺术、土木水利、财经商贸、公共管理、医药卫生、资源环境、信息技术、加工制造9个教学部，开设专业27个，其中酒店管理与物流管理两个专业为国家级特色专业。学校与西藏大学联合办学，开办舞蹈、乐器“5＋2”对口高职大专班。自2013年9月建校以来，已培养了2429名高素质技术技能型专门人才。

【德育教育】 年内，以爱国主义教育、民族团结和反分裂主义教育为重点，认真贯彻《中等职业学校德育大纲》，足额开设《职业生涯规划》《职业道德与法律》等思想与德育教育课程，积极践行《中等职业学校学生公约》，组织开展禁毒禁烟、法制讲座、入团宣誓、成人礼仪、书香校园等活动，举办“喜迎十九大、争做文明人、共建文明校”启动仪式。建立以教学部为单位的九大团总支部，以班级为单位的120个团支部、以6人一组的490个团小组，认真落实团委“三会两制一课”，开展“四讲四爱”主题教育实践活动和学习十九大精神教育活动，形成规范的团课制度。召开首届学代会暨团代会，制订学生社团联合会章程，打造学生社团文化，丰富校园文化、完善文化育人的环境氛围，提升“文化育人、活动育人、实践育人”的德育水平。

【交流合作】 年内，江苏省选派知名职业教育专家对口支援教育教学管理、专业内涵建设和教育受援工作。探索“组团式”援藏工作模式，与南京玄武中专、镇江机电学院、常州刘国钧高等职业技术学院等江苏省6所院校签订援建协议，对口支援旅游管理、文化艺术、信息技术等六大专业群建设。与广东理工学院、北海艺术学院、南京金陵中专3所院校深入合作，选派150名学生赴三所院校交流学习。加强与拉萨城投、西藏文化产业发展有限公司等企业签订合作协议，校企单位合作企事业增至131家，与45家企业建立稳定合作关系，初步实现了校企一体化招生、一体化教学，为探索适合职业学校发展的校企合作新途径提供良好借鉴。聘请国内5位顶尖级唐卡大师担任核心课程教学任务，藏药制药专业聘任藏医学院研究生兼职，教授四部医典，辨识各种药材，提升制药质量。

【教育教学】 年内，建立质量监控体系，修订完善人才培养方案和27个专业的教学标准，强化学生实践能力和职业技能的培养，推进课程体系建设。改革人才培养模式，在专业理论教学、实验实训和企业实践三方面同步推进“计划双纲、管理双轨、教育双师、效益双赢”的育人机制（“计划双纲”即教学计划贯彻学历教育大纲和国家职业技术标准；“管理双轨”即学校与企业或行业协会共同管理学生并组织教学；“教育双师”即教育教学通过学校在职老师既是技师进行专业教学，加上外聘专业技师、工程师来完成校内外学生实习实训；“效益双赢”即通过项目拉动，实现实训基地共建，实现经济效益和社会效益的双赢）。加强教学常规管理，建立教学常规工作督查组，强化教学常规监控，确保教学“五个环节”落实到位。成立职业技能鉴定所，可进行木工、焊工、电工三个工种初级资格鉴定；组织335名毕业生参加职业技能鉴定，合格286人，2017年度可鉴订工种学生双证毕业率85.37%。组团参加2017年全国职业技能大赛，参赛项目包括酒店服务、中华礼仪、信息技术、护理技能，中华礼仪项目获得全国职业院校首届师生礼仪大赛中职学生组“最佳展示奖”。

【教科研成果】 年内，成功申报自治区教育科学“十三五”规划课题5项，6名教师参加全区中小学教师教育教学论文大赛获奖，参加第十三届全国学生运动会并申报科学论文报告4篇，其中2篇论文获得提名。组织开展9个专业的校本教材编写，7本教材由国家机械工业出版社出版发行。创建学校创新创业园，成为中国发明协会成员。开展文明礼仪讲堂、创新创业大讲堂教育活动，面向学生开展就业创业能力教育，组织师生参加2017年黄炎培创新创业大赛，《基于扫描和数控雕刻技术的古典园林及庙宇修复项目》项目进入复赛。征集上报微课作品、全区中小学论文大赛作品43件，邀请全国职业院校教学诊改专家开展专题讲座，酒店管理与物流管理两个专业成功申报国家级示范专业。

【招生就业】 年内，自治区教育厅下达招生计划1710人，完成招收一年级新生1469人，招生计划完成率85.91%；招收精准扶贫“两后生”57人，“两后生”新生入学率63.33%。应毕业学生1637人，其中中职毕业1597人，“精准扶贫”毕业生40人；实现初次就业1635人（其中重点本科1人，本科13人，专科177人，对口高职285人），学生就业率99.87%。承接社会培训4批共278人，包括自治区教育厅驻村工作队农牧民技能培训、驻村点农牧民技能培训和大学生岗前培训。

【师资队伍建设】 年内，学校共有正式教职工403人（含援藏3人），其中高级职称教师40人，中级职称教师76人，取得各类职业资格证教师108人。2017年，坚持以培养“双师型”教师为队伍建设重点，通过“请进来，送出去”等形式，江苏省“组团式”援藏6所合作院校选派6名学科带头人到学校进行交流指导，学校选派20名教师赴江苏省参加专业培训学习，选派6名专业教师赴6

所对口援建院校进行为期一个学期的交流学习，选派15名教师随实训学生赴企业锻炼，不断提高学校双师型教师数量和质量。

【规范管理】 年内，修订完善《教职工考勤管理办法》《物资采购管理办法》《差旅补助管理办法》，严格预算管理，控制公务支出，坚持“收支两条线”财务管理，保证每一笔资金都能得到科学、合理、有效使用。抓好后勤常规管理，定期开展校舍、消防、特种设备等安全隐患排查工作，做好食堂监督管理。开展应急疏散演练，做好包虫病等传染病防控工作、防溺水工作、校园欺凌治理，严防学校安全事故发生。

【创新创业】 年内，成立学生科技创新创业园，制定《拉萨二职创业园工作方案》，依托“互联网+”构建创新平台，鼓励发展众创、众包、众扶、众筹，使创新资源配置更灵活、更精准，凝聚大众智慧，形成内脑与外脑结合、企业与个人协同的创新格局。定期举办校园创新创业大赛、涵盖创新创业元素的技能、文化艺术节，邀请企业家进课堂等大型活动，开展小制作小发明比赛、科技创新小报评比、创新商品展示评比、各学科专业技能作品展示、创新创业影视展播和创业计划书等内容。加强创新型师资团队建设，及时对接全国、区市各类创新创业赛事，加强创新创业课程任课教师、辅导教师和社团指导教师的专项培训，组织开展创新教程和创业教程的区市级研讨活动，落实教师进企业实践锻炼制度，打造专职骨干创新创业教师队伍，推动学校整体技能水平的提高和影响力的提升，拓宽学生成长成才的渠道，提升学生的就业质量。

【党建工作】 年内，认真组织开展“两学一做”“四讲四爱”学习教育和中共十九大精神学习宣传教育，利用思想品德课等课堂教学的主渠道和升国旗唱国歌、主题班会、党团活动等开展经常性教育等举措，严格党内组织生活，认真执行“三会一课”、严把党员进口关，把“两学一做”学习教育常态化制度化推向深入。

【廉洁建设】 年内，全面落实党风廉洁建设责任制，制定年度党风廉政建设工作任务分工方案，全面负责部署、协调、指导学校各项反腐倡廉工作，建立教师廉政档案，定期或不定期听取惩防体系建设工作汇报，及时对落实惩防体系建设不力的处室、系部或责任人进行责任追究。

（樊文斌）

气象

【概况】 2017年，拉萨市各地年平均气温在3.6—9.8℃，与历年平均值相比尼木正常，其余各地均偏高1℃左右；年降水总量在370—626.4毫米，与历年同期值相比各地均正常；年日照时数在2522.6—3866.7小时。春季（3—5月）各地平均气温在2.8—9.8℃，各地正常；降水量在2.4—71.3毫米，墨竹和当雄正常，拉萨偏少5成，尼木偏少近1倍。夏季（6—8月）各地平均气温在11.4—16.4℃，各地均正常，降水量在309.2—484.2毫米，当雄正常，尼木偏多3成，拉萨偏多5成，墨竹偏多近3成。秋季（9—11月）各地平均气温在5—10.8℃，尼木正常，拉萨、当雄和墨竹偏高2℃；降水量在10.7—72.4毫米之间，各地均偏少，其中尼木偏少8成，拉萨偏少5成，当雄偏少3成，墨竹偏少3成。冬季（2016年12月～2017年2月）各地平均气温在-4.5—2.3℃，与历年平均值相比尼木正常，其余各地均偏高2℃；降水量在0—5.1毫米，墨竹正常，其余各地偏少，其中拉萨偏少1倍，当雄和尼木偏少8成。

【主要气候事件】 6月份，拉萨市各地降水过程频繁，强降雨落区阶段性重叠，6月19日夜间受低涡切变线系统的影响，大部分地方明显的降水天气，降水量分别为：拉萨本站44.9毫米、堆龙38.2毫米、达孜32.8毫米、尼木21.2毫米、林周21.1毫米、墨竹工卡11.7毫米。其中拉萨本站降水量达到44.9毫米（超过建站以来最大日降水量41.6毫米）。22日，拉萨本站的降水量达到50.5毫米，连破历史记录。7月7日，墨竹工卡县降水量达到43.7毫米（突破历史日降水量极值38.9毫米）。

【主要气象灾害】 7月2日晚，羊八井地区出现强降水天气，导

2017年11月28日，自治区气象局副局长赵一平、拉萨市政府副市长扎西白珍为新设林周县气象局揭牌

致羊八井镇恰玛村7组和桑巴萨5组发生泥石流，未对人员及牲畜造成损失。8月8日下午，由于降雨量较大，尼木吞巴乡吞达村2组发生泥石流，冲沟路面近360米，冲断饮用水管1处。8月11日下午，尼木乡普巴村至帕古乡段尼木玛曲水流转向导致路段被冲毁近40米，造成交通堵塞。8月19日至20日，尼木县大部分乡镇由于强降雨导致发生生泥石流、公路冲毁等现象。

【人工影响天气作业】 8月2—5日，西藏自治区人影中心、拉萨市人影办和相关技术专家前往墨竹工卡县甲玛乡、唐加乡开展为期3天的高炮自动化改造和空域北斗通讯系统安装工作。北斗通讯系统通过北斗卫星直接和空指部队进行信息传输，部分炮点无信号而导致无法申请空中作业的问题有效解决，人工影响天气作业的及时性提高。7月20日、21日，市气象局会同市农牧局联合开展人影安全大检查。检查组先后深入达孜、墨竹工卡、林周、曲水和堆龙德庆等县区等多个人影作业点，对人影弹药的安全管理和存储，作业人员到位及其规章制度执行情况，作业工具的维护保养等工作开展全面查。10月12日，市气象局对五县一区各作业点的人影弹药发放数量、作业次数、总用弹量、弹药余量、高炮重要部件的拆卸、人影弹药的入库情况和高炮入库情况进行检查，各县人影作业点的弹药数量、用量和库存情况收支平衡。

【气象防灾减灾】 年内，市气象局严格落实自动气象站的巡查、维护，开展业务大检查和安全生产大检查活动，确保全市范围内的自动气象站的正常运行。制定2017年拉萨市决策气象服务、周年气象服务方案，积极贯彻落实市委市政府汛期各项工作安排，开展汛前业务大检查，组织业务骨干到各县区开展地质灾害隐患排查，制定完善汛期应急预案。全年发布各类预报服务材料245期，其中向市长专题汇报材料2期，重要气象报告5期。通过便民警务站、手机短信以及国家突发事件预警信息发布平台等途径发布雷电、短时强降水等强对流天气预警。制作《拉萨市林周县拟建机场与贡嘎机场气象要素对比分析》材料10期。针对门巴

2017年11月1日，拉萨市气象局副局长强德厚、曲水县副县长宋友禄为新设曲水县气象局揭牌

2017年7月20日，拉萨市人影办相关人员进行人影高炮年检

乡德冲村1组的德冲沟地质灾害隐患，向墨竹县政府提出相关建议。全市地面、辐射、酸雨、农气、高空业务运行稳定，数据传输率达到上级部门的要求。

【服务“三农”】 年内，市气象局开展标准化气象为农服务县、乡创建工作，融入发展乡镇气象信息服务站，加强运行管理，32个乡镇农牧综合服务中心（气象信息服务站）完成挂牌，机构运行正常。制订5个县（区）气象灾害应急预案，出台乡镇政府气象灾害应急预案，完成率达到80%，制定村级气象灾害应急行动计划，完成率达到70%，推动气象灾害应急预案纳入政府应急预案体系，强化气象防灾减灾服务。先后给5个县（区）党政领导发布三次预警信息，向所有县区发布防灾减灾气象信息产品，包括重要气象信息、一般气象信息，农业气象情报、周报、旬（月）报等服务产品85期。

【科研成果】 年内，市气象局在国内重要期刊杂志发表《关于雷暴与强对流临近天气预报技术研究》《地面气象观测业务常见问题及应对措施》等10余篇理论文章。《西藏2017年山洪地质灾害防治气象保障工程建设之基层突发灾害性天气及气象地质灾害风险预警服务标准化建设》在西藏自治区气象局立项，2014年申报立项的西藏自治区科技厅自然基金项目《阿里地区近30年气候变化特征研究》验收结题。

（鲁　川　洛　桑　桑单平措　次仁多吉　申疆川　崔文峰）

综述

年内，拉萨市以创建国家第三批公共文化服务体系示范区为抓手，大力推进公共文化事业发展。通过创编人民群众喜闻乐见的文艺节目，利用“民族团结晚会”“喜迎十九大”等各种大型文艺，开展送戏下乡活动220余场次，观众达50万人次，极大丰富了群众文化生活，对全市已经建成的1个群艺馆、2个博物馆、3个陈列馆，8个县综合文化活动中心，66个乡镇综合文化站，400余个文化广场，228个农家书屋、231个寺庙书屋，持续推进“三馆一站”免费开放工作，全市公共文化设施开展免费开放活动2000余场，每周开放时间达40小时以上，采取了延时开放、错时开放等措施，参与群众近60万人次，使设施利用率和群众满意度均得到进一步提升。

拉萨市加快发展文化旅游产业，深入推进全域旅游发展，编制《拉萨市全域旅游发展规划》。不断完善文化旅游基础设施，加大优质文化旅游产品供给，新增A级景区4个、星级宾馆（酒店）8家，成功举办首届藏东南环线区域旅游战略合作活动暨藏中旅游东环线推介会。年内，共接待国内外游客1606万人次，实现旅游总收入227.4亿元，分别增长17.6%和21.9%。其中，接待入境游客16万人次，实现外汇收入9689万美元。文化旅游产业对经济发展的带动作用更加凸显。

（德　央）

文化事业发展

【概况】　年内，全市文化系统坚持以人民为中心的创作导向，积极实施艺术创作演出系列工程，创作推出以“中国梦”“两学一做”“五个认同”“扶贫攻坚”“四讲四爱”“精准扶贫”“团结美丽幸福新拉萨”“民族团结”雪顿节等为主题的晚会，创作“四讲四爱”曲艺节目4个，歌曲1首，完成民族歌舞剧《阿久朗杰》前期主要角色定位工作，打造具有老年特色的《幸福晚年》晚会，为城关区统建、阿坝林等社区新编节目11个、辅导节目19个，多次获得全国、自治区、拉萨市各类比赛奖项，开展文化惠民活动220余场次，观众达50余万人次，受到广大群众好评。

【公共文化服务示范区创建】　年内，市人民政府印发《拉萨市创建公共文化服务体系示范区目标责任考核实施办法》（拉政发〔2017〕103号），明确创建公共文化服务体系示范区各项目标任务、工作措施和考核体系。投资8亿多元，重点推进市群众文化活动中心（新建市群艺馆、市歌舞团项目）、堆龙德庆区综合文化活中心等公共文化重大工程项目建设。举办公共文化服务保障法专题培训班，组织市、县、乡、村各级文化工作者赴成都学习，开展基层数据汇总，统计全市257个基层文化设施基础数据，有力推动全市各级党委、政府加快构建现代公共文化服务体系。落实已列入“十三五”规划的县综合文化活动中心、非遗传习基地、民间艺术团排练场等项目。申报建设资金2600万元，加快推进拉萨市图书馆建设。为县（区）配送总价值192万元的流动文化车8辆，加强对各乡镇文化站、行政村综合活动中心的全面提升改造，开展边疆数字文化长廊示范点建设。投入200万元为城关区、堆龙德庆区的80个行政村安装数字文化驿站设备，推进中西部贫困地区公共数字文化服务提档升级项目建设。投入475万元为全市23个乡镇和144个行政村增配一体机、电脑、播出终端等设施，乡、村级公共文化服务设施服务能力得到提高。顺利通过文化部第十一督查组对拉萨市创建国家第三批公共文化服务体系示范区的中期督查。

【文化市场管理】　年内，市文化局坚持从严审批，从严管理，从严打击违法经营，引导全市歌舞娱乐、互联网上网营业场所等文化娱乐场所向规范化、连锁化、专业化方向发展。修订印发《安全生产巡查记录本》，完善充实日常台账。开展各类宣传教育活动8次，发放相关《条例》1000余册（张），在全市164家网吧开展“喜迎十九大，争做好网民”主题活动。开展文化市场联合专项整治行动6次，出动执法人员3480人（次），检查车辆715辆，检查文化市场经营单位580家（次）。“三大节日”“两会”、雪顿节和中共十九大等重大敏感时期，与全市164家网吧，130家歌舞娱乐场所，315名个体演员层层签订《政治安全责任书》，确保了文化市场各类经营场所全年“零”事故。

【文化产业发展】　年内，市文化局组织开展第一批市级文化产业示范基地（园区）推荐申报和评审工作，经县（区）申报、实地调研、专家评审，推选出拉萨市第一批文化产业示范基地（园区）26家。配合中国西藏文化旅游创意园区建设，为完善提升《文成公主》实景剧品质、打造《金城公主》室内历史舞台剧提供大力支持，开展藏羌彝文化产业长廊重点项目的自查汇报。

【对外文化交流】　年内，市文化局围绕国家实施“一带一路”建设和自治区推进面向南亚开放大通道建设等重大战略机遇，认真开展“请进来、走出去”文化交流活动。西藏牦牛博物馆赴首都博物馆举办“牦牛走进北京—高原牦牛文化展”主题展览，共展出藏品500余件（套），接待观众31万余人，16位国家省部级领导干部出席参观，并在北京国内外多家媒体报道播出。朗孜夏陈列馆开放半年，参观人次达2万余人。市歌舞团赴毛里求斯等国家和地区演出5场，2万人次观看演出。开展“春雨工程”，迎来江西抚州和福建福州的文化志愿者队伍，在拉萨开展大讲台、大展台活动，各类文化交流活动日趋频繁。

（德　央）

文物

【文物保护】　年内，市文物部门以抓基础工作为重点，推动文物事业持续发展。建立包括色拉寺、哲蚌寺、甘丹寺等文物收藏单位的21946件（套）文物的档案登记工作，进一步完善文物资源总目录和数据资源库。市文物局与各县区文物部门签订《文物安全责任书》13份，并加强对落实文物安全责任书、安全防范工作的日常检查。申报第八批全国重点文物保护单位15处，自治区级文物保护单位16处，23处文物保护单位得到自治区公布。投资9000万多元，完成楚布寺、色拉寺、唐加寺、热堆寺和那兰扎寺等8个文物保护单位的修缮和抢险工程。

【非物质文化遗产保护】　年内，市文化（文物）局组织开展拉萨市第五批非物质文化遗产项目评审工作和申报自治区级第五批非物质文化遗产项目等工作，新选定40项级非遗项目，完成25项自治区级非遗项目推荐，其中，10项选入自治区级非遗保护公示名录，分别争取国家级、自治区级保护经费138万元和166万元。加快推进藏族文化（拉萨河流域）生态保护实验区建设工作，修订完善《藏族文化（拉萨河流域）生态保护实验区建设纲要》。加强全市非物质遗产传承人管理，全面实行考核制度。成立象雄文化保护和研究工作领导小组和非遗保护中心。承办第六届藏戏展演活动，演出14场，观众约达26万人次。投入专项资金增加市级非遗传承人保护经费，每人每年提高至5000元。

（张利勇）

广播·影视

【概况】 年内，拉萨市拥有1座市级广播电视台（含3个电视频道和1个广播调频）；6座县级广播电视台。拉萨电视台汉语综合频道、藏语综合频道、文化旅游频道和拉萨人民广播电台91.4兆赫兹，除通过无线发射方式覆盖拉萨市区及达孜区、堆龙德庆区，通过西藏自治区广播电视网络传输中心的有线数字平台传送至6县县城有线数字网，通过上下传系统将拉萨市人民广播电台节目覆盖6县县城，拉萨电视台藏语综合频道节目通过直播卫星覆盖拉萨市全境。汉语综合频道全天24小时播出；藏语综合频道和文化旅游频道日播出时长18小时；拉萨人民广播电台日播出节目时长17小时10分钟。全市共拥有城市数字电影院1座，县城数字影院7座，农牧区数字电影接收管理平台1个，县（区）电影管理站8个，流动电影放映队42个，农牧区电影放映点1024个，年均放映8000余场次，观众达40万余人次。安装完成农牧区、乡镇干部职工广播电视“户户通”和寺庙广播电视“舍舍通”直播卫星设备84054套，为五个扶贫搬迁集中安置点631户群众建设有线数字电视网络。全市共建有228个农家书屋，231个寺庙书屋，40个社区书屋，实现全市农家书屋、寺庙书屋全覆盖。全市广播、电视综合人口覆盖率分别达到98.41%和98.93%。

【发放广播电视设备】 年内，拉萨市广电局共为八县（区）农牧民群众和寺庙僧尼发放3746个机顶盒和206部电视机；认真实施中央广播电视无线数字化覆盖项目，对墨竹工卡县、林周县、达孜区、尼木县、曲水县、当雄县广播电视台和25个乡（镇）、村无线数字发射系统进行改造升级；为羊八井风湿病集中搬迁点安装了150套直播卫星接收设备，为扶贫搬迁安置点的631户群众建设有线数字电视网络。

【农村电影放映】 年内，全市农牧区电影放映点达到1024个，其中室内放映点115个，全年农村电影放映突破8000余场次，观众达40余万人次。

【编制广播影视发展规划】 年内，委托国家新闻出版广电总局广播影视发展研究中心编制了《拉萨市“十三五”时期广播影视发展规划（2016—2020）》，2月21日在江苏省南京市召开专题论证会并进行修改，经市政府常务会议研究通过。

【县城数字影院建设】 年内，新建、改建7个县（区）县城数字影院，其中尼木县、当雄县、墨竹工卡县、达孜区为新建项目，曲水县、林周县、堆龙德庆区为改建项目。共投资2493.04万元，其中国家投资560万元，自治区投资280万元，拉萨市投资40万元，各县（区）投资1613.04万元。截至年底，尼木县、林周县、墨竹工卡县、堆龙德庆区县城数字影院项目已通过市新闻出版广电局组织的中期验收。

【六县广播电视台正式播出】 年初，国家新闻出版广电总局下发《关于同意当雄县等24县设立广播电视台的批复》（新广电函〔2017〕23号），同意当雄县、尼木县、曲水县、林周县、达孜区、墨竹工卡县设立广播电视台。对此，拉萨市认真筹备，全力推进，8月28日在曲水县成功召开了六县广播电视台开播座谈会，确保了六县广播电视台按时、按要求实现播出，结束了拉萨市无县级广播电视台的历史。

【县级有线数字电视项目】 年内，全面启动实施县级有线电视数字化建设项目，于9月率先在全区完成。项目总投资1335.35万元，其中区、市、县级财政分别承担50%、40%、10%。

【两县区制播能力建设】 年内，国家投资400万元，对尼木县、当雄县（每县200万元）的广播电视制播能力进行改造升级，11月完工。

【拉萨市广播电视台双回路改造工程】 年内，拉萨市广播电视台双回路改造工程正式启动，项目总投资328万元，资金由拉萨市财政局拨付，于12月完工，结束了拉萨市广播电视台一直使用单回路电源线路的历史，确保了广播电视安全播出。

【大型广播剧《绿松石》首播成功】 年内，拉萨人民广播电台成功制译编辑播出了大型藏语广播剧《绿松石》，填补了西藏没有真正以剧目形式呈现的藏语完整版广播剧的空白，深受业内人士及广大藏族听众的赞誉。

【译制节目】 年内，完成6集专题纪录片《第三极》、8集专题纪录片《苦难与辉煌》，电视剧《爱要付出》《我的父亲是板凳》《唐朝浪漫英雄》等14部电视剧及动画片《十二生肖》《丝路公主》《猴王传》《熊出没》等7部动画片的译制工作。

【藏历新年电视文艺晚会录制】 1月25日晚，拉萨市2017年春节藏历火鸡新年电视联欢会在市群众文化体育中心录制完成，共有24个节目，时长近3小时，演员400余人。藏历新年大年初一（2月27日）上午8：00在拉萨电视台藏语综合频道、汉语综合频道、文化旅游频道同步并机首播，还先后在央广国际频道、北京卫视、江苏卫视、康巴卫视、青海安多卫视、西藏卫视、腾讯视频网等区内外媒体播出。

【广播电视三下乡活动】 年初，拉萨市广电局深入达孜、尼木、当雄、林周、墨竹工卡、曲水六县（区），开展“文艺、法规、服务”三下乡活动，共为农牧民群众奉献了110余个节目，观众达1万余人。向农牧民群众赠送了《拉萨市2013—2016电视综艺晚会集锦》光盘9000盒，发放《走进拉萨》CD歌碟2000张，向达孜区白纳村8户困难群众赠送了彩色电视机，选派技术人员深入6个县（区）农牧区开展“户户通”设备免费维修服务活动，为农牧民群众免费维修“户户通”接收设施机顶盒380余台，更换赠送零部件860余件。

【业务调研】 年内，拉萨市广电局主要领导带队4次，深入到拉萨市八县（区）37个偏远乡镇，63个村组、310户农牧民户和23座寺庙、160间僧舍（含集体），165个电影放映点、6个县级广播电视转播台，开展新闻出版广播影视巡查调研工作，进一步掌握了县（区）新闻出版广播影视工作中存在的困难和问题，理清了工作思路，形成调研报告2篇。

【节目安全播出】 年内，拉萨市广播电视台3个频道和1个调频广播及转播中央7频道节目均实现安全接收与播出，全市广播电视安全播出实现“零”事故目标。

【受众调查】 年内，拉萨市广播电视台申报了拉萨电视台节目编排与满意度评价研究课题，该课题获得拉萨市发改委立项并获得课题经费15万元，同时与中国广视索福瑞媒介研究有限公司签订了课题研究合同，8月底完成课题研究，通过对相关数据分析、不同频道不同时段栏目内容与收视数据的关联研究和近千名拉萨观众的电话调查，最终形成研究成果，为拉萨市广播电视台编排群众满意的节目提供了宝贵资料。

【IP网络信息化建设】 年内，拉萨市广播电视台成功申报《拉萨市广播电视台传统媒体与新媒体融合综合平台建设规划》研究课题，获得市发改委立项和研究经费10万元，同时与观至云（北京）信息技术有限公司、北京经纬中天信息技术有限公司签订合作开展课题研究合同，形成《拉萨市广播电视台IP网络信息化改造项目规划方案》，邀请中央电视台、中国国际广播电台、区新闻出版广电局、西安电视台、河南大象融媒体集团有限公司广电新媒体专家，对《拉萨市广播电视台IP网络信息化改造项目规划方案》进行论证并提出了宝贵意见，经认真修改，形成《拉萨市广播电视台IP网络信息化改造项目规划方案》，为拉萨市广播电视台IP网络信息化建设打下了基础。

【十九大宣传报道】 年内，开辟专栏《砥砺奋进·雪域巨变》，以每周一期的进度播发，九月份以每周2至3期的频率播发，十月份全面进入“十九大时间”，在《拉萨新闻》开辟专栏《以优异成绩迎接党的十九大》，在《晚间新闻》开辟专栏《喜迎十九大争创新业绩实现新跨越》，大力宣传全市十八大以来经济社会发展取得的成就。“十九大”闭幕后，及时在《拉萨新闻》中开辟《深入学习十九大精神》《贯彻大会精神·立足本职做贡献》等专栏，充分反映企业、农村、机关、学校、部队和社区基层党组织利用多种形式学习贯彻党的十九大精神的生动场面，报道各级党委政府落实大会精神的新思路、新举措、新进展，展示全市干部群众奋发有为、积极投身改革发展事业的精神风貌。围绕主题精心编排播出《榜样》《永远在路上》《不忘初心，继续前进》《苦难辉煌》《美丽西藏》等专题片，录播中央电视台大型新闻报道《还看今朝——西藏篇》，播出《国家底线》《长征大会师》《鸡毛飞上天》《金凤花开》《建国大业》《建党伟业》6部优秀影视剧，此外还安排播出《中国进入新时代》《撸起袖子加油干》《古丽的中国梦》3条公益广告和《加强民族团结，建设美丽西藏》《喜迎党的十九大胜利召开》等五部宣传片，为党的十九大胜利召开营造了浓厚的舆论氛围。

【综合广播自办节目】 年内，拉萨广播电视台藏、汉两种语言播音全天播出17小时。除转播中央、自治区《新闻联播》等节目外，推出了《拉萨新闻》《幸福拉萨》《故事会》《天籁之音》《相约西藏》《奇闻轶事》《聚焦三农》《嘻哈客栈》《冈拉梅朵》《生活百科》《曲艺园地》11档藏语自办栏目，《新闻快报》《都市导航》《乐在味中》《你的故事我的歌》《拉萨说》《圣地音符》6档汉语自办栏目，自制节目时长3084小时。

【拉萨电视台汉语综合频道（一套）自办节目】 年内，全天24小时播出。《拉萨新闻（汉语）》《晚间新闻》《生活第1线》《格桑梅朵》《高原零距离》5档自办栏目。全年自制节目时长239小时。

【拉萨电视台藏语综合频道（二套、上星）自办节目】 年内，全天播出18小时。有《拉萨新闻（藏语）》《国际时讯》《相约》《吉曲的祝福》《法制明镜》《金钥匙》《奇趣大自然》《快乐学藏语》《周末影院》9档藏语自办栏目。全年自制节目时长252小时，译制能力2.8小时/天。

【拉萨电视台文化旅游频道（三套）自办节目】 年内，全天播出18小时。有《寻味日光城》《一起旅行吧》《爱尚拉萨》《文化拉萨》《天天影院》《文化旅游资讯》6档自办栏目。全年自制节目时长467小时。

（刘 毅）

新闻出版

【概况】 4月，组建了拉萨市新闻出版广电局（拉萨市版权局），完成了与市文化（文物）局新闻出版、版权、“扫黄打非”职能和工作交接，正式更名为拉萨市新闻出版广电局（拉萨市版权局）。

【“扫黄打非”】 年内，拉萨市“扫黄打非”工作走在全区前列，完成“扫黄打非”国检、区检工作任务，对拉萨市区及各县（区）“歌城”“印刷企业”“书店”“打字复印店”“音像制品店”等进行经常性检查，封堵和查缴非法出版物及宣传品4500余件，删除网络有害信息2600余条。

【农村书屋、寺庙书屋】 年内，完成228个“农家书屋”、231个“寺庙书屋”、40个“社区书屋”的补充更新书籍及调研检查数据。进一步建立健全农家书屋管理机制，不断提高管理人员的业务素质，为深化农家书屋延伸服务工作打下了坚实基础。为拉萨市40家社区书屋免费发放8万余册藏文图书音像制品，为堆龙德庆区马乡和古荣乡小学赠送130种、1820册优秀图书，组织完成“书香西藏”“全民阅读”等工作。江苏省新闻出版广电局在当雄县、曲水县、达孜区调研期间，共向5个农家书屋赠送图书2500册。

（刘 毅）

拉萨日报社

【概况】 《拉萨日报》创刊于2017年7月1日，分藏、汉两种文字出版发行，是拉萨市委机关报，服务于市委、市政府中心工作。《拉萨晚报》创刊于1985年7月1日，是都市综合类报纸，藏、汉两种文字出版发行，始终坚持正确的政治方向和舆论导向，坚持“正面报道为主”的新闻宣传方针和“三贴近”原则，结合拉萨实际，探索出了一条突出党报性质、体现晚报特点的民族地区首府城市办报之路，取得了良好的社会效益和经济效益，得到了各级党委、政府的高度赞扬以及广大读者的充分认可。年内，拉萨日报社有从业人员119人，其中在编人员67人，聘用人员52人。

【重要活动】 年内，5月，拉萨

市机构编制委员会下发《关于拉萨晚报社编制调整的通知》，撤销拉萨晚报社下属事业单位拉萨晚报印刷车间，收回15名事业编制。同时，为拉萨日报社筹建创办增加事业编制30名（差额拨款事业编制），暂计入拉萨晚报社事业编制总额。7月1日，拉萨晚报社召开《拉萨日报》（藏、汉文）创刊工作座谈会，区党委常委、市委书记白玛旺堆在创刊座谈会上作重要讲话。8月，拉萨晚报社向市委宣传部呈报《关于请市委宣传部牵头修订完善〈拉萨晚报社干部职工绩效考核奖惩管理工作方案（试行）〉的请示》，并于9月获批。12月，中共拉萨市委宣传部下发《关于〈拉萨晚报社通讯员管理办法〉的通知》。

（朱 媛）

藏语文及编译工作

【概况】 年内，拉萨市藏语文工作委员会办公室（拉萨市编译局）编制18人，其中县级编制3人，科级编制8人；内设综合科、语言文字科、校审科、翻译科。全市藏语文工作按照《中华人民共和国民族区域自治法》《西藏自治区学习、使用和发展藏语文若干规定》和《拉萨市社会用字管理办法（试行）》《中共拉萨市委员会拉萨市人民政府关于进一步加强藏语文工作的意见》等要求，认真开展各项工作，加快推进拉萨市藏语文工作与经济增长协调发展，进一步促进社会用字的规范性。

【规范藏语文社会用字】 年内，拉萨市编译局召开2017年全市藏语言文字工作总结暨表彰大会，表彰43家先进集体和62个先进个人。制定《拉萨市藏语文社会用字检查整改工作实施方案》，开展一系列检查整改工作，取得显著成效。从城区到县（区）、各大旅游景区，开展藏语文社会用字检查整改工作，对存在问题的商户及时沟通协调，提供免费的现场翻译服务，共下达整改通知1900多份，整改率达到98%以上。完成雪顿节期间的各项宣传材料和领导讲话的翻译工作。年底赴成都协助录制和翻译藏历新年联欢晚会。

【翻译工作】 年内，拉萨市编译局完成“两会”、雪顿节、《中华人民共和国劳动仲裁法》、《中华人民共和国劳动争议调解仲裁法》、《劳动人事争议仲裁办法》等法律法规和全市村居“两委”换届材料、“四讲四爱”方案等文件的翻译，字数达到104余万字。市民服务中心“翻译服务窗口”全年为1万余人提供服务，并承担全市党政机关、企事业单位换章翻译工作，平均每天换章翻译150多枚。

【强基惠民驻村工作】 年内，拉萨市编译局结合林周县甘曲镇党布村驻村点工作实际，在建党节之际，帮助驻村工作队解决了1万元的庆中国共产党建党96周年活动经费；在村两委换届期间，协助驻村工作队建言献策，多次深入驻村点调研，召开村两委及驻村工作队员联合会议，确保两委换届期间的维稳安保工作；协助驻村工作队向相关部门协调争取总资金为43.15万元的饮水项目；联系武警医院协调解决了18万元的村级卫生院修建工程。拉萨市编译局13名党员共结对13户贫困，办实事30多件，涉及资金7万余元，已脱贫12户。

【干部队伍建设】 年内，拉萨市编译局以《深入开展全区干部“双语”学习培训工作实施方案》为指导，10月派遣8位藏语文工作人员到西北民族大学学习，11月派遣5名市直相关部门和各县（区）藏语委办（编译局）工作人员赴上海开放大学，参加藏语文网络信息服务培训，11月26日至12月2日，举办全市藏汉双语翻译培训班，培训60人，保障了藏汉双语工作顺利开展。

（洛桑平措）

档案工作

【概况】 2017年，拉萨市档案局（馆）深入贯彻落实中共十九大和十八届三中、四中、五中、六中全会精神，认真学习贯彻习近平总书记系列重要讲话精神和治国理政新理念新思想新战略，切实增强“四个意识”，认真贯彻落实区市第九次党代会精神，学习贯彻全国档案工作暨表彰先进会议、全区档案工作电视电话会议精神，紧紧围绕市委、市政府中心工作，服务大局，依法履职，开拓创新，档案业务及各项工作取得新成效。

【编制《档案规划》】 年内，拉萨市档案局（馆）根据《中共西藏自治区委员会办公厅西藏自治区人民政府办公厅关于印发〈西藏自治区档案事业发展“十三五”规划〉的通知》精神，编制完成《拉萨档案事业发展“十三五”规划》，经区党委常委、拉萨市委书记白玛旺堆，市委副书记、市长果果审核同意后，市委、市政府办公厅印发《拉萨档案事业发展“十三五”规划》。

【领导批示】 3月31日，区党委常委、拉萨市委书记白玛旺堆在《市档案局（馆）完成全市档案事业发展“十三五”规划编制工作》（拉萨档案工作信息）上批示：市档案局（馆）紧紧围绕中心，突出地方特色，改善馆藏结构，丰富馆藏内容，履行服务职能，强化对各部门和重点领域服务指导，有力推动拉萨市档案工作迈上新台阶。档案工作是党和国家工作中不可缺少的基础性工作。经验得以总结，规律得以认识，历史得以延续，各项事业的发展，都离不开档案。在新的起点上，总结经验、发扬成绩，切实承担起为党管档、为国守史、为民服务的重任，完善档案工作体制机制，建立健全覆盖人民群众的档案资源体系，协调推进资源共享和安全保密工作，努力在全面建成小康社会的进程中发挥更大的作用、做出更大的贡献。4月1日，市委常委、秘书长庄红翔批示：望认真学习、深刻领会白玛旺堆书记重要批示精神，巩固成绩、创新管理，切实落实“十三五”规划各项目标任务，努力推动拉萨市档案事业发展再上新台阶，充分体现了市委、市政府对档案工作的高度重视和大力支持。

【完善机构】 年内，拉萨市档案局（馆）按照国家档案局、西藏自治区档案局的总体部署，逐步健全完善县级档案行政管理机构，依法落实档案行政执法主体资格。经市委组织部批复成立县（区）档案局，一个机构，挂档案馆档案局两块牌子，副科级建制，八县（区）档案局挂牌成立，档案部门行政执法主体资格落实见效。

【档案对口援藏】 年内，拉萨市档案局（馆）为做好北京市对口援藏档案整理移交工作，积极选派业务骨干前往北京援藏指挥部，对北京援藏指挥部的文书档案规范化整理进行了指导，确保援藏档案按时移交北京市档案局。

【档案处置业务指导】 年内，拉萨市档案局（馆）为做好政府机构改革中撤并单位的档案管理工作，确保机构改革中档案工作顺利进行，选派业务人员前往市发展和改革委员会（市粮食局）就机构改革后档案管理工作进行业务指导，明确机构改革中档案的归属和流向，加强对机构改革中档案的规范化管理，保证档案资料的安全与完整。

【档案督察】 年内，拉萨市档案局（馆）深入贯彻国家档案局8号令、9号令，根据全区档案工作电视电话会议精神和全市档案工作计划，组织业务人员分批次深入当雄县、尼木县、市发改委、市规划局、市文化局、市安监局等30多家市直单位进行实地指导，确保市直单位到期档案移交进馆工作顺利开展。督促相关单位按时做好日常各类文书和档案的年度整理归档任务，切实提升全市机关档案整理规范、保管安全的管理水平。

【档案服务】 年内，拉萨市档案局（馆）先后为市委组织部、市中法、市旅发委、达孜县检察院、四川大学历史文化学院等单位提供档案查阅473卷，3452卷次，401件，3148件次，接待档案利用者890人次，为领导决策、经济建设、编史修志、调解矛盾纠纷、工作参考提供原始依据，深受档案利用者的好评。

（刘淑娟）

党史研究

【概况】 2017年，市委党史研究紧紧围绕市委中心工作，牢记职责使命，强化责任担当，充分发挥党史工作以史鉴今、资政育人的重要作用，扎实推进资料征集、党史编写、宣传教育等工作，不断提高党史工作水平。

【出版《拉萨简史》】 年内，市委党史办完成《中国共产党拉萨简史》正式出版发行。《中国共产党拉萨简史》于2015年5月启动编撰工作，2017年2月形成征求意见稿，10月中旬完成终稿审核并交付印刷，11月完成出版发行。《拉萨简史》约17万字，记述拉萨1951年和平解放到2015年深入实施“六大战略”65年间，中共拉萨市委团结带领全市各族人民平息叛乱、民主改革、社会主义改造、实行改革开放、建设社会主义新拉萨的历史。

【资料汇编】 年内，市委党史办完成《中国共产党拉萨市第八次代表大会资料汇编》《中国共产党拉萨市第八届委员会历次全体会议资料汇编》《中国共产党拉萨市第九次代表大会资料汇编》内部出版工作。2016年9月启动编纂工作，2016年完成终稿审核，2017年1月交付印刷，2017年3月正式出版。《资料汇编》共五本，约85万字，分别收录拉萨市第八次党代会、第九次党代会和八届一次至十次全委会形成的所有文字资料。

【专题教育实录】 年内，市委党史办完成《拉萨市深入开展“三严三实”和“忠诚干净担当”专题教育实录》内部出版工作。3月启动编撰工作，11月中旬完成终稿审核并交付印刷，12月正式出版。《专题教育实录》约50万字，主要收录拉萨市深入开展“三严三实”和“忠诚干净担当”专题教育活动相关文件、领导讲话和交流发言材料等资料。

【编发《拉萨党史》】 年内，市委党史办完成4期《拉萨党史》编发工作。每期约6万字，4期约24万字。分别以纪念中国人民解放军建军90周年，中国人民全面抗日战争爆发80周年，中国人民抗日战争暨世界反法西斯战争胜利72周年，纪念西藏和平解放66周年和学习贯彻中共十九大精神为主题，宣传党的历史，弘扬红色传统。

【大事记摘录】 年内，市委党史办完成2017年拉萨历史大事记摘录工作，共约60万字。主要内容包括拉萨市贯彻执行党的方针政策的重要会议、重要活动、重要文件以及重大项目开工建设，中央、自治区和拉萨市领导在拉萨进行调研考察等。

【起草《党史规划》】 年内，市委党史办完成《拉萨市2017—2020年党史工作规划》和《关于进一步加强拉萨党史工作的实施办法》起草工作。《党史工作规划》明确提出2017—2020年拉萨市党史工作的总体要求和重点工作，并提出协调推进全市党史工作、强化保障措施等具体要求。

（姚雪梅）

地方志工作

【概况】 2017年，拉萨市地方志办公室全面完成1部市级综合年鉴和8部县（区）级综合年鉴公开出版工作。第二轮市志和县（区）志工作都取得不同程度的进展。

【地方志专题会议】 10月26日，拉萨市副市长、秘书长廖波主持召开全市地方志工作会议，自治区党史（地方志）办公室主任汪德军出席并讲话。会上，副市长廖波代表拉萨市政府与各县（区）分管地方志的副县（区）长签订《拉萨市地方志工作目标责任书》。

【制定《考核办法》】 年内，拉萨市地方志办公室起草制定《拉萨市地方志工作考核办法（试行）》，广泛征求各县（区）意见建议，经拉萨市地方志办公室多次修改完善后，于12月以拉萨市委办公厅、市政府办公厅名义印发。

【申报精品年鉴】 年内，拉萨市地方志办公室积极组织《拉萨年鉴（2016卷）》精品年鉴试点单位申报工作，2月份，中国地方志指导小组办公室完成终审，5月份，《拉萨年鉴（2016卷）》出版印刷。参加全国精品年鉴试点单位申报的8部年鉴当中，《拉萨年鉴（2016卷）》处于中游水平。根据中指组的安排，《拉萨年鉴（2017卷）》继续参加精品年鉴试点工程评选，9月份报送中指组进行评审，截至年底，《拉萨年鉴（2017卷）》中指组三次评审全部通过。

【出版县区年鉴】 年内，拉萨市地方志办公室按照全国地方志“两个全面”目标要求，下发全市年鉴编纂工作通知文件，开展年鉴编纂工作专项检查，指导督促8个县（区）综合年鉴由内部发行改为公开发行。截至年底，《堆龙德庆区年鉴（2017卷）》《墨竹工卡县年鉴（2017卷）》《尼木县年鉴（2017卷）》《林周县年鉴（2017卷）》《城关区年鉴（2017卷）》《当雄县年鉴（2017卷）》《曲水县年鉴（2017卷）》《达孜县年鉴（2017卷）》全部实现一年一鉴，全面完成公开出版发行任务。

【市志编修】 年内，拉萨市地方志办公室按照全国第二轮修志工作部署，认真组织开展《拉萨市志》修编工作，2月，全面展开《拉萨市志（2001—2010）资料收集工作。5月，资料收集工作基本完成。12月，《拉萨市志（2001—2010）》形成初审稿并通过初审。

【县（区）修志工作】 截至年底，《尼木县志》出版印刷，拉萨市一轮修志工作全面完成。拉萨市第二轮修志工作于2016年正式启动，各县（区）修志工作进展顺利。截至年底，《堆龙德庆县志（2001—2010）》出版发行，《达孜县志（2001—2010）》通过自治区验收，《曲水县志（2001—2010）》《当雄县志（2001—2010）》通过终审，《墨竹工卡县志（2001—2010）》《尼木县志（2001—2010）》《林周县志（2001—2010）》通过复审，《城关区志（2001—2010）》通过初审。堆龙德庆区完成二轮修志后，开始藏文志书的翻译工作。

【审稿工作】 年内，拉萨市地方志办公室认真做好县（区）年鉴、志书审稿工作，样书稿件审核，严把政治关、保密关、质量关，紧盯年鉴、志书质量问题丝毫不放松。全年完成9部综合年鉴和9部志书约1550万字的审稿工作。

（张　驰）

【概况】　2017年，拉萨卫计委以深化医药卫生体制改革为中心，坚持为人民健康服务的总方向，加快推进“五个转变”（从打基础向提升质量转变、从试点探索向全面推进转变、从打框架向建机制转变、从基础服务向公共产品转变、从粗放管理向细化管理转变），各项卫生计生工作居全区前列。全年无重大医疗安全事故发生，市人民医院通过自治区三甲医院评审，曲水、达孜、林周、当雄四县人民医院通过自治区二级乙等医院评审。

【医疗机构】　年内，全市共有驻市医疗卫生机构495家，其中，医院28家，卫生院52家，门诊部（所）205家，妇幼保健院（站）3家，疾病预防控制中心10家；共有床位数3702张，每千人拥有床位数5.56张；共有卫生技术人员5086人，每千人拥有卫生技术人员7.64人。市人民医院拥有人员编制525人，法定编制床位240张，实际开放床位336张。年门急诊量18.99万人次，入院1万余人次，手术2583台次，病床使用率83.24%；病床周转次32.12；平均住院天数9.73天。市妇幼保健医院占地面积6909平方米，建筑面积8589平方米，其中业务用房面积3052.6平方米。核定人员编制86人，编制床位60张，实际开放60张。门诊人次143599人、出院人次2470人、分娩人次960人。全市有社会医疗机构205家，其中民营医院17家。市中心医院基建、人才储备、设备采购、机构设置等加快推进。

【疾病预防控制与卫生监督】　年内，制定《拉萨市全民健康生活方式行动方案》，以防控重大突发公共卫生事件为重点，坚持预防为主，加强鼠疫、艾滋病等重大传染病防控和大骨节病等地方病的防治，规范慢性非传染性疾病的管理，针对高血压、糖尿病等慢性疾病高危人群进行健康指导，监测公共场所空气962份、合格率97%，服务用具1832份、合格率92%，卫生监督覆盖率达100%；监测生活饮用水水质590份样，完成食品风险监测10个品种、153个样，完成全年检测任务100%；完成市属4家医院369张肿瘤信息报告卡的收集、录入与上报工作，积极有效处置H7N9禽流感疫情，公共卫生监督覆盖率达100%，免疫规划疫苗接种率99.56%，乙肝首针接种率99.87%，含麻类疫苗补种4996人，补种率95.29%，无重大突发公共卫生事件发生，无甲类传染病发生，乙丙类传染病总发病率433.56/十万，较2016年下降21.52%。城关区获国家级慢性病综合防控示范区、国家健康促进县区称号，墨竹工卡县、堆龙德庆区接受技术评估。

【妇幼卫生】　年内，继续做好“两降一升”工作，深入实行农牧区孕产妇住院分娩和婴儿住院就100%报销政策，优化妇女疾病普查普治、儿童先心病筛查、育龄妇女叶酸普服、孕产妇住院分娩、儿童营养包等重点人群健康服务，孕产妇死亡率31.7/十万，婴儿死亡率下降至4.68‰；住院分娩补助兑现4344人，兑现资金414.15万元，住院分娩率达99.64%；发放叶酸55.6万余盒，服务人数达4049人；儿童营养包发放33281盒；完成妇女两癌筛查检测105727人，检测率达96.1%，妇女儿童健康水平进一步提高。

【医药卫生体制改革】 年内，率先在全区开展分级诊疗试点工作，出台《拉萨市分级诊疗工作实施意见》《拉萨市分级诊疗工作考核评价标准》，形成分级诊疗疾病谱549种，明确市、县、乡（社区）、村四级医疗机构诊治疾病谱。全面推进市县公立医院综合改革，完成国务院医改办复评迎检工作，得到国务院通报表扬。出台《拉萨市公立医院实施药品“零差价”销售工作实施方案》，率先在全区取消所有公立医院药品加成，加快推进医疗服务价格调整和医疗费用控费工作，市人民医院、市妇保院调整医疗服务价格332项；市县公立医院平均药占比为31.91%，百元医疗收入（不含药品收入）消耗卫生材料费为12.43元，医疗费用增长幅度控制在14.5%以内。认真落实《西藏自治区公立医疗机构药品采购实施方案（2016版）》，将市、县、乡（社区）、村医疗机构药品采购纳入自治区药品集中招标采购平台，推进公立医疗机构药品采购“两票制”。率先在全区开展家庭医生签约服务，拥有家庭医生团队191个，签约359277人，签约率达95%，重点人群、计划生育特殊困难家庭、贫困人口签约率均达到99%以上。

【农牧区社区卫生】 年内，持续实施农牧区医疗制度先诊疗后结算模式，各县（区）政府加大资金保障力度，农牧区医疗制度政府年人均补助标准提高到475元，人均提标40元，全部纳入大病统筹基金，提标覆盖率持续保持100%。率先在全区探索开展按病种付费工作，达孜、墨竹、林周等县区对11个病种实行单病种付费。加快建立县域卫生人才统筹机制，“双向转诊”“上下联动”机制基本形成。市、县区政府投入1.5亿元，全面启动包虫病综合防治工作，率先在全区采取“边筛查边救治”模式和开展县级包虫病实验室血清检测，共筛查53.38万人，筛查率104.4%，采血率达78.4%，确诊患者937人，完成手术治疗275例，药物治疗224例，确诊病人救治费用全部由政府承担。选派3支18人的医疗队伍援助阿里地区开展人群包虫病筛查工作，共筛查10933人，确诊患者131例，采集血样10656份。继续实施城乡居民和僧尼免费体检，城乡居民体检率为97.6%，僧尼免费体检率为96.1%；积极开展0—18岁先心病、唇腭裂、先髋等疾病筛查和免费救治，筛查84803人，确诊先心病18人，免费手术救治9人；确诊唇腭裂、先天性髋关节脱位14人；实施包括“两癌”筛查在内的妇女疾病普查普治，筛查率96.1%。积极与深圳华大基因科技有限公司合作，实施好四个民生基因检测项目，无创产前累计检测1222人、新生儿耳聋和DNA基因累计检测1438人、HPV宫颈癌检测3292人。

【爱国卫生和创建国家卫生城市】 年内，强化健康教育和健康促进，组织200余家驻市单位、各县区开展2次全市性爱国卫生活动，开展督导检查30余次，城乡环境卫生得到进一步改善，各项指标得到提升和巩固，整体卫生水平达到《国家卫生城市标准》要求，通过国家卫生城市复审。组织开展健康教育巡回督导指导10余次，开展麻风、结核、职业病、艾滋病、碘缺乏病、饮用水安全、世界无烟日、包虫病、卫生应急“五进”等行业主题宣传活动，举办专题讲座752期，受益185210人次，进一步提高了公众的健康意识。

【人口和优生优育】 年内，继续落实农牧区“一孩、双女”户困难家庭扶助制度和特殊子女家庭特别扶助制度，扶助对象4704人，兑现扶助资金451.58余万元；受助特扶对象1131人，兑现扶助资金452.12余万元。抓好国家免费孕前优生健康检查项目，完成国家免费孕前优生健康检查项目2038对、出生缺陷一级干预项目1496对，出生人口素质不断提高。按照流动人口“均等化、市民化”要求，免费为500名育龄及已婚育龄流动人口妇女提供妇科、孕检等服务，对1000余名流动人口进行免费健康体检，建立健康档案，PADIS系统向原籍反馈率达99%，圆满完成流动人口卫生计生动态监测。完成32个样本点，640名15—60岁中国籍女性生育状况问卷调查。

【藏医药事业】 年内，坚持“藏西医并重”的方针，各县区医院继续加大藏医专科能力建设，藏医藏药诊疗技术广泛应用于治疗高原性慢性疾病等并取得积极成效，县、乡藏医医疗机构门诊近28.2万人次、住院治疗644人次、适宜技术服务3万余人次。尼木县藏医院完成工程量的98%，墨竹工卡县藏医院开工建设，达孜区、曲水县藏医院正在开展前期工作；继续开展投资200万元的乡镇卫生院藏医诊疗室建设项目，项目实施率达90%。加大藏医队伍培训，遴选5名藏医骨干参加全区基层医疗机构藏医临床骨干培训，县区共开展藏医人才培训15次，受训人次达百余人。开展藏医药预防保健服务和藏医药“三进”活动，服务4000余人次，藏医康复理疗1050人次，开展藏医药讲座、培训等活动6次。

【医疗人才“组团式”援藏】 年内，充分利用医疗人才组团式援藏和三级医院对口帮扶县级医院政策，大力推进市县医疗机构服务能力提升。北京市选派42名医疗人才在市人民医院工作，填补自治区和拉萨市9项技术业务空白，成立自治区首个“先天性心脏病三级防治基地”“高原研究站”“精准医学中心”，开展多项临床新项目，新设心血管、肾内、高原病专科。七县（区）人民医院进驻对口帮扶援藏医生共计43名（北京市援藏专家15名、江苏省援藏专家22名、成都军区总医院援藏医生6名），其中高级职称10人，专业涵盖妇产科、外科、内科、麻醉、护理和实验室检测等，县级医院在学科建设、人才培养、制度建设、服务能力提升、医院等级评审等方面成效显著。

（扎西德吉）

民 政

综述

2017年，拉萨市民政局共有编制107名（局机关编制31名，其中行政编制22名、机关事业编制5名、机关后勤4名；参公事业单位编制23名；局属事业单位编制53名），实有人数101人。内设7个机构（办公室、政工人事科、规划财务科、基层政权和社区建设科、救灾科、社会救助科、优抚安置科），参公事业单位2个（老龄办、救助管理站），局属事业单位7个（中国拉萨SOS儿童村、市军休服务管理中心、市儿童福利院、市社会福利院、市烈士陵园管理中心、市救灾物资储备中心、市居民家庭经济状况核对中心）。主要承担全市困难群众救助、自然灾害救助、优抚安置、基层政权建设、老龄事业发展、社会团体管理等涵盖民生、公共服务等方面的工作职责。年内，总投资1亿元，完成市救助管理站及未成年人保护中心、市老年人日间照料中心、市荣军院等12个项目建设，着力保障和改善民生，建立完善与拉萨市经济社会发展水平相适应的社会救助体系、社会福利体系、社会管理体系、双拥优抚安置体系、社会事务公共服务体系、福利机构标准化建设体系，有力促进全市社会事业持续健康快速发展。

（孙 玲 王美蓉）

社会救助

【城乡低保】 年内，召开全市城乡低保规范化管理工作现场部署会议，对审计反馈的低保家庭经济收入和财产状况进行逐一核查梳理，及时清退6124名低保对象。城镇低保标准调至月人均764元，高出自治区标准64元，农村低保年人均3411元，高出自治区标准100元。

【五保供养】 年内，为1208名农村五保供养对象兑现供养金713.93万元；为599名孤儿兑现孤儿保障金790.68万元；农村五保供养标准提高到年人均5910元，高出自治区标准970元；孤儿保障标准提高到月人均1100元，高出自治区标准100元。

【专项救助】 年内，制定出台《城乡医疗救助暨重特大疾病医疗救助实施细则》，累计救助因病困难群众8113人，落实医疗救助金2663.85万元，资金使用率同比减少29.95%；年人均最高标准由10万提高到25万元，特殊案例不设封顶线。召开医疗救助“一站式”即时结算服务推广会议，定点医院扩大到17家，覆盖全市所有公立医院。累计为888人次提供“一站式”即时结算服务，落实救助资金467.31万元。

【临时救助】 年内，临时救助范围不断拓宽，对因交通事故、突发重大疾病、家庭必须支出增加的困难个人或家庭给予临时救助，困难个人救助年标准达到5000元，困难家庭年救助标准达到10000元，累计救助各类临时困难群众780人，落实临时救助金215.36万元。率先在全区推广“救急难”工作，累计落实救助资金24.79万元；为八一农场大佛岛分场34名受灾农户职工解决临时救助资金34万元，确保了受灾群众的基本生活。在全区率先完成2016年度因灾倒损民房恢复重建。

【精准扶贫】 年内，完成2017年农村低保家庭劳动力状况、生态补偿脱贫岗位对象及享受定向政策性补贴对象等统计工作，对各县（区）2016年“两线合一”补助资金兑现情况进行全面督查，农村低保“两线合一”达到年3914元，共兑现资金3400万元。

【流浪乞讨人员救助】 年内，建立健全救助管理协调联动机制，将相关责任落实到受助人员所在县区、乡镇政府、民政部门、村居委会、驻村工作队及村民小组，建立回访探访体系，不定期与各市地救助管理站、县区、乡镇人民政府、民政部门、村居委会、驻村工作队及村民小组进行联系沟通，准确掌握受助人员生产生活情况，加强流浪乞讨人员源头治理管理。共接待救助1756人，其中，区内502人、区外1254人。提供返乡车票436张，支出救助资金119万元。

【慈善及彩票管理】 2017年6月，市福利彩票管理站正式挂牌成立，为拉萨市东郊片区的200个福彩投注站点配送即开票和打印纸，年内共配送价值33.6万元的打印纸和约500万元的即开票。

【儿童保护工作】 年内，出台《加强农村留守儿童关爱保护工作的实施意见》，健全留守儿童关爱保护机制，精心组织开展农村留守儿童摸排工作，全市共有留守儿童1513名。投入45万元在曲水县茶巴拉乡、林周县强嘎乡开展留守儿童关爱保护试点工作。联合自治区慈善总会开展“心理疏导”活动，由中央财政支付人才薪酬4万元，聘请社会工作师赴各县区留守儿童集中点开展专项活动，为留守儿童赠送价值32万元“爱心书包”和羽绒服。率先在全区开展福利机构标准体系建设试点，梳理规章制度2000余条，制定行业标准50项、工作流程图53个，初步搭建起农村五保集中供养服务中心、儿童福利机构标准化体系框架。拉萨市被自治区民政厅定为福利机构标准化试点地市，市儿童福利院、达孜县五保集中供养服务中心成功申报为国家级试点单位，SOS儿童村、市儿童福利院、市社会福利院、达孜区、林周县五保集中供养服务中心被确定为市级试点单位。投入124.6万元建立市残疾人听力诊断中心，共为123名特困人员配备助听器。

（鲁 生）

救灾救济

【灾情概况】 年内，林周、曲水、达孜、尼木和空港新区等五县（区）遭受自然灾害，其中，林周县风雹灾害2起、洪涝灾害2起，曲水县洪涝灾害3起，达孜区洪涝灾害3起，尼木县洪涝灾害6起、泥石流灾害5起、风暴灾害1起、生物灾害1起，空港新区洪涝灾害1起。累计8184人次受灾，紧急转移安置9人，农作物受灾面积1695.93公顷，绝收面积170.74公顷，因灾倒塌民房4间，严重损坏民房9间，一般损坏民房23间，造成直接经济损失708.01万元。

【防灾减灾】 年内，出台《拉萨市自然灾害救助应急预案》《拉萨市应急救灾储备物资管理制度》《拉萨市加强城乡社区综合减灾工作实施意见》《拉萨市防灾减灾救灾工作例会制度》《拉萨市自然灾害灾情会商和评估制度》等规范性文件，健全市、县两级防灾减灾救灾领导机制，组建民政局灾害应急抢险队伍，建立覆盖县、乡、村三级灾害信息员队伍，完成411名灾害信息员基本信息录入，救灾物资储备中心与拉萨警备区教导队、武警西藏总队后勤综合保障基地、西藏警专建立共建关系，切实提高救灾时效性。完成市级9处应急避难场所选址，完善12处“全国综合减灾示范社区”规范化建设，全面提升抵御自然灾害的综合防范能力。健全救灾物资储备中心各项管理制度，规范救灾物资出入库管理，形成市、县、乡三级救灾物资仓储网络体系。加强灾害救助工作，及时足额下拨冬春自然灾害生活补助资金100万元，确保受灾群众的基本生活。

（格桑顿珠）

双拥优抚安置

【双拥创建】 年内，拉萨市荣获“全区双拥模范城”八连冠，堆龙德庆、当雄、曲水、墨竹工卡、尼木五县区荣获“全区双拥模范县”称号。城关区荣获爱国拥军模范单位。

【拥军优属】 年内，颁布实施《拉萨市拥军优属规定》，走访慰问驻市部队、执勤点、基层部队发放慰问金228.1万元。召开四次军休人员座谈会，为871名军休人员发放158.86万元的慰问金及慰问品。

【军地共建】 年内，协调部队官兵在城关区社会福利院开展“3・15”雷锋日宣传活动，参与全市第46个环境日宣传主题活动，提高全市人民和部队官兵双拥意识和绿色环保意识，展现全国双拥模范城八连冠的良好形象。

【优抚安置】 年内，为国家机关工作人员牺牲、病故办理遗属一次性抚恤金和子女抚养批复43人，为9名病故军休人员家属落实一次性抚恤金386.4万元。做好军残、警残评定报批，完善残疾人员个人信息录入和残疾证换证工作，落实各类优抚对象伤残抚恤金1101.07万元，争取优抚对象医疗补助经费289.37万元。协调市医保中心，做好居住在内地军休人员住院医疗的申请、登记、报销，为军休干部及时住院治疗提供良好服务。做好征兵和退役士兵接收安置工作，开展优抚安置政策宣传，做好2017年退役士兵档案预交、审查工作和2016年度自主就业退役士兵家庭优待金及一次性经济补助经费分配，安排五县三区家庭优待金及一次性经济补助经费507.6万元。对1980年以来全市符合安置条件的退役士兵进行信息采集、上报。

【军休工作】 年内，对新移交的37名军休干部及时落实工资和医疗待遇，做好235名无军籍退休职工养老金的测算和发放，共发放军休人员增资、符合条件军休人员护理费、取暖费1.14亿元。丰富军休人员精神文化生活，邀请83名军休人员和优抚对象集中观看文艺演出，参观企业、新农村建设示范点。成立中共拉萨市军休干部支部委员会。

（仓　决）

基层政权和社区建设

【行政区划调整】 2017年7月19日，根据《国务院关于同意西藏自治区调整拉萨市部分行政区划的批复》（国函〔2017〕107号）意见，达孜县撤县设区。

【古地名名录】 年内，为加强地名文化保护，挖掘全市历史地名文化资源，传承优秀地名文化，制定《关于开展拉萨古地名名录调查登记工作的实施方案》，对百年、千年古县、古镇、古村落、著名山、河流湖泊、名胜古迹、古建筑物等资料进行收集登记。

【行政区域界线联检】 年内，下发《拉萨市关于开展全市第五轮县级行政区域界线联合检查工作实施方案的通知》，各县区认真开展行政区域界线联检工作。

【地名】 年内，完成环城路内17条道路、4座大桥、6个隧道名称命名公示、道路指示牌的安装工作。将柳东大桥更名为吉曲大桥、将恰佳嘎布隧道更名为鹏矗隧道。

【农村社区建设试点】 年内，下发《关于深入推进农村社区建设试点工作的通知》，确定七县（区）65个农村社区试点村。部分试点村建立了便民服务站、卫生服务站、文化活动室、便民超市、村级活动场所等。民政部对达孜区、堆龙德庆区农村社区创建示范单位进行验收。

【社会组织管理】 年内，成立了拉萨市律师协会；注销了西藏攀德达杰职业技术福利学校、拉萨市财政学会、拉萨市美容美发化妆品协会、拉萨市旅游协会、拉萨市旅馆业协会、拉萨—兰州零售行业协会。全市社会组织党建“两个覆盖”工作达到100%。

（高小丽）

社会事务管理

年内，下发《关于进一步规范婚姻登记管理工作的通知》，要求做好婚姻信息系统录入、台帐录入和档案的归档工作，确保全市婚姻登记和婚姻档案规范化管理。加强公墓园管理，完成“清明节”祭扫活动，加大对各县区天葬台的管理力度。

（高小丽）

福利事业

年内，完成全市经济困难失能老人和经济困难高龄老人的统计核查，为2676人兑现资金160.56万元，区市县按照3∶1∶1承担；为全市80周岁以上老人兑现高龄老人健康补贴资金259.77万元。组织开展老年文体活动，加强圣地童嘎合唱团建设，参加拉萨市社会组织“喜迎党的十九大”文艺会演，荣获一等奖；在全市老年福利机构中开展“四讲四爱”主题教育实践活动和敬老月、“九九”重阳节活动，送去党和政府的关怀。市民政局与西藏百益商贸公司签约合作，为城乡低保对象和残疾人发放惠民购物卡，凡拉萨市城乡低保对象和持证残疾人在市域范围内的百益超市购物均享受8.5折优惠。

（罗布旺堆　李娟娟）

【概况】 2017年，全市城镇新增就业1.61万人，培训农牧民和城镇失业人员9051人，农牧区劳动力转移就业9.2万人、19.1万人次、转移就业实现收入5.12亿元，城镇登记失业率控制在2.2%以内。五大社会保险参保达55.56万人次，征缴社会保险基金26亿元。引进各类人才317人，干部调配派遣1294人，核准事业单位岗位设置方案485家、首次岗位认定473家，核准岗位1.07万个、认定1.09万人，委托、推荐参加专业技术资格评审661人、聘任高级专技人员69人、确认中级专技人员资格391人、聘任中级专技人员138人、审核初级专技人员400余人，审核下达各项工资福利指标3.06亿元，完成709名自主择业军转干部接收报到工作。为954家用人单位办理劳动用工登记备案手续、督促用工双方签订劳动合同8600余份，34家建筑施工企业缴存民工工资保证金5700余万元，处理劳动监察案件287起、涉及2235人、为劳动者追回工资5100余万元，仲裁调解劳动人事争议案件108起、为劳动者挽回损失390余万元，认定工伤400起，劳动能力鉴定255起。

【劳动关系】 年内，制定拉萨市拖欠民工工资失信企业管理制度，严格征收民工工资保证金，推行劳动用工实名制和银行代发工资。建立联合执法机制，强化联席会议制度成员单位责任，形成人社部门牵头抓总、相关职能部门齐抓共管的工作机制，劳资纠纷案件实现“零搁置”。为954家用人单位办理劳动用工登记备案手续，督促用工双方签订劳动合同8600余份；34家建筑施工企业缴存民工工资保证金5700余万元，督促缴纳工伤保险300余万元；处理劳动监察案件287起，涉及2235人，为劳动者追回工资5100余万元。成立拉萨市劳动争议纠纷人民调解委员会，出台仲裁案件庭前调解制度，劳动人事争议仲裁实现裁审联动。加快劳动人事争议仲裁机构标准化建设，建成投用拉萨市劳动人事争议仲裁庭，仲裁调解、裁决处理108起，为劳动者挽回损失390余万元。受理工伤案件426起，认定工伤400起、工伤死亡29起，劳动能力鉴定255起。

【就业创业】 年内，平稳实现高校毕业生从公职岗位主导就业向市场就业转型，就业水平总体稳定，应届高校毕业生就业率90.3%。发放高校毕业生就业见习生活补助、区外就业补贴、创业扶持资金等96.02万元。举办拉萨市第二届大学生创业论坛，率先在全区建成运营大学生创业孵化基地——第三极众创空间。在西藏民族大学、深圳松禾孵化器、深圳赛伯乐观澜湖众创空间挂牌建立拉萨市高校毕业生创业创新实践基地。率先在全区创新建立易地搬迁建档立卡贫困户“三表一证”培训转移就业台账，举办精准扶贫专场招聘会12期，培训易地搬迁建档立卡贫困劳动力2025人，实现易地搬迁建档立卡贫困户稳定转移就业脱贫2704户3559人。建成投用市人力资源市场，全市109个基层公共就业服务平台正式运营，开通拉萨人社门户网站、微信公众号等“互联网+就业”信息服务平台，建成覆盖市县乡村的公共就业服务体系。举办招聘活动25场次，提供招聘岗位3.12万个，进场求职2.83万人次，现场达成就业意向8758人；

开展职业介绍1.05万人次，介绍成功4990人。出台《拉萨市职业技能培训质量监督管理办法（试行）》，完善职业技能培训全程监督管理机制，不断提升职业技能培训质量。举办拉萨市2017年职业技能大赛，全面启动“拉萨工匠”品牌建设，举办职业技能培训班135期，培训农牧民和城镇失业人员9051人，培训后就业6151人；开展职业技能鉴定3184人。

【社会保障】 年内，全面推进机关事业单位养老保险制度改革，建立统一的城乡居民基本养老保险制度，全面实施全民参保计划暨社会保障卡数据采集工作，社会保险实现从制度全覆盖向人员全覆盖转变。全市五大社会保险参保55.56万人次，征缴社会保险基金26亿元，采集、比对、上报社会保障卡数据信息54万余条。建成投用拉萨市社会保险标准化综合服务大厅，全面整合五大社会保险经办方式，率先在全区实现社会保险经办“五险合一”，社会保险经办服务水平和群众满意度大幅提升。开展机关事业单位退休人员、企业（含个体、随军家属）退休人员基本养老金调整工作，涉及1.07万人，月调资总额430.69万元，退休人员人均月增资402元，及时兑现退休人员待遇。医疗保险统筹支出3.2亿元，生育保险统筹支出1602万元，工伤保险统筹支出2420万元，参保群众合法权益得到有效维护。严格落实社会保险基金“收支两条线”制度，强化对定点医药机构及参保人员的监督管理，社会保险基金保持安全运行。对59家定点零售药店开展“以物代药”等违规行为专项检查，针对13家违反协议药店下达《整改通知书》；开展“挂床住院”夜查行动，对存在问题的定点医疗机构进行约谈，下达《整改通知书》，整改期间暂停医疗保险刷卡系统，扣除违规医疗费用124.6万元。

【人事人才】 年内，全面落实人才优惠政策，引进各类人才317人，教育、医疗等专业人才紧缺问题得到缓解。举办国有企业中高层管理人才赴北京集中培训班1期，培训30人。组织基层公务员赴北京、江苏参加培训班3期，培训45人；举办基层公务员拉萨集中培训班2期，培训120人。在县以下机关开展职务与职级并行工作，审核落实晋升上一级非领导职务工资待遇37人。坚持量才适用、人岗相适，完成干部调配派遣1294人。认真做好自治区公开招录考试笔试工作，圆满完成3次3万余人的考录资格审查及考务工作。稳慎推进事业单位人事制度改革，积极开展事业单位岗位设置和专技人员职称评聘工作，核准事业单位岗位设置方案485家，首次岗位认定473家，核准岗位1.07万个，认定1.09万人。委托、推荐参加专业技术资格评审661人，聘任高级专技人员69人，确认中级专技人员资格391人，聘任中级专技人员138人，审核初级专技人员400余人。及时调整机关事业单位工作人员基本工资标准，提高高海拔地区折算工龄补贴标准，审核下达各项增资指标3.06亿元，法官、检察官和司法辅助人员工资制度改革基本完成，公立医院薪酬制度改革试点工作稳慎开展，机关事业单位工作人员工资收入水平大幅提升，工资收入分配秩序更加合理规范。建立健全自主择业军转干部信息平台和工作台账，积极开展接收报到、社会保险待遇兑现等工作，强化思想教育，妥善化解矛盾纠纷，军转干部实现从维稳对象向维稳力量转变，全市自主择业军转干部整体稳定。开展自主择业军转干部数据录入、生物特征采集5000余人，完成709名自主择业军转干部接收报到工作，完成161名自主择业军转干部子女户籍审查及高考加分等相关工作。

【党建工作】 年内，设立党总支及3个机关党支部、1个退休党支部、2个驻村工作队临时党支部，创新成立高校毕业生创业协会党支部和6个自主择业军转干部党支部，管理服务范围内的党组织实现全覆盖。强化正面引导，凝聚思想共识，推动人社系统党员干部职工用中国特色社会主义思想武装头脑、指导实践、推动工作。严肃党内政治生活，严明党的纪律，强化党内监督，坚决纠正不正之风，全面落实党风廉政建设主体责任，积极配合纪检监察部门落实监督责任。

（邓　立）

民族·宗教

综述

2017年，拉萨市民宗局深入贯彻落实习近平新时代中国特色社会主义思想，认真学习贯彻中共十八大、十八届三中、四中、五中、六中全会、十九大和中央第六次西藏工作座谈会、中央民族工作会议、全国宗教工作会议及区市第九次党代会、宗教工作会议、统战民宗工作会议精神，全面贯彻落实党的民族宗教方针政策，以更高的战略来引领、更高的定位来谋划、更高的标准来推进民族宗教工作，为推进拉萨市长足发展和长治久安做出应有的贡献。

（索朗德吉）

民族工作

【人口状况】 年内，拉萨市总人口95万人，共有藏族、汉族、回族、门巴族、珞巴族、蒙古族等38个民族，其中藏族人口占87%。根据第六次人口普查相关数据，在全市8个县（区）中，常住人口中藏族人口比重，除城关区为58.67%、堆龙德庆区为85.68%，其他六县（区）的藏族人口比重均比较高。其中，当雄县97.96%、尼木县97.4%、林周县97.24%、墨竹工卡县96.96%、达孜区95.89%、曲水93.83%。在拉萨市全部流动人口中，藏族人口为3.57万人，占31.92%；汉族人口7万人，占62.53%；其他民族人口为0.62万人，占5.55%。因务工或经商而来的占70.03%。

【宣传教育】 年内，拉萨市民宗局充分利用“3·28”西藏百万农奴解放纪念日、民族团结宣传月、“9·17”拉萨市民族团结进步节等平台，积极创新民族团结宣传载体，开展民族团结宣传教育活动。为巩固和发展全市民族团结进步事业成果，筑牢各族人民维护祖国统一、维护民族团结的思想根基，围绕“促进各民族交往交流交融，构筑各民族共有精神家园”主题，超前谋划、提前准备、主动作为，全市上下发放各类宣传资料38000余份、悬挂横幅标语110余条、开展知识讲座10余次、落实宣传报道300余条，通过报纸、电视、广播、微信、出租车顶灯、LED等平台宣传拉萨市民族团结宣传教育活动百余次，确保全市民族团结宣传报纸上有文字、电视上有影像、广播里有声音。

【先进评选】 年内，拉萨市荣膺首批“全国民族团结进步创建活动示范市”的称号，自治区党委副书记、自治区主席齐扎拉出席会议并授牌。6月初，拉萨市领导出席中央宣传部、中央统战部和国家民委在内蒙古召开的“全国民族团结进步创建经验交流现场会”并作交流发言。

【培训学习】 年内，拉萨市民宗局认真开展“两学一做”学习教育活动，加强民宗干部队伍建设，建立干部队伍管理长效机制，推行量化考核、动态管理机制，加强干部八小时以外的管理。认真落实《党政领导干部选拔任用工作条例》相关规定，按照干部管理权限，根据工作需要和领导班子建设实际，提出启动干部选拔任用工作意见。创新考核方法，搭建择优平台。选派民宗干部30余人次参加各类培训；举办2017年度全市基层寺庙管委会（特派员）负责人培训班，培训僧尼20名、干部6名。

【驻村工作】 年内，拉萨市民宗局驻尼木县卡如乡赤朗村工作队积极开展强基础惠民生各项工作，投入资金30.5万元，争取项目资金共计2400余万元，为民办实事、办好事10余件。为赤朗村争取新建村级幼儿园项目，已纳入尼木县“十三五”规划；为赤朗村五组（牧区组）争取新建信号塔基站4个，上报“短平快”产业发展项目2个；为赤朗村一、二组争取新建水泥路等工作。

【民族团结创建活动】 年内，召开拉萨市2017年度民族团结进步模范表彰大会，对66个模范集体、70位模范个人、10户模范家庭进行了表彰。24名模范个人和16家模范集体被评为自治区级民族团结模范集体和模范个人。各县（区）共表彰99个模范集体，723名模范个人、103户模范家庭。对为创建全国民族团结进步示范市做出突出贡献的20家单位和40名个人进行表彰。确定50家单位为首批拉萨市民族团结进步创建活动示范单位。

（索朗德吉）

2017年6月29日，拉萨市召开2017年上半年和谐模范寺庙暨爱国守法僧尼表彰大会

宗教工作

【维稳督导】 年内，拉萨市民宗局共开展维稳督导658次，圆满完成重大节庆日、重要节点、重大会议以及大型宗教佛事活动特别是中共十九大期间的安保工作任务，实现“三无、三不出”“三稳定”的既定目标。在此基础上，拉萨市民宗局不断强化情报信息工作，开展维稳要情和信息核查20余起，及时为上级领导决策提供依据，确保宗教和睦、佛事和顺、寺庙和谐。

【利寺惠僧】 年内，全面落实利寺惠僧政策，做到常抓、常议、常管，根据《关于十三五拉萨市重点宗教活动场所保护修缮项目实施方案》的批复精神，全面安排部署了中央预算内投资的17座重点宗教活动场所保护修缮项目情况，总投资2025万元，于8月18日全面开工，计划2018年底全部完工。及时将拉萨市9座寺庙维修资金130.01万元专项资金拨付至各县（区）。

【朝觐工作】 年内，制定《拉萨市伊斯兰教朝觐管理办法》，首次选派民宗干部作为伊斯兰教朝觐团团长，对朝觐穆斯林群众进行跟踪管理服务，进一步提高了拉萨市对伊斯兰教朝觐管理工作法治化水平。

【宗教活动】 年内，积极组织、参加拉萨宗教团体组织的传召大法会、浴佛节等各种宗教活动。

（索朗德吉）

城关区

【概况】 城关区位于西藏中部偏东南的雅鲁藏布江支流拉萨河下游段南北两岸，东与达孜区接壤，南与山南市贡嘎县和扎囊县毗邻，西与堆龙德庆区紧靠，北与林周县相依。平均海拔3658米，辖区内的地形由拉萨复背斜和拉萨中酸性岩带控制，形成北西向与北东向的山谷组合类型和复合地貌格局，总地势为南北高、中间低，中部是宽阔的拉萨河谷冲击平原。城区面积554平方千米，行政区域东西跨距28千米，南北跨距31千米。下辖四个乡、8个街道办事处、51个村（居）委会。

【经济指标】 年内，完成地区生产总值（GDP）241.84亿元，同比增长9.9%；实现公共财政收入8.34亿元，同比下降6.4%；社会消费品零售总额达到208.88亿元，同比增长12.7%；完成区属全社会固定资产投资147.83亿元，同比下降23.4%；完成区属规模以上工业增加值13.23亿元，同比增长23.5%；城镇居民人均可支配收入达到33497.8元，同比增长16%；农牧民人均可支配收入达到17413元，同比增长14.5%；城镇登记失业率控制在2.2%以内。

【改革创新】 年内，城关区增设和调整政府机构14个，承接下放行政职权6项，其中行政审批事项4项。接管布达拉宫广场管理处，八一路以西税收征管关系从2018年起收归城关区。完成加尔西等7个行政村6479宗集体土地外业测量和入户调查，完成嘎巴等6个行政村1564户16006.79亩土地测量，有序推进土地承包经营权、农村宅基地确权登记颁证工作。建成9000平方米的净土健康产业创新空间，启动2万平方米的示范型“两创”基地建设，实现新增市场主体10990户，新增小微企业8717家。发挥“互联网+”作用，电商扶贫初具成效，争创电子商务进农村示范县（区），净土特色产品参与电子商务有效推广，辖区七芝堂被评为国家级电子商务示范企业。区域间交流合作不断加强，交流协商和互动合

2017年3月28日，中国科学院院长白春礼（前排左二），西藏自治区党委副书记、主席齐扎拉（前排左一）在净土公司参观考察

作机制建立完善，特色产业交流融合发展。

【投资引资】　年内，坚持县级领导包抓、项目调度、会办、督查等制度措施，举行项目集中开复工活动，项目建设稳步推进。城关区政府投资13.5亿元，建设项目192个。区属企业投资46.5亿元，建设项目42个。顺利完成加措棚户区改造、阿坝林卡社区基础设施改造、乳制品加工厂、嘎巴生态牧场等重大投资项目。成立联合检查执法组，重点督促社会投资备案项目。落实各级统计责任，加强数据统计工作，固定资产投资足额按时入库。落实招商引资政策，主动对接服务，积极参加昆交会、商洽会等展销活动，落实项目29个，协议资金85.05亿元，实际到位资金27.8亿元，招商引资企业缴税2.21亿元。

【产业发展】　年内，深入实施"一产上水平、二产抓重点、三产大发展"的经济发展战略，邀请天津规划设计院对智昭产业园区进行总体规划，为创建国家级现代化农业产业园做好充足准备。实现净土健康产业常态化销售，销售额达到1.95亿元，让利群众4802.71万元。大昭圣泉股权实现国有化，大昭圣水在北京市通州区商资公司100余家门店超市全面铺开销售，与北京东城区、海淀区达成水销售合作意向。大昭圣泉年产量6000吨，销量4160吨。藏净泉年产量2416吨，销量1918.7吨。引进706头荷斯坦奶牛，与国际奶业技术研究中心签订战略合作协议，成功探索出规模化引进荷斯坦奶牛养殖新模式。高标准奶牛养殖中心被农业部评为国家级标准化奶牛养殖示范基地、国家奶牛产业技术体系拉萨市综合试验站。牛奶年产量2276.87吨，奶制品销售收入627.74万元。投资4.8亿元的乳制品加工厂、嘎巴生态牧场建设项目完成总工程量的95%。节能环保建材产业实现年产值3800万元。城投商砼混凝土产业实现年产值2亿元，利润2500万元。完成108.52吨农牧民碘盐配送工作，指导和监督辖区23家加油站完成油气回收升级改造工作。实现服务业收入2.3亿元，同比增长6%。实现贸易业收入910万元，同比增长1.4%。成功举办首届娘热牧场酸奶节、第二届桃花林卡节、树莓采摘节和"最美乡村·行走智昭"徒步大会等特色活动，近郊乡村旅游产业初具特色。参加中国首届民族商品大赛，荣获一银、一铜。发布西藏首个"美食地图"，全域旅游示范建设初显成效。

2017年4月15日，西藏自治区"四讲四爱"主题教育实践活动宣讲团副团长、西藏日报社党委书记王能生（中）一行在城关区纳金乡塔玛村进行宣讲

【旅游业】　年内，旅游接待1529.26万人次，同比增长15%；旅游收入121亿元，同比增长20%。投资2869万元修缮小昭寺飞檐、祥布赞康、吉崩岗拉康项目。争取国家投资1200万元实施囊玛传习利用保护所项目。争取300万元实施下密院壁画修复项目。设立500万元文化产业扶持资金，扶持唐东杰布一百零八幅唐卡画传等一批文化产业项目，完成《拉萨木雕》《拉萨囊玛》《堆秀唐卡》等三部非遗宣传片制作工作，文物和非物质文化遗产得到有效保护。

【依法行政】　年内，加强城市管理执法，完成对239户违规木材商户的搬迁工作，落实补偿金211.44万元。协助开展二手车交

2017年8月7日，城关区举行首届酸奶节

易市场搬迁工作，启动仓库、家具市场、旧货市场等整治搬迁工作，清理整治占道经营、尾随兜售、强买强卖、乱停车等行为，查处市容环境卫生等各类违章行为6.3万余起，罚没款168.6万元。依法强制拆除违建144处536间、“钉子户”18个，拆除面积9.28万平方米，收回土地11.67万平方米。实现环卫作业信息化管理，作业面积达688.52万平方米，机械化作业率达72%。全时段巡回进行洒水降尘和绿化浇灌工作，园林绿化养护面积达180余万平方米。完成部分市区路段绿化改造，栽植各类苗木20余种142万余株，城市园林景观水平得到有效提升。组织人员维修各类公共设施270余处，城市管理群众满意度达90%以上。

【生态环保】 年内，全力推进中央环保督查转办案件的整改落实，受理整改交办案件390件，其中主责案件267件，协责123件，办结率100%。依法拆除娘热乡仁钦蔡村废品收购点、哲蚌寺仓库等侵占湿地的建筑，拉鲁湿地国家级自然保护区整改得到各方认可。对重点企业、行业开展噪声监测、锅炉专项检查、采砂点环境检查等十余项执法行动，完成环评登记表备案439个，出具环评报告表预审意见58个，发放排污许可证166个。全面落实河长制，设立公示牌，安排200万元保障资金，投入16.5万元，购买发放50辆河道巡查车。投资1.1亿元，实施国土绿化工程，完成植树造林3964亩，种植各类苗木25万株。投资460万元，完成夺底沟泥石流防护工程。投资1428万元，完成协沟水土保持工程。积极推动拉鲁湿地三期保护工程，推进吉仓山、普布觉等北山“树上山”试点工作，完成色拉天葬台周边绿化项目，在全区率先消除“无树村、无树户”。

【民生保障】 年内，城关区本级财政对教育投入占总收入的26.3%，达到2.34亿元。争取各方资金6.65亿元，实施18个教育基建项目。扩大公办幼儿园布点，优化中小学布局，6所学校消除“大班额”，教育资源均等化配备进一步加强，流动人口子女入学难问题有效缓解。落实学前教育“三包”经费2966.04万元，义务教育“三包”经费8394.42万元，学生营养改善经费1503.2万元，在校大学生奖励和资助资金900多万元以及生活补贴62.14万元。实施名校长、名教师工程，加强教学研究，学校教学质量持续提高。深化医疗卫生体制改革，全力推进健康城关建设，“十五分钟健康服务圈”基本建成，9个卫生服务中心建成投用，医疗机构藏医药科室设置实现全覆盖，公德林街道办事处社区卫生服务中心被评为“全国优质服务示范社区卫生服务中心”。开展包虫病专题健康讲座66场，宣传活动304次，设置15个筛查点。捕获流浪犬4570只，驱虫8987只犬，免疫接种2598只。举办第四届干部职工暨首届全民运动会，6所学校体育设施试点向公众免费开放，方便群众就近参与体育运动。加强食品药品安全保障，招聘91名公益性岗位人员充实监督协管员队伍，依法处理食品药品举报投诉案件18件，罚款26.5万元。完成313197人社保卡信息采集，城乡居民保险覆盖率达到100%。完成城镇新增就业2840人，实现农牧区劳动力转移就业1.12万人。为自治区、拉萨市直企事业单位城镇低保1669户2588人发放低保金2121.23万元，为城关区城乡低保2921户4940人发放低保金3770.5万元，取消低保户851户2017人，农村低保对象年人均保障金提高到3411元。五保集中供养标准提高到11050元，高出自治区标准5380元，意愿双集中供养率100%。医疗救助879人次，545.77万元。结算“一站式”医疗救助254人，189.1万元。临时救助110人次，42.2万元。为80名孤儿每人每月发放1100元生活补贴。强力推进阿坝林卡、江苏路以北棚户区改造工程，修建各类保障性住房1668套。公共文化服务体系逐步健全，乡（街道）文化站、村（社区）文化室实现全覆盖。开展“悠贝亲子阅读”“藏文硬板书法”“五下乡四进社区”文艺会演、“四讲四爱”大型合唱比赛、北京海淀区三山五园文化展等活动56场，惠及群众6.58万人。雪巴拉姆民间艺术团参加全国地方戏曲南方会演，阿坝林老年文艺队被评为“全国群众体育先进单位”，国家级公共文化示范区创建工作已通过文化部中期评估。

【精准扶贫】　年内，城关区成为全区首批率先脱贫摘帽县（区）之一，领导干部脱贫包帮覆盖面达到100%。积极申报产业扶贫项目，总投资达到10.64亿元，通过转移就业、产业分红带动贫困户持续增收。统筹安排教育城113亩地作为扶贫搬迁安置用地，恩惠苑小区一期全面投入使用，实现就近转移就业139人，117名适龄学生在周边学校就近就学，恩惠苑二期项目进入收尾阶段。投入950.78万元对2040名贫困大学生进行资助，兑现建档立卡户大学生每人每月1000元生活费。依托区属国有企业开展6期技能培训，实现建档立卡户转移就业380人。推进“百企帮百村”活动，西藏哈达集团、朗赛集团等13家非公企业投入202.39万元助力精准脱贫。开展“志智双扶”活动，倡导崇尚“依靠勤劳智慧、脱贫致富光荣”的社会风气，增强贫困群众致富“造血”功能。全区394户1212名贫困户年人均纯收入达到10796.61元，贫困发生率降至0.3%，错退率为零，漏评率0.41%，贫困群众满意度达到97.8%。

【援藏工作】　年内，认真贯彻落实中央关于东西部扶贫协作座谈会精神，与北京通州区正式签署东西部扶贫协作携手奔小康行动协议，与东城区、海淀区全面友好关系进一步深化，京藏两地党政代表团成功互访。援藏投资2800万元，支持八一社区基础设施改造、城关区第二十二幼儿园项目建设，投资2000万元，支持城关区乳制品加工厂项目建设。北京市通州区设立300万元，携手奔小康帮扶基金，专项用于城关区农产品销售奖励、医疗教育领域精准对接和产业协作，捐赠大病救助资金100万元，教育物资50.298万元。北京通州区、东城区、海淀区在人才、资金、产业、扶贫、医疗等领域给予大量有效支援，积极对接城关区优秀青年干部赴北京挂职锻炼、跟班学习，进一步促进两地交流融合，深化京藏情谊。

【管理服务】　年内，持续深入开展“两学一做”学习教育，坚决整治庸政懒政怠政行为，强化政务督查、绩效管理和履职问责，健全激励机制和容错纠错机制，营造愿干事、敢干事、能干成事的良好氛围。着力推进政府职能转变，深化行政审批制度改

2017年11月21日，城关区党政代表团在北京参加签订奶业战略合作协议

革，实施行政许可标准化。办理人大代表议案、建议95件，政协委员提案91件，办结率100%，代表、委员满意率达到98%。受理“12345”市民服务热线案件1352件，办结1337件，办结率98.9%，群众满意率96.7%。推进节约型政府建设，城关区OA办公系统高效运行，行政成本下降45%，“三公”经费同比下降1.47%，工作效能明显提高。涉及民政、人社、司法等5个部门，10余个办事窗口的便民服务中心投入使用，为群众办理各类事务提供便利。

（谢　静）

堆龙德庆区

【概况】　堆龙德庆区地处北纬29°26′—30°39′，东经90°27′—91°01′，东西最大距离约80公里；南北最大距离约63公里，位于拉萨市西北部。东与拉萨市城关区、林周县接壤，南与曲水县、山南市贡嘎县毗邻，西与尼木县相结，北与当雄县紧连，整个县域呈“S”状，平均海拔3680米，全区地势西北高、东南低，中间河谷宽阔。拉萨河从东部入境，折而向南出境，境内流程15公里。堆龙河从西北部经羊八井入境，境内流程70公里。区内水能资源的理论蕴藏量193万千瓦，可开发量140万千瓦。区内气候温和，属高原温带气候，平均气温4℃以上。距拉萨市10公里。下辖东嘎镇、乃琼镇、羊达乡、古荣乡、马乡、德庆乡共2个镇4个乡，有30个村民委员会和129个村民小组。地域面积2704平方公里，以农业为主，包括青稞、小麦、蚕豆、油菜籽等农作物，牧畜业包括饲养牦牛、山羊、绵羊为主。耕地面积5544.95公顷，粮食播种面积3364.47公顷，经济作物耕地面积1216.86公顷。森林覆盖率0.44%，森林面积1193公顷（以灌木为主）。国家级野生保护动物有白唇鹿、马麝、藏原羚、黑颈鹤、胡兀鹫等，已探明的矿产资源有石灰石、红土、煤、铁、铅、锌等。主要旅游景点有以楚布寺为龙头的楚布沟风景区，拥有小气候的柳梧尼玛塘自然保护区“邱桑温泉”“雄巴拉曲”等景点。

【经济指标】　年内，完成地区生产总值30.23亿元，同比增长15.03%；完成全社会固定资产投资93亿元，增长21.16%；完成规模以上工业增加值11.29亿元，增长31.27%；完成社会消费品零售总额10.78亿元，增长12.36%；完成一般公共预算收入11.94亿元，增长90.89%；完成农村居民人均可支配收入14511元，增长18%。

【党建工作】　年内，召开区委常委会集中学习20次，理论中心组开展学习研讨10次，县级干部带头讲党课65次、带头宣讲中共十九大精神41次，各级党组织开展各类专题学习教育实践活动5000余场次，学习中共十九大精神实现首轮全覆盖。将14个村党支部调整为党总支，10个村党支部和3个村党总支调整为党委。非公经济党组织覆盖率17.4%，社会组织、国有企业党组织覆盖率100%。增设2个机关党支部，将区教体局党总支调整为党委，顺利完成区直机关党组织换届。实施了10个组级活动场所建设，启动实施“一窗式受理、一站式办结”村级便民服务试点工作。30个村集体经济年收入均达50万元以上，东嘎、乃琼各有两个村集体经济年收入达1000万元以上。全年调整提拔乡（科）级干部22人，专项招收39名区外高校毕业生，选派84名第七批驻村工作队员。完成区“四套班子”和村级组织换届，新一届231名村级组织班子成员中党员比例达100%，初中及以上学历比上届提高66.9%，平均得票率98%以上。举办专题培训37批次，培训党员干部4000余人次。发展党员218名，培养积极分子501名，其中农牧民党员、积极分子分别占总数的78%和86%。扎实做好老干部工作，组织开展“讲党恩爱核心，哈达献给总书记”主题活动，举行座谈慰问14次。

【廉洁建设】　年内，认真履行主体责任和监督责任，有效运用监督执纪“四种形态”，严格落实中央“八项规定”、自治区“约法十章”“九项要求”和市委“八项要求”，严肃查处“微腐败”，严防“四风”反弹。发挥巡察利剑作用，指导马乡、德庆乡完成市委巡察七组反馈意见整改，通过自治区党委巡视督察；完成对3家区直单位、3个行政村第一轮巡察试点工作，启动对2家区直单位和2家区属国有企业的第二轮巡察。全年受理核查问题线索38件，立案9件，给予党纪政纪处分9人，其中开除党籍、公职2人，留党察看1人。

【农牧业】 年内，落实测土配方示范田5万亩、标准化及高产创建示范基地5万亩、良种繁育基地4150亩。实现粮食总产量2.33万吨，农作物有害生物灾害损失率控制在3%以内。推进奶牛“万户百场十中心”工程建设，牲畜年末存栏数11.65万头（匹、只），牲畜良种覆盖率35%、牲畜出栏率39.69%、新生仔畜成活率97.5%、成畜死亡率控制在1.05%以内，全年未发生重大动物疫病。实现猪牛羊肉产量0.42万吨、奶产量1.25万吨、山羊绒产量0.81吨、禽肉产量437吨、禽蛋产量144.26吨。专业合作组织发展壮大到135家，羊达蔬菜种植农牧民专业合作社、乃琼镇民众农牧民专业合作社等5家合作社被评为“2017年度拉萨市市级示范社”。

【工业】 年内，编制完成《堆龙德庆区工业园区产业发展规划》。完成工业园区B区基础设施建设，实施高原食品冷链中心、吉祥哈达等重点项目建设。实施西藏高争建材股份有限公司等产能拓展技术改造升级、东嘎水泥厂等落后产能淘汰。实现工业总产值29亿元，同比增长2.47%；工业税收3.35亿元，增长4.37%。完成招商引资项目30个，实际到位资金22.03亿元，增长14.38%。建成投用中小企业服务中心、众创空间，稳步实施“创业创新示范基地建设”。成功举办首届优秀创业青年赴北京学习交流活动、首届创业青年文化沙龙暨团队建设拓展培训和第二届青年创新创业大赛。安排本级财政资金1000万元作为小微企业“双创”工作启动资金，新增各类市场主体3145家。

【教育事业】 年内，自治区素质教育督导评估工作、拉萨市落实“五个100%”推进工作现场会在堆龙德庆区成功召开。建成古荣中心小学综合楼、德庆中心小学供暖工程，推动第二小学、7所村级幼儿园、乃琼中心小学教学楼等重点项目建设。贯彻落实15年免费教育，下拨“三包”经费2188.2万元、营养改善专项资金421.76万元。初中毛入学率、小学入学率、适龄幼儿在园率分别达到108.64%、99.98%和95.47%。中小学生体质健康监测覆盖率100%。实现所有党政机关、学校公共体育场地设施对外免费开放。在党政机关开展“工间操”活动，举办“奔跑吧青春”、中小学学生运动会等竞技比赛。

【医疗卫生】 年内，完成乡镇卫生院（村卫生室）标准化一期建设工程，推进二级甲等医院综合楼、公共卫生应急服务中心、藏医院等重点项目规划建设。健全完善分级诊疗政策，本级财政投入97万元补偿资金，全面实施药物“零差价”销售制度，荣获“全国健康促进县（区）”荣誉称号。为全区城乡居民购买30万元超大额补充医疗保险，投入1300万元作为合作医疗大病统筹补充资金、100万元先天性疾病患儿救治专项经费，安排300万元合作医疗精准扶贫专项资金，实施合作医疗报销2904人次，报销金额2362.26万元。孕产妇免费体检率、住院分娩率均达100%。稳步推进全民免费体检，城乡居民、在编僧尼免费健康体检率分别达99.8%和100%。全面开展包虫病综合防治工作，筛查率104.29%，实施免费救治确诊患者56人。为30个行政村各配备3名村医，大力推行村级家庭医生签约式服务，村医签约率98%。批准餐饮服务406家、食品流通360家，连续四年保持食药安全零事故。

【文化事业】 年内，建成12个村级爱国主义教育基地，在党政机关办公楼铺设各类阅读书籍2万余册。建成设兴藏戏传习基地、那嘎藏戏队非遗传习基地、措麦藏戏队合作社、乃琼镇加罗庄园抢救性修缮保护工程、东嘎镇桑木村热玛庄园复原等重点项目。发放非遗产业扶持资金65万元，桑木村传统技艺非遗项目“罗萨梅朵”、南嘎村“嘎东藏戏”成功申报为市级非物质文化遗产；阿卓商贸、乃琼米瑞金属被评为县（区）级非物质文化遗产；乃琼镇勉唐派绘画师旦巴云丹被评为县（区）级非遗传承人。开展“喜迎十九大”“第二届藏戏文化艺术节暨藏戏大赛”等文娱活动104场次。建立68个文物保护点石碑、文物数据。将区文化活动中心打造成为集休闲娱乐、文化展示为一体的活动场所。

【社会保障】 年内，堆龙德庆区完成就业再就业培训77人、农牧民转移就业培训739人、职业介绍1015人、开发就业再就业岗位1845个、实现新增就业1225人、安置就业困难人员94人，城镇失业登记率控制在2.2%以内。农牧区劳动力转移就业2.62万人次、增收6007万元。参保人数3.7万人次，报销住院及生育费用108.26万元。实施临时社会救助75人16.85万元、城乡医疗救助773人521.78万元、“一站式”医疗救助71人68万元，发放优抚资金7人16.43万元，开展民政慰问812人次119.36万元。帮助835名农民工追讨工资903.56万元。集中供养105名五保户，实现五保户意愿集中供养率100%。连续八年荣获“全国双拥模范县”荣誉称号、连续九年荣获“自治区双拥模范县”荣誉称号。启动实施376套小康安居工程建设。

【旅游业】 年内，编制完成《全域旅游发展规划（2017—2030年）》，启动实施药王谷、楚布沟、措麦村等重点景区专项规划，全力打造“药王故里、藏戏之乡、生态堆龙”旅游品牌，荣获“全国美丽乡村创建先进区”。组建堆龙德庆区吉雄谷旅游文化发展有限公司。委托旅游卫视《文明中华行》栏目组，制作完成大型旅游资源宣传片；出版藏汉英语版《堆龙德庆区寺庙文化石刻资料》《堆龙德庆区楚布沟、措麦村、药王谷等名胜古迹源流简介》。探索建立楚布寺景区电子导览器。稳步推进“香雄美朵”生态旅游文化产业园项目建设。举办第三届楚布沟自行车体验赛、第二届药王谷养生深度体验游、首届古荣糌粑文化节、帮普沟沐浴文化节、比西沟公益徒步体验等文化旅游活动。全年接待旅游人数121.59万人次，实现旅游收入4162万元。

【生态保护】 年内，不断健全完善区、乡（镇）、村、组四级垃圾收集转运处理体系，建成并投用280立方米污水沉淀池。建成日供水规模1.5万立方米的自来水厂，实现全区102个农村饮用水源地保护工程建设全覆盖。完成736户消除“无树户”试点工作，推进703户棚户区改造、海拔4500米以上居民生态搬迁。投入20辆节能纯电动车，建立覆盖27个行政村或自然组的6条试运行公交线路，解决农牧民群众“出行难”问题11万余人次。启动实施堆龙河综合治理工程规划建设，增强堆龙河流域的生态安全和生态功能。完成2600亩拉萨周边防护林工程、800.2亩重点区域生态公益林、334亩防沙治沙、6468亩西藏安全生态屏障封山育林项目建设，做好14万平方米绿化带的养护提升工作。完成自治区级生态县（区）和1乡2村创建申报工作。严格落实环境保护“党政同责”“一岗双责”，全力实施“净土”“净水”“净空”和“静音”工程，完成有机农业试验4.7万亩，大力推广病虫害绿色防控和有机肥使用。严格动物产地检疫管理，持续加强农业污染防治。全区149.6公里干流、447公里骨干支流，共设立7名总河长、42名河长，构建区、乡（镇）、村三级联动的河流管护体制机制。对城区路段实行分段包干，城区日均洒水次数5次、洒水量达100余吨，空气质量优良率96%以上。依托中央环保督察迎检工作，全年共接办群众环境信访或投诉案件91件，其中，中央环保督察组转办59件区市转办14件、本级受理18件，办结率、满意率均达100%，跨部门、跨领域的环境监察联合执法工作格局基本形成。完成环评网上登记备案71份、出具环评预审意见29份，“三同时”执行率达100%。依法关闭石材加工厂21家、砂石场和取土点18家、砖厂15家、畜禽养殖企业6家，取缔堆煤场5家，搬迁废旧汽车拆解企业1家，拆除违规建筑1.12万平方米，行政处罚113家次，收缴罚金300.99万元。

【维护稳定】 年内，落实维稳资金8831.08万元，完成中共十九大、“一带一路”国际合作高峰论坛期间安保任务，完成楚布寺“次曲”、乃朗寺“立经幡”、达扎寺“入行论”等大型宗教佛事活动安保任务。持续深化“以房管人、以证管人”的“口袋式”管理制度，不断完善流动人口信息采集和登记工作。投入1200余万元，增设各类波形防护栏、安全提示、警示标志等生命防护工程建设，交通事故伤亡人数较2016年下降12%。以楚布寺微型消防站建设为试点，稳步推进辖区部分寺庙、6个乡（镇）微型消防站建设。完成德庆乡民政救灾仓库项目建设，羊达乡帮普村、热差寺分别成功创建“安全生产文明社区”“安全生产文明寺庙”。健全完善三级安全生产联动监管和隐患排查治理体系，收缴罚金33.3万元，有效遏制发生重特大安全生产事故，荣获全国“安全生产月”和“安全生产万里行”先进单位。

【精准扶贫工作】 年内，1262户4387名“建档立卡”贫困人口，实现1214户4194人脱贫摘帽，人均可支配收入达7587.97元。综合贫困发生率控制在0.5%以内，群众满意度90%以上。组建堆龙德庆区益新农业开发有限公司，整合产业发展资金1.4亿元，与金融机构签署10.03亿元额度的金融扶贫贷款合作协议，为28个扶贫产业完成融资贷款1.62亿元。为1291名贫困群众发放“两线合一”补贴资金317万元，为21名区外贫困学生发放生活补助6.3万元，为173名贫困大学生及高职生发放路费和学费98.09万元，实施医疗救助198人次96.15万元。根据城乡治理服务需求，落实以补脱贫岗位1763个。设置704个公共服务岗位，实现498名贫困群众就业。成功举办2场“春风行动暨精准扶贫就业专场招聘会”，实现1476名有劳动能力的贫困群众就业，其中产业和劳务输出领域就业969人次、自主就业66人。波玛村、桑木村、经开区易地扶贫搬迁安置点项目的建设，实现583户贫困群众搬迁入住、530名搬迁群众就业。27家企业（合作社）与30个行政村结对帮扶，提供就业岗位360余个，为无劳动力贫困户分红460余万元。安排村集体经济产业发展扶持资金3000万元，争取各类资金1810余万元，有序实施121个“短平快”项目。

【深化改革】 年内，依法公开26个区直单位3442项权责清单。启动“五证合一”，加快推进“三权分置”。成立城市管理综合执法局、乡（镇）民政所、不动产登记中心。启动实施国有企业改革重组，促进国有企业瘦身健体、提质增效。全面推行公务用车制度改革，“三公”经费明显下降。推进政府预决算、医疗卫生、教育事业等领域改革，有力促进各项事业全面进步。

【援藏工作】 年内，受援方式由资金型、项目型、输血型向人才型、落户型、造血型转变，主动加强与北京市朝阳区、海淀区、门头沟区的交流合作，达成教育、医疗、科技、金融、社区共建、沟域经济开发等领域合作意向。启动“十三五”援藏项目中期调整，全年争取援藏资金2600万元。北京市9名干部和医生赴堆龙德庆区援藏建藏，选派137名党员干部赴北京市跟岗锻炼或学习培训，北京西城区20名党政干部赴堆龙德庆区交流挂职。成功实施首例大隐静脉高位结扎剥脱术，顺利开通区人民医院与北京朝阳区垂杨柳医院远程医疗会诊。

【重点项目】 年内，共实施了139个基建项目，完成通信网络改造升级，正式跨入4G时代，以东嘎时代广场建设为引领，全面启动新城电力改造、堆龙河综合整治、搬迁安置点、市政道路及地下管网等重点项目规划建设。推进青藏铁路格尔木至拉萨段扩能改造、拉林铁路机务段、拉萨综合保税区等重点项目建设，引进了京东等国内知名电商平台落户。推进国道109线那曲至拉萨（堆龙段）高速公路建设，建成南环线、西环线堆龙段，完成堆龙大道、和平路、318国道城区段改扩。加快钢材集散交易中心、工程机械商贸城等一批综合性商贸流通市场建设。完成堆龙新城第一批征地拆迁，以东嘎时代广场建设为引领，实施新城电力改造、搬迁安置、市政道路及地下管网等配套基础设施建设前期工作，成功争取堆龙河综合整治等重点项目。村改居、乡改镇、镇改街道前期工作稳妥推进，小康安居工程、海拔4500米以上居民搬迁工作统筹推进。

【特色产业】 年内，实施净土公司+羊达设施农业园孵化基地+“上三乡”净土健康产业园+合作社的产业发展模式，古荣乡、马乡、德庆乡净土健康产业园经济效益逐步凸显，深入推广“互联网+”产品销售模式，与西藏阿云电商、京东等知名平台达成初步合作协议，发展区外经销商25家、完成区内铺货84家。推动净土健康产业规模化、标准化发展，净土健康产业总产值1.8亿元。

（雷　凤）

达孜区

【概况】 达孜，藏语意为“虎峰”。达孜宗初建于1354年；1959年民主改革后，原达孜宗、德庆宗合并成立达孜县，隶属拉萨市。2017年7月18日，国务院同意西藏自治区撤销达孜县，设立达孜区。地理坐标为北纬29.40°—29.67°、东经91.21°—91.35°。达孜区地处拉萨河两岸河谷平原地区，西与拉萨市城关区毗邻、北与林周县相连、东靠墨竹工卡县，南接山南市的扎囊县，318国道贯穿而过，距离拉萨城区仅20公里。总面积1373平方公里，耕地面积6.85万亩。共辖5乡1镇，20个行政村，131个村民小组，总人口32274人。2017年，实现地区生产总值15.49亿元，同比增长10.9%；财政总收入10.32亿元，其中一般公共财政预算收入6.78亿元，增长15.3%；税收收入24.8亿元，增长21.83%。固定资产投资28.8亿元，增长0.6%；社会消费品零售总额1.95亿元，增长12.5%；农牧民人均纯收入12318元，增长14.46%，城镇登记失业率控制在2.2%以内。“京交会”“丝博会”“昆交会”雪顿节招商引资成果丰硕，签约项目34个，到位资金18.3亿元。共有寺庙、日追拉康14座，其中始建于15世纪初、已有600多年历史的藏传佛教格鲁派六大寺之首的甘丹寺，其宗教、建筑、艺术等方面的成就在区内外享有盛誉，1961年被列为全国重点文物保护单位；始建于7世纪、已有1500多年历史的扎叶巴寺，其建筑风格独特，被誉为“隐修圣地”。

【党建工作】 年内，各级党组织和党组织书记聚焦全面从严管党治党主责主业，履职尽责，忠诚担当。深入开展“两学一做”学习教育、“四讲四爱”主题教育实践活动，党员干部理想信念更加坚定，“四个意识”不断增强，党风政风持续好转，党群干群关系进一步密切。认真贯彻“三重一大”决策制度，民主集中制得到有效落实。全面优化基层党组织设置，持续推进“三个全覆盖”“强党、固基、扶村”、驻村驻寺各项工作，进一步夯实党的执政根基。完成“村两委”换届工作，实现班子优化、队伍有力、风清气正。

【廉洁建设】 年内，达孜区强化党风廉政建设“两个责任”，不折不扣落实区市党委巡视反馈意见整改任务，完成监察委组建、首轮巡察工作，促进了党的纪律、规矩立起来、严起来。深入推进纪检监察机关“三转”，严格落实中央八项规定精神，用好“四种形态”，持续加大执纪监督力度，严肃查处群众身边的“四风”和腐败问题，从严整治公车私用、赌博等问题。共收到信访举报26件，处置问题线索23件。其中初核了结8件，立案结案6件7人，给予党纪政纪处分7人、免职1人，诫勉谈话9人，约谈19人，提醒谈话19人次，批评教育15人次，正在办理8件，立案审查2件。

【农牧业】 年内，落实农作物播种面积8.25万亩，加大农业科技推广力度，引进示范推广农作物新品种15个、农技新技术15项，成功试种绿色青稞8000亩，实现化肥、农药“零”使用，粮食生产能力持续提高，重点扶持“麦之穗”种植合作社，探索研究有机无公害蔬菜种植，青饲玉米形成2000亩规模化种植；牲畜总存栏8.92万头（只、匹），肉、奶、禽蛋类总产量达到1.7万吨；2017年度荣获科技工作先进县，基本草原划定验收工作获得西藏第一。规模化流转农村土地7944亩，农村土地承包经营权确权登记颁证发证率达到98%。发展农民专业合作社达到269家，涉农龙头企业达到9家。

【净土产业】 年内，完成国家农业综合开发田园综合体申报工作，累计建成高效日光温室1163栋，智能连栋温室建设完成，年产值达到1037.62万元，启动高效保鲜冷藏库、种苗育苗基地、休闲中心等项目。玫瑰种植基地、食用菌生产基地、菊花种植基地规模不断扩大。推进“万户百场十中心”建设，完成创建养殖示范户700户，创建养殖场（基地）6个，其中总投资8700万元的唐嘎乡奶牛养殖示范基地完成建设并与西藏泰成乳业有限公司合作，引进奶牛600头，短期育肥牦牛1375头，年总产值达到1亿元。投资1.9亿元的高标准良种奶牛繁育中心项目正式开工建设。“唐嘎藏鸡蛋”获得国家地理标志保护产品认证，投入5000万元，唐嘎乡藏鸡养殖示范基地建设工作有序推进，预计藏鸡年存栏7万只，年产藏鸡蛋达到300万枚。

【工业】　年内，入驻企业达到1687家，其中实体型企业58家。完成工业总产值12.82亿元，同比增长29%；工业销售产值12.81亿元，增长31%；工业增加值4.19亿元，增长32%。物流服务中心、镇江路提升改造、小微企业创业孵化基地、民族手工艺创业基地升级改造等项目强力推进，园区承载能力进一步凸显。投资5.95亿元，启动工业园区工业建设项目9个；累计创建中国驰名商标3个，自治区名牌产品近20个。园区企业累计解决农牧民就业人数达2314人，其中对接精准扶贫建档立卡户农牧民338户，实际解决就业123人。

【旅游产业】　年内，完成《达孜全域旅游规划》编制并通过拉萨市旅发委组织的终评。达孜工业园区《国家级工业旅游示范区提升计划》及镇江路核心景观带改造方案、达孜叶巴村文化旅游项目设计方案确定并组织实施。叶巴寺村容村貌整治项目一期基本完工，白纳沟阿古顿巴出生地主题公园、主西沟徒步营地、高原健康休闲运动步道等重点旅游项目的前期设计顺利完成，申报“拉萨人家”项目18户。与高铁公司、携程网、西藏卫视、微信平台等线下、线上媒体合作，通过宣传片、游记攻略、微视频等方式，推介“天上西藏·云上达孜”全域旅游品牌，共开发17个系列的旅游文化商品，全年受众旅客（网友）等超过1亿人次；与国家地理杂志合作，推出“拉北环线”精品游线“达孜全域旅游”篇章。全年接待游客64.11万人次，同比增长34%，旅游收入3191.01万元，增长40%，旅游市场的投诉率、安全事故率均为零。

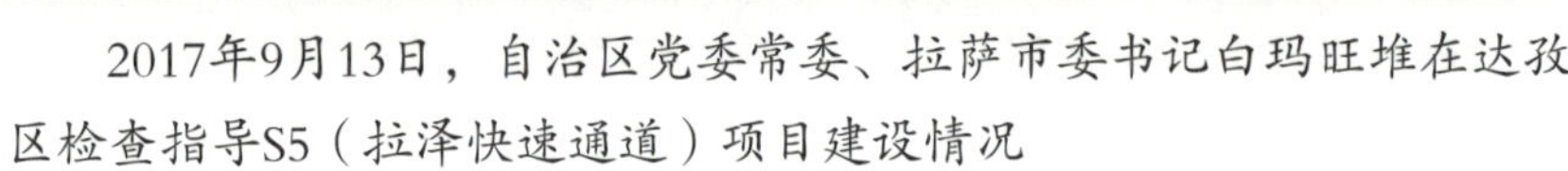

2017年9月13日，自治区党委常委、拉萨市委书记白玛旺堆在达孜区检查指导S5（拉泽快速通道）项目建设情况

【项目建设】　年内，新建、续建项目246个，完成项目投资66.36亿元。推进S5线、东环南线项目、城投祁连山水泥厂项目、城投木材交易市场二期、市公安局看守所等市县重点项目的征地、拆迁工作，累计征地近5000亩。新增城区面积96万平方米；新建城市道路3231米；改造道路540米；新建、续建公路项目6个，总里程28.7公里；新建、续建小型桥梁共14座；新建路沿防护栏2000米，投资610万元完成棚户区改造101户；投资1.42亿元的基层政权——村综合服务中心建设项目快速推进，共开工17个点；新建虎峰佳苑小区商品房面积2911.33平方米。

【城乡建设】　年内，完成县城给水管网改造，新建的达孜区自来水有限公司水厂水质监测达标，于12月正式启用，基本实现24小时供水。解决1.4万农村人口饮水安全问题。污水处理厂主体工程、设备安装工作基本完成，进入调试期，总长18.06公里的城区污水管网铺设有序推进。垃圾转运站投入使用，日处理垃圾10吨，生活垃圾无害化处理设施建设项目稳步推进，城区美化亮化覆盖率达80%。客运车站、旅游厕所、主要干支道路灯改造、休闲密集区小公园、停车场等一批公建设施陆续开工建设。启动有线电视数字化建设，免费安装500户，投资183万元的数字电影院建成。农网升级改造工程投入资金9437.56万元，新建章多乡35kV变电站一座、35千伏线路26公里；

2017年10月20日，自治区纪委副书记王瑞田检查指导达孜精准扶贫工作

新建10千伏线路30.186公里。新增通信基站73个，3G网络覆盖率达100%，4G网络覆盖率达94%，电信新建乡村级光宽资源41个，放装光宽带1600户，城乡配套功能更加完善。

【生态环保】 年内，以中央环保督察为契机，集中攻克历史遗留环境问题，关闭6家存在环境问题的企业、合作社，投入175万元对县域内8个非法取料点进行生态修复。全面推行河长制工作，确定27名河长及20名河段公安人员，规范河道采石采砂行为。积极开工建设章多乡曲尼帕灌区工程、邦堆乡叶巴沟水土保持综合治理工程和达孜区2017年小型农田水利“重点县”项目。完成植树造林1307.4亩、封山育林12000亩，防沙治沙任务12000亩，完成兑现1934.7亩退耕还林地的粮食折现及生活补助24.18万元，全面消除“无树村、无树户”。开展“绿盾2017”保护区监督检查专项行动，全面排查并整改国家级自然保护区内违法违规问题。坚决淘汰黄标车及老旧车292辆。

【脱贫攻坚】 年内，累计投入6.3249亿元，开工建设扶贫产业项目31个，带动2075名建档立卡贫困群众增收1076.35万元，4001名贫困人口稳定脱贫，贫困发生率下降到0.58%，通过市级验收、自治区级考核。为建档立卡贫困户开展培训52期，1520人次受训，解决就业521人。累计产业项目分红809.2万元，带动3936人次增收，人均增收2334.69元，落实生态补偿岗位2669个，兑现生态补偿岗位资金1902万元，向3571人次落实定向政策补助金413.4万元。城区易地搬迁集中安置点安置房300套全面竣工并搬迁入住。农业银行建立一户一策精准扶贫金融服务档案，发放小额贷款4.12亿元，助力群众创业增收。财政投入不断向扶贫领域倾斜，民生基础得到持续有效巩固。

【社会事业】 年内，教育支出2.4亿元，其中本级财政投入1.18亿元，建设完成区中小学设备添置、校容校貌提升、运动场地维修、机关幼儿园新建等项目，高分通过义务教育均衡发展国家评估认定。幼儿园临时工工资标准提高至2300元，中职班工资提高至3800元。医疗卫生支出1.05亿元，其中本级投入3524万元，稳步推进总投资3亿元的卫生系统整体搬迁项目前期工作，区医院升格为二级乙等医院，新增设牙科和急诊科，“先诊疗，后结算”的医疗服务范围全民覆盖。包虫病筛查率达到99.15%。扎实开展食品安全专项整治、联合执法84次，明厨亮灶率和餐饮服务量化分级率均达80%以上。全民参保采集数据24387条，积极推进社会就业，完成技能培训725人，新增就业1189人，劳动力转移就业11696人次。扎实推进“两线合一”，兑现低保资金505.84万元，122名五保老人意愿集中供养率达到100%，五保户生活供养金在拉萨市每人5910元/年标准上提高至每人12614元/年。加强困难群众基本生活保障和救助，解决61户贫困残疾家庭就业，开展医疗及临时救助323人，扩大城乡医保、养老保险和住房公积金覆盖范围，实现社会保障服务对象全覆盖。民政工作受到民政部高度评价，并代表全西藏自治区在西南片区工作会议上作经验交流，全区首个村级民政事务服务中心落地达孜。公益性岗位工资上调500—1800元。深入开展双拥共建活动，军政军民团结不断巩固。

【援藏工作】 年内，“西藏达孜产业交流中心”在江苏省镇江市正式落地营运，小微企业孵化基地、种苗育苗基地、叶巴寺村容村貌整治、藏家乐、高原“移动医院”等17个、总投资1.43亿元的江苏援建项目开工建设。镇江市7个市辖区与达孜区6乡镇、1个工业园区结对挂钩共建，共签署产业项目合作协议6个、总投资2.23亿元。投入84.4万元实施“温暖校园”二期工程，完成区中心小学和幼儿园的供暖改造。镇江金山e支教大爱西藏行与县中心小学成功视频连接并开展远程交流。利用“组团式”援藏平台提升医疗人员水平，实施标准化乡镇卫生院建设和苏拉远程会诊系统。与镇江市委党校、江苏科技大学等院校开展合作交流，全年累计安排赴镇江集中培训和岗位锻炼10批次，共200人次。

【维护稳定】 年内，投入317.87万元，建设完成寺庙特派员业务用房6套。开展“星级先进双联户”创建和村级综治信息化建设及“幸福家园”微信平台推广工作，依法打击违法犯罪活动，全面打赢中共十九大维稳安保攻坚战，社会大局保持和谐稳定。扎实开展安全生产大检查等专项行动230次，安全生产形势总体平稳，工业园区安全生产监督管理局挂牌。拓宽信访渠道，受理来信来访案件44件193人次，化解40件178人次，化解率90.9%，重点信访积案化解率100%，荣获国家级“信访三无县”荣誉称号。不断创新民族团结进步创建活动，进一步巩固民族团结进步工作成果。“七五”普法扎实推进，国防动员和国防教育深入开展，支持工会、共青团、妇联等群团组织开展工作，民族宗教、外事侨务、防灾减灾等事业获得新进展。

（元旦次旺）

林周县

【概况】 林周，藏语含义为天然形成的沃土。地处西藏中部，拉萨市东北部，拉萨河上游及澎波河流域，东连墨竹工卡县，西接堆龙德庆区，北邻当雄县，南抵拉萨市城关区，距离市区65公里。辖9个乡1个镇，45个行政村，182个村民小组（自然村），15552户，总人口64453人。人口以藏族为主，另有汉族、回族、蒙古族等民族。国土面积4464.4平方公里，耕地23万亩，天然草场505万亩，人工草场8万亩，水域5.4万亩，是拉萨市5县3区中的第一产粮大县、第二牧业大县。念青唐古拉山支脉一恰拉山横贯全境，将林周县分割为南北两大部分，全县南北狭长，跨度180公里。北部属拉萨河上游及其源流区域，素有“三河一流”的美称（即热振河、达龙河、乌鲁龙河、拉萨河流域），平均海拔4200米，气候干燥，年平均气温2.9℃，以牧业生产为主；南部地区属拉萨河支流澎波河流域，平均海拔3860米，谷地开阔，气候温和，雨水充沛，年平均气温5.8℃，主产小麦、油菜、青稞、土豆等。畜牧业主要包括黄牛、牦牛、山羊、绵羊、马、猪、鸡、鸭等。国家级野生保护动物有黑颈鹤、白唇鹿、雪豹、马麝、白尾海雕、玉带海雕等。主要矿产资源有铁、铅、锌、石膏、重晶石、石煤、矿泉水等。2017年，林周县现代农牧业稳步发展，净土健康产业深入推进，启动实施了松盘乡

2017年11月10日，自治区主席齐扎拉在达孜区白纳村开展十九大精神宣讲

牦牛育肥基地、格桑塘现代农牧产业示范园建设，逐步形成“集群、块状”发展格局。完善鹏博健康产业园区配套基础设施建设，园区承载经济发展能力不断增强。第三产业发展有效推进，各方面基础设施逐步完善，尤其是旅游业、交通运输业等方面均有较快发展。

2017年6月19日，西藏自治区党委常委、拉萨市委书记白玛旺堆（前排左三），拉萨市委副书记、市长果果（左二）在林周县松盘乡格桑塘奶牛养殖基地调研

【党建工作】 年内，林周县共有基层党组织366个，其中基层党委33个，党总支37个，党支部296个。党员5683名，女党员1618名，占全县党员的28.5%；大专及以上学历1306名，占全县党员的22.9%；农牧民党员4028名，占全县党员的70.9%。新发展党员236名，其中农牧民157名；确定入党积极分子170名，其中农牧民144名。共召开专题学习会15次，参学人员1200余人次，带动全县366个党组织5683名党员学习研讨1000多场次，交流发言200余人次；各级党组织书记讲党课200余场次，开展学习教育督导20余次。开展“四讲四爱”主题教育实践活动，进行宣讲教育2000余场次、受益群众28.3万余人次。创新开展“主题党日+”活动，规定每月2日为全县基层党组织主题党日，党员干部重温入党誓词、主动交纳党费。结合县域实际，依托县委党校资源，在10个乡镇成立了微型党校。

【廉洁建设】 年内，常态化制度化开展“两学一做”学习教育，扎实开展“四讲四爱”主题教育实践宣讲、演出、爱国电影巡演等活动，政府自身建设不断加强。建立健全《政府工作规则》，研究出台《乡（镇）、村、驻村工作队三级财务管理办法》和《林周县项目管理工作手册》等规章制度，持续落实党风廉政建设责任制，推行权责清单，廉政风险防范机制不断健全，廉政风险不断降低。

【经济发展】 年内，地区生产总值完成18.08亿元，同比增长11.2%；完成社会固定资产投资20.06亿元，增长125.3%；完成本级财政收入1.04亿元，下降19.53%；农牧民人均可支配收入完成11555元，增长14.5%；社会消费品零售总额完成1.92亿元，增长12.7%；规模以上工业增加值完成0.88亿元，增长11.4%。

【农牧业发展】 年内，农作物播种18万亩，青稞种植12.46万亩；落实青稞、冬小麦和油菜高产创建11.5万亩，测土配方施肥示范9.5万亩，新品种推广12.55万亩，粮食总产量1.36亿斤。牲畜存栏22.8万头（只、匹），其中牦牛9.2万只、半细毛羊5.04万只，占存栏牲畜总数的62.5%；牲畜良种率42.8%。投用农业机械2.44万台（套），农业机械化率94%。采取家庭、集体、企业共同经营模式种植人工饲草9.01万亩，同比增长46%，带动群众增收170余万元。引进500头安格斯肉牛进行试验性养殖，优质肉牛规模化养殖初具雏形，成功注册“澎波牦牛”“澎波半细毛羊”地理商标。

【工业】 年内，投资2398万元完善鹏博健康产业园区配套设施建设，发挥中小企业孵化基地作用，引进8家实体企业进驻园区，园区承载经济发展能力不断增强。

【旅游业发展】 年内，加快推

2017年3月20日，林周县2017年藏电二期项目开复工仪式在江热夏乡卡日村举行

进热振片区规划、林周农场旧址保护，举办首届油菜花徒步观光旅游节。接待游客15.79万人次，实现旅游收入1989.7万元，分别同比增长17.1%和19%，初步实现净土健康产业与文化旅游业有机融合。

【改革开放】　年内，成立国有控股的林周县客运公司，完成拉萨市至林周县客运班线改制，投资390余万元将班线客车全部收归国有。落实“公交优先”发展战略，投资360余万元购置营运客车16辆，启动农村公交客运，开通县乡客运线路7条，覆盖10个乡镇，成为全市首家开通农村公交客运班线的建制县。建立健全土地流转机制，流转土地2.5万余亩，5个主导品种大田统供率88.5%，“万户百场十中心”工作有效落实。乡镇农牧综合服务站实现全覆盖，农牧业科技支撑力度不断加强。与南京农业大学、自治区农科院畜科所达成合作协议，共同推进格桑塘现代农牧产业示范园。引进西藏天域农业科技有限公司，达成投资2亿元的青稞产业园协议。不动产登记及集体土地所有权确权颁证工作有序推进。继续深化商事制度改革，落实小微企业优惠政策，辖区内小微企业受惠面100%，减免税费249.5万元。新增市场主体415户，新增注册资金12.84亿元。“12315”基层消费维权联络站实现全覆盖。

【援藏工作】　年内，全面深化援藏工作对口帮扶机制，依托援藏平台，深度融合推进干部、资金、项目、产业、智力、人才、公益援藏，实施受援项目12个，投资1.81亿元，受益群众6万余名；争取江苏省计划外援助资金1.5亿元，签订4项法律教育医疗援助协议。

【招商引资】　年内，依托自主招商、“西洽会”、“商洽会”等平台，完成招商引资达7亿元。

【城乡建设】　年内，编制完成《林周县县城控制性详细规划》《热振旅游度假区规划》《林周县风貌布点规划》，稳步推进《“四乡一村”总体规划》编制。配合开展雅江中游黑颈鹤保护区规划调整工作。投资505.89万元实施城区街道路灯改造工程。推进“厕所革命”，完成农村改厕19座。棚户区改造、小康安居试点工程扎实推进。质量强县工作积极推进，被评为C级。全县村级组织活动场所实现标准化建设。

【环境保护】　年内，全面推进大气、水、土壤污染防治工作，投入800余万元购建环卫设施，建立垃圾收集处理长效机制。大力开展河道采砂、矿山巡查整治，拉萨河源头、水源地保护工作；严厉打击环境违法行为，禁白成果进一步巩固。接受中央环保督察，及时办结公示转办案件12件。加强黑颈鹤保护区管理，建立定点投食机制，配合开展“绿盾2017”国家级自然保护区监督检查专项行动。完成植树造林155亩，实施退耕还林9318.76亩，投资230万元进行县城绿化改造提升。对全县境内23条重要河流全面实行河长制，总长达到423.53公里，河长制管理体系初步形成。

【教育事业】　年内，严格落实“五个100%”目标，落实“三包”和“营养改善”资金3296.73万元。投资7187.3万元实施31个教育基建项目，教育基础设施不断完善，教育教学质量不断提升，中小考成绩连续两年位列全市六县第一。

【医疗卫生】 年内，食药监管不断加强，按照“四个最严”要求，履行“四品一械”监管职能，严监管食品药品市场，食品药品安全零事故。农牧区医疗保障覆盖面100%，报销医疗费用2504.5万元，4.5万余名农牧民群众受益。组团式医疗援藏工作进展有序，利用援藏投资700万元修建强嘎乡标准化乡镇卫生院，县医院成功创建为二级乙等医院。包虫病综合防治工作扎实有效，完成筛查59685人，筛查率100.7%、救治率84%；流浪犬只防治管理同步加强。

【文化宣传】 年内，常态化制度化开展“两学一做”学习教育，扎实开展“四讲四爱”主题教育实践宣讲、演出、爱国电影巡演等活动，完成县级数字影院改造升级，实现县级有线数字电视500户光缆铺设、调试安装工作。文物和非物质文化遗产得到有效保护。热振曲卓文化艺术传播有限公司等三家单位被命名为县级文化产业示范基地。

【社会保障】 年内，林周县大力开展全民参保登记工作，五项保险参保人数4.68万人，开展职业技能培训16期，劳动力转移就业1.3万人，实现收入0.9亿元，开发就业再就业岗位4500余个，城镇登记失业率继续控制在2.2%以内。

【脱贫攻坚】 年内，深化以业脱贫，大力发展种草养畜类产业，投资3.7亿元实施产业项目27个，其中已开工项目10个（含完工项目2个），完成招投标项目14个，评审项目2个，采购项目1个，带动1622名建档立卡贫困群众增收。深化以迁脱贫，积极推进县域5个集中搬迁安置点建设，搬迁至城关区的370户1582名贫困群众按预定时间实现入住。深化以补脱贫，落实生态补偿岗位6119个，发放生态补偿岗位资金1835.7万元，兑现定向补助资金335.25万元，惠及4249人。深化以教脱贫，出台《林周县在校大学生资助办法》，发放资助金999.71万元，惠及1831人；建立健全“两后生”职业教育体系。深化以助脱贫，健全完善基本医疗保险、大病保险、医疗救助和重特大疾病医疗救助等多重医疗保障体系，做好建档立卡贫困户住院补偿、门诊核销工作，核销住院、门诊补偿21.22万元。深化以保脱贫，实现农村低保和扶贫线“两线合一”，兑现农村低保资金及“两线合一”补助资金925.98万元，为136名困难群众发放临时救助及医疗救助资金33.75万元。结对帮扶工作继续深化，全县1360名干部职工结对帮扶1882户贫困户，常态化开展慰问帮扶工作。12月接受了自治区脱贫攻坚第三方评估，结果为全县脱贫人口错退率0.64%、贫困人口漏评率1.26%、综合贫困发生率1.43%、群众满意度98.42%。

【和谐构建】 年内，稳定局势不断巩固，综合治理不断加深。认真落实县级领导包乡、乡级领导包村维稳工作机制，坚持县级领导带班、干部值班等维稳制度，完成各个敏感节点，特别是中共十九大期间的维稳安保任务。创新重点人员管控新思路，加快公安机关“四项建设”，全县立体化防控建设水平不断提高，人民群众安全感不断提升。狠抓社会面防控，始终保持对各类违法犯罪活动的高压威慑态势，充分发挥网格化、双联户社

林周县净土健康产业——万亩油菜花田

会服务管理体系作用，加大矛盾纠纷排查化解力度，排查矛盾纠纷40件，调处化解率90%。强化宗教事务服务管理，全面落实利寺惠僧政策，“六个一”“一覆盖”“一创建”活动深入开展，投入资金347万元实施寺庙维修和线路改造，表彰和谐模范寺庙20座，爱国守法先进僧尼891名。全力推进民族团结进步事业发展，铸牢中华民族共同体意识，依法从严管理僧尼，寺庙僧尼、干部群众“三个离不开”“五个认同”意识明显增强，爱国统一战线持续巩固。狠抓安全生产，深入开展安全生产执法检查，全年安全生产事故、死亡人数实现双下降，安全形势进一步巩固，微型消防站实现全覆盖。普法工作扎实有效，完成“六五”普法验收表彰，高标准启动“七五”普法规划。

（王翠英）

墨竹工卡县

【概况】 墨竹工卡县位于西藏中部、拉萨河中上游，地理坐标为北纬29°8′，东经91°77′。东与林芝市工布江达县相邻，西靠拉萨市达孜、林周两县，北连那曲地区嘉黎县，南接山南市乃东县，交通区位优势明显，川藏公路（318国道）横穿而过。县域面积5492平方公里，属以农为主的半农半牧县。辖7个乡1个镇，40个村委会，总人口5.6万人，平均海拔4200米。墨竹工卡县素有“天边之乡”的美誉，野生动植物资源有黑颈鹤、斑头雁、虫草、雪莲花、红景天等，矿产资源丰富，主要由铜、铅、锌、金、钼、铬、大理石等。名胜古迹众多，旅游资源得天德厚，距今850多年历史的直孔替寺闻名国内外，日多温泉、德仲温泉和思金拉错等自然景观独具魅力，直孔水磨糌粑、斯布牦牛等农畜产品驰名区内外，以松赞拉康、松赞干布纪念馆、霍尔康庄园、甲桑古道徒步为重点的藏王松赞干布出生地甲玛景区已完成松赞干布纪念馆建设并对游客开放。

【经济和社会发展】 年内，地区生产总值实现30.86亿元，同比增长11.3%；全社会固定资产投资完成48.56亿元，下降39.7%；公共财政收入（全口径）完成3.82亿元，增长5.18%；规模以上工业增加值完成15.36亿元，增长19.2%；社会消费品零售总额完成3.71亿元，增长12.6%；农村居民人均可支配收入完成13046元，增长14.49%。完成招商引资项目15个，实际到位资金30亿元。实现工业总产值29.5亿元，增长29.95%，实现工业税收4.7亿元，增长20.05%。累计投资837.18万元，实施旅游基础设施项目6个。累计接待游客量、旅游综合收入保持2位数增长。

【脱贫攻坚】 年内，全面完成1209户5243名建档立卡贫困户脱贫并通过自治区第三方考核验收，建档立卡贫困户人均可支配收入达到8470.7元，同比增长35.7%，贫困发生率降至0.25%，群众认可度97.3%，实现了“贫困户脱贫、贫困村退出、贫困县摘帽”目标。累计安排扶贫资金1.64亿元，贫困群众实现稳定就业1029人。拉萨文创园搬迁点和县城易地扶贫搬迁二期暨小康安居工程安置点建设基本完成。

【农牧业】 年内，农作物播种面积达7.73万亩，粮食总产量2.46万吨，推广“藏青2000”4.27万亩，实施良种繁育2700亩。总投资6048.77万元的现代农业示范园第一期工程开工建设，投入700万元的实施牦牛集中育肥项目。

【基础设施】 年内，争取资金2.05亿元，改造318国道、349国道。拉林高等级公路墨竹至日多段建成通车。投入6096万元，实施水利基础设施维修和饮水安全巩固提升工程11个，解决1430户、8650人饮水问题。实施新一轮农网改造，新建和改造高低压线路732公里。投入7098.53万元建成37个标准化村组织活动场所。新增和改造农村公路127.43公里。

【城乡环境】 年内，投入7.2亿元实施嘎则新区易地扶贫搬迁二期暨小康安居工程；投入2664.79万元实施工卡镇卡东小组商品房附属工程、嘎则新区重点区域亮化工程等13个项目；县城综合商场、车辆检测中心等重大民生项目开工建设。投入2800万元实施甲玛特色小城镇风貌改造、甲玛乡水厂水源地工程项目，开展尼玛江热乡宗雪村环境整治。全面推进“厕所革命”，开工建设20座农村厕所。投入1356万元完成植树造林2482.2亩、封山育林6928亩，全县森林覆盖率43%。加快农村生活垃圾无害化处理，集中处理率90%以上。投入762万元实施环境综合整治、20个水源点保护等生态环保项目。

【净土健康】 年内，集中种植墨竹小油菜0.9万亩，质量认证达国家标准。投资6048.77万元开工建设现代农业示范园第一期工程。投入700万元，从青海、日喀则帕里以及斯布班禅牧场核心区购买育肥牛和种牛500头，在日多乡念村集中育肥。

【深化改革】 年内，完成政府机构改革，调整、取消行政审批事项8项，农业农村、国资国企、财税金融等重点领域改革全面实施。完成农村土地承包经营权确权登记11.23万亩，发放证书6759户。完成40个行政村集体土地确权测量工作及建档工作，划定永久基本农田保护区12.38万亩，完成不动产登记测量8800户。成功挂牌出让1宗工业用地和2宗商业用地，出让面积25亩，出让金1422.9万元。注册成立扶贫开发有限公司，重新组建城投公司，国有企业初见效益。8个乡（镇）实现融资平台全覆盖。完成创业创新基地2个，3家国有企业入驻“双创”大楼。

【受援工作】 年内，落实1‰以内援藏资金5225万元，争取1‰以外资金1080万元，实施县医院提升改造、塔巴村供水等援藏项目15个。先后有5名医疗专家深入到林周县指导医学工作，20名先心病、髋关节脱位、脑瘫等患儿到南京免费治疗。南京市8个区与林周县8个乡（镇）结成对子。

【教科文卫事业】 年内，统筹推进“五个100%”目标，中考平均成绩比2016年提高12分。投入5378万元用于加强学校标准化建设，实施门巴学生宿舍供暖等10个项目。开放运行县级数字化电影院，投入2600万元修缮直孔梯寺“扎西果芒”殿、唐加寺等文化遗迹。9项非遗项目被列入市级名录。投入2995万元实施苏拉远程会诊等卫生基础设施项目，全民免费体检率99.7%。全面启动医技人员绩效考核制度。包虫病筛查50339人，筛查率100%。

【社会保障】 年内，投入6573.94万元继续实施“三大民生”工程，实现农牧区群众“看病、上学、养老”三保障。落实“两线合一”生活补贴653.19万元，为1298名城乡居民报销医疗救助金396.13万元，为4183名城乡低保对象发放资金1863.48万元，五保供养经费在区市每人每年5910元基础上，提高至11310元。完成4.43万人社保卡数据采集，信息采集率92%。收缴各类社保金2744.26万元，发放城乡居民养老金949.77万元。投入280万元改扩建县级救灾物资储备库，投入561万元改造62户农村危房、维修12户直孔电站搬迁户房屋。实现农牧区劳务输出1.96万人次，农牧民增收5800万元，实现转移就业9800人，城镇新增就业672人，城镇登记失业率控制在2.1%。

【社会治理】 年内，持续加强社会治理，完成中共十九大、重大节日、重要节点安全防范工作。开展和谐模范寺庙暨爱国守法先进僧尼表彰活动，累计发放奖金132.2万元。完成“六五”普法，启动“七五”普法。建成县乡村三级综治信息系统，布设视频监控点89个。调处矛盾纠纷101起，办理信访案件51件，协调解决拖欠工资、工程款等6024.32万元。向67家企业和施工单位征缴民工工资保证金2452万元。安全生产形势持续好转，未出现一次危安案件、一起农牧民群众越级上访事件、一起较大以上安全生产事故。

【作风建设】 年内，持续改进作风，提升履职效能，办理人大建议、政协提案162件，满意率和基本满意率达98.8%。打造阳光政务，公开政务信息370余条，政府工作高效透明运转。深入开展“两学一做”学习教育，全面加强党风廉政建设。加大审计监督、财政监督，完成各部门十八大以来预算执行专项审计、40个村2014年以来资金审查，对教育领域和培训资金进行审计，对涉农、扶贫资金和乡（镇）2016年办实事经费全面自查，迎接区市扶贫领域专项巡视、督查10次。严格落实中央八项规定精神，强化行政监察，严肃执法执纪，受理问题线索27起，处理27人。

（土　登）

曲水县

【概况】　曲水县总面积1624平方公里，耕地面积6.5万亩。最高海拔5774米，最低海拔3500米，县城海拔3568米，辖5个乡1个镇、19个行政村、133个村民小组。2017年底，常住人口36521人。

【经济指标】　年内，完成地区生产总值14.3亿元，同比增长10.90%；全社会固定资产投资完成46.46.17亿元，增长22.92%；地方财政本级一般预算收入4.29亿元，增长108.23%；社会消费品零售总额3.10亿元，增长12.20%；农牧民人均可支配收入12612元，增长13.52%；城镇登记失业率控制在2.2%以内。

【净土健康产业】　年内，坚定不移创新思路，主抓藏中药材、高原球根花卉、经济作物、温室育种育苗等特色产业发展，先后申请15个有机农产品认证、9个国家地理标志商标。生产出茅台拉萨玛咖酒、玫瑰系列化妆品、鲜花饼、葡萄酒等产品，总产值同比增长一倍多，超额完成实现产值15亿的预定目标。坚持科技支撑，强化技术指导，加强园区产学研一体化建设，推进一、二、三产融合发展。

【农牧业】　年内，农业机械化程度不断提高，机耕、机播、机收面积分别为6.5万亩、6万亩、6万亩。种植结构不断优化，总播种面积11.52万亩，粮食产量3090.9万斤，牲畜总出栏32426头，出栏率为36.1%，牛羊猪肉类产量780万斤，禽蛋产量28.18万斤，奶类产量2700万斤，山羊绒产量0.22万斤，绵羊毛产量4.8万斤。调剂良种109.53万斤，良种统供率达90%，农牧科技含量不断提高。罗亚农机合作社被评为2017年全国农机合作示范社。全面推进有机农业发展，成功创建为全区首个国家有机认证示范创建区。

2017年11月1日，自治区党委书记吴英杰（左二），区党委副书记、人大常委会主任洛桑江村（左三），区党委副书记、自治区主席齐扎拉（左四）在全区精准扶贫成果展上观看曲水县援藏扶贫成果展

【工业发展】　年内，突出抓好结构优化、培育实体、园区发展、品牌创建等重点工作，全面实施环保“一票否决”制，有效整顿了一批污染型企业。完成规模以上工业增加值1.5亿元，招商引资实际到位资金15.09亿元，规上企业销售产值完成7.63亿元，全县工业企业上缴税收1.1亿元。

【旅游业】　年内，大力推进“秀色才纳”、拉萨净土健康野生动物保护园等景点建设，“秀色才纳”成为国家AAA级旅游景区，接待游客突破20万人次。

【项目建设】　年内，开复工项目80个，总投资57.2亿元。小康安居工程、农业产业化示范基地、万亩林木良种繁育中心等重点项目有序推进。

【援藏工作】　年内，深化与泰州市合作共建，投资2.16亿元实施援藏项目19个，加大力度实施医疗、教育人才“组团式”援藏，“传、帮、带、培”提升曲水县人才水平。

【改革成效】　年内，以保障主要农牧产品供给、促进农牧民增收、实现农牧业可持续发展为重点，大力发展高原河谷种植业和高原特色养殖业，培育新型农业经营主体，推广“龙头企业+基地+农户”产业化经营模式，建立了基地带动、农户参与的联动机制。全面完成全县农村土地承包经营权、农村宅基地及地上房屋确权登记颁证整改提升工作，探索建立了宅基地有偿使用制度和宅基地自愿有偿退出机制。稳妥开展农村集体资产确权赋能、农村承包土地经营权有偿退出、征地制度改革和集体经营性建设用地入市等试点工作，积极推进农村土地承包经营权和农民住房财产权抵押贷款工作，先行开展农村土地三项制度、集体林权制度改革试点工作，探索出了一批可复制、可推广的“曲水农村改革经验”；深入推进“放管服”改革。紧紧抓住“放管服”改革牛鼻子，推进“两集中两到位”，推动政府职能转变。积极推动责任清单梳理工作，组建两家新政府部门，对部分机构进行调整更名。深化行政审批制度改革，调整、取消行政许可等事项21项，下放行政审批权限5项；实现“双随机、一公开”工作全覆盖，提高工作执行力；推进县乡政务服务体系建设，县政务服务中心入驻窗口单位16家，服务窗口20个，乡镇政务服务中心实现全覆盖，县乡两级办理便民事项23550件，各类事项办结率100%。

2017年8月7日，国家扶贫办主任刘永富（前排右三）在曲水县才纳乡四季吉祥村调研。自治区党委副书记、自治区主席齐扎拉（前排中）陪同

【创新驱动】　年内，全县共有市场主体1988户，新增755户，同比增长63%。注册商标40件，申请商标93件，申报第十一批著名商标3件。坚持以园区为平台、以净土健康产业为主体、以市场为导向、以“产学研”一体化为目标，引进拉萨市第一中等职业技术学校，助推专项培养园区技术型人才；先后与北京大学、清华大学、中央民族大学和市科技局对接，建立教学科研实践基地，助推园区科技创新，加大技术转型，构建现代农业体系；注重招商引资和引智结合，引进先进技术和优秀人才，加强在创新领域的合作，助力园区产业升级。大力发展、培育、选树青年创新创业人才，举办创新创业大赛，给予优秀项目专项资金扶持，激发创业激情，提高创业能力。建立大学生、青年农牧民创新创业基地，促进高校毕业生等青年群体、农民工多渠道创新创业，开展创业培训80人次，合格率100%。大学生创业登记4户，创建企业集群注册模式1户。成立电子商务公司，打造曲水净土电子商务平台，推进“互联网+特色产业”，打开藏鸡蛋、雪菊等特色产品销路。

【民生改善】　年内，实施一大批惠民利民举措，民生资金投入54020万元，占财政总支出的76%，人民群众的获得感、幸福感显著增强。

【脱贫攻坚】　年内，探索形成“党建扶贫四季吉祥村模式”“易地搬迁扶贫曲水模式”并被收录于《中国少数民族地区扶贫进展报告（2017）》及《中国少数民族地区精准扶贫案例集》，实践丰富了“654321”扶贫脱贫思路。坚持“迁业并举”，投融资30多亿用于净土健康产业，解决配套产业，提供就业岗位2000余个。全县1177户4118人建档立卡贫困户仅有35户115人未达到脱贫标准，贫困发生率0.35%，群众认可度95%以上。

【社会保障】　年内，巩固深化“四业工程”，农牧民转移就业培训1089人，就业率90%以上，农牧区劳动力转移就业2.74万人

2017年8月17日，中央信访工作联席会议办公室副主任、国家信访局党组成员、副局长李皋（前排右三）一行在曲水县开展调研基层信访工作

次。全县城乡居民基本养老保险参保16066人，征缴基金176万元；完善农牧民基本医疗保障体系，参保3万余人，征缴基金95万元。发放城乡最低生活保障资金528.24万元，低保评定实现动态管理。不断健全临时救助、医疗救助体制机制。社会福利事业全面开展，五保户和孤儿意愿集中供养率100%。

【教体事业】 年内，深入贯彻落实教育“五个100%”目标，适龄儿童入学率99.96%，巩固率100%，适龄少年入学率99.63%，巩固率101.75%。持续加大本级财政对教育的投入，年投资1017万元，加强各类教育基本建设，率先在全区实现学前教育三年全覆盖。全民运动体育基础设施实现乡村全覆盖，居民身体素质进一步提高。2017年被国家体育总局评为2013—2016年度群众体育先进单位。

【医疗卫生】 年内，在保持农牧区基本医疗制度100%覆盖的基础上，年人均补助标准提高到475元，开通20种特殊慢性病报销补偿政策。投入援藏资金2800万元，新建县医院医技楼、急诊楼等基础设施，与泰州市第四人民医院合作建立远程会诊中心，成功创建二级乙等医院，个别大病、疑难病早诊断、早发现、早治疗。全面推行曲水县人口健康综合管理信息系统和曲水县人口健康电子档案系统，创建了“互联网+健康服务”的管理模式。率先建立起由村医、乡医、村妇女主任组成的“村民健康月例会制度”。全面推行分级诊疗工作，创新开展村医派工单制度和家庭医生绩效考核制度，为群众提供基本医疗和免费基本公共卫生服务，新型农村合作医疗参保率100%，全民体检率98.7%。实施全民体检和包虫病筛查，设立442万元全民体检专项经费和195万元包虫病防治工作专项经费，同步推进包虫病筛查与全面健康体检工作，共筛查23307人，筛查率70%。

【文化事业】 年内，完善文化基础设施，对各乡镇行政村进行网络改造并配齐相关设施，充分利用文化活动中心开展多样活动；县广播电视台成立并开播。

【县级文明城市创建】 年内，建立健全创建工作机制，加大宣传力度，举办“道德讲堂”“我们的节日”“四抓四带四促”等系列活动，开展环境卫生、交通秩序、校园安全等专项整治。南木乡江村被评为第五届全国文明村。

【基础设施】 年内，投资1.57亿元实施水利项目建设，投资2.7亿元实施交通项目建设，投资近1亿元用于村容村貌整治、公厕改革、县乡供暖等公共服务设施及道路硬化、绿化、给排水附属配套设施建设。

【社会治理】 年内，牢牢把握反分裂斗争主动权，大力推进“四讲四爱”主题教育实践活动，加强民族团结宣传教育，发展壮大爱国统一战线，增强民族团结创建活动感召力，开展民族团结进步活动，完成“三大节日”、三月份重点时期、“两会”、中共十九大等重大活动、重要节点的维稳安保任务。全面落实信访工作责任制，形成信访联治、矛盾联调、工作联动的体制机制，推进网上信访平台建设，定期开展矛盾纠纷排查。坚持党的宗教工作方针，加大爱国守法先进僧尼培养力度，持续开展驻寺干部培训，健全完善寺庙管理规章制度，确保宗教领域持续和谐稳定。强化安全生产监管，集中开展道路交通、食品药品、危险化学品、工矿商贸等领域的专项排查整治，依法打击违法犯罪，实现了“三无”“三不出”“五防”的工作目标。

【生态文明】 年内，突出生态红线意识，打好“大气污染防治”“水污染防治”“土壤污染管控和防治”三大战役，深入推进“大气十条”“水十条”“土十条”整治工作，推进绿色发展。治理建筑施工场所扬尘，加快淘汰黄标车、老旧车辆、燃煤锅炉、落后产能，推进油气回收装置安装工作。整治露天焚烧，全面回收，统一处理废旧农用地膜，严格检测并控制土壤重金属含量；全面贯彻落实河长制。深入开展拉萨河曲水段整治，按照“取缔一批、规范一批、提升一批”的思路，关停23家采石采砂场，强制进行规范整顿；加大环境监督执法力度。依法开展环境安全专项大整治、大排查，环境违法行为一律按照相关法律法规从严、从重处理，让污染企业承担足够的环境成本，倒逼污染企业主动履行环境保护主体责任，构建曲水县生态安全屏障。投入500万元，设立林业绿化专项资金，加强防护林体系建设，完成植树造林1.2万余亩，种植庭院经济林180余亩，森林覆盖率29.59%，消除了“无树村、无树户”。进一步提高“两江四河”、318国道沿线绿化水平，大力创建自治区级生态乡村。曲水县林业局被评为全国防沙治沙先进集体。

2017年3月13日，曲水县举行第十批援藏医生迎接仪式

【行政管理】 年内，加快法治政府建设，推进依法行政，严格规范公正执法，促进作风和职能转变。积极开展法制教育培训工作，组织各行政部门赴内地学习2次共200人次，上级单位安排学习300余人次，基本实现了执法单位、执法人员培训学习全覆盖。积极开展普法宣传，大力推进“法律七进”和“七五”普法规划等工作，形成全社会自觉学法守法用法的浓厚氛围，推动全县的法制进程。成立婚姻家庭纠纷人民调解委员会，婚姻家庭纠纷调解工作步入法治化、正规化轨道；完善重大决策合法性审查机制。聘请2名法律顾问，提高了法制化水平。县政府党组共进行理论学习、研讨、座谈会等40余次，整治“庸懒散”问题，提升行政效能，“三公”经费同比下降2%。“两学一做”学习教育常态化制度化，持续推进党风廉政建设，保持惩治腐败高压态势。严格执纪，全面落实党风廉政建设责任，严肃查处违反中央八项规定精神等各类腐败问题。此外，编译、档案、地震、保密、共青妇、气象、人防、人民武装等其他事业取得新突破。

（徐　通）

尼木县

【概况】 尼木县位于雅鲁藏布江中游北岸，东与曲水县交界，南与仁布县紧连，西南与南木林县相依，西北与当雄县相接，东北与堆龙德庆县接壤，县域面积3275.8平方公里。属高原温带半干旱季风气候区，四季分明，夏季雨水集中，辐射强，年日照时数2947.2小时，年无霜期100天左右，年降水量324.2毫米。县政府驻塔荣镇，平均海拔4000米，距拉萨市区147公里，下辖7乡1镇（塔荣镇、吞巴乡、普松乡、尼木乡、帕古乡、续迈乡、卡如乡、麻江乡），共32个行政村、127个自然小组，总人口36405人。矿产资源主要有铜、钼、泥炭等，野生动植物资源主要有豹子、岩羊、狗熊、猞猁、獐子等。

【经济指标】 年内，完成地区生产总值8.19亿元，同比增长11.40%；农牧林渔业增加值1.12亿元，增长4.24%，工业增加值0.51亿元，增长27.5%；全社会固定资产投资18.48亿元，增长40.3%；社会消费品零售总额0.62亿元，增长12.3%；地方公共财政预算收入1.43亿元，增长27.68%；农牧民人均可支配收入11740.8元，增长14.5%。主要经济指标呈现两位数以上增长，荣获“2017年度拉萨市目标绩效争先进位考核县区进位一等奖”。

【农牧业】 年内，农作物播种面积36562.22亩，粮食产量1573万斤，油菜产量145.2万斤。牲畜存栏110701头（只、匹），其中牦牛30689头、黄牛11026头、犏牛2207头、绵羊38543只、山羊27194只、猪存栏81头，家禽存栏35453只。举办有机产品种植、有机农业管理技术培训25次，参训人员1200人次，种植青稞17630亩、油菜4800亩、藜麦5272亩、土豆1600亩、雪菊5560亩，认证有机牦牛5000头，青稞、油菜、藜麦、雪菊、土豆、牦牛6个产品取得有机转换证书，获得“国家有机产品认证创建示范区”称号。

【“双创”工作】 年内，成立“双创”工作领导小组，完善小微企业台账，建成尼木县藏香“互联网+众创空间”，与西藏卓越信息技术有限公司制定尼木众创空间运营合作协议，联系5家小微企业参加“创交会”，10家小微企业参加融资峰会路演，众创空间正式办公企业3家。共有非公企业14家，产值3250万元。农村综合信息服务站实现32个行政村全覆盖。

【旅游业】 年内，按照全域旅游发展规划，着力提升旅游服务水平。积极协商吞巴景区控股及合作事宜，完成吞巴景区提档升级项目初步概念方案；卡如农牧民搬迁安居和特色经济建设示范项目开工建设，种植果品164.25亩，其中平谷大桃10000株、云南丽江纸皮核桃2300株、雪桃670株；完成琼穆岗嘎雪山旅游景区开发项目设计方案、风评、节评及雪山景区公路前期工作；续迈温泉开发项目完成主体建设。接待游客8.2万余人次，同比增长13%，旅游收入3296万元，同比增长11%。

【特色产业】 年内，投资4000万元的藏香产业园区精准扶贫示范基地项目开工建设，建成尼木县藏香研发中心厂房，并于10月13日生产出第一批样品，全年实现藏香产值5700万元，初步形成“党支部+企业+合作社+贫困户”的发展模式。藏鸡产业：投资959.98万元的藏鸡原种保护基地一期工程补充项目和总投资9600万元的藏鸡原种保护基地二期建设项目开工建设，投资1960万元的藏鸡小循环产业链项目和投入135万元的藏鸡集装箱养殖模式积极推进，全年养殖藏鸡26200余只，尼木县藏鸡保种育种养殖基地内原种藏鸡存栏7000余只，“尼木藏鸡”和“尼木藏鸡蛋”地理标识保护产品，通过国家工商总局初审。

【招商引资】 年内，积极参加雪顿节招商推介会、“丝绸之路国际博览会”等活动，在北京成功开展尼木专题展销活动，引进中核集团等8家企业，先后与弘川公司签订吞巴仓储物流项目、与中核实业签订综合地热资源开发协议、与北控集团签订地热资源合作开发协议。签约项目9个，签约资金27.73亿元，实际到位资金6.3亿元。

【教育事业】 年内，共投入11905.85万元开展教育事业，其中教育事业费预算指标9371.05万元，本级投入2534.8万元，占2016年县级财政收入的22.68%。完成10个教育教学研究课题评审立项工作。新建县中心小学综合楼、县中学综合实验楼和尼荣村等7所幼儿园，其中4个项目已完工初验。同时县中心小学教工宿舍、续迈乡完小学生宿舍、麻江乡完小供暖项目开工建设；投入4.8万元为麻江、帕古两校安装了弥散式供氧设备。全年深入开展“四讲四爱”主题教育实践活动153场次、参与师生6.28万人次，深入开展“中国梦”、社会主义核心价值观、法治、民族团结、爱国主义、反对分裂维护稳定等主题宣传教育21场次、参与师生2万余人次。评选表彰优秀教育工作者、优秀教师、优秀后勤工作人员等教育系统先进典型72人，发放表彰资金26.1万元。选派教师参加各级各类培训624人次。引进中小学、幼儿园教师27人。选拔33名优秀教师开展校际交流。通过西藏自治区素质教育工作评估验收和拉萨市对“五个100%”教育目标任务的督导评估，完成西藏自治区2017年少数民族教育质量监测和拉萨市小学三、六年级教育质量监测。小学入学率99.93%，初中入学率99.91%，义务教育阶段巩固率91.22%。

【医疗卫生】 年内，实施卫生民生项目5个，积极开展“二级乙等”医院创建工作，成立医疗质量控制小组、疑难病例抢救小组，新开展外科截肢等手术。投入254.88万元开展包虫病综合防治工作，包虫病筛查率达100%，积极对包虫病确诊患者实施治疗。“新农合”参合率、综合覆盖率均达100%。补偿大病统筹基金1725人次1131.08万元，发放“一孩双女”困难家庭和“特别扶助”资金102.42万元。尼木县医院与北京市房山区良乡医院结对帮扶，签订2016—2020年结对帮扶协议。第一、二批组团式医疗援藏专家组在县医院共开展手术237例，培训医务人员48次500人次。全年累计开展巡诊活动20多次，送去免费药品约9.5万元，就诊人数1.5万人次。协调中国核工业北京四〇一医院开展“西藏尼木光明行”公益活动，筛查出白内障患者139人，84名患者实施手术。以“四个最严”为标准，着力于“四品一械”安全监管，建立健全8个乡（镇）“食品药品安全监管所”，配备乡（镇）食药协管员16名，累计开展食药安全监督执法171次，下达整改责令书26份，完成整改100%，无重大疫情和医疗、食品药品安全事故发生。积极推广第九套广播体操等全民健身活动，举办第八届“琼姆岗嘎杯”足球赛、干部职工篮球比赛、7人制足球比赛、中小学校园足球比赛。

【文化事业】 年内，完成投资130万元的县城数字影院建设项目、投资350万元的广电中心建设项目、投资194万元的广播电视高山台站建设项目。投资215.32万元的县级有线数字建设项目将逐步安装到户，投资200万元的电视台制播能力采购项目正在进行设备调试。投入1200万元的白面具藏戏传习所项目开工建设。投入360万元，成立广播电视台，完善基础设施，实现节目正常播出。发放传承人补助资金10.3万元。深入开展“五下乡”活动丰富群众文化生活，完成文艺演出52场，观众达1.5万余人次，放映电影1203场次，观众累计达到7.83万人次。

【社会保障】 年内，基本完成机关企事业“五险合一”工作，五大保险参保人数1994人，征缴基金7314.44万元，城乡居民基本养老保险参保15112人，征缴基金152.75万元。及时足额发放寿星老人健康补贴、残疾人生活补贴等，社会救助工作扎实推进，发放五保老人供养金69.2万元，农村五保供养标准提高到5910元。核定享受2017年租赁补贴政策家庭8户10人，房产交易信息系统初步建成。

【扶贫开发】 年内，共实施19个产业扶贫项目，1个项目完工，16个项目完成主体建设，2个项目完成前置手续。完成县城一期易地扶贫搬迁100户505人的搬迁入住工作，并为194名劳动力安排就业岗位。2017年计划实施易地搬迁400户1655人，三个搬迁点藏历年前全部建成并完成入住。落实2017年学前教育补助、中小学生“三包”及营养改善资金1771.13万元，建档立卡大学生2016—2017学年学费、生活费、住宿费122.52万元。按照不重复资助原则，对2014年、2015年已脱贫“边缘户”47名在校大学生兑现生活费20.5万元。2017年4名“两后生”参加学历提升、27名“两后生”参加驾驶、兽医、厨师培训，为其学历水平和创业、就业能力的提升奠定了基础。完善“一岗一档”资料，落实以补岗位3311个，兑现岗位补贴资金993.3万元，为2370人兑现2017年定向政策性补助资金186.99万元（789元/人/年）。率先实现“两线合一”，共兑现低保资金、“五保”资金、医疗救助资金1052.6万元。建立基本医疗“三重医疗保障”和2020年前政府医疗兜底体系，累计补偿大病统筹资金1725人次1131.08万元。实施“十项提升工程”项目26个（已完工9个、正在建设17个），落实到位资金9.21亿元，完成投资4.88亿元。整合2年以上涉农结余结转资金993万元投入扶贫产业项目。2017年援藏资金在扶贫领域投入21760万元，与2016年相比增长19860万元。组织麻江乡亚米组贫困群众参观城关区易地扶贫安置点及其附属设施，参观曲水县“三有”村，组织各乡（镇）贫困群众参观县城一期易地扶贫搬迁安置点，创造性地开展“支部讲政策、群众帮群众”活动，召开2017年度“勤劳致富先进典型”表彰会，对10个县级“勤劳致富先进典型”家庭进行表彰。1253户5244人达到脱贫标准，贫困发生率由2016年初的16.3%下降至0.55%。

【生态环境】 年内，尼木县本级投入专项经费850.24万元开展环保工作，严格落实环境保护责任，完成整改自治区环境保护督察组重点督察的环境问题3个方面10个问题，按时办结中央环保督察环境问题举报案件9件，制定整改方案2份，约谈3人。大力实施生态工程，投入867.4万元，实施重点区域造林2180亩、拉萨周边防护林工程4180亩、生态安全屏障防沙治沙项目6666.6亩，本级投入117.6万元种植榆树5000棵、万年青6万株，投资111.66万元完成政府大院附属绿化工程。1个生态乡、2个生态村成功创建为自治区级生态乡、村，《尼木县生态文明建设示范县2017—2020创建规划》通过自治区环保厅专家组评审。扎实开展环境整治巩固“禁白”成果，成立尼木县城市管理局，综合行使城市管理行政执法职能，开展环境综合整治活动11次，出动干部群众3万余人次，垃圾车、洒水车160余台次，累计清理垃圾500余吨，没收一次性塑料袋40余千克。不断加大环境监察执法力度，出动执法人员300余人次，车辆80余台次，检查企业（项目）、行业90余家次，依法下达限期整改通知书4份，全县未发生环境安全事件。加强生态文明宣传教育，认真开展以“绿水青山就是金山银山”“冰天雪地也是金山银山”为主题的环保宣传活动4次，发放环保知识读本4000余份、环保宣传单3500余份、环保法2000余份、大气污染防治法2000余份、水污染防治法2400余份、环保购物袋8000余个、环保围裙2300余条，悬挂宣传横幅30余条，更新大型广告宣传牌16面，受理环境保护咨询90余人次。全面落实河长制、水、土、气污染防治工作主体责任，2017年尼木县被评为节水型社会达标建设试点县，并荣获自治区最严格水资源管理制度考核唯一“良”等次单位。2017年，经4次环境质量采样监测，全县主要河流断面水质均达到或优于国家三类标准，地表水水质达标率100%，县城集中式饮用水源地水质均保持在国家二类限值范围以内，饮用水源地水质达标率100%，大气环境中总悬浮颗粒物、二氧化硫、二氧化氮、可吸入颗粒物等监测指标均达到国家一类标准，环境空气质量优良。将环保工作定为全县年度专项考核，制定奖惩制度，并设置一、二、三等奖，分别奖励30万元、20万元、10万元。

【社会综合治理】 年内，投入1483.01万元落实公、检、法、司经费保障，推进“平安尼木”建设。推进县乡村综治中心规范化建设，深化网格化管理和“双联户”治理模式，网格化和双联户工作覆盖率100%，基层群防群治人数达2500余人。县直机关干部、武警消防官兵、党员和群众共100余人充实到铁路护路队伍，实行24小时巡逻巡护和蹲点守护。扎实开展平安创建，评选市级平安乡（镇）8个、平安村32个、平安校园7所、平安寺庙11座、平安单位22家。评选县级平安乡（镇）8个、平安村32个、平安校园7所、平安寺庙22座、平安单位24家、平安企业1家、平安旅游景区1家、平安家庭90户。

【矛盾纠纷化解】 年内，县人民调解委员会共受理调解案件56起，同比减少6.7%，调解率100%，开展矛盾纠纷排查20次，排查矛盾纠纷71件，化解率100%。接待群众来信来访14批件28人次，较2016年下降3.4%，办结14批件，办结率100%；上级转交办7批件13人次，办结7批件，办结率100%。在党的十九大召开期间，全县未发生群体性上访和聚集闹访、进京上访事件。

【民族宗教】 年内，深入推进民族团结进步事业，深入开展藏汉双语互学互助，“民族团结一家亲”和民族团结联谊活动，各民族交往交流交融更加深入。共评选表彰16个民族团结模范集体和31名民族团结模范个人。荣获“全区双拥模范县”称号。

【安全生产】　年内，投入150万元，增设交通标识、标线、标牌和排查整治交通安全隐患，投入34.9万元，为每个村配备微型消防设备，对6个重点行业领域进行检查1772次，发现隐患1389处，整改1388处（1处因牵扯到停业，待2018年油气回收一并整改）。全县共发生各类生产安全事故62起，未发生较大以上生产安全事故，亡2人、伤12人，直接经济损失24.68万元，与2016年事故起数上升8.77%、死亡人数上升100%、受伤人数下降52%，直接经济损失下降81.68%。

【党建工作】　年内，强化“抓好党建就是最大的政绩”的观念，持续开展党员干部教育培训，大力实施“领导干部能力素质提升”“乡村党员干部文化素质提升”精准扶贫和藏汉双语培训三大工程，扎实开展“读书活动”“每月一课”，273名村干部、村后备干部和农牧民党员文化素质提升考试通过率100%。组织325名党员干部赴区内外培训学习、挂职锻炼，安排调训干部27名，举办农牧民创业培训、村后备干部培训等培训班15期，2000余名农牧民受益。依托在线学习平台，组织县级领导广泛学习党建党史、政策理论等7类课程，累计完成学时达1200个以上，实现党员教育培训全覆盖。强力推进村级活动场所建设，有15个村完成了初验。持续增强基层党组织功能，对照年初基层党建8个方面29项要点，逐一推进，逐项落实；将2个村党支部调整设置为党委、30个村调整设置为党总支，新设村组党支部126个，选举产生366名班子成员，分离联合机关支部2个，单独组建机关支部8个，集中整顿软弱涣散机关党组织6个。系统规范党内组织生活，规范“三会一课”、党员组织关系介绍信使用开具、党费收缴管理使用等党内基本制度6个，开展专项督查4次，收缴党费12.79万元。按照“控制总量、优化结构、提高质量、发挥作用”总要求，发展党员对象176名，接受预备党员170名，其中农牧民党员107名，占62.9%；女党员49名、占28.8%，吸收入党积极分子110名。严格落实党建工作责任制，年初召开基层党建工作部署会，县委与各党（工）委签订党建工作责任书26份；组织开展县乡党委书记抓基层党建工作述职评议考核，全县32名村党支部书记、28名第一书记向乡（镇）党委书记进行述职。巩固拓展“强党固基扶村”工作，选派154名优秀干部下沉到村，协助村“两委”培养入党积极分子86名，培养村后备干部184名，为群众办实事做好事1000余件，走访慰问1.028万人，组织群众劳务输出450名，人均增收2.3万余元，组织52名村干部和农牧民党员、联户代表到区内教育基地观摩学习。

【政府建设】　年内，坚持以建设群众满意的廉洁政府、法治政府、效能政府、服务政府为目标，不断提高施政水平和能力。严格落实党风廉政建设主体责任，加大简政放权和行政监察、审计监督力度，政府系统廉政建设扎实推进。严守党的政治纪律和政治规矩，依法主动接受县人大的法律监督和县政协的民主监督，办理人大建议55件、政协提案41件，办复率达100%。全面梳理和公开政务服务事项，规范公共服务行业，继续推进行政审批“三集中”。

【廉洁建设】　年内，召开述责述廉评议质询会议，抽取4家单位党委（党组）书记分别从执行党的政治纪律和政治规矩、履行领导责任、强化组织推动、协调解决问题、督办案件处理、加强教育监管、带头廉洁自律等7个方面进行述责述廉，并接受评议质询，同时签订《2017年党风廉政建设责任书》46份，进一步推动党风廉政建设“两个责任”的落实。严格执行中央“八项规定”，严肃查处发生在群众身边的“四风”和腐败问题，通报曝光乡（镇）、县直单位25家、点名通报个人37人，行政效能和政府执行力全面提升；开展执纪监督检查109次，在全县范围内点名通报曝光6个县直单位，查处违反公车使用管理规定2起；受理案件问题线索14件，初核了结6件，转立案4件，4件正在办理中，给予党纪处分3人，政纪处分1人，谈话提醒2人，诫勉谈话1人，对1人在全县范围内进行通报批评。对111名拟提拔任用干部作纪律审查和廉政鉴定，深入开展任前廉洁谈话，筑牢拒腐防变思想防线。为641人出具廉政鉴订，进一步提高群众对党和政府的信任度。

（孙　轲）

当雄县

【概况】 当雄县属纯牧业县，位于西藏自治区中部，藏南与藏北的交界地带，拉萨市北部，距拉萨市170公里。县域国土面积1.23万平方公里，平均海拔4300米。地理坐标为北纬29° 31′ —31° 04′ ，东经90° 45′ —91° 31′ 。北部与班戈县、那曲县接壤，南与林周县、堆龙德庆县交界，东部一隅与那曲嘉黎县相连，西南与尼木县毗邻，青藏公路（国道109线）由东向西横贯全境。东北至西南硕长，长185公里，西北至东南狭窄，宽约65公里，其中最窄处约34公里。下辖6个乡2个镇、28个村（居）委会，172个村民小组，全县总人口52351人。在职干部职工1800人，退休干部职工272人，全县共有党组织支部130个，党员4354人，其中牧民党员3328人。

【经济发展】 年内，实现地区生产总值17.97亿元，增长10.1%；公共财政预算收入完成2.99亿元，增长19%；全社会固定资产投资完成36.55亿元，增长23.8%；规模以上工业增加值完成4.3亿元，增长55.3%；社会消费品零售总额完成1.87亿元，增长12%；农牧民人均纯收入达到14333.00元，增长13.5%；城镇登记失业率控制在2.2%以内。共接待游客63万人次，下降16.1%；实现旅游收入6500万元，下降11.8%；旅游业带动相关产业实现收入2.8亿元，增长8.5%。全年招商引资合同引进项目27个，协议资金214亿元，实际到位资金18亿元，增长15%。

【廉洁建设】 年内，紧盯关键少数特别是“一把手”，严把政治关、廉洁关，逐级深化党委、纪委系统“双述”机制，坚持定期报告制度，严格责任落实检查考核，失责必问、问责必严，夯实管党治党基础，推动全面从严治党向基层延伸。夺取反腐败斗争压倒性胜利。强化党委对反腐败工作的统一领导，坚持无禁区、全覆盖、零容忍，坚持重遏制、强高压、长震慑，力度不减、节奏不变，夺取反腐败斗争压倒性胜利。对不收敛不收手，问题线索反映集中、群众反映强烈，现在重要岗位且可能还要提拔使用的进行重点审查，三种情况同时具备的作为重中之重。

【政务公开】 年内，扎实推进制度建设，不断完善政务服务体系，以群众的满意程度为检验工作的主要指标，以全面提高机关管理和服务水平为宗旨，以公正、便民和廉政、勤政为基本要求，以监督制约行政权力的行使为着力点，认真抓好政务公开，保障公众对政府工作的知情权、参与权与监督权，进一步促进机关工作的公开、公正、规范和高效运行，提高机关为民执政、科学理政、依法行政、从严执政的水平，增强机关政务工作的透明度，密切党群干群关系，推动全县经济社会健康快速发展。

【牧业发展】 年内，当雄县存栏各类牲畜505223头（只、匹），牦牛279303头、绵羊159979只、山羊61540只、马4401匹，出栏牲畜178358头（只）；幼畜出生107134头（只、匹），成活100878头（只、匹），成活率达到94.2%；成畜死亡3790头（只、匹）。肉产量10418.867吨，奶产量11026.64吨。2017年全县虫草共计采挖1303斤，成交价9121万元。年底人均可支配收入达到14333元，增长13.52%。

【工业】 年内，矿泉水和天然饮用水总产量7.36万吨，同比增长51.4%；总销量5.72万吨，增长55.4%；总产值2.35亿元，增长14.6%。加快推进羊八井—格达新能源产业园区建设，园区实现产值7873.18万元。

【净土产业】 年内，出台《当雄县净土牧场建设试点方案》，对牦牛入股、草场租赁、牧民参与等提出政策意见。开展净土牧场和家庭牧场建设，基本完成净土牧场郭庆场的建设任务，同步完成15个家庭牧场的建设任务。投资1600余万元收购牦牛2000头，按照现代化精细切割方式推出以牛排系列为主的15种新产品，全面推向市场。在成都、苏州、天津、上海设立一级代理商，并在成都设立当雄牦牛肉旗舰体验店，辐射带动全国市场。对净土公司控股的纳木错实业有限公司厂房及设备进行更新，投产运营。在京、津、冀和长三角地区寻找一级代理商，拓宽销售渠道。

【旅游产业】 年内，纳木错景区共接待国内外游客63万人次，实现旅游门票收入6500万元。继续在旅游卫视《神州揽胜》栏目

2017年11月13日，县委副书记、县长其美次仁参加“中国牛人大会”推广当雄有身份证牦牛肉

播出《高原明珠当雄》宣传片。电影《天缘·纳木错》已发行放映。成功举办第二届“相约纳木湖畔·寻觅虫草之旅”活动、纳木错环湖拉力赛及“当吉仁”赛马节，特别是2017年的“当吉仁”赛马节，中央电视台新闻联播进行两次报道，中央新闻频道进行三次专题报道，当雄旅游的对外影响力进一步提升。投资1.2亿元，完成“岭·格萨杰布温泉酒店”主体工程建设，全力打造“高原地热温泉之乡”。充分挖掘草原游牧文化，规范纳木错精品旅游线路服务设施功能，规划建设羊八井、宁中、纳木湖3个点的“行者·黑帐篷”系列游客服务点，打造独具特色的牧家乐旅游品牌。投资6900万元，完成当雄原创“天湖·四季牧歌”大型文化产业项目建设。投资130余万元，对旅游沿线铁皮摊位集中进行整改升级。开展旅游沿线违规私搭乱建清理专项行动，拆除违建厕所、商铺30余处。成立旅游联合执法队，每月开展执法检查2次，处理强买强卖、欺诈勒索等事件10余起。设立旅游服务执勤点5个，及时为游客提供服务，处理纠纷。

【城乡建设】　年内，完成396套周转房、415户棚户区改造建设任务。加快推进羊八井镇和纳木湖乡特色小城镇示范点建设，羊八井镇成功入围第二批全国特色小镇。

【教育事业】　年内，投资6615万元为各学校添置设施设备和实施学校“四化”工程，全县普惠性学前教育资源覆盖率达到100%，义务教育阶段学校达到自治区二类学校标准，全县义务教育均衡发展工作顺利通过自治区和国家验收。出台《当雄县关于进一步加强师资队伍建设的实施意见》，投入1000万元，探索稳步推进教师队伍发展的长效机制，有效破解当雄艰苦边远乡（镇）教学人才流失严重的问题。

【医疗卫生】　年内，医疗卫生条件不断改善，投入140余万元开展包虫病综合防治工作，筛查48407人，筛查率99.14%。县医院医技中心、龙仁乡、羊八井镇及纳木湖乡卫生院正式投入使用，县人民医院成功通过二级乙等综合医院评审。

【文化事业】　年内，文化广电事业蓬勃发展，成功将邦典达索编织技艺、羊八井传统牲畜疗法、羊八井寺羌姆申报区、市级非物质文化遗产代表性项目名录。完成县级数字影院建设，当雄县有线数字电视正式开通。

【社保保障】　年内，社会保障水平大幅提升，以基本养老保险等五大险种为核心，覆盖城乡的社会保障体系全面建立。高度重视“双拥”优抚安置工作，被自治区双拥办评为双拥模范县。进一步规范落实城乡五保、低保和大病医疗救助政策，共救助低保户1423户、4978人，兑现低保资金1314.74万元。落实“两线合一”资金878.32万元。设立重大变故救助基金350万元，城乡医疗救助398人次，救助资金251.72万元。代表拉萨市参加全区民政救助评估，高分通过自治区民政厅第三方评估组的全面评估，民政社会救助工作被评为全区优秀单位。

【民族团结】　年内，全面落实“六建”、“六个一”和“9+5”等利寺惠僧政策，提高寺庙公共服务水平。全县在编僧尼全部享受养老保险、医疗保险、最低生活保障和免费健康体检。表彰县级和谐模范寺庙4座，表彰爱国守法先进僧尼291人次，表彰民族团结进步模范集体、个人和家庭共22个。

【基础设施】　年内，共开复工项目138个，完成投资36.6亿元。康玛药泉度假村建设项目（一期）和羊八井镇精准扶贫易地搬迁工程（一期）2个拉萨市重点建设项目进展顺利。重启西藏羊八井国家地质公园项目建设，有序推进阿热湿地国家级湿地公园申报和风景名胜区建设工作，开工建设格达乡防洪工程、羊八井特色小城镇建设项目、宁中乡麦灵村公路、县中学地热供暖试点、标准化村级活动场所，4个乡（镇）免疫室等一批民生项目顺利完工。完成396套周转房、415户棚户区改造建设任务。加快推进羊八井镇和纳木湖乡特色小城镇示范点建设，羊八井镇成功入围第二批全国特色小镇。完成“十三五”规划中期项目调整，共调整项目97项，涉及资金42.77亿元。加快推进羊八井—格达新能源产业园区建设，集聚效应不断显现。

【招商引资】　年内，完成县属国有企业的改革重组，加快制定《国有企业负责人经营业绩考核办法》《国有企业重大权限若干规定》和《国有企业负责人薪酬管理办法》等7项办法规定，推进当雄国有企业改革发展。调整《当雄县土地利用总体规划（2006—2020年）》，推进《当雄县县城控制性详细规划》的编制工作。完成县城主城区和8个乡（镇）的土地定级和基准地价评估工作，并通过拉萨市人民政府的评审。共落实招商引资项目27个，实际到位资金18亿元，同比增长15%。积极参加2017年拉萨市“走出去”和“请进来”的招商引资活动，组织开展招商活动10余次，特色产品展销10余次。积极参与北京农业嘉年华、北京国际餐饮食材展、重庆餐博会、广州中博会等项目推介会及特色产品展销会。以2017年拉萨市雪顿节招商引资项目推介会及集中签约活动、“当吉仁”赛马节招商等活动为契机，共签约重点项目5个，总投资12亿元。

2017年3月28日，当雄县庆祝西藏百万农奴解放纪念日文艺演出

【精准扶贫】　年内，依托“净土产业、文化旅游和新能源”三大资源优势，申报确定产业扶贫项目18个，总投资约8.87亿元。实施“十项提升工程”建设项目36个，总投资约5.03亿元。扶持12家专合组织实施“短、平、快”项目。通过“一卡通”为144名建档立卡贫困大学生发放资助金146.74万元。完成县域精准扶贫易地搬迁5个安置点建设项目，搬迁92户456人；加快推进经开区、堆龙德庆区安置点的搬迁工作。全县1850户8213人建档立卡贫困群众人均纯收入越过拉萨市2017年脱贫标准线，脱贫工作已完成县级自验、市级脱贫摘帽考核验收和自治区第三方评估及交叉考核验收。

【生态环保】　年内，全面启动“国家生态文明建设示范县”创建工作，力争到2020年争创全市第一个“国家生态文明建设示范县”。本级财政投入1241.25万元，用于环境保护整治管理、基础设施建设、执法监测等工作的开展。制定完善环保相关工作制度和机制，迎接中央环保督察第六组对当雄的督察工作，全面整改落实中央环保督察组的反馈意见。印发《当雄县环境保护考核办法（试行）》和《当雄县环境违法行为有奖举报暂行办法》。认真落实“河长制”，完成纳木湖、唐滨湖，以及县域范围内2个骨干河流、15个支流共19个河（湖）长制的设立工作。对34家采砂点开展专项整治工作，关停24家无证采砂点，整合重组10家。深入开展“禁白”专项整治3次，进行环保宣传10余次。

（央金卓嘎）

2017年拉萨市受地厅级以上表彰的先进集体

表1

获奖单位	获奖名称	表彰时间	授予单位
拉萨市	全国文明城市	2017年	中央文明办
拉萨市文明办	全国2017年度未成年人“童心向党”歌咏活动优秀组织奖	2017年	中央文明办
拉萨市文明办	全国未成年人网络春晚优秀组织奖	2017年	中国未成年人网络春晚组委会
拉萨市文明办	全国社区网络春晚特别贡献奖	2017年	社区志愿服务联络总站
拉萨市检察院控申处	文明接待室	2017年	最高人民检察院
拉萨市检察院刑检局	全国检察机关优秀案例	2017年	最高人民检察院
尼木县信访局	2016年度信访工作“三无”县（市区）	2017年	国家信访局
拉萨市人力资源和社会保障局（公务员局）	全国人力资源和社会保障系统先进集体	2017年	国家人社部
国家开发银行西藏分行	国家开发银行2017年度优秀分行	2017年	国家开发银行总行
建行西藏区分行冲吉路支行	全国金融五一巾帼标兵岗	2017年	全国金融总工会
建行西藏区分行林北支行	中国建设银行五星级营业网点	2017年	中国建设银行
建行西藏区分行日喀则分行营业部	中国建设银行四星级营业网点	2017年	中国建设银行
中国邮政储蓄银行西藏区分行	2017年中国技能大赛西藏农牧区支付结算综合金融服务大赛二等奖	2017年	中国邮政储蓄银行
曲水县林业绿化局	全国防沙治沙先进集体	2017年	人力资源社会保障部、全国绿化委员会、国家林业局
曲水县达嘎乡卫生院	全国优秀家庭医生团队	2017年	国家卫生和计划生育委员会

续表1

获奖单位	获奖名称	表彰时间	授予单位
曲水县教育（体育）局	中华人民共和国第十三届运动会2013—2016年度群众体育先进单位	2017年	国家体育总局
拉萨市体育局	全国群众体育先进单位	2017年	国家体育总局
拉萨市体育局	全国体育系统先进集体	2017年	国家体育总局
拉萨市体育局	全国体育事业突出贡献奖	2017年	国家体育总局
曲水县教育（体育）局	全国校园足球特色县	2017年	全国校园足球工作领导小组
曲水县文广局	全国“扫黄打非”工作进基层示范点	2017年	全国“扫黄打非”办
拉萨市民服务中心	巾帼文明岗	2017年	全国妇联协会
西藏自治区拉萨市少工委	全国未成年人思想道德建设工作先进单位	2017年	中央精神文明建设指导委员会
拉萨市市民服务中心	全国民族团结进步创建活动示范单位	2017年	国家民族事务委员会
拉萨市工商局	2017年中国国际商标品牌节贡献奖	2017年	中华商标协会
拉萨市统计局	2017年全国统计系统先进集体	2017年	国家人社部、国家统计局
拉萨市民宗局	2017年西藏自治区民族团结进步模范集体	2017年	自治区党委、自治区政府
SOS儿童村	2017年西藏自治区民族团结进步模范集体	2017年	自治区党委、自治区政府
曲水县江村	西藏自治区先进村（居）	2017年	自治区党委、自治区政府
拉萨市人大办公厅	创先争优强基础惠民生活动自治区级优秀组织单位	2017年	自治区党委、自治区政府
拉萨市人力资源和社会保障局（公务员局）	创先争优强基础惠民生活动自治区级优秀组织单位	2017年	自治区党委、自治区政府
拉萨市纪委	创先争优强基础惠民生活动自治区级优秀组织单位	2017年	自治区党委、自治区政府
尼木县续迈乡人民政府	创先争优强基础惠民生活动自治区级优秀组织单位	2017年	自治区党委、自治区政府
尼木县续迈乡霍德村驻村工作队	创先争优强基础惠民生活动自治区级优秀组织单位	2017年	自治区党委、自治区政府
拉萨市农牧局	创先争优强基础惠民生活动自治区级优秀组织单位	2017年	自治区党委、自治区政府
拉萨市委党校	优秀驻村工作队	2017年	自治区党委、自治区政府
拉萨市委统战部	全区非公经济发展先进单位	2017年	自治区党委、自治区政府
拉萨市扶贫（农发）办	自治区创先争优强基础惠民生活动先进驻村（居）工作队	2016年	自治区党委、自治区政府
尼木县民政局	西藏自治区“双拥”模范县	2017年	自治区党委、自治区政府、西藏军区

续表1

获奖单位	获奖名称	表彰时间	授予单位
拉萨市民政局	西藏自治区“双拥”模范城	2017年	自治区党委、自治区政府、西藏军区
曲水县民政局	西藏自治区“双拥”模范县	2017年	自治区党委、自治区政府、西藏军区
曲水县纪委	西藏自治区强基础惠民生活动优秀组织奖	2017年	自治区党委
国家开发银行西藏分行	西藏自治区强基础惠民生活动优秀组织奖	2017年	自治区党委
共青团拉萨市委员会	自治区创先争优强基础惠民生活动先进工作队	2017年	自治区党委
拉萨市工商局	自治区创先争优强基础惠民生活动先进工作队	2017年	自治区政府
林周县连布村工作队	自治区创先争优强基础惠民生活动先进工作队	2017年	自治区政府
拉萨市农牧局	全区农牧民合作社先进地（市）	2017年	自治区政府
拉萨市纪委案件审理室	全区纪检监察系统先进集体	2017年	自治区纪委
拉萨市委统战部	2017年度全区统战理论政策研究创新成果优秀组织奖	2018年	自治区党委统战部
拉萨市文联	“送文艺下基层”活动被评为最佳志愿服务项目	2017年	自治区精神文明建设指导委员会
拉萨市农牧局	落实强农惠农富农政策（农机购置补贴政策）延伸绩效管理工作先进单位	2017年	自治区农牧厅
拉萨市农牧局	农产品质量安全延伸绩效管理工作先进单位	2017年	自治区农牧厅
拉萨市农牧局	推进农牧业基本建设项目工作先进单位	2017年	自治区农牧厅
国家开发银行西藏分行	西藏金融五一劳动奖章	2017年	西藏金融工会
曲水县茶巴拉村委会	2016年度全区五四红旗团支部	2017年	共青团西藏自治区委员会
拉萨第二中等职业技术学校	2016年度西藏自治区民族团结学校	2017年	自治区教育厅、自治区民族宗教事务委员会
拉萨市教育局	2017年全区初中教师竞赛决赛优秀组织奖	2017年	自治区教育厅
拉萨市教育局	2016—2017年度全区小学教育教学论文大赛优秀组织奖	2017年	自治区教育厅
拉萨市教育局	2016年校园周边治安综合治理先进集体	2017年	自治区教育工作委员会、自治区教育厅
拉萨市教育局	2011—2015年全区实施妇女儿童发展规划先进集体	2017年	自治区妇女儿童工作委员会
拉萨市卫计委	2011—2015年全区实施妇女儿童发展规划先进集体	2017年	自治区妇女儿童工作委员会
拉萨市人力资源和社会保障局（公务员局）	2011—2015年全区实施妇女儿童发展规划先进集体	2017年	自治区妇女儿童工作委员会

续表1

获奖单位	获奖名称	表彰时间	授予单位
拉萨市疾控中心（卫生监督所）	2017年西藏自治区卫生应急技能竞赛自治区决赛团体二等奖	2017年	自治区卫计委、自治区总工会
曲水县雅松民间艺术团	“感党恩、爱核心”喜迎党的十九大全区民间文艺会演优秀作品奖	2017年	自治区党委宣传部、自治区区文化厅、自治区区新闻出版广电局
拉萨市文明办	自治区“最美志愿者、最佳志愿服务项目、最佳志愿服务组织、最美志愿服务社区”活动优秀组织奖	2017年	自治区党委宣传部
拉萨市外宣局	对外宣传优秀单位	2017年	自治区党委宣传部
拉萨市网信办	2017年度全区网络舆情工作先进单位	2017年	自治区党委网信办
尼木县民政局	拉萨市社会组织“喜迎党的十九大”文艺会演第二名	2017年	自治区社会组织工作委员会
达孜区总工会	全区工会帮扶中心规范化建设达标单位	2017年	自治区总工会
曲水县聂当乡	全区乡镇（街道）工会规范化建设“八有”达标单位	2017年	自治区总工会
拉萨市司法局	全区法治宣传教育先进集体	2017年	自治区党委宣传部、自治区司法厅、自治区普法办
达孜区司法局	全区2011—2015年法治宣传教育先进集体	2017年	自治区党委宣传部、自治区司法厅、自治区普法办
拉萨市环境保护局	2017年度全区网络举报工作贡献奖	2017年	自治区网络安全和信息化领导办、自治区网信办、自治区互联网工作委员会办公室
拉萨市旅发委	2016年度全区旅游标准化工作先进单位	2017年	自治区旅发委
拉萨市交通运输局	2017年度全区交通运输系统实践“两路精神”先进集体	2017年	自治区交通运输厅
达孜区国土资源规划局	2016年度全区国土资源管理先进集体	2017年	自治区国土资源厅
达孜区科技局	西藏自治区基层科普行动计划先进单位	2017年	自治区科协、自治区财政厅
达孜区公安局	全区优秀公安局	2017年	自治区公安厅
尼木县公安局	全区优秀公安基层单位	2017年	自治区公安厅
曲水县公安局曲水镇派出所	全区优秀公安基层单位	2017年	自治区公安厅
尼木县公安局	全区公安国内安全保卫战略支撑点	2017年	自治区公安厅
尼木县检察院	2016年度全区检察机关先进集体	2017年	自治区检察院
武警森林大队	基层建设先进大队	2017年	武警西藏森林总队

续表1

获奖单位	获奖名称	表彰时间	授予单位
武警森林大队	基层建设先进中队	2017年	武警西藏森林总队
武警曲水中队	先进基层单位	2017年	武警西藏总队
中国农业银行曲水县支行	“七一”诗词朗诵比赛第二名	2017年	中共中国农业银行西藏自治区分行营业部委员会
中国铁塔股份有限公司拉萨分公司	2017年度先进集体	2018年	中国铁塔股份有限公司西藏自治区分公司
中国铁塔股份有限公司拉萨分公司	2016年度应急通信保障工作先进集体	2017年	自治区通信管理局
尼木乡曲林村驻村工作队	全区驻村先进集体	2017年	自治区强基办
拉萨市工商局	全区工商系统2016年度目标管理考核二等奖	2017年	自治区工商局
拉萨市城西工商分局党支部	先进基层党支部	2017年	自治区工商局
拉萨市食品药品监督管理局	自治区食品安全法律知识竞赛三等奖	2017年	自治区食品安全委员会
尼木县疾控中心	拉萨市尼木县疾控中心2015—2016年度免疫规划县级先进集体	2017年	自治区疾病预防控制中心
拉萨市文联	第四届“东方少年中国梦”新创意中小学生作文大赛优秀组织奖	2017年	北京市文联、北京市作家协会
拉萨市文明办	拉萨市2016年度深化国家文明城市创建先进单位	2017年	市委、市政府
拉萨市人力资源和社会保障局（公务员局）	拉萨市2016年度深化国家文明城市创建先进单位	2017年	市委、市政府
拉萨市城管委	拉萨市2016年度深化国家文明城市创建先进单位	2017年	市委、市政府
拉萨市委组织部	拉萨市2016年度深化全国文明城市创建先进单位	2017年	市委、市政府
曲水县公安局交警大队	拉萨市2016年度深化全国文明城市创建先进单位	2017年	市委、市政府
拉萨市人大办公厅	拉萨市2016年度深化全国文明城市创建先进单位	2017年	市委、市政府
拉萨市民服务中心	拉萨市2016年度深化全国文明城市创建先进单位	2017年	市委、市政府
共青团拉萨市委员会	拉萨市2016年度深化全国文明城市创建先进单位	2017年	市委、市政府
拉萨市志愿者服务中心	拉萨市2016年度深化全国文明城市创建先进单位	2017年	市委、市政府
拉萨市教育局	拉萨市2016年度深化全国文明城市创建先进单位	2017年	市委、市政府
拉萨市大办公厅后勤服务中心	拉萨市创建全国民族团结进步示范市活动先进集体	2017年	市委、市政府
曲水县色麦村	拉萨市创建全国民族团结进步示范市活动先进集体	2017年	市委、市政府
拉萨市网信办	拉萨市创建全国民族团结进步示范市活动先进集体	2017年	市委、市政府

续表1

获奖单位	获奖名称	表彰时间	授予单位
拉萨市交通产业集团有限公司	拉萨市创建全国民族团结进步示范市活动先进集体	2017年	市委、市政府
拉萨市民政局	拉萨市创建全国民族团结进步示范市活动先进集体	2017年	市委、市政府
拉萨市委党校	拉萨市创建全国民族团结进步示范市活动先进集体	2017年	市委、市政府
拉萨市安监局	拉萨市2017年度民族团结进步模范集体	2017年	市委、市政府
拉萨市委统战部	拉萨市2017年度民族团结进步模范集体	2017年	市委、市政府
曲水县柏林村	拉萨市2017年度民族团结进步模范集体	2017年	市委、市政府
尼木乡党委、政府	拉萨市2017年度民族团结进步模范集体	2017年	市委、市政府
尼木乡东嘎村	拉萨市2017年度民族团结进步模范集体	2017年	市委、市政府
尼木县续迈乡政府	拉萨市2017年度民族团结进步先进集体	2017年	市委、市政府
尼木县续迈乡续迈村	拉萨市2017年度民族团结进步模范集体	2017年	市委、市政府
达孜区唐嘎乡罗寺管理委员会	拉萨市2017年度民族团结进步模范集体	2017年	市委、市政府
曲水县政府办	拉萨市2017年度民族团结进步模范集体	2017年	市委、市政府
SOS儿童村	拉萨市2017年度民族团结进步模范集体	2017年	市委、市政府
拉萨市人力资源和社会保障局（公务员局）	拉萨市2017年度民族团结进步模范集体	2017年	市委、市政府
曲水县曲水镇	拉萨市民族团结进步创建活动示范单位	2017年	市委、市政府
中共拉萨市直属机关工作委员会	拉萨市民族团结进步创建活动示范单位	2017年	市委、市政府
拉萨市民政局	拉萨市民族团结进步创建活动示范单位	2017年	市委、市政府
拉萨市交通产业集团有限公司	拉萨市民族团结进步创建活动示范单位	2017年	市委、市政府
拉萨市民服务中心	拉萨市民族团结进步创建活动示范单位	2017年	市委、市政府
拉萨市司法局	拉萨市民族团结进步创建活动示范单位	2017年	市委、市政府
拉萨市委组织部	拉萨市民族团结进步创建活动示范单位	2017年	市委、市政府
拉萨市藏语委办（编译局）	2017年度拉萨市民族团结进步先进集体	2017年	市委、市政府
拉萨市交通运输局	2017年度拉萨市民族团结进步先进集体	2017年	市委、市政府
拉萨市卫计委	2017年度目标绩效争先进位考核一等奖	2018年	市委、市政府

续表1

获奖单位	获奖名称	表彰时间	授予单位
拉萨市人力资源和社会保障局（公务员局）	2017年度目标绩效争先进位考核三等奖	2018年	市委、市政府
拉萨市市民服务中心	2017度拉萨市目标绩效争先进位考核市直单位经济社会发展类进位奖	2018年	市委、市政府
拉萨师范高等专科学校	拉萨市目标绩效争先进位考核市直单位经济社会发展类进位奖	2017年	市委、市政府
拉萨市审计局	2017度拉萨市目标绩效争先进位考核市直单位经济社会发展类进位奖	2017年	市委、市政府
尼木县政府	2017年度拉萨市目标绩效考核争先进位县（区）进位一等奖	2018年	市委、市政府
共青团拉萨市委员会	2016年度拉萨市目标绩效争先进位考核市直单位党群类争先二等奖	2017年	市委、市政府
拉萨市委统战部	2017年度拉萨市目标绩效争先进位考核市直单位党群类争先二等奖	2018年	市委、市政府
拉萨市人大办公厅	2016年度拉萨市目标绩效争先进位考核市直单位党群类争先三等奖	2017年	市委、市政府
拉萨市政协办公厅	2016年度目标绩效争先进位考核市直单位党群类争先三等奖	2017年	市委、市政府
拉萨市民政局	2016年度目标绩效争先进位考核市直单位经济社会发展类争先三等奖	2017年	市委、市政府
拉萨市民政局	2017年度目标绩效争先进位考核市直单位经济社会发展类争先三等奖	2018年	市委、市政府
拉萨市教育局	拉萨市目标绩效争先进位考核市直单位经济社会发展类三等奖	2017年	市委、市政府
达孜区雪乡雪寺专职管理特派员	2017年上半年先进专职管理特派员	2017年	市委、市政府
达孜区雪乡雪寺	2017年度上半年和谐模范寺庙	2017年	市委、市政府
达孜区唐嘎乡帕木寺	2017年度下半年和谐模范寺庙	2017年	市委、市政府
尼木县曲德寺	2017年和谐模范寺庙	2017年	市委、市政府
尼木县续迈乡热杰寺	2017年上半年和谐模范寺庙	2017年	市委、市政府
达孜区唐嘎乡帕尔寺	2017年度下半年和谐模范寺庙	2017年	市委、市政府
达孜区唐嘎乡帕尔寺管理委员会	2017年下半年先进寺庙管理委员会	2017年	市委、市政府
尼木县曲德寺专职特派机构	2017上半年先进寺庙管委会（专职特派机构）	2017年	市委、市政府
尼木县续迈乡热杰寺	2017年上半年先进寺庙管委会（专职特派机构）	2017年	市委、市政府
曲水县委政法委	2017年度“先进双联户”创建活动先进县	2017年	市委、市政府
曲水县江村	2017年度“先进双联户”创建活动先进村	2017年	市委、市政府

续表1

获奖单位	获奖名称	表彰时间	授予单位
曲水县人民法院	拉萨市先进集体驻村工作队	2017年	市委、市政府
拉萨市体育局	拉萨市先进集体驻村工作队	2017年	市委、市政府
拉萨市农牧局	强基础惠民生先进工作队	2017年	市委、市政府
曲水县农牧局	拉萨市2015—2017年科技工作先进集体	2017年	市委、市政府
拉萨市人力资源和社会保障局（公务员局）	拉萨市2015—2017年科技工作先进集体	2017年	市委、市政府
拉萨市质监局	2017年度社会治安综合治理工作先进集体	2017年	市委、市政府
拉萨市人力资源和社会保障局（公务员局）	2017年度社会治安综合治理工作先进集体	2017年	市委、市政府
拉萨市委组织部	2017年度社会治安综合治理工作先进集体	2017年	市委、市政府
拉萨市人大办公厅	2017年度社会治安综合治理工作先进集体	2017年	市委、市政府
拉萨市城管委	2017年度社会治安综合治理工作先进集体	2017年	市委、市政府
共青团拉萨市委员会	2017年度社会治安综合治理工作先进集体	2017年	市委、市政府
拉萨市水利局	2017年度社会治安综合治理工作先进集体	2017年	市委、市政府
拉萨市扶贫（农发）办	2017年度社会治安综合治理工作先进集体	2017年	市委、市政府
拉萨市司法局	2017年度涉法涉诉信访工作先进集体	2017年	市委、市政府
拉萨市人力资源和社会保障局（公务员局）	2017年度信访工作先进集体	2017年	市委、市政府
拉萨市环境保护局	2017年度信访工作目标考核先进集体	2017年	市委、市政府
拉萨市审计局	2017年度创先争优强基础惠民生活动先进单位	2017年	市委、市政府
拉萨市城投公司	2017年度创先争优强基础惠民生活动先进单位	2017年	市委、市政府
拉萨市司法局驻章多村工作队	强基惠民活动第六批地市级先进驻村工作队	2017年	市委、市政府
拉萨市民服务中心	拉萨市创先争优强基惠民活动先进驻村工作队	2017年	市委、市政府
拉萨市民政局	拉萨市创先争优强基惠民活动先进驻村工作队	2017年	市委、市政府
拉萨市委党校	拉萨市创先争优强基惠民活动优秀组织单位	2017年	市委、市政府
拉萨市交通运输局	2017年度“喜迎党的十九大”知识竞赛活动组织奖	2017年	市委、市政府
尼木县塔荣镇政府	2016年度脱贫攻坚成效先进乡（镇）	2017年	市委、市政府

续表1

获奖单位	获奖名称	表彰时间	授予单位
尼木县塔荣镇林岗村	2016年度脱贫攻坚成效先进村（居）	2017年	市委、市政府
尼木乡聂玉村	拉萨市脱贫攻坚先进集体	2017年	市委、市政府
尼木县续迈乡续迈村	2016年度脱贫攻坚成效先进村	2017年	市委、市政府
中共塔荣镇委员会	模范公务员集体	2017年	市委、市政府
尼木县委宣传部	拉萨市“四讲四爱”主题教育实践活动优秀宣讲团	2017年	市委、市政府
尼木县委宣传部	拉萨市2016年度深化全国文明城市创建先进单位	2017年	市委、市政府
尼木县委政法委（综治办）	2017年度“先进双联户”创建活动先进县	2017年	市委、市政府
尼木县委政法委	2017年度社会治安综合治理工作三等奖	2018年	市委、市政府
尼木县综治办（护路办）	2017年度铁路护路联防第二名	2018年	市委、市政府
拉萨市人力资源和社会保障局（公务员局）	非公经济发展先进单位	2017年	市委、市政府
拉萨市质监局	2016年度全市环境保护工作先进集体	2017年	市委、市政府
拉萨市工商局	2016年度全市信息工作先进集体	2017年	市委、市政府
拉萨市扶贫（农发）办	2017年度全市信息工作先进集体	2018年	市委、市政府
拉萨市工商联	拉萨市净土健康产业先进单位	2017年	市委、市政府
拉萨市扶贫（农发）办	拉萨市2017年度社会治安综合治理先进集体	2017年	市委、市政府
曲水县人社局	2016年度目标考核一等奖	2017年	市政府
尼木县帕古乡人民政府	拉萨市2016年度优秀基层劳动就业社会保障公共服务平台	2017年	市政府
尼木县续迈乡政府	拉萨基层劳动就业社会保障公共服务平台	2017年	市政府
尼木县续迈乡政府	2016年度政务服务中心先进集体	2017年	市政府
拉萨市环境保护局	2017年度全市安全生产工作先进集体	2017年	市政府
尼木县安监局	2016年度全市安全生产先进单位	2017年	市政府
拉萨市安监局	2016年度全市安全生产先进单位	2017年	市政府
拉萨市教育局	2016年度全市安全生产先进单位	2017年	市政府
拉萨市质监局	2016年度全市安全生产先进单位	2017年	市政府

续表1

获奖单位	获奖名称	表彰时间	授予单位
尼木县安监局	2016年度全市安全生产先进单位	2017年	市政府
拉萨市交通产业集团有限公司	2017年度全市安全生产先进单位	2018年	市政府
曲水县政府办	2017年度全市安全生产先进单位	2018年	市政府
曲水县人力资源和社会保障局	拉萨市2016年度优秀基层劳动就业社会保障公共服务平台	2017年	市政府
曲水县人力资源和社会保障局	拉萨市2016年度基层劳动就业社会保障公共服务平台建设工作先进集体	2017年	市政府
拉萨市质监局	2017年度全市科技工作先进集体	2017年	市政府
曲水县安监局	2017年度拉萨市安全生产先进单位	2018年	市政府
曲水县农牧局	拉萨市2016年度深化农村改革先进县	2017年	市政府
曲水县教育（体育）局	拉萨市2016年度小学教育教学质量二等奖	2017年	市政府
曲水县聂当乡	拉萨市2016年度优秀基层劳动就业社会保障公共服务平台	2017年	市政府
拉萨市城管委	2016年度全市环境保护先进集体	2017年	市政府
拉萨市扶贫（农发）办	2017年度全市环境保护先进集体	2018年	市政府
拉萨市城管委	2016年全市藏语文工作先进集体	2017年	市政府
拉萨市委统战部	2016年全市藏语文工作先进集体	2017年	市政府
拉萨市人大办公厅	2016年全市藏语文工作先进集体	2017年	市政府
尼木县藏语委办	2016年全市藏语文工作先进集体	2017年	市政府
尼木县续迈乡政府	2016年全市藏语文工作先进集体	2017年	市政府
拉萨市藏语委办（编译局）	2017年实施妇女儿童发展规划工作先进集体	2017年	市政府
拉萨市司法局	2017年实施妇女儿童发展规划工作先进集体	2017年	市政府
尼木县妇儿工委办	2017年实施妇女儿童发展规划工作先进集体	2017年	市政府
拉萨市安监局	全市综治工作先进单位	2017年	市政府
拉萨市安监局	全市消防工作先进单位	2017年	市政府
尼木县民政局	2016年度拉萨市县（区）民政工作争先三等奖	2017年	市政府
尼木县招商引资与企业服务局	2016年全市招商引资工作目标考核三等奖	2017年	市政府

续表1

获奖单位	获奖名称	表彰时间	授予单位
曲水县雅松民间艺术团	深入开展四讲四爱主题教育实践活动喜迎党的十九大第三届拉萨市民间艺术团文艺会演歌曲类二等奖	2017年	市政府
拉萨市教育局	拉萨市第四届“体彩杯”职工足球联赛优秀组织奖	2017年	市政府
拉萨市委组织部	第四届拉萨篮球联赛优秀组织奖	2017年	市政府
曲水县教育（体育）局	第四届拉萨篮球联赛体育道德风尚奖	2017年	市政府
拉萨市人力资源和社会保障局（公务员局）	第四届拉萨篮球联赛第三名	2017年	市政府
拉萨市扶贫（农发）办	拉萨市2017年度环境保护先进集体	2018年	市政府
拉萨市文联	全市藏语文工作先进集体	2017年	市政府

说明：由于各单位资料提供不全，可能有遗漏

2017年拉萨市受地厅级以上表彰的先进个人

表2

姓名	性别	民族	工作单位	获奖名称	表彰时间	授予单位
苏新勇	男	藏	拉萨市纪委	中央纪委先进工作者嘉奖	2017年	中共中央纪律检查委员会
永　革	男	藏	拉萨市道路运输管理局	2017年度全国交通运输行政执法评议先进个人	2017年	交通运输部
伦珠旦塔	男	藏	尼木县公安局	全国公安系统“迎接十九大忠诚保平安”主题书画作品展优秀奖	2017年	公安部
普布次仁	男	藏	拉萨市卫计委	全国卫生系统先进工作者	2017年	国家卫计委
梁　才	男	汉	拉萨市文明办	全国未成年人思想道德建设工作先进工作者	2017年	中央文明办
尼玛旦增	男	藏	拉萨市妇保院	基层预防艾滋病、梅毒、乙肝母婴传播工作优秀工作者	2017年	中国性病艾滋病防治协会
次仁昌布拉	女	藏	曲水县人民法院	全国优秀典型案例奖	2017年	最高人民法院
旦增根堆	男	藏	茶巴拉乡人民政府	扶贫先进个人	2017年	中国扶贫开发协会
王　宁	男	汉	拉萨市体育局	全国群众体育先进个人	2017年	国家体育总局
罗　珠	男	藏	拉萨市文广局	“文化寻根争做传人”第五届中华小导游展播及评选活动优秀指导老师	2017年	中国未成年人网
刘建明	男	汉	尼木县中学	全国“中教杯”优秀指导老师奖	2017年	全国中教杯教育改革发展研究大赛组委会
尼玛次仁	男	藏	尼木县中学	全国“中教杯”优秀指导老师奖	2017年	全国中教杯教育改革发展研究大赛组委会
普布次仁	男	藏	拉萨市第二中等职业技术学校	第五届黄炎培职业教育杰出教师奖	2017年	中华职业教育社
简秋静	女	汉	拉萨市第二中等职业技术学校	首届全国职业院校师生礼仪大赛教师组个人单项（礼仪故事演讲）一等奖、总分项目一等奖	2017年	中国职业教育学会人文素质教育专委会
次　央	女	藏	拉萨市第二中等职业技术学校	第十三届全国中等职业学校“文明风采”竞赛优秀指导教师奖	2017年	全国中等职业学校“文明风采”竞赛组委会
卓　嘎	女	藏	拉萨市第二中等职业技术学校	第十三届全国中等职业学校“文明风采”竞赛优秀指导教师奖	2017年	全国中等职业学校“文明风采”竞赛组委会
张泽岳	男	汉	拉萨市第二中等职业技术学校	第十三届全国中等职业学校“文明风采”竞赛优秀指导教师奖	2017年	张全国中等职业学校“文明风采”竞赛组委会
彭荔莉	女	汉	建行西藏区分行城西支行	全国金融青年服务明星	2017年	中央金融团工委

续表2

姓名	性别	民族	工作单位	获奖名称	表彰时间	授予单位
罗　丹	男	藏	建行西藏区分行林北支行	全国金融五一劳动奖章	2017年	全国金融总工会
彭巧梅	女	汉	建行西藏区分行东城区支行	全国巾帼建功标兵荣誉称号	2017年	全国金融总工会
江初娜姆	女	藏	建行西藏区分行集团客户部	全国金融系统优秀共青团干部	2017年	中央金融团工委
李　林	男	汉	建行西藏区分行昌都分行	2016—2017年度“银团合作”优秀个人	2017年	中央金融团工委
巴桑央吉	女	藏	中国邮政储蓄银行西藏区分行堆龙德庆区支行	2016—2017年度“银团合作”优秀个人	2017年	中央金融团工委
孔繁强	男	汉	工行西藏区分行林芝支行	全国金融系统五一劳动奖章	2017年	中国金融工会全国委员会
巴桑卓嘎	女	藏	中国邮政储蓄银行西藏区分行	全国金融系统五一劳动奖章	2017年	中国金融工会全国委员会
白马次珍	女	藏	工行西藏区分行营业部	中国工商银行青年岗位明星	2017年	中国工商银行总行
王云峰	男	汉	工行西藏区分行业务保障部	中国工商银行大行工匠	2017年	中国工商银行总行
靳庆江	男	汉	拉萨市人大办公厅	自治区创先争优强基础惠民生活动第六批优秀驻村（居）工作队员	2017年	自治区党委、自治区政府
杨　阳	男	藏	曲水县人民法院	自治区驻村工作队先进个人	2017年	自治区党委、自治区政府
何卫勇	男	汉	拉萨市委党校	自治区驻村工作队先进个人	2017年	自治区党委、自治区政府
格桑次仁	男	藏	拉萨市委党校	自治区驻村工作队先进个人	2017年	自治区党委、自治区政府
巴　次	男	藏	拉萨市政协办公厅	自治区创先争优强基础惠民生活动第六批优秀驻村（居）工作队员	2017年	自治区党委、自治区政府
德　吉	女	藏	拉萨市政协办公厅	自治区创先争优强基础惠民生活动第六批优秀驻村（居）工作队员	2017年	自治区党委、自治区政府
巴　桑	男	藏	阳光公证处	自治区创先争优强基础惠民生活动第六批优秀驻村（居）工作队员	2017年	自治区党委、自治区政府
伍玉梅	女	汉	拉萨市司法局	自治区创先争优强基础惠民生活动第六批优秀驻村（居）工作队员	2017年	自治区党委、自治区政府
次珠多吉	男	藏	拉萨市委统战部	自治区创先争优强基础惠民生活动第六批优秀驻村（居）工作队员	2017年	自治区党委、自治区政府
尼玛次仁	男	藏	拉萨市农业技术推广中心	自治区级优秀驻村工作队员	2017年	自治区党委、自治区政府
李　静	女	汉	拉萨市纪委	自治区创先争优强基础惠民生活动先进驻村（居）工作队员	2017年	自治区党委、自治区政府
毛　凯	男	汉	拉萨市纪委	自治区创先争优强基础惠民生活动先进驻村（居）工作队员	2017年	自治区党委、自治区政府

续表2

姓名	性别	民族	工作单位	获奖名称	表彰时间	授予单位
格桑旺姆	女	藏	尼木县民宗局	2017年下半年自治区级优秀涉宗干部	2017年	自治区党委、自治区政府
土旦格桑	男	藏	拉萨市委统战部	全区宗教工作优秀干部	2017年	自治区党委、自治区政府
谢军成	男	汉	曲水县茶巴拉乡柏林村	2017年西藏自治区民族团结先进模范个人	2017年	自治区委员会、自治区政府
边巴仓决	女	藏	拉萨市动物卫生及植物检疫监督所	自治区级优秀驻村工作队员	2017年	自治区党委、自治区政府
杜梦娇	女	汉	拉萨市农业技术推广中心	自治区级优秀驻村工作队员	2017年	自治区党委、自治区政府
栾天	男	汉	共青团拉萨市委员会	西藏自治区第六批争先创优强基础惠民生活动先进驻村（居）工作队员	2017年	自治区党委
陈德元	男	汉	曲水县纪委	2017年度第六批驻村工作队自治区级驻村（居）先进个人	2017年	自治区党委
李光军	男	汉	国家开发银行西藏分行	2017年度第六批驻村工作队自治区级驻村（居）先进个人	2017年	自治区党委
梁美杰	男	汉	尼木县委宣传部	西藏自治区第六批争先创优强基础惠民生活动先进驻村（居）工作队员	2017年	自治区党委
胡广华	男	汉	国家开发银行西藏分行	西藏自治区2017年民族团结进步先进个人	2017年	自治区政府
张大利	男	汉	拉萨市民宗局	2011—2015年全区法制宣传教育先进个人	2017年	自治区党委宣传部、自治区司法厅、自治区普法办
巴桑	男	藏	尼木县纪委	全区纪检监察系统嘉奖	2017年	自治区纪委、自治区监察厅
陈莉	女	汉	曲水县人民法院	全区办案标兵	2017年	自治区高级人民法院
旦增	男	藏	曲水县人民法院	首届全国司法警察技能大比武嘉奖	2017年	自治区高级人民法院
贺旭勃	男	汉	拉萨市司法局	全区法治宣传教育先进个人	2017年	自治区党委宣传部、自治区司法厅、自治区普法办
诺央	女	藏	拉萨市道路运输管理局	2017年度全区交通运输系统实践“两路精神”先进个人	2017年	自治区交通运输厅
强巴旦增	男	藏	拉萨市教育局	全国青少年“未来之星”阳光体育大会西藏分会场优秀组织教练员	2017年	自治区体育局、教育厅、团区委
谢玉堂	男	汉	拉萨市体育局	2016年度全区体育彩票系统先进工作者	2017年	自治区体育局
卓嘎拉姆	女	藏	拉萨市妇幼保健院	2011—2015年全区实施妇女儿童发展规划先进个人	2017年	自治区区人民政府妇儿工委
王延会	女	汉	拉萨市疾控中心	全区卫生应急技能竞赛三等奖	2017年	自治区卫计委、自治区总工会
次仁央宗	女	藏	拉萨市疾控中心	全区卫生应急技能竞赛二等奖	2017年	自治卫计委、自治区总工会

续表2

姓名	性别	民族	工作单位	获奖名称	表彰时间	授予单位
永　青	女	藏	拉萨市疾控中心	全区“三八红旗手”	2018年	自治区人社厅、自治区妇联
张耿蓉	女	藏	拉萨市教育局	西藏自治区学生工作先进个人	2017年	自治区教育厅
刘晓英	女	藏	拉萨市教育局	西藏自治区学生工作先进个人	2017年	自治区教育厅
次旦卓玛	女	藏	拉萨市教育局	首届中小学学科带头人	2017年	自治区教育厅
边　巴	男	藏	尼木县教体局	自治区优秀学生资助工作者	2017年	自治区教育厅
李　欢	女	汉	拉萨市第二中等职业技术学校	自治区优秀学生资助工作者	2017年	自治区教育厅
旦增旺姆	女	藏	续迈乡小学	全区教学大赛第2名	2017年	自治区教育厅
旦增旺姆	女	藏	续迈乡小学	自治区教学能手	2017年	自治区教育厅
黄彦高	男	汉	拉萨市教育局	自治区教育系统优秀共产党员	2017年	自治区教育工作委员会
付　兴	男	汉	拉萨师范高等专科学校	自治区教育系统优秀共产党员	2017年	自治区教育工作委员会
张　钰	女	汉	曲水县人民政府办公室	西藏自治区地方志工作先进个人	2017年	自治区党史（地方志）办公室
法地玛	女	藏	拉萨市司法局	2017年自治区五好文明家庭	2017年	自治区妇联
杜晓辉	男	汉	拉萨市气象局	2017年第四届全区预报员竞赛MICAPS4.0操作单项第一	2017年	自治区气象局
潘　多	女	藏	拉萨市气象局	2017年西藏自治区重大气象服务先进个人	2017年	自治区气象局
才绕德吉	女	藏	八廓古城管委会	全区优秀工会积极分子	2017年	自治区总工会
袁　则	男	汉	中国铁塔股份有限公司西藏分公司	西藏五一劳动奖章	2017年	自治区总工会
次仁卓嘎	女	藏	拉萨市质监局	全区质监系统2017年度优秀公务员	2017年	中共西藏自治区质量技术监督局委员会
罗雪明	男	汉	拉萨市质监局	全区质监系统2017年度优秀公务员	2017年	中共西藏自治区质量技术监督局委员会
潘小军	男	汉	拉萨市质监局	全区质监系统2017年度优秀公务员	2017年	中共西藏自治区质量技术监督局委员会
尼　娜	女	藏	拉萨市质监局	全区质监系统2017年度优秀公务员	2017年	中共西藏自治区质量技术监督局委员会
贯伟萍	女	汉	拉萨市质监局	全区质监系统2017年度优秀公务员	2017年	中共西藏自治区质量技术监督局委员会
洛桑格列	男	藏	拉萨市质监局	全区质监系统2017年度先进工作者	2017年	中共西藏自治区质量技术监督局委员会

续表2

姓名	性别	民族	工作单位	获奖名称	表彰时间	授予单位
潘海涛	男	汉	工行西藏区分行色拉路支行	西藏金融五一劳动奖章	2017年	自治区金融工会
唐　婧	女	汉	中信银行拉萨分行	西藏金融五一劳动奖章	2017年	自治区金融工会
陈占巍	男	藏	中信银行拉萨分行	2016年度西藏金融系统优秀共青团员	2017年	自治区金融团工委
次仁央啦	女	藏	尼木乡政府	自治区驻村先进个人	2017年	自治区强基惠民办
斯加措姆	女	藏	尼木县农牧局	自治区级优秀驻村工作队员	2017年	自治区强基惠民办
桑杰巴珠	男	藏	拉萨市疾控中心	自治区级优秀驻村工作队员	2017年	自治区强基惠民办
卢　曦	女	汉	曲水县人社局	2016年度西藏自治区优秀网评员	2017年	自治区网信办
付　兴	男	汉	拉萨师范高等专科学校	自治区第十二届西藏青年五四奖章	2017年	共青团西藏自治区委员会
彭丽华	女	汉	拉萨市人力资源和社会保障局（公务员局）	全区爱国拥军模范	2017年	自治区双拥办
张　鸣	男	汉	拉萨市人大办公厅	2016年度全市信访先进个人	2017年	市委、市政府
拉加东主	男	藏	市司法局	2016年度全市信访先进个人	2017年	市委、市政府
米玛坚才	男	藏	曲水县信访局	2017年度全市信访工作先进个人	2018年	市委、市政府
普布次仁	男	藏	拉萨市卫计委	2016年度深化全国文明城市创建工作先进个人	2017年	市委、市政府
刘　源	男	汉	拉萨市文明办	2017年度深化全国文明城市创建工作先进个人	2017年	市委、市政府
梁　才	男	汉	拉萨市文明办	2017年度深化全国文明城市创建工作先进个人	2017年	市委、市政府
格桑卓玛	女	藏	拉萨市委宣传部	2017年度深化全国文明城市创建工作先进个人	2017年	市委、市政府
嘎玛坚才	男	藏	拉萨市文化市场综合执法支队	2017年度深化全国文明城市创建工作先进个人	2017年	市委、市政府
拉巴次仁	男	藏	拉萨市人大教科文卫委员会	2016年度深化全国文明城市创建工作先进个人	2017年	市委、市政府
米玛琼达	女	藏	拉萨市体育局	2016年度深化全国文明城市创建工作先进个人	2017年	市委、市政府
祝永平	男	汉	拉萨市司法局	2016年度深化全国文明城市创建工作先进个人	2017年	市委、市政府
日　用	女	藏	拉萨市安监局	2016年度深化全国文明城市创建工作先进个人	2017年	市委、市政府
王　文	男	汉	共青团拉萨市委员会	2016年度深化全国文明城市创建工作先进个人	2017年	市委、市政府

续表2

姓名	性别	民族	工作单位	获奖名称	表彰时间	授予单位
德吉卓嘎	女	藏	曲水县聂当乡人民政府	2016年度深化全国文明城市创建工作先进个人	2017年	市委、市政府
晋美朗吉	男	藏	达孜区工商局	2016年度深化全国文明城市创建工作先进个人	2017年	市委、市政府
扎　桑	女	藏	拉萨市人大办公厅	拉萨市创先争优强基础惠民生活动第六批先进驻村（居）工作队员	2017年	市委、市政府
普　布	女	藏	拉萨市扶贫（农发）办	拉萨市创先争优强基础惠民生活动第六批先进驻村（居）工作队员	2017年	市委、市政府
白玛玉珍	女	藏	拉萨市城北工商分局	拉萨市创先争优强基础惠民生活动第六批先进驻村（居）工作队员	2017年	市委、市政府
巴桑卓嘎	女	藏	拉萨市体育局	拉萨市创先争优强基础惠民生活动第六批先进驻村（居）工作队员	2017年	市委、市政府
苟海国	男	藏	拉萨市工商联	拉萨市创先争优强基础惠民生活动第六批先进驻村（居）工作队员	2017年	市委、市政府
格桑康卓	女	藏	曲水县人民检察院	拉萨市创先争优强基础惠民生活动驻村工作队先进个人	2017年	市委、市政府
索朗卓嘎	女	藏	拉萨市畜牧兽医总站	拉萨市创先争优强基础惠民生活动第六批先进驻村（居）工作队员	2017年	市委、市政府
多吉才仁	男	藏	拉萨市委统战部	拉拉萨市创先争优强基础惠民生活动第六批先进驻村（居）工作队员	2017年	市委、市政府
次　珍	女	藏	曲水县统计局	拉萨市创先争优强基础惠民生活动第六批先进驻村（居）工作队员	2018年	市委、市政府
巴桑德吉	女	藏	拉萨市委统战部	2017年拉萨市民族团结进步创建活动先进个人	2017年	市委、市政府
王　强	男	藏	拉萨市民宗局	拉萨市2017年民族团结进步模范个人	2017年	市委、市政府
王　林	男	汉	曲水县人社局	拉萨市2017年民族团结进步模范个人	2017年	市委、市政府
刘小江	男	土家	尼木县塔荣镇政府	2017年拉萨市民族团结进步创建活动先进个人	2017年	市委、市政府
格桑旺扎	男	藏	拉萨市民宗局	全市宗教工作优秀干部	2017年	市委、市政府
罗　桑	男	藏	拉萨市委统战部	全市宗教工作优秀干部	2017年	市委、市政府
德吉央宗	女	藏	拉萨市环境保护局	2016年度拉萨市脱贫攻坚先进个人	2016年	市委、市政府
朗　准	男	藏	达孜区邦堆乡贡崩拉康专职管理特派员	2017年优秀驻寺干部	2017年	市委、市政府
罗布次仁	男	藏	达孜区邦堆乡贡崩拉康专职管理特派员	2018年优秀驻寺干部	2017年	市委、市政府
桑　珠	男	藏	尼木县帕古乡	市级“先进双联户”个人	2017年	市委、市政府
映永红	男	藏	中共拉萨市直属机关工作委员会	拉萨市“五一劳动奖章”	2017年	市委、市政府

续表2

姓名	性别	民族	工作单位	获奖名称	表彰时间	授予单位
祝永平	男	汉	拉萨市司法局	2016年全市综治先进个人	2017年	市委、市政府
拉姆次仁	女	藏	拉萨市城管委	2016年全市综治先进个人	2017年	市委、市政府
旦增旺姆	女	藏	拉萨市藏语委办（编译局）	2016年全市综治工作先进个人	2017年	市委、市政府
何　满	男	汉	拉萨市委党校	2017年全市综治工作先进个人	2017年	市委、市政府
边　巴	男	藏	拉萨市工商联	2017年全市综治工作先进个人	2017年	市委、市政府
索朗加措	男	藏	拉萨市司法局	全市民族团结进步先进个人	2017年	市委、市政府
次旦卓玛	女	藏	拉萨市档案局（馆）	拉萨市创先争优强基础惠民生活动先进驻村（居）工作队员	2017年	市委、市政府
徐勇军	男	汉	拉萨市藏语委办（编译局）	拉萨市创先争优强基础惠民生活动先进驻村工作队员	2017年	市委、市政府
苍　姆	女	藏	尼木县委政法委	2017年度社会治安综合治理综合治理工作先进个人	2018年	市委、市政府
仁金罗布	男	藏	尼木县政协	爱国守法先进僧尼	2017年	市委、市政府
扎西央珍	女	藏	拉萨市审计局	2017年度拉萨市铁路护路联防先进个人	2018年	市委、市政府
王庆国	男	藏	卡如乡人民政府	拉萨市2017年度民族团结进步模范	2017年	市委、市政府
何卫勇	男	汉	拉萨市委党校	拉萨市2017年度民族团结进步模范	2017年	市委、市政府
谢军成	男	汉	曲水县茶巴拉乡柏林村	拉萨市2017年度民族团结进步模范	2017年	市委、市政府
杨　莉	女	汉	尼木县工商联	先进驻村工作队员	2017年	市委、市政府
刘　洋	男	汉	曲水县农牧局	拉萨市2015—2017年科技工作先进个人	2017年	市委、市政府
强巴卓嘎	女	藏	市文联	拉萨市综合治理工作先进个人	2017年	市委、市政府
拥　青	女	藏	市文联	创先争优强基础惠民生活动先进驻村工作队员	2017年	市委、市政府
索朗多杰	男	藏	市文联	拉萨市宣传思想工作先进个人	2017年	市委、市政府
普　布	女	藏	拉萨市扶贫（农发）办	拉萨市创先争优强基础惠民生活动第六批先进驻村（居）工作队员	2017年	市委、市政府
格桑巴珠	男	藏	拉萨市环境保护局	2017年度优秀正县级领导干部	2017年	市委
彭丽华	女	汉	拉萨市人力资源和社会保障局（公务员局）	2017年度优秀正县级领导干部	2017年	市委
刘　华	男	汉	尼木县农牧局	拉萨市科技工作先进个人	2017年	市委

续表2

姓名	性别	民族	工作单位	获奖名称	表彰时间	授予单位
赵　磊	男	汉	拉萨市安监局	拉萨市科技工作先进个人	2017年	市委
尼玛旦增	男	藏	拉萨市委党校	2017年度全市“四讲四爱”主题教育实践活动优秀宣讲员	2017年	市委
陈　乐	男	汉	拉萨市委党校	2017年度全市“四讲四爱”主题教育实践活动优秀宣讲员	2017年	市委
公保才旦	男	藏	拉萨市委党校	2017年度全市“四讲四爱”主题教育实践活动优秀宣讲员	2017年	市委
格桑次仁	男	藏	拉萨市委党校	2017年度全市“四讲四爱”主题教育实践活动优秀宣讲员	2017年	市委
巴桑卓玛	女	藏	拉萨市委党校	2017年度全市“四讲四爱”主题教育实践活动优秀宣讲员	2017年	市委
洛桑卓玛	女	藏	拉萨市司法局	2016年全市藏语文工作先进个人	2017年	市政府
张欢欢	女	汉	拉萨市城管委	2017年全市创建文明城市先进个人	2017年	市政府
旦增卓玛	女	藏	尼木县统计局	2016年度全市统计调查工作先进个人	2017年	市政府
李　林	女	藏	拉萨市第二中等职业技术学校	拉萨市优秀教师金奖	2017年	市政府
朗　加	男	藏	拉萨市第二中等职业技术学校	拉萨市优秀教师银奖	2017年	市政府
余正忠	男	汉	拉萨市第二中等职业技术学校	拉萨市优秀教师铜奖	2017年	市政府
樊小斌	男	汉	拉萨市第二中等职业技术学校	拉萨市优秀教师铜奖	2017年	市政府
宋春梅	女	汉	拉萨市第二中等职业技术学校	拉萨市优秀教师铜奖	2017年	市政府
达瓦卓玛	女	藏	拉萨师范高等专科学校	优秀教师铜奖	2017年	市政府
李胜河	男	汉	拉萨师范高等专科学校	优秀教师铜奖	2017年	市政府
旦增平措	男	藏	尼木县中学	优秀教师铜奖	2017年	市政府
旦增赤列	男	藏	尼木县麻江乡小学	优秀教师铜奖	2017年	市政府
达瓦坚宗	女	藏	尼木县中心幼儿园	优秀教师铜奖	2017年	市政府
林永梅	女	汉	拉萨师范高等专科学校	李氏个人奖	2017年	市政府
宗　吉	女	藏	尼木乡完全小学	李氏个人奖	2017年	市政府
普布卓玛	女	藏	尼木县中心小学	优秀教师银奖	2017年	市政府
琼　达	男	藏	尼木县藏语委办	2016年区市藏语文工作先进个人	2017年	市政府

续表2

姓名	性别	民族	工作单位	获奖名称	表彰时间	授予单位
张正鹏	男	汉	拉萨市工商联	2016年区市藏语文工作先进个人	2017年	市政府
朗加泽措	女	藏	尼木县工业和信息化局	拉萨市招商引资工作先进个人	2017年	市政府
卓嘎	女	藏	曲水县工业和信息化局	拉萨市招商引资工作先进个人	2017年	市政府
平措朗杰	男	藏	拉萨市工信局	拉萨市招商引资工作先进个人	2017年	市政府
宋成奇	女	汉	拉萨市工商联	拉萨市招商引资工作先进个人	2017年	市政府
拉珍	女	藏	曲水县人社局	拉萨市2016年度基层劳动就业社会保障公共服务平台先进工作者	2017年	市政府
仓姆啦	女	藏	曲水县人社局	拉萨市2016年度人社系统先进个人	2017年	市政府
尼玛	男	藏	茶巴拉村委会	第四届拉萨市篮球联赛优秀球员	2017年	市政府
陈继平	男	汉	拉萨市环境保护局	2016年度拉萨市环境保护先进个人	2017年	市政府
德央	女	藏	拉萨市环境保护局	2016年度拉萨市环境保护先进个人	2017年	市政府
尼珍	女	藏	拉萨市环境保护局	2016年度拉萨市环境保护先进个人	2017年	市政府
巴桑德吉	女	藏	拉萨市环境保护局	2016年度拉萨市环境保护先进个人	2017年	市政府
才旦诺布	男	藏	拉萨市审计局	2016年度拉萨市环境保护先进个人	2017年	市政府
米玛旺堆	男	藏	拉萨市藏语委办（编译局）	2016年全市藏语言文字工作先进个人	2017年	市政府
德吉卓玛	女	藏	拉萨市藏语委办（编译局）	2016年全市藏语言文字工作先进个人	2017年	市政府
达瓦次仁	男	藏	拉萨市藏语委办（编译局）	2016年全市藏语言文字工作先进个人	2017年	市政府
阿旺旦真	男	藏	拉萨市藏语委办（编译局）	2016年全市藏语言文字工作先进个人	2017年	市政府
青梅卓玛	女	藏	拉萨市环境保护局	2016年度全市编译工作先进个人	2017年	市政府
洛桑	男	藏	尼木县气象局	拉萨市“五四优秀青年”奖	2017年	市政府
白玛罗宗	女	藏	拉萨市委统战部	拉萨市精神文明建设工作先进个人	2017年	市政府
王芙蓉	女	汉	拉萨市民政局	2016年度信访工作先进个人	2017年	市政府
方凯	男	汉	中共拉萨市直属机关工作委员会	2016年度信访工作先进个人	2017年	市政府
王芙蓉	女	汉	拉萨市民政局	2016年度综治维稳工作先进个人	2017年	市政府
王芙蓉	女	汉	拉萨市民政局	2016年度全市安全生产先进个人	2017年	市政府

续表2

姓名	性别	民族	工作单位	获奖名称	表彰时间	授予单位
陈仕统	男	汉	拉萨市民政局	2017年度全市安全生产先进个人	2018年	市政府
彭　多	女	藏	拉萨市审计局	2017年度全市安全生产先进个人	2018年	市政府
陈晶华	男	汉	拉萨市交通局	2017年度全市安全生产先进个人	2018年	市政府
李金凤	女	汉	拉萨市安监局	2017年度全市安全生产先进个人	2018年	市政府
田志强	男	汉	拉萨市安监局	2017年度全市安全生产先进个人	2018年	市政府
冷国强	男	汉	拉萨市环境保护局	拉萨市2016年度深化全国文明城市创建先进个人	2016年	市政府
巴　桑	男	藏	尼木县公安局	拉萨市妇女儿童维权服务岗位先进个人	2017年	市政府
旦　曲	男	藏	尼木县政府办	2016年度全市政府系统办公室工作先进个人	2017年	市政府
扎　西	男	藏	拉萨市气象局	拉萨市“学党章党规、喜迎党的十九大”知识竞赛荣获二等奖	2017年	市政府
程高峰	男	汉	拉萨市教育局	拉萨市优秀教师铜奖	2017年	市政府
张耿蓉	女	藏	拉萨市教育局	拉萨市优秀教师铜奖	2017年	市政府
杜　鹏	男	汉	拉萨市教育局	拉萨市信访工作先进个人	2017年	市政府
聂　珊	女	汉	拉萨市教育局	全市信息工作先进个人	2017年	市政府

说明：由于各单位资料提供不全，可能有遗漏

党政机构

党政机构名称及负责人

中共拉萨市委员会

书　　记　白玛旺堆（藏族）
副 书 记　果　　果（藏族）
　　　　　胡　　洪（援藏）
　　　　　肖 志 刚（援藏）
　　　　　庄 红 翔
常　　委　肖 光 富（援藏）
　　　　　王 念 东
　　　　　占　　堆（藏族）
　　　　　暴　　剑（援藏）
　　　　　马　　军
　　　　　吴 亚 松（藏族）
　　　　　阿努次仁（藏族）
　　　　　王 家 民（援藏）

市委办公厅

秘 书 长　庄 红 翔（女）
常务副秘书长
　　　　　曹 恩 宏
副秘书长　孙 占 生（援藏）
　　　　　徐 永 生（援藏）
　　　　　绕　　登
　　　　　任 映 绮
　　　　　刘 小 斌
　　　　　刘 期 彬
　　　　　土　　登（藏族）

市人大常委会党组

书　　记　达　　娃（藏族）
副 书 记　达　　瓦（藏族）
　　　　　央金卓嘎（女，藏族）
　　　　　平措朗杰（藏族）
　　　　　觉　　根（藏族）
　　　　　许 广 林
成　　员　欧阳丽萍（女）
　　　　　张　　慧
　　　　　康娜美朵（女，藏族）
　　　　　杨　　林
　　　　　彭 飞 跃（11月任）

市人大常委会

主　　任　达　　娃（藏族）
副 主 任　计明南加（藏族）
　　　　　达　　瓦（藏族）
　　　　　觉　　根（藏族）
　　　　　欧阳莉萍（女）
　　　　　张　　慧
　　　　　念　　扎（藏族）

康娜美朵（女，藏族）
杨　林
秘书长　张　慧
副秘书长　张志文
白　珍（女，藏族）
王　刚

市人大机关党组

书　记　张　慧
副书记　张志文
成　员　白　珍（女，藏族）
王　刚
刘睿萍（女，藏族）
拉巴次仁（藏族）
德　吉（女，藏族）

法制委员会

主任委员　刘睿萍（女，藏族）
副主任委员
边巴扎西（藏族）
王小龙

财经委员会

主任委员　德　吉（女，藏族）
副主任委员
普　穷（藏族）

教科文卫委员会

主任委员　拉巴次仁（藏族）
副主任委员
土旦格桑（藏族）
侯　凌（女）

市人民政府党组

书　记　果　果（藏族）
副书记　胡　洪（援藏）
王念东
占　堆（藏族）
暴　剑（援藏）
成　员　廖　波
朱建红（援藏）
林　生（藏族）
方桂林（援藏）
王国臣（援藏）
赵　涛（藏族）
扎西白珍（女，藏族）
张　正
陆从福
郑卫国
雷　涛

市人民政府

市　长　果　果（藏族）
常务副市长
胡　洪（援藏）
王念东
占　堆（藏族）
暴　剑（援藏）
副市长　廖　波
朱建红（援藏）
林　生（藏族）
方桂林（援藏）
王国臣（援藏）
赵　涛（藏族）
扎西白珍（女，藏族）
张　正
贡扎曲旺（藏族）
陆从福
郑卫国
雷　涛

市人民政府办公厅党组

书　记　廖　波
成　员　张长祥
米玛次仁（藏族）
罗　桑（藏族）
马恩兵（援藏）
杨年华（挂职）
韩　勇（援藏）
张治军（挂职）
侯　飞
尹培凤
杨少亮（援藏，挂职）
旺堆扎西（藏族）

市人民政府办公厅

秘书长　廖　波

副秘书长 张长祥
米玛次仁（藏族）
罗　桑（藏族）
马恩兵（援藏）
杨年华（挂职）
韩　勇（援藏）
张治军（挂职）
次旦卓嘎（女，藏族）
侯　飞
尹培凤
杨少亮（援藏，挂职）
旺堆扎西（藏族）

市人民政府驻北京联络处

主　任 张星亮

市人民政府驻成都办事处

书　记 任道波
主　任 任　加

政协拉萨市委员会党组

书　记 袁训旺
副书记 次仁平措（藏族）
江　嘎（藏族）
顿珠多吉（藏族）
张　勤
成　员 孙宝祥（藏族）
拉巴顿珠（藏族）
岳国红（女，藏族）
朱梅品
达　娃（女，藏族，9月任）
刘　亮

政协拉萨市委员会

主　席 袁训旺
副主席 亚　古（藏族）
江　嘎（藏族）
张　勤
成　员 孙宝祥（藏族）
拉　巴（藏族）
拉巴顿珠（藏族）
岳国红（女，藏族）
朱梅品

政协拉萨市委员会机关党组

书　记 张　勤
副书记 肖强伟
成　员 张　强
格桑罗布（藏族）
巴　次（藏族）
旺　杰（藏族）
达瓦次仁（藏族）

政协拉萨市委员会办公厅

秘书长 张　勤
副秘书长 肖强伟
张　强
格桑罗布（藏族）
调研员 尼玛次仁（藏族）
扎西次珍（女，藏族）
罗布顿珠（藏族）

政协拉萨市委员会提案委员会

主　任 巴　次（藏族）
副主任 罗布顿珠（藏族）
王瑞鹏

政协拉萨市委员会经济资源环境社会教科文卫委员会

主　任 旺　杰（藏族）
副主任 格　珍（女，藏族）
旦巴达杰（藏族）

政协拉萨市委员会文史民族宗教法制委员会

主　任 达瓦次仁（藏族）
副主任 扎西次珍（女，藏族）
达瓦多吉（藏族）

市纪律监察委员会

书　记 王家民
副书记 拉巴次仁（藏族）
张　斌（援藏）
王　晖
苏新勇（藏族）
常委、委员
黄晓艳
格桑多吉（藏族）
李荣峰
顾宝林

普布国庆（藏族）
常　　委　旦增塔杰（藏族）
委　　员　肖华平

市委巡察办公室

主　　任　仁增卓玛（藏族）
副 主 任　杨东升
才华道吉（藏族）

市委巡察组

一组组长　平措旺堆（藏族）
二组组长　巴　琼（藏族）
三组组长　索　朗（藏族）

市委组织部

部　　长　陈　军（4月免）
庄红翔（女，9月任）
副 部 长　达　瓦（藏族）
副部长、老干部局局长
央　金（女，藏族）
副部长、编办主任
袁国军
副 部 长　赵　翔（3月任）
周倍佳（援藏）
方友刚（援藏）
杨栋章
副部长、编办副主任
成银生（援藏）
部务委员　彭丽华（女，藏族）
调 研 员　沈鹏里
李艳红（女）
老干部局副局长
张春阳（9月任）
普布旺堆（藏族）
调 研 员　丁琼英（女）
老干部局副调研员
拉乌次仁（藏族，市委）

市委宣传部

部　　长　吴亚松（藏族）
常务副部长
范跃平
副 部 长　张碧芳（女）
李文华（援藏）
许佃兵（援藏）
副调研员　李章辉

市网信办

副 主 任　王靖元

市文化市场综合执法支队

支 队 长　张晓柱
副支队长　阿　布（藏族）
嘎玛坚才（藏族）

市外宣局

局　　长　拉　珍（女，藏族）

市精神文明建设办公室

副调研员　格桑卓玛（女，藏族）

市委统战部

部　　长　阿努次仁（藏族）
常务副部长
拉穷次仁（藏族）
副 部 长　沈宗志
巴桑德吉（女，藏族）
调 研 员　邹守忠

市委政法委

书　　记　马　军
常务副书记
达　瓦（藏族）
副 书 记　付银昌
马　骏（援藏）
万劲松（援藏）
田献琴（女）
李晓强
维稳办主任
扎西多吉（藏族）
维稳办副主任
曾四红

市中级人民法院党组

书　　记　任卫东（6月任）
副 书 记　江安次仁（藏族）

成　　员 蒋建平
拉巴旺堆（藏族）
陈　杰
尚永业
王东军
德　吉（女，藏族）
旦增努布（藏族）
赵　军
巴　桑（藏族）

市中级人民法院

院　　长 郝　涛（10月免）
副 院 长 江安次仁（藏族）
蒋建平
拉巴旺堆（藏族）
陈　杰
王东军
德　吉（女，藏族）
旦增努布（藏族）
调 研 员 尚永业
纪检组长 赵　军
政治部主任
巴　桑（藏族）
审判委员会专职委员
刘　林
副调研员 旦巴次仁（藏族）

市人民检察院党组

书　　记 田建设
副 书 记 塔　青（藏族）
次仁多吉（藏族）
成　　员 张桂彤
李　卫
德吉卓嘎（女，藏族）
李　华
晓　红（藏族）

市人民检察院

检 察 长 田建设
常务副检察长
塔　青（藏族）
副检察长 次仁多吉（藏族）
张桂彤
晓　红（藏族）
政治部主任
李　卫
正县级检察员
德吉卓嘎（女，藏族）
李　华
检委会专职委员
扎　西（藏族）

市公安局党委

书　　记 马　军
副 书 记 代利刚
邹华威

市公安局

局　　长 赵　涛（藏族）
副 局 长 唐　凌
高新军
拉　珠（藏族）
李　斌
单德军（援藏）
邓　俊
扎西平措（藏族）
次旺晋美（藏族）
蒋　波
谢公瑾
梁光文
强　久（藏族）

市公安消防支队

支 队 长 扎西多吉（藏族）
政　　委 程学高

武警拉萨市支队

支 队 长 马德生
政　　委 陆　健

拉萨警备区

司 令 员 韩志宏
政　　委 肖光富

武警拉萨市森林大队

大队长　毕占国
教导员　边巴罗布（藏族）

市司法局党组

书　记　次　培（藏族）
副书记　赵铁岭
成　员　达　娃（藏族）
边巴次仁（藏族）
康　静（女，援藏）
边巴次仁（藏族）

市司法局

局　长　赵铁岭
副局长　次　培（藏族）
康　静（女，援藏）
边巴次仁（藏族）
调研员　边巴次仁（藏族）
副调研员　王　晓（女）

市阳光公证处

主　任　达　娃（藏族）
副主任　巴　桑（藏族）
阿旺拉姆（女，藏族）

市民宗局党组

书　记　拉巴顿珠（藏族）
副书记　达　瓦（藏族）
成　员　次仁罗布（藏族）
次仁昌菊（藏族）

市民宗局

局　长　达　瓦（藏族）
副局长　次仁罗布（藏族）
次仁昌菊（藏族）
调研员　陈　虹
米　玛（女，藏族）

市直属机关工作委员会

书　记　庄红翔（女）
副书记　格桑措姆（女，藏族）
方　凯
副调研员　葛同荣
索朗卓玛（藏族）

市委党校党委

书　记　许广林
委　员　德庆央吉（女，藏族）
顾国爱（援藏）
江　多（藏族）
次仁扎西（藏族）

市委党校

校　长　庄红翔（女）
副校长　德庆央吉（女，藏族）
顾国爱（援藏）
江　多（藏族）
次仁扎西（藏族）

市行政学院

院　长　廖　波
副院长　德庆央吉（女，藏族）
顾国爱（援藏）
江　多（藏族）
次仁扎西（藏族）

市档案局（馆）

局（馆）长
马荣清（女，回族）
副局（馆）长
桑荣瑞
刘淑娟（女）

市总工会党组

书　记　余　刚
成　员　措　姆（女，藏族）
冉龙平（10月任）

市总工会

主　席　平措朗杰（藏族）
副主席　余　刚
措　姆（女，藏族）
冉龙平（10月任）
副调研员　洛桑占堆（藏族）
拉巴卓嘎（女，藏族，10月免）

共青团拉萨市委员会

书　记　任映绮

副书记　慈旦德吉（女，藏族）

普　旦（藏族）

市妇联党组

书　记　赵金花（女）

副书记　向巴彩喜（女，藏族）

成　员　和继香（女，纳西族）

市妇联

主　席　向巴彩喜（女，藏族）

副主席　和继香（女，纳西族）

副调研员　洛桑玉珍（女，藏族）

达　珍（女，藏族）

市工商联党组

书　记　格西措姆（女，藏族）

副书记　公保太（藏族）

市工商联

主　席　公保太（藏族）

副主席　陈小兵

拉巴卓嘎（女，藏族）

拉萨市文学艺术界联合会

主　席　李　铭

副主席　卫　东（藏族）

高延鸿

罗布次仁（藏族）

强巴云丹（藏族）

马可尼

秘书长　强巴卓嘎（女，藏族）

市师范高等专科学校党委

副书记　黄晓曦

江　白（藏族）

委　员　拉巴旺堆（藏族）

舒宗荣

尼玛潘多（女，藏族）

张其飞

市师范高等专科学校

校　长　黄晓曦

常务副校长

江　白（藏族）

副校长　拉巴旺堆（藏族）

舒宗荣

张其飞

纪委书记　尼玛潘多（藏族）

北京市扶贫协作和支援合作工作领导小组西藏拉萨指挥部

指　挥　肖志刚

副指挥　暴　剑

朱建红

孙占生（12月任）

办公室主任

陈世忠（8月任）

西藏空港新区管委会党委

书　记　龚一枫

副书记　崔建勇

委　员　达瓦次仁（藏族）

达瓦次仁（藏族）

西藏空港新区管委会

副主任　龚一枫

主任、公安分局局长

崔建勇

副主任　达瓦次仁（藏族）

副主任、甲竹林镇党委书记

达瓦次仁（藏族）

谭世兴

公安分局　泽旺旦增（藏族）

事业发展中心主任

丁　强

副调研员、甲竹林镇镇长

廖立国

副调研员、综治办主任、甲竹林镇人大主席

平措次仁（藏族）

中共拉萨经济技术开发区工作委员会

书　记　袁训旺

副书记　刘汝鹏

洛桑赤列（藏族）

委　　员　孙占生
倪　凤
赵　亚
魏建军
徐礼华
黄辅龙
郭钢锋（12月任）

拉萨经济技术开发区管理委员会

主　　任　刘汝鹏
副 主 任　洛桑赤列（藏族）
孙占生
倪　凤
赵　亚
魏建军
徐礼华
郭钢锋
主任助理　邓颖翔（挂职）
旦增洛桑（藏族）

拉萨经济技术开发区投资发展有限公司党委

副 书 记　倪　凤
王旭光
委　　员　李　斌
普布扎西（藏族）
唐前军

拉萨经济技术开发区投资发展有限公司

董 事 长　周承杰
副董事长　倪　凤
总 经 理　王旭光
董事、副总经理
李　斌
普布扎西（藏族）
工会主席、副总经理
唐前军

中共拉萨市柳梧新区管委会党工委

书　　记　陆从福
副 书 记　洛　色（藏族）
俞宏文
委　　员　王万新
平措次仁（藏族）
夏隽莹
唐　兴
王　珲
次仁达吉（藏族）
朱胜军
巴桑扎登（藏族）

拉萨柳梧新区管委会

主　　任　洛　色（藏族）
调 研 员　王万新
平措次仁（藏族）
副 主 任　夏隽莹
唐　兴
王　珲
次仁达吉（藏族）
朱胜军
副调研员　巴桑扎登（藏族）
次仁央宗（藏族）

西藏文化创意园区管理委员会党工委

书　　记　朱梅品
副 书 记　洛桑尼玛（藏族）
委　　员　次仁拉姆（藏族）
王希梁

西藏文化创意园区管理委员会

主　　任　洛桑尼玛（藏族）
副 主 任　朱梅品
次仁拉姆（藏族）
王希梁
主任助理　唐嘉宏

达孜工业园区管委会党工委

书　　记　王斌忠
副 书 记　蒋云峰

达孜工业园区管委会

主　　任　王斌忠
副 主 任　蒋云峰
邓　爽
办公室主任
覃雨菲

堆龙德庆区工业园区管委会

主　　任　王保峰
副 主 任　德　吉（女，藏族）
　　　　　顿珠拉久（藏族）

曲水雅江工业园区管委会

主　　任　李常建

市发展和改革委员会党组

书　　记　达　娃（女，藏族）
副 书 记　刘汝鹏
成　　员　武保林
　　　　　德吉卓嘎（女，藏族）
　　　　　李英春
　　　　　李泓君（援藏）
　　　　　王良良（援藏）

市发展和改革委员会

主　　任　刘汝鹏
副 主 任　武保林
　　　　　德吉卓嘎（女，藏族）
　　　　　李泓君（援藏）
　　　　　王良良（援藏）
　　　　　李英春
调 研 员　候成君
副调研员　朱成刚
　　　　　泽仁旺姆（女，藏族）
　　　　　孙　萍
　　　　　严俊峰

市粮食局

副 局 长　边巴卓玛（女，藏族）

市政府法制办党组

书　　记　邱秀兰（女）
副 书 记　韩新强
成　　员　洛桑多吉（藏族）

市政府法制办

主　　任　韩新强
副 主 任　邱秀兰（女）
　　　　　洛桑多吉（藏族）

八廓古城管委会党工委

书　　记　多　吉（藏族）
副 书 记　阿　贵
委　　员　曹鹏程
　　　　　拉巴次仁（藏族）
　　　　　黄方勇
　　　　　洛桑次成（藏族，1月任）

八廓古城管委会

主　　任　阿　贵
副 主 任　曹鹏程
　　　　　拉巴次仁（藏族）
　　　　　黄方勇
　　　　　洛桑次成（藏族）
副调研员　益西班旦（藏族）

市财政局党组

书　　记　旦增曲扎（藏族）
副 书 记　扎西白珍（女，藏族）
成　　员　任玉萍（女）
　　　　　王　罡（北京援藏）
　　　　　列　桑（藏族）
　　　　　王　君（女）
　　　　　邢　卫（江苏援藏）

市财政局

局　　长　扎西白珍（女，藏族）
副 局 长　旦增曲扎（藏族）
　　　　　任玉萍（女）
　　　　　王　罡（北京援藏）
　　　　　邢　卫（江苏援藏）
　　　　　列　桑（藏族）
　　　　　王　君（女）
副调研员　尼玛桑珠（藏族）
　　　　　牛小芳（女）
　　　　　尼玛拉姆（女，藏族）
　　　　　陈　薇（女）

市国税局党组

副 书 记　孙清明（藏族）
成　　员　扎西旺堆（藏族）
　　　　　次仁曲珍（女，藏族）
　　　　　曹　云

扎西次仁（藏族）
杨 建 龙
刘　　奎

市国税局

局　　长　孙清明（藏族）
副 局 长　扎西旺堆（藏族）
次仁曲珍（女，藏族）
曹云（汉族）
纪检组长　扎西次仁（藏族）
副 局 长　杨建龙（汉族）
总经济师　刘奎（汉族）

市统计局党组

书　　记　仓　　琼（女，藏族）
副 书 记　蔡　　岷
黄 树 春

市统计局

局　　长　蔡　　岷
副 局 长　仓　　琼（女，藏族）
黄 树 春
郝 思 军
张 秀 兰（女，藏族）

国家统计局拉萨调查队

队　　长　李 建 树
调 研 员　次仁旺拉（藏族）

市工信局（国资委）党组

书　　记　范 红 英（女）
副 书 记　何　　黎（女）

市工信局（国资委）

局　　长　陈 建 平
副 局 长　向　　敏（10月任）
成 建 华
张 文 龙
德　　吉（女，藏族，12月免）
副调研员　杜 春 梅（女）

市教育局党委

书　　记　康娜美朵（女，藏族）
副 书 记　中 楚 成（藏族）
委　　员　普布卓嘎（女，藏族）
王　　斌
缪 榕 楠（援藏）
杜 建 峰（援藏）
向　　宗（女，藏族）

市教育局

局　　长　中 楚 成（藏族）
副 局 长　王　　斌
缪 榕 楠（援藏）
杜 建 峰（援藏）
向　　宗（女，藏族）
调 研 员　普布卓嘎（女，藏族）
副调研员　陈　　立
毛 雅 丽（女）
刘 咸 春（藏族）
副调研员、市第三高级中学校长
杨 西 军（女）
副调研员、市第四高级中学校长
宋 子 恒
副调研员、市北京中学党委书记
罗桑平措（藏族）

市体育局党组

书　　记　钟 传 彬
副 书 记　王　　宁
成　　员　熊　　劲（女）

市体育局

局　　长　王　　宁
副 局 长　熊　　劲（女）

市科技局党组

书　　记　旺　　林（藏族）
副 书 记　黄 前 敏（女，藏族）
成　　员　徐 立 军（第七批博士服务团）
扎西平措（藏族）
李 信 群（女）
李 文 军（援藏）
王　　建（援藏）

市科技局

局　　长　黄 前 敏（女，藏族）

副 局 长 徐 立 军（第七批博士服务团）
扎西平措（藏族）
李 信 群（女）
李 文 军（援藏）
王　 建（援藏）
副调研员 霍　 勇
巴桑次仁（藏族）

市民政局党组

书　　记 何　 镛
副 书 记 白玛玉珍（女，藏族）
成　　员 拉姆卓玛
苏 建 设
卫 智 军
柳 福 平
宋 传 强（援藏）
琼　 吉
诺布卓玛（女，藏族）

市民政局

局　　长 白玛玉珍（女，藏族）
副 局 长 苏 建 设
卫 智 军
柳 福 平
宋 传 强（援藏）
中国拉萨SOS儿童村村长
琼　 吉（藏族）
市儿童福利院院长
诺布卓玛（女，藏族，12月任）
副调研员、残联副理事长
格桑平措（藏族）
副调研员 宋 焕 玉
肖 卫 荣

市国土局党组

书　　记 索朗慈仁（藏族）
副 书 记 卢 炜 升（女）

市国土局

局　　长 卢 炜 升（女）
副 局 长 索朗慈仁（藏族）
朱 万 江
徐 安 海
张　 林
副调研员 次旺晋美（藏族）
卓玛次旦（女，藏族）

市城乡规划局党组

书　　记 李　 嵘（女，藏族）
副 书 记 米玛次仁（藏族）
成　　员 刘　 洋（援藏）
秦 新 光（援藏）
贾 志 杰
罗 俊 峰（10月任）
拉姆次仁（女，藏族，10月任）

市城乡规划局

局　　长 米玛次仁（藏族）
副 局 长 李　 嵘（女，藏族）
刘　 洋（援藏）
贾 志 杰
罗 俊 峰（10月任）
拉姆次仁（女，藏族，10月任）
总规划师 秦 新 光（援藏）

市人力资源和社会保障局（公务员局）党组

书　　记 彭 丽 华（女）
副 书 记 马 百 胜
成　　员 仁乃旺堆（藏族）
黄 绍 丽（援藏）
贺　 剑
贺 能 晟

市人力资源和社会保障局（公务员局）

局　　长 马 百 胜
副 局 长 仁乃旺堆（藏族）
黄 绍 丽（援藏）
贺　 剑
贺 能 晟
副调研员 罗 桂 芳
边巴次仁（藏族）
费 彦 红

市住房和城乡建设局党组

书　　记 宋 留 柱
副 书 记 刘 英 俊

成　　员　赖俊峰
　　　　　齐朝辉
　　　　　高建红
　　　　　次仁卓嘎（女，藏族）

市住房和城乡建设局

局　　长　刘英俊
副 局 长　宋留柱
　　　　　赖俊峰
　　　　　齐朝辉
　　　　　高建红
　　　　　次仁卓嘎（女，藏族）
副调研员　刘小平
　　　　　扎西卓嘎（女，藏族）
　　　　　赵德勤

市水利局党组

书　　记　强巴江才（藏族）
副 书 记　韩云栓
成　　员　周根富
　　　　　腾宝亭
　　　　　觉　旦（藏族）
　　　　　霍晓露

市水利局

局　　长　韩云栓
副 局 长　觉　旦
　　　　　周根富
　　　　　腾宝亭
调 研 员　觉　旦（藏族）
　　　　　霍晓露
副调研员　罗布次仁（藏族）

市农牧局党组

书　　记　其美旺姆（女，藏族）
副 书 记　崔勇刚
成　　员　洛桑索朗（藏族）
　　　　　白玛德吉（女，藏族）
　　　　　支建辉
　　　　　左春伟
　　　　　吴新华
　　　　　普片多（女，藏族）

市农牧局

局　　长　崔勇刚
副 局 长　洛桑索朗（藏族）
　　　　　白玛德吉（女，藏族）
　　　　　支建辉
　　　　　普片多（女，藏族）
　　　　　左春伟（援藏）
　　　　　吴新华（援藏）
调 研 员　洛桑索朗（藏族）
副调研员　晋　美（藏族）
　　　　　樊亚刚
　　　　　旺　杰（藏族）

市商务局（市投资促进局）党组

书　　记　姚俊亮
副 书 记　谢玉梅（女）
成　　员　濮方正（援藏）
　　　　　索朗顿珠（藏族）

市商务局（市投资促进局）

局　　长　谢玉梅（女）
副 局 长　姚俊亮
　　　　　濮方正（援藏）
　　　　　索朗顿珠（藏族）

市卫生和计划生育委员会党组

书　　记　冯毓强
副 书 记　扎西德吉（女，藏族）
成　　员　王代君
　　　　　李方亮（援藏）
　　　　　尹美玲
　　　　　叶晓梅
　　　　　武　鸣
　　　　　王小东

市卫生和计划生育委员会

主　　任　扎西德吉（女，藏族）
副 主 任　冯毓强
　　　　　李方亮（援藏）
　　　　　尹美玲
　　　　　叶晓梅
　　　　　武　鸣

调 研 员 王代君
副调研员 王小东
格桑卓玛（女，藏族）
尼玛桑珠（藏族）

市审计局党组

书 记 赵文生（藏族）
副书记 彭 多（女，藏族）
成 员 格桑平措（藏族）
魏建华（9月任）

市审计局

局 长 彭 多（女，藏族）
副局长 赵文生（藏族）
格桑平措（藏族）
魏建华（9月任）
经济责任审计处处长
曲 松（藏族）
副调研员 黄兴奎
罗素彬（女）

市外事办党组

书 记 杨如军
副书记 高春林
扎西江村（藏族）
成 员 朱亚林

市外事办

主 任 高春林（5月免）
扎西江村（11月任）
副主任 杨如军
朱亚林
副调研员 晋美扎巴（藏族，12月任）

市新闻出版广电局党组

书 记 索 群（女，藏族）
副书记 王 巍
成 员 德吉卓嘎（女，藏族）
乐中树（援藏）
格桑顿珠（藏族）

市新闻出版广电局

局 长 王 巍
副局长 索 群（女，藏族）
乐中树（援藏）
格桑顿珠（藏族）
调 研 员 德吉卓嘎（女，藏族）
副调研员 格桑尼玛（藏族）

拉萨晚报社

总编辑 蔡新平
副总编辑 格桑多吉（藏族）
马可尼
余仲侃（援藏）
李 进（援藏）
冯继红（女）
扎西平措（藏族）

市工商局党组

书 记 扎西旺堆（藏族）
副书记 陈跃东
成 员 吴 巍（援藏）
党军奎
晋 美（藏族）
陈海元

市工商局

局 长 陈跃东
副局长 吴 巍（援藏）
党军奎
晋 美（藏族）
陈海元
调 研 员 巴 桑（藏族）
副调研员 张兄英（女）
达瓦布知（女，藏族）
卓 嘎（女，藏族）

市林业绿化局党组

书 记 占 堆（藏族）
副书记 次 达（藏族）
成 员 王学东
旦增次仁（藏族）
贺桂芹（女）
陈 礼（女）

市林业绿化局

局 长 次 达（藏族）

副局长　占　堆（藏族）
王学东
旦增次仁（藏族）
贺桂芹（女）
陈　礼（女）
副调研员　洛桑多吉（藏族）
严　芳（女）
琼　拉（藏族）

市城市管理委员会（市城市管理综合执法局）党组

书　记　杨革峰
副书记　索朗江村（藏族）
成　员　李春梅（女）
央金卓嘎（女，藏族）
李二兵
曹永忠（援藏）

市城市管理委员会（市城市管理综合执法局）

主　任　索朗江村（藏族）
副主任　杨革峰
央金卓嘎（女，藏族）
李二兵
曹永忠（援藏）
调研员　李春梅（女）
副调研员　石大庆（藏族）
龚小丽（女）

市环境保护局党组

书　记　赵世东
副书记　格桑巴珠（藏族）
成　员　德吉央宗（女，藏族）
严　刚（援藏）
王宣同（援藏）
唐丽琼（女）

市环境保护局

局　长　格桑巴珠（藏族）
副局长　赵世东
德吉央宗（女，藏族）
严　刚（援藏）
王宣同（援藏）
唐丽琼（女）

市食品药品监督管理局党组

书　记　尼玛普芝（女，藏族）
副书记　申豫东
成　员　张执明
刘　明

市食品药品监督管理局

局　长　申豫东
副局长　尼玛普芝（女，藏族）
张执明
刘　明
副调研员　卓　拥（女，藏族）
罗　静（女）

市质量技术监督局党组

书　记　次仁卓嘎（女，藏族）
成　员　西　绕（藏族）
罗雪明（援藏）
次　珍（女，藏族）
邓文胜

市质量技术监督局

局　长　次仁卓嘎（女，藏族）
副局长　西　绕（藏族）
罗雪明（援藏）
次　珍（女，藏族）
邓文胜
副调研员　翟喜玲（女）
索　红（女，藏族）

市安全生产监督管理局党组

书　记　达娃次仁（藏族）
副书记　孙文斌
成　员　何虎啸（援藏）
蔡卫旗（回族）
陈小兵（援藏）
杨　英（藏族）
胡思义

市安全生产监督管理局

局　长　孙文斌
副局长　达瓦次仁（藏族）
何虎啸（援藏）

蔡卫旗（回族）
陈小兵（援藏）
杨　英（藏族）
胡思义
副调研员　唐　艳

市信访局党组

书　记　达　娃（藏族）
副书记　罗　桑（藏族）
成　员　法德玛（女，回族）
李秀莲（女）
普布卓玛（女，藏族）

市信访局

局　长　罗　桑（藏族）
副局长　达　娃（藏族）
李秀莲（女）
普布卓玛（女，藏族）
调研员　法德玛（女，回族）
副调研员　强　巴（藏族）
何　杰

市扶贫（农发）办党组

书　记　普布顿珠（藏族）
副书记　李海云
成　员　徐丙奇（援藏）
次仁德吉（女，藏族）
王双成
皮志帅（8月任）
张晓林（8月免）

市扶贫（农发）办

主　任　李海云
副主任　普布顿珠（藏族）
徐丙奇（援藏）
次仁德吉（女，藏族）
王双成
皮志帅（12月任）
张晓林（12月免）
副调研员　米　玛（女，藏族）
杨　君（女）

市藏语委办（编译局）党组

书　记　索朗次仁（藏族，4月任）
副书记　乡　琼（藏族，10月任）
成　员　米玛旺堆（藏族）

市藏语委办（编译局）

局　长　乡　琼（藏族，10月任）
副局长　索朗次仁（藏族，4月任）
米玛旺堆（藏族）
调研员　多吉次仁（藏族，9月任）
副调研员　德吉卓玛（女，藏族）

市地震局

局　长　边巴卓玛（女，藏族）

市民服务中心党组

书　记　岳国红（女，藏族）
副书记　苗永霞（女）
成　员　米玛次仁（藏族）

市民服务中心

副主任　岳国红（女，藏族）
苗永霞
米玛次仁（藏族）
副调研员　明　玛（藏族）

布达拉宫广场管理处党支部

书　记　朱本新

布达拉宫广场管理处

副处长　朱本新

市人民防空办公室党组

书　记　普　琼（藏族）
副书记　宣利民
成　员　昌　拉

市人民防空办公室

主　任　宣利民
副主任　普　琼（藏族）
昌　拉
副调研员　降　央（藏族）
葛宏柱

市交通运输局党组

书　　记　杨小波（9月任）
副书记　扎西平措（藏族）
成　　员　杜志强
　　　　　范　健（援藏）
　　　　　侯文峰

市交通运输局

局　　长　扎西平措（藏族）
副局长　杨小波（9月任命）
　　　　　杜志强
　　　　　范　健
　　　　　侯文峰
副调研员　巴　桑（女，藏族，10月任）

市气象局党组

书　　记　王　伟（2月免）
　　　　　洛桑扎西（12月任）
副书记　陈友珍（女，藏族）
纪检组长　次仁白玛（女，藏族，5月免）
　　　　　边巴次仁（男，藏族，5月任）
成　　员　扎西达瓦（藏族）
　　　　　胡　军（女，藏族，4月免）
　　　　　强德厚（6月任）

市气象局

局　　长　陈友珍（女，藏族）
副局长　强德厚
　　　　　扎西达瓦（藏族）
　　　　　张志刚（援藏）
调研员　格烈曲扎（藏族）

市文化（文物）局党组

书　　记　白玉福
副书记　拉巴旺堆（藏族，10月任）
　　　　　卫　东（藏族，10月任）
　　　　　多吉次仁（藏族，10月免）
成　　员　元旦次仁（藏族）
　　　　　次　拥（藏族，2月任）
　　　　　赵有鹏
　　　　　姜明君（援藏，5月任）
　　　　　劲永春（藏族，10月任）

市文化（文物）局

局　　长　拉巴旺堆（藏族，11月任）
　　　　　多吉次仁（藏族，11月离）
副局长　白玉福
　　　　　卫　东
　　　　　赵有鹏
　　　　　姜明君（援藏）
　　　　　劲永春（藏族，10月任）
调研员　元旦次仁（藏族）
　　　　　次　拥（藏族）
副调研员　嘎玛坚参（藏族）

市残联

理事长　拉姆卓玛（女，藏族）
副理事长　格桑平措（藏族）

市文联

主　　席　李　铭

市国家安全局

局　　长　索朗群培（藏族）
政治部主任
　　　　　王向伟
纪委书记　田西平

市交通产业集团有限公司党委

书　　记　曹志明
副书记　马怡琼（女）
委　　员　倪　诚
　　　　　丹　旺（藏族）
　　　　　夏建军
　　　　　姜　勇

市交通产业集团有限公司

董事长　曹志明
总经理　熊　晨（普米）
副总经理　倪　诚
　　　　　丹　旺（藏族）
　　　　　夏建军
　　　　　姜　勇
　　　　　徐春林

纪委书记 马怡琼（女）
工会主席 达　瓦（藏族）

市城市建设投资经营有限公司党委
书　　记 多吉旺久（藏族）
副 书 记 格桑央宗（女，藏族）
尼　珍（女，藏族）
委　　员 达瓦次仁（藏族）
王吉祥
姚圣龙
方　民
史伯强
赵建中
普布卓嘎（女，藏族）
索朗达瓦（藏族）
边　久（藏族）

市城市建设投资经营有限公司
董 事 长 多吉旺久（藏族）
副总经理 格桑央宗（女，藏族）
副总经理、纪委书记
尼　珍（女，藏族）
副总经理 姚圣龙
方　民
索朗达瓦（藏族）
边　久（藏族）

中国人民财产保险股份有限公司拉萨市分公司党委
书　　记 赵　燕
副 书 记 普布次仁（藏族）
委　　员 张栋聪
尼玛顿珠（藏族）

中国人民财产保险股份有限公司拉萨市分公司
总 经 理 赵　燕
纪委书记、副总经理
张栋聪
副总经理 尼玛顿珠（藏族）

中国人寿保险股份有限公司西藏自治区分公司党委
副 书 记 赵晓彤
委　　员 吴　敏
杨冬云
蔡　铭

中国人寿保险股份有限公司西藏自治区分公司
副总经理 赵晓彤
纪委书记、工会主任
吴　敏

中国平安财产保险股份有限公司西藏分公司
总 经 理 王宏强
副总经理 韩少立
人事行政部经理
元卫喜

市公共安全服务有限公司
董 事 长 达　瓦（藏族）
总 经 理 江　山
副总经理 蒋玉龄
洛布顿珠（藏族）

市信用担保有限公司
董 事 长 彭叶清
副总经理 红　琴
贾新伟

布达拉宫旅游文化集团有限公司党委
书　　记 达瓦平措（藏族）
副 书 记 胡　玺
扎西江村（藏族，10月免）
委　　员 张玉龙（援藏）
邓增罗布（藏族）
德吉卓玛（女，藏族）
旺　扎（藏族，8月免）

布达拉宫旅游文化集团有限公司
董 事 长 达瓦平措（藏族）
总 经 理 胡　玺
副总经理 张玉龙（援藏）
邓增罗布（藏族）
德吉卓玛（女，藏族）

市圣地生态园林建设投资有限公司党委
书　　记 格桑卓嘎（女，藏族）

委　　员　王其洲
　　　　　易　旸
　　　　　冯　林
　　　　　何昆峰
　　　　　卓　玛

市圣地生态园林建设投资有限公司
董 事 长　格桑卓嘎（女，藏族）
总 经 理　苟明平
副总经理　王其洲
　　　　　易　旸
　　　　　冯　林
　　　　　何昆峰
　　　　　卓　玛（藏族）
　　　　　德吉卓玛（女，藏族）

市净土文化传媒有限公司
董 事 长　多　吉（藏族）
总 经 理　赤列罗布（藏族）
副总经理　胡卫民
　　　　　李　晶
　　　　　强巴云丹（藏族）
　　　　　洛桑扎西（藏族）
　　　　　余仲侃

西藏慈觉林文化创意投资有限公司
董 事 长　唐嘉宏
总 经 理　格桑罗布（藏族）
副总经理　赵　蓉

市政投建设项目代建管理有限公司
董 事 长　旦　多（藏族）
副总经理　曲　培（藏族）
　　　　　强　巴（藏族）
　　　　　吴　笛

市净土产业投资开发有限公司党委
书　　记　张进才
副 书 记　达瓦顿珠（藏族）
　　　　　德　央（女，藏族）
委　　员　纪伟师（藏族）
　　　　　刘罗山
　　　　　姜　伟
　　　　　张英楠（援藏）
　　　　　马永青
　　　　　次旦多吉（藏族）
　　　　　王正勇

市净土产业投资开发有限公司
董 事 长　张进才
总 经 理　格勒巴桑（藏族）
副总经理　纪伟师（藏族）
　　　　　刘罗山
　　　　　姜　伟
　　　　　张英楠（援藏）
　　　　　马永青
　　　　　次旦多吉（藏族）
　　　　　王正勇

市暖心燃气热力有限责任公司党委
书　　记　尼　玛（藏族）
副 书 记　达娃央金（女，藏族）
委　　员　谭　忠（援藏）
　　　　　泽　永（女，藏族）
　　　　　次仁罗布（藏族）
　　　　　王一民
　　　　　巴桑次仁（藏族）
　　　　　叶　凌

市暖心燃气热力有限责任公司
董 事 长　尼　玛（藏族）
总 经 理　闫恒功
副总经理　谭　忠（援藏）
　　　　　泽　永（女，藏族）
　　　　　次仁罗布（藏族）
　　　　　王一民
　　　　　巴桑次仁（藏族）
　　　　　叶　凌

市柳梧新区城市投资建设发展集团有限公司
董 事 长　王万新
总 经 理　李　宾
副总经理　四郎次丁（藏族）
　　　　　蒲广明
　　　　　姚　攀

中国石油拉萨销售分公司党委
书　　记　刘　蕴
中国石油拉萨销售分公司
总 经 理　普玉塔（女，藏族）
副总经理　陆　诚
段麒虎

中国石化西藏石油分公司党委
书　　记　陈志清
中国石化西藏石油分公司
总 经 理　王　飞

市平桥投资管理有限公司
董事长、总经理
旦增拉贵（藏族）
副总经理　杨爱萍

市旅游发展委员会党组
书　　记　泽　兵（藏族）
副 书 记　陈常军
成　　员　马　健（援藏）
扎西顿珠（藏族）
倪　蓉
市旅游发展委员会
主　　任　陈常军
副 主 任　泽　兵（藏族）
马　健（援藏）
扎西顿珠（藏族）
倪　蓉
市人民医院党组
书　　记　拜有庆
副 书 记　于亚滨（女，援藏）
委　　员　刘文清
尼　玛（女，藏族）
邓明卓（援藏）
市人民医院
院　　长　于亚滨（女，援藏）
副 院 长　刘文清
尼　玛（女，藏族）
邓明卓（援藏）

中国邮政集团公司拉萨分公司党委
书　　记　陈可新
成　　员　普布扎西（藏）
刘众清（藏）
马建洲
李云贺
中国邮政集团公司拉萨分公司
总 经 理　陈可新
副总经理　普布扎西（藏）
刘众清（藏）
马建洲
李云贺

中国移动拉萨分公司党委
书　　记　罗松群培（藏族）
纪委书记　李军胜
中国移动拉萨分公司
总 经 理　罗松群培（藏族）
副总经理　卞利辉
李军胜
蒋　勇
张爽红

中国电信集团有限公司拉萨分公司党委
书　　记　丁建涛
副 书 记　土登穷穷（藏族）
委　　员　江红梅（女，藏族）
卓　嘎（女，藏族）
格桑旦增（藏族）
刘丽丽（女）
兰　利
中国电信集团有限公司拉萨分公司
总 经 理　土登穷穷（藏族）
副总经理　丁建涛
江红梅（女，藏族）
工会主席　卓　嘎（女，藏族）
副总经理　格桑旦增（藏族）
刘丽丽（女）
纪委书记　兰　利

中国联通拉萨分公司

总 经 理　陆春雷

副总经理　赵克林

　　　　　刘渝拉

中国铁塔拉萨分公司

总 经 理　尼玛炜色（藏族）

副总经理　次仁德吉（女，藏族）

市第一中等职业技术学校党委

书　　记　詹晓圣

委　　员　穷　达（藏族）

　　　　　王艳四（援藏）

　　　　　次仁多吉（藏族）

　　　　　次仁扎西（藏族）

　　　　　罗布次仁（藏族）

市第一中等职业技术学校

校　　长　穷　达（藏族）

副 校 长　次仁多吉（藏族）

　　　　　次仁扎西（藏族）

　　　　　王艳四

　　　　　罗布次仁（藏族）

市第二中等职业技术学校党委

书　　记　朗　加（藏族）

副 书 记　龚晓堂

委　　员　朱照红（援藏）

　　　　　李　林（女，藏族）

　　　　　陈渠汇

市第二中等职业技术学校

校　　长　龚晓堂

副 校 长　朱照红（援藏）

　　　　　李　林（女，藏族）

　　　　　陈渠汇

中国银河证券股份有限公司拉萨营业部

营业部总经理

　　　　　李泽啸

东方财富证券股份有限公司西藏分公司

总 经 理　强巴云旦（藏族）

营业部总经理

　　　　　顿　珠（藏族）

中国人民银行拉萨中心支行党委

书　　记　郭振海

委　　员　赵正英

　　　　　洛桑占堆（藏族）

　　　　　朱进忠

　　　　　李玉福

　　　　　刘家荣

　　　　　普布次仁（藏族）

中国人民银行拉萨中心支行

行　　长　郭振海

纪委书记　赵正英

副 行 长　洛桑占堆（藏族）

工会主任　朱进忠

副 行 长　李玉福

　　　　　刘家荣

　　　　　普布次仁（藏族）

中国银行西藏自治区分行党委

书　　记　易光明

副 书 记　贝　西

委　　员　车献峰

　　　　　强巴卓嘎（藏族）

　　　　　谢尔京

　　　　　候建国

　　　　　陈　刚

　　　　　宋建国

中国银行西藏自治区分行

行　　长　易光明

副 行 长　贝　西

　　　　　车献峰

　　　　　强巴卓嘎（藏族）

副行长、财务总监

　　　　　谢尔京

副 行 长　候建国

副行长、风险总监

　　　　　陈　刚

纪委书记　宋建国

中国农业银行拉萨分行党委

书　　记　李　磊
副 书 记　谭喜民
委　　员　常　硕
　　　　　马　涛
　　　　　李朝勇
　　　　　达娃卓玛（女，藏族）
　　　　　王　娟
　　　　　杨　娟
　　　　　边巴旺堆（藏族）
　　　　　张任伟

中国农业银行拉萨分行

行　　长　李　磊
副 行 长　谭喜民
纪委书记　常　硕
副 行 长　马　涛
　　　　　李朝勇
　　　　　达娃卓玛（女，藏族）

中国建设银行西藏自治区分行党委

书　　记　查克健
副 书 记　王子良
委　　员　王曼村
　　　　　武青勇
　　　　　周青荣
　　　　　邓存云
　　　　　张连国
　　　　　李朝勇
　　　　　达娃卓玛（女，藏族）

中国建设银行西藏自治区分行

行　　长　查克健
副 行 长　王曼村
　　　　　武青勇
　　　　　周青荣
　　　　　邓存云
　　　　　张连国
　　　　　李朝勇

中国工商银行股份有限公司西藏自治区分行党委

书　　记　王学勇
副 书 记　格桑曲珍（女，藏族）
委　　员　刘永斌
　　　　　谢　嘉
　　　　　余志伟
　　　　　林　进
　　　　　刘　军

中国工商银行股份有限公司西藏自治区分行

行　　长　王学勇
副 行 长　格桑曲珍（女，藏族）
　　　　　刘永斌
　　　　　谢　嘉
　　　　　余志伟
副行长、纪委书记、工会主任
　　　　　林　进
副 行 长　刘　军

中国邮政储蓄银行西藏自治区分行党委

书　　记　余红永（9月免）
　　　　　叶才伦（10月任）
副 书 记　董建民
委　　员　次仁旺姆（女，藏族）
　　　　　聂清礼
　　　　　邓明武

中国邮政储蓄银行西藏自治区分行

行　　长　余红永（9月免）
　　　　　叶才伦（10月任）
副行长、工会主席
　　　　　董建民
副行长、纪委书记
　　　　　次仁旺姆（女，藏族）
副 行 长　聂清礼
　　　　　邓明武

西藏银行党委

书　　记　张　伟
副 书 记　肖　军
委　　员　田　伟
　　　　　唐泽平
　　　　　汪青云
　　　　　古勇坚

西藏银行

行　　长　肖　军

副 行 长　田　伟
　　　　　汪青云
　　　　　古勇坚
　　　　　李　军

国家开发银行西藏自治区分行党委
书　　记　胡广华
委　　员　候长军
　　　　　崔晓峰
　　　　　李　懋
　　　　　李志军
　　　　　娄文剑
　　　　　包全永
国家开发银行西藏自治区分行
行　　长　胡广华
副 行 长　候长军
　　　　　崔晓峰
　　　　　李　懋
副行长、纪委书记
　　　　　李志军
副 行 长　娄文剑
　　　　　包全永

中信银行股份有限公司拉萨分行党委
书　　记　胡天铸
委　　员　田福堂
　　　　　康　龙
　　　　　冯峻涛
纪委书记　徐久胜
中信银行股份有限公司拉萨分行
行　　长　胡天铸
副 行 长　田福堂
　　　　　康　龙
行长助理　冯峻涛
　　　　　徐久胜

民生银行拉萨分行党委
副 书 记　梁海涛（11月免，主持工作）
　　　　　侯　勇（11月任，主持工作）
纪委书记　孟　盛
委　　员　崔建平
　　　　　何　军
　　　　　谢渭源（11月任）
　　　　　孙伟承（11月任）
民生银行拉萨分行
行　　长　梁海涛（11月免）
　　　　　侯　勇（11月任）
纪委书记、副行长
　　　　　孟　盛

浦发银行拉萨分行
行　　长　白海忠
副 行 长　高海英
　　　　　殷树荣
　　　　　米玛坚参（藏族）

国家电网西藏电力有限公司党委
书　　记　朗　琼
副 书 记　龚东昌
委　　员　次仁玉珍（女，藏族）
　　　　　刘　超
　　　　　廖显春
　　　　　达娃伦珠（藏族）
　　　　　杨震涛
国家电网西藏电力有限公司
总 经 理　龚东昌
副总经理　朗　琼
　　　　　刘　超
　　　　　廖显春
　　　　　刘光辉
　　　　　达娃伦珠（藏族）
　　　　　杨震涛
　　　　　陆　斌

城关区
书　　记　果　果（藏族）
区　　长　刘　亮
人大常委会主任
　　　　　尼玛云丹（藏族）
政协主席　索朗次仁（藏族）

堆龙德庆区

书　　记　格桑平措（藏族）

区　　长　杜　　江

人大常委会主任

　　　　　杨世军

政协主席　洛桑强巴（藏族）

达孜区

书　　记　张　　干

区　　长　春　　新（藏族）

人大常委会主任

　　　　　米　　玛（女，藏族）

政协主席　赵彩娥（女）

林周县

书　　记　次仁顿珠（藏族）

县　　长　高　　军

人大常委会主任

　　　　　格旦次仁（藏族）

政协主席　格桑次仁（藏族）

墨竹工卡县

书　　记　劳明伟

县　　长　旦增尼玛（藏族）

人大常委会主任

　　　　　张尚福

政协主席　索朗桑布（藏族）

曲水县

书　　记　彭飞跃

县　　长　格桑邓珠（藏族）

人大常委会主任

　　　　　平　　措（藏族）

政协主席　邹玉明

尼木县

书　　记　杜国君

县　　长　普　　琼（藏族）

人大常委会主任

　　　　　尼玛次仁（藏族）

政协主席　赵志强

当雄县

书　　记　张　　正

县　　长　其美次仁（藏族）

人大常委会主任

　　　　　康加贵（藏族）

政协主席　次仁桑珓（藏族）

统计公报

拉萨市2017年国民经济和社会发展统计公报

拉萨市统计局

（2018年5月16日）

2017年拉萨市深入贯彻落实中共十八大、十九大精神，以习近平新时代中国特色社会主义思想为指导，紧紧围绕区市第九次党代会、区市党委九届三次全会和经济工作会议的决策部署，立足自身客观实际，坚持稳中求进、进中求好、补齐短板工作总基调，以提高发展质量和效益为中心，以供给侧结构性改革为主线，深入实施“六大战略”，积极适应引领经济新常态，全市经济继续保持平稳发展。

一、综合

区划及面积：截至2017年末，全市共有48个乡，9个镇，8个街道办；43个居民委员会，224个村民委员会。全市行政区划面积为2.95万平方公里。

人口：年末户籍人口为54.36万人，比去年末增加0.58万人。全年出生人口0.8万人，出生率为14.7‰；死亡人口0.37万人，死亡率为6.9‰。

经济增长：2017年全市实现地区生产总值（GDP）479.25亿元，比上年增长10%。其中第一产业增加值17.54亿元，增长4.5%；第二产业增加值189.38亿元，增长10.4%；第三产业增加值272.33亿元，增长10%。全年人均地区生产总值70776元，比上年增长6.5%。

产业结构：2017年三次产业比重依次为3.7∶39.5∶56.8，分别拉动经济增长0.4个、5.0个和4.6个百分点。与上年相比，第一产业比重提高0.1个百分点，第二产业比重提高1.2个百分点，第三产业比重下降1.3个百分点。

价格：2017年居民消费价格总指数（CPI）累计比上年上涨1.4%，其中食品烟酒类价格上涨0.7%。

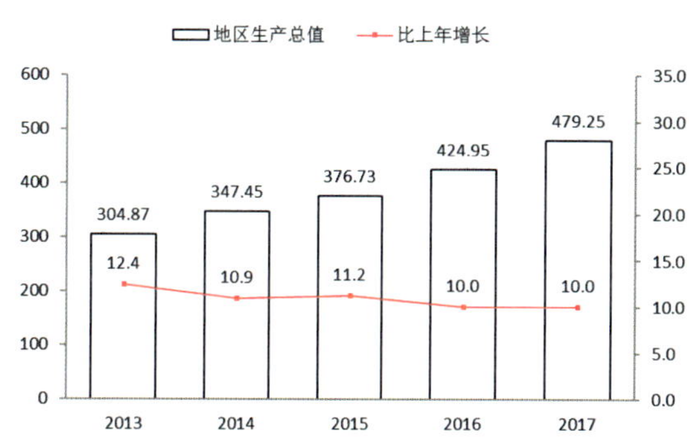

图1　2013—2017年地区生产总值及增长速度

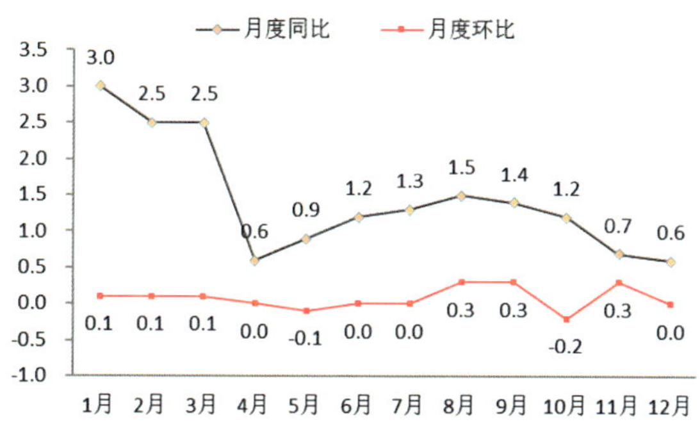

图2　2017年居民消费价格月度涨跌幅度

2017年居民消费价格总指数涨幅

表3

指标	比2016年增长（%）
居民消费价格总指数	1.4
食品烟酒	0.7
衣着	3.9
居住	2.3
生活用品及服务	–0.4

续表

指标	比2016年增长（%）
交通和通信	0.8
教育文化和娱乐	0.0
医疗保健	5.0
其他用品和服务	0.4

就业：2017年末城镇登记失业率控制在2.2%以内。

双创：出台“双创”支持政策92项，减免税收1.13亿元，柳梧新区获批国家第二批双创示范基地。同时，帮助103名高校毕业生和185名农牧民群众成功创业。

民营经济：2017年末全市工商部门登记的私营企业达17751户，增长39.6%；注册资本为2659.27亿元，增长47.7%；工商部门登记的个体户为54657户，比上年增长8.2%，注册资本为55.41亿元，增长28.2%。

二、农牧业和净土健康产业

农牧业：2017年，全市粮食产量16.78万吨，下降8.2%。全市农林牧渔业总产值28.39亿元，按可比价计算，增长7.6%。其中，农业产值11.41亿元，林业产值0.36亿元，牧业产值16.55亿元，渔业产值0.02亿元，农林牧渔服务业产值0.053亿元。

农作物种植面积：全年农作物总播种面积4.07万公顷，比上年减少0.16万公顷。粮食种植面积2.8万公顷，比上年减少0.07万公顷，其中，青稞种植面积1.98万公顷，比上年增加0.084万公顷，小麦种植面积0.74万公顷，比上年减少0.16万公顷。油菜种植面积0.32万公顷，比上年减少0.04万公顷；蔬菜种植面积0.44万公顷，比上年减少0.01万公顷。

畜禽及水产品产量：年末牲畜存栏总头数132.03万头（只、匹），其中，大牲畜存栏82.54万头，猪存栏3.91万头。肉类产量4万吨，下降3.2%；禽蛋产量0.07万吨，下降9%；奶产量9.01万吨，增长35.7%；蔬菜产量26.4万吨，增长0.9%；水产品产量0.07万吨，下降4%。

2017年主要农畜产品产量

表4

产品名称	产量（万吨）	比2016年增长（%）
粮食	16.78	–8.2
其中，青稞	11.70	–0.8
小麦	4.89	–23.0
油菜籽	0.75	–23.2
蔬菜	26.40	0.9
肉类	4.00	–3.2
其中，牛羊肉	3.93	–2.1
奶类	9.01	35.7
其中，牛奶	8.86	36.3

农机及化肥施用量：2017年末全市拥有农业机械总动力129.14万千瓦，比上年增长2.6%；全年农用化肥施用量1.12万吨，比上年下降30.5%。

净土健康产业：2017年，出台“拉萨净土”品牌使用办法，完成17类170项产品商标注册，区域公用品牌知名度不断提高；天然饮用水、奶业等产业不断壮大。完成3000家养殖示范户挂牌。

三、工业和建筑业

工业：2017年末，全市共有规模以上工业企业76家，新增3家，比上年增长4.1%；全年规模以上工业产品销售率为93.3%，比上年提高0.2个百分点。其中，国有工业企业产品销售率为100.9%，非国有工业企业产品销售率为83.9%。2017年规模以上工业增加值57.12亿元，比上年增长14.5%。

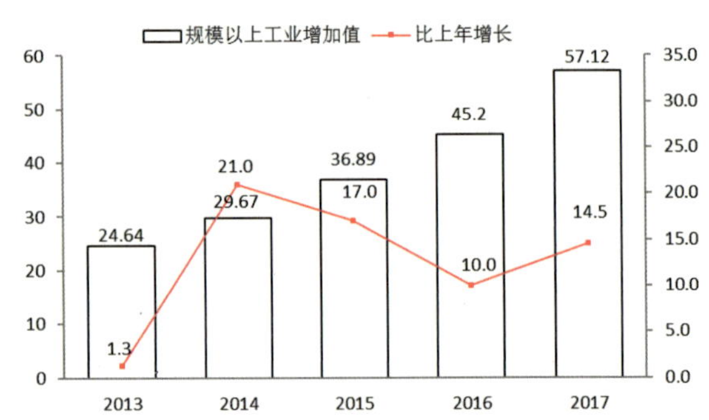

图3　2013—2017年规上工业增加值及其增长速度

2017年规模以上工业增加值分类情况

表5

指标	增加值（亿元）	比2016年增长（%）
规模以上工业企业	57.12	14.5
其中，国有企业	11.59	36.8
股份制企业	39.98	8.6
外商及港澳台商投资企业	5.51	18.5
其他经济类型企业	0.04	-31.0
其中，轻工业	18.18	4.1
重工业	38.94	20.7
其中，私营企业	18.57	4.1

2017年规模以上工业企业主要产品产量

表6

产品名称	单 位	产量	比2016年增长（%）
水泥	万吨	301.5	6.7
中成药	吨	150.2	-4.5
发电量	万千瓦小时	48956.9	14.3
啤酒	千升	152143.4	11.6
自来水	万吨	13659.0	4.0
瓶装饮用水	吨	682319.1	27.4

建筑业：2017年全市完成建筑业增加值132.6亿元，比上年增长12.3%。

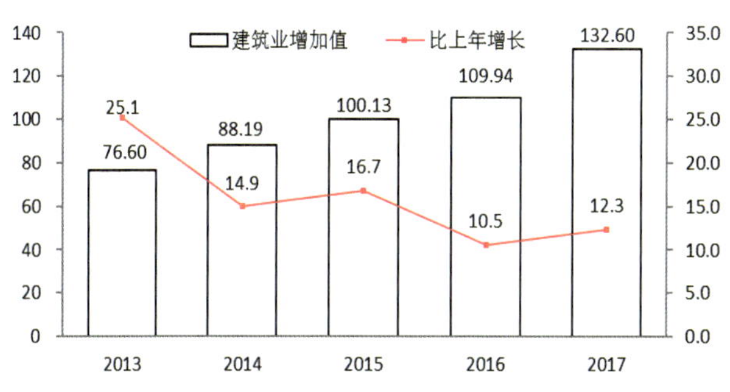

图4　2013—2017年建筑业增加值及其增长速度

四、固定资产投资

固定资产投资：2017年完成全社会固定资产投资611.73亿元，比上年增长5.1%。

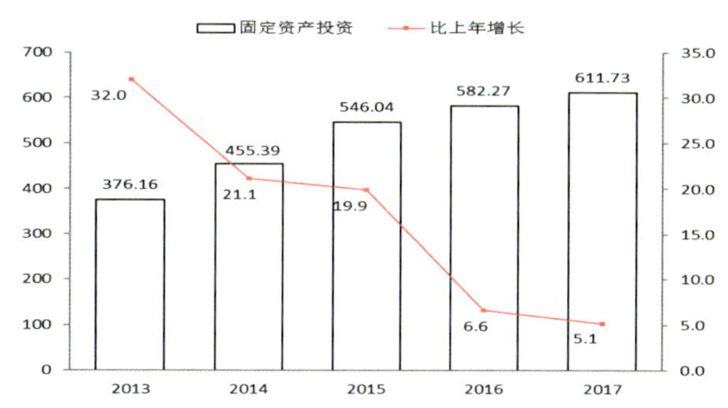

图5　2013—2017年固定资产投资额及其增长速度

固定资产投资中：国有及国有控股投资完成484.47亿元，比上年增长16.2%；民间投资完成127.25亿元，比上年下降23.3%。

分产业：第一产业投资完成34.44亿元，增长1.7%；第二产业投资完成122.70亿元，增长3.0 %；第三产业投资完成454.59亿元，增长5.9%。三次产业投资的比重依次为5.6%、20.1%和74.3%。

房地产开发：2017年末，全市房地产企业有29家，比上年减少4家。全年完成房地产开发投资28.13亿元，比上年下降36.8%。房地产开发房屋施工面积177.59万平方米，比上年下降44.1%；全年房屋竣工面积33.77万平方米，商品房销售面积35.73万平方米。

2017年全社会固定资产投资额

表7

指标	投资额（亿元）	比2016年增长（%）
全社会固定资产投资	611.73	5.1
农、林、牧、渔业	34.44	1.7
采矿业	17.09	-61.5
制造业	45.27	65.0
电力、燃气及水的生产和供应业	49.47	14.5
建筑业	10.87	170.5
批发和零售业	7.01	-16.4

续表

指标	投资额（亿元）	比2016年增长（%）
交通运输、仓储和邮政业	123.28	–18.0
住宿和餐饮业	3.91	–31.4
信息传输、计算机服务和软件业	5.38	–26.5
金融业	0.65	–60.7
房地产业	123.49	71.1
租赁和商务服务业	11.45	44.4
科学研究和技术服务	0.92	–81.0
水利、环境和公共设施管理业	75.03	–16.3
居民服务、修理和其他服务业	11.08	276.9
教育	15.58	21.2
卫生和社会工作	10.17	121.4
文化、体育和娱乐业	21.80	57.9
公共管理、社会保障和社会组织	44.84	–5.0

五、国内贸易

2017年末，全市共有限额以上企业（单位）104家，增加6家，比上年增长6.1%；全年完成社会消费品零售总额258.76亿元，比上年增长12.7%。其中，限额以上企业（单位）零售额为72.5亿元，增长6.9%，占全市社会消费品零售总额的28.0%。按经营地统计：城镇社会消费品零售额为226.63亿元，增长12.9%，乡村社会消费品零售额为32.13亿元，增长10.9%。按消费类型分：商品零售额为219.85亿元，增长12.6%；餐饮收入为38.91亿元，增长13.1%。

图6　2013—2017年社会消费品及其增长速度

六、对外经济

进出口贸易：2017年全市外贸进出口总额为44.27亿元，比上年增长7.4%。其中，出口28.59亿元，增长1.0%，进口15.68亿元，增长21.4%。

招商引资：2017年，实际落实项目335个，项目总投资1132.93亿元，实际到位资金300亿元，比上年增长11.7%。

七、交通、邮电和旅游

交通运输：截至2017年末，全市公路线路里程4166公里；建成农村道路3764.44公里。公交运营线路网长度718.2公里，年客运量为8067万人次。

2017年铁路、公路运输量与周转量

表8

指标	单位	2017年	比2016年增长（%）
货物运输量	万吨	939.8	10.9
铁　路	万吨	49.8	–8.5
公　路	万吨	890.0	12.2
货物周转量	万吨公里	717193.4	6.4
铁　路	万吨公里	289501.4	–1.0
公　路	万吨公里	427692.0	12.1
旅客运输量	万人次	569.4	12.9
铁　路	万人次	207.4	14.4
公　路	万人次	362.0	12.1
旅客周转量	万人公里	248784.6	10.0
铁　路	万人公里	117635.6	7.9
公　路	万人公里	131149.0	12.0

邮电：全年完成邮电业务总量20.26亿元，其中，邮政业务总量0.66亿元，电信业务总量19.6亿元。年末固定及移动电话用户总数达到134.68万户，其中，移动电话用户114.68万户，新增加移动

电话用户16.19万户。（说明：因2016年电信业务总量数据核算标准采用的是2010年电信业务不变单价，2017年采用的是2015年电信业务不变单价，因价格不可比，故无法直接计算增速）

旅游：2017年，接待国内外游客1606.61万人次，比上年增长17.6%。其中，入境游客16.31万人次，增长14.8%，国内游客1590.3万人次，增长17.6%。全年旅游总收入227亿元，比上年增长21.7%；旅游外汇收入9690万美元，增长27%。

八、财政和金融

财政：2017年全市完成公共财政预算收入89.63亿元，比上年增长26.6%，其中，税收收入76.41亿元，增长31.0%。增值税收入47.84亿元，增长54.0%，企业所得税收入2.24亿元，增长24%，个人所得税收入15.84亿元，增长54%。

全年执行公共财政预算支出257.47亿元，比上年增长3.7%。其中，教育支出43.46亿元，增长26%；社会保障和就业支出13.56亿元，增长2%；医疗卫生支出12.56亿元，增长18%。

金融：2017年末全市金融机构本外币各项存款余额2732.78亿元，比年初增长9.1%；本外币各项贷款余额2757.11亿元，比年初增长39.1%。人民币各项存款余额2726.28亿元，比年初增长9.2%；人民币各项贷款余额2754.91亿元，比年初增长39.2%。

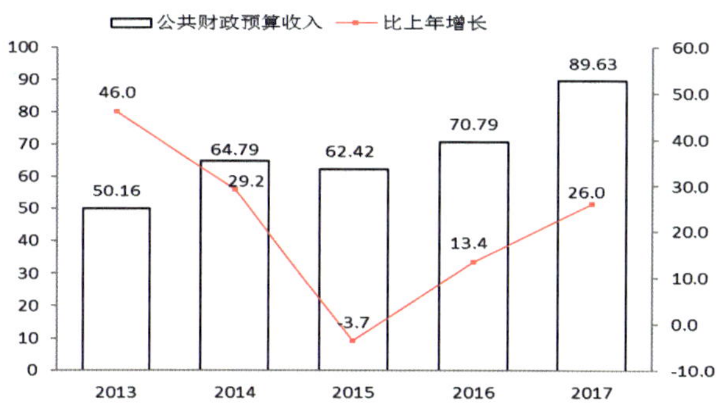

图7　2013—2017年公共财政预算收入及其增长速度

九、电力

2017年，全市共使用电力28.98亿千瓦时，增长20.4%，其中，全行业用电25.59亿千瓦时，增长21.1%，城乡居民生活用电3.39亿千瓦时，增长15.3%。

十、城市建设

2017年，拉萨环线建设完成，拉林高等级公路通车；新建、改扩建农贸市场3个。

2017年末，市区供水管道总长度为994.1公里，全年自来水公司总供水13460万立方米。全市售水量10601万立方米，其中，生产运营用水2077.9万立方米，公共服务用水2409万立方米，家庭居民用水2476.5万立方米，其他用水3370.6万立方米，免费用水267万立方米。

十一、教育、文化、卫生

教育：2017年末，全市共有高等院校1所（市属，下同），中等职业学校2所，普通中学21所，小学71所，幼儿园220所，特殊学校1所。

2017年各类学校学生数

表9　　单位：人

指　标	招生	在校生	毕业生
普通高等教育	1375	3579	898
中等职业教育	2253	6480	2024
普通高中	3507	10820	3722
初中	7699	21987	7053
普通小学	10784	57179	8561
特殊教育	32	198	33
学前教育	13766	29816	11080

全市小学学龄儿童纯入学率达99.93%，毛入学率达104.35%，巩固率达99.76%；初中生毛入学率达103.85%，巩固率保持在99.5%。

文化：2017年末，全市共有艺术表演团12个，博物馆6个。全市广播综合人口覆盖率为98.41%，电视综合人口覆盖率为98.93%。制作《驻藏大臣》

《吉祥拉萨》等纪录片。

卫生：2017年末全市共有卫生机构486个，其中，医院28家，卫生院52家，诊所、卫生所186家，疾病预防控制中心（防疫站）10家。全市实际开放床位数3817张，每千人拥有医疗床位5.5张。各类卫生技术人员5442人，其中执业（助理）医师2552人，每千人拥有卫生技术人员7.91人。

十二、环境保护和安全生产

环境监测：2017年拉萨市空气优良天数为361天，全年空气优良率达98.9%，全年PM2.5的平均浓度为20ug/，空气质量优良率排名全国前列。集中式饮用水水源地水质符合《地下水质质量标准》（GB/T 14848—1993）中III类或优于III类标准；全市国控断面水质符合《地表水环境质量标准》（GB 3838—2002）表1中III类水标准限值。

安全生产：2017年亿元GDP生产安全事故死亡人数为0.15人/亿元。全年各类安全生产事故198起，死亡71人，分别比上年下降7.0%和5.3%，其中，道路交通事故143起，死亡57人，分别比上年下降13.9%和10.9%；工矿商贸事故12起，死亡14人。

十三、人民生活和社会保障

人民生活：2017年，城镇居民人均可支配收入32408元，比上年增长10.3%，农牧民人均可支配收入12994元，比上年增长13.5%。城镇居民与农牧民收入比为2.49：1。

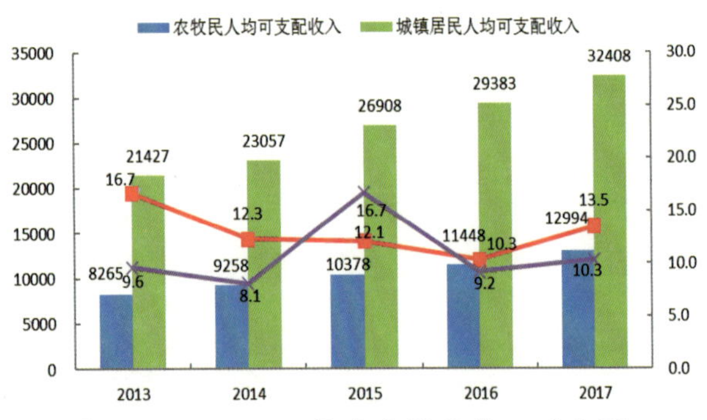

图8 2013—2017年城乡居民收入对比图

社会保障：市属年末参加城乡居民基本养老保险人数21.76万人，增加0.09万人；参加城镇职工基本养老保险人数4.55万人，增加0.49万人；参加城镇居民基本医疗保险人数7.06万人，增加0.29万人；参加城镇职工基本医疗保险6.48万人，增加0.85万人。参加失业保险人数2.97万人，增加1.47万人。参加工伤保险人数7.03万人，增加2.03万人，参加生育保险人数4.99万人，增加0.75万人。城镇居民最低生活保障人数为1.16万人，农牧民最低生活保障人数为1.84万人。全市农村救济供养人数为1213人，其中集中供养人数为880人。城乡医疗救助人数为8775人。

说明：

1. 本公报数据为快报数据。

2. 地区生产总值及各产业（行业）增加值指标绝对数按现价计算，增长速度按可比价格计算。

3. 对外经济、交通、邮电、旅游、财政、金融、文化、卫生、教育、社会保障、农业、物价、收入等方面的数据均由相关职能部门提供。

4. 规模以上工业企业是指年主营业务收入2000万元及以上的全部工业企业法人；限额以上批发企业是指年主营业务收入在2000万元及以上的批发业企业，限额以上零售企业是指年主营业务收入在500万元及以上的零售业企业，限额以上住宿餐饮企业是指年主营业务收入在200万元及以上的住宿餐饮业企业。

政府规范性文件

拉萨市小微企业创业创新基地城市示范建设中央专项资金管理实施细则

第一条　为规范国家小微企业“两创示范”中央专项资金的管理和使用，有力有序推进我市小微企业创业创新基地城市示范工作，根据《中小企业发展专项资金管理暂行办法》（财建〔2015〕458号）和《拉萨市小微企业创业创新基地城市示范工作方案》等文件要求，特制定本细则。

第二条　本细则所称的国家小微企业“两创示范”中央专项资金（以下简称“专项资金”），是指通过中央财政预算安排，用于支持我市小微企业创业创新基地城市示范工作的专项资金。专项资金的管理和使用应当遵循公开透明、公平公正、突出重点、注重绩效、加强监督的原则，实行科学化、精细化管理，确保专项资金规范、安全、高效使用。中央专项资金可根据项目实际情况与地方资金统筹使用。

第三条　市财政局会同工信、科技、商务、工商等部门确定专项资金支持重点。财政局负责专项资金的预算管理和资金拨付，并对专项资金的管理情况和实施效果等开展预算监管和绩效管理。

第四条　专项资金支持范围包括：

（一）小微企业创新空间建设（包括众创空间、创业创新基地、孵化器、商贸集聚区的改造提升、商业街区的打造、农贸市场的升级改造等）；

（二）小微企业创业创新服务平台建设（包括综合服务中心、科技综合服务中心、大数据信息网络服务平台、检验检测服务中心、产品交易和会展服务平台、电商服务平台、人力资源服务平台、研发服务平台、数据统计监测服务平台等）；

（三）小微企业创业创新服务体系建设（包括投融资体系、科技支撑、人才保障、集成政策体系、优化服务环境、企业成长、商标品牌、特色产业、脱贫攻坚、用好援藏机制）；

（四）其他符合政策规定的促进我市小微企业创业创新的工作。专项资金不得用于基地楼堂馆所工程支出。

第五条　专项资金支持对象主要是：

（一）创新空间（含众创空间、创业创新基地、孵化器、商贸集聚区的改造提升、商业街区的打造、农贸市场的升级改造）的建设、运营或者管理主体；

（二）各类创新创业服务机构；

（三）科技型中小微企业；

（四）其他符合政策规定的创业创新主体。

上述支持对象要求为拉萨市行政区域内注册的具有独立法人资格的企事业单位、社会团体和民办非企业单位。

第六条　专项资金通过竞争立项、据实据效、风险测算、规划分配等方式分配，采用无偿资助（补助、奖励）、投资补助、贷款贴息、引导性投入、购买服务、切块下达等多种方式支持小微企业创业创新城市示范工作的开展。

第七条　市级主管部门依据实施细则并结合当年工作实际牵头编制专项资金年度申报计划，组织各口的项目申报工作。申报指南应明确申报条件、资助标准、申报资料、申报程序等事项。项目申报应按属地管理和自下而上逐级申报的原则，由符合申报条件的单位向县、区主管部门提出申请，经县、区主管部门会同当地财政部门初审后，择优推荐上报市级主管部门。

第八条　市级主管部门负责对上报项目进行审

查，组织专家开展项目评审论证并视具体情况可委托第三方机构对项目预算进行审计。根据评审结果和实际需要，会同市财政局进行现场验收。

根据绩效评价结果采用奖励等后补助形式支持的项目可视具体情况采取审核的方式，不再开展项目评审。

市委、市政府重大决策项目原则上依据论证结果，可按规划分配的方式予以支持。

第九条 市级主管部门根据项目预算评审（审核）结果、审计结果和现场验收情况，提出拟立项建议方案报请单位领导审定并按相关要求进行项目公示。

第十条 市级主管部门按照相关要求书面提出专项资金安排计划函告市“两创”示范办审定后，市财政局按照专项资金审批相关规定办理资金拨付手续。

第十一条 专项资金原则上拨付到市（中）直相关部门和县区财政部门，由市（中）直相关部门和县区财政部门按照要求转拨项目实施单位。

第十二条 市级主管部门应确保专项资金安排项目的合法性、真实性和客观性并在项目执行期间组织开展项目实施管理，跟踪监督绩效目标，对实施不力以及偏离绩效目标的项目采取措施进行整改。

第十三条 项目实施完成后，市级主管部门牵头对项目实施情况、资金使用情况进行总结验收，组织开展项目绩效评价，并报市财政局备案；市财政局会同市级主管部门或委托第三方评审机构采取抽查方式跟踪审计项目实施情况，对绩效考评差的项目实施单位2年内不得申请中央、自治区及市级相关专项资金。

第十四条 任何单位和个人均应严格按规定使用专项资金，不得以任何理由、任何形式骗取、截留、挤占、挪用及违规使用专项资金。对违反资金管理规定的依照《财政违法行为处罚处分条例》处理。涉嫌犯罪的，依法移交司法机关管理。

第十五条 按照“明确方向、额度下达、项目备案、绩效评价”的分配原则，对小微企业“两创示范”引领作用较强的市（中）直相关部门和县区，可采取切块下达专项资金予以支持。市（中）直相关部门和县区可参照本细则对专项资金中切块下达部分进行管理，组织开展本级小微企业“两创示范”工作，并将项目安排、资金使用和支出绩效评价情况及时报送市财政局和市级主管部门备案。

第十六条 本细则由市财政局负责解释。

第十七条 本细则由发布之日起施行，至2018年12月31日有效。

拉萨市小微企业创业创新基地城市示范建设地方配套专项资金管理实施细则

第一章　总则

第一条　为贯彻落实《中小企业发展专项资金管理暂行办法》（财建〔2015〕458号）和《拉萨市小微企业创业创新基地城市示范建设工作方案》等相关文件要求，鼓励本市（中）直和县区相关单位积极开展“两创示范”工作，确保圆满完成“两创示范”各项目标任务，特设立拉萨市小微企业创业创新基地城市示范地方配套专项资金。

第二条　本细则所称的拉萨市小微企业创业创新基地城市示范地方配套专项资金（以下简称“配套专项资金”），是指2016—2018年期间，为开展“两创示范”工作配套专项的资金。配套专项资金为每年由市、县（区）两级整合的配套资金。

第二章　管理职责及分工

第三条　市财政局负责协调解决“两创示范”工作配套专项资金的分配。市财政局是配套资金的业务主管部门，市“两创示范”办是配套资金的监督部门。

第四条　市财政局的主要职责：

（一）审核配套资金年度使用计划、年度支出及年终决算；

（二）制定《配套专项资金管理办法》操作规程；

（三）聘请第三方评估机构，对“两创示范”配套资金的使用情况进行评估；

（四）落实各项扶持政策，及时下达资金，并加强对专项资金的管理；

（五）监督检查配套资金的管理和使用情况；

（六）负责组织对配套资金进行绩效评价。

第五条　配套资金扶持的单位称为项目承担单位，项目承担单位的责任是：

（一）编制项目投资预算；

（二）按照国家、自治区及拉萨市有关财务管理要求，对获得的配套资金进行专项财务管理、核算；

（三）接受有关部门对配套资金使用情况的监督检查、验收和审计；

（四）按要求提供配套资金使用情况和项目执行情况的报告及相关财务报表。

第三章　配套对象及项目时间范围

第六条　配套资金只用于本办法第二条所规定的“两创示范”工作的配套扶持。

第七条　配套资金扶持对象为两类：

（一）承担“两创示范”专项的项目牵头单位；

（二）承担“两创示范”专项的项目参与单位。

第八条　配套资金受理的项目时间范围为2016年1月1日以后获国家、自治区、拉萨市批复立项的“两创”示范项目。

第四章　配套方式、条件和标准

第九条　配套资金采取事后补助的扶持方式。

第十条　申请配套资金的项目，应当同时具备下列条件：

（一）属于本办法第二条规定的“两创示范”工作；

（二）已获得国家、自治区、拉萨市批复立项的“两创示范”项目。

第十一条　配套资金的配套标准。配套资金的配套比例按“两创示范”专项的具体项目要求而定。组织单位有明确配套要求和配套比例的，按项目要求的比例予以配套，所有项目最高不超过1：1比例匹配；组织单位有明确配套要求，但没有明确配套比例的，按获批项目实际情况予以补贴，最高不超过50%的比例匹配。

第五章 申请和审批

第十二条 配套资金由项目承担单位即项目牵头单位和项目参与单位分别向市“两创示范”办提出申请。

第十三条 配套资金审批程序如下：

（一）项目单位向市财政局申请；

（二）市财政局相关科室对项目资金进行审核。

（三）市财政局各科室审核后，下达资金到项目单位，由项目单位具体兑付至实施主体；

（四）市财政局委托第三方评估机构对配套资金使用情况进行评估，本细则中所指的第三方机构，均为自治区财政厅备案的中介机构。其中涉及基建项目的评审，由市财政局投资评审中心入围的公司担任。

第六章 资金使用管理和监管

第十四条 项目单位要严格按照本细则规定及配套资金使用计划使用资金，严禁超范围超标准支出。

第十五条 市“两创示范”办和市财政局，对配套资金预算执行、使用及管理等情况实行监督管理。

第十六条 获得配套资金项目单位，应当定期向市财政局、市“两创示范”办报送项目建设进展和资金使用情况报告。

第十七条 市财政局、市“两创示范”办委托第三方评审机构负责对配套资金项目进行绩效评价和跟踪审计，并将资金项目绩效评价情况和审计结果书面报送市委、市政府；其中，针对配套项目资金的管理和使用情况进行重点检查，并将重点检查情况书面反馈给市财政局、市“两创示范”办。

第十八条 项目建设单位要对配套资金严格管理，如发现项目承担单位在配套资金的使用和管理上弄虚作假或有违规行为，监管单位有权终止配套资金的拨付，并追回已拨付的配套资金，情节严重的，按国家有关规定追究项目承担单位的法律责任。

第七章 附则

第十九条 本细则由市财政局负责解释。

第二十条 本细则自发布之日起实施，至2018年12月31日停止。

拉萨市征收集体土地预留安置发展用地管理办法（试行）

第一条　为切实保障被征地农民长远生计，维护被征地群众合法权益，实现经济社会和谐发展，根据《土地管理法》、《国土资源部关于进一步做好征地管理工作的通知》（国土资发〔2010〕96号）等相关规定，结合我市实际，制定本办法。

第二条　本办法所称的征收农村集体经济组织土地所需的预留安置发展用地（以下简称“预留安置发展用地”），是指在拉萨市辖区内，在符合土地利用总体规划和城市总体规划的前提下，国家征收农村集体土地时，按实际征收土地面积的一定比例，预留给被征地集体经济组织用于安置被征地群众生产生活需要的建设用地。

第三条　预留安置发展用地选址应当遵循以下原则：

（一）符合土地利用总体规划及城乡规划，界址清楚，无权属纠纷；

（二）各县（区）人民政府与被征地农村集体经济组织共同协商确定，村委会代表农村集体经济组织对预留地进行管理、经营。安置房建设一律由政府统一规划。未经批准，不得将预留安置发展用地转让。

（三）根据产业分类分别向规划功能区、城镇社区集中。

第四条　预留安置发展用地不高于实际征收农村集体经济组织土地面积的10%，征收面积以土地征收补偿协议明确的面积为准。对一次征收农村集体经济组织土地面积较小的，预留安置发展用地指标可以累积，村委会根据情况适时申请办理用地手续。但符合下列情况之一的不安排预留安置发展用地，采取折算货币方式补偿：

（一）被征地农村集体经济组织选择折算货币补偿而放弃预留安置发展用地的；

（二）被征地农村集体经济组织所属土地范围内，没有符合土地利用总体规划、城乡规划可供选址安排作为预留安置发展用地的；

（三）被征地农村集体经济组织提出的预留安置发展用地选址方案不符合土地利用总体规划或城市、乡镇规划确定的建设用地安排，在与县（区）人民政府充分协商后仍不能达成一致的。

第五条　预留安置发展用地应当依法转为建设用地，新增建设用地有偿使用费由政府承担。预留安置发展用地原则上保留集体土地性质；在城镇规划区范围内的预留安置发展用地可征收为国有土地，农村集体经济组织可根据实际，申请以出让方式供地，出让方式和出让金收取标准由各县（区）人民政府制定，报市政府批准后执行。

预留安置发展用地必须纳入土地利用年度计划，严格土地用途，使用预留安置发展用地须依法办理建设用地规划许可及农用地转用、征收和供地审批手续。建设用地规划许可证、土地使用证书上备注村（组）集体“安置发展用地”字样

第六条　预留安置发展用地的土地用途，应优先考虑安置区建设，剩余土地指标纳入发展用地；发展用地应根据城市规划用途确定，主要用于村（组）集体经济组织发展二、三产业及群众生产用地。预留发展用地原则上不得进行合作开发，如确需进行合作开发建设的，必须报县（区）人民政府审批。

第七条　取得预留安置发展用地土地使用权后，村（组）集体经济组织必须在两年内开发建设，并按规划实施项目开发建设。

第八条　预留安置发展用地折算货币补偿的，具体标准由各县（区）人民政府按照本地区平均土地收益和经济社会发展水平自行制定，并报拉萨市人民政府审批后，征地时一并补偿。

第九条　已分配给被征地农村集体经济组织的预留安置发展用地指标不得转让；各县（区）人民政府在征得被征地农村集体经济组织同意的前提

下，可以协商购回该预留用地指标。

用于核定预留安置发展用地指标的原征地项目不获批准的，该预留用地指标自动失效。

第十条 预留安置发展用地应当以被征地农村集体经济组织的名义进行登记，不得以个人名义登记。严禁将预留安置发展用地分配到本村村民。

第十一条 转让、出租、抵押国有预留安置发展用地使用权，须经本村集体经济组织村民会议的同意，流转方案应在本集体经济组织范围内公示15日。

预留安置发展用地使用权出让、转让、出租或作价入股、出资与他人合作、联营等形式用于经营性项目和工业用地的，应当参照国有土地使用权公开交易的程序和办法，通过土地交易市场招标、拍卖、挂牌等方式进行，收益扣除相关税费后全额返给原集体经济组织。但本农村集体经济组织全（独）资注册成立的公司、企业使用预留安置发展用地的除外。

第十二条 农村集体经济组织获得的预留安置发展用地土地收益，属农村集体资金，应纳入农村集体财产统一管理，专项用于集体公共设施、公益事业建设、社会保障支出和集体经济组织发展生产，并定期向本集体经济组织成员公开收取和使用情况，接受监督。

第十三条 预留安置发展用地不影响征地补偿，不得因实施预留安置发展用地降低征地补偿标准。

第十四条 大中型水利水电工程项目建设征地，按照国家《大中型水利水电工程建设征地补偿和移民安置条例》有关规定执行。

第十五条 本办法自2017年2月1日起施行。

拉萨市拥军优属规定

第一条　为了做好拥军优属工作，促进国防现代化建设，推进军民融合深度发展，根据《中华人民共和国国防法》《中华人民共和国兵役法》和《军人抚恤优待条例》，结合本市实际，制定本规定。

第二条　市、县（区）应当按规定成立拥军优属、拥政爱民工作领导小组办公室（以下简称双拥工作领导小组），双拥工作领导小组办公室设在本级民政部门，负责辖区双拥工作的组织、指导、协调和督促、检查。

双拥工作在市、县（区）人民政府领导下，由各级民政部门负责协调和组织实施。

第三条　本市中国人民解放军和中国人民武装警察部队的现役军人、现役军人家属、伤残军人、复员军人、退伍军人、烈士遗属、因公牺牲军人遗属、病故军人遗属、参战退役人员等，依照有关法律、法规和本规定享受抚恤优待。

第四条　国家机关、社会团体、企业事业单位以及其他经济组织、城乡基层群众性自治组织和公民应当依照本规定履行各自的职责和义务。

第五条　本市各单位应当制定拥军优属规划、措施和制度，把拥军优属工作纳入领导任期目标管理，作为考核干部政绩、评选先进的重要内容。

第六条　本市各单位应当把拥军优属作为国防教育的一项重要内容。教育、文化和新闻单位应当加强拥军优属的宣传教育，增强全民的国防意识和支持部队建设的责任感，树立拥军优属人人有责的观念，形成爱国拥军的良好社会风尚。

第七条　广泛开展创建双拥模范城（县）和争创双拥先进单位、先进个人活动。各单位应当与驻军结成共建对子，开展军民共建社会主义精神文明活动。

第八条　市、县（区）人民政府应当结合本地实际，符合本市户外广告规划，在本地区繁华地段、交通要道等显著位置设立永久性双拥工作宣传牌。

第九条　市、县（区）人民政府和有关部门应当切实保障驻军部队粮油、水电、燃料、副食品和日常生活用品的供应；积极支持和配合部队完成军事训练、战备执勤、军事演习、国防施工、营房建设等任务；协助驻军做好水、电、气、暖、道路、交通、通信等基础设施建设，改善工作和生活条件。对部队建设需要征用的土地和因建设需要涉及道路开挖、渣土运输等事项时，应当按照有关规定优先办理相关手续。

第十条　部队与地方发生矛盾和纠纷时，应当遵循“团结协商”的原则，与部队沟通协调，依法处理，不得随意报道。

第十一条　本市行政区域内驻军用国防经费建造住宅和其他营房设施的，免交城市基础设施配套费。

第十二条　邮政、通讯、交通等部门应当保证军事通信和军用物资、军事人员输送的畅通。

第十三条　军用车辆在本市行政区域内的各种公路、桥梁行驶或者公共停车场停放时，免收相关费用。

第十四条　市、县（区）各单位不得向驻军摊派各种费用。

第十五条　驻地附近有公共体育、文化活动场所的，在不影响驻地群众正常工作生活的前提下，可向驻军提供日常训练和开展文体活动的场地。

第十六条　市教育、人力资源和社会保障等部门应当从职业培训等方面帮助驻军做好军地两用人才的培训工作，市人力资源和社会保障等部门应当以免费或者发放培训补贴的形式积极做好自主择业军转干部、军烈属、现役军人配偶、复员军人、退役军人的技能培训工作，并免费为其提供技能鉴定服务。

第十七条　现役军人、伤残军人、军队离退休干部到本市旅游部门管理的所属公园、旅游景点等处参观，凭有效证件，享受免费或者半价优惠。

第十八条　火车站、长途汽车站、医院、银行、邮政、电信、移动等窗口行业应当对现役军人、残疾军人设立优先办理窗口，常态提供优先办理业务。

伤残军人凭有效证件购买火车票时应当按照规定享受半价优惠；伤残军人、现役军人持有效证件免费乘坐本市公共交通汽车。

第十九条　符合随军条件的现役军人家属、军转干部随迁随调家属，由公安机关优先办理落户手续。

随军前是在编在岗的公务员和事业单位工作人员的随军家属，按照属地管理、专业对口、就地就近原则，在编制职数范围内由接收单位结合本单位和本人实际情况，按照有关规定进行安置。接收单位明确人员后，应当在1年内办理接收手续。

随军前在中央和地方实行垂直管理单位工作的随军家属，是公务员、事业单位在编人员的，参照相关规定进行安置。

随军家属符合企业单位招聘条件的，同等条件下鼓励企业优先聘用，并给予企业发放奖金和补贴资金。

第二十条　在国家机关、社会团体、企事业单位工作的残疾军人，享受与所在单位工伤人员同等的生活福利和医疗待遇。有劳动能力的残疾退役士兵，优先享受国家规定的残疾人就业优惠政策。所在单位不得以残疾为由将其辞退、解聘或者解除劳动关系。

第二十一条　退役士兵、残疾军人、烈士子女、因公牺牲军人子女、一至四级残疾军人子女、现役军人子女，可享受本市入学入托等教育优待优惠。

第二十二条　现役军人和配偶分居两地的，其配偶按照国家规定享受探亲假；探亲期间的工资照发，劳动保险福利待遇不变。

第二十三条　各级人民政府和有关部门应当积极鼓励和扶持随军家属自主择业、自主创业。各级人民政府和有关部门应当鼓励随军家属根据其特长、就业意向和社会用工需求，积极参加职业培训。

随军家属经培训并参加职业技能鉴定合格的，发放相应的职业资格证书。

第二十四条　对从事个体经营的军人家属，有关部门应当优先办理相关手续，确有困难的，酌情减免有关费用。

第二十五条　本市各单位对享受国家定期抚恤和生活补助的优抚对象和现役军人家属的工作、生活应当给予优先照顾，确保其工资、退休费足额按时发放，及时缴纳养老、基本医疗等社会保险和住房公积金；在人事制度改革中，应当妥善安置上述人员的工作和生活；所在单位发生特殊经济困难，上述人员的工作和生活得不到保障的，由所在单位的主管部门负责解决。

第二十六条　优抚对象符合城乡最低生活保障条件的，优先纳入城乡低保范围。优抚对象的抚恤补助优待金不计入收入范围。

第二十七条　对本市享受国家抚恤、生活补助和城乡困难优抚对象，参照城镇困难群体供暖补贴政策标准，享受供暖补贴政策。

第二十八条　居住在城镇的优抚对象因住房困难的，可以优先租用保障性住房。本市各部门可以根据实际情况适当减免有关费用；居住在农村住房破旧的，可以使用各级人民政府下拨的专款，结合群众帮工建房，有关部门应当减免相关费用。

第二十九条　各级人民政府和有关部门对军队转业干部和退伍军人应当妥善安置，进行培训，合理使用。对服役时间较长、贡献较大、职务较高或者长期在艰苦地区工作的转业干部、士官，在安置中应当给予照顾。

第三十条　各单位对市、县（区）人民政府下达的接收安置转业、退伍军人的任务，应当按规定完成。

第三十一条　各级人民政府和有关部门应当落实各项优抚政策。对按照政策规定享受国家定期抚恤和生活补助的残疾军人、在乡老复员军人、带病回乡退伍军人、烈士遗属、因公牺牲军人遗属、病故军人遗属、参战（参试）退役人员、60周岁以上农村籍退役士兵，由市、县（区）民政部门按照不低于国家规定的标准给予定期抚恤和生活补助，并确保抚恤和生活补助经费与社会经济发展相适应，优抚对象的生活水平与本市人民群众的生活水平同步提高。

第三十二条　各级人民政府应当根据需要及时调整抚恤补助和优待标准，保证优抚对象生活达到或者略高于当地居民平均生活水平。

第三十三条　市、县（区）应当将军转干部等退役军人的军龄计为所在单位的连续工龄，部队生源定向西藏委培生（通过入学考试，从部队录取到西藏所属高等院校学习，毕业后由组织人事部门分配派遣到本市工作的人员）入学至毕业时间计为连续工龄，所计连续工龄视同社会保险缴费年限，享受本单位同等人员的同等待遇。

第三十四条　对在拥军优属工作中做出显著成绩的单位和个人，由各级人民政府或者双拥工作领导小组给予表彰、奖励。

第三十五条　对违反本规定，不履行拥军优属职责和义务的单位或者个人，由市、县（区）双拥工作领导小组办公室责令改正；对拒不改正的，由其上级主管机关或者有关主管部门对直接负责的主管人员和其他直接责任人员，视情形给予批评教育、行政处分和纪律处分。

第三十六条　本规定自2017年5月1日施行。2002年6月4日下发的《拉萨市拥军优属规定》（拉政发〔2002〕39号）同时废止。

拉萨市人民政府工作规则

（2017年4月28日拉萨市第十一届人民政府第2次全体会议通过）

第一章 总则

第一条 为规范行政权力运行，提高政府工作效能，根据《中华人民共和国宪法》《中华人民共和国地方各级人民代表大会和地方各级人民政府组织法》和《关于新形势下党内政治生活的若干准则》《中国共产党党内监督条例》，参照《国务院工作规则》《西藏自治区人民政府工作规则》，结合本市实际，制定本规则。

第二条 拉萨市人民政府（以下简称市政府）工作的指导思想是：在自治区党委、政府和市委的坚强领导下，以党的十八大和十八届三中、四中、五中、六中全会精神为指导，深入贯彻落实习近平总书记系列重要讲话精神和治国理政新理念新思想新战略、特别是治边稳藏重要战略思想，深入贯彻落实中央第六次西藏工作座谈会和区市第九次党代会精神，坚持依法治藏、富民兴藏、长期建藏、凝聚人心、夯实基础的重要原则，坚持以人民为中心的发展思想，坚持和完善“六大战略”，牢固树立创新、协调、绿色、开放、共享的发展理念，把长足发展和长治久安作为总目标，把维护祖国统一、加强民族团结作为工作的着眼点和着力点，把改善民生、凝聚人心作为经济社会发展的出发点和落脚点，把供给侧结构性改革作为经济工作的主线，全面正确履行经济调节、市场监管、社会管理、公共服务、环境保护、安全生产等职能，创造良好发展环境，提供基本均等公共服务，维护社会公平正义，为充分发挥首府城市首位度作用、建设团结美丽健康幸福新拉萨而努力奋斗。

第三条 市政府工作的准则是：全面贯彻落实党的路线方针政策、自治区党委、政府和市委重大决策部署，自觉接受市人大及其常委会的监督和政协的民主监督，严格遵守宪法和法律法规，执政为民，依法行政，实事求是，民主公开，务实清廉。

第四条 市政府要全面深化改革，依法推进改革，加快政府职能转变，推进简政放权、放管结合、优化服务改革，形成权界清晰、分工合理、权责一致、运转高效、法治保障的机构职能体系，努力建设职能科学、结构优化、廉洁高效、人民满意的服务型政府。

第二章 坚持党的领导

第五条 始终对以习近平同志为核心的党中央绝对忠诚，在思想上拥戴核心、政治上信赖核心、组织上忠诚核心、行动上捍卫核心，用对以习近平同志为核心的党中央绝对忠诚的实际行动，做好我市改革发展稳定各项工作。

第六条 牢固树立政治意识、大局意识、核心意识、看齐意识，主动向党中央看齐，向党的核心看齐，向党的理论和路线方针政策看齐，向党中央和区市党委决策部署看齐，做到党中央提倡的坚决响应、党中央决定的坚决执行、党中央禁止的坚决不做，自觉在思想上政治上行动上同以习近平同志为核心的党中央保持高度一致。

第七条 毫不动摇地坚持党的领导，坚持党的基本理论、基本路线、基本纲领、基本经验、基本要求，坚定中国特色社会主义道路自信、理论自信、制度自信、文化自信，对自治区党委、政府和市委的部署要求坚定不移地贯彻、毫不迟疑地执行、千方百计地落实。

市政府要自觉接受市委的领导，重大事项和重要情况及时向市委请示报告，政府重大决策出台前向市人大及其常委会报告。经市委同意，重大情况及时向自治区人民政府请示报告。

第三章　组成人员职责

第八条　市政府由下列人员组成：市长、常务副市长、副市长、秘书长，各委员会主任、各局局长。

第九条　市政府实行市长负责制，市长领导并主持市政府全面工作。常务副市长、副市长、秘书长协助市长工作，各司其职、各负其责，顾全大局、分工协作。市长出访或休假期间，可指定1名常务副市长主持工作。

第十条　秘书长在市长领导下，负责处理市政府日常工作，主持政府办公厅全面工作。副秘书长受秘书长委托，协助市长、常务副市长、副市长工作。

第十一条　市政府各组成部门在市政府领导下依法履行职能，实行主任、局长负责制，由各委员会主任、各局局长负责本部门的工作。

第十二条　市审计局在市长和上一级审计机关领导下，依照法律规定独立行使审计监督职能，不受其他行政机关、社会团体和个人的干涉。

第四章　坚持依法行政

第十三条　市政府及各部门要自觉维护宪法和法律权威，带头执行法律法规和规章，坚持法定职责必须为、法无授权不可为，运用法治思维和法治方式促进改革创新，加快建设法治政府。

第十四条　市政府根据经济社会发展的需要，适时向市人大及其常委会提出地方性法规议案，制定政府规章和规范性文件，及时修改或废止不适应改革和经济社会发展要求的政府规章、规范性文件。

提请市政府讨论的地方性法规草案和审议的政府规章草案由报请立项的部门起草，由市政府法制办审查。政府规章的解释工作由市政府法制办承办。

政府规章应当自公布之日起30日内，由市政府法制机构依照立法法和《法规规章备案条例》的规定向有关机关备案。对政府规章进行立法后评估，发现问题及时完善。

第十五条　市政府及各部门的规范性文件要与国家法律法规相符合，不得违反上位法，不得超越职权范围。市政府及各部门制定的规范性文件，应当经过政府法制部门或部门法制机构的合法性审查，并经集体讨论决定。各部门制定的规范性文件，要按照规定报市政府备案。

要严格合法性审查，规范性文件不得设定行政许可、行政处罚、行政强制等事项，不得违法增加公民、法人和其他组织的义务，不得侵犯公民、法人和其他组织的合法权益。

第十六条　市政府各部门要完善执法程序，明确执法主体，

落实执法责任制，健全执法人员管理制度，加强执法监督，规范行政执法行为，做到有法必依、执法必严、违法必究，促进严格规范公正文明执法，维护公共利益、人民权益和社会秩序。

第五章　科学民主依法决策

第十七条　市政府领导及组成人员要经常深入实际、深入基层、深入群众、深入一线，开展调查研究，了解实情，密切同各族群众的联系，使决策建立在广泛调研的基础上，每年深入基层时间不少于45天，撰写不少于1篇调查报告。

第十八条　市政府及各部门要完善行政决策程序规则，把公众参与、专家论证、风险评估、合法性审查和集体讨论决定作为重大行政决策的法定程序，确保决策制度科学、程序正当、过程公开、责任明确。

建立重大决策合法性审查机制，未经合法性审查或经审查不合法的，不得提交讨论。

第十九条　严格执行“三重一大”（重大决策、重要干部任免、重大项目安排和大额度资金使用）集体决策和请示报告制度，凡涉及制定或调整各类总体规划和专项规划、编制财政预决算草案、政府重大投资项目（计划）、重要国有资产处置、重要资源配置、重要编制和干部任免、大额财政性资金和社会公共资金使用及制度安排、社会分配调节、保障和改善民生、创新社会治理的重大举措等关系全局的重大事项，必须提交政府全体会议或政府常务会议讨论和决定。

需要提交市委决策的事项，必须及时请示报告。

第二十条　各县（区）人民政府、市政府各部

门提请市政府研究决定的重大事项，都必须经过深入调查研究，并经研究、咨询机构等进行合法性、必要性、科学性、可行性和可控性评估论证；涉及相关部门的，应当充分协商；涉及重大公共利益和公众权益、容易引发社会稳定问题的，要进行社会稳定风险评估，并采取听证会、论证会等多种形式听取各方面意见。

第二十一条　市政府在作出重大决策前，根据需要通过多种形式，直接听取党外人士、社会团体、专家学者、社会公众等方面的意见和建议。

第六章　强化执行落实

第二十二条　市政府作出的决策决定或需要完成的重要事项，由市长全面负责组织实施。

第二十三条　市政府对年度重点工作进行任务分解，市长或常务副市长与副市长，副市长与各县（区）人民政府、市政府各部门之间签订目标任务责任书，实行责任制考核并落实奖惩。

第二十四条　各县（区）政府、市政府各部门必须坚决贯彻自治区党委、政府和市委的决策部署，及时跟踪和报告执行情况。要切实增强执行力，拿出“说办就办、马上就办、办就办好”的工作劲头，一抓到底、抓出成效，推动各项工作提档加速、取得实效。

第二十五条　政府办公厅要加强督促检查，完善督查制度，建立健全督查责任追究制，定期对市政府重大决策和重点工作等落实情况及时跟踪督查，并向市政府报告，确保事事有着落、件件有回音。

第二十六条　各县（区）人民政府、市政府各部门在重大决策执行过程中，要跟踪决策的实施情况，了解利益相关方和社会公众对决策实施的意见和建议，全面评估决策执行效果，及时调整完善，重要事项及时向市政府报告。

第二十七条　市政府及各部门要推行绩效管理制度和行政问责制度，加大对重大决策部署落实、部门职责履行、重点工作推进以及自身建设等方面的考核奖惩力度。

第七章　强化行政权力的制约和监督

第二十八条　市政府要坚决贯彻落实自治区党委、政府和市委决策部署，自觉接受市人大及其常委会的监督，认真执行向市人大及其常委会报告工作制度，接受市人大及其常委会的询问和质询，及时研究办理人大代表的议案和意见建议；自觉接受市政协的民主监督，及时研究办理政协委员的提案，虚心听取政协委员的意见建议；接受社会各界和新闻舆论的监督，不断改进工作。

第二十九条　完善政府内部层级监督，自觉接受监察、审计等部门的专门监督，改进上级机关对下级机关的监督，建立常态化监督制度。

第三十条　市政府各部门要依照有关法律的规定接受人民法院依法实施的监督，做好行政应诉工作，尊重并自觉履行人民法院的生效判决、裁定。做好行政复议工作，依法及时化解行政争议。

第三十一条　市政府及各部门要重视信访工作。市政府领导及各部门负责人要亲自阅批重要的群众来信，督促解决重大信访问题。

第三十二条　坚持以公开为常态、不公开为例外原则，推进行政决策公开、执行公开、管理公开、服务公开和结果公开，以公开促落实，以公开促规范，以公开促服务。

第三十三条　市政府全体会议、市政府常务会议讨论决定的事项，市政府及各部门制定的政策，除依法需要保密的外，应按照政府信息公开要求和程序予以公布。

第八章　会议制度

第三十四条　市政府实行市政府全体会议、市政府常务会议、市长办公会议和市政府专题会议制度。

第三十五条　市政府全体会议由市长、常务副市长、副市长、秘书长，委员会主任、局长组成，由市长召集和主持。全体会议的主要任务是：

（一）传达贯彻党中央、国务院和自治区党委、政府、市委的重要指示、决定及区市人大的重要决议；

（二）讨论提请人大审议的政府工作报告等重要报告草案；

（三）研究通报分析经济社会发展形势；

（四）决定和部署市政府的重要工作；

（五）讨论决定市政府的重大事项；

（六）讨论其他需要全体会议决定的事项。

市政府全体会议一般每半年召开一次，根据需要可安排各县区、有关部门和单位主要负责人及市政府副秘书长列席会议。

第三十六条　市政府常务会议由市长、常务副市长、副市长、秘书长组成，由市长召集和主持。常务会议主要任务是：

（一）贯彻党中央、国务院以及自治区党委、政府和市委的重大决策、决定、重要工作部署、重要会议精神；讨论向区市党委或自治区人民政府的重要请示报告；

（二）制定和调整国民经济和社会发展中长期规划及年度计划、重要的区域规划、城市发展总体规划、土地利用总体规划、土地征收、自然资源开发利用和生态环境保护规划、产业发展总体规划；

（三）经济布局和产业结构的调整优化、产业政策导向、经济体制改革、国有企业改制等重大经济发展政策和涉外事务、民族宗教等社会管理重要事务；

（四）制定和调整重大民生保障项目和政策措施；

（五）审议本级预算、决算草案，审议本级预算调整方案，决定本级预算预备费动用方案，审议预算执行中重大事项资金安排方案；

（六）讨论通过地方性法规草案，审议政府规章和重要规范性文件；

（七）研究市政府各部门机构改革方案和部门重大职能职责修订和调整；

（八）研究涉及全市全局或重要领域的工作；

（九）讨论其他需要常务会议研究的事项。下列事项经市政府常务会议研究通过后报市委常委会审议：

1、基础设施、重点工程等重大项目建设和投资项目安排，重大脱贫攻坚项目安排，计划外追加投资项目及重大工程变更、重大招商引资项目安排、重要物资设施设备的采购处置等事项；

2、1000万元以上政府较大额的投资计划，市级贷款1亿元以上建设项目；

3、市属企业2000万元以上的资产处置和资产5000万元以上的企业改制方案；

4、县（区）人民政府、市政府各部门请示市政府的重要事项。

政府常务会议原则上每半个月召开一次，根据需要可安排有关部门、单位主要负责人及市政府副秘书长列席会议。

第三十七条　市长办公会议由市长召集和主持，相关常务副市长、副市长，秘书长、相关副秘书长，相关部门、单位、县（区）人民政府主要负责人参加。

市长办公会议根据需要由市长确定召开。主要任务是：

（一）研究讨论市政府重点工作推进或需要统筹协调的涉及全市的重大事项；

（二）沟通重要情况；

（三）深入研究重点难点问题。

第三十八条　市政府专题会议由市长、常务副市长或副市长召集和主持，相关部门、单位和县（区）人民政府负责人参加，主要研究协调处理分管工作范围内的重要事项；市本级年初预算已安排用于中央和自治区投资项目的配套资金，300万元以内的。

第三十九条　市政府全体会议、政府常务会议、市长办公会议、政府专题会议的议题由会议主持人确定。对需要提交政府全体会议、政府常务会议且涉及多部门工作的议题，分管负责人要先行召开专题会议进行协调，形成一致意见后再提交政府全体会议或政府常务会议审议，切实提高议事的针对性和决策质量。未经专题会充分沟通协商的议题，不予提交政府全体会议、政府常务会议讨论。

政府全体会议、政府常务会议、市长办公会议和政府专题会议的组织服务工作由政府办公厅负责，会议议题和材料一般于会前一天送达与会人员。

第四十条　市政府组成人员不能出席政府全体会议或政府常务会议的，向市长请假。政府全体会议其他组成人员或政府常务会议列席人员请假，由政府办公厅向市长报告。

第四十一条　政府全体会议、政府常务会议、市长办公会议和政府专题会议形成的纪要，由会议主持人签发。

第四十二条　需要以市政府名义召开的全市性专项工作会议，必须按规定报请市委批准。

第四十三条　对市政府及各部门召开的工作会议，要严格审批，减少数量，控制规模。应由各部门召开的全市性会议，不以市政府或政府办公厅名义召开，不邀请县（区）人民政府主要负责人出席，确需邀请的须报市政府批准。市政府领导一般不出席部门的工作会议。全市性会议应尽可能采用视频会议形式召开。各类会议都要充分准备，提高效率和质量，重在解决问题。

第九章　市级财政资金审批

第四十四条　市级财政资金（纳入本级财政预算管理的各类财政性资金）审批，应当严格遵守法律法规和相关政策的规定，符合市人大或市人大常委会批准的年度预算，遵循市长负责制，实行民主理财、科学决策、分类申报、分级审批。

第四十五条　年度预算必须报经市人大或市人大常委会批准后执行。

第四十六条　年度预算中已列入的部门基本支出和项目支出，由市财政局按进度办理拨付。

第四十七条　年度预算中用于中央和自治区投资项目的配套资金，在下一年编制预算过程中由预算单位提出，经市政府研究决定后，由市财政局列入年初预算（草案）。

第四十八条　调整预算的审批权限及程序：

（一）年度预算执行中一律不安排超预算支出，确因工作需要追加的人员和公用等日常支出的资金，由市财政局按照财政资金管理规定提出建议，报分管财政工作的副市长同意后进行审批。确因工作需要追加的项目支出的资金，统一由市财政局提出建议报市政府审定。金额在200万元以内的，由分管副市长和分管财政工作的副市长审批；200—1000万元的，由分管副市长和分管财政工作的副市长提出意见后报市长审批；1000万元以上的，由市政府市长办公会议或市政府常务会议研究确定。金额在1000万元以上，用于特急项目的，由分管财政工作的副市长提出意见后报市长先行审批，事后在市政府市长办公会议或市政府常务会议上通报。

（二）各级预算预备费的动用方案，由本级政府财政部门提出，报分管财政工作的副市长和市长同意后，报市政府决定。

第四十九条　财政性资金借付的审批权限及程序：严格控制新增财政对外借款。对于年度预算执行中确需新增的支出项目，应按规定通过动支预备费或调整当年预算解决，不得对外借款。对于确需出借的临时急需款项，应严格按规定，由市财政局提出借款方案，经分管财政工作的副市长和市长同意后，报市政府常务会议决定。

第五十条　所有财政资金的使用单位，都必须自觉接受市人大的监督，以及市财政局、市审计局的检查或审计。

第五十一条　财政部门要加强对财政资金归集使用的监督，进行定期和不定期检查，确保财政资金的安全，提高财政资金使用的效益和透明度。

第五十二条　对财政资金的归集使用实行严格的责任追究制度，对监管中发现的问题要及时纠正，分清责任，依法依规处理。

第十章　公文审批

第五十三条　各县（区）人民政府、市政府各部门报送市政府的公文，应当符合《党政机关公文处理工作条例》的规定。除市政府领导交办事项和必须直接报送的绝密事项外，一般不得直接向市政府领导个人报送公文。

请示性公文应由主要负责人签发，一事一请，不得多头主报，不得越级上报。请示内容涉及其他部门职权的，必须主动与相关部门充分协商，由主办部门主要负责人与相关部门主要负责人会签或联合报市政府审批。部门之间有分歧的，主办部门主要负责人要主动协商；协商后仍不能取得一致意见的，主办部门应列明各方理据，提出办理建议，与相关部门主要负责人会签后报市政府决定。

第五十四条　各县（区）人民政府、市政府各部门报送市政府的公文，由政府办公厅按领导分工呈批，重大事项必须呈报市长审批决定。

第五十五条　政府办公厅按有关规定严格各类收文的办理时限。急件、特急件立即办理；传阅件一般在收文后的当天送出；一般程序性的办件，在收文后的1个工作日内报出或转出；需要写签报的办件，在收文后的3个工作日内报出；需核实、了解情况并需写签报的办件，一般要在1周内报出；涉及问题比较复杂的办件，根据实际情况确定办理时间，但承办人要按程序报告；政府领导出差或出访时，承办人员要及时与领导联络员联系，并向秘书长或副秘书长报告。

无特殊原因造成拖延、积压、错处文件的，视情按有关规定作出处理。

第五十六条　市政府要求各部门办理的文件，须在规定时间内及时办理并按程序上报，因不负责任贻误工作的，视情按有关规定处理。

第五十七条　市政府领导要及时批阅文件，不得造成文件积压，急件要在当日处理；一般文件2个工作日内处理；超过时限的，要作出说明。

第五十八条　市政府制定的规章、发布的决定和命令、人事任免、向市人大或市人大常委会提出的议案和报送自治区人民政府的公文，由市长签署。

第五十九条　以市政府名义发文，经分管领导、秘书长审核后，由市长签发。

以政府办公厅名义发文，由秘书长签发；如有必要，报分管领导签发或市长签发。

第六十条　精简文件简报，凡法律、法规和规章已作出明确规定的，一律不再制发文件。没有实质内容、可发可不发的文件简报，一律不发，一般性工作会议不发纪要。属部门职权范围内的事务、应由部门自行发文或联合发文的，不再由市政府批转或政府办公厅转发。

第六十一条　市政府及各部门要建立健全电子公文传输系统，有序推进电子公文传输，逐步减少纸质公文数量。

第十一章　工作纪律

第六十二条　市政府组成人员要坚决贯彻执行党和国家的路线方针政策，认真落实国务院和自治区党委、政府、市委工作部署，严格遵守纪律，有令必行、有禁必止，雷厉风行、立说立行。

第六十三条　市政府组成人员必须维护市政府集体权威，坚决执行市政府的决定，任何人无权更改集体作出的决定。如有不同意见可在市政府会议上提出，在没有重新作出决定前，不得有任何与市政府决定相违背的言论和行为；代表市政府发表讲话或文章，个人发表涉及未经市政府研究决定的重大问题及事项的讲话或文章，事先须经市政府同意。

第六十四条　市政府组成人员要严格执行请销假制度。市长出差、出访、休假、学习，按自治区要求报备。常务副市长、副市长、秘书长出差、出访、休假、学习，须提前向市长请假并书面报告市委。市政府各部门主要负责人出差、出访、休假、学习，须提前向政府办公厅书面报告，由政府办公厅向市长和分管领导报告。

第六十五条　市政府实行领导交叉代管工作制度。市政府领导外出、休假或工作冲突时，应告知市政府秘书长，由市政府秘书长按照交叉代管工作制度或视情安排另外的领导同志代行职责。互为交叉代管的领导同志、副市长与协助工作的副秘书长原则上不同时出差、休假。

第六十六条　市政府各部门发布涉及政府重要工作部署、经济社会发展重要问题的信息，要经过严格审定，重大情况要及时向市政府报告。

第六十七条　市政府组成人员要严格遵守保密纪律和外事纪律，严禁泄露国家秘密、工作秘密或因履行职责掌握的商业秘密等，坚决维护国家的安全、荣誉和利益。

第十二章　廉政和作风建设

第六十八条　市政府及各部门要严格执行中央“八项规定”精神和区党委“约法十章”“九项要求”、市委“八项要求”，把党风廉政建设贯彻落实到政府各项工作中，深入学习贯彻习近平总书记系列重要讲话精神和以习近平同志为核心的党中央决策部署，深入推进从严治党和反腐倡廉建设，严格执行《关于新形势下党内政治生活的若干准则》和《中国共产党党内监督条例》，坚持用制度管权管事管人，坚持依法用权、正确用权、干净用权，营造风清气正的政务环境，全面推进廉洁政府建设。

第六十九条　市政府及各部门要从严治政。对职权范围内的事项要按程序和时限负责办理，对不符合规定的事项要坚持原则；对因推诿、拖延等官僚作风及不作为、乱作为、失职、渎职造成影响和损失的，要追究责任；对越权办事、以权谋私等违规、违纪、违法行为，要严肃查处。

第七十条　市政府及各部门要严格执行财经纪律，艰苦奋斗、勤俭节约，坚决制止奢侈浪费，严格执行住房、办公用房、车辆配备等方面的规定，严格控制差旅、会议经费等一般性支出，切实降低行政成本，建设节约型机关。

严格执行因公出国（境）的相关规定。改革和规范公务接待工作，不得违反规定用公款送礼和宴请，不得接受和赠送纪念品、土特产。严格控制和规范会议、论坛、庆典、节会等活动。各类会议活动经费要全部纳入预算管理。

第七十一条　市政府组成人员要廉洁从政，严格执行领导干部重大事项报告制度，不得利用职权和职务影响为本人或特定关系人谋取不正当利益；不得违反规定干预或插手市场经济活动；注重家庭、家教、家风，加强对亲属和身边工作人员的教育和约束，决不允许搞特权。

第七十二条　市政府组成人员要做学习的表率，发扬理论联系实际作风，不断提高领导能力和工作水平。市政府及各部门要建立健全学习制度，建设学习型机关。

第七十三条　市政府领导到基层考察调研，要严格落实中央八项规定精神和区党委“约法十章”“九项要求”、市委“八项要求”，轻车简从，减少陪同，简化接待，不迎来送往，减轻基层负担。

第七十四条　市政府领导不为地方、单位、企业、个人或各类风景名胜区、建筑物、出版物、工程项目、商业活动、商业牌匾、产品等题词、题字，不为出版物作序。因特殊情况确需题词、题字或作序的，主办地方或单位需按程序报批。

第七十五条　市政府领导出席会议活动、到基层考察调研的新闻报道和外事活动安排，按有关规定办理。

第七十六条　市政府工作部门、派出机构、驻外办事机构、议事协调机构、直属事业单位适用本规则。驻市中直单位可参照本规则执行。

拉萨市人民政府关于进一步推进户籍度改革的实施意见（试行）

根据《国务院关于进一步推进户籍制度改革的意见》（国发〔2014〕25号）和《西藏自治区人民政府关于进一步推进户籍制度改革的实施意见》（藏政发〔2016〕54号），为积极适应新形势下户籍制度改革新要求，有序引导农牧业转移人口和其他常住人口在城镇落户，扎实推进城镇基本公共服务常住人口全覆盖，助推新型城镇化建设步伐，结合我市实际，提出如下实施意见。

一、总体要求

（一）指导思想。坚持以邓小平理论、“三个代表”重要思想、科学发展观为指导，贯彻落实习近平总书记系列重要讲话精神，特别是“治国必治边，治边先稳藏”的重要战略思想，坚持依法治藏、富民兴藏、长期建藏、凝聚人心、夯实基础的重要原则，充分发挥首府城市首位度作用，围绕实施党建统市、环境立市、文化兴市、产业强市、民生安市、依法治市“六大战略”，积极适应新型城镇化需求，全面落实国务院和自治区户籍制度改革部署要求，统筹全市综合承载能力，放宽和规范户籍管理政策，提升公共服务和社会保障能力，积极引导农牧业人口和其他常住人口有序向城镇转移，推进各类转移人口市民化，全面推进全市工业化、信息化、城镇化和农牧业现代化协同发展。

（二）基本原则

——积极稳妥，规范有序。立足本市市情，找准功能定位，优先解决存量，有序引导增量，合理引导农牧业转移人口和其他常住人口落户城镇的预期和选择。

——以人为本，公平共享。尊重群众意愿，尊重城乡居民自主定居意愿，合理引导人口流动，坚持机会均等、权利平等，依法保障区内外符合条件人员在我市落户的需求。

——因地制宜，分类管理。着力完善流动人口落户的管理相关配套政策和管理制度，统筹推进户籍制度改革和新型城镇化，促进城乡发展与产业支撑、充分考虑当地经济社会发展水平、城镇综合承载能力和提供基本公共服务的能力，实施差别化落户政策，激发全市城镇化发展潜力。

——依法遵规，宽严相济。严把户籍审批关，严格落实相关法律、法规、政策在现行法律框架内，着力提升“便民、利民、为民”的服务理念。

——统筹规划，综合保障。不断扩大教育、就业、医疗、养老、住房保障等城镇基本公共服务覆盖面，建立与户籍制度改革相配套的公共服务和社会保障体系，推进基本公共服务常住人口均等化、全覆盖。

——维护社会稳定、促进民族团结。立足本市市情，全面贯彻党的民族政策，积极促进各民族交往交流交融，巩固和发展平等、团结、互助、和谐的社会主义民族关系，确保边疆稳固，确保拉萨市社会持续稳定、长期稳定、全面稳定。

（三）工作目标。通过进一步调整和完善户口迁移政策，放宽全市城乡落户条件，统一城乡户口登记制度，全面推行居住证制度，加快建设和共享全市人口基础信息库，稳步推进义务教育、就业服务、基本养老、基本医疗卫生、计划生育、住房保障等城镇基本公共服务覆盖全部常住人口。到2020年，基本形成以经常居住地登记户口为基本形式、依法保障公民权利，以人为本、科学高效、规范有序的新型户籍制度，通过户籍改革，进一步推动精准扶贫工作，实现中央、自治区要求农业转移人口和其他常住人口落户城镇的工作目标。

二、进一步调整户口迁移政策

（一）全面放开县城区及建制镇落户限制。凡在我市县城区及建制镇有合法稳定住所（含租赁）的人员，本人及其共同居住生活的配偶、未成年子女、父母根据本人意愿在当地申请登记常住户口。

（二）有序放开中心城区落户限制。凡在市区具有合法稳定就业和合法稳定住所（含租赁）的人员，本人及其共同居住生活的配偶、未成年子女、父母、可以在当地申请登记常住户口。实行区域差别落户，老城区稳妥推进户籍改革。

三、优先解决存量

1.户籍在拉萨的居民，其不满七周岁的孙子（女）或外孙子（女）可随其落户。

2.夫妻之间投靠到城市落户，不受居住年限限制，可在当地申请登记常住户口；父母投靠其成年子女在城市落户，不受年龄限制，可在当地申请登记常住户口。

3.高校毕业生、技术工人、职业院校毕业生、留学归国人员可在就（创）业地申请登记常住户口。农（牧）村（区）籍高校学生实行来去自由落户政策，高校录取的农（牧）村（区）籍学生可根据本人意愿，将户口迁至高校所在地；毕业后可根据本人意愿将户口迁回原籍地或迁入就（创）业地。

4.在城镇就业居住5年以上或区内户籍自发搬迁人员举家迁移的农（牧）业转移人口实行居住地进城落户政策。

四、有序引导增量

1.新生儿（包括超生育政策和非婚生育）应在出生后3个月内，由其父母或监护人持《出生医学证明》、父母的《居民户口簿》《结婚证》（未婚的不需提供）等证明材料向新生儿父亲或母亲常住户口所在地派出所申报出生登记。严禁将户籍登记与社会抚养费征收、落实长效节育措施相挂钩。

2.自愿落户城镇的区内农（牧）民原籍土地（草场、林地）仍在承包期内的，在中央未出台相关政策前，保留其承包经营权、宅基地使用权（包括地上房屋）、集体收益分配权。

五、创新人口管理

（一）建立城乡统一的户口登记制度。取消农业户口与非农业户口性质区分，建立城乡统一的户口登记制度，统一登记为居民户口。建立健全与统一城乡户口登记制度相适应的教育、卫生计生、就业、社保、住房、土地及人口统计制度。按照自治区户籍先行、配套政策跟上的思路，迅速启动户口一元化改登工作。

（二）全面推行和完善居住证制度。根据国务院出台的《居住证暂行条例》，在居住地居住半年以上，符合有合法稳定就业、合法稳定住所、连续就读条件之一的，可申领拉萨市公安机关发放的《西藏自治区居住证》。居住证持有人享有与当地户籍人口同等的劳动就业、基本公共教育、基本医疗卫生服务、计划生育服务、公共文化服务、证照办理服务等权利。按照权责对等的原则，居住证持有人应当履行服兵役和参加民兵组织等国家和地方规定的公民义务。

（三）健全人口信息管理制度。建立健全实际居住人口登记制度，全面、准确掌握人口规模、人员结构、地区分布等情况。完善以公民身份号码为唯一标识、以人口基础信息为基准的市级实有人口基础信息库，分类完善劳动就业、教育、收入、社保、房产、税务、信用、卫生计生、婚姻、民族等信息系统，逐步实现跨部门、跨区县信息整合和共享。

六、制定相关配套政策和保障措施

（一）户籍管理。研究制定与户籍管理制定改革相适应的实施细则，推行市内户口迁移网上一站式办理，进一步简化户口迁移办理程序。

（二）教育保障。坚持深化教育体制改革与户籍制度改革相结合，切实保障农牧业转移人口及其他常住人口落户后平等接受教育的权利。将随迁子女义务教育纳入教育发展规划，随迁子女的学前教育、义务教育、高中阶段教育享受迁入地同等教育的财政保障水平。建立并完善随迁子女非义务教育阶段在藏升学就学政策。加强城镇幼儿园、普通中小学、中等职业学校基本建设，形成与城镇居民需求相协调的学校布局。

（三）健康保障。进一步提升医疗卫生保障水平，加快全市城镇医保和农牧区医疗制度无缝接轨，实现城乡基本公共卫生、计划生育、基本医疗、基本医疗保障等制度一体化。建立和完善覆盖城乡的社会养老服务体系，促进基本养老服务均等化，把进城落户农牧民完全纳入城镇住房保障体系，保障农牧业转移人口落户城镇后与原城镇人口享有同等待遇。

（四）就业促进。坚持就业优先、全面保障，制定促进农牧业转移人口及常住人口落户后就业创业优惠政策，完善就业失业登记管理制度，加大创业扶持力度，提升职业技能培训服务水平，强化《就业创业证》、职业技能培训补贴、创业贷款奖励等相关措施，促进农牧业转移劳动力就业。

（五）社会救助。统筹基本公共服务投入，完善以低保制度为核心的社会救助体系，加快城乡社会救助一体化建设，健全完善社会救助机构，多渠道筹集社会救助资金，建立与农牧业转移人口及其他常住人口落户相适应的城镇规模和公共服务覆盖能力等公共资源配置制度。

市公安局、市发改委、市教育局、市民政局、市财政局、市人社局、市国土局、市住建局、市农牧局、市卫计委、市政府法制办等部门要按照职能分工，抓紧研究制定与户籍管理制度改革相适应的配套政策和措施。各相关部门制定的配套政策，须报请拉萨市人民政府同意后实施。

七、工作要求

（一）加强组织领导。加快户籍制度改革、促进有能力在城镇稳定就业和生活的常住人口有序实现市民化，是推进新型城镇化的重要任务，事关人民群众切身利益和经济社会持续健康发展。各级人民政府、各部门要充分认识进一步推进户籍制度改革的重大意义，统一思想，加强领导，根据中央、自治区党委和市委关于推进新型城镇化的总体部署，按照国务院、自治区人民政府关于进一步推进户籍制度改革的要求，切实落实户籍制度改革的各项政策措施。

（二）加强宣传引导。全面阐释进一步推进户籍制度改革的重大意义，准确解读户籍制度改革及相关配套政策。大力宣传各地在解决农牧业转移人口及其他常住人口落户城镇、保障合法权益、提供基本公共服务等方面的好经验、好做法，合理引导社会舆论，回应群众关切，凝聚各方共识，形成改革合力，为加快推进我市户籍制度改革营造良好的社会环境。

（三）加强督导落实。市公安局、市发展改革委、市人力资源和社会保障局要会同有关部门，对各县（区）实施户籍制度改革加强跟踪评估、督查指导，确保户籍管理制度改革各项措施和工作部署落到实处、取得实效。各县（区）公安局要加强户籍管理和居民身份证管理，做好户籍制度改革的基础工作，健全人口管理队伍，严肃法纪，切实加强人口管理。

本实施意见自印发之日起试行。

拉萨市肉类蔬菜流通追溯体系管理办法

第一章 总则

第一条 为落实全市肉类、蔬菜（以下简称肉菜）经营者主体责任，强化流通溯源管理，保障消费者知情权，提升监管部门的行政效能，根据《中华人民共和国食品安全法》《中华人民共和国农产品质量安全法》《中华人民共和国消费者权益保护法》等法律法规，结合本市实际，制定本办法。

第二条 本办法所称肉类蔬菜流通追溯体系（以下简称肉菜追溯体系）是指运用现代技术手段，通过对肉菜流通各环节索票索证、购销台账的电子化，实现来源可追溯、去向可查证、责任可追究的信息化管理体系。

本办法所称流通节点是指为肉菜交易提供场所及相关服务并建立肉菜追溯体系的企业法人、个体工商户和其他组织。

第三条 在本市行政区域内建立肉菜追溯体系的定点屠宰企业、批发市场、农贸市场、市场经营者、超市、产销对接企业、冷链物流企业、团体消费单位等适用本办法。

第四条 基本原则

（一）政府推动和市场化运作原则。肉菜追溯体系由政府推动建设，后期运行维护以经营企业为主体，坚持市场化运作。

（二）统一规划和分级管理原则。本市肉菜追溯体系建设按照商务部“五统一”要求，实行统一规划、统一标准、统一建设和市、县（区）分级管理原则。

（三）强化市场准入管理原则。加大标准实施力度，督促市场主办者、经营者承担主体责任，严格按标准执行进货查验，强化市场准入管理，逐步形成来源可追溯、去向可查证、责任可追究的质量安全追溯链条。

第二章 组织领导

第五条 市政府统一领导、组织、协调全市肉菜追溯体系的建设、监督和管理。由市商务局、市食药监局、市委宣传部、市财政局、市发改委、市农牧局、市工商局、市教育局、市工信局、市质监局、市公安局、各县（区）政府、各园区管委会等部门组成拉萨市肉菜追溯体系管理领导小组。下设拉萨市肉菜流通追溯体系管理办公室（以下简称：市追溯办），办公室设在拉萨市商务局。

第六条 市追溯办及各成员单位职能：

（一）市追溯办：负责协调督导全市肉菜追溯体系的建设和运行，管理市级肉菜追溯管理平台和应急指挥中心；负责制定肉菜追溯标准和工作规章制度；负责肉菜追溯信息的对外发布公示，建立信息公开制度，向社会公布监督检查结果；负责对各单位、节点企业落实责任情况进行考核。

（二）市商务局：负责开发肉菜追溯体系软件供流通节点共享使用，并对各流通节点工作人员进行培训；负责组织开展项目建设的评审、评估、验收准备工作；负责肉菜追溯体系数据收集汇总工作。

（三）市委宣传部：负责制定宣传方案，组织媒体跟踪报道，大力宣传肉菜追溯体系建设的目的、意义和成效，提高市民的知晓度、认同度和参与度，营造良好的社会氛围，鼓励消费者通过肉菜追溯体系保障自身权益。

（四）市财政局：负责制定肉菜追溯体系建设项目资金管理办法，对专项资金使用情况进行监督；负责肉菜追溯体系建设配套资金、运行维护资金等的经费保障，包括追溯体系人员培训费、考核奖励资金、第三方运行维护费用等；配合商务部门做好上级部门考核验收的各项准备工作。

（五）市食品药品监督管理局：负责督促肉菜流通经营主体配合开展追溯体系建设；负责监督肉菜流通经营主体按要求做好进货查验、索票索证、进销台账登记、电子数据上传等工作；负责对已建设肉菜追溯体系的各节点中不按照要求规范使用各节点追溯设备的经营者予以处罚。

（六）市发改委：负责肉菜追溯体系建设项目的前期论证、立项，并负责项目验收和稽查工作。

（七）市农牧局：负责督导农口相关单位配合开展肉菜追溯体系建设；负责农产品种养殖和屠宰环节的质量监管，落实畜产品检疫检验等票据准出制度及蔬菜产地证明制度等；配合商务部门做好与肉菜追溯体系有关的对接工作。

（八）市工商局：负责督促流通领域农产品市场主体配合开展肉菜追溯子系统建设；配合食品药品监管局督促农产品市场经营主体做好肉菜进货查验、索证索票等；配合食品药品监管局督促农产品市场开办方做好肉菜进场查验。

（九）市工信局：负责肉菜追溯体系建设有关信息化建设和网络安全等方面的指导工作，协调有关部门做好信息共享与信息整合工作。

（十）市教育局：负责督导学校食堂配合开展追溯体系建设；配合市食品药品监管局指导学校食堂积极落实肉菜追溯管理的相关制度和规定。

（十一）市质监局：负责组织开展肉菜追溯体系建设所涉及的计量器具的监督管理工作；负责督促各节点经营者按要求规范使用追溯设备。

（十二）市公安局：负责依法查处阻碍公务执法及肉菜追溯体系建设工作中违法、违规的行为，确保肉菜追溯体系建设运行工作顺利开展。

（十三）各县（区）政府、各园区管委会：负责所辖范围内肉菜追溯体系建设的推进实施；负责监督管理本辖区肉菜追溯体系各节点的运行维护。

第三章 追溯体系建设

第七条 城市追溯管理平台包括肉菜经营主体、检测、交易、进销台账等基础信息数据库以及相关软件、硬件设备。

第八条 纳入肉菜追溯体系的定点屠宰企业、批发市场、农贸市场、超市、产销对接企业、冷链物流企业、团体消费单位必须主动配合肉菜流通追溯体系建设，并作为管理责任主体确保追溯系统正常有序运行。

第九条 首批纳入肉菜追溯体系的节点企业发生的追溯体系基建改造、软硬件对接和设备购置支出，由财政资金给予全额补贴。后期肉菜追溯体系建设、升级、更新，遵照“企业建设、政府扶持”的原则实施，并应通过互联网与拉萨市肉菜追溯体系互联互通。

第十条 肉菜追溯节点企业须确保有必要的信息化设施，并安排专人管理肉菜追溯体系。管理人员应具备计算机基本常识，熟悉业务流程，能熟练应用追溯子系统。

第十一条 暂未建设追溯体系的肉菜经营主体，应按有关规定，落实好肉菜进货检查验收、索票索证、进货台账登记等制度。同时，加强电子信息化建设，为下一步纳入肉菜追溯体系打下基础。

第四章 节点经营者职责

第十二条 定点屠宰场通过建立覆盖活畜进厂、屠宰、检疫、检验及肉品出厂等关键环节的全程信息管理，达到屠宰环节信息追溯要求。

（一）负责活畜进场查验和检疫登记备案工作。

（二）负责肉菜追溯数据实时传输至市级追溯管理平台。

（三）负责肉菜追溯体系相关专用设备的维护和保管。

（四）负责肉菜追溯体系运行过程中的故障报修工作。

（五）负责肉菜追溯体系运行过程中同相关职能部门的协调沟通工作。

第十三条 冷链物流企业通过建立外埠肉菜的入库、出库等关键环节的全程信息管理，达到外埠肉菜信息追溯要求。

（一）负责外埠肉菜进场查验以及登记备案工作。

（二）负责肉菜追溯数据实时传输至市级追溯管理平台。

（三）负责肉菜追溯体系相关专用设备的维护和保管。

（四）负责肉菜追溯体系运行过程中的故障报修工作。

（五）负责肉菜追溯体系运行过程中同相关职能部门的协调沟通工作。

第十四条　批发市场通过建立覆盖肉菜进场、检测及交易等关键环节的全程信息管理，达到肉菜批发信息追溯要求。

（一）负责肉菜进场查验以及登记备案工作。

（二）负责肉菜追溯数据实时传输至市级追溯管理平台。

（三）负责监督市场经营者的交易打印凭证，交易数据写入肉菜流通追溯服务卡。

（四）负责肉菜追溯体系相关专用设备的维护和保管。

（五）负责肉菜追溯体系运行过程中的故障报修工作。

（六）负责肉菜追溯体系运行过程中同相关职能部门的协调沟通工作。

第十五条　农贸市场通过溯源电子秤实现信息对接，达到农贸市场肉菜信息追溯要求。

（一）负责肉菜追溯数据实时传输至市级追溯管理平台。

（二）负责肉菜追溯体系相关专用设备的维护和保管。

（三）负责肉菜追溯体系运行过程中的故障报修工作。

（四）负责肉菜追溯体系运行过程中同相关职能部门的协调沟通工作。

第十六条　超市通过进场确认和交易凭证管理，达到超市肉菜信息追溯要求。

（一）负责肉菜进场查验以及登记工作。

（二）负责肉菜追溯数据实时传输至市级追溯管理平台。

（三）负责肉菜追溯体系相关专用设备的维护和保管。

（四）负责肉菜追溯体系运行过程中的故障报修工作。

（五）负责肉菜追溯体系运行过程中同相关职能部门的协调沟通工作。

第十七条　产销对接企业通过肉菜进场、出场信息录入，达到产销对接企业肉菜信息追溯要求。

（一）负责肉菜进出场查验以及登记工作。

（二）负责肉菜追溯数据实时传输至市级追溯管理平台。

（三）负责肉菜追溯体系相关专用设备的维护和保管。

（四）负责肉菜追溯体系运行过程中的故障报修工作。

（五）负责肉菜追溯体系运行过程中同相关职能部门的协调沟通工作。

第十八条　团体消费单位通过肉菜进货备案信息录入，达到团体消费单位肉菜信息追溯要求。

（一）负责肉菜进场验收以及登记工作。

（二）负责肉菜追溯数据实时传输至市级追溯管理平台。

（三）负责肉菜追溯体系相关专用设备的维护和保管。

（四）负责肉菜追溯体系运行过程中的故障报修工作。

（五）负责肉菜追溯体系运行过程中同相关职能部门的协调沟通工作。

第五章　溯源设备维护与管理

第十九条　由政府投入建设的各类溯源设备、设施以及网络布线和远程监控系统均属国有资产，由市追溯办与相关县（区）政府、园区管委会签订协议，作为固定资产无偿划拨给各县（区）政府、园区管委会，用于肉菜流通信息追溯管理。各单位及节点经营主体、经营户不得占为已有或挪作他用。

第二十条　由政府投入的各节点经营主体运行追溯系统所配置的软硬件设备，由节点经营主体负责维护管理，并保证设备、设施完好，保证溯源信息畅通。各节点经营主体及经营户不得损毁、丢失各类溯源设备、设施以及网络布线和远程监控系统装置，因人为因素造成溯源设备、设施损毁或丢失的，由责任方负责维修或按照成本价进行赔偿。

第二十一条　各节点经营主体具体负责溯源设备、设施的管理与维护。

（一）每台设备应有固定标识牌，包括设备名称、设备型号、设备出厂号、购置日期等信息。并由设备管理人员建立设备档案。

（二）节点经营主体负责设备的日常维护，设备使用人员要经过严格培训，应独立熟练地操作设备。所有设备在使用过程中发现有异常情况时，应立即停止使用。由节点经营主体向商务主管部门汇报，按设备的维护和检修程序申请检修。属于国家法定计量检定的设备，应按有关文件规定，送计量部门定期检定，经检定合格方可使用。

第二十二条　设备性能达不到现行标准或损坏，无法修复的按以下程序报废。

（一）节点经营主体出具书面报告，上报县（区）政府、园区管委会商务主管部门。

（二）县（区）政府、园区管委会商务主管部门会同财政部门和运维单位共同鉴定。

（三）经鉴定报废的设备由节点经营主体填写设备报废申请表报县（区）政府、园区管委会商务主管部门，批准后由财政部门核销固定资产。

第二十三条　建立运行维护队伍。通过公开招投标建立拉萨市肉菜追溯体系专业运行维护队伍，确保肉菜追溯体系有效运行。

第二十四条　落实运行维护资金。肉菜追溯系统运行维护费用包括：设备维修，网络、软件升级，电信宽带，打印单据以及纸张等管理和使用费用。

第六章　考核管理

第二十五条　为充分发挥肉菜追溯体系作用，市追溯办每年组织相关成员单位对节点企业进行考核，考核结果作为对节点企业奖励的重要依据。具体考核办法由市追溯办另行制定。

第二十六条　违反本办法规定，有下列情形之一的，限期整改：

（一）未制定系统使用制度或者指定管理人员的。

（二）未按照规定办理肉菜流通追溯服务卡等相关登记或者变更登记的。

（三）未按要求录入、上传肉菜追溯数据的。

（四）单位或者个人篡改追溯信息或者不报、瞒报、谎报、迟报、漏报、误报追溯信息的。

（五）肉类蔬菜经营者未向消费者提供载有肉菜追溯信息的销售凭证的。

（六）蓄意损毁、破坏追溯管理系统的。

第二十七条　市追溯办定期向社会公布拉萨市流通追溯体系各流通节点运行情况，对未按要求履行职责的各流通节点，经查实，按情节轻重给予媒体曝光、全市通报、停业整顿、勒令关闭等处罚，涉及刑事犯罪的移交司法部门。

第二十八条　单位或者个人恶意损毁、破坏追溯管理系统设施设备的，由县（区）政府、园区管委会相关行政管理部门按照管理权限，责令恢复原状，或按设备招标价格原价赔偿。

第七章　附则

第二十九条　追溯体系相关软硬件和流通节点操作规范应符合商务部肉类蔬菜流通追溯体系技术准则和基本要求。

第三十条　鼓励豆制品、果品、禽类、牛羊肉、水产品、粮食等经营企业按照商务部技术标准建设追溯体系。

第三十一条　本办法自印发之日起实施。

拉萨市社区戒毒康复工作实施细则

第一章 总则

第一条 为进一步加强全市社区戒毒康复工作，最大限度的教育挽救吸毒人员，帮助吸毒人员戒除毒瘾回归社会，根据《中华人民共和国禁毒法》、《戒毒条例》中共中央、国务院、国家有关部委及自治区禁毒委相关文件规定，结合我市实际，制定本细则。

第二条 社区戒毒社区康复工作坚持“以人为本、科学戒毒、综合矫治、关怀救助”的工作原则。

第三条 社区戒毒社区康复工作由政府统一领导，禁毒委员会组织、协调、指导，乡（镇）人民政府、城市街道办事处具体负责实施，综治、公安、司法、卫生计生、民政、教育、人力资源和社会保障等部门齐抓共管，以村居为基础、家庭为依托、专业组织提供指导和服务，工会、共青团、妇联和志愿者等各种社会力量广泛参与。

第四条 各县（区）及古城管委会参照区市两级禁毒委的设置成立本级禁毒委员会，增加负责综治工作的领导为禁毒委副主任。

第五条 乡（镇）人民政府、城市街道办事处成立禁毒办公室，由乡镇、街道办事处的主要负责人兼任办公室主任。综治办领导和派出所领导及各村（居）主任兼任办公室副主任，设置禁毒办公室，落实工作场所、办公设备、配备专兼职工作人员。

第六条 城关区、柳梧新区、经开区、堆龙德庆区、古城管委会、空港新区的各乡（镇）、街道办事处结合实际选择一个村（居）成立本辖区社区戒毒康复工作中心，由乡（镇）、街道办事处的综治领导兼任，派出所负责治安工作的副所长和各村（居）的主要负责人兼任副主任。林周县、达孜县、墨竹工卡县、曲水县、当雄县、尼木县以县委县府所在地成立一个社区戒毒康复工作中心，由县政法委负责禁毒工作的领导兼任社区戒毒康复工作中心主任，公安局主要领导和所在地乡镇一名主要领导兼任副主任，其余各乡镇派出所所长、乡、镇长为成员。设置社区戒毒康复中心办公室，落实工作场所、办公设备、按要求配备专兼职工作人员。

第二章 责令社区戒毒社区康复

第七条 对符合社区戒毒社区康复条件的吸毒人员，依法责令社区戒毒社区康复，出具社区戒毒康复决定书，24小时内送达本人，7日内分别送达当事人家属及其户籍所在地或现居住地社区戒毒康复中心。社区戒毒社区康复期限自报到之日起计算。

第八条 决定机关要综合考虑吸毒人员居住、生活、就业等实际情况，指定社区戒毒康复人员的户籍所在地或居住地接受社区戒毒康复。

社区戒毒社区康复人员自愿申请，并与戒毒康复场所签订协议的，可以到戒毒康复场所执行，原执行地应当与戒毒康复场所共同做好入所出所衔接和日常管理工作。

社区戒毒康复要做到既保证执行效果，又不影响社区戒毒社区康复人员的学习、工作、生活。

第九条 公安机关责令社区戒毒社区康复等相关信息应按照有关规定要求及时录入吸毒人员动态管控系统。

第三章 社区戒毒社区康复执行

第十条 社区戒毒康复人员应当在收到公安机关《责令社区戒毒/社区康复决定书》之日起15日内到社区戒毒康复中心的乡（镇）、街道办事处禁毒办公室报到，无正当理由逾期不报到的，视为拒绝接受社区戒毒康复。对拉萨市公安机关决定在本市接受社区戒毒康复的人员，由决定机关将社区戒毒社区康复人员移交执行地禁毒办公室。

第十一条　社区戒毒社区康复执行地乡（镇）、街道办事处禁毒办公室接到《责令社区戒毒/社区康复决定书》后，应组织成立社区戒毒康复工作小组，及时做好对社区戒毒社区康复人员的接收准备，落实管控措施，使社区戒毒社区康复人员第一时间有人接、有人管、有人帮、防止漏管失控。

第十二条　社区戒毒社区康复工作小组由社区戒毒康复专兼职工作人员、社区民警、社区医务人员、社区网格员、双联户户长、社区戒毒社区康复人员的家庭成员以及禁毒志愿者共同组成。负责女性社区戒毒社区康复人员的工作小组应当有女性工作人员参加。

第十三条　社区戒毒社区康复人员报到后，社区戒毒社区康复工作小组应当及时与社区戒毒社区康复人员签定《社区戒毒/社区康复协议书》，建立社区戒毒社区康复人员档案，落实社区戒毒康复工作措施。

第十四条　涉区戒毒社区康复人员档案要按照“一人一档”的要求建立，有条件的要建立电子档案。内容包括：

（一）社区戒毒/社区康复人员登记表

（二）社区戒毒/社区康复人员查处记录

（三）责令社区戒毒/社区康复决定书

（四）社区戒毒/社区康复协议书

（五）社区戒毒/社区康复工作计划

（六）社区戒毒/社区康复人员尿样检测记录

（七）社区戒毒/社区康复人员尿检通知单

（八）社区戒毒/社区康复人员变更地点审批表

（九）社区戒毒/社区康复人员外出请假审批表

（十）社区戒毒/社区康复人员外出准假通知书

（十一）社区戒毒/社区康复人员谈话记录

（十二）社区戒毒/社区康复人员劝诫书

（十三）关于终止社区戒毒/社区康复程序说明

（十四）关于中止社区戒毒/社区康复程序说明

（十五）社区戒毒/社区康复人员年度综合评估表

第十五条　社区戒毒社区康复工作小组要根据社区戒毒社区康复人员的染毒程度、经历、个人特点、生活和家庭环境等情况，制定社区戒毒社区康复计划，开展帮教、劝诫和戒毒知识辅导，提供心理辅导、职业技能培训、就业指导，以及就医援助，帮助社区戒毒社区康复人员戒除毒瘾、回归社会。对吸食海洛因成瘾人员，社区戒毒社区康复工作小组要动员、监督其参加美沙酮药物维持治疗。

第十六条　社区戒毒社区康复工作小组依据社区戒毒社区康复人员现实表现情况和吸毒检测结果，每季度对其戒毒情况进行一次评估，评估结果存入社区戒毒社区康复人员档案。

第十七条　社区戒毒社区康复工作人员要通过见面、电话等方式与社区戒毒社区康复人员保持联系，掌握其基本情况和现实表现，督促其按时报到、按规定接受吸毒检测。发现社区戒毒社区康复人员违反社区戒毒社区康复协议的，要对其进行批评教育，并报告禁毒办公室，严重违反协议的及时报告决定机关依法处理。

第十八条　社区戒毒社区康复工作人员要与社区戒毒社区康复人员家庭建立见面为主的帮教机制，定期进行谈心、家访活动（第1年每月1次、第2年每两月2次、第3年每个季度1次）。谈心、家访情况及时记录存档。

第十九条　社区民警要按期对社区戒毒社区康复人员进行定期不定时的吸毒检测。对社区戒毒人员的检测为3年内至少22次，第1年每月1次、第2年每两月2次、第3年每个季度1次。对社区康复人员的检测按照第1年每2个月一次、第2年每季度1次、第3年6个月1次。对社区戒毒社区康复人员开展吸毒检测制作《吸毒检测报告书》，检测结果记入社区戒毒社区康复人员档案，并按照要求落入吸毒人员动态管控系统。

第二十条　社区戒毒社区康复人员有正当理由，离开执行地所在县（区）3日以上的（3日以下的口头报告），由本人提出申请，填写《社区戒毒/社区康复人员外出请假审批表》，经社区戒毒康复中心批准报禁毒办公室备案后，开具《社区戒毒/社区康复人员外出准假通知书》后，方能外出，并必须按时返回销假。社区戒毒社区康复人员外出30日以上的，要按照协议规定主动到外出地公安机关进行尿检，并按期寄回尿检证明。外出时间计入社区戒毒社区康复期限。

第二十一条 社区戒毒社区康复人员被依法收监执行刑罚、采取强制性教育措施的，社区戒毒、社区康复终止。社区戒毒社区康复人员被依法拘留、逮捕的，社区戒毒社区康复中止，由羁押场所给予必要的戒毒治疗，释放后继续接受社区戒毒、社区康复。羁押时间计入社区戒毒社区康复期限。

第四章 社区戒毒社区康复变更和解除

第二十二条 吸毒成瘾人员有下列情形之一的，社区戒毒自行终止，由县级以上人民政府公安机关作出强制隔离戒毒的决定：

（一）拒绝接受社区戒毒的；

（二）在社区戒毒期间吸食、注射毒品的；

（三）严重违反社区戒毒协议的；

第二十三条 社区戒毒社区康复人员具有下列情形之一的，视为严重违反社区戒毒社区康复协议行为：

（一）逃避或者拒绝接受吸毒检测3次的；

（二）擅自离开社区戒毒社区康复执行地所在县（市、区）3次以上或者累计超过30日的。

第二十四条 被责令接受社区康复的人员拒绝接受社区康复或者严重违反社区康复协议，并再次吸毒、注射毒品被决定强制隔离戒毒的，强制隔离戒毒不得提前解除。

第二十五条 社区戒毒社区康复人员因户籍所在地或现居住地发生变化，要求变更执行地点的，应当先向接收地社区戒毒社区康复工作部门提出书面申请，填写《社区戒毒／社区康复人员变更戒毒／康复地点审批表》，并提供相关证明材料。接收地社区戒毒社区康复工作部门收到申请后，应当在7个工作日内作出是否同意接收的决定。申请人持接收地工作部门签字盖章后的审批表，向执行地提出书面申请。执行地收到申请后，7个工作日内报经所属禁毒办公室审核批准。

未经批准的，社区戒毒社区康复人员不得擅离原执行地。经批准变更地点的，原执行地应在7个工作日内，向接收地工作部门办理档案等有关材料移交手续。

第二十六条 社区戒毒社区康复人员应当自社区戒毒社区康复执行地变更之日起前往变更后的执行地报到，社区戒毒社区康复时间自报到之日起计算，无正当理由逾期不报到的，视为拒绝接受社区戒毒社区康复。

第二十七条 变更后执行地应当按照规定与社区戒毒社区康复人员重新签订社区戒毒社区康复协议，继续落实社区戒毒社区康复措施。对地点变更有争议的，报请两地共同的上一级社区戒毒社区康复工作领导小组协调解决。

第二十八条 社区戒毒社区康复人员执行地变更的，原执行地公安机关必须向变更后的公安机关通报，变更后的公安机关要及时维护、更新吸毒人员动态管控有关信息。

第二十九条 社区戒毒社区康复人员戒毒期限届满，执行地公安机关应当解除社区戒毒社区康复决定并开具《社区戒毒/社区康复通知书》，送达社区戒毒社区康复人员本人及其家属，并在7日内通知社区戒毒社区康复执行地禁毒办公室，执行地公安机关应当按照要求将有关信息录入吸毒人员动态管控系统。

第五章 社区戒毒社区康复工作人员配备

第三十条 乡（镇）、街道办事处应当至少配备1名专职或兼职干部，具体负责社区戒毒社区康复工作。按照辖区每20名吸毒人员至少配备1名专职工作人员的比例原则，配齐社区戒毒社区康复专职人员，辖区实有吸毒人员不足20名的，也应当至少配备1名专职人员。

第三十一条 社区戒毒社区康复工作人员要定期接受业务培训。新招录的社区戒毒社区康复工作人员上岗前集中进行政策、法律、法规及禁毒知识等方面的培训。

第三十二条 社区戒毒社区康复工作人员的日常管理、业务指导和工作考核由乡（镇）人民政府、城市街道办事处禁毒办公室负责。

第三十三条 社区戒毒社区康复工作人员严禁泄露社区戒毒社区康复人员相关信息。

第六章 戒毒康复人员的就业扶持和救助

第三十四条 乡（镇）人民政府、城市街道办事处和社区戒毒工作小组负责社区戒毒社区康复管理和服务，积极协调有关职能部门、社会力量，在职业技能培训和就学、就医等方面予以指导和援助，帮助戒毒康复人员解决工作生活困难。

第三十五条　公安机关负责戒毒康复人员生活就业状况的调查摸底、就业信息的登记录入工作，协助基层组织、相关部门加强戒毒康复人员的日常管理。人力资源和社会保障部门公共就业服务机构要做好戒毒康复人员就业服务工作，为符合登记条件、有就业愿望的戒毒康复人员进行登记，并提供免费的职业指导和职业介绍服务。

第三十六条　民政部门要把戒毒康复人员及其家庭列为社区服务对象，纳入专业社会工作服务范畴，做好救助工作；对符合条件的戒毒康复人员及其家庭应当按规定将其纳入最低生活保障或临时救助。

第七章　附则

第三十七条　本办法由拉萨市禁毒委员会办公室负责解释。

第三十八条　本办法自2017年7月1日起执行。

拉萨市国有企业负责人经营业绩考核试行办法

第一章 总则

第一条 为切实履行企业国有资产出资人职责，维护所有者权益，落实国有资产保值增值责任，建立有效的激励和约束机制，根据《中华人民共和国企业国有资产法》、《企业国有资产监督管理暂行条例》等法律法规，参照《西藏自治区国资委监管企业负责人经营业绩考核试行办法》，结合我市实际，制定本办法。

第二条 本办法考核的企业负责人是指经拉萨市人民政府授权由拉萨市人民政府国有资产监督管理委员会（以下简称国资委）履行出资人职责的国家出资企业（以下简称企业）的下列人员：

（一）国有独资、国有控股公司的董事长、副董事长、董事，列入拉萨市委和国资委党组管理的党委书记、总经理、监事会主席（专职）、副总经理；

（二）国有独资企业的总经理（厂长）、党委书记、副总经理（副厂长）；

（三）拉萨市委、政府和国资委任命的党委副书记、纪委书记（纪检组长）、工会主席等企业负责人。

（四）面向社会公开招聘的企业高级管理人员。

第三条 企业负责人的经营业绩，实行年度考核与任期考核相结合、结果考核与过程评价相统一、考核结果与奖惩相挂钩的考核制度。

第四条 年度经营业绩考核和任期经营业绩考核采取由国资委主任或者其授权代表与企业负责人签订经营业绩责任书的方式进行，由国资委负责组织实施考核。

第五条 企业负责人经营业绩考核应当遵循以下原则：

（一）按照国有资产保值增值、企业价值最大化以及可持续发展的要求，依法考核企业负责人经营业绩。

（二）按照企业所处的不同行业、资产经营的不同水平和主营业务等特点，实事求是，公开公正，实行竞争类、保障类、功能类分类考核。

（三）按照权责利相统一的要求，建立健全科学合理、可追溯的资产经营责任制，建立企业负责人经营业绩同激励约束机制相结合的考核制度，即业绩升、薪酬升，业绩降、薪酬降，并作为职务任免的重要依据。

（四）按照科学发展观的要求。推动企业提高战略管理、价值创造、自主创新、资源节约、环境保护和安全发展水平，不断增强企业核心竞争力和可持续发展能力，促进企业做大做强、做好做优。

（五）按照全面落实责任的要求，推动企业建立健全全员业绩考核体系，增强企业管控力和执行力，确保国有资产保值增值责任层层落实。

第二章 年度经营业绩考核

第六条 年度经营业绩考核以公历年为考核期，从考核年度的1月1日起至12月31日止。

第七条 年度经营业绩责任书包括下列内容：

（一）双方的单位名称、姓名和职务；

（二）考核内容及指标；

（三）考核与奖惩；

（四）责任书的变更、解除和终止；

（五）其他需要规定的事项。

第八条 年度经营业绩考核指标包括基本指标和分类指标。

（一）基本指标包括营业收入、利润总额、国有资产保值增值率、净资产收益率、职工（不含企业负责人）年平均收入、流动资产周转次数及国有资本经营预算完成情况等。

（二）分类指标由国资委根据企业功能定位和所处行业、发展周期等特点，综合考虑企业经营管理水平、风险控制能力等因素，由国资委制定并下达，具体指标及其权重在责任书中确定。承担保障经济社会发展、服务人民群众生活、完成特定任务或满足特定专业功能以及兼顾经济效益、社会效益、公众满意度等内容，实行分类考核。

保障类企业负责人的考核：以承担保障经济社会发展和人民群众生活服务功能为主，优先考虑社会效益，兼顾经济效益。

功能类企业负责人的考核：以完成特定任务或满足特定专业功能为主，经济效益和社会效益兼顾。

竞争类企业负责人的考核：以市场为导向，以经济效益最大化为主要目标，兼顾社会效益。

具体指标及其权重结合企业实际情况，按照“一企一策”原则在责任书中确定。

第九条　其他考核内容包括：

（一）企业负责人的在岗履职情况；

（二）党的建设、党风廉政建设、综合治理、维护稳定、信访工作、职工生产生活状况、安全生产、风险控制能力、节能减排和环境保护、全员业绩考核、承担社会公共职能、统计数据报送情况等。其他内容由国资委根据每年市委、市政府特殊任务予以增减。

第十条　年度经营业绩责任书按照下列程序签订：

（一）预报年度经营业绩考核目标建议值。每年4月底前，企业负责人依据经审计的上一年度企业财务决算报告，对上年度经营业绩考核目标的完成情况进行总结分析的同时按照年度经营业绩考核指标内容和企业发展规划及经营状况，提出年度拟完成的经营业绩考核目标建议值。考核目标建议值原则上按不低于前三年考核指标实际完成值的平均值，好于上一年实际完成值。

（二）核定年度经营业绩考核目标值。国资委根据确定的考核目标值计算方法，由国资委经营业绩考核领导小组对企业负责人的年度经营业绩考核目标建议值进行审核，并就考核目标值及有关内容同企业沟通后加以确定。

（三）由国资委主任或者其授权代表同企业负责人签订年度经营业绩责任书。

第十一条　考核指标目标值不因企业负责人任期交替而调整。

第十二条　国资委对年度经营业绩责任书执行情况实施动态监控。

（一）企业负责人每月分析企业经营、财务状况，每半年将责任书执行情况报送国资委，同时抄送本企业的监事会。

（二）建立维护稳定工作、重大生产安全事故、环境污染事故、质量事故、重大经济损失、重大法律纠纷案件、重大投融资和资产重组等重要情况的报告制度。企业发生上述情况时，企业负责人应及时向国资委书面报告，同时向本企业监事会报告。

第十三条　年度经营业绩责任书完成情况按照下列程序进行考核：

（一）每年4月底前，企业负责人依据经审计的企业财务决算报告，对上年度经营业绩考核目标的完成情况进行总结分析，并将年度总结分析报告报送国资委，同时抄送本企业的监事会。

（二）国资委依据企业财务决算审计报告可聘请中介机构对考核指标进行专项审计，结合企业负责人的经营业绩总结分析报告并听取本企业监事会的评价意见，对企业负责人的年度经营业绩考核指标的完成情况核准，形成考核与奖惩意见。

企业提供的财务决算报告中的经营业绩考核指标完成值与国资委的考核结果不一致的，要分析查找原因，讨论商定结果。意见不一致的，以考核意见为准。

（三）国资委将最终确认的企业负责人年度经营业绩考核与奖惩意见反馈给企业。对考核与奖惩意见如有异议的，可及时向国资委反映。

第十四条　企业提供的年度财务决算报告严重失真，影响考核结果的，按下列规定处理：

（一）企业第一次出现此类违规事件，取消或追缴该考核年度董事长、书记、总经理、监事会主席（专职）的绩效薪金；再次出现此类违规事件，按照干部管理权限免去上述企业负责人职务。其他责任人，由企业自行作出处理决定，并报国资委备案。

（二）对提供虚假审计报告的中介机构，企业三年内不得聘用该中介机构进行财务决算审计。

第三章 任期经营业绩考核

第十五条 任期经营业绩考核以三年为考核期，与年度考核指标和目标值相衔接，具体指标及其权重在责任书中确定。由于特殊原因需要调整的，由国资委决定。

第十六条 任期经营业绩责任书包括下列内容：

（一）双方的单位名称、姓名和职务；

（二）考核内容及指标；

（三）考核与奖惩；

（四）责任书的变更、解除和终止；

（五）其他需要规定的事项。

第十七条 任期经营业绩责任书按照下列程序签订：

（一）每年4月底前，企业负责人依据经审计的企业财务决算报告，按照企业实际经营状况等，提出拟完成的任期经营业绩考核目标建议值。考核目标建议值原则上不低于前一任期经营业绩考核指标实际完成值，好于前一任期经营业绩考核指标实际完成值。国资委根据“同一行业、同一尺度”原则，结合宏观经济形势、企业所处行业发展周期及企业实际经营状况等进行审核后予以确定。

（二）由国资委主任或者其授权代表同企业负责人签订任期经营业绩责任书。

第十八条 国资委对任期经营业绩责任书执行情况实施年度跟踪和动态监控。

第十九条 任期经营业绩责任书完成情况按照下列程序进行考核：

（一）考核期末，企业负责人对任期经营业绩考核指标的完成情况总结分析，并将总结分析报告报送国资委，同时抄送本企业的监事会。

（二）国资委依据任期内经审计的企业财务决算报告，结合企业负责人任期经营业绩总结分析报告并听取监事会对企业负责人的任期评价意见，对企业负责人任期经营业绩考核指标的完成情况进行综合考核，形成企业负责人任期经营业绩考核与奖惩意见。

（三）国资委将最终确认的企业负责人任期经营业绩考核与奖惩意见反馈企业。对考核与奖惩意见有异议的，可及时向国资委反映。

第四章 考核结果和奖惩

第二十条 经营业绩考核等级的确定：

（一）根据企业负责人的经营业绩考核综合得分，年度和任期经营业绩考核分为A、B、C、D、E五个级别。

A级企业占25%，B级企业占35%；C级企业占30%；D级企业占10%；E级企业为发生重特大安全责任事故、影响社会稳定重特大事件、严重腐败案件、不按规定决策和对外担保造成重大经济损失的企业。企业为全市经济发展、保障民生、维护稳定及其他作出突出贡献的，由市国资委根据有关规定具体审核确定”。

（二）对于减亏但仍然处于亏损状态的企业，考核得分级别不超过B级最高限。对于承担城市服务功能及对城市功能发展做出贡献或由于特殊原因影响经济效益指标下降的企业，由国资委根据有关规定具体审核确定。

（三）经营业绩考核等级经国资委审定后公布。

第二十一条 国资委依据年度和任期经营业绩考核结果对企业负责人实施奖惩，并把经营业绩考核结果作为企业负责人任免的重要依据。

第二十二条 实行考核预警机制。企业年度考核综合得分100分以上（含100分）且完成5项主要经营指标目标值中的4项以上的，为合格。对第一年考核不合格的企业进行黄牌警告；对连续两年考核不合格的企业可按照干部管理权限撤换企业主要负责人。

第二十三条 实行企业负责人经营业绩考核谈话制度。年度考核结果为D级和E级的企业，经国资委主任办公会议批准，由国资委经营业绩考核领导小组与企业主要负责人进行谈话，分析问题、改进工作。

第二十四条 企业违反国家法律法规和规章制度，虚报、瞒报财务状况，或财务决算报告严重失真影响考核结果的，按照干部管理权限给予降级或者扣分处理，并取消（或追缴）企业负责人的年度绩效薪金。情节严重的，按照干部管理权限给予纪律处分或者对企业负责人进行调整。涉嫌犯罪的，依法移送司法机关处理。

第二十五条 企业违反国家法律法规和规章制度，发生重特大安全与质量责任事故、重大环境污染责任事故、影响社会稳定重特大事件、严重腐败案件、不按规定决策和对外担保造成重大资产损失等情况的，按照干部管理权限给予降级或者扣分处理，其领导班子不得领取绩效薪金，并追究有关责任人的责任。情节严重的，给予纪律处分或者按照干部管理权限对企业负责人进行调整。涉嫌犯罪的，依法移送司法机关处理。

第五章 附则

第二十六条 在考核期内发生清产核资、改制重组、重大资产变化等情况的企业，国资委根据资产等相关变更情况核定考核指标目标值。

第二十七条 被考核企业的企业负责人兼任其分、子公司企业负责人的，需经国资委批准，由母公司对其进行考核。

第二十八条 全员业绩考核办法由企业制定。

第二十九条 被考核企业的分、子公司的企业负责人的经营业绩考核，可参照本办法由母公司具体制定和执行。

第三十条 年度及任期经营业绩考核计分办法另行制定。

第三十一条 本办法适用于2016年度企业负责人经营业绩考核。

第三十二条 本办法由国资委负责解释。

第三十三条 本办法自2017年8月1日起施行。

拉萨市国有企业负责人薪酬管理试行办法

第一章 总则

第一条 为切实履行国有资产出资人职责，建立有效的企业负责人激励与约束机制，促进企业改革发展和国有资产保值增值，根据《中华人民共和国企业国有资产法》、《企业国有资产监督管理暂行条例》等法律法规，参照《西藏自治区国资委监管企业负责人薪酬管理暂行办法》，结合我市实际，制定本办法。

第二条 本办法所称企业负责人是指《拉萨市国有企业负责人经营业绩考核试行办法》（以下简称《考核办法》）中规定的企业负责人范围。

第三条 企业负责人薪酬管理遵循下列原则：

（一）坚持激励与约束相统一，薪酬与风险、责任相一致，收入与经营业绩相挂钩。

（二）坚持短期激励与中长期激励相结合，促进企业可持续发展。

（三）坚持效率优先、兼顾公平，维护出资人、企业负责人、职工等各方的合法权益。

（四）坚持物质激励与精神激励相结合，提倡奉献精神。

第二章 薪酬构成和确定

第四条 企业负责人的薪酬由基本年薪（以下简称基薪）、绩效薪金组成。法律法规另有规定的个人收入，从其规定。

第五条 企业主要负责人（董事长、党委书记、总经理）基薪为13.5万元。

企业主要负责人基薪计算公式为：

企业主要负责人基薪=基薪×企业主要负责人分配系数

第六条 企业负责人的基薪原则上每三年调整一次。

（一）完成任期内各年度考核指标且任期考核合格的企业负责人，其基薪调整幅度按西藏自治区统计局公布的CPI、本企业职工年平均收入增长率、全区社会平均工资增长率累计数的权重值相加计算。其中，CPI涨幅占20%权重、本企业职工年平均收入增长率占30%权重、全区社会平均工资增长率占50%权重。

（二）任期考核不合格的企业负责人，其基薪暂不调整。

如在下一任期考核结束时，完成考核不合格任期的经营指标的，其基薪可按考核不合格任期的CPI、本企业职工年平均收入增长率、全区社会平均工资增长率累计数的权重值之和进行调整。

如在下一任期考核结束时，同时完成考核不合格任期和本任期经营指标的，两届任期的基薪一并调整。此种情况可以类推。

（三）企业本年度经济效益没有实际增长的，不核增企业负责人当年基薪。

第七条 企业其他负责人的基薪，由企业采取民主测评、董事会讨论决定等多种方式，根据其任职岗位、职责、承担风险等情况合理确定分配系数。计算公式为：

企业其他负责人基薪=企业主要负责人基薪×企业其他负责人分配系数

第八条 企业负责人的薪酬分配系数：

（一）企业主要负责人（董事长、党委书记、总经理）的分配系数原则上为1，可酌情减少。具体根据本人履职贡献、廉洁自律等情况由企业职代会民主评议，薪酬委员会考核确定。

企业其他负责人的分配系数根据岗位职责、贡献和承担风险等情况由企业董事会或薪酬委员会考核并按程序确定。原则上平均系数在0.6—0.8之间，报国资委备案后执行。

被考核人经批准兼职的，按照就高不就低的原则确定分配系数。

（二）被考核企业的分、子公司及以下企业负责人的考核办法由母公司制定。原则上分、子公司主要负责人薪酬总额不得高于母公司主要负责人的0.7倍。具体倍数由母公司董事会或薪酬委员会考核并按程序确定。

（三）委托经营企业按照相关协议办理。

第九条　企业负责人绩效薪金与经营业绩考核结果紧密挂钩，以基薪为基数，根据企业负责人的年度经营业绩考核级别和考核分数确定，总体原则是“提低、扩中、限高”。

第十条　企业负责人绩效薪金具体计算公式为：

当考核结果为E级时，绩效薪金为0；

当考核结果为D级时，绩效薪金按照“绩效薪金基数×[0.6×（考核分数-D级起点分数）/（C级起点分数-D级起点分数）]”确定，绩效薪金在0—0.6倍绩效薪金基数之间；

当考核结果为C级时，绩效薪金按照“绩效薪金基数×[0.8+0.2×（考核分数-C级起点分数）/（B级起点分数-C级起点分数）]”确定，绩效薪金在0.8—1.0倍绩效薪金基数之间；

当考核结果为B级时，绩效薪金按照“绩效薪金基数×[1.0+0.2×（考核分数-B级起点分数）/（A级起点分数-B级起点分数）]”确定，绩效薪金在1.0—1.2倍绩效薪金基数之间；

当考核结果为A级时，绩效薪金按照“绩效薪金基数×[1.2+0.3×（考核分数-A级起点分数）/（A级封顶分数-A级起点分数）]”确定，绩效薪金在1.2—1.5倍绩效薪金基数之间。

利润总额低于上一年的企业，绩效薪金倍数原则上低于上一年。对于承担城市服务功能及对城市功能发展做出贡献或由于特殊原因影响经济效益指标下降的企业，由国资委根据有关规定具体审核确定。

第十一条　绩效薪金分为当期和延期两部分，原则上分别为绩效薪金的60%和40%。

第十二条　任期经营业绩考核结果为A级、B级和C级的企业负责人，按期兑现延期绩效薪金。

第十三条　任期经营业绩考核结果为D级和E级的企业负责人，根据任期考核分数扣减其延期绩效薪金。

扣减延期绩效薪金的计算公式为：

扣减延期绩效薪金=任期内积累的延期绩效薪金×（C级起点分数-实得分数）/C级起点分数。

第十四条　安全生产奖惩按照国资委和企业签订的《安全生产责任书》执行。

（一）年度发生安全生产责任事故，每死亡1人扣减企业领导班子基薪的10%，最高扣减50%；

（二）年度安全生产考核合格并获得自治区级及以上表彰的，奖励企业领导班子基薪的10%；

第十五条　企业负责人在岗履职情况与年度考核结束后当期兑现的绩效薪金的发放相结合。

（一）因个人原因，经组织批准，考核年度离岗时间累计15天以内（含15天）的，扣减离岗天数1/3的绩效薪金；

（二）因个人原因，经组织批准，考核年度离岗时间累计15天以上-1个月以内（含1个月）的，扣减离岗天数1/2的绩效薪金；

（三）因个人原因，经组织批准，考核年度离岗时间累计1个月以上-2个月以内（含2个月）的，扣减离岗天数3/4的绩效薪金；

（四）因个人原因，经组织批准，考核年度离岗时间累计超过2个月的，扣减离岗期间的全部绩效薪金；

（五）擅自离岗的，按企业相关劳动管理制度严格执行。

第三章　薪酬兑现

第十六条　在考核年度薪酬方案核准前，企业负责人基薪暂按上一年度基薪标准按月发放，在支付年度成本中列支。在薪酬方案核准30个工作日后，进行结算调整，并予以兑现。

第十七条　企业负责人绩效薪金在清算年度成本中列支，一次性提取。

绩效薪金的当期部分在年度考核结束后，根据年度考核结果和企业负责人在岗履职情况核定并在薪酬方案核准30个工作日后兑现。

绩效薪金的延期部分根据任期考核结果等因素，延期到任期考核结束后兑现。对于离任的企业法定代表人，还应当根据经济责任审计结果，确定延期绩效薪金兑现方案。

第十八条 企业负责人的住房公积金和各项社会保险按国家和自治区、拉萨市有关规定执行。

第十九条 企业负责人的薪酬为税前收入，其个人所得税的缴纳按国家和自治区有关规定和激励政策执行。

第四章 管理与监督

第二十条 企业负责人年度薪酬按照下列程序核准：

（一）国资委经营业绩考核领导小组向企业发放年度考核结果的通知，包括考核分数、考核级别、绩效薪金倍数、奖惩结果等。

（二）企业根据年度考核结果的通知，计算企业负责人薪酬，并填报企业负责人年度薪酬方案。

（三）国资委对企业负责人年度薪酬方案进行审核并予以批复。

国有资本控股公司国有股权代表出任的企业负责人的年度薪酬方案，经国资委审核后，按法定程序由企业分别提交董事会、股东会审议决定。

第二十一条 年度薪酬方案的内容主要包括：

（一）企业负责人任职情况；

（二）企业负责人基薪方案；

（三）企业负责人薪酬清算方案；

（四）企业负责人薪酬结算方案；

（五）企业负责人奖惩方案；

（六）企业负责人薪酬外其他货币性收入情况。

第二十二条 企业负责人因工作需要在考核年度发生岗位变更的，按任职时段计算其相应薪酬。

第二十三条 企业负责人不得在企业领取年度薪酬方案所列收入以外的其他货币性收入。法律法规另有规定的除外。

第二十四条 企业负责人薪酬计入企业工资总额并在企业工资统计中单列。

第二十五条 企业负责人薪酬方案应在本企业范围内公布，接受民主监督。

第二十六条 国资委定期对企业负责人薪酬发放情况进行专项检查，对于超核定标准发放和违反国家法律法规、弄虚作假的，责令收回超标准发放部分，并对企业主要负责人和相关责任人通报批评、酌情扣减其绩效薪金。

第五章 附则

第二十七条 母公司企业负责人兼任其分、子公司企业负责人的，需经国资委批准，兼职不兼薪，其薪酬在母公司领取。

第二十八条 被考核企业的分、子公司企业负责人的薪酬管理，可参照本办法由母公司执行。

第二十九条 经上级有关部门批准，引进的特殊人才不受本办法限制，可根据市场行情酌情确定，报国资委备案。

第三十条 本办法适用于2016年度企业负责人经营业绩薪酬管理。

第三十一条 本办法由国资委负责解释。

第三十二条 本办法自2017年8月1日起施行。

拉萨市城市建筑垃圾和工程渣土管理办法

第一条　为了加强城市建筑垃圾和工程渣土的管理，改善城市市容和环境卫生，根据《中华人民共和国固体废物污染环境防治法》《城市市容和环境卫生管理条例》《城市建筑垃圾管理规定》和《拉萨市市容环境卫生管理条例》等法律法规的规定，结合本市实际，制定本办法。

第二条　本办法适用于本市规划区域内城市建筑垃圾和工程渣土（以下简称建筑垃圾）的倾倒、运输、中转、回填、消纳、利用等处置及其管理活动。

第三条　本办法所称建筑垃圾是指建设单位、施工单位对各类建筑物、构筑物等进行新建、改建、扩建、拆除以及居民装饰装修房屋过程中所产生的余泥、余渣、泥浆以及其他废弃物。

第四条　本市建筑垃圾处置管理工作实行统一管理、分级负责、职能部门监督与社会监督相结合的原则。市城市管理行政主管部门是本市建筑垃圾处置管理工作的主管部门，对市区建筑垃圾处置实施统一监督管理。市住房和城乡建设、公安、城乡规划、国土资源、水利、环境保护、财政、安全生产监督等部门按照各自职责，协同市城市管理行政主管部门做好本市建筑垃圾的管理工作。

第五条　本办法坚持谁投资、谁所有、谁受益的原则，支持和鼓励法人单位投资建设建筑垃圾处置场地。支持和鼓励使用建筑垃圾回填还耕和再生开发利用。

第六条　产生建筑垃圾的单位和个人，应当履行处置建筑垃圾的义务。建筑垃圾的处置依据国家有关规定实行收费制度，建筑垃圾处置费的具体收费标准由市物价部门核定并公布。

第七条　建设工程开工前，建设单位和个人需要处置建筑垃圾的应当到市城市管理行政主管部门办理建筑垃圾处置核准手续。

建设单位和个人办理建筑垃圾处置核准手续时，应当提供下列资料：

（一）建筑工程施工许可证（个人需提供施工合同）；

（二）建筑垃圾倾倒计划，包括拟倾倒垃圾量、运输时间、运输路线、处置地点名称、运输车辆信息；

（三）工程预算书（无工程预算的以现场核定量为依据）。

建设单位委托施工单位办理建筑垃圾处置核准手续的，施工单位应当提供双方签订的委托协议和建设工程承包合同。

第八条　产生建筑垃圾的施工现场应当遵守以下规定：

（一）按要求设置围栏、围板或者围墙；

（二）物料应当堆放整齐；

（三）施工工地要设置车辆冲洗设施，运输建筑垃圾的车辆驶离建设工地前，应当在建设工地围护内冲洗干净，保持车辆整洁后方可上路行驶；

（四）施工过程中产生的建筑垃圾应当及时清运，不能及时清运的应当妥善堆放，采取防溢漏、扬尘等措施。

第九条　建设单位和施工单位可自行运输建筑垃圾，也可委托专业单位或者个体工商户（以下简称运输单位）运输建筑垃圾。

第十条　凡运输建筑垃圾的运输单位，应当到所在城市管理行政主管部门申领建筑垃圾准运证。

建筑垃圾准运证按一车一证核发，未领取准运证的车辆，不得运输建筑垃圾，承运建筑垃圾的车辆应当随车携带建筑垃圾处置核准文件及准运证，按公安交通管理部门规定的路线和时间行驶，并按指定的处置场倾倒建筑垃圾。

建筑垃圾运输车辆应当符合限定载重吨位和密闭化运输的要求，不得超载、不得沿路泄漏、遗撒。未达到密闭化运输要求的车辆，不予核发建筑垃圾准运证。

严禁无建筑垃圾准运证的车辆擅自运输建筑垃圾。

建筑垃圾准运证不得出借、转让、涂改和伪造。

第十一条 市城市管理行政主管部门对已领取建筑垃圾准运证的运输单位以及车辆号牌，每半年登报公示一次。

第十二条 设置建筑垃圾处置场应当符合城市总体规划的要求和国家环境保护及城市环境卫生标准，经市城市管理行政主管部门许可后，方可设置。

设置建筑垃圾处置场许可申请条件：

场地土地用途证明材料；

（二）场地平面图、进场路线图，具有相应的摊铺、碾压、除尘、照明等机械和设备，有排水、消防等设施；

（三）具有建筑垃圾分类处置的方案和对废混凝土、金属、木材等回收利用的方案；

（四）对洪涝、垮塌等灾害性事故的预防处置方案；

（五）停止使用时的封场方案，污水、废气、废渣、粉尘等二次污染的防治方案；

（六）环境卫生和安全管理制度。

建筑垃圾处置场地的经营管理单位在建筑垃圾处置场地开工建设前，应当取得环境保护行政主管部门审批的环境影响批准文件；建筑垃圾处置场地的经营管理单位在处置建筑垃圾前，应当到市城市管理行政主管部门办理登记手续。办理登记手续时，应当提供法人证明文件、场地权属证明文件以及计算处置容量的图纸资料等有关材料。

第十三条 市城市管理行政主管部门对已登记的建筑垃圾处置场地予以登报公示。

第十四条 建筑垃圾处置场地的经营管理单位应当制定场地管理制度。建筑垃圾处置场地不得将建筑垃圾与其他城市生活垃圾、危险废物混合处置。在处置建筑垃圾时，应当采取有效措施，对入场的建筑垃圾及时进行平整，保持环境整洁。

建筑垃圾处置场地周围应当设置不低于2.1米的遮挡围墙，出入口5米范围内的道路应当实施硬化，设置防止扬尘、防止污水外溢等设施。专用处置场地还应当具有完备的排水设施，保证施工现场道路通畅、场地平整，并配备必要的机械设备和照明设施。

第十五条 建筑垃圾处置场地无法继续使用时，其经营管理单位应当在停止处置前的10个工作日内书面报告市城市管理行政主管部门；遇特殊情况需暂时停止使用的，应当及时报告市城市管理行政主管部门。

第十六条 运输单位应当选择经登记公示的处置场地倾倒建筑垃圾。

第十七条 运输单位倾倒建筑垃圾后，应当取得处置场地的经营管理单位出具的回执，并交市城市管理部门。市城市管理行政主管部门对运输单位倾倒建筑垃圾的情况应当定期检查。

第十八条 禁止在处置场地以外倾倒建筑垃圾。禁止在处置场地将建筑垃圾与其他城市生活垃圾、危险废物混合倾倒。

第十九条 经核准处置的建筑垃圾需运入处置场处置的，处置场应当予以受纳。自行安排受纳场的，应当向市城市管理行政主管部门提交处置场的土地使用证书或者租用协议，以及处置场权属部门同意受纳的证明。

第二十条 任何单位和个人不得擅自占用道路堆放建筑垃圾。确需临时占用道路堆放的，应当到所在地城市管理行政主管部门办理审批手续，并采取防止污染措施，占道期满后应当将建筑垃圾立即清除干净，恢复原貌。

第二十一条 各类建设工程竣工后，建设单位应当督促施工单位在30日内将工地剩余的建筑垃圾处置干净。

第二十二条 违反本办法规定，有下列行为之一的单位和个人，由市城市管理综合执法部门给予警告，责令其停止违法行为，限期改正，补办手续，赔偿损失，并可按下列规定处以罚款：

未取得准运证擅自承运建筑垃圾或者承运建筑垃圾与建筑垃圾准运证要求内容不符的，责令限期改正，对个人处以200元以上2000元以下的罚款，对单位处以2000元以上2万元以下罚款；

（二）出借、转让、涂改或者伪造建筑垃圾处置核准文件和准运证的，处以5000元以上2万元以下罚款；

（三）运输车辆未冲洗干净，驶离建设工地的，处以200元以上2000元以下的罚款；

（四）运输车辆未实行密闭化运输的，处以200元以上2000元以下的罚款；

（五）在非登记公示或者非选择的处置场地倾倒建筑垃圾，或者在处置场地将建筑垃圾与其他城市生活垃圾混合倾倒的，对个人处以200元以下的罚款，对单位处以3000元以下罚款；

（六）承运建筑垃圾的车辆不按规定的时间、路线和地点倾倒的，予以警告，责令改正，对已倾倒的应当采取补救措施予以纠正，恢复原状，并处以200元以下罚款。

第二十三条　施工单位未及时清运工程施工过程中产生的建筑垃圾，造成环境污染的，由市城市管理综合执法部门责令限期改正，并处5000元以上5万元以下罚款。

施工单位将建筑垃圾交给个人或者未经许可从事建筑垃圾运输的单位处置的，由市城市管理综合执法部门责令限期改正，并处1万元以上10万元以下罚款。

第二十四条　违反本办法，运输建筑垃圾车辆不采取防撒落、飘扬、滴漏措施，造成泄漏、遗撒的，由市城市管理综合执法部门责令限期改正，恢复原状，处以5000元以上5万元以下罚款。

第二十五条　违反本办法未经许可，擅自设置建筑垃圾处置场的，责令限期改正；逾期未改正的，经县级以上人民政府批准，由市城市管理综合执法部门组织强制拆除，对个人处3000元以下罚款，对单位处5000元以上1万元以下罚款。

第二十六条　违反本办法规定的其他行为，法律法规已有处罚规定的，从其规定。

第二十七条　当事人对市城市管理综合执法部门作出的行政处罚不服的，可依法申请行政复议或者提起行政诉讼。

第二十八条　市城市管理综合执法部门工作人员在工作中玩忽职守、滥用职权、徇私舞弊、索贿受贿的，由其所在单位或者上级主管部门给予行政处分；涉嫌犯罪的，依法移交司法机关处理。

第二十九条　各县参照本办法执行。

第三十条　本办法自2017年9月10日起施行。

拉萨市寄递安全管理办法

第一条 为了保障社会公共安全和寄递信息、寄递物品安全，维护寄件人和寄递企业合法权益，规范寄递活动，根据《中华人民共和国邮政法》《中华人民共和国国家安全法》《中华人民共和国反恐怖主义法》《西藏自治区邮政条例》等有关法律法规，结合本市实际，制定本办法。

第二条 在本市行政区域内从事寄递业务经营活动，应当遵守本办法。

第三条 本办法所称寄递，是指将信件、包裹、印刷品等物品按照封装上的名址递送给特定个人或者单位的活动，包括收寄、分拣、运输、投递等环节。

本办法所称寄递企业，是指从事信件、包裹、印刷品等物品收寄、分拣、运输、投递等全部或者部分环节活动的单位，包括邮政企业、快递企业、物流企业以及其他相关企业等。

本办法所称包裹，是指按照封装上的名址递送给特定个人或者单位的独立封装的物品，其重量不超过五十千克，任何一边的尺寸不超过一百五十厘米，长、宽、高合计不超过三百厘米。

第四条 寄递安全管理实行属地管理与分级管理相结合的原则，坚持安全第一、预防为主、综合治理，建立企业负责、政府监管、行业自律和社会监督的机制。

第五条 市邮政管理部门负责本行政区域内寄递安全管理工作，对邮件、快件寄递行业进行监管，引导邮件、快件寄递企业依法规范经营。

市公安机关负责指导、检查、监督邮件寄递企业落实实名制管理和内部安全防范工作，建立邮件、快件寄递治安管理机制，督促邮件、快件寄递企业落实各项安全主体责任，严厉打击利用物流寄递渠道从事各类违法犯罪活动。

市交通运输部门负责寄递企业营运车辆的监督管理工作。

市工商部门负责邮件、快件寄递企业市场经营主体登记注册，取缔无照经营行为。

市安全生产监督管理部门对寄递行业的安全生产工作进行指导、监督。

市检验检疫部门负责邮件、快件寄递的检验检疫工作。

市有关部门配合做好寄递安全相关工作。

县（区）人民政府应当建立本行政区域内寄递安全管理协调机制。

第六条 用户交寄物品应当遵守国家关于禁止寄递或者限制寄递物品的规定，如实填写寄递物品详细信息，不得通过寄递活动危害国家安全、公共安全，不得损害公民、法人和其他组织的合法权益。

第七条 市邮政管理部门在寄递安全管理活动中依法履行下列职责：

（一）指导与监督邮政、快递落实安全责任制，督促企业加强企业内部安全管理；

（二）组织处置或者联系其他部门共同处置寄递安全突发事件；

（三）及时受理处理用户的申诉、举报；

（四）其他依法应当履行的职责。

第八条 寄递企业取得邮政管理部门许可和工商营业执照后，应当及时向所在县（区）公安机关书面报告。

企业名称、经营场所和其他相关信息发生变更的，寄递企业应当持邮政管理部门许可文件和工商部门变更后的营业执照，及时内向所在县（区）公安机关书面报告。

第九条 寄递企业法定代表人或者主要负责人是本企业寄递安全第一责任人，对寄递安全工作负有下列职责：

（一）建立健全寄递安全管理制度；

（二）设立寄递安全管理机构或者配备专

（兼）职安全管理人员；

（三）组织制定并落实寄递安全规章制度和操作规程，开展寄递安全标准化建设；

（四）配备寄递安全物防、技防设施，适当增加安全生产经费投入；

（五）组织制定并实施本企业寄递安全教育和培训计划；

（六）督促、检查寄递安全工作，及时消除事故隐患；

（七）组织制定寄递安全事故应急预案并进行演练；

（八）发生寄递安全事故时应当在二十四小时之内向邮政管理部门、公安机关报告。

第十条　寄递企业应当在营业网点、处理中心、分拨中心以明显方式公示限制寄递和禁止寄递物品指导目录、收寄验视制度、实名制登记制度、安全操作规程、突发事件应急处理规定和安全标识等内容。

第十一条　寄递企业应当建立从业人员实名档案，对拟录用的从业人员应当进行从业资格审查，寄递企业所在地公安机关配合做好相关工作。

第十二条　寄递企业应当加强对从业人员的安全教育和培训，每年至少组织一次（不少于十二小时）寄递安全培训，并建立培训档案。

市邮政管理、公安、安全生产监督管理、检验检疫等部门应当按照职责加强对寄递企业安全教育培训的业务指导。

第十三条　寄递企业在收寄物品时，应当要求寄件人出示有效身份证件，并按照实名制登记要求进行登记或者使用国家邮政管理部门实名监管信息系统进行录入。

登记记录保存期限不少于十二个月。

第十四条　寄递企业应当建立并执行收寄验视制度。

寄递企业对寄件人交寄的物品，应当当面验视内件（不得检查信件内容）；不能确定安全性的存疑物品，应当要求寄件人出具相关部门的安全证明；寄件人不能出具安全证明的存疑物品或者拒绝验视的，不予收寄。

寄递企业应当对寄件人交寄的物品现场包装，并使用专用检封条（牌）封装。专用检封条（牌）式样由市邮政管理机构监督各寄递企业制定。

第十五条　寄递企业在分拣、运输、投递过程中发现禁寄物品，应当立即终止寄递；对其中依法应当没收或者销毁的，应当立即向公安等有关部门报告，并配合有关部门进行处理；对不需要没收、销毁的，寄递企业应当与寄件人取得联系，妥善处理。

对在寄递过程中发现武器、弹药、毒品以及危险化学品等重大危害性禁寄物品的，寄递企业应当立即向所在县（区）公安机关和邮政管理部门报告。

第十六条　寄递企业应当采用技术手段，对收寄、分拣、运输、投递等环节实行安全监控，防止寄递物品在寄递过程中短少、丢失、损毁。

监控设备应当二十四小时运转，监控资料保存时间不得少于九十天。

第十七条　寄递企业的处理中心、分拨中心应当配备符合国家标准、具备透视探测功能的安全检查设备，对寄递物品进行安全检查，并逐件标记安检标识。

第十八条　运输寄递物品的车辆应当符合道路运输车辆等级标准、办理车辆营运证，并标明寄递企业标识。公安机关和交通运输管理部门应当根据城市交通状况，为寄递运输车辆提供通行便利。

驻市机关、企业事业单位、社会组织、住宅小区的物业管理部门应当为寄递企业收寄、投递物品提供通行、车辆临时停放等便利条件。

第十九条　寄递企业在收寄、分拣、运输、投递等环节，应当做到规范操作，严禁抛扔、踩踏、坐压或者以其他危险方式造成寄递物品损毁。

第二十条　寄递企业应当建立寄件人、收件人个人信息安全保障制度，不得泄露、窃取和售卖寄件人、收件人个人信息。

第二十一条　市公安、邮政管理等部门应当对寄递企业实行实名收寄、验视制度和治安防范措施等情况开展监督检查。

第二十二条　任何单位和个人不得有下列行为：

（一）私自开拆、隐匿、毁弃或者非法扣留、扣查他人寄递物品；

（二）以围堵、聚众闹事等形式，扰乱寄递企业生产经营场所正常秩序；

（三）非法拦截、强登、扒乘运输寄递物品车辆；

（四）盗窃、冒领、倒卖寄递物品；

（五）倒卖用户信息；

（六）其他影响寄递安全的违法行为。

第二十三条　违反本办法第六条、第十四条第一款规定，寄递企业不建立或者不执行收寄验视制度，或者寄递国家关于禁止寄递或者限制寄递物品的，市邮政管理部门根据《中华人民共和国邮政法》第七十五条规定，对邮政企业直接负责的主管人员和其他直接责任人员给予相应处分；对快递企业，市邮政管理部门可以责令停业整顿直至吊销其快递业务经营许可证。

第二十四条　寄递企业违法提供在从事寄递服务过程中知悉的用户信息的，市邮政管理部门根据《中华人民共和国邮政法》第七十六条规定，责令改正，没收违法所得，并处一万元以上五万元以下的罚款；对邮政企业直接负责的主管人员和其他直接责任人员给予相应处分；对快递企业，市邮政管理部门可以责令停业整顿直至吊销其快递业务经营许可证；涉嫌犯罪的，依法移送司法机关。

寄递企业从业人员有前款规定的违法行为，尚不构成犯罪的，由市邮政管理部门责令改正，没收违法所得，并可处五千元以上一万元以下的罚款。

其他违法提供用户信息造成不良后果的，由公安机关按照《中华人民共和国治安管理处罚法》规定予以处罚。

第二十五条　违反本办法第十六条第二款规定，寄递企业安装的监控设备未二十四小时运转，或者监控资料保存时间少于九十天的，市邮政管理部门责令限期改正；逾期未改正的，处两千元以上一万元以下的罚款。

第二十六条　寄递企业有下列情形之一的，市邮政管理部门根据《中华人民共和国反恐怖主义法》第八十五条规定，责令改正，可处三千元以上三万元以下的罚款：

（一）未实行安全查验制度，对客户身份进行查验，或者未依照规定对运输、寄递物品进行安全检查的；

（二）对禁止运输、寄递，存在重大安全隐患，或者客户拒绝安全查验的物品予以运输、寄递的；

（三）未实行运输、寄递客户身份、物品信息登记制度的。

第二十七条　寄递企业拒绝、阻碍公安和邮政管理等部门依法实施的监督检查，依法给予治安管理处罚；对快递企业，市邮政管理部门可以责令停业整顿直至吊销其快递业务经营许可证；涉嫌犯罪的，移送司法机关。

第二十八条　快递企业被依法吊销快递业务经营许可证的，自快递业务经营许可证被吊销之日起三年内，快递企业负责人不得申请经营快递业务。

第二十九条　本办法自2017年6月1日起施行。

《拉萨市妇女发展规划（2016—2020年）》

妇女社会地位状况和发展状况是衡量社会发展和文明进步的重要尺度。我市妇女占全市人口的一半，是拉萨经济社会发展的重要力量。在发展中维护妇女权益，在维权中促进妇女发展，是实现妇女解放的内在动力和重要途径。保障妇女权益，积极解决妇女最关心最直接最现实的利益问题，促进妇女全面发展，提高妇女社会地位，对于全面建成小康社会、构建社会主义和谐社会，全面推进团结美丽健康幸福新拉萨建设具有重要意义和积极作用。

2011年11月，拉萨市人民政府颁布实施了《拉萨市妇女发展规划（2011—2015年）》（以下简称《规划》），确定了妇女与健康、妇女与教育、妇女与经济、妇女参与决策和管理、妇女与社会保障、妇女与环境、妇女与法律七个优先发展领域的主要目标和策略措施。五年来，拉萨市将妇女发展纳入国民经济和社会发展总体规划，不断完善保障妇女权益的法律体系，强化政府管理责任，加大经费投入，加强社会宣传动员，有力推动了《规划》的实施。截至2015年，《规划》确定的主要目标基本实现，我市在推进男女平等进程、促进妇女发展方面取得了新的成效。妇女享有社会保障的程度普遍提高，贫困妇女状况进一步改善；妇女参政议政能力不断提高，社会参与意识进一步增强；妇女受教育水平稳步提高，男女受教育差距进一步缩小；妇女健康水平明显提高，人均预期寿命进一步延长；保障妇女权益的立法、执法力度持续加大，妇女合法权益得到有效保障；男女平等基本国策进一步深入人心，妇女发展的社会环境进一步改善。

由于受地理、环境等自然条件的制约与影响，我市经济社会发展水平还相对薄弱，妇女发展仍面临诸多问题与挑战。法律规定的男女平等权利在一些领域还未得到完全实现；妇女事业发展地区间差距明显；女性参政比例与妇女占人口总数的比例和对社会的贡献不适应，尤其是担任正职女干部偏少；妇女在资源占有和收入方面与男性存在一定差距；城乡妇女受教育程度和享受医疗健康服务方面存在差距；妇女发展的社会环境有待进一步优化；妇女法制意识淡薄，依法维护自身合法权益的能力较弱，妇女的权益保护仍面临不少困难和问题；女性就业层次偏低，就业岗位不稳定，农村妇女参与科技培训的积极性还不够高。受家庭、传统观念、自身竞争力、社交能力等因素的影响，妇女就业人数和就业层次总体上低于男性。

当前，我国已开启了全面建成小康社会、全面深化改革、全面依法治国、全面从严治党的战略布局，改革、发展将不断深入，社会竞争会日趋激烈。在推动经济社会发展进程中，国家和各级政府将更加关注妇女发展和性别平等。从现在起到2020年，是我国全面建成小康社会的关键时期，西藏也要同全国一道实现全面建成小康社会的宏伟目标。这既为妇女发展提供了难得的机遇，也提出了新的挑战。

依照《中华人民共和国宪法》的基本原则，根据《西藏自治区实施<中华人民共和国妇女权益保障法）办法》和有关法律的规定，按照《拉萨市“十三五”时期国民经济和社会发展规划纲要》的总体目标和要求，结合我市妇女发展的实际情况，制定本规划。

一、指导思想、基本原则和总体目标

（一）指导思想

高举中国特色社会主义伟大旗帜，以邓小平理论、“三个代表”重要思想、科学发展观为指导，深入贯彻习近平总书记系列重要讲话精神，按照“五位一体”总体布局和“四个全面”战略布局，践行“五大发展理念”，深入实施“六大战略”、全面贯彻市委、市府关于推进“健康拉萨”建设的指导意见，保障妇女合法权益，优化妇女发展环境，提高妇女社会地位，推动妇女平等依法行使民主权利，平等参与经济社会发展，平等享有改革发展成果，促进妇女与经济社会协调发展。

（二）基本原则

1．全面发展原则。从满足妇女生存发展的基本需求出发，着力解决关系妇女切身利益的现实问题，努力实现妇女在政治、经济、文化和社会等各方面的全面发展。

2．平等发展原则。完善和落实促进男女平等的法规政策，更加注重社会公平，构建文明先进的性别文化，营造良好的社会环境，缩小男女社会地位差距，促进两性和谐发展。

3．协调发展原则。加大对农牧区妇女发展的支持力度，通过完善制度、增加投入、优化项目布局等措施，缩小城乡区域妇女在人均收入水平、生活质量、文化教育、医疗卫生服务、社会保障等方面的差距。

4．妇女参与原则。依法保障妇女参与经济社会发展的权利，尊重妇女的主体地位，引导和支持妇女在推动社会主义经济建设、政治建设、文化建设、社会建设以及生态文明建设中实现自身的价值与发展。

（三）总体目标

将社会性别意识纳入法律体系和公共政策，促进妇女全面发展，促进两性：和谐发展，促进妇女与经济社会同步发展。保障妇女平等享有基本医疗卫生服务，生命质量和健康水平明显提高；平等享有受教育的权利和机会，受教育程度持续提高；平等获得经济资源和参与经济发展，经济地位明显提升；平等参与国家和社会事务管理，参政水平不断提高；平等享有社会保障，社会福利水平显著提高；平等参与环境决策和管理，发展环境更为优化；保障妇女权益的法律体系更加完善，妇女的合法权益得到切实保护。

二、发展领域、主要任务和策略措施

（一）妇女与健康

主要任务：

1．妇女在整个生命周期享有良好的基本医疗卫生服务，妇女的人均预期寿命延长。

2．到2020年，全市孕产妇系统管理率达到100％，全市孕产妇死亡率控制在10.2／10万以内，逐步缩小城乡、地区间差距，降低流动人口孕产妇死亡率。

3．农牧区妇女常见病检查率达到100％。加大妇女常见病防治力度。加大对妇女常见病防治知识的宣传和普及，建立妇女常见病定期筛查制度。加大专项资金投入，扩大宫颈癌、乳腺癌检查覆盖范围，对贫困、重症患者治疗按规定给予补助。加强基层妇幼卫生人员和计划生育服务提供者的卫生保健专业知识及服务能力培训。

4．降低孕产妇中重度贫血患病率。

5．提高妇女心理健康知识和精神疾病预防知识知晓率。

6．保障妇女享有避孕节育的知情选择权，减少非意愿妊娠，降低人工流产率。

7．提高妇女经常参加体育锻炼的人数比例。

策略措施：

1．加大妇幼卫生工作力度。优化卫生资源配置，增加农牧区妇幼卫生经费投入。加强各级妇幼保健机构建设，改善农牧区妇幼卫生基础设施。健全妇幼卫生服务网络，完善基层妇幼卫生服务体系，推进基本公共卫生均等化。加快妇幼卫生人才培养，加强妇幼保健机构人员配备。加大执法监督力度，严肃查处危害妇女健康的非法行为。

2．提高产科服务质量，保障孕产妇安全分娩。加大妇幼保健人员医疗技术的培训力度，认真落实农牧区孕产妇住院分娩补助政策，提高住院分娩率，到2020年全市住院分娩率达到100％。

3．提高妇女生殖健康服务水平。大力普及生殖健康知识，提高妇女自我保健意识和能力。提供规范的青春期、育龄期、孕产期、更年期和老年期妇女生殖保健服务，有针对性地解决妇女特殊生理时期的健康问题。

4．预防和控制性病、艾滋病的传播。完善性病和艾滋病防治工作机制。针对妇女重点人群加强宣传教育，推广有效干预措施。强化对娱乐场所的监管，严厉打击吸毒、嫖娼等违法行为，有效控制感染途径。将预防艾滋病母婴传播纳入妇幼保健日常工作，强化预防艾滋病母婴传播综合服务。积极实施医疗救治，落实“四免一关怀”政策。

5．整合婚前检查、一级干预项目和孕前优生健康检查，建立拉萨市产前诊断中心，完善出生缺陷三级防控体系。

6. 提高妇女的营养水平。大力开展健康和营养知识的宣传普及和教育，提倡科学、合理的膳食结构和习惯。为孕妇、哺乳期妇女、贫血患者等重点人群开展有针对性的营养指导和干预。预防和治疗孕产妇贫血。加强对食品生产、流通的监管。

7. 保障妇女享有计划生育优质服务。加大避孕知识宣传力度，提高妇女自我保护意识和选择科学合理避孕方式的能力，预防和控制非意愿妊娠和人工流产。强化男女共同承担避孕节育的责任意识，提高男性避孕方法使用比重。加强育龄妇女健康档案建档服务管理。

8. 关注妇女心理健康。加强心理健康服务工作，逐步建立完善心理咨询网络，对妇女开展心理健康教育，缓解妇女心理压力，提高妇女心理健康水平。建立覆盖城乡、功能完善的精神卫生防治服务网络，针对妇女生理和心理特点，开展咨询、辅导和干预，提高妇女精神卫生服务水平。

9. 加强流动人口妇女卫生保健服务和计划生育工作。建立完善流动人口妇女管理机制和保障制度，逐步实现流动人口妇女享有与流入地妇女同等的卫生保健服务。加大对流动人口妇女卫生保健知识的宣传力度。将流动人口计划生育服务工作纳入现居住地社区卫生服务之中，与本地居民同宣传、同服务、同管理，保证流动人口中贫困孕产妇得到及时救助。

10. 引导和鼓励妇女参加经常性体育锻炼。加强对妇女体育健身活动的科学指导，提高妇女健身意识。积极发展城乡社区体育，鼓励妇女参与全民健身运动。加强对老年妇女、残疾妇女体育活动的指导和服务。

（二）妇女与教育

主要任务：

1. 教育工作全面贯彻性别平等原则。

2. 女童学前教育毛入园率达到94%。

3. 女童九年义务教育巩固率达到99%，基本消除女童辍学现象。

4. 高中阶段教育女性毛入学率达到93%。

5. 在高等学校开设女性学课程，并逐步提高普及程度。

6. 妇女接受职业教育和职业技能培训的比例提高。

7. 保障残疾女童接受学前教育和义务教育，提高残疾妇女接受职业教育和职业技能培训的比例。

8. 加强流动妇女和女童的教育管理。

9. 女性青壮年文盲率控制在1%以下。

10. 主要劳动年龄人口中女性平均受教育年限达到11年。

11. 性别平等原则和理念，在各级各类教育课程标准及教学过程中得到充分体现。

策略措施：

1. 在教育法规、政策和规划的制定、修订、执行和评估中，落实性别平等原则，禁止教育中的性别歧视。

2. 切实保障女童平等接受学前教育。立足市情和学前教育实情，科学规划，加快建设布局合理、覆盖城乡的“四级”学前教育网络，保障城乡适龄儿童入园需求。加强学前教育师资队伍建设。加快发展学前双语教育。将农牧区学前教育纳入公共财政保障体系，对接受学前教育的农牧民子女实行补助政策，提高农牧区学前教育普及程度，着力保证留守女童入园。重视0—3岁婴幼儿教育，逐步提高覆盖率。

3. 确保适龄女童平等接受高质量的义务教育。加大对教育法、义务教育法等法律法规的宣传力度，提高家长保障女童接受义务教育的守法意识和自觉性。积极推进义务教育均衡发展，逐步缩小城乡差距、校际差距。全面实施素质教育，促进女童健康发展。

4. 保障女性平等接受高中阶段教育。加大对农牧区和边远贫困地区高中阶段教育的扶持力度，满足农牧区和边远贫困地区女生接受高中阶段教育的需求。加快普通高中的多样化发展，为女生提供选择多种职业教育的机会。保障家庭经济困难女生和残疾女生的就学。保障未升入高中的女生在就业前接受必要的职业教育。

5. 提高女性接受高等教育的水平。采取积极措施，保障女性平等接受高等教育，高等院校在校生中的男女比例保持均衡。提高女性主要劳动年龄人口中受过高等教育的比例。多渠道、多形式为贫困和残疾女大学生提供资助。在普通高校开设女性学课程，为大学生提供正确的性别观念和知识，让女大学生正确认识自我，树立自尊、自信、自立、自强意识。

6. 满足妇女接受职业教育的需求。坚持职业学校教育与职业培训并举，为妇女接受职业教育提供更多的机会资源。组织失业待业妇女接受多种形式的职业培训，提高她们的创业和再就业能力。扶持边远地区妇女和残疾妇女接受职业教育。为失学大龄女童提供补偿教育，增加职业培训机会。根据残疾妇女身心特点，合理设置残疾人职业教育专业。加快发展面向农牧区的职业教育，建立覆盖城乡的职业教育与培训网络，为农牧区妇女提供学习培训机会。

7. 关注困难妇女群体教育。关爱单亲家庭子女，完善家庭经济困难学生资助体系，消除辍学现象。完善特殊教育体系，集中建设特殊教育学校，各级各类学校要接受残疾女童入学，积极推进随班就读，提高残疾女童义务教育普及水平。重视残疾妇女职业教育，加强残疾妇女职业技能和就业能力培养。

8. 加强流动妇女和女童教育。建立完善流动人口管理机制，提高各级各类学校招收符合条件的流动人口中女童入学比重，确保流动女童就近入学，公平接受义务教育。帮助流动妇女接受职业教育。

9. 提高妇女终身教育水平。建立完善大众化、社会化的终身教育体系，为妇女提供多样化的终身教育机会和资源。鼓励妇女接受多形式的继续教育，支持用人单位为从业妇女提供继续教育的机会。提高妇女利用新型媒体接受现代远程教育的能力。

10. 促进妇女参与社区教育。开发社区教育资源，发展多样化社区教育模式，丰富社区教育内容，满足妇女个性化的学习和发展需求。大力发展社区老年教育，为老年妇女提供方便、灵活的学习条件。

11. 继续抓好妇女“扫盲”教育。创新和完善扫盲工作机制，加大扫除女性青壮年文盲工作力度。通过补偿学习，深化扫盲和扫盲后的继续教育，巩固发展扫盲成果。制定出台相关优惠政策，支持社会力量参与妇女扫盲工作。

12. 加强妇女科技教育培训。针对广大妇女开展多种形式的科普宣传和技术培训，切实提高广大妇女的科技素质。完善科技人才培养政策，探索建立多层次、多渠道的女性科技人才培养体系，加大女性技术技能人才培养力度。依托国家、自治区和拉萨市重大科研项目、重大工程建设项目，培养女性专业技术人才和技能人才。采取多种方式，鼓励更多女性参与高科技领域的学习和研究。

13. 实施教育内容和教育过程性别评估。建立对课程评价和教材的性别评估制度。在教育内容和教育方式中充分体现社会性别理念，引导学生树立男女平等的性别观念。

14. 提高教育工作者的社会性别意识。加大对教育管理者社会性别理论的培训力度，在师资培训计划和师范类院校课程中增加性别平等内容，强化教育管理者的社会性别意识。提高各级各类学校和教育行政部门决策和管理层女性比例。

15. 均衡中、高等教育学科领域学生的性别结构。鼓励学生全面发展，弱化性别因素对学生专业选择的影响。

（三）妇女与经济

主要任务：

1. 消除就业中的性别歧视，保障妇女平等享有劳动权利。

2. 妇女占从业人员的比例不低于20%，城镇单位女性就业人数不断提高。

3. 男女非农就业率和男女收入差距缩小。

4. 技能劳动者中的女性比例不断提高。

5. 高级专业技术人员中的女性比例不断提高。

6. 保障女职工劳动安全，降低女职工职业病发病率。

7. 确保农牧区妇女平等获得和拥有土地承包经营权。

8. 降低妇女贫困程度。

策略措施：

1. 职业介绍向妇女倾斜。选择适合的岗位向全市有就业需求的妇女推荐；劳动技能培训向妇女倾斜。积极配合妇联开展妇女技能培训，加强妇女的就业能力。

2. 消除就业中的性别歧视。除法律规定不适合女性的工种和岗位外，任何单位在录用人员时不得以性别或变相以性别为由拒绝录用女性或提高女性录用标准，不得在劳动合同中规定或以其他方式变相限制女性结婚、生育。加大执法检查力度，依法查处用人单位和职业中介机构的性别歧视行为。

3. 扩大妇女就业渠道。采取有效措施扩大就业渠道，积极开辟适合妇女特点的就业领域，为妇女创造更多的就业机会和就业岗位。推动妇女在第三产业、新兴产业、新兴行业和现代服务业就业。不断提高中小企业和非公有制企业吸纳妇女就业的能力。完善创业扶持政策，采取创业培训、税费减免、贴息贷款、资金支持、跟踪指导等措施，支持和帮助妇女自主创业、灵活就业。

4. 促进女大学生充分就业。落实好促进高校毕业生就业的各项政策，开展各类就业服务活动，加强面向高校女大学生的就业指导、培训和服务，引导女大学生树立正确的择业就业观。完善女大学生自主创业扶持政策，开展女大学生自主创业培训，满足女大学生创业需求。

5. 改善妇女就业结构。多渠道引导和扶持农村妇女向非农产业有序转移。完善拉萨市技能人才培养、评价、激励等政策，加大针对妇女的职业技能培训，提高技能劳动者女性比例，提高妇女就业层次。引导妇女科技工作者积极投身科学研究，推动技术领域的发展，为她们成长创造条件。

6. 为就业困难妇女创造有利的就业条件。落实公益性岗位政策，积极扶持零就业家庭、大龄、残疾等就业困难妇女就业。认真落实有关法律规定，支持生育妇女重返就业岗位。认真落实困难妇女的社会保险补贴、就业培训补贴、小额担保财政贴息贷款等就业扶持政策，强化对就业困难妇女的就业援助。

7. 全面落实男女同工同酬。建立健全科学合理的工资收入分配制度，对从事相同工作、付出等量劳动、取得相同劳绩的劳动者，用人单位要支付同等劳动报酬。

8. 保障女职工职业卫生安全。广泛开展职业病防治宣传教育，提高女职工特别是灵活就业女职工的自我保护意识。加强女职工劳动保护，禁止安排女职工从事法律规定不适合女性从事的工种和岗位。加强职业病危害的管理与监督，减少女职工职业病的发生。

9. 保障女职工的劳动权益。认真落实《女职工劳动保护条例》，不断完善女职工劳动保护法律法规。强化对女职工法律法规和安全卫生知识的宣传教育及培训，提高女职工自我保护意识。规范企业用工行为，提高企业劳动合同签订率，推进已建工会的企业签订并履行女职工权益保护专项集体合同。加强劳动保障监察和劳动安全监督，依法处理侵犯女职工权益案件。

10. 保障农牧区妇女土地权益。制定完善保障农牧区妇女土地承包经营的相关政策，纠正与法律法规相冲突的村规民约。建立健全资产承包租赁出让、承包租赁合同管理等制度，推动出台农牧区集体经济组织内部的分配使用办法，认真落实相关政策，确保妇女享有与男子平等的土地承包经营权、宅基地使用权、房屋所有权和集体收益分配权。

11. 提高农牧区妇女的经济收入。大力推动并规范农牧业生产互助合作组织的发展，提升农牧业生产规模和经营收益。保障农牧区妇女享有国家规定的各项农牧业补贴。围绕农牧业产品初加工、深加工和农牧民需要，发展二、三产业和乡村旅游等，引导农牧区妇女居家就业。开展便于农牧区妇女参与的实用技术培训和职业技能培训，提高农牧区妇女科学种植养殖水平。帮助农牧区留守妇女和返乡妇女实现多种形式的创业。支持相关部门、企业等与妇联组织合作，面向农牧区妇女开展各类技能培训。

12. 加大对贫困妇女的扶持力度。制订有利于贫困妇女的扶贫措施，保障贫困妇女的资源供给。建立帮扶长效机制，帮助、支持农牧区贫困妇女实施扶贫项目。针对城乡贫困妇女实施小额担保财政贴息贷款等项目。

（四）妇女参与决策和管理

主要任务：

1. 确保各级党代会代表、人代会代表和政协委员中女代表、女委员在现有的基础上提高参政比例。

2. 市委、人大、政府、政协和县（区）委人大、政府、政协领导班子各配备1名以上女干部，担任正职的女干部要有一定数量。

3. 市、县（区）直属机关和事业单位领导班子女干部的数量在现有基础上要逐步增加。女性较集中的部门和行业中，管理层中女性与女职工比例相适应。各级部门领导班子中担任正职的女干部占同级正职干部的比例逐步提高。

4. 乡（镇）领导班子中女干部数量要逐步增加，重视选拔优秀女干部担任乡（镇）党政正职。

5. 企业董事会、监事会成员及管理层中的女性应占一定比例。

6. 职工代表大会、教职工代表大会中女性比例逐步提高

7. 村（居）“两委”班子中应有一定数量的女性。村（居）妇代会主任进村（居）“两委”班子比例达到100%，妇代会主任应为女性。村（居）党支部书记和村（居）委会主任中要有一定数量的女性。

8. 逐步提高女党员发展比例。

策略措施：

1. 制定和完善促进妇女参与决策和管理的相关法规政策。积极推动有关方面采取措施提高党代会代表、人大代表、政协委员、村民委员会、居民委员会中的女性比例及候选人中的女性比例。

2. 为妇女参与决策和管理创造良好社会环境。开展多种形式的宣传，提高全社会的性别平等意识，以及对妇女在推动国家民主法治进程和促进两性和谐发展中重要作用的认识。

3. 提高妇女参与决策和管理的意识和能力。面向妇女开展宣传培训，不断提高妇女民主参与意识和能力，鼓励和引导妇女积极参与决策和管理。保障女干部接受各级各类干部培训的机会，加大对基层女干部的培训力度，不断提高女干部的政治文化素质和决策管理能力。

4. 完善干部人事制度和公务员管理制度。建立健全科学的干部选拔任用和监督管理机制，为女干部平等参与决策和管理提供制度保障。在干部选拔、聘用、晋升及公务员录用、培训、考核、奖励、交流等环节，要切实贯彻“公开、平等、竞争、择优”原则，保障妇女不受歧视，享有平等的竞争机会。

5. 加大培养、选拔女干部，党外女干部力度。认真落实中央、自治区和拉萨市党委有关政策中关于女干部培养选拔和配备的要求，注意选拔优秀女干部进各级领导班子和各级领导岗位。通过培养、交流等形式，推动一定比例的女干部到重要部门、关键岗位担任主要领导职务。重视女干部实践锻炼，在选派干部参加挂职锻炼、安排交流轮岗时，保证有一定数量的女干部。注重从基层、生产一线和驻村驻寺干部中培养选拔女干部。逐步提高地（厅）级、县处级后备干部队伍中女干部的比例。

6. 进一步加强基层女干部队伍建设。采取积极措施，扩大基层女干部来源，注意从县级以上党政机关，特别是女性较集中的部门、行业和企事业单位选派优秀年轻女干部到乡镇、街道任职。招录乡镇公务员时，应规定一定的女性比例。在学生“村官”招聘工作中，保证一定数量的女性。

7. 推动妇女参与企业经营管理。深化国有企业人事制度改革，坚持公开、透明、择优的选拔任用原则，通过组织推荐、公开招聘、民主选举、竞争上岗等方式，使更多妇女进入国有企业的董事会、监事会和管理层。

8. 推动妇女广泛参与基层民主管理。完善村委会、居委会等基层民主选举制度，为妇女参与基层民主管理创造条件。完善以职工代表大会为基本形式的民主管理制度，保障企事业职工代表大会女代表比例与女职工比例相适应。

9. 拓宽妇女参与决策和管理的渠道。在制定涉及公众利益和妇女权益的决策时，充分听取党代会女代表、人大女代表、政协女委员和妇女群众的意见和建议。大力开展多种形式的参政议政活动，为妇女参与决策和管理提供机会。

10. 做好发展女党员工作。采取积极措施，切实做好发展女党员工作，不断提高女党员的发展比例，实现女党员数量逐年增长。注重在各行各业优秀妇女中发展女党员，提高女党员发展质量。在农牧区，要注意发展文化程度较高，能带领群众脱贫

致富，为社会主义新农村建设做出贡献的优秀女青年入党。

11．提高妇联组织参与决策和管理的影响力。充分发挥妇联组织代表妇女参与国家和社会事务的民主决策、民主管理和民主监督的作用。充分吸收妇联组织参与有关妇女法规政策和重大公共政策的制定，反映妇女群众的意见和诉求。重视妇联组织在培养、推荐女干部和优秀女性人才，以及推动妇女参政议政等方面的意见和建议。

（五）妇女与社会保障

主要任务：

1．职工生育保险制度覆盖所有用人单位。建立统筹城乡的生育保障制度，妇女生育保障水平稳步提高。

2．基本医疗保险制度覆盖城乡妇女，提高妇女医疗保障水平。

3．妇女养老保险覆盖面逐步扩大。继续扩大城镇个体工商户和灵活就业妇女的养老保险覆盖面，提高新型农村社会养老保险妇女的参保率，逐步建立机关事业单位妇女干部职工养老保险体系。

4．女职工参加失业保险的人数增加，失业保险待遇水平逐步提高。

5．逐步提高有劳动关系的妇女劳动者工伤保险参保率，保障参保女职工的合法权益。

6．提高妇女的养老服务水平，不断完善以城乡社区为单位的养老服务经办能力。

策略措施：

1．加强妇女社会保障法制建设。认真贯彻执行社会保险法，积极制定和完善相关配套法规政策，为妇女普遍享有生育保险、医疗保险、养老保险、失业保险和工伤保险提供法制保障。

2．完善生育保障制度。完善城镇职工生育保险制度，进一步扩大生育保险覆盖范围，提高参保率。为城镇灵活就业和未从业妇女提供生育保障。以城镇居民基本医疗保险、新型农村合作医疗制度为依托，完善城乡生育保障制度，覆盖城乡所有妇女，提高农牧区妇女的生育保障水平。

3．建立覆盖城乡妇女的基本医疗保障制度。进一步完善城镇职工医疗保险、城镇居民基本医疗保险和农牧区医疗制度，进一步扩大覆盖面，进一步提高保障水平。

4．完善覆盖城乡的养老保险制度。完善城镇职工养老保险制度、城乡居民基本养老保险制度，大力推进机关事业单位养老保险制度改革，扩大城乡妇女养老覆盖面，提高妇女养老保险参保率。

5．进一步完善失业保险制度。继续扩大失业保险覆盖范围，切实保障女性失业者的失业保险合法权益。

6．保障女性劳动者的工伤保险合法权益。扩大工伤保险覆盖范围，加大执法力度，确保各项工伤保险待遇的落实。

7．完善城乡社会救助制度。建立完善与经济增长和物价水平相适应的救助联动机制，扩大救助范围，提高救助水平，对符合救助条件的妇女进行救助。

8．倡导社会力量参与救助。大力支持和规范社会组织和公民的救助活动，积极发展社会救助事业，鼓励社会组织开展公益活动，多方动员社会资源，为困难妇女提供救助。

9．保障老年妇女享有基本养老服务。建立健全社会养老服务体系，加大老龄事业投入，积极发展公益性社区养老机构，加强养老服务队伍的专业化建设，提高社区的养老照护能力和服务水平，保障老年妇女得到必要的关怀和照料。

10．为残疾妇女提供社会保障。多渠道保障残疾贫困妇女的基本生活。加强残疾人福利机构和康复服务机构建设，推进残疾妇女社区康复。为重度和贫困残疾妇女参加新型农村合作医疗、城镇居民基本医疗保险、新型农村社会养老保险等社会保险提供保费补贴。

（六）妇女与环境

主要任务：

1．男女平等基本国策得到进一步落实，形成社会性别意识主流化、两性平等、和谐的家庭和社会环境。

2．性别平等原则在文化环境与发展、文化与传媒、社会管理与家庭等相关政策中得到充分体现。

3．不断健全城乡公共文化服务体系，全面推进乡镇文化站，农家书屋等基层公共文化设施建设，为广大妇女开展文化活动提供良好文化服务，强化文化艺术工作中的性别平等意识，避免在文艺作品中出现色情或侮辱女性人格的作品。

4. 完善传媒领域的性别平等监管机制，促进妇女平等参与媒体的管理、制作、教育、培训和研究。

5. 建立平等、文明、和谐、稳定的家庭关系，鼓励和引导妇女做和谐家庭建设的推动者。

6. 开展托幼、养老家庭服务，为妇女更好地平衡工作和家庭责任创造条件。

7. 全面解决农牧区饮水安全问题，农牧区集中供水受益人口比例提高到82%，降低水质问题对妇女健康的危害。

8. 农牧区卫生厕所普及率达到100%。城镇公共厕所男女厕位比例与实际需求相适应。

9. 抓好造林绿化，强化资源保护与灾害防控，进一步扩大土地绿化面积。

10. 加强对妇女环保知识的宣传教育，提高妇女环保意识，倡导节能减排，倡导文明、健康、科学的工作和生活方式。

11. 加大农牧区可再生能源开发利用工作力度，改善农牧区妇女生产生活环境。

12. 提高妇女预防和应对灾害风险的能力，满足妇女在减灾中的特殊需求。

策略措施：

1. 加大男女平等基本国策的宣传力度。推动将男女平等基本国策宣传培训纳入各级党校、行政学院教学计划和各级干部培训规划，将性别观点纳入所有政策和方案的主流。多渠道、多形式宣传男女平等基本国策，让性别平等理念深入社区家庭，提高基本国策的社会影响力，使社会性别主流化。

2. 制定和落实具有社会性别意识的文化和传媒政策。对文化和传媒政策进行社会性别分析、评估，反映对男女两性的不同影响和需求，制定促进两性和谐发展的文化和传媒政策，禁止性别歧视。

3. 大力宣传妇女在推动经济社会发展中的积极作用。在新闻出版、广播影视以及文学艺术等领域，充分展示妇女参与和推动经济发展及社会进步的成就、价值和贡献。大力宣传妇女中的先进人物和典型事迹，引导广大妇女发扬自尊、自信、自立、自强的精神。

4. 加强对传媒的正面引导和管理。将社会性别意识纳入传媒培训规划，提高媒体决策和管理者及从业人员的社会性别意识。完善传媒监管机制，增加性别监测内容，加强对新闻媒体和广告经营者的监督管理，禁止在媒体中出现贬抑、否定妇女独立人格等性别歧视现象。

5. 提高妇女运用媒体获取知识和信息的能力。为妇女接触、学习和运用大众媒体提供条件和机会。支持和促进边远农村和贫困、流动、残疾等妇女使用媒体和通信传播技术。鼓励民间机构和企业等运用各类信息通信技术帮助边远地区妇女获得信息和服务。

6. 促进妇女参与媒体管理。传媒机构为媒体从业妇女提供必要的培训机会，提高其传播、管理、制作和研究能力。对重点新闻媒体决策和管理层的女性比例作出明确规定，并纳入部门工作考核范围。

7. 营造平等、和谐的家庭环境。进一步推进家庭文明建设工作，通过开展多种形式的宣传教育活动，弘扬尊老爱幼、男女平等、夫妻和睦、勤俭持家、邻里团结的家庭美德，倡导文明、健康、科学的生活方式和男女共同承担家庭责任。8、引导妇女参与家庭教育指导和宣传实践活动。多形式、多渠道宣传和普及家庭教育知识，积极引导家长接受家庭教育指导，参与家庭教育实践活动，树立科学的家教理念，掌握正确方法。通过有效措施，吸纳妇女参与家庭教育研究，推广家庭教育成果。

9. 大力推进社区公共服务体系建设。发展家政服务业，规范管理，面向家庭提供托幼、养老等公共服务，为夫妻双方兼顾工作和家庭提供支持。强化城乡社区儿童、养老服务功能，提高家务劳动社会化程度。

10. 建立健全农牧区饮水安全保障体系。继续推进农牧区饮水安全工程，加强农牧区集中式供水建设，加强农牧区饮水安全工程运行管理，提高饮水工程质量和供水保证率。加强水源保护、水污染防治、水质监测、饮用水安全监管和社会化服务，确保工程长期发挥效益。

11. 提高农牧区卫生厕所的普及程度。大力宣传改厕的重要意义，鼓励农牧民自觉改厕。加强对改厕工作的技术指导和服务。将改厕纳入新农村建设规划，将改厕成效纳入政府年度工作考核范围，提高农牧区改厕的经济、社会、环境和卫生效益。

12. 推动城镇公共厕所男女厕位比例与实际需求相适应。在城镇场馆、商场等公共场所的建设规划中，从性别视角进行公共厕所的男女使用需求和效率的分析研究，充分考虑妇女的生理特点，确定合理的男女厕位比例。

13. 组织动员妇女积极参与生态建设和环境保护。开展多层次、多形式的生态和环境保护宣传教育活动，增强妇女生态文明和环保意识，提高妇女参与生态文明建设和环境保护的积极性。引导妇女主动参与植树造林、庭院绿化等活动，节能减排，绿色消费，低碳生活。

14. 减少环境污染对妇女的危害。完善环境监测和健康监测数据库，加强对环境污染的控制和治理，有效减少化学污染、工业污染等各种污染对环境的影响。提高生活垃圾减量化、资源化和无害化水平。加大对从事有毒有害作业妇女健康的保护力度。

15. 加强清洁能源的开发利用，改善家庭能源结构。加快推广太阳能利用和高效低排节能炉灶，不断提高农牧区妇女生活水平。

16. 在减灾工作中体现性别意识。根据妇女特殊需求，在减灾工作中对妇女提供必要的救助和服务。通过宣传培训，提高妇女预防和应对灾害的能力，吸收妇女参与相关工作。加强对灾区妇女的生产自救和就业指导。

（七）妇女与法律

主要任务：

1. 促进男女平等的法律法规不断完善。

2. 加强对法规政策的性别平等审查。

3. 增强妇女依法维护自身权益的意识和能力。

4. 严厉打击强奸、拐卖妇女和组织、强迫、引诱、容留、介绍妇女卖淫等严重侵害妇女人身权利的犯罪行为。严厉打击侵害农牧区留守老人、妇女、儿童等突出违法犯罪。

5. 预防和打击针对妇女的家庭暴力。

6. 保障妇女在婚姻家庭关系中的财产权益。

7. 建立和完善保障妇女依法获得法律援助和司法救助的工作机制。

策略措施：

1、不断完善保障妇女权益的法律体系。针对妇女权益保障中的突出问题，推动制定完善相关法律法规，保障妇女在政治、经济、文化教育、劳动、社会保障、人身、财产、婚姻家庭等方面的权利。

2. 加强对法规政策中违反男女平等原则内容的审查。贯彻落实立法中有关法规政策的备案审查制度和程序的规定，依法加强对违反男女平等原则法规政策的备案审查，并对现行法规政策中违反男女平等原则的条款和内容进行清理。加强社会性别意识的宣传，提高立法、司法和执法人员的社会性别意识。

3. 保障妇女有序参与立法。提高人大各专门委员会中的女性比例。拓展妇联组织和其他妇女组织参与立法的途径，广泛听取其意见和建议。引导和鼓励广大妇女通过多种途径参与立法活动，发表意见和建议。

4. 加大妇女维权工作力度。各级人大和有关部门定期开展维护妇女权益相关法律法规的执法检查，深入了解法律法规执行中的问题，提出解决问题的意见和建议。拉萨市维护妇女儿童权益领导小组建立维权联席会议制度，协同议事，研究解决妇女维权问题，构成多部门合作、多方面参与的维权工作格局。

5. 广泛深入宣传保障妇女权益的法律知识。加大普法力度，将保障妇女权益法律知识的宣传教育纳入全民普法规划，推动城乡社区普法工作的深入开展。面向广大妇女多渠道、多形式开展专项普法活动。

6. 提高妇女在司法和执法中的影响力。采取多种措施，提高公安机关、检察院、法院、司法、律师等行业的女性比例。鼓励和推荐符合人民陪审员条件的妇女担任人民陪审员。鼓励和推荐有专业背景的妇女担任人民检察院特约检察员或人民监督员。

7. 建立壮大妇女维权志愿者队伍。充分发挥司法、执法队伍中妇女的作用，建立女律师协会、巾帼志愿者维权队伍、特殊群体志愿者队伍，为妇女提供维权服务。发展基层妇女信访代理员队伍，畅通妇女信访渠道。

8. 严厉打击组织、强迫、引诱、容留、介绍妇女卖淫犯罪活动。强化整治措施，加大监管力度，严厉查处涉黄娱乐服务场所，依法从严惩处犯罪分子。加大社会治安综合治理力度，鼓励群众对涉黄违法犯罪活动进行举报和监督。

9. 加大反对拐卖妇女的工作力度。坚持预防为主、防治结合，提高全社会的反拐意识和妇女的防范意识。加强综合治理，加大对拐卖妇女犯罪行为的打击力度。加强被解救妇女身心康复和回归社会的工作。

10. 预防和制止针对妇女的家庭暴力。多措并举，大力宣传中华人民国和共《反家庭暴力法》，增强全社会自觉抵制家庭暴力的意识和能力，提高受家庭暴力侵害的妇女自我保护能力。完善预防和制止救助一体化工作机制，有效预防和制止家庭暴力，保护家庭成员的合法权益。

11. 维护妇女的合法权益。人民法院要及时受理侵害妇女权益的案件。依照有关法律规定，对涉及妇女个人隐私的案件，在诉讼过程中采取措施使受害妇女免受二次伤害。在审理离婚和继承案件中，体现性别平等，维护婚姻家庭关系中的妇女财产权益。在离婚案件审理中，考虑婚姻关系存续期间妇女在照顾家庭上投入的劳动、妇女离婚后的生存发展以及抚养未成年子女付出的身心、经济、贻误工作等方面的损失，实现公平补偿。维护好流动妇女、进城务工妇女、农牧区流守妇女、老年妇女、单亲贫困母亲和残疾妇女的合法权益。

12. 维护农牧妇女在村民自治中的合法权益。贯彻落实村民委员会组织法，保障妇女依法行使民主选举、民主决策、民主管理、民主监督的权利。村民自治章程、村规民约以及村民会议或者村民代表会议讨论决定的事项，不得与宪法、法律、法规和自治区的政策相抵触，不得有歧视妇女或损害妇女合法权益的内容。

13. 依法为妇女提供法律援助。提高法律援助的社会知晓率，鼓励符合条件的妇女申请法律援助并为其提供便利。进一步扩大法律援助覆盖面，健全完善法律援助工作机构。鼓励和支持法律服务机构、社会组织、事业单位等为妇女提供公益性法律服务和援助。

14. 依法为妇女提供司法救助。为经济困难或因其他特殊情况需要救助的妇女提供司法救助，实行诉讼费的缓交、减交或免交。建立完善刑事被害人救助制度，对因受犯罪侵害而陷入生活困境的妇女实行政府救助，保障受害妇女的基本生活。

15. 加大妇女儿童庇护所力度。妇联组织、民政部门发现妇女儿童遭受虐待、暴力伤害等家庭暴力的情形的应当及时报请公安机关进行调查处置和干预保护。民政部门及救助管理机构应当及时接收公安机关、妇联等部门护送或主动寻求庇护救助的受害人，办理入站登记手续，根据性别、年龄实行分类分区救助并做好隐私保护工作。

三、组织实施

（一）加强对规划实施工作的组织领导。拉萨市政府和各级人民政府妇女儿童工作委员会负责规划实施的组织、协调、指导和督促。政府有关部门、相关机构和群众团体结合各自职责，承担落实规划中相应目标任务。

（二）制定县（区）妇女发展规划和部门实施方案。县级以上人民政府依据本规划，结合实际制定本县（区）妇女发展规划。拉萨市及各县（区）政府有关部门、相关机构和社会团体结合各自职责，按照任务分工，制定实施方案，形成全市妇女发展规划体系。

（三）加强规划与国民经济和社会发展规划的衔接。在经济和社会发展总体规划中体现男女平等基本国策，将妇女发展的主要指标纳入经济和社会发展总体规划及专项规划，统一部署，统筹安排，同步实施，同步发展。

（四）保障妇女事业发展的经费投入。各级政府将实施规划所需经费纳入财政预算，加大经费投入，并随着经济增长逐步增加。拉萨市每年安排166万元资金。各县（区）要安排专项资金，纳入财政预算，并随着经济增长逐年增加投入。重点扶持农牧区妇女发展。动员社会力量，多渠道筹集资金，支持妇女事业发展。

（五）建立健全实施规划的工作机制。建立政府主导、多部门合作、全社会参与的工作机制，共同做好规划实施工作。建立目标管理考核问责制，将规划主要目标纳入相关部门、机构和群众团体的目标管理和考核体系，纳入部门主要负责人和主管负责人的政绩考核。健全报告制度，各有关部门每年向本级政府妇女儿童工作委员会和上级主管部门报告规划实施情况，各级妇女儿童工作委员会每年向上级妇女儿童工作委员会报告本地规划实施的总体情况。健全会议制度，定期召开各级妇女儿童工作委员会全体会议、联络员会议，汇报、交流实施规划的进展情况。健全监测评估制度，明确监测评估责任，加强监测评估工作。

（六）坚持和创新实施规划的有效做法。及时开展对妇女发展和权益保护状况的调查研究，掌握新情况，分析新问题，为制定相关法规政策提供依据。加强妇女发展领域理论研究，总结探索妇女发展规律和妇女工作规律。开展交流与合作，学习借鉴促进妇女发展的先进理念和经验。不断创新工作方法，通过实施项目、为妇女办实事等方式解决重点难点问题；通过分类指导、示范先行，总结推广经验，推进规划

（七）加大实施规划的宣传力度。多渠道、多形式面向各级领导干部、妇女工作者、广大妇女和全社会宣传规划内容及规划实施中的典型经验和成效，宣传促进妇女发展的法规政策，营造有利于妇女发展的社会氛围。

（八）加强实施规划的能力建设。将实施规划所需知识纳入培训计划，举办多层次、多形式培训，增强政府及各有关部门、机构相关人员、相关专业工作者实施规划的责任意识和能力。

（九）鼓励妇女参与规划实施。妇女既是规划实施的受益者，也是规划实施的参与者。实施规划应听取妇女的意见和建议。鼓励妇女参与规划实施，提高参与意识和能力，实现自身发展。

四、监测评估

（一）对规划实施情况进行年度监测和终期评估。及时收集、整理、分析反映妇女发展状况的相关数据和信息，动态反映规划目标进展情况。在此基础上，系统分析和评价规划目标达标状况，评判规划策略措施和规划实施工作的效率、效果、效益，预测妇女发展趋势。通过监测评估，准确掌握妇女发展状况，制定和调整促进妇女发展的政策措施，推动规划目标的实现，为规划未来妇女发展奠定基础。

（二）各级妇女儿童工作委员会设立监测评估领导小组，负责组织领导监测评估工作，审批监测评估方案，审核监测评估报告等。监测评估领导小组下设监测组和评估组。

监测组由各级统计部门牵头，负责规划监测工作的指导和人员培训，研究制定监测方案，收集、整理、分析数据和信息，撰写并提交年度监测报告等。

评估组由各级妇女儿童工作委员会办公室牵头，负责评估工作的指导和人员培训，制定评估方案，组织开展评估工作，撰写并提交评估报告等。

（三）各级政府要将监测评估工作所需经费纳入财政预算。各级政府及有关部门结合监测评估结果开展宣传，研究利用监测评估结果加强规划实施。

（四）建立妇女发展综合统计制度，规范和完善与妇女生存、发展有关的统计指标和分性别统计指标，将其纳入拉萨市和各部门常规统计或统计调查。建立完善拉萨市、县（区）两级妇女发展监测数据库。

（五）各级妇女儿童工作委员会成员单位、相关机构及有关部门要向同级统计部门报送年度监测数据，向同级妇女儿童工作委员会提交终期评估报告。

《拉萨市儿童发展规划（2016—2020年）》

儿童时期是人生发展的关键时期，为儿童提供必要的生存、发展、受保护和参与的机会和条件，最大限度地满足儿童的发展需要发挥儿童潜能，将为儿童一生的发展奠定基础。儿童是人类的未来，是社会可持续发展的重要资源。儿童发展是国家经济社会发展与文明进步的重要组成部分，促进儿童发展，对于全面提高中华民族素质，建设人力资源强国具有重要战略意义。

2011年11月，拉萨市人民政府颁布实施了《拉萨市儿童发展规划（2011—2015年）》（以下简称《规划》），从儿童与健康、儿童与教育、儿童与福利、儿童与社会环境和儿童与法律保护五个领域提出了儿童发展的主要目标和策略措施。五年来，拉萨市将儿童发展纳入国民经济和社会发展总体规划，加快完善保护儿童权利的法律体系，强化政府责任，加大经费投入，加强社会宣传动员，有力推动了《规划》的实施。截至2015年，《规划》确定的主要目标基本实现，我市儿童生存、保护、发展的环境和条件得到明显改善，儿童权利得到进一步保护，儿童发展取得了新的成效。儿童健康、营养状况持续改善，儿童计划免疫接种率达到99%以上。儿童教育普及程度持续提高，学前三年毛入园率从2010年的80%上升到95%，小学适龄儿童入学率达到99%，初中入学率达到99.9%。儿童保护工作进一步加强，孤儿、贫困家庭儿童、残疾儿童、流浪儿童等弱势儿童群体得到更多的社会关怀和救助。

由于受地理、环境等自然条件的制约与影响，我市经济社会发展水平还相对薄弱，儿童事业发展及权利保护仍然面临着诸多问题与挑战。全社会儿童优先意识有待进一步加强，政府统筹管理儿童事务的能力有待进一步提高，儿童工作机制有待进一步完善。儿童事业发展城乡间、地区间差距明显；边远贫困地区儿童整体发展水平较低；婚前医学检查率低，出生缺陷发生率较高；义务教育发展不均衡，农牧区学前教育资源不足，校际、城乡、区域间存在差距；贫困家庭中的儿童、孤儿、弃婴、残疾儿童、流浪儿童的救助迫切需要制度保障；人口流动带来的儿童问题尚未得到有效解决；社会文化环境中仍然存在不利于儿童健康成长的消极因素等等。我市儿童事业发展水平低于全国平均水平。进一步采取措施解决儿童发展面临的突出问题，促进儿童的全面发展和权利保护，仍然是今后一个时期儿童工作的重大任务。

从现在起到2020年，是我国全面建成小康社会的关键时期，西藏也要同全国一道实现全面建成小康社会的宏伟目标。当前，我国已开启了全面建成小康社会、全面深化改革、全面依法治国、全面从严治党的战略布局，改革、发展将不断深入，将为儿童健康成长和儿童事业的发展创造更加有利的社会环境。儿童发展面临前所未有的机遇。继续制定和实施新一轮儿童发展规划，将为促进人的全面发展，提高我市人口整体素质奠定更加坚实的基础。

依照《中华人民共和国未成年人保护法》和《西藏自治区实施（中华人民共和国未成年人保护法）办法》和有关法律的规定，遵循联合国《儿童权利公约》的宗旨，按照《拉萨市“十三五”时期国民经济和社会发展规划纲要》的总体目标和要求，结合我市儿童发展的实际情况，制定本规划。

一、指导思想和基本原则和总体目标

（一）指导思想

高举中国特色社会主义伟大旗帜，以邓小平理论和“三个代表”重要思想和习近平总书记的系列讲话精神为指导，深入贯彻落实科学发展观，全面贯彻市委、市府关于推进“健康拉萨”建设的指导意见，坚持儿童优先原则，保障儿童生存、发展、受保护和参与的权利，缩小儿童发展的城乡区域差距，提升儿童福利水平，提高儿童整体素质，促进儿童健康、全面发展。

（二）基本原则

1. 依法保护原则。在儿童身心发展的全过程，依法保障儿童合法权利，促进儿童全面健康成长。

2. 儿童优先原则。在制定法律法规、政策规划和配置公共资源等方面优先考虑儿童的利益和需求。

3. 儿童最大利益原则。从儿童身心发展特点和利益出发处理与儿童相关的具体事务，保障儿童利益最大化。

4. 儿童平等发展原则。创造公平社会环境，确保儿童不因户籍、地域、性别、民族、信仰、受教育状况、身体状况和家庭财产状况受到任何歧视，所有儿童享有平等的权利与机会。

5. 儿童参与原则。鼓励并支持儿童参与家庭、文化和社会生活，创造有利于儿童参与的社会环境，畅通儿童意见表达渠道，重视、吸收儿童意见。

（三）总体目标

完善覆盖城乡儿童的基本医疗卫生制度，提高儿童身心健康水平；促进基本公共教育服务均等化，保障儿童享有更高质量的教育；扩大儿童福利范围，建立和完善适度普惠的儿童福利体系；提高儿童工作社会化服务水平，创建儿童友好型社会环境；完善保护儿童的法规体系和保护机制，依法保护儿童合法权益。

二、发展领域、主要目标和策略措施

（一）儿童与健康

主要目标：

1. 严重多发致残的出生缺陷发生率逐步下降，减少出生缺陷所致残疾。

2. 婴儿和5岁以下儿童死亡率分别控制在3‰和4‰以下。

3. 减少儿童伤害所致死亡和残疾。

4. 控制儿童常见、多发传染性疾病。

5. 全市以县为单位免疫规划疫苗接种率达到98%以上。

6. 低出生体重发生率控制在20%以下。

7. 0—6个月婴儿纯母乳喂养率达到100%以上。

8. 5岁以下儿童中重度贫血患病率控制在60%以下，降低中小学生贫血患病率。

9. 全市7岁以下儿童保健管理率达到100%，3岁以下儿童系统管理率达到100%。

10. 加强中小学生体育锻炼，提高中小学生《学生体质健康标准》达标率。控制中小学生视力不良、龋齿、营养不良发生率。对中小学生进行体检和体质监测，建立学生健康档案。

11. 降低儿童心理行为问题发生率和儿童精神疾病患病率。

12. 提高未成年人生殖健康知识普及率。

13. 提高儿童环保知识普及率，减少环境污染对儿童的伤害。

策略措施：

1. 加大妇幼卫生经费投入。优化卫生资源配置，提高妇幼卫生经费占卫生总经费的比例，增加农牧区妇幼卫生经费投入，促进儿童基本医疗卫生服务的公平性和可及性。加强县、乡两级妇幼卫生服务网络建设，完善基层妇幼卫生服务体系。充分利用县、乡、村三级卫生服务网络开展妇幼卫生保健服务。

2. 加强儿童保健服务和管理。推进儿童医疗保健科室标准化建设，为0—6岁儿童提供保健、生长发育监测、喂养与营养指导、早期综合发展、心理行为发育评估与指导等服务。为3岁以下儿童免费提供保健服务，提高3岁以下儿童系统管理率和7岁以下儿童保健管理率。将流动儿童纳入流入地社区儿童保健管理体系，提高流动人口中的儿童保健管理率。

3. 建立完善出生缺陷防治体系。落实出生缺陷干预防治措施，加强婚前医学检查和孕前优生健康检查知识宣传，规范检查项目，改进服务模式，提高婚前医学检查率和孕前优生健康检查率。加强孕产期合理营养与膳食指导，建立健全产前诊断网络，提高孕期出生缺陷发现率。开展新生儿疾病筛查、诊断和治疗，提高确诊病例治疗率和康复率。加大出生缺陷防治知识宣传力度，提高目标人群出生缺陷防治知识知晓率。

4. 加强妇幼卫生服务体系建设。市（县）均设置一所政府建设的标准化妇幼保健机构。加强县、乡、村三级妇幼卫生服务网络建设，完善基层妇幼卫生服务体系。加强儿童医疗保健服务网络建设，市、县两级医疗保健机构设置儿科，规范儿科诊疗行为和新生儿病室建设。加强儿童卫生人才队伍建设，提高儿童卫生服务能力。

5. 预防、控制儿童疾病。扩大儿童免疫规划范围，完善免疫服务形式，规范预防接种行为，加强疫苗冷链系统建设和维护，提高免疫服务质量。加强儿童疾病的综合管理，推广五岁以下儿童常见病防治的适宜技术，提高先天性心脏病等的诊治率。以城乡社区为重点，普及儿童健康基本知识。将预防艾滋病母婴传播综合服务纳入妇幼保健常规工作，减少儿童艾滋病感染率。

6. 预防和控制儿童伤害。制定实施多部门合作的儿童伤害综合干预行动计划，建立预防儿童伤害监测机制。卫生、教育、公安、交通、住房和城乡建设、质量监督等部门加大执法和监管力度，防止伤害事故的发生，为儿童创造安全的学习、生活环境。将安全教育纳入学校教育教学计划，中小学校、幼儿园和社区普遍开展灾害避险以及娱乐、交通、消防安全和产品安全知识教育，提高家长和儿童的自护自救、防灾避险和逃生能力。建立健全学校和幼儿园的安全、卫生管理制度和校园伤害事件应急管理机制，建立完善儿童伤害监测系统和报告制度。减少各类灾害对儿童的影响，为受灾儿童提供及时有效的医疗、生活、教育、心理康复等方面的救助服务。

7. 改善儿童营养状况。加强科学育儿指导，积极推行母乳喂养。开展科学喂养、合理膳食与营养素补充指导，提高婴幼儿家长科学喂养知识水平。落实好中小学生营养改善计划，实施贫困地区儿童营养改善项目，提高农牧区学生三包补助标准。加大碘缺乏病防治知识宣传普及力度，提高合格碘盐食用率。加强卫生人员技能培训，预防和治疗营养不良、贫血、肥胖等儿童营养性疾病。

8. 提高儿童身体素质。全面实施国家学生体质健康标准和体质检测。建立完善学生健康体检制度和体质监测制度，建立学生体质健康档案。学校保证中小学生每天至少一小时的体育锻炼时间。鼓励和支持学校体育场馆设施在课余和节假日向学生开放。加强儿童膳食、体育锻炼和用眼卫生指导，培养良好习惯，控制中小学生近视发生率。

9. 加强对儿童的健康指导和干预。加强托幼机构和中小学校卫生保健管理，对儿童开展疾病预防、心理健康、生长发育与青春期保健等教育，帮助儿童养成健康行为和生活方式。预防和制止儿童吸烟、酗酒和吸毒，严禁向儿童出售烟酒和违禁药品。

10. 构建儿童心理健康公共服务网络。综合医院和有条件的妇幼保健机构设儿童心理科，配备一定数量的专科医师。学校设心理咨询室，配备专职心理健康教育教师。

11. 加强儿童生殖健康服务。将性与生殖健康教育纳入义务教育课程体系，帮助儿童掌握全面的知识，形成正确的观念，做出知情选择。提供适合适龄儿童的服务，满足其咨询与治疗需求。

12. 保障儿童食品、用品安全严格执行婴幼儿食品、用品的国家标准、检测标准和质量认证体系。建立婴幼儿食品安全监测、检测和预警机制，加强农牧区食品市场监管，严厉打击制售假冒伪劣食品的违法犯罪行为。加强婴幼儿用品、玩具销售和游乐设施运营的监管。

13. 加大环境保护和治理力度。控制和治理大气、水、固体废物和噪音等环境污染，加强饮用水源保护。加强监管，确保主要持久性有机污染物和主要重金属（铅、镉等）暴露水平符合国家标准。

（二）儿童与教育

主要目标：

1. 促进城区家庭积极开展0—3岁婴幼儿早期教育。

2. 到2020年，500人以上的行政村建有村级幼儿园，农牧区基本普及学前教育。全市在园幼儿达到3万人，学前毛入园率达到94％。积极推进学前双语教育。努力增加残疾儿童的入园机会，为学前残疾儿童提供康复教育。

3. 小学适龄儿童毛入学率达到99.9%，初中毛入学率达到99.9％，义务教育巩固率达到99％以上，基本实现县域内均衡发展。确保流动儿童平等接受义务教育，保障残疾儿童接受义务教育。

4. 普及高中阶段教育，毛入学率达到93％以上。

5. 高等教育毛入学率达到全国平均水平。

6. 大力发展职业教育，完善以中职为基础、高职为龙头、区内外办学相结合的职业教育体系。

7. 全面推进全民教育，使每一个残疾儿童都能接受合适的教育。到2020年，我市三类残疾儿童少年义务教育入学率达到50％以上。

8. 保障所有儿童享有公平教育，均衡配置教育资源，缩小城乡差距、区域差距、校际差距。

9. 提高学校标准化建设水平，加快薄弱学校改造建设。提高教育教学总体质量，学生综合素质和能力显著提升。

10. 新增劳动力人口人均受教育年限达到13年以上，主要劳动年龄人口人均受教育年限达到11.5年。

策略措施：

1. 落实教育优先发展战略。把教育作为财政支出重点领域，优先保障教育投入。完善体制和政策，鼓励社会力量兴办教育，不断扩大社会资源对教育的投入。

2. 依法保障儿童受教育的权利。各级政府要组织和督促适龄儿童入学接受义务教育，帮助解决适龄儿童接受义务教育的困难，采取措施防止其辍学。父母或其他监护人要保障适龄儿童依法接受并完成义务教育。学校要耐心教育、帮助品行有缺点、学习有困难的学生，不得违反法律和国家规定开除或变相开除学生。

3. 促进基本公共教育服务均等化。坚持教育的公益性和普惠性，加快建立城乡一体化的教育均衡发展保障机制和基本公共教育服务体系，均衡配置教师、设备、图书、校舍等资源，加快薄弱学校改造，推进义务教育学校标准化建设。完善教师交流制度，改善农牧区办学条件，缩小师资水平、教育质量上的差距。

4. 积极发展0—3岁儿童综合发展指导机构。将学前教育纳入城镇和新农村建设规划，多种形式新建扩建托幼机构。积极发展公办幼儿园，大力扶持民办幼儿园，建立政府主导、社会参与、公办民办并举的办园体制。合理布局学前教育机构，市、县独立设置幼儿园，乡镇以小学为依托，建设学前两年双语中心幼儿园，有条件的村建设村级幼儿园等，推进学前教育基本普及。积极发展公益性儿童综合发展指导机构，为0—3岁儿童及其家庭提供早期保育和教育指导。规范学业前教育管理，严格执行幼儿园准入制度，遵循幼儿身心发展规律，坚持科学保教方法，保障幼儿健康成长。

5. 加快发展学前双语教育。农牧区实行学前两年双语教育，城市实行学前三年双语教育。出台进一步规范学前教育管理规定，实施农牧区学前双语幼儿园建设工程。将农牧区学前双语教育纳入公共财政保障体系，对接受学前教育的农牧区子女实行补助政策。

6. 重视困难、残疾儿童学前教育。建立学前教育资助制度，资助家庭经济困难儿童、孤儿和残疾儿童接受普惠性学前教育。因地制宜发展残疾儿童学前教育，鼓励特殊教育学校、残疾人康复机构开办接收残疾儿童的幼儿园。

7. 确保受人口流动影响儿童平等接受义务教育。坚持以流入地政府管理为主、以全日制公办中小学为主解决流动儿童的就学问题。

8. 保障特殊困难儿童接受义务教育的权利。落实孤儿、残疾儿童、贫困儿童就学资助政策。完善特殊教育体系，集中建设特殊教育学校。全市所有实施义务教育的学校创造条件，接收具有接受普通教育能力和愿望的适龄残疾儿童少年入学，积极扩大随班就读、普通学校特教班和寄宿制残疾学生的规模，以“零拒绝”为目标，保障每一位残疾儿童少年接受义务教育的权利。为流浪儿童、有严重不良行为和违法犯罪行为的儿童平等接受义务教育创造条件。

9. 加快发展高中阶段教育。加快高中阶段教育资源建设，促进高中阶段教育科学协调发展。支持普通高中建设，改善办学条件，扩大优质教育资源。注重学校内涵发展，全面提升普通高中学生综合素质。

10. 提升高等教育办学水平。把提高教育质量作为高等教育发展的核心任务，积极探索发展新路子，发挥政策指导和资源配置的作用，引导高校合理定位，调整优化高等教育学校学科专业机构，加快特色、优势学科和重点实验室建设，使拉萨高等教育结构更加合理，特色更加鲜明，人才培养、科学研究和社会服务整体水平全面提升。继续做好高校受援工作。

11. 大力发展职业教育。坚持以富民为主题，以就业为导向，以服务为宗旨，进一步深化职业教育改革，引入民办教育机制，促进职业教育规模、专业设置与经济社会发展需求相适应。推动中等职业教育发展。加快发展面向农牧区的职业教育，加强县级职教中心建设，建立覆盖城乡的职业教育培训网络。加强对职业教育的督导评估，建立健全职业教育质量保障体系，推动职业教育管理上水平。实行中等职业教育免费制度，实行农牧民子女“三包”政策，增强职业教育吸引力。

12. 全面推进素质教育。树立科学的教育观，全面贯彻教育方针，坚持面向全体学生、促进学生德智体美全面发展，提高学生的学习能力、实践能力、创新能力、社会适应能力和思想道德素质、科学文化素质、健康素质。

13. 加强和改进学校思想道德教育。坚持育人为本、德育为先，把社会主义核心价值观融入国民教育全过程。把德育渗透于教育教学各个环节，贯穿于学校教育、家庭教育和社会教育各个方面。创新德育形式，丰富德育内容，不断提高德育工作吸引力和感染力，增强德育工作的针对性和实效性。充分发挥共青团和少先队在学校德育工作中的重要作用。

14. 提高儿童科学素养水平。开展多种形式的科普和社会实践活动，增强儿童对科学技术的兴趣和爱好，培养儿童科学探究能力和综合运用知识解决问题的能力。建立校外科学实践活动与学校课程相衔接的机制，为儿童提供科学实践的场所和机会。

15. 加快推进教育教学改革。深化基础教育课程、考试招生制度改革，建立教育质量标准和监测评价制度体系，完善学生综合素质和学业评价体系。完善和全面实施义务教育就近免试入学制度，解决学生择校问题，促进区域内义务教育均衡发展。减轻学生课业负担，建立学生课业负担监测和公告制度，减少作业量和考试次数。

16. 提高教师队伍素质和能力。加强教师职业理想和职业道德教育，提高教师师德修养水平。将师德作为教师考核、聘任（聘用）和评价的首要内容。继续提高教师学历合格率和学历层次，完善教师培养培训体系和制度，提高教师业务水平和教学能力。严格教师资格准入制度和教师补充机制，加强职业院校教师队伍建设。建立健全县、乡（镇）、村教师定期轮换制度，优化城乡学校教师队伍结构。

17. 加快推进教育现代化和信息化。实施教育信息化工程，基本建成覆盖城乡各级各类学校的数字化教育服务体系，构建先进、高效、实用的数字化教育基础设施。重点加强农牧区幼儿园、中小学校信息基础建设，提高农牧区中小学校接入互联网的比例。提高远程教育资源利用率，使农牧区师生能够享受优质教育资源。

18. 建设民主、文明、和谐、平等、安全的友好型学校。建立尊师爱生的师生关系，不歧视品德有缺点、学习有困难的学生。保障学生参与学校事务的权利。提供有利于学生身体健康的学习、生活条件和服务设施，提供安全饮用水和卫生厕所，改善寄宿制学校学生食堂和住宿条件。

（三）儿童与福利

主要目标：

1. 扩大儿童福利范围，逐步提高儿童福利机构服务人员工资待遇，优先考虑解决孤儿照护人员户籍问题，推动儿童福利由补缺型向适度普惠型转变。

2. 保障儿童享有基本医疗和保健服务，提高儿童基本医疗保障覆盖率和保障水平，为贫困和大病儿童提供医疗救助。

3. 基本满足流动和留守儿童的基本公共服务需求。

4. 满足孤儿生活、教育、康复、医疗和就业等方面的基本需求，巩固孤儿集中收养率。

5. 进一步提高0—6岁残疾儿童抢救性康复率。

6. 发挥好流浪儿童救助保护中心和残疾儿童康复专业服务机构的职能作用，提高残疾儿童生活和康复救助水平，减少流浪儿童数量和反复性流浪。

7. 保障受艾滋病影响的儿童和服刑人员未满18周岁子女的生活、教育、医疗、公平就业等权利。

策略措施：

1．提高面向儿童的公共服务供给能力和水平。完善基本公共服务体系和机制，增加财政对儿童福利的投入，实现儿童基本公共服务均等化。

2. 完善儿童基本医疗保障体系。在城镇居民基本医疗保险和新型农村合作医疗制度的基础上完善儿童基本医疗保障，切实提高儿童医疗保障水平，减轻患病儿童家庭医疗费用负担。

3. 提高儿童医疗救助水平。保障弃婴的医疗救助。加大对大病儿童和贫困家庭儿童的医疗救助，对贫困家庭儿童、孤儿、残疾儿童参加城镇居民基本医疗保险及新型农村合作医疗个人缴纳部分按规定予以补贴。

4. 扩大儿童福利范围。完善城乡居民最低生活保障制度，通过分类施保提高贫困家庭儿童的生活水平。探索对儿童实施营养干预和补助的方法，改善儿童营养状况。

5. 落实孤儿社会保障政策，满足孤儿生活、教育、医疗、康复、住房、就学、就业、创业等方面的需求。帮助有劳动能力的适龄孤儿就业。对孤儿参加城镇居民基本医疗保险及新型农村合作医疗个人缴纳部分按规定予以补贴。建立受艾滋病影响儿童和服刑人员未成年子女的替代养护制度，为受艾滋病影响儿童和服刑人员未成年子女的生活、教育、医疗、公平就业提供制度保障。

6. 完善孤儿养育和服务模式。加强儿童福利机构建设，全面提高儿童福利机构的管理服务水平。建立覆盖城乡孤儿的最低养育标准制度，保障孤儿基本生活不低于当地平均生活水平。探索适合孤儿身心发育的养育模式。完善孤儿收养制度，鼓励社会助养。

7. 建立完善残疾儿童康复救助制度和服务体系。建立0—6岁残疾儿童登记制度，对贫困家庭残疾儿童基本康复需求按规定给予补贴。优先开展残疾儿童抢救性治疗和康复，提高残疾儿童康复机构服务的专业化水平。以专业康复机构为骨干、社区为基础、家庭为依托建立残疾儿童康复服务体系。增强残疾儿童生活自理能力、社会适应能力和平等参与社会生活的能力。

8. 加强流浪儿童救助保护工作。完善流浪儿童救助保护网络体系，健全流浪儿童生活、教育、管理、返乡保障制度，对流浪儿童开展教育、医疗服务、心理辅导、行为矫治，提高流浪儿童救助保护工作专业化和社会化水平。

9. 建立完善流动儿童和留守儿童服务机制。积极推进户籍制度改革，完善社会保障制度和财政投入体制，将流动人口纳入当地经济社会发展规划和管理。建立16周岁以下流动儿童登记制度，为流动儿童享有教育、医疗保健等公共服务提供基础。整合社区资源，建立流动人口家庭管理和服务网络。健全农牧区留守儿童服务机制，提高留守儿童家长的监护意识和责任。

10. 加强农村留守儿童关爱保护工作，具体措施以《拉萨市人民政府关于加强农村留守儿童关爱保护工作的实施意见》为准。

（四）儿童与社会环境

主要目标：

1．营造尊重、爱护儿童的社会氛围，消除对儿童的歧视和伤害。

2. 适应城乡发展的家庭教育指导服务体系基本建成，儿童家长素质提升，家庭教育水平提高。

3. 为儿童提供丰富、健康向上的文化产品。

4. 保护儿童免受网络、手机、游戏、广告、图书和影视中不良信息的影响。

5. 培养儿童阅读习惯，增加阅读时间和阅读量。

6. 增加县、乡两级儿童教育、科技、文化、体育、娱乐等课外活动设施和场所，坚持公益性，提高利用率和服务质量。发展壮大城乡专兼职儿童社会工作者。

7. 促进未成年人健康成长，积极发挥“儿童快乐家园”活动场所的作用，使“儿童快乐家园”成为儿童学教、游戏、娱乐、卫生、心理教育等方面的阵地，丰富充实儿童课余生活，优化儿童成长的家庭和社会环境。

8. 保障儿童参与家庭生活、学校和社会事务的权利。

9. 保障儿童享有休息娱乐的权利。

策略措施：

1．广泛开展以儿童优先和儿童权利为主题的宣传教育活动，提高公众对儿童权利尤其是儿童参与权的认识。

2. 将家庭教育指导服务纳入城乡公共服务体系。建立家庭教育从业人员培训和指导服务机构准入等制度，培养合格的专兼职家庭教育工作队伍。加大公共财政对家庭教育指导服务体系建设的投入，鼓励和支持社会力量参与家庭教育工作。

3. 开展家庭教育指导和宣传实践活动。多渠道、多形式持续普及家庭教育知识，巩固发展幼儿园、中小学、中等职业学校家长学校，规范化、常态化开展家庭教育指导活动，提升儿童家长素质，提高家庭教育的水平和质量。确保儿童家长每年至少接受2次家庭教育指导服务，参加2次家庭教育实践活动。充分发挥教育专家、儿童工作者、专业社工、志愿者的作用，为家长提供及时便利的家庭教育指导服务。依托拉萨市家教学会，加强家庭教育理论研究、应用研究和工作研究，促进研究成果的推广和应用。

4. 为儿童成长提供良好的家庭环境。倡导平等、文明、和睦、稳定的家庭关系，提倡父母与子女加强交流与沟通。预防和制止家庭虐待、忽视和暴力等事件的发生。

5. 创造有益于儿童身心健康的文化环境。引导各类媒体制作和传播有益于儿童健康成长的信息，增强文化产品的知识性、趣味性。鼓励和支持创作优秀儿童图书、影视、歌曲、童谣、舞蹈、戏剧、动漫、游戏等，丰富儿童精神文化生活。重视民族文字少儿读物的创作、译制和出版工作。积极组织适合儿童的文化活动，大力培育儿童文化品牌。加强文化市场监管，严格控制不适合儿童观看的广播影视节目在大众传媒播出，严厉打击非法出版物，减少色情、暴力、封建迷信等信息对儿童健康的损害。规范和限制儿童参加商业性演出和活动。

6. 净化校园周边环境。落实维护校园周边治安秩序、确保校园安全的相关措施，在学校周边治安复杂地区设立治安岗亭进行巡逻，向学校、幼儿园派驻保安员。校园附近严格按规定设立交通警示标志和安全设施，派民警或协管员维护地处交通复杂路段的小学、幼儿园周边道路的交通秩序。加强对校园周边商业网点和经营场所的监管，校园周边200米以内禁设网吧、游戏厅、娱乐场所等。

7. 为儿童健康上网创造条件。在公益性文化场所和儿童活动场所建设公共电子阅览室，为儿童提供公益性上网服务。社区公益性上网服务设施对儿童免费或优惠开放。推行绿色上网软件，加强对网络不良信息的打击和治理，净化互联网环境。加强对互联网上网服务营业场所的管理，严格实行消费者实名登记制，并在显著位置设置未成年人禁入标志，不得允许未成年人进入。家庭和学校加强对儿童上网的引导，防止儿童沉迷网络。

8. 加大儿童活动设施建设。把儿童活动设施和场所建设纳入地方经济社会发展规划，纳入城乡建设规划，加大对农牧区儿童活动设施和场所建设及运行的扶持力度。规范儿童课外活动设施和场所的管理，各类文化、科技、体育等公益性设施和场所对儿童免费或优惠开放，并根据自身条件开辟专门供儿童活动的区域。加强爱国主义教育基地建设。建好“儿童快乐家园”。

9. 为儿童阅读图书创造条件。推广面向儿童的图书分级制，为不同年龄儿童提供适合其年龄特点的图书，为儿童家长选择图书提供建议和指导。公共图书馆设儿童阅览室或图书角，社区图书室和农牧区“农家书屋”、增加儿童图书数量。有条件的县（区）建儿童图书馆。广泛开展图书阅读活动，鼓励和引导儿童主动读书。

10. 强化城乡社区儿童服务功能。建立以社区为基础的儿童保护工作运行机制，充分挖掘和合理利用社区资源，动员学校、幼儿园、医院等机构和社会团体、志愿者参与儿童保护。整合社区资源建设儿童活动场所，配备专兼职工作人员，为儿童及其家庭提供服务。

11. 保障儿童的参与和表达权利。将儿童参与纳入儿童事务和儿童服务决策过程，决定有关儿童的重大事项，吸收儿童代表参加，听取儿童意见。畅通儿童参与和表达渠道，增加儿童社会实践机会，鼓励儿童参与力所能及的社会事务和社会公益活动，提高儿童的社会参与能力。

12. 增强儿童环保意识。开展环境和生态文明宣传教育，鼓励儿童积极参与环保活动，引导儿童践行低碳生活和绿色消费。

13. 加强儿童社会工作队伍建设。强化对儿童工作人员的社会工作能力培训，积极吸收社会工作专业人员为儿童提供家庭教育、心理疏导、维权等方面的服务，不断发展壮大专兼职儿童工作者。

（五）儿童与法律保护

主要目标：

1. 保护儿童的法律法规和法律保护机制更加完善。

2. 贯彻落实保护儿童的法律法规，儿童优先和儿童最大利益原则进一步落实。

3. 依法保障儿童获得出生登记和身份登记。

4. 完善儿童监护制度，保障儿童获得有效监护。

5. 中小学生普遍接受法制教育，法律意识、自我保护意识和能力明显增强。

6. 预防和打击侵害儿童人身权利的违法犯罪行为，严厉查办对儿童实施的一切形式暴力犯罪行为。

7. 依法保护儿童合法财产权益。

8. 禁止使用童工（未满16周岁儿童）和对儿童的经济剥削。

9. 保障儿童依法获得及时有效的法律援助和司法救助。

10. 预防未成年人违法犯罪，减少未成年人犯罪人数，降低未成年罪犯占刑事罪犯的比重。

11. 司法体系进一步满足儿童身心发展的特殊需要。

策略措施：

1. 完善保护儿童的法律体系。推进儿童福利、学前教育、家庭教育等立法进程。清理、修改、废止与保护儿童权利不相适应的法规政策，增强保护儿童相关法律法规的可操作性。

2. 加强法制宣传教育。提高家庭、学校、社会各界保护儿童权利的法制观念、责任意识和能力，提高儿童学法、知法、懂法、守法的意识和维护自身合法权益的能力。

3. 加强执法监督。明确执法主体，强化法律责任，定期开展专项执法检查。加强对执法人员儿童权益保护知识和技能培训，增强儿童权益保护观念，提高执法水平。

4. 落实儿童出生登记制度。提高社会各界对出生登记的认识，完善出生登记相关制度和政策。加强部门协调和信息共享，简化、规范登记程序。

5. 消除对女童的歧视。大力宣传性别平等观念，增强全社会性别平等意识。落实好农牧区生育女孩家庭的优惠政策，提高农牧区生育女孩家庭的经济和社会地位。加大对利用B超等进行非医学需要的胎儿性别鉴定和选择性别人工终止妊娠行为的打击力度。

6. 建立完善儿童监护监督制度。提高儿童父母和其他监护人的责任意识，完善并落实不履行监护职责或严重侵害被监护儿童权益的父母或其他监护人资格撤销的法律制度。建立以家庭监护为主体，以社区、学校等有关单位和人员监督为保障，以政府监护为补充的监护制度。

7. 保护儿童人身权利。加强社会治安综合治理，严厉打击强奸、拐卖、绑架、虐待、遗弃等侵害儿童人身权利的违法犯罪行为和组织、胁迫、诱骗儿童犯罪的刑事犯罪。严厉打击利用儿童进行扒窃、乞讨、卖艺、卖淫等违法犯罪行为。保护儿童免遭一切形式的性侵害。建立受暴力伤害儿童问题的预防、报告、反应、紧急救助和治疗辅导工作机制。整合资源，探索建立儿童庇护中心。加强预防和打击拐卖儿童犯罪的法制宣传教育，提高儿童及其家长“防拐”意识和能力，为被解救儿童提供身心康复服务，妥善安置被解救儿重。禁止用人单位招用未满16周岁儿童，禁止介绍未满16周岁的儿童就业。严厉打击使用童工的违法行为。严格执行国家对已满16周岁未满18周岁未成年工的保护规定，禁止安排未成年工从事过重、有毒、有害等劳动或危险作业。依法保护儿童的隐私权。

8. 加强儿童财产权益保护。依法保障儿童的财产收益权和获赠权、知识产权、继承权、一定权限内独立的财产支配权。

9. 完善儿童法律援助和司法救助机制。进一步扩大儿童接受法律援助的覆盖面，健全完善儿童法律援助工作网络，充实基层法律援助工作队伍，支持和鼓励基层法律服务机构、社会团体、事业单位等社会组织利用自身资源为儿童提供法律援助，确保儿童在司法程序中获得高效、快捷的法律服务和司法救助。拉萨市维护妇女儿童权益领导小组建立维权联席会议制度，协同议事，研究解决儿童维权问题，构成多部门合作、多方面参与的维权工作格局。

10. 推动建立和完善适合未成年人的专门司法机构。贯彻未成年人保护法，探索未成年人案件办理专业化。加快建设公安机关办理未成年人案件专门机构或落实专门人员。

11. 完善涉嫌违法犯罪的儿童处理制度。对涉嫌违法犯罪的儿童，贯彻教育、感化、挽救的方针，坚持教育为主、惩罚为辅的原则，依法从轻、减轻或者免除对违法犯罪儿童的处罚。依照未成年法律规定，14岁以上不满16岁未成年人犯罪的案件，一律不公开审理。16岁以上不满18岁未成年人犯罪的案件，一般也不公开审理的原则，尊重和保护儿童合法权益。对羁押、服刑的未成年人，与成年人分别关押。对政府收容教养和劳动教养的未成年人及被决定强制隔离戒毒的未成年吸毒人员，与成年人分别收容、收戒。保障解除羁押、服刑或收容教养期满的未成年人复学、升学、就业不受歧视。

12. 完善具有严重不良行为儿童的矫治制度。建立家庭、学校、社会共同参与的运作机制，对有不良行为的儿童实施早期介入、有效干预和行为矫治。加强对具有严重不良行为儿童的教育和管理，探索专门学校教育和行为矫治的有效途径和方法，保障专门学校学生在升学、就业等方面的同等权利。对适用缓刑的未成年人和因犯罪接受社区矫正的未成年人，做好帮教工作。

三、组织实施

（一）加强对规划实施工作的组织领导。拉萨市政府和各级人民政府妇女儿童工作委员会负责规划实施的组织、协调、指导和督促。政府有关部门、相关机构和群众团体结合各自职责，承担落实规划中相应目标任务。

（二）制定地方儿童发展规划和部门实施方案。县级以上人民政府依据本规划，结合实际制定本地区儿童发展规划。拉萨市及县（区）有关部门、相关机构和社会团体结合各自职责，按照任务分工，制定实施方案，形成全市儿童发展规划体系。

（三）加强规划与国民经济和社会发展规划的衔接。在经济和社会发展总体规划中体现儿童优先原则，将儿童发展的主要指标纳入经济和社会发展总体规划及专项规划，统一部署，统筹安排，同步实施，同步发展。

（四）保障儿童事业发展的经费投入。各级政府将实施规划所需经费纳入财政预算，加大经费投入，并随着经济增长逐步增加。拉萨市每年将本级政府收入的20%投入教育，全市各级各类学校在校学生均受益，包括儿童在内。重点扶持农牧区儿童发展。动员社会力量，多渠道筹集资金，支持儿童事业发展。

（五）建立健全实施规划的工作机制。建立政府主导、多部门合作、全社会参与的工作机制，共同做好规划实施工作。建立目标管理考核问责制，将规划主要目标纳入相关部门、机构和群众团体的目标管理和考核体系，纳入部门主要负责人和主管负责人的政绩考核。健全报告制度，各有关部门每年向本级政府妇女儿童工作委员会和上级主管部门报告规划实施情况，各级妇女儿童工作委员会每年向上级妇女儿童工作委员会报告本地规划实施的总体情况。健全会议制度，定期召开各级妇女儿童工作委员会全体会议、联络员会议，汇报、交流实施规划的进展情况。健全监测评估制度，明确监测评估责任，加强监测评估工作。

（六）坚持和创新实施规划的有效做法。及时开展对儿童发展和权益保护状况的调查研究，掌握新情况，分析新问题，为制定相关法规政策提供依据。加强儿童发展领域理论研究，总结探索儿童发展规律和儿童工作规律。开展国际交流和合作，学习借鉴促进儿童发展的先进理念和经验。不断创新工作方法，通过实施项目、为儿童办实事等方式解决重点难点问题；通过分类指导、示范先行，总结推广经验，推进规划实施。

（七）加大实施规划宣传力度。多渠道、多形式面向各级领导干部、儿童工作者、广大儿童和全社会宣传规划内容及规划实施中的典型经验和成效，宣传促进儿童保护和发展的法规政策，营造有利于儿童生存、保护、发展和参与的社会氛围。

（八）加强实施规划能力建设。将实施规划所需知识纳入培训计划，多层次、多形式举办培训，增强政府及各有关部门、机构人员、相关专业工作者实施规划的责任意识和能力。

（九）鼓励儿童参与规划实施。儿童既是规划实施的受益者，也是规划实施的参与者。实施规划应听取儿童的意见和建议。提高儿童参与规划实施的意识和能力，实现自身发展。

四、监测评估

（一）对规划实施情况进行年度监测和终期评估。及时收集、整理、分析反映儿童发展状况的相关数据和信息，动态反映规划目标进展情况。在此基础上，系统分析和评价规划目标达标状况，评判规划策略措施和规划实施工作的效率、效果、效益，预测儿童发展趋势。通过监测评估，准确掌握儿童发展状况，制定和调整促进儿童发展的政策措施，推动规划目标的实现，为规划未来儿童发展奠定基础。

（二）各级妇女儿童工作委员会设立监测评估领导小组，负责组织领导监测评估工作，审批监测评估方案，审核监测评估报告等。监测评估领导小组下设监测组和评估组。监测组由各级统计部门牵头，负责规划监测工作的指导和人员培训，研究制定监测方案，收集、整理、分析数据和信息，撰写并提交年度监测报告等。

评估组由各级妇女儿童工作委员会办公室牵头，负责评估工作的指导和人员培训，制定评估方案，组织开展评估工作，撰写并提交评估报告等。

（三）各级政府要将监测评估工作所需经费纳入财政预算。各级政府及有关部门结合监测评估结果开展宣传，研究利用监测评估结果加强规划实施。

（四）建立儿童发展综合统计制度，规范和完善与儿童生存、发展有关的统计指标和分性别统计指标，将其纳入拉萨市和部门常规统计和统计调查。建立和完善市、县（区）两级儿童发展监测数据库。

（五）各级妇女儿童工作委员会成员单位、相关机构及有关部门要向同级统计部门报送年度监测数据，向同级妇女儿童工作委员会提交终期评估报告。

说 明

一、本索引采用主题分析法编制。索引范围包括篇目、类目、部（门）目、条目等。
二、本索引按主题词首字汉语拼音音序（同音按音调）排列，若首字拼音相同则按第二字音序排列，以此类推。
三、索引款目后的数字表示内容所在的页码，数字后的拉丁字母（a、b、c）表示栏别（从左至右）。
四、篇目、类目、部（门）目用黑体字。

D

E

F

K

L

M

N

P

Q

R

S

T

W

X

Y

Z